Civilizations in Early China

早期中国文明

国家「九五」出版规划重点图书

“早期中国文明”书目、作者

新石器文化与夏代文明	郑杰祥
殷墟文化与商代文明	范毓周
周原文化与西周文明	尹盛平
中原文化与三晋文明	郝本性　陶正刚
关陇文化与嬴秦文明	陈　平
海岱文化与齐鲁文明	高广仁　邵望平
江淮文化与徐舒文明	王文清
江汉文化与荆楚文明	刘彬徽
东南文化与吴越文明	范毓周　汪遵国
三星堆文化与巴蜀文明	赵殿增
南方文化与百越滇越文明	许智范　肖明华
东北文化与幽燕文明	郭大顺　张星德
北方文化与匈奴文明	田广金　郭素新

江汉文化与荆楚文明

刘彬徽 著

凤凰出版传媒集团
江蘇教育出版社

图书在版编目(CIP)数据

江汉文化与荆楚文明 / 刘彬徽著. —南京：江苏教育出版社，2008.8
(早期中国文明丛书)
ISBN 978-7-5343-8616-9

Ⅰ.江… Ⅱ.刘… Ⅲ.①文化史-湖南省②文化史-湖北省 Ⅳ.K296

中国版本图书馆 CIP 数据核字(2008)第 113798 号

丛书名	早期中国文明
丛书主编	李学勤　范毓周
书　名	江汉文化与荆楚文明
作　者	刘彬徽
责任编辑	徐宗文　徐金平
出版发行	凤凰出版传媒集团
	江苏教育出版社(南京市马家街 31 号 210009)
网　址	http://www.1088.com.cn
集团网址	凤凰出版传媒网 http://www.ppm.cn
经　销	江苏省新华发行集团有限公司
照　排	南京展望文化发展有限公司
印　刷	南京捷迅印务有限公司
厂　址	南京市浦口区京新村 549 号(邮编 210031)
电　话	025-58841678
开　本	787×1092 毫米　1/16
印　张	45
版　次	2008 年 8 月第 1 版
	2008 年 8 月第 1 次印刷
书　号	ISBN　978-7-5343-8616-9
定　价	84.60 元
批发电话	025-83260760,83260768
邮购电话	025-85400774,8008289797
短信咨询	10602585420909
E-mail	jsep@vip.163.com
盗版举报	025-83204538

前　言

李学勤　范毓周

中国是世界上少数著名的文明古国之一。在数千年的人类文明发展史上,中国文明素以其悠久历史和灿烂文化彪炳于世。中国文明是世界上最早形成的文明之一,也是其间惟一未曾中断、延绵至今的文明。研究中国文明的起源与早期发展过程,不仅对于复原中国古代的历史具有重要意义,而且对于探讨人类文明的产生及其发展途径具有不可替代的作用。

中国文明的起源与早期发展一直是国内外学术界普遍关注的重要学术课题。近年来随着中国境内考古工作的不断展开，数量众多的重要考古遗址和遗迹相继发现,人们对于这一问题的认识逐步深化,有关这一问题的研究和探讨也方兴未艾、日渐繁荣,正在成为国内外学术界最为引人注目的显学领域。

对中国古代文明起源及其早期发展进行系统研究,探讨其背景、契机及其演进规律,复原中国文明产生和早期发展的历史途径,展现中国早期的灿烂文化,纠正对中国文明研究的各种偏见,已是当前历史、考古学界的重要任务。基于这一认识,早在十年前,在江苏教育出版社的鼎力相助下,我们会同国内历史、考古学界的一批硕学精英商讨多次,开始组织撰写这部十三卷本的"早期中国文明"。经过十多年来大家的共同努力,虽然历经周折,现在终于逐步完成,开始陆续出版面世了,我们自然有难以自禁的喜悦。

十多年前,有关中国古代文明起源及其早期发展的研究尚在起步阶段,许多学者还在讨论一些概念和框架性的问题,但已使我们感到这项工作的价值与意义。我们赞同苏秉琦先生在分析中国境内考古文化时提倡的区系类型理论和张光直先生对于中国考古文化发展所持交互作用圈的理论,根据对已有考古资料和文献资料的分析,将早期中国文明的发展源头大体分为若干大的文化区系,并且明确提出,中国文明的起源和早期发展应是多源一体的。根据这一认识,我们将本书的总体结构构拟为纵横两条线索交叉结合,力求能从历时和共时两个角度全面反映中国文明的起源与早期发展的进程。

尽管学术界对于中国文明的形成时代迄今仍有分歧,但对夏代作为中国历史上第一个有史可凭的王朝的认识基本上还是一致的,而在夏王朝建立前,中国文明应当有一个较长时间的酝酿和演变过程,也是大家共同认可的。对于夏代以前的历史,就文献资料来讲,尚属传说时代,但从考古文化的角度看,已有丰富的资料证明,在考古学所称的新石器时代晚期正是中国境内各个地区逐步从社会复杂化走向文明时代的历史过程。因此,我们将本书的第一卷定为《新石器文化与夏代文明》。应当说明的是,这并不意味着我们认为到了夏代中国才步入文明时代,恰恰相反,我们认为文明的形成是一个渐进过程,它的脚步早在夏代之前已经接近并跨入了文明的门槛,只是为了叙述的方便才确定这样的标题。关于这点,读者可以从本书的内容中清楚地看出。历史上所谓的夏商周"三代",旧史家普遍认为是接续发展的三个王朝,从今天的观点看,他们的认识仍有一定的意义。实际上,灭夏而建立起来的商王朝，在许多方面正是承袭夏代已有的文明成就发展起来的。这可以从主要部分属夏文化的二里头文化和后续的商代的二里岗文化、殷墟文化中的包括青铜器、玉器在内的各种文化因素的传承现象中得到证明。西周和商代之间，文明因素的接续与传承也是一样。商代的考古学文化中以殷墟文化的发掘与整理最为完备。西周则以周原为其立国的发祥地，这里历年出土了大量的青铜器，近年又出土有时代颇早的甲骨文，这里发现的周人文化应当说也是颇具代表性的。因此，我们将本书的第二、三两卷分别以《殷墟文化与商代文明》和《周原文化与西周文明》为题。

西周以后，天子衰微，诸侯坐大，打破了中央集权的一统天下，形成了颇具地域特色的区域文化，而它们的前源几乎可以追溯到新石器时代的文化传统。因此，我们结合文献资料分析，将中国境内的考古文化分成十个大的区系，以便进行横向的共时划分，但在每个区系内部则仍依时代的先后作从新石器时代到汉代初年的纵向的历时分析。这是基于我们认为中国的早期文明的下限应当在汉武帝前后。汉代初年，历史虽然进入了一个新的王朝时期，但原有的文化因素和社会风尚还在延续，到了汉武帝前后才真正以全新的面目呈现出一个新的阶段。因此，我们将各个区系文化分别以《中原文化与三晋文明》《关陇文化与嬴秦文明》《海岱文化与齐鲁文明》《江淮文化与徐舒文明》《江汉文化与荆楚文明》《东南文化与吴越文明》《三星堆文化与巴蜀文明》《南方文化与百越滇越文明》《东北文化与幽燕文明》《北方文化与匈奴文明》等为本书其他各卷的标题。当然这些标题也只是对各个考古文化区系的文化与地域性、民族性文明的概括，容有不尽妥当之处。

读者可以看到，本书的各卷，除了必要的文献资料外，大多是依据考古资料展开的。从某种意义上讲，这也是中国考古学中有关中国文明的起源与早期发展进程资料的系统整理和研究，是一幅展现当今新石器时代考古、夏商周考古和战国秦汉考古工作和研究最新成果的画卷。中国考古学诞生至今已七十多年。新中国成立以来，特别是改革开放二十多年来,中国考古学取得了举世瞩目的发展。在黄河中下游、长江中下游、东北及西北地区发现的新石器时代晚期文化,尤其是龙山文化时代的大量遗迹和遗物,使我们对夏王朝成立之前各地的政治、经济、文化与社会状况都有了相当程度的了解。夏商周和战国秦汉时期的都城、居住址、墓葬、手工业作坊的发现及大规模发掘,使我们对夏商周和战国秦汉时期的历史及其文明的发展脉络有了比较明确的认识。这些都为我们撰写本书提供了重要的前提和基础。本书的撰写与出版,除了应当感谢各卷作者多年不懈的努力外,还应当深深感谢那些常年工作在各地考古发掘工地的考古工作者所作的默默无闻的无私奉献。没有他们的努力与奉献,要想做好这项工作是不可想像的。

参加本书各卷撰写的作者,都是在其所承担部分的领域中多年研究、卓有建树的专家,他们在写作中,都在学术见解和认识角度上多有创新,充分展示自己的观点,因而读者会在各卷的叙述中发现一些并非完全一致的看法,其实这正是我们当初设计本书时特别留有学术争论余地的地方,也可以说是本书的一个特色。相信读者可以从不同的学术见解中悟出更多的东西来。果能如此,就不违我们当时设计本书撰写原则的一点初衷了。

当前,有关中国文明的起源与早期发展进程的研究已经引起社会各界的关注,发展的态势十分喜人。我们相信,本书的出版能够为构建中国文明起源和早期发展进程研究的学术大厦增添一些基础性的砖瓦,对于这方面工作的推进和深化也将产生积极影响和作用。我们热切期望能有更多新的重要考古发现为本书的进一步完善提供丰厚的资源,能有更多的学术界同仁加入这一重要学术领域的探索和讨论。同时,我们也欢迎国内外同道对于本书进行批评和指正,以便我们今后进行有效的修订与改进。

目　录

导　论

滔滔长江，以其气象万千的浩荡之波，一泻数千里，东注大海，号称中国第一大河。长江流域和黄河流域一样，同是孕育伟大的中华文化和灿烂文明的摇篮。长江中游的荆楚文明和上游的巴蜀文明、下游的吴越文明，乃盛开在长江流域的三朵上古区域文明之花，它们与黄河流域的几朵区域文明之花竞相争放，南北辉映，共同组成了花团锦簇的中华早期文明，犹如一棵根深叶茂的参天大树，傲立于世界早期文明之林。

长江中游江汉洞庭地区的早期文明，是中国早期文明的一个重要的有特色的组成部分。我们在本书中将以考古材料及其研究成果为主，结合文献记载来探讨这一地区早期文明的起源、发展历程，阐明它在中国文明发展过程中的重要地位与作用，鉴往知来，以有助于中国现代文明的建设。

一

人类是在大地母亲的怀抱中成长起来的，人类的幼年与环境的关系更为密切。江汉文化与荆楚文明生长的地理环境如何？应该说，它有着得天独厚的条件。它处于长江中游地带，长江中游一般指上起湖北宜昌（本书所论包括湖北省境的三峡地带）下至江西湖口的一大段。长江中游地区就是长江这一区段内包括其南北支流所经的一大块地区。江北有古云梦泽和长江最大支流汉水；在河南西南部流入汉水的支流丹江、淅水流域也属于长江中游地区。江南有全国最大的淡水湖洞庭湖及湘、资、沅、澧等河，流贯湖南地区。这一区域范围在现代行政区划上包括湖北和湖南的全境、河南的西南部以及江西西北的一小部分。湖北有楚天、湖南有南楚之称（参阅图 1.1－10）。

这一地区的中心为江汉平原和洞庭湖平原。在中国地形图上，这两个平原乃浑然一体的一块巨大绿斑。它的四周则被山地包围着，西有三峡山地，西北有秦岭余脉武当山、荆山；北部、东北部有桐柏山、大别山，这是长江与淮河水系的分水岭；东有幕阜山，南有五岭，西南有雪峰山、武陵山。在四周山地与平原之间还有低山丘陵地带。四周高，中心低，形成一个巨大的准盆地，为一个相对独立、半封闭的地理单元。这样的地理环境极为有利于原始文化和早期文明的生长、发育。

第一，江汉平原和洞庭湖平原肥沃的土地、星罗棋布的河湖、温暖湿润的气候，对原始人类的生活、生产十分有利，加速了原始农业的发展。从新石器时代早期起，水稻的栽培就成为这一地区最为重要的经济活动，江河湖汉水域为原始人类提供了取之不尽的水生食物来源，是“饭稻羹鱼”的理想之地；而周围的丘陵、岗地，则是古人狩猎活动的天然场所，并为人工养畜业提供了充分的条件。

第二，这一地区的地形和地理位置十分有利于本地土著文化的独立发展。凡一个较重要的原始文化、早期文明中心的形成，自有它优越的地理条件，并且距离其他文化中心较远。江汉洞庭平原四面环山，且和黄河流域的原始文化中心及长江上游、下游的原始文化中心均相隔较大距离，极为有利于本土文化的独立生长与迅速发展。

第三，优越的地理位置有利于本土文化与外界的交流，使本土文化既有独立又有开放的品位。这一地区处于长江中游地段，位居中国的腹心地带，比之长江上游、下游的偏处一隅，地理位置更为适中，更便于文化交流。中游乃沟通上、下游的桥梁与中心。李白诗曰："江带峨眉雪，横穿三峡流；万舸此中来，连帆过扬州。"即此之谓。与黄河流域古文明的交流也比之长江上游、下游地区更为便捷；北部虽有山地，山脉多不高峻，山间有较多孔道便于通行，特别是有襄阳到南阳的准平原地带，极便于这一地区与中原地区的交通。因之，早在原始社会时代，与周围地区就有频繁的交往，在文明起源与形成过程中，更容易吸收周围文化中心的先进因素，迅速发展，甚至后来居上。这一地区之所以孕育出了光辉灿烂的楚文化，其得天独厚的地理条件，是很重要的成因之一。

世界早期文明都诞生于土地肥沃的江河平原地区，中国的早期文明也是如此。我们考察这一地区的文明起源，自然以江汉洞庭平原为着眼点。在石器时代，这一地区文化发展的中心主要在江汉洞庭平原的中西部和靠近西部山地的丘陵岗地。随着生产力的发展，在中原夏商西周王朝的影响下，早期文明的地域与中心不断扩大，到春秋战国时代，随着楚国政治势力的扩张、疆域的拓展，荆楚文明的范围已超出了长江中游地区。即使如此，江汉洞庭平原作为长江中游地区的文明中心，仍历久不衰。我们在本书有时以江汉洞庭平原地区（简称"江汉洞庭地区"或"江汉地区"）来代称长江中游地区，有时则以荆楚地区来代称长江中游地区，这三种名称基本上可作同义语对待，可以互称无别。[1]

二

对具有如此优越地理位置、自然环境的地区的早期文化、文明的认识，近几十年来经历了一个不断提高与深化的过程，相对于黄河流域地区和长江上、下游地区而言，这一地区考古工作起步最晚。建国以前原始社会时期的考古发现完全是个空白，商周时期也偶尔只有几件青铜器的发现被著录。在安徽寿县、湖南长沙一些楚墓被盗掘，不少文物被著录于世。而作为楚文化中心的湖北地区几乎是空白。建国以来特别是近二三十年来，情况则发生很大变化。大量遗迹、遗物犹如涌泉般地源源不断地从地下冒出来，并且呈愈出愈新、愈出愈奇之势，纷华照眼，令人有美不胜收之感。这些新发现不仅数量多、内容广，而且有许多出于人们意料的惊人发现，有改写历史的重要意义。这一地区的考古发现好比一朵迟开的花朵。在我国考古的百花园中，这一迟开的花朵却开得异常鲜艳芳香，如同招来无数蜜蜂采花酿蜜般地吸引了众多学者进行研究，并已硕果累累。

鉴于本书论述这一地区的时间跨度大（先秦至汉初），涉及到这一地区考古工作与研究成果的多个方面，有必要在此先提纲挈领地对这一地区考古学文化与文明发展历程作一鸟瞰式的巡视[2]。

（一）史前文化

1. 旧石器时代

旧石器时代早期的郧县猿人，前后有两次发现。最近的一次为1989—1990年，发掘出完整的头骨化石。这是长江流域第一次发现的猿人头骨化石，引起了国内外有关学者的广泛关注与高度评价，证明长江中游地区亦是人类早期活动生息之地和远古文化起源地之一。

旧石器时代早期还有与郧县相邻的郧西猿人化石及其石制品的发现，亦颇受重视。

旧石器时代中期有长阳人的发现。

旧石器时代晚期，已知有石门人化石，年代约距今2万余年。在江陵鸡公山发现了旧石器晚期的居住遗迹。这是迄今首次发现的旧石器时代人类在平原地区的活动遗迹，它将对中国旧石器时代人类在平原地带的活动的探索产生新的突破性进展。

在湘西北还发现了由旧石器文化向新石器文化转变的过渡期间的文化遗存与遗物，这种遗存在其他地区还不太明显，是了不起的填补空白的新发现。由此看出长江中游地区（荆楚地区）在我国远古文化起源、初步发展中的重要地位。

2. 新石器时代

新石器时代的澧县彭头山文化，年代距今八九千年，大体上与黄河流域的磁山文化、裴李岗文化相当，绝对年代则略早。

彭头山文化之后，发展为皂市下层文化（湖北有城背溪文化，年代约相当于彭头山文化晚期至皂市下层文化阶段），年代约距今七八千年，并已找到彭头山遗址与皂市下层遗址之间的过渡性遗存。

新石器时代晚期为大溪文化前期，年代范围约距今7 000至5 500年间，本身又可分为几个小的期段与区分为几个不同的地区类型（详见第一章）。

铜石并用时代早期为大溪文化后期和屈家岭文化时期。其年代范围约距今 5 500 年至 4 600 年间，亦可分几个小的期段与地区类型。

屈家岭文化期间是荆楚地区原始文化的鼎盛时期，丝毫不亚于其他几个地区同期原始文化。它的影响所及甚至超过了中原地区曾盛极一时的仰韶文化，其文化足迹所及不仅已到达黄河南岸，甚至越过了黄河到达了晋南。在自身文化高涨的基础上扩建、加固了中国最早的古城。这是古代荆楚地区文化发展的第一次高潮，是文明起源的重要阶段。大概正是有这么不寻常的高潮，在经历了一千多年的低潮后，又涌现出了新一轮的第二次高潮——楚文化的大发展、大扩展，属荆楚早期文明成熟期。这已是后话，请看本书的几章分说。

铜石并用时代晚期为石家河文化，曾一度被称为长江中游龙山文化。也可以这么认为：这是中国龙山时代在这一地区的一支区域性文化，其年代约距今 4 600 至 4 000 年间。这一文化同样可细分为若干期段与地区类型。

铜石并用时代，按严文明先生的看法，其早期约当五帝的前三帝——黄帝、颛顼、帝喾，其晚期相当于后二帝——尧、舜即唐虞时代。在唐虞时代，“更接近文明社会，或者就是早期的文明社会”[3]。笔者也认为处于中国文明社会的初级阶段[4]。

关于荆楚地区文明的起源与诞生是一个较复杂的问题，为探讨这一问题，需要对史前文化特别是铜石并用时代的考古文化和这一地区相当于夏商王朝时期的考古文化作深入的研究并从理论上予以说明。

（二）夏商王朝时代的考古学文化

如果说人们对这一地区史前文化的考古学认识，有如驱散了密布的阴云，基本露出了灿烂皎洁的天空，已使人们获得了对本地区史前文化较为清晰的认识，那么，我们对相当于夏商王朝时代荆楚地区考古学文化的认识，则如同仍布满了浓密乌云的天空一样，其认识尚处在朦胧之中，又若雾里观花，时隐时现，若明若暗。当然，在经历了40余年的考古工作特别是近一二十年的考古发现之后，已不再是原先蛛丝马迹般的零散认识，而毕竟前进了一大步。由于不再是“偶尔露峥嵘”的个别发现，今天已有条件来纵论这一地区夏商王朝阶段的考古学文化了。

1. 夏王朝时期

对夏王朝时期荆楚地区文化的认识，一度曾被视为一段空白，只是近二十年来尤其是近年来，考古工作者才有可能作出初步的认识与判断。例如石家河文化晚期就有二里头早期文化遗物。在黄陂盘龙城、江南荆南寺、宜昌路家河、白庙等地均已发现了相当于二里头文化时期的地层与遗物。在洞庭湖平原，目前虽尚未发现相当于二里头文化时期的遗存，但并不排除今后发现的可能性。目前，虽还只是若干零星发现，还谈不上小区域类型的划分，但以下的认识是可以肯定的：相当于夏王朝时期的二里头文化的影响已“遍及长江中下游地区”，“夏文化分布范围，其南可达川东鄂西交界之处”[5]。可以预料，随着考古工作的继续开展,人们对这一地区夏王朝时期考古文化的认识会由目前的轮廓状态进入到一个新的境界。

2. 商王朝时期

20世纪70年代以来,以盘龙城较大规模考古发掘获得的丰硕成果为起点,20多年来,商时期遗址、墓葬、遗物的发现已如雨后春笋般地不断涌现,然而各地所呈现的多种多样的文化面貌又似乎使人们眼花缭乱。如何认识这一广大地区的商时期文化,便成为考古学界的一个热门话题和重点课题。就以盘龙城而论,考古资料应该说已相当丰富了,但对盘龙城的文化性质,却出现多种看法,迄今尚未取得共识。对其他遗存的认识,这种认识不一的情况所在皆是。这一方面需要有新的考古材料提供更多有说服力的证据,另一方面考古研究的广泛开展与深入讨论也是当务之急。

就笔者的认识,这一地区商王朝时期的考古文化,可分前后两期。

其前期,可区分为几个类型:

甲　盘龙城类型。典型遗址还有湘北岳阳铜鼓山遗址,这一类型的特点是中原商文化因素占有统治地位。

乙　荆南寺类型。位于江汉平原西部,这一类型的特点是商文化与本土文化"平分秋色",即两者势均力敌,而又相安于一体。既反映了商文化西进、南下影响之强劲,又反映了本土文化的兼容性,即非排他性,这是颇为耐人寻味的现象,值得认真思考。

丙　石门皂市类型。位于湘西北洞庭湖平原西侧,其特点是以本土文化因素为主,而有较大份量的商文化因素,反映了商文化南下的势头愈远愈弱的情况,而本土文化亦能与不占主要地位的商文化"和平共处",也是值得反复回味的现象。

丁　纯土著类型。完全为土著文化面貌,只是其年代相当于商代二里冈期而已。由于商文化因素微乎其微或完全没有,与我们对文明的讨论无关,故"视而不见"可也。

关于商王朝后期即相当于殷墟阶段,目前能肯定可作为文化类型看待的实例为沙市周梁玉桥类型和宁乡黄材类型。这是以土著文化因素为主,并兼有极少量商殷文化因素的文化遗存,反映出商文化到了它的晚期,经历了由高潮到退潮的过程。本土文化在吸收了商文化因素,化为自身的"血液"之后,本土文化的"复归"有了新的进展:一是陶器的特色显著、技术精进;二是接受了商文化先进的青铜冶铸工艺,发展起了有本土特色的、丝毫不亚于中原的青铜铸造工艺(如湖南宁乡一带的大铙、象尊、豕尊等)。其具自身特色的青铜重器、精品,均已跻身于中国青铜器出类拔萃的珍品行列。因此,从这个意义上说,商王朝晚期的江汉洞庭地区的考古文化,表面上是在倒退(商文化因素少了),实则是在新的基础上前进,形成了两个以土著文化为主的文明中心,如同潜伏在沙漠底层已久的河流,在商晚期终于钻出地面,并且奔腾汹涌地流淌着,显示出江汉本土文化在注入了新的活力(商文化)之后,形成了汪洋恣肆的大江大河,从而使这里文明的艨艟巨舰在历史的长河中驶向一个新的水域,去掀起新的更大的冲天巨浪。

(三)荆楚地区西周时代的考古学文化

《史记·楚世家》记载:"熊绎当周成王之时,举文武勤劳之后嗣,而封熊绎于楚蛮,封以子男之田,姓芈氏,居丹阳。"据此,讨论西周时期的考古学文化,势必与楚文化的探索联系起来。

对于西周时期考古学楚文化的认识,现尚只能追溯到西周中期,例如鄂西当阳磨盘山遗址,湘西北澧县文家山遗址,均属于楚文化遗址,这已成为考古界的共识。谈论西周时期的楚文化,以江汉平原西缘当阳、江陵一线并湘西北澧县地带的年代最早,这亦是不容置疑的事实。遗憾的是,至今尚未确认西周早期的楚文化遗存。正因如此,目前关于楚文化最先兴起之地及楚丹阳之所在,仍众说纷纭,莫衷一是,成为楚文化研究中关键性的难解之谜。

从考古学研究角度来看,对于这样一个难解之谜,其谜底的揭开,应该说只是时间早晚的问题,对此不必失去自信。

从现有考古资料分析,江汉洞庭地区西周时期考古文化可以分为三个类型：

甲　周文化类型。其地域分布主要在鄂北，经由随枣走廊，东南至于随州、黄陂、孝感、大悟、汉川等地，典型遗址如襄阳真武山、黄陂鲁台山等。在鲁台山发现有西周早期铭文铜器的几座较大的贵族墓，这里曾是商王朝时期商文化控制区，故亦有商文化因素的遗留，自然也还有本土文化因素。

乙　楚文化类型。其地域集中在当阳沮漳河流域和澧阳平原，前已指出，目前尚只确认西周中期至晚期的楚文化遗存，在这一地域能否找到和认识西周早期的楚文化遗存，已成为众目睽睽之处，或云决非指日可待，然也不会遥遥无期。

丙　越濮文化类型。这应该是西周时期楚蛮文化，亦即本土文化。如《史记·楚世家》所云："兴兵伐杨越，皆在江上楚蛮之地。"迟至楚武王时期"始开濮地而有之"。故而这一地区除北来的周文化和渊源尚不分明的楚文化之外，便是这一文化类型。从地域看，鄂东北、湘中以南、湘西、鄂西南，都是这一文化的天下，迨至西周晚期以后，楚文化有了迅速的发展，此长彼消，楚文化与越濮文化成反比例地变化着；历史的巨轮转动到春秋时期以后，楚越文化的消长便完全变了样，此点留待后论。

（四）春秋战国时期荆楚地区考古学文化和楚国鼎盛期文明

荆楚地区的考古文化与早期文明研究的成果，论其收获，打个比喻，成两头大、中间小的马鞍形。即较早的史前文化尤以新石器时代文化考古收获大，较晚的东周时代（春秋战国时代）考古收获也极大，唯中间一段虽说比之建国以前、比之中原地区考古来说已是前进了一大步，也有不少重要成果，然仍不及上、下两头收获之大。这个"大"，不仅表现在考古发现的数量多且重要，更重要的在于考古研究的成果也最大。例如，论这一地区新石器时代考古文化，已有总结性的专著如《长江中游新石器时代文化概论》等问世。下及东周时期，不仅已有好几本专题考古发掘报告出版，公布了一些震惊中外的最新考古重要资料，而且综合性的研究专著，包括《楚学文库》丛书（大部分内容为对东周时期楚文化的研究）在内，其数量已达 30 种以上。这在东周各区域文化研究成果中，恐怕应无可怀疑地名列前茅。这真正是名副其实的“楚文化热”。不仅国内如此，国际上亦如此。例如 1991 年在美国召开了一次东周楚文化研究会，出版了英文版的《东周楚文化研究》一书。

当前，全面、系统研究楚国历史文化的“楚学”已形成，对楚学的研究已成为中国（包括港台）和世界的一个热门学问。楚文化被誉为“当时世界第一流的文化”[6]，它主要体现在东周时代的考古成果方面，这是广大考古工作者和各类专业研究者共同劳动、耕耘结下的硕果。

东周楚文化如此昭彰于世，应首先归功于从事基础工作的人们，这就是田野考古发掘及对发掘资料的整理与综合研究。正因为在这方面成就巨大，才得以形成楚文化热，使之风靡全世界。这其中成就最大的是关于东周时代楚墓的区系类型研究，即考古学上的分区、分类、分期工作。在东周 500 多年的长时间内，能够有一个较精确的年代分期系列，使考古资料建立在真正科学的基础之上，才不至于使楚学研究如沙上建屋，基础不牢。

关于东周时期这一地区以及楚国疆域扩展区的考古文化类型研究，遗址、城址方面的考古资料不及楚墓资料丰富（新发掘的遗址，可分出与楚墓对应的分期，详见第四章）。楚墓在东周各地域的墓葬总数中的比例，大约要占 70％以上。仅此一点，就足可看出楚墓资料不仅在楚文化且在东周时期全国考古文化中所具有的重要地位了。

对楚墓的分区、分类、分期研究，我们将在本书第六章予以详论，在此仅引述一下其梗概。

东周楚系墓葬大致可分为四区——中区、北区、东区、南区。中区指江汉平原西南部以沮漳河中下游和湘西北澧水流域为中心的地区。仅这个中区的年代可以与西周楚文化相衔接，这是楚文化的核心地区。

北区包括江汉平原北侧的鄂北、鄂西北直至豫西南淅川、豫南信阳一带。这是春秋早中期楚北上中原扩展、取周文化而代之的地区。南区指洞庭湖平原的南部和东侧，这是春秋早中期以后楚南向发展、取代越濮文化而代之的地区。东区指豫东和安徽更东至江苏甚至鲁南、浙北地带。本书对安徽以东的楚文化不予讨论（与本丛书其他卷配合），而只讨论楚都东迁以后荆楚地区的楚国晚期文化。

关于楚墓的分类，目前有几种看法，但从与历史学研究结合的角度看，可分为四大类，即大、中、小贵族墓三大类和被统治者的庶民墓一类。在这四大类内，自然还可区分一些小的层次，或称之为亚类，也是分类研究深入一步的行之有效的办法。

关于楚墓年代分期，已有不少成果问世，如对当阳赵家湖楚墓、江陵雨台山楚墓、江陵地区楚墓、湖南楚墓、鄂东楚墓、楚国东部地区楚墓等，都有一批富有代表性的论著出版；对所有各地楚墓整体性的综合分期研究，也已有代表性的论著发表。可以说，东周时代楚墓年代学的研究成果，与东周各区域文化的分期研究成果相比较，是最为丰富的。

自然，在论及楚墓整体分期中，认识也不是完全一致的，譬如说东周楚墓基本上可有六期或七期两种看法；在绝对年代的划分上也略有差异，即是说，六期、七期两说还存在着不是有着很大的或原则上的分歧。

从陶器墓、铜器墓、大墓、小墓等各类楚墓来看，笔者认为分作七期更能反映客观实际，在本书第六章将作说明，此不详述。

本书对东周时代考古资料的论述，将按七期分期法予以讨论。东周的楚文化考古成果至为丰富、广泛，举凡各类物质文化如城市的建筑、墓葬制度、青铜器、漆木竹器、丝麻纺织工艺以及反映制度文化、精神文化的所有门类（书画、文字等等），我们在对其内涵、特征及相关问题进行论述时，力争以科学的年代框架为依据，使丰富多彩的楚文化资料真正建立在扎实可靠的科学基础之上。

（五）楚汉之际至汉初的早期文明

作为中国早期文明之一的荆楚早期文明并不以公元前 223 年楚国的灭亡为界而宣布它的终止。作为考古学上的荆楚早期文明，客观事实是并不以楚国的灭亡而消失，也不因秦始皇的焚书坑儒而中断。楚文化的传流如同“抽刀断水水更流”，仍在汩汩地流淌着，一直流传到汉初武帝时，考古文化面貌才为之大变。因此，在本书里必须专辟一章论述这一早期文明余绪的考古成果，使人们对荆楚文明的传流有一个完整的认识。

属于这一阶段的考古资料及其研究成果已相当丰富，尤以云梦秦简、长沙马王堆汉墓帛书、江陵张家山汉简等几批简帛文字材料最为珍贵，有的原本就是战国时期楚人的著作而流传于汉代者。李学勤先生指出，“楚文化对汉代文化的酝酿形成有过重大的影响”[7]，在汉代，昔日的荆楚文明优秀成果已融合于汉代文明之中。

三

上面我们简略地概述了这一地区史前文化与早期文明的发展历程，为我们进一步认识与探讨这一地区的早期文明提供了基本的线索。对这一地区早期文明的认识，自应贯穿于本书的全过程。考虑到这是关系全书主线并须在理论上予以思考的问题，应作为本书导论的一个重要问题进行论述，以唤起读者与笔者的共鸣，共同来探讨这一涉及本地区文化与早期文明的主导性课题，以便对盛开在荆楚大地上的早期文明之花获得共识。

当前，对荆楚地区早期文明，特别是夏商西周时代的文明发展状况，如何认识与正确估价，存在着多种不很一致的看法，在此不一一列出辨析。但有必要将个人的一些认识提出来供大家讨论。在中国早期文明研究已获得较大进展的今天，我们可以面对这一地区的考古材料，作点实事求是的分析。

首先，我们从前文关于这一地区考古文化的论述中可以看出，新石器时代的荆楚地区，同样有着发达的原始文化，特别是在铜石并用时代，这一地区的屈家岭文化、石家河文化，无论就其发展水平与文化范围看，都可与中原地区文化并驾齐驱。在屈家岭文化发展顶峰期，其势力与影响甚至超过了同时期的仰韶文化。因此，这一地区文明曙光的出现，不会晚于诸如中原地区等其他文化先进地区；在铜石并用时代晚期，也已同样处于文明诞生时期和进入初级文明社会，这些应是不容置疑的客观事实。

历史的发展是不平衡的，文明的进步也是不平衡的。在夏王朝时期，这一地区文化的发展则从顶峰跌落下来，前进的步伐已明显落后于中原地区，而中原地区由龙山文化转变为相当于夏代的二里头文化时，已登上了文化发展的新高峰——一个新的文明中心诞生了，夏王朝建立了。与此同时，作为昔日曾与中原地区平行发展、竞趋争先的荆楚地区，却没有形成一个与夏王朝平行发展的文明中心。但是没有这样的文明中心，并不等于没有了文明！文明仍然存在着。

在谈论此问题时，需要对中国文明形成的模式有一个共识，即文明起源的多元论问题。对文明起源多元论如何认识？在本丛书前言里已有说明。在此仅强调一点，在中原地区建立的夏商文明体系并不是中原一个地区文明自身发展的单线条进展的产物，而是汇融、凝聚了包括荆楚地区在内的各地文明因素的产物，并且通过中央王朝的核心作用，又将这提炼、升华了的文明成果反馈、推广到其他地区，使其他地区特别是与中央王朝关系密切的地区，其文明发展的进程不致太落后于中央王朝所在的地区。这就是说，我们应以中国文明的整体观念来对待、考察荆楚地区的文明状况。

还要明确的一点是，楚族、楚国的文明与荆楚地区的早期文明是两个既有联系又有区别的概念。人们往往对此产生错觉，认为楚国是在西周建立的，在此之前，无荆楚文明可言。诚然，若论楚王族建立的楚国家文明，最早只能追溯到西周。但我们所要讨论的是这个地区——江汉洞庭地区（长江中游地区、荆楚地区）的早期文明，因此，必须探讨相当于夏商王朝时期，这一地区是否存在着文明？如果有，表现在哪些方面？与中原夏商王朝文明有何异同？这正是问题的焦点所在。

在我们看来，当中原地区出现了文明社会的金字塔——夏商王朝，作为金字塔的底层结构——各地区的文明，既然已共同凝聚为一座光芒四射的金字塔，则作为塔座的各地区文明，特别是铜石并用时期已步入初级文明的各地文明中心，便成为夏商文明的有机组成部分。

但是，这还需要界说，并且加以限定，否则，就会夸大这一地区文明发展的程度。

这个界说，这个限定，一言以蔽之，就是这一地区内部发展的不平衡性。在夏商王朝时期，荆楚地区文明的整体发展程度显然已落后于中原地区，这是地区之间发展的不平衡状态。在地区内部，同样存在着发展的不平衡状态，从而导致本地区各个地点文明发展程度的大相径庭。

从已有考古材料出发，相当于夏王朝时期的荆楚地区，还只存在一些文明的点块。例如盘龙城遗址下层的王家咀二里头时期文化遗存，鄂北青龙泉三期文化中的二里头文化因素，鄂西宜昌白庙等地的文化遗存，均是这一地区夏王朝时期文明的遗迹。遗憾的是，关于这一时期的考古发现太零碎，材料太少，尚不可能对这一时期文明发展程度及其特点提供有说服力的材料，只有俟诸今后的新发现了。

这一地区商王朝时期的文明状况，所提供的考古材料稍多一些，但仍然只是一些点，由点到面的情况也多属空缺。从现有考古材料看，这一地区个别地点的商代文明，其发展水平不亚于中央王朝所在地区，其代表性的地点就是已蜚声中外的盘龙城遗址。姑不论此遗址文化属性的多种看法（本书第二章有论述），说它是产生在荆楚大地上的商代文明，对此应无可置疑。只要我们认为中国文明是一个整体概念，盘龙城的文明以及商晚期的周梁玉桥、宁乡黄材文明，就是荆楚地区商王朝时期文明的代表，反映了这一地区文明发展的水平。正是由于荆楚地区内部文明发展的不平衡性，像盘龙城这样高水平的文明，今后能否再发现？可能有，也可能没有。从整体看，这一地区商时期文明的总体状况显然落后于商王朝所在的中原地区，但决不能因为它落后于中原地区，便断定荆楚地区尚未进入文明时代。只能说这一地区在商王朝时代，虽已进入文明时代，但文明发展的程度，各地有高低之分，并且确有相当大的一部分地区尚未跨入文明的门槛，这才是实事求是的看法。

西周王朝时期，楚已立国于江汉地区，无疑已进入了国家文明，对此无须多说。同样地，由于内部各地发展的不平衡性，也并不是所有地区同时进入了楚国家文明时期，这在历史记载上也有明证。

东周时期是荆楚文明大发展时期，此期之强盛，已越出江汉洞庭地区，成为“南卷沅湘，北绕颍泗，西包巴蜀，东裹郯邳”[8]的庞大王国。李学勤先生指出：“楚文化的扩展，是东周时代的一件大事……说楚文化的影响所及达到半个中国，并非夸张之词。”[9]其实，荆楚早期文明的发展在这时达到了最高峰，影响所及，说它遍于全中国甚至影响到亚洲太平洋地区，也不为过分。而从历史的长河来看，它的影响延及于后世，一直到今天。近些年出现的楚文化研究热，不妨也可以作为影响至今的一种反映。

如此看来，荆楚早期文明作为一个特定时限的文明，虽已“死去”，但文化传承是不能割断的。荆楚早期文明作为一个历史概念虽只存在于历史上，但她的文明的精髓、文明的灵魂，仍然活在人们的心里。这就是我们为什么还要对她顶礼膜拜，还要对她重新认识、使之发扬光大的缘由，也是我们为什么还要倾注精力书写她的历史的缘由。

关于本书体例，稍加说明。

第一，本书作为《中国早期文明》丛书之一，论述长江中游荆楚地区史前至汉初的考古研究成果[10]。在这一时空范围内的考古收获与研究,硕果累累,特别是史前文化和楚文化研究,论著甚多。但通论这一地区从史前到汉初的考古成果与文明历程的著作,此前罕见,本书为这类论著的初试之作[11]。

第二,本书运用历史学、考古学的基本理论与方法,注重考古资料(包括最新资料)的再整理、再认识。考虑到诸如楚城址、墓葬及多类出土文物,已有不少专著论及,本书在继续作这些论述时,尽量避免重复,力求在已有研究成果的基础上有所前进与创获。即使对考古基本材料,都经过重新核查与进一步整理研究(例如对楚城址材料的重新核查与补充,剔除了不可靠的材料)。对荆楚兵器、工具,有必要作全面、系统的专题研究,书内占有较多的篇幅。所有这些,目的是使荆楚考古资料更具科学性。本着科学性与创造性的统一,以求真、求深、求新的进取精神,求索真文明[12]。唯其如此,才能使这一地区优秀的文明传统在当代起到"经世致用"、潜移默化的独特作用。

第三,本书结构采取纵横交错的方式。第一至第四章、第十一章,系按历史年代、王朝兴替的时代顺序,作纵向论述。第五章至第十章则为横向的分类论述,重点为东周时代的荆楚文明。

第四,学术贵在创新。书中提出了不少与前贤、时贤相左的看法,抛砖引玉,希望有助于对这一地区早期文明的进一步深入研究。限于学力,且完稿时间较为匆促,不妥与失误之处,在所难免,敬请读者、方家批评、指正。

本书第八章的第三、四两节(不包括第四节之二)是由湖北荆州博物馆研究员王崇礼撰写的;第九章由湖南省博物馆研究员熊建华撰写。

注　释:

[1] 荆楚地区和江汉地区,也可分作广义的和狭义的两种理解。广义的荆楚地区指包括现今的湖南、湖北两省和河南、江西小部分地区,与长江中游地区概念相似(长

江中游地区一般指宜昌段以下，本书则包括三峡地区，即包括湖北省三峡段和重庆市的三峡段在内）。狭义的荆楚地区则仅指湖北省范围，例如 1994 年湖北教育出版社《湖北简史》一书作如此观。江汉地区一称，一般指湖北江汉平原地区，在本书则作为江汉洞庭平原地区的省称，与荆楚地区概念相近。这是广义的江汉地区。特作以上说明，以免读者在阅读时产生错觉。

[2] 所述本地区考古学文化及其研究的材料均见本书各章节注释和附录一彩版、插图的说明与资料来源，在此不再注明出处。

[3] 严文明：《略论中国文明的起源》，《文物》1992 年第 1 期。

[4] 刘彬徽：《长江中游地区文明起源问题的思考》，《南方文物》1996 年第 2 期。

[5] 邹衡：《夏商周考古学论文集》第 133—134 页，文物出版社 1980 年版。

[6] 张正明主编：《楚文化志》序言，湖北人民出版社 1988 年版。

[7][9] 李学勤：《东周与秦代文明》第 12 页，文物出版社 1984 年版。

[8]《淮南子·兵略训》。

[10] 这类论述考古研究成果的书名冠以文明之称，已有先例，例如李学勤著《东周与秦代文明》，是“综述东周和秦代考古研究成果”的书。王仲殊著《汉代考古学概说》（中华书局 1984 年版），在国外出版的书名是《汉代文明》（《Han Civizationil》，Yace University Press，1982）。

[11] 以湖北、湖南两省考古成果为主要内容的研究论著，有《楚学文库》中的多种，以及《湖北考古发现和研究》、《湖南先秦考古学研究》等等。但本书从其时空范围和内容、结构、体例看，都与这些论著存在较大差异，具有自成一体的特色。

[12] 参阅朱维铮著《求索真文明——晚清学术史论》（上海古籍出版社 1996 年版）。此书评估清代学者的真精神，认为倘若没有“学者们的世代努力，中国的传统文化岂能跃出‘故纸堆’而生辉人间”（第 4 页）。但在现时代，更要努力做好考古资料整理研究的基础工作。“对地下资料进行综合加工，结合古文献资料，总可以留给后人一点新文献”（《华夏文明(1)》序言，北京大学出版社 1987 年版）。这类新文献，既是求索真文明的成果，也是进一步求索真文明的需要。

第一章
荆楚文明的孕育

第一节　江汉洞庭地区的远古文化

水有源，树有根。荆楚文明的源头应追溯到这一地区的远古文化。远古洪荒之世，在历史记载中仅有疑窦丛生的神话传说，唯有仰赖于考古发现才有可能目睹其“庐山真面目”。

这一地区远古文化在考古学上属于石器时代考古，在建国前这里无考古工作可言，史前文化成为一片空白。从20世纪50年代起，逐步填补空白，现在对这一地区的史前文化序列，已比较清楚。为探讨这一地区文明的起源，必须先对其史前文化发展历程有一个概括性了解。

一、古人类活动遗迹与旧石器时代文化遗存

恩格斯说“有了人，我们就开始有了历史”（《自然辩证法》），也就有了人类文化。人类出现的最早

阶段是猿人(直立人)。20世纪20年代末期在华北发现的北京人早已著称于世。1960年代华南发现元谋猿人之后,位处华中的长江中游地区有没有早期人类化石及文化遗存?也就是说,这一地区的人类早期文化是不是也和华北、华南一样古老、久远?人们翘首企盼着。果然过了不多久,就有了突破性进展。1970年代中期相继在鄂西北的郧县、郧西县发现了猿人化石遗存,成为继北京猿人、元谋猿人之后的新的重大发现。

1973至1975年郧县梅铺龙骨洞先后经过采集和发掘[1],获得猿人牙齿化石4枚,经人工打击成的石核1件及20多种伴生哺乳动物的化石。其年代距今七八十万年,“要早于北京猿人”[2]。成为这一地区迄今发现的最早人类化石和文化遗存。

1976至1982年在郧西县神雾岭白龙洞中发现猿人牙齿化石8枚、石制品200件,共存的20多种哺乳动物化石,多与郧县龙骨洞所见相同,但古老的残存种不见,而新种有所增加,因此白龙洞猿人化石年代晚于前者,距今约四五十万年[3]。

1989至1990年又有一次重大发现,在郧县曲远河口学堂梁子,获得两具人类头骨化石,石制品数十件,哺乳动物化石10余种,其年代距今约百万年[4]。这是在中国南方首次发现的猿人头骨化石,消息发表后,引起国内外广泛关注,影响甚大。

以上发现确实意义重大。郧县龙骨洞猿人年代稍早于北京猿人,后又首次在南方发现猿人头骨化石。对这两具较为完整的人类头骨研究发现,头骨整体很大,整个脸面短宽,上面部和中面部扁平,上颌体不鼓胀,上颌骨与颧骨成角较锐等。这些特征,与中国已发现的其他古人类化石相符,而与世界其他地区同一进化阶段的古人类则不同。这一研究进一步表明:“现代中国黄种人的祖先不是由非洲迁移而来,而是由中国土生土长的猿人演化而成。”[5]1993年又报道三峡地区发现“巫山猿人”,年代可早到200万年前,这是目前中国已知的最早的人类化石地点[6],更加证明长江中游地区确为远古人类文化孕育、诞生的重要地区之一，荆楚文化的源头至为久远。

旧石器时代早期偏晚的文化遗存，有鄂东的大冶石龙头遗址，出土80多种石制品，年代约距今20多万年[7]。在湘西北则有津市虎爪山遗址[8]。目前虽只发现几个地点，但由此不难推测，至迟在距今20多万年前的旧石器时代早期，江汉洞庭地区从西到东，从北到南都有早期人类从事采集、渔猎等活动，在与大自然斗争中求生存、求发展。

旧石器时代中期，即早期智人（古人）阶段的人类化石，首先在鄂西的长阳发现[9]，1956至1957年，在该县黄家塘下钟家湾的一个溶洞中，包括连同两颗牙齿的左侧上颌骨和一颗单独的前臼齿，距今约10万多年。1980年又在该县果酒岩发现古人类头盖骨化石[10]。1986和1987年在枝城九道河发现旧石器遗存，共获得石制品395件[11]。在洞庭湖西岸平原的澧县鸡公垱、新晃大桥溪等地发现的旧石器时代中期遗址，只有一些打制石器，鸡公垱的遗迹遗物具典型意义，被称之为"鸡公垱文化"[12]。

旧石器时代晚期，即晚期智人（新人）阶段的人类化石，发现的时间反而比发现猿人、古人化石为晚。20世纪90年代初，首先在洞庭湖西北侧石门县取得突破性进展。在该县燕耳洞发现了人的股骨、下颌骨残段和蹠骨各一件，牙齿3枚并21件石制品及20余种哺乳动物化石和少量旧石器，年代约距今2万多年，被命名为石门人[13]。这一发现填补了江汉洞庭地区旧石器时代晚期人类化石的空白，也结束了湖南境内无人类化石的历史，证明洞庭湖西侧地区也是古人类文化起源与发展的重要地点。

旧石器时代晚期的文化遗存，从已发现的地点看，遍布于江汉洞庭地区。目前经过发掘的最重要的一处遗址是江陵县鸡公山旧石器时代遗址，位于略高出周围平原的一处土岗上，原面积1 000平方米。1992年荆州地区博物馆、北京大学考古系配合工程建设进行发掘，揭露面积约400平方米，发现了两期文化堆积，出土了数以万计的石器、石制品和碎石等。还发现居址遗迹，其中在距今约四五万年前的地层中清理出古人类的活动面，揭示出多处当时人们生产留下的遗迹，如由砾石围成的五个圆圈等[14]。这是中国迄今首次发现的旧石器时代人类在平原上的活动遗迹，它将对中国旧石器时代人类在平原地带活动的研究产生新的突破性进展，对旧石器时代晚期人类的氏族组织、生产能力以及精神活动等都具有重大的认识价值。

湖南旧石器时代文化遗存，原是一片空白，晚到20世纪80年代才有突破性发现。除前述的早、中期数处外，多为晚期遗存。自1987年首次发现旧石器遗址以来，已有200多处地点，广泛分布于湘、资、沅、澧四条水系的河流两旁阶地上，大多有确切的地层，主要为靠近洞庭湖的四水的中下游地区，部分发现于网纹红土层中，尤以湘西的沅水、澧水流域为多，并可区分为两个文化类群（图1.1-1）。网纹红土层广泛分布于长江、珠江流域，因此，这一发现为华南各地区旧石器文化的对比研究拓宽了发展前景。

湖南的旧石器文化遗存虽然发现得比较晚，但通过湖南考古工作者的努力，对旧石器文化序列的认识现比湖北地区更为明确。总的来说，江汉洞庭地区的旧石器文化属于南方（包括华南）砾石石器文化系统，与华北以石片石器为主体的旧石器传统有明显的区别。由此表明，我国南北文化的差异可远溯至旧石器时代。这种差异及南北各自的传统必然影响到新石器时代的文化。

例如，有学者研究了湘西北澧县、石门、慈利等地以盘状器为基本内容的打制石器文化，其中澧县宋家溪、慈利金台遗址保留有确切地层。从地貌地层分析，宋家溪文化堆积可能为晚更新世末到全新世初期。在地层上和时代上与旧石器向新石器过渡时间相吻合。在周缘向一面打击成圆盘状刃口的盘状器，是这一类文化遗存最富特点的石器类型。它最初出现于旧石器时代晚期，流行于由旧石器文化向新石器文化过渡阶段和新石器时代早期。这种以盘状器为特征的打制石器文化，是由旧石器文化向新石器文化过渡的桥梁[15]。

由以上旧石器文化的叙述，可以归纳为以下几点认识：第一，江汉

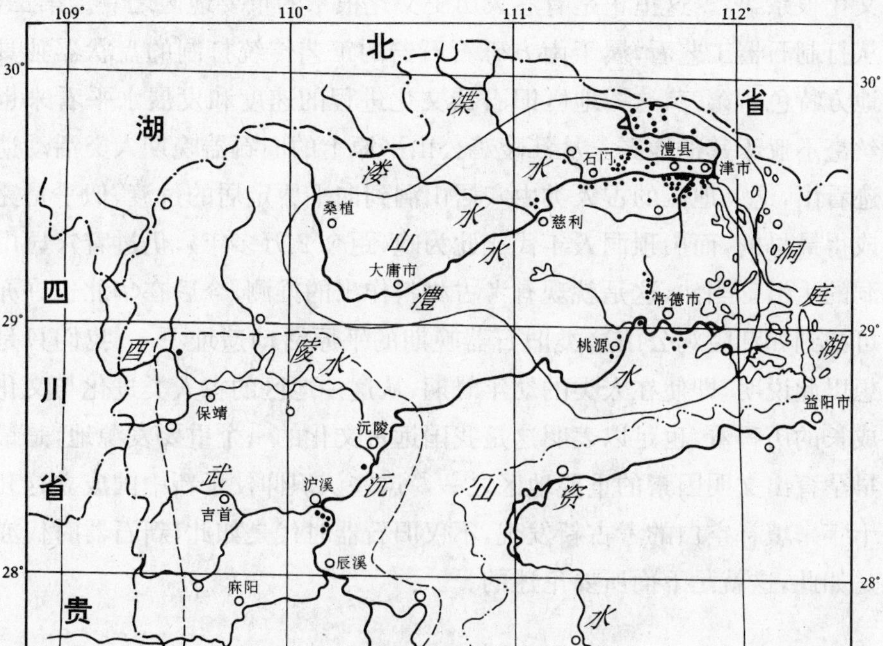

图 1.1-1　湖南西部旧石器遗存分布图

洞庭地区远古人类活动的起始年代相当地早，在“人猿相揖别”之后就开始生息在这块古老的大地上。苏秉琦先生指出，我国有超百万年的文化根系[16]。这里正是有悠久历史文化根系的重要地区之一。第二,从打制石器工艺看,属于南方砾石石器的工艺传统打制的盘状器独具地方特色。第三,这一地区旧石器文化进程的速度和发展水平看来也丝毫不亚于其他地区。从江陵鸡公山平原上的旧石器晚期人类活动遗迹看出,这一地区的古人类由穴居山洞到向平原定居的过渡,似乎是完成得最早的,而山顶洞人年代比此为晚(距今 2 万多年),仍过着穴居山洞的生活。当然,这是就现有考古材料作出的推测,今后在华北也许亦可找到如江陵鸡公山这类旧石器晚期的平原活动遗址[17]。我们只是想以此说明,即使在人类的幼年时期,从这一地区的古人类进化与文化成长的历程看,也足以表明这是我国远古文化的一个重要发源地,是最早孕育出文明因素的重要地区之一。这些认识仰仗于新中国成立这几十年来填补空白的考古新发现,不仅旧石器时代是如此,新石器时代亦是如此,这就是下面所要论述的。

二、江汉洞庭地区史前文化发展的新阶段

人类社会发展的历史,大约经历了 300 万年左右,在这漫长的岁月中,属于旧石器时代的原始社会时间最长。在我国,旧石器时代结束,进入新石器时代到阶级社会、文明和国家的形成,大约只有近万年时间,只占原始社会时期的几百分之一。虽然在时间上来说比之旧石器时代显得十分短暂,但这近万年间却是原始社会文化加速发展的时期,是史前文化发展的具有决定意义的新阶段。特别是在近年研究中国文明起源的新的研究热潮中,夏鼐、苏秉琦等老一辈考古学者都指出,"文明的起源还应上溯到新石器时代"[18]。因此,对这数千年史前文化新阶段的研究有着特殊重要的意义。

建国以来特别是近 20 年来的考古工作与研究,证实这一地区新石器考古在我国文明起源研究中具有举足轻重的作用。与旧石器时代考古一样,在数十年以前是看不出这种作用的。一项项重要发现,都是填补空白且令人振奋的事,比之黄河流域考古工作,不仅已迎头赶上,且

有后来居上之势。这并非“王婆卖瓜，自卖自夸”之辞，有事实为证：距今1.4万年的陶器、稻谷遗存，黄河流域没有；距今近9 000年的早期文化遗存，黄河流域已发现的比此稍晚；年代最早的古城在这里被证实；龙山时代面积最大的古城屹立在长江之滨，而黄河流域同时代古城虽然数量众多，而规模无出其右……一连串的重大发现使这一地区新石器时代考古令世人刮目相看，在中国文明起源的“满天星斗”中，原来这里的星斗竟如此之大而亮！就像被乌云遮住的星空那样，一旦驱散了浓厚的乌云，人们就惊喜地发现了它耀眼的光芒。

这也如同鲜花盛开的百花园，在园丁的辛勤劳动下，终于让这一地区开出了艳丽的花朵，然而这是迟开的花朵！对这迟开的花朵，敏锐的人一眼就能看出它的异常之处，而有的人则囿于成见，视而不见或有意无意贬低其重要意义，这样的情况确实存在着[19]。因此，我们不得不浓墨重彩地作较多的描述论证，以让其光彩如实地显现于世。当然，面对如此众多的重要发现，研究成果也与日俱增。特别在建立这一地区考古文化发展谱系、年代序列和追寻文明起源、发展两个重大课题上，已取得了丰硕的成果。在此，将以文化发展历程为重点，综合已有研究成果并参以已见作一论述。

长江中游新石器文化发展历程，如同一环套一环的链条一样，基本上节节相因，环环相扣，这就是：

道县玉蟾岩文化遗存……　彭头山文化→皂市下层文化→
大溪文化→屈家岭文化→石家河文化

上列箭头所指处，表示两个文化前后衔接的继承、发展关系，不存在缺环。最前面的道县玉蟾洞遗存与彭头山文化之间则尚未发现中介环节，有待今后寻找。下面先从彭头山文化谈起。

彭头山文化是一颗新星，现在这一命名已得到公认。它是长江中游乃至我国目前所知新石器文化系列中年代最早的一个文化之一；黄河流域的磁山·裴李岗文化与之处于同一发展阶段，但其开始的绝对年代，要稍晚于彭头山文化。

继之而起的皂市下层文化，在长江沿岸的湖北境内被称之为城背溪文化(其早期归入彭头山文化)，但从长江中游地区整体考虑，以称之为皂市下层文化为好。

继之而起的大溪文化，相当于中原地区的仰韶文化前期后段、后期前段。在大溪文化后期已处于由母系氏族社会向父系氏族社会的转变过程中，其末期已进入了父系氏族社会形态。

继之而起的屈家岭文化乃本地区新石器文化发展的顶峰。它与其前的大溪文化后期可归属铜石并用时代早期，相当于我国古史传说的五帝中前三帝时代，已跨进了文明时代门槛。

由屈家岭文化发展为石家河文化的时代，相当于中原地区龙山文化时代，进入了铜石并用时代晚期，大致在我国古史传说的五帝中后二帝时代。这时候恰如新生儿呱呱落地之时，真正意义上的文明社会时代到来了。

以上是对系列文化发展线索的总体勾勒，下面作具体论述。

(一) 彭头山文化、皂市下层文化

这是距今 7 000 年以前的前期新石器文化。

当黄河中下游地区于 20 世纪 70 年代相继发现与确认了早于仰韶文化与大汶口文化的磁山 · 裴李岗文化和北辛文化之后，人们自然会关注着长江中游早期的文化发现。皇天不负有心人，湘鄂两省考古工作者历尽艰辛，几乎在与中原地区发现较早阶段文化遗存的同时或稍后不久，在这一地区也取得了突破性进展，这就是相继在湘西北与鄂西两地发现的彭头山文化、皂市下层文化和城背溪文化类型。

经碳-14 年代测定，彭头山文化“其年代范围肯定超出8 000年，其上限可能接近于距今 9 000 年”[20]。严文明根据碳-14 年代数据，认为：“可以用延长正弦曲线的方法去推测，由此推测的彭头山文化的年代大约是公元前 7 000 至前 5 500 年，与中原地区的磁山文化或磁山 · 裴李岗文化大致相当而稍稍偏早。”[21]1994 年又公布了一次数据，认为“可把距今 7 700 到 8 000 年或稍大于 8 000 年暂定作彭头山遗址的年代范围”[22]。它所反映的时代特征，要早于中原地区诸新石器早期文化[23]。

彭头山文化及稍晚的皂市下层文化都有见之于旧石器时代晚期的一种有特色的盘状器，这是前面已提到的旧石器向新石器文化过渡的代表性文化遗物。研究者认为“彭头山文化诸遗址所处的澧县，已成为长江以南和长江流域研究新旧石器时代的更替、新石器时代革命最理想的地点之一”[24]。

彭头山文化中最具典型性、代表性的是彭头山遗址。

彭头山遗址现属澧县大坪乡，距县城东南12公里，位于洞庭湖区西北岸澧阳平原的一个小土岗上。南临澧水，北近武陵山余脉。遗址现存面积约1万平方米，大部分为现代村落所占。1988年发掘了约400平方米，遗迹有房屋基址、灰坑和墓葬，出土大量陶器、石器以及稻谷遗存。

房屋基址有两座，其一为较大的地面建筑，平面近方形，面积约30平方米，这是迄今在中国发现的最早的房屋基址（图1.1－2之1）。它的构筑方式不同于长江下游的河姆渡文化和马家浜文化中的干栏式建筑，也与黄河流域的居址有别，而与本地后续文化如大溪文化、屈家岭文化的房屋基址比较接近。

遗址地层内陶片甚多，有的探方中陶片密结成层，18座墓葬内出土的陶器较完整。陶器器类主要为釜、罐、钵、支脚，容器几乎都是圜底器（图1.1－2之3）。这是具有自身特征的一组典型器物群。这些陶器制作均较粗糙，用泥条贴塑法制成，显示出制陶技术尚处于发明不久的阶段。

彭头山的稻谷遗存，已在国内外引起很大的反响[25]。在彭头山遗址的红烧土块中包含许多稻谷壳，一些陶器也是掺稻谷碎屑而烧成的，成为别具一格的夹炭陶器。稻谷壳颗粒较大，形状接近于现代栽培稻，无疑是栽培稻的遗存。过去只知道河姆渡的稻谷遗存年代最早，由于彭头山的发现，便把栽培稻开始的年代一下子提早了一两千年，这是稻作农业起源研究的一项重要成果。

在彭头山遗址还发现了刻划符号，这也是十分重要的新发现。据简报所发表的一个刻划符号，是刻在一件磨制的石棒形坠饰上。石饰形状为宽扁条形，断面呈椭圆形。上端对穿钻孔，孔上方切割系槽，在下端有一刻划符号：|×|（图 1.1－2 之 2）。此件通长 8.5 厘米、底宽 1.1 厘米、厚

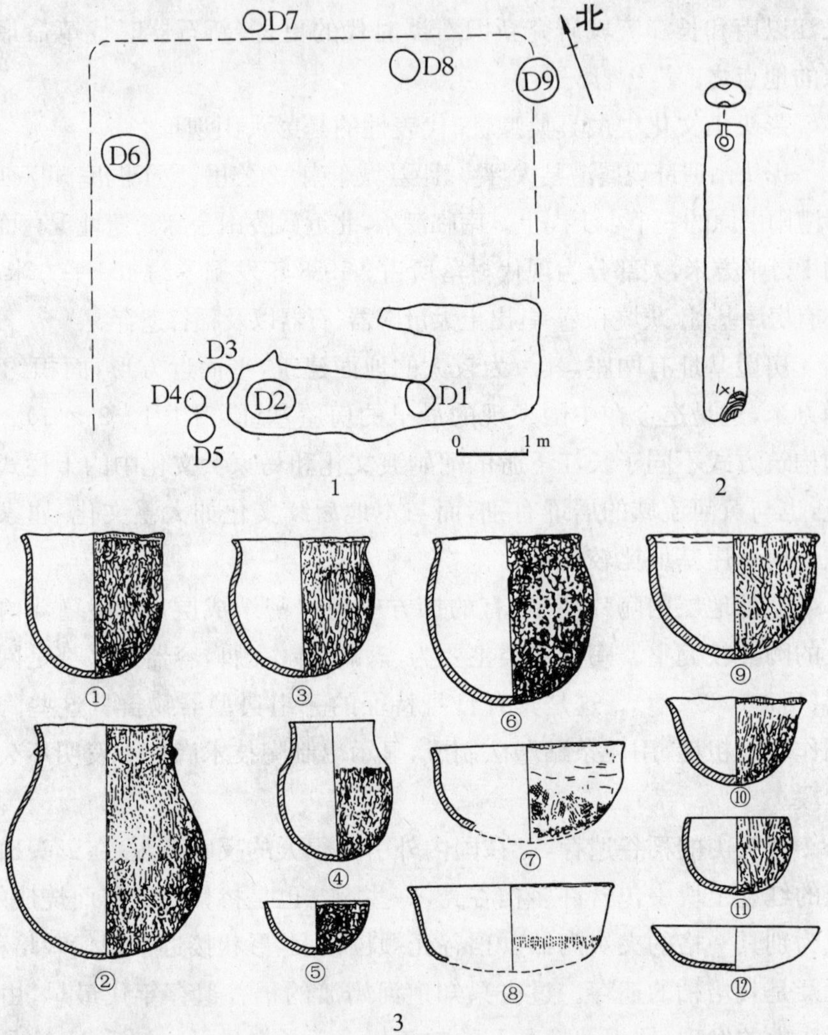

图 1.1－2　彭头山文化遗存

0.7 厘米。这是长江流域发现的最早的刻划符号,应是与文字起源有密切关系的新发现,是值得大书特书的又一重要新发现[26]。

彭头山文化的遗址除彭头山遗址外,还有澧阳平原的李家岗、八十垱、下刘家湾和黄麻岗等数处[27]。在鄂西长江沿岸也有多处。澧阳平原是彭头山文化的起源地与中心区。就目前的考古发现看,在我国新石器早期"农业革命"产生的农业文化中,是年代最早且发展水平处于领先地位的一处。原始农业文化是走向文明社会的前提与基础,这里成了荆楚地区走向文明的坚实基地。创造彭头山文化的先民们聚族而居,故可称之为彭头山族群。彭头山族群创造了在当时最先进的农业文化,他们的业绩当之无愧地彪炳史册。

彭头山文化的下一个发展阶段为湘西北的皂市下层文化[28](图 1.1-3)。在鄂西长江沿岸的则被命名为城背溪文化或类型[29]。据碳-14测年,其年代约在公元前 5 800 至前 5 000 年间,晚于彭头山文化,

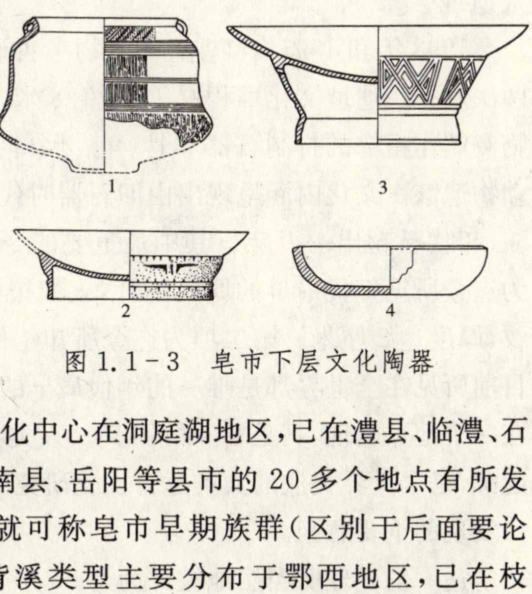

图 1.1-3　皂市下层文化陶器

早于大溪文化。皂市下层文化中心在洞庭湖地区,已在澧县、临澧、石门、慈利、常德、桃源、津市、南县、岳阳等县市的 20 多个地点有所发现。创造这一文化的族群就可称皂市早期族群(区别于后面要论到的皂市晚期族群)。城背溪类型主要分布于鄂西地区,已在枝城、枝江、秭归、宜昌、长阳等 10 多个地点有所发现。创造这一文化的先民可称之为城背溪族群。这两个族群的文化内涵、特征基本相同;但由于两者的地域一在湘西北,一在鄂西南,也有一些明显的差异。例如就陶器器类说,皂市下层文化多各种形式的罐,特别是亚腰形罐(图 1.1-3 之 1),罕见于城背溪类型,而后者多见釜;

前者多支座少支架，后者反之，尤以猪嘴形支架为多见。以纹饰看，皂市下层文化有极丰富多彩的刻划纹饰和篦点纹，已出现少量彩陶，一为白色红彩，一为红地黑彩。而后者以绳纹古绝对优势，少刻划纹。这种同和异的来源，可能要到这两个地区更早的原始文化中去寻找，即两个类型各自传承其更早的文化而来。而其相异的因素，可能更多地与各自受相邻文化的不同影响有关。城背溪类型可能与汉水流域尤其是汉水上游早期文化的影响有关。而皂市下层文化某些特点可能与沅水中游、湘江流域的湘中甚至湘南早期文化影响有关。这并非纯属推测之辞，因过了不久，就在湘南发现了比彭头山文化年代还要早的遗址，这就是道县玉蟾岩洞穴遗址。

1993 年和 1995 年，湖南省文物考古研究所对玉蟾岩遗址进行了两次发掘。遗址文化堆积厚 1.2—1.8 米，地层基本保存完好。出土遗物有制作粗糙的打制石器和骨、角、牙、蚌制品，还有火烧灰堆、大量的动物遗骸。文化内涵呈现出由旧石器时代向新石器时代文化过渡的面貌，年代已超出一万年。其中最重要的令世人瞩目的为两项：第一项为迄今所见年代最早的原始陶片，火候很低，质地疏松，两面有粗线条纹，厚度达 2 厘米。第二项为迄今所知年代最早的人工栽培稻实物，是目前所见在全世界都是唯一的年代最早的水稻实物标本。这两项同时在一个地点发现，真是“一举两得”。人类陶器起源和人类栽培稻谷的起源，是全世界关注的人类远古文化研究的两个重要问题，可以想见这一发现的重要意义。

这一发现理所当然地被评为 1995 年度全国十大考古和 20 世纪百项考古发现之一[30]。

道县玉蟾岩遗存与彭头山文化之间还有缺环，现在还难以找出两者之间的文化联系[31]。但可以推测玉蟾岩的陶器、水稻与彭头山文化的陶器、水稻之间会有着某些演变线索，只是尚未找到中介环节而已，这有待于今后去寻找这种远古文化链，弄清其演变轨迹。

还应补充一点的是，大体与皂市下层文化同时而稍晚的在长沙和湘西南的黔阳高庙也活跃着一些族群。在长沙南托发现的文化遗存，可以命名为"南托文化"[32]（图 1.1－4之1、2）。在高庙发现的文化遗存，也可称之为"高庙文化"[33]（图 1.1－4之3、4、5）。高庙遗址的发掘主持人贺刚并就高庙、南托等地发现的兽面神徽纹样（图 1.1－4），对中国史前艺术神器进行了初步考察，认为史前艺术神器的出现，"实乃中国古代文明业已发源的一个重要表征"[34]。

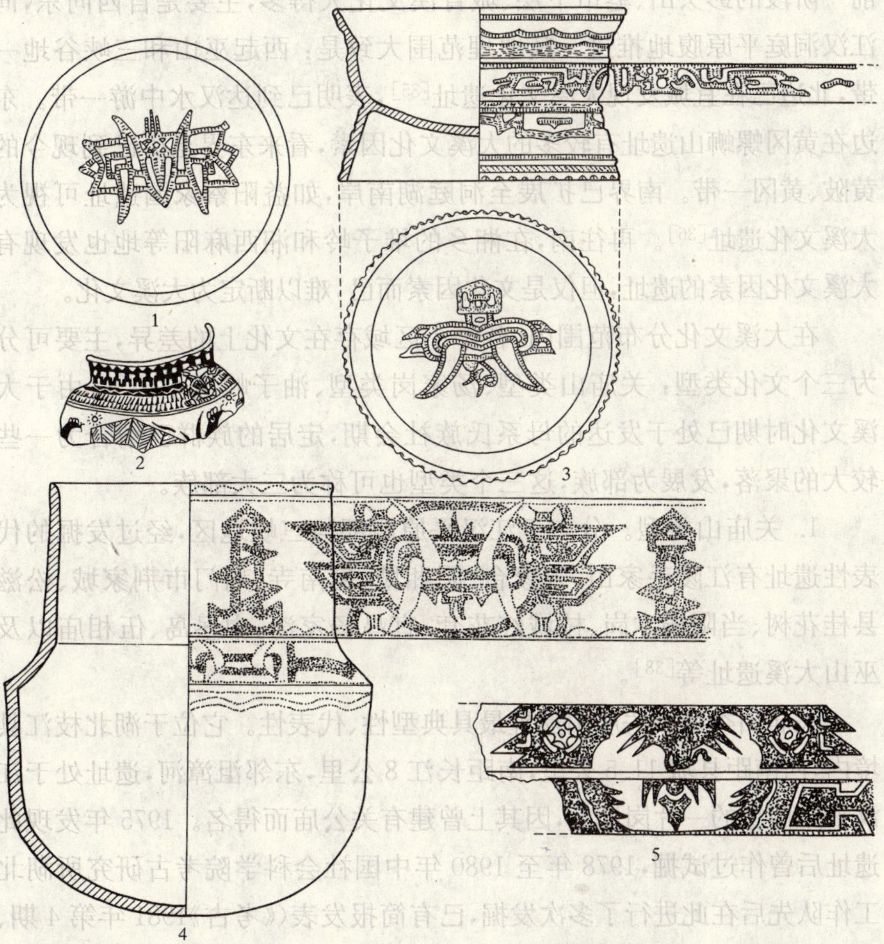

图 1.1－4　南托文化、高庙文化陶器图案

（二）大溪文化

长江中游的大溪文化，以首先发现于重庆市境巫山大溪遗址而得名，20 世纪 50 年代末就已被发现。通过 40 多年来的考古工作，大溪文化的时空框架更加清楚：它最早起源于江汉平原西南部和洞庭湖西北岸，是在前一阶段彭头山文化、皂市下层文化和城背溪文化的基础上发展起来的本土文化，有一套独具特色的陶器群而与其他地区及其以前、以后的文化相区别，在工具、居址、葬俗方面均自具特征。其地域分布比前一阶段的彭头山、皂市下层、城背溪文化大得多，主要是自西向东，向江汉洞庭平原腹地推进。其地理范围大致是：西起巫山和三峡谷地一带，北边已在宜城发现大溪文化遗址[35]，表明已到达汉水中游一带。东边在黄冈螺蛳山遗址有较多的大溪文化因素，看来东界至少已到现今的黄陂、黄冈一带。南界已扩展至洞庭湖南岸，如益阳蔡家园遗址可视为大溪文化遗址[36]。再往南，在湘乡的堆子岭和湘西麻阳等地也发现有大溪文化因素的遗址，但仅是文化因素而已，难以断定为大溪文化。

在大溪文化分布范围内，各个小区域存在文化上的差异，主要可分为三个文化类型：关庙山类型、汤家岗类型、油子岭类型[37]。由于大溪文化时期已处于发达的母系氏族社会期，定居的族群已结合为一些较大的聚落，发展为部族，这三个类型也可称为三大部族。

1. 关庙山类型。分布于江汉平原西部与三峡地区，经过发掘的代表性遗址有江陵毛家山、朱家台、阴湘城、荆南寺、荆门市荆家城、松滋县桂花树、当阳杨木岗、枝城红花套、宜昌杨家湾、中堡岛、伍相庙以及巫山大溪遗址等[38]。

关庙山类型以关庙山遗址最具典型性、代表性。它位于湖北枝江县境内，西南距县城 11.5 公里，南距长江 8 公里，东邻沮漳河，遗址处于江汉平原西缘的一片岗地上，因其上曾建有关公庙而得名。1975 年发现此遗址后曾作过试掘，1978 年至 1980 年中国社会科学院考古研究所湖北工作队先后在此进行了多次发掘，已有简报发表(《考古》1981 年第 4 期、1983 年第 1 期)。遗址内涵相当丰富，丰厚的文化层下层为大溪文化，中上层为屈家岭文化、石家河文化，是有着前后连续的两千年悠久历史的中心聚落遗址之一。而以大溪文化的地层最厚、最丰富，可细分为有连续演变关系的五期。除数量、种类甚多的陶器外，有房屋基地 6 座，已发表资料的一座编号为 F_{22}，为一方形地面建筑，边长 6 米左右。红烧土垫层，挖墙基沟槽，墙内有柱洞，编竹夹泥墙，室内一侧有隔墙。室内有中心柱洞两个，房址中心有火塘，有经过三次改建修筑的痕迹。门朝西，有门槛，室外有散水。根据墙壁和柱洞排列，应是东西向四面坡式房屋（图 1.1－5）。这显然比彭头山文化时期的居址建筑技术前进了一大步。

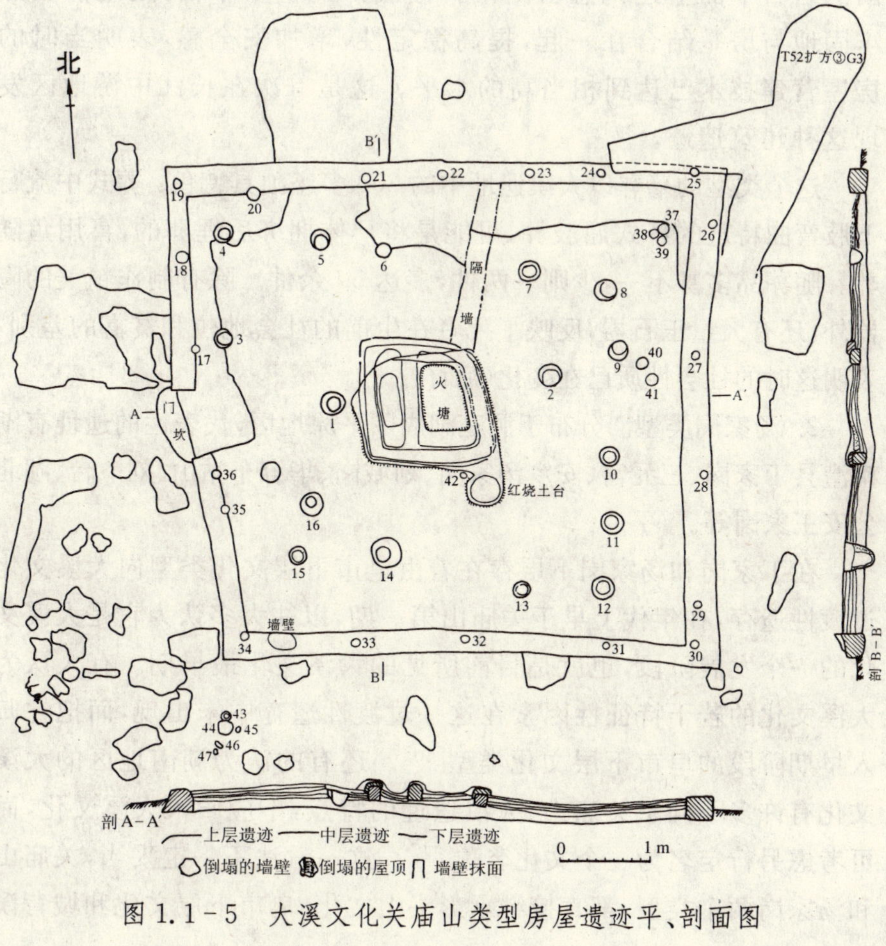

图 1.1－5　大溪文化关庙山类型房屋遗迹平、剖面图

1993年为配合三峡大坝工程建设，在中堡岛遗址的发掘中，在居住遗迹外围发现有与江岸平行走向的数条人工挖建的小沟槽，长短不一，最长的约60米，一般宽0.3—0.5米、深0.6—1.1米，有的沟段似经夯筑，有的沟段附近分布柱洞。从形状及规模看，它与中原地区原始聚落遗址的防护沟有显著的区别。在发现沟槽的同时，还清理出长方形或方形的“吊脚楼”式居住遗迹。这种遗迹位于临江45度倾斜的岩石上，一半建在人工开凿的平整的岩石面上，另一半则延伸出来，由插立于岩石上的数根柱子支撑。在开凿出的岩石平面上还刻意凿出吊脚楼底部的横木木槽，使之能更加牢固地与房基结合在一起，提高稳定性，增加安全感，表明当时的房屋营建技术已达到相当高的水平。这是首次在长江中游地区发现这种建筑遗迹。[39]

这个类型的墓葬以大溪遗址中的200多座独具特色：葬式中流行下肢弯曲特甚的各式屈肢葬，可能是将尸体捆绑后埋葬的，喜用鱼随葬。随葬品多寡不一，少则一两件，多达50余件。除有制作精美的陶器外，还有大量玉石器，反映了死者在生前的社会地位和贫富的差别，表明这时的社会性质已在变化(后详)。

2. 汤家岗类型。分布于洞庭湖周围平原地区，代表性的遗址有湖南澧县丁家岗、三元宫、安乡汤家岗、划城岗、华容车轱山、刘卜台、湖北公安王家岗等。

在丁家岗和汤家岗下层存在着由皂市下层文化类型向大溪文化过渡性遗存，在年代上早于关庙山第一期，以往大多认为它是大溪文化的一个发展阶段，也就是目前所见的大溪文化最早期。有人认为大溪文化的若干特征性因素在这一过渡性遗存中未出现，而把它归入早期阶段的皂市下层文化类型[40]。还有的认为湖南地区的大溪文化有许多不同于关庙山、大溪遗址的特点，不应归入大溪文化，而可考虑另行定名为一个文化名称[41]。这一看法不一定妥当，关庙山和汤家岗两个类型，都直接继承彭头山文化、皂市下层文化和城背溪文化，它们的中心区基本相同，应该同属于大溪文化的两个类型[42]。从地域来说，关庙山类型是鄂西长江沿岸的部族所创造的文化，汤家岗类型是洞庭湖平原的部族所创造的文化，是同源异地的两支兄弟部族。

3. 油子岭类型。这是张绪球最先提出来的类型名称[43]，分布于汉水东部平原地带。代表性遗存有：京山油子岭下层、屈家岭下层、朱家嘴、天门市龙嘴、谭家岭下层、钟祥市六合下层、边畈三期、武昌放鹰台墓葬、随州西花园等。对于这一类型的文化性质，存在着分歧意见，有的将这一类型中的屈家岭遗址定为屈家岭文化早期和前屈家岭文化[44]。对此，张绪球等人已作讨论，认定它代表大溪文化向东发展的一个新类型，这一认定是正确的。形成这一新类型的油子岭部族，以此为基地将创造下一阶段的新一轮文化[45]。

这三个类型本身可细分为好几期（前已提到关庙山类型分为五期），其对应关系如下表：

<table>
<tr><th>文化类型</th><th colspan="6">期别对照</th></tr>
<tr><td>关庙山</td><td></td><td>一</td><td>二</td><td>三</td><td>四</td><td>五</td></tr>
<tr><td>汤家岗</td><td>一</td><td>二</td><td colspan="2">三</td><td>四</td><td>五</td></tr>
<tr><td>油子岭</td><td></td><td>一</td><td>二</td><td>三</td><td>四</td><td>五</td></tr>
</table>

关于大溪文化的绝对年代，根据碳-14测年数据，汤家岗一期，何介钧认为其年代范围应距今6 500—7 000年[46]。关庙山一至五期，张绪球认为大约距今6 300—5 000年间[47]。据此可认为大溪文化年代范围为距今约7 000—5 000年间，并可分为早中晚三期：早期，距今7 000—6 000年间；中期，距今6 000—5 500年间；晚期，距今5 500—5 000年间。

与黄河中游的仰韶文化相比，早期相当于仰韶文化的第一期（半坡期），中期相当于仰韶文化的第二期（庙底沟期），晚期相当于仰韶文化的第三期(秦王寨期)[48]。这是黄河中游和长江中游新石器时代两个并行的考古学文化。当黄河中游地区存在着发达的仰韶文化时,长江中游地区亦同时存在着一支有别于仰韶文化而发展阶段又大体同时的文化即大溪文化,它们是同一时代、不同地域而又有相当密切关系的姐妹文化。黄河中游和长江中游同时期的这两个文化中心向其四周呈辐射状发生影响与相互交流。

大溪文化时代的稻作农业比此前的彭头山文化、皂市下层文化时代又有了进一步发展。大溪文化不少遗址的周围有大面积的水田,表明稻作农耕水平有了进一步提高,已进入了锄耕甚至犁耕(石木结合)阶段。在适宜种植水稻的所有大溪文化遗址里都发现了稻谷的遗存痕迹。例如,在松滋桂花树遗址的大溪文化层内,就有厚达数十厘米密结成层的炭化稻谷灰,用肉眼观察,可以清晰地看到其中有许多水稻的茎叶和谷壳。在车轱山遗址中,房屋的墙壁和居住面的红烧土中,都掺有稻谷和谷壳,类似于北方新石器时代房屋遗迹上的草拌泥。在该遗址早期的一个灰坑中,发现有成堆炭化的大米,虽已炭化,但形状清楚。据发掘者郭胜斌推测,这些大米当时应是储存在窖穴里的[49]。看来,当时生产的稻谷已有较多剩余,故而在废弃的窖穴里还有遗留。当时的水稻品种,据红花套稻壳标本的鉴定为粳稻,是可以确知的我国最早的粳稻品种。

大溪文化的生产工具比其前一阶段也有了很大的提高。石器制作技术日趋精良,琢制和磨制的比例及精度越来越高,钻孔技术得到了广泛的应用。石器品种特多,如斧、锄、铲、锛、雕刻器、镞、杵、球、纺轮、网坠、砺石等。数量也特多,特别是三峡地区尤多,如中堡岛第三期石器有1 091件、第四期有1 212件。有的器形特大,如一件巨型石斧长达43.1厘米,可谓石斧之最。在中堡岛和红花套还发现专门制作石器的工场,不仅有成品,还有大量半成品和石料,是在长江流域发现的最大的石料制作工场。

大溪文化的又一项重要成就是制陶业的发达及大批有特色、工艺水平又高的陶器。制作业历经了一个从粗泥红陶为主到细泥红陶为主、再到黑陶为主的阶段。粗泥红陶中的夹炭陶继承了早一阶段文化的传统。代表性器类有釜、罐、圈足盘、碗、曲腹杯、筒形瓶、支座等。大溪文化的薄胎彩陶、浅浮雕式白陶最能反映其工艺特色与水平。彩陶几可与仰韶文化彩陶媲美,但纹样有特色,有横人字纹、水波纹、水涡纹、绳索纹等;多取材于自然物态,特别是水的流态,富柔和动态美感。白陶是我国起源最早之地区,发达的戳印纹、模印纹是其特色,如汤家岗的八角星纹白陶盘即为代表作之一(图 1.1-6 之 1,彩版 1)。洞庭湖地区既是白陶的原生地,又是白陶向外传播的中心[50]。

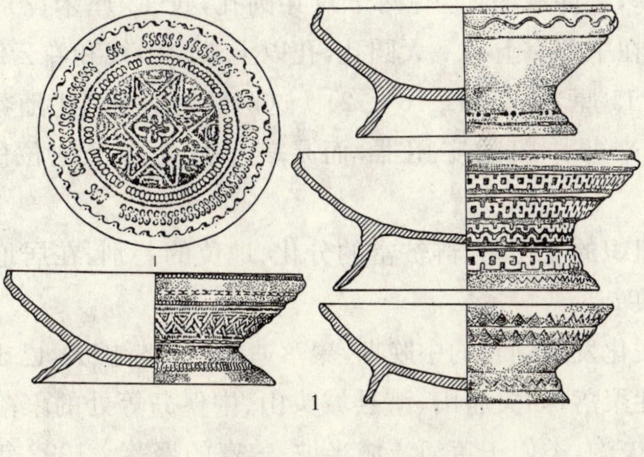

图 1.1-6　大溪文化汤家岗类型陶盘、石钺

上述彩陶、白陶之精美者，应已超出于一般实用器的范畴，可能已专用于礼仪场合，或者成为某种信仰用物[51]。属于装饰品和反映制度、文化、精神文化的还有一些精美的玉器及精工琢制的石器。大溪文化的玉器品种有玉璜、玉块、玉坠、玉镯、玉环、玉管、玉刀等。桂花树的玉刀，厚度仅 0.2 厘米，且厚薄非常均匀，器形也极规整。有的玉器磨光后，大多还要进行抛光处理，方法是用质地软的皮类物质进行打磨。有许多玉器现在还保留着很好的光泽。足见此时的工艺水平已有相当高度。当然此时的加工技术还不够高，浮雕技术未见应用，尚处于初期发展阶段。

石器中如大溪遗址人面雕像，既是艺术品，又可能有一定的社会功能。划城岗出土的石刀、石钺也很值得注意，石钺原报道称铲，共 2 件，均出于墓葬，一件素面，上有两个对穿圆孔，长 15 厘米、刃宽 11.8 厘米，另一件在中部靠上有一大圆孔，孔以上朱绘斜线和卷云纹，长 15.6 厘米、刃宽 11 厘米(图 1.1－6 之 2)。这两件均出于两座随葬品最丰富的墓中，看来非一般的实用器，而是表示墓主身份地位的一种“标志物”。

社会组织的变化，人群贫富的分化、地位的差别，在居址和墓葬方面均有反映。

大溪文化发展到它的中晚期，聚落遗址已不断扩大，已出现中心聚落与专业性聚落，如关庙山、澧县城头山、中堡岛等处的聚落面积均较大，周围有壕沟，类似于黄河流域半坡、姜寨的聚落。1992 年冬在澧县城头山古城墙下压的大溪文化时期壕沟，几乎与屈家岭城墙重合。1993—1997 年的多次发掘，证实此古城始筑于大溪文化时期[52]。这样大规模的壕沟连半坡遗址的壕沟也不能相比，足见此时聚落遗址范围之大。聚落内的居址房屋已有大中小之分，如关庙山的房子，前面所举一例仅是小房址，大房址面积可达七八十平方米以上。大中小三种房屋的使用功能与等级差异是明显的。小房子可满足一个对偶家庭包括两个大人和一两个小孩生活的需要，大房子居住者则显然比一个对偶家庭地位高,或是富有者所住。从已揭露的部分房基看,都与仰韶文化典型聚落的特点相似或相符,这不能认为是一种巧合,而应看成是同时代聚落的共性。

埋葬制度是现实生活的缩影,大溪文化墓葬资料已相当丰富,可以管窥当时的社会状况。在大溪文化早期,以湖北天门谭家岭遗址为例。1983 年曾在此发掘两处墓地,从每墓随葬的陶器看,每墓随葬品比较平均,在品种、数量方面看不出多少差别,可见当时社会尚未出现明显的贫富分化和私有现象。但到大溪文化晚期,则有了很大的变化,除前述大溪遗址墓葬一例外,还可再举湖南划城岗的例子。在这里共发现墓葬 91 座(包括瓮棺 16 座)。这些墓可分为南北二区[53]。南区 32 座,自东向西可分四组,第一组 3 座坚穴墓是贫穷者的墓,随葬品仅有 1 至 3 件。第四组的 3 座则是富裕者的墓,随葬品很丰富,其中 M63 有随葬品 77 件,前述朱绘花纹的石钺即出自此墓。介于第一至四组间的墓,则其差异程度各自与一或四组相近,贫富之间的差异程度十分明显。北区的 58 座墓也有类似情况,但差异程度不如南区的明显。这一南一北的墓区,应同属一个氏族,各分属一个家族。南区贫富悬殊的现象,证明在同一家族内部已出现了分化,原先的集体所有制和平均分配原则已受到破坏,氏族或家族的首领和有特殊地位的人,利用特权,占据了较多财富。南区富有者墓内随葬石钺,正是一种有权势的象征。其社会组织当已由母系氏族公社演变为父系家族公社,私有制的进一步发展,必将导致阶级社会的形成,国家权力机构的产生,由大溪文化前期的部族发展演变为部落,并出现部落联盟。根据大溪文化这种前后期的区别,可将大溪文化晚期归入铜石并用早期,与后续的屈家岭文化同处于初级文明社会的阶段。

谈到大溪文化的社会发展阶段,还不可忽视它的又一项重大进展——文字的萌芽。早在彭头山文化中就已出现了几个刻划符号。发展至大溪文化阶段,这种符号的种类、数量大为增加,其中以宜昌杨家湾遗址出土陶器上的大量刻划符号最具代表性,一次就发现 74 件有刻划符号的陶片，均刻于陶器圈足底部外面，有的是在陶器未烧以前就已刻成，有的则在烧成后和使用一段时间以后刻划。属于前一种情况的有 63 件，属于后者的有 11 件，这些刻划符号有 70 种之多，可归纳为八大类：自然类、植物类、动物类、人体类、工具器物类、数字符号类、复杂结构符号类及其他类[54]（图 1.1－7）。从符号的总体状况考察，这些符号已非随意的刻划，而应是当时人们有意识、有目的而为，一定的刻划可能已表示某种固定的含义。有学者认为，“比仰韶文化的陶文更具‘意识’，更为进化，在考察文字起源时更不容忽视”[55]。可以认为，当时的居民，已开始用一定的书写符号来记录他们语言中的某些概念。虽然还远未达到记录语言的文字符号阶段，但可以认为已是萌芽状态的文字符号，乃文字起源之滥觞。

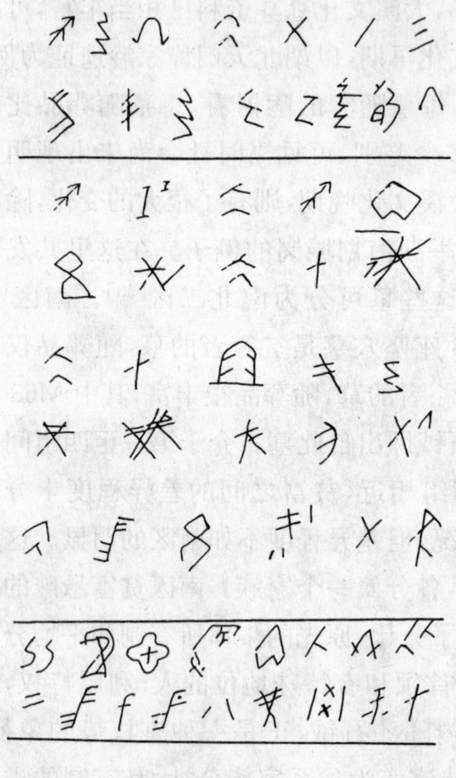

图 1.1－7　大溪文化刻划符号

由前所述，大溪文化是江汉洞庭地区原始文化发展中很重要的一个阶段，它的中晚期是全盛时期，晚期的社会经济发展水平与社会发展状况均已达到了一个新阶段，并酝酿着向新的考古学文化过渡。

相当于大溪文化时期，在湖北、湖南还有两项重要发现值得称道。1993 年 6 月，在湖北黄梅县白湖乡张陈村焦墩遗址，发现了一条与河南濮阳龙图案时代大体相当的用河卵石摆塑的巨龙图案[56]。这一龙形图案全长4.46米，头朝正西，尾向正东。龙头昂首，颈至头顶高达2.26米。龙头形为牛头，上有冠状饰。龙嘴大张，长舌吐出并向上卷至头部，腹下两足为爪状；龙身呈波浪状，尾上卷，龙背上有不规则状鳍。色彩各异的河卵石使龙图案显得鳞光闪闪，威武雄健，宛若腾云驾雾般在翱翔（图1.1－8）。这一龙形象是同时代已发现的最大者，为长江流域第一龙。它的发现，表明长江流域和黄河流域同是龙文化的故乡，证明中华民族龙崇拜有着悠久的历史。

图1.1－8　长江第一龙

1993年1月在湖南辰溪修溪乡征溪口、火马冲乡松溪口，发掘了两处距今6 500年左右的贝丘遗址。出土遗物数百件，有大量陶器：其中戳印鸟纹的白陶碗工艺精致、纹饰精美；骨制品中一件用扁平兽骨制成的鱼镖，制作精巧，尖端锋利；还有迄今所见年代最早的一件骨哨[57]。更为惊奇的是，据发掘负责人贺刚告知，还有用贝壳摆塑的人、虎（龙）图案。在这一距离中心地区很远的所谓荒僻之地，文化发展水平并不落后，表明对长江流域的远古文化发展水平决不能低估。

(三) 屈家岭文化

屈家岭文化是在大溪文化基础上发展起来的一个新的考古学文化,因首先发现于湖北京山屈家岭遗址而得名。此遗址早在20世纪50年代初便被发现与发掘。主持发掘的是中科院考古研究所,其后由发掘主持人张云鹏编写出专题发掘报告《京山屈家岭》一书[58]。这一工作乃填补长江中游地区史前文化考古空白之举,揭开了这一地区新石器时代考古序幕,功不可没。今天,京山屈家岭遗址已被评选为20世纪百项考古大发现之一。

通过四五十年的发掘工作,此类文化遗址已遍布于鄂、湘大地。据初步估计,所发现的遗址已近千处,代表性的重要遗址约二三十处。根据遗址分布地点,大致可以划定其地理上的范围,它已大大超出大溪文化的区域,尤以向北向东扩展为甚。向北已越过湖北省境到达豫西南,北界方城一带,并且在这一线甚至更北的豫中如禹县等地,与仰韶文化及东边的大汶口文化交会,成为这三个文化相互交流、融合的地区。向东已到鄂东北[59]、鄂东[60],与其东边的薛家岗文化交会,具体的分界可能即在今鄂、皖二省分界处[61]。向南也已有扩展,在湘西的怀化高坎垅便发掘了屈家岭文化期的遗址,贺刚认为应单列为屈家岭文化的高坎垅类型[62]。其西界大致与大溪文化分布区重合。与大溪文化相比较,其文化的中心区已向东转移,大溪文化的中心区在江汉平原的西南部和洞庭湖平原西北部,均在长江中游两岸靠西的地带。屈家岭文化的中心区已移到了江汉平原的中心腹地和长江两岸平原中心地带(包括洞庭湖周围地带)。它的文化类型以屈家岭类型和划城岗类型为主,次要的类型有关庙山中层类型、青龙泉中层类型、鄂东类型、高坎垅类型。以下重点论述两个主要类型和关庙山中层类型。

1. 屈家岭类型。中心范围在京山、天门、钟祥一带。典型遗址有屈家岭遗址、石家河遗址群。屈家岭遗址东距京山县城30公里,处于两小河相间的平原岗地上。遗址面积至少有50万平方米。20世纪50至80年代共进行过三次发掘,文化内涵十分丰富。严文明先生把它和黄河流域的大地湾遗址、郑州大河村遗址、山东大汶口遗址等大型聚落遗址相提并论，并指出屈家岭遗址比上述几处规模更大[63]。显然，它在全国同期新石器时代文化遗址中有着重要的地位。

石家河遗址群是屈家岭类型文化中更为重要的遗址，环绕谭家岭遗址分布着30多个中小型遗址，并且发现了较大的古城址（下详），这是20世纪80年代以来由北京大学考古系师生和湖北考古工作者共同获得的有重大意义的丰硕成果。

屈家岭类型代表着屈家岭文化的典型特征，有一组区别于其他文化及此前、此后文化的独具特色的器物群。以陶器最著，最有代表性的器类有双腹碗、双腹豆、双腹鼎、壶形器、盂形器、高圈足杯、蛋壳彩陶杯、碗等，以双腹器、蛋壳彩陶器、彩陶纺轮最具特色。大型器较多，如鼎足高达40厘米的大陶鼎，高达40多厘米的大陶缸，口径达86厘米的大陶锅，可谓陶锅之最。彩陶纺轮和蛋壳彩陶及饰彩使用晕染法，反映了制陶工艺的高超水平，并成为与其他文化相区别的最富特色的标志（图1.1-9）。

2. 划城岗类型。主要分布于洞庭湖北侧、西北侧和长江南北两岸的公安、石首等地，基本上与大溪文化汤家岗类型的范围重合而向南稍有扩大。经过发掘的重要遗址有三元宫、划城岗、度家岗、华容车轱山和澧县城头山、石首走马岭遗址，后两处还发现古城址。这个类型墓葬已发掘的有400多座，出土大批遗物。与屈家岭类型比较，既有同属一个文化的共性，也有本地区的特点。如这里黑陶比例不如屈家岭类型多，这里独有黑陶小口长颈壶、直壁瓶，未见双腹鼎，仅见极少量薄胎彩陶，不见彩陶纺轮[64]。总体比较，这种差异是第二位的，是同一文化的两个并存的地区类型。

3. 关庙山中层类型。分布于鄂西与三峡地区。这一类型也有很重要的发现，如在江陵、荆门发现了古城址。1993年为配合三峡大坝工程建设，勘探、试掘了多处屈家岭文化遗址。其中较为重要的是在中堡岛发现了目前仅见的屈家岭文化群体器物坑，在80平方米的范围内有23个这样的器物坑，共出土1 000余件器物，其中陶器占85%左右，余为石器、玉器[65]。这种群体器物坑的性质、功能有待研究。

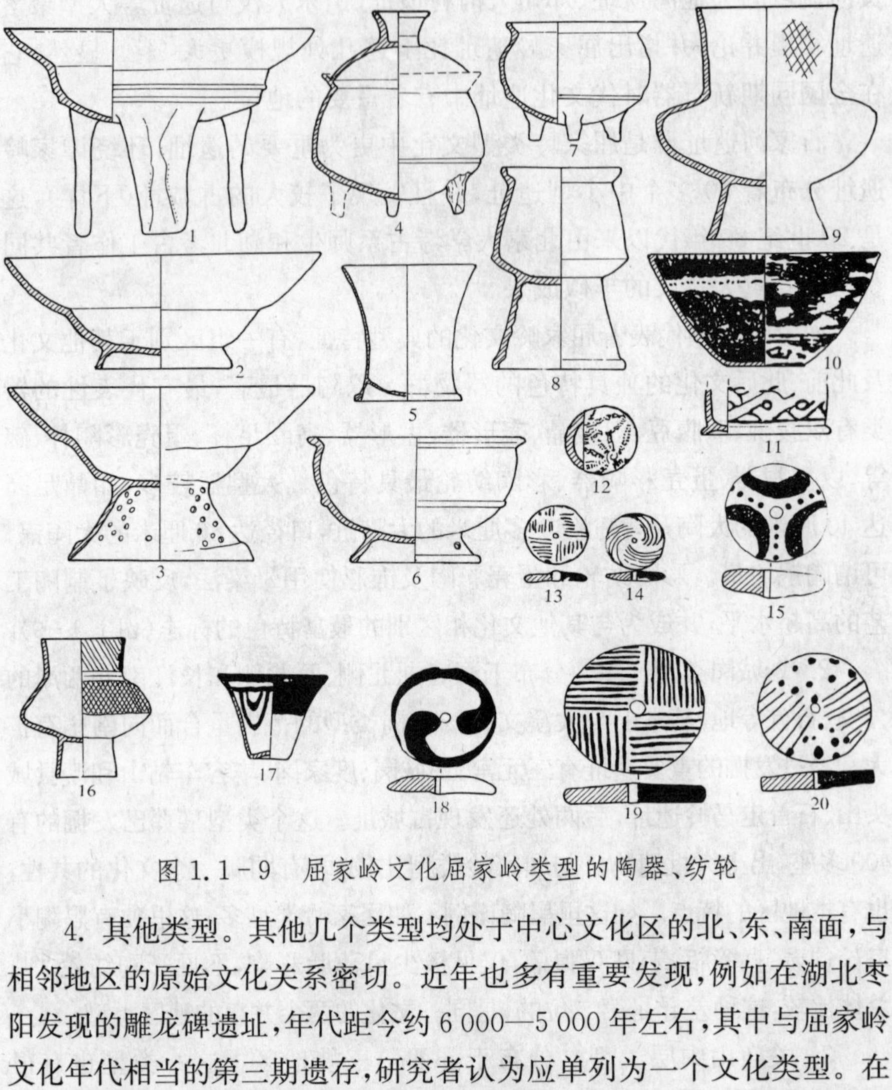

图 1.1-9　屈家岭文化屈家岭类型的陶器、纺轮

4. 其他类型。其他几个类型均处于中心文化区的北、东、南面，与相邻地区的原始文化关系密切。近年也多有重要发现，例如在湖北枣阳发现的雕龙碑遗址，年代距今约 6 000—5 000 年左右，其中与屈家岭文化年代相当的第三期遗存，研究者认为应单列为一个文化类型。在这里发现了大型多间房屋，具有推拉式结构的房门和石灰质房顶、居住面，是国内第一次发现，受到国内外学者的高度关注[66]。

屈家岭文化的分期，有早中晚和早晚二说[67]。从与大溪文化的关系来看，以分早晚二期为宜。根据碳-14 测年数据，大溪文化的下限年代也应是屈家岭文化的上限年代，即距今 5 000 年左右，下限约为4 600

年前，即是说屈家岭文化的时间跨度约为400年左右。按早晚两期划分，大约每期各为200年左右。这一时间范围与黄河流域的仰韶文化对比，大约相当于仰韶文化的最晚一期——庙底沟二期文化，结束的绝对年代则略早于后者[68]。

屈家岭文化的经济生产和社会状况，在大溪文化的基础上有了进一步的发展。稻作农业生产的规模更为扩大，是处于平原地区人们的主要生活来源。从出土精美纺轮之多，可知纺织手工业的发展远高于大溪文化时期。随着生产力的发展，贫富分化，权力级差的趋势在大溪文化已开始起步的基础上有了进一步的变化，作为这种趋势的集中表现就是前面提到的特大型遗址和古城址的出现。

据现有材料，能肯定属于屈家岭时期的古城址已有5座（图1.1-10）：天门石家河古城、澧县城头山古城、江陵阴湘城、荆门马家垸古城和石首走马岭古城[69]。史前古城已经发现未经报道的还有四五座，且有不断的新发现的消息[70]。其中石家河古城面积最大，城头山古城年代最早。先简述城头山古城。

城头山古城址位于澧县县城西北约20公里处属澧阳平原的一处岗地上，至今仍存土筑城垣与护城壕。1991年12月湖南省的考古工作者进行了试掘。《中国文物报》于1992年3月15日在头版头条显著位置，以《洞庭湖区史前考古又获重大成果——澧县城头山屈家岭文化城址被确认》为题，将试掘结果作了简要报道，后被评为1992年中国十大考古发现之一。《文物》杂志1993年12期发表了这次调查与试掘的简报。1992年冬又进行了一次发掘，除发现成群的高台式建筑和大量墓葬区外，还通过对东南城墙的解剖，窥见了多种筑造方法和在建筑学上堪称技术高超的加固处理方法。出土遗物十分丰富，豆类、稻谷、瓜类等农作物、植物品种多达数十种，多种木材保存完好，有精工的木桨和长约2米的木舵等。《光明日报》以《长江流域六七千年前已出现人类文明曙光》为题作了报道。这样，作为中国迄今年代最早的一座古城址，它已驰名中外，影响甚大。它已被评选为20世纪百项考古大发现之一。

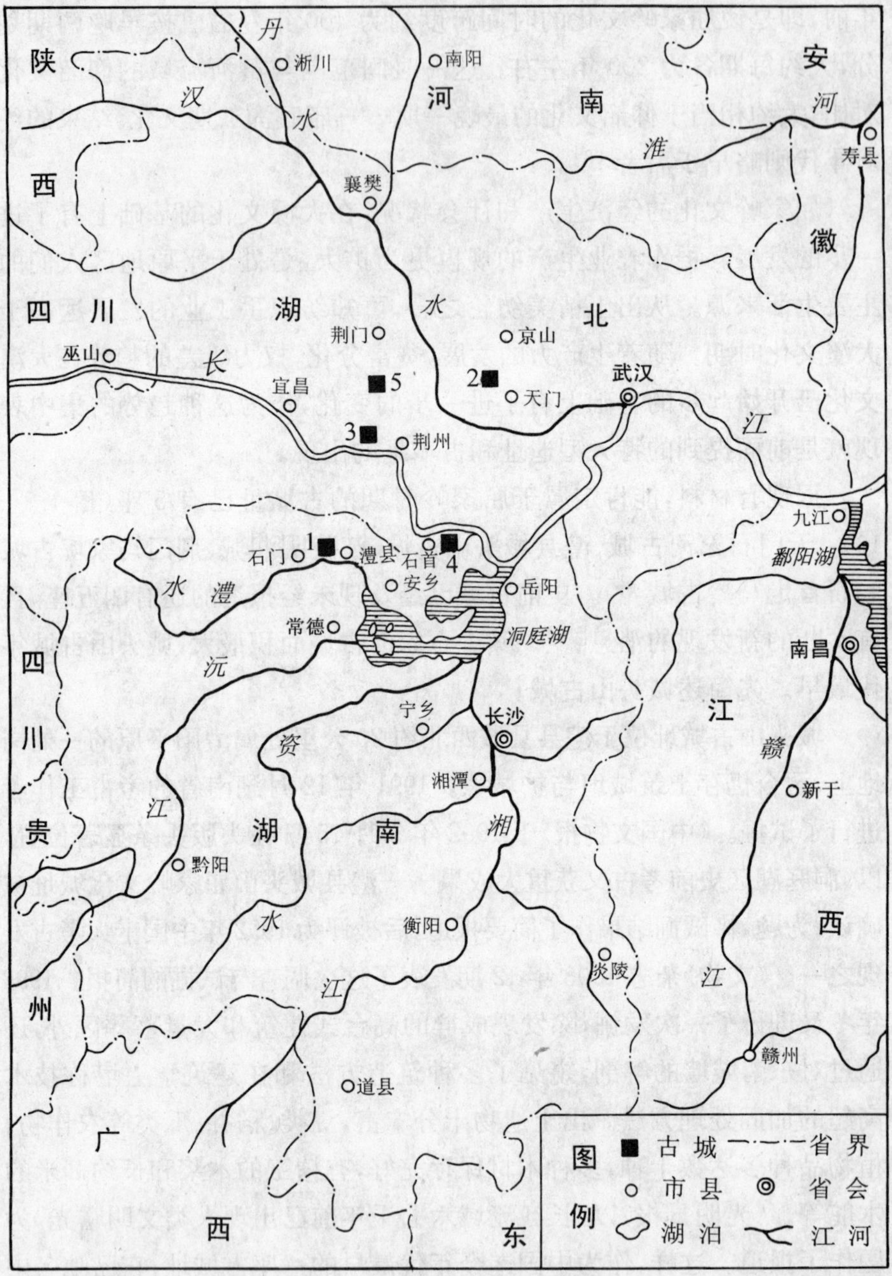

图1.1-10　长江中游地区古城分布图（含长江中游荆楚地区的地理范围）

这一城址略呈圆形，面积约7.65万平方米。由夯土城墙，东、南、西、北四个城门和道路、夯土台基及城外护城河等部分组成，保存完整。城墙现存高度最高的可达5米。1991年的试掘，了解了城墙夯筑情况，清理出城墙上下的文化堆积和道路、房址、灰坑等遗迹（图1.1－11，彩版2）。

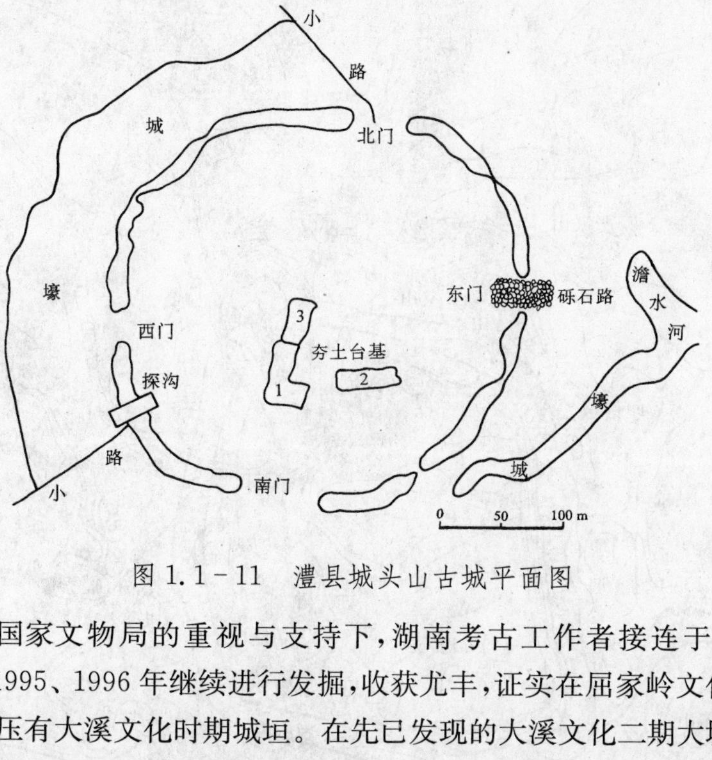

图1.1－11　澧县城头山古城平面图

在国家文物局的重视与支持下，湖南考古工作者接连于1993、1994、1995、1996年继续进行发掘，收获尤丰，证实在屈家岭文化期城垣下还压有大溪文化时期城垣。在先已发现的大溪文化二期大壕沟的基础上，大溪文化第三、四期继续加固，至屈家岭文化时期城垣又向外扩建，压住了大溪文化城外的护城壕沟。大溪文化二期的年代距今已6 000年，这样城头山古城确为中国目前已知的年代最早的古城[71]。其历史与学术史上的价值怎样估价都不为过。

石家河古城址位于天门石家河镇北约1公里，城址略呈长方形，面积约100万平方米，是迄今所知我国早期古城中最大的一座（图1.1－12）。城墙尚未解剖，调查者在一处城垣内侧开的小探沟进行探掘，发现城垣上迭压着石家河文化的早期堆积，从而初步肯定城垣的建筑年代要早于石家河文化早期。那么，它就只能建于早于此文化的屈家岭文化时期。至于它始建于屈家岭文化的什么时期，则有待发掘才能回答。

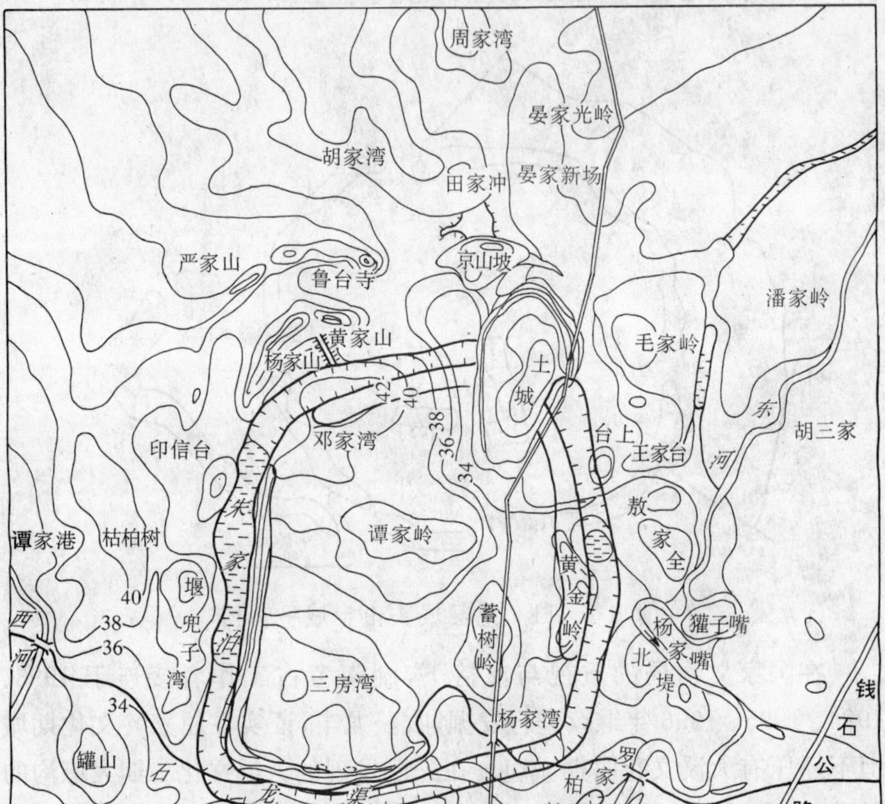

图 1.1－12　石家河古城及遗址群平面图

石家河古城内文化遗存丰富，以城内谭家岭遗址为中心，在 20 余万平方米范围内有大量房屋遗址，应为主要的居住区，西北部的邓家湾遗址曾发现许多陶筒形器，有规则地排放着，应是宗教活动遗迹、遗物。此古城延续使用到石家河文化时代[72]。

江陵阴湘城遗址于 1991 年和 1995 年已作了两次试掘，确认为屈家岭文化时期城址，发掘出房址、灰坑、窑、墓葬等遗迹和大量遗物。发掘材料已报道两次[73]（请见注释内的补述）（图 1.1－13）。

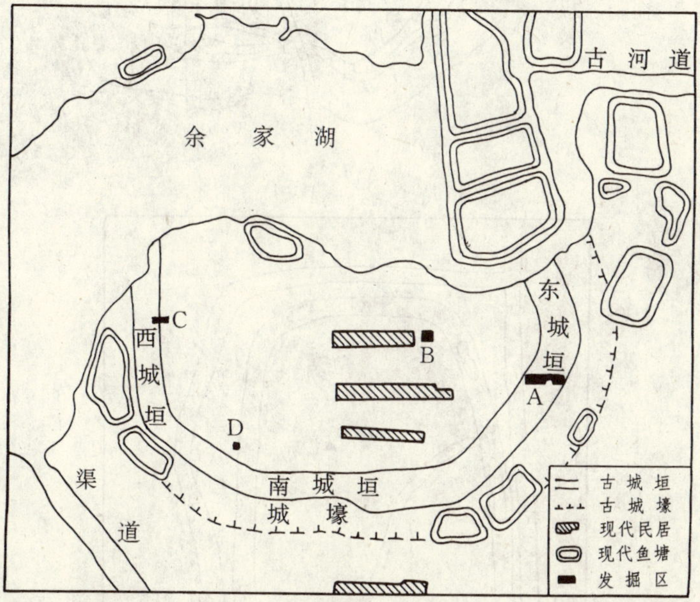

图 1.1－13 阴湘城古城遗址平面示意图

其他两个古城址曾作过初步调查，1997 年和 1998 年已刊发了调查和发掘简报[74]（参见注释内的补述）（图 1.1－14）。

严文明先生比较了其他地区的古城址，认为从现有材料看，古城址的发展“年代较早且发展水平较高的应在长江中游和下游”[75]。这对于重新估价长江流域史前文化该有多么重要的意义啊！

屈家岭文化的发展水平在中国各地区史前文化发展谱系中有着重

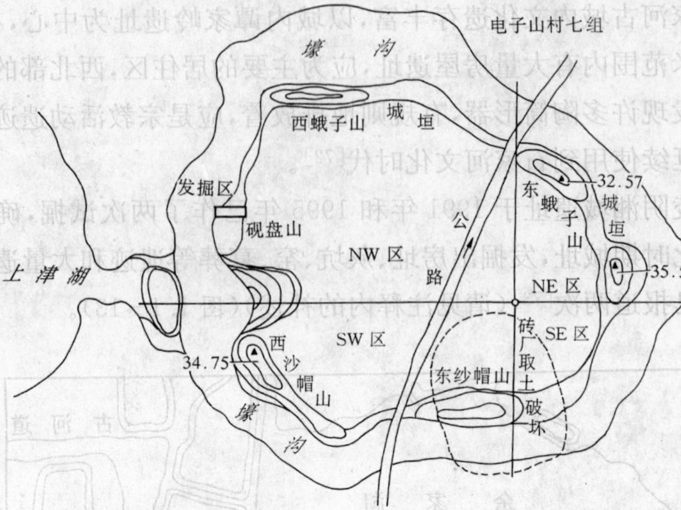

1

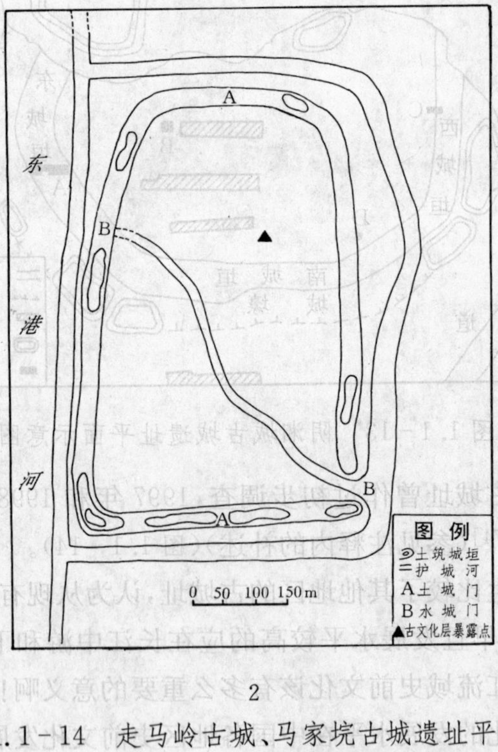

2

图 1.1-14　走马岭古城、马家垸古城遗址平面图

要的地位，处于中国史前文化发展的前列，对中国文明起源有着重要的作用，此点留待下节再论。

（四）石家河文化

石家河文化在年代上相当于中原地区的龙山文化，它是在本地屈家岭文化的基础上发展起来的。早在20世纪50年代发掘屈家岭文化遗址时，发现它的上层就存在此类文化遗存，但当时未予认识。20世纪70年代以来，随着新发现的增加与研究的深入，这一与中原龙山文化时代相当而又不同于龙山文化面貌的新的考古学文化才被确认。对它的定名有过多种称呼，如湖北龙山文化、长江中游龙山文化、青龙泉三期文化等。由于石家河遗址是最先发掘和文化内涵较丰富的地点，现在已基本公认以定名“石家河文化”为宜[76]。现在，天门石家河遗址群已被评选为20世纪百项考古大发现之一。

石家河文化分为早中晚三期，其年代上限距今约4 600年，下限距今约4 000年。早期的上限也即屈家岭文化下限，还有着屈家岭文化的一些因素。它区别于屈家岭文化的标志，最主要的是出现了鬶这种新器类。陶器器物群体组合主要为鼎、釜、罐、豆、盘、罐、鬶等（图1.1-15）。其中有的器类与此前的大溪文化、屈家岭文化的相同，但器形大变，如屈家岭文化的双腹鼎已消失，代之而起的是长扁平足釜形、罐形或折腹盆形鼎；鬶的形态也与中原地区龙山文化的鬶有异[77]。石家河文化是长江中游地区独具特色的一种考古学文化。它的早中期是石家河文化的鼎盛期。从晚期已出现有中原二里头文化早期类似遗物看，相对年代似已进入二里头文化阶段早期，有“后石家河文化”之称[78]。

石家河文化的地理范围大致与屈家岭文化的范围相当，仅在它的北、东、南三面稍有变化。北边的分界似有所收缩，现知最北的石家河文化遗址为淅川的黄楝树遗址。看来，豫西南的南阳盆地中南部仍是石家河文化的范围。东边的石家河文化遗址有随州西花园、大悟吕王城、土城、圻春易家山等，它的东界基本与屈家岭文化重合，即在鄂皖省界一带。南边则有所扩展，湘乡岱子坪遗址经过发掘，材料丰富，是否

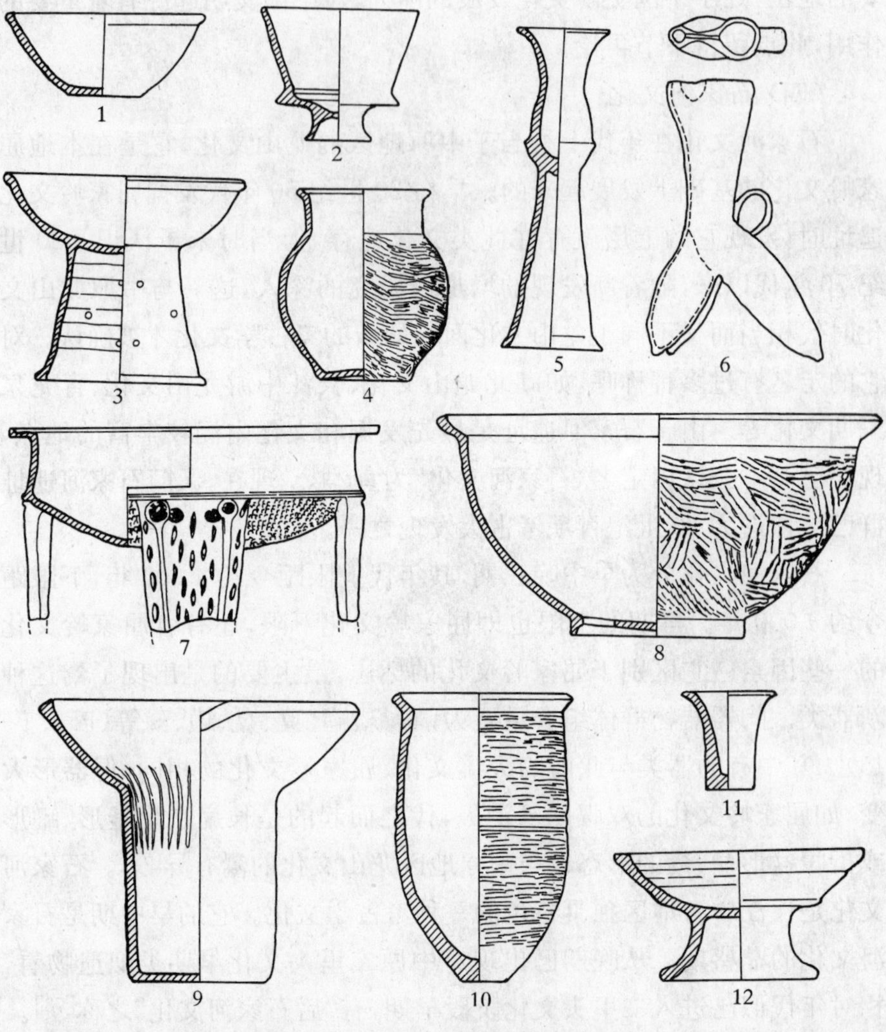

图 1.1－15　石家河文化陶器

为石家河文化，研究者在看法上有分歧。何介钧认为它的文化内涵仍以石家河文化因素为主，力主归属石家河文化，作为一个新的文化类型，此说可信[79]。

在石家河文化分布范围内，各个小区域也各具特色，可分为几个类型。对于类型的划分，如同对大溪文化、屈家岭文化类型的划分一样，也存在分歧意见，一时尚难取得一致认识。由于它是史前文化发展的最后一个阶段，与此前的屈家岭文化均已显示一种趋势，即在江汉洞庭地区这一大的文化系统中已逐渐出现一个较大的文化中心区。这个中心区就是在屈家岭文化时已开始形成的江汉平原上以天门石家河遗址群为中心的地区。不仅遗址密布、内涵丰富，且有此地区最大的古城址。因此，石家河文化的类型，可分为中心类型和次中心类型两个层次，中心类型为石家河类型，次中心类型为洞庭湖的太山庙类型，北边有青龙泉—下王岗类型，东边有西花园—吕王城类型，东南有尧家林—舵上坪类型，湘中有岱子坪类型，鄂西有季家湖类型[80]。从这些类型的分布范围看，正是古荆州之地域。顾颉刚先生认为："荆州北起今湖北南漳县西的荆山、南到湖南衡山之南，即今湖北、湖南两省的大部分和江西省的西部。"[81]有学者认为"禹贡"九州之分，其起源可追溯到中国史前的龙山时代[82]。

石家河文化的经济在屈家岭文化的基础上有了进一步的发展，首先是农业生产规模更大、产量更多，耕作技术、灌溉技术有了进一步提高，应已进入犁耕（石、木结构）阶段。其次，更为突出的成就在于陶、玉手工业的大发展与冶铜业的出现。

先看陶业。快轮制陶技术有了新的提高，大型陶器更大、更多，有些缸和瓮，高近 1 米，这种大型陶器的成型和烧制，远比中小型陶器困难得多。烧制如此大的陶器，就需要有大型的和结构完整的陶窑，这就表明制陶业已形成重要的独立生产部门。在石家河的三房湾遗址，在 100 平方米左右的范围内，发现的红陶杯达数万件之多，在邓家湾遗址出土的大量陶塑小动物，也应是一种专业化生产出来的，充分表明制陶手工业已突破了家庭手工业的框框，而成为从农业分离出来的独立的手工业门类。

石家河文化中晚期特别是晚期出土了大量的玉器[83]（图 1.1－16，彩版 3、4），先后已发现五批：

第一批出土于 1955 年，由中国科学院考古研究所在石家河遗址范围内的罗家柏岭发掘，有人头像、雕蝉、龙环、凤鸟环、兽首环等。

第二批于 1981 年由荆州博物馆发掘六合遗址时在瓮棺葬中出土，

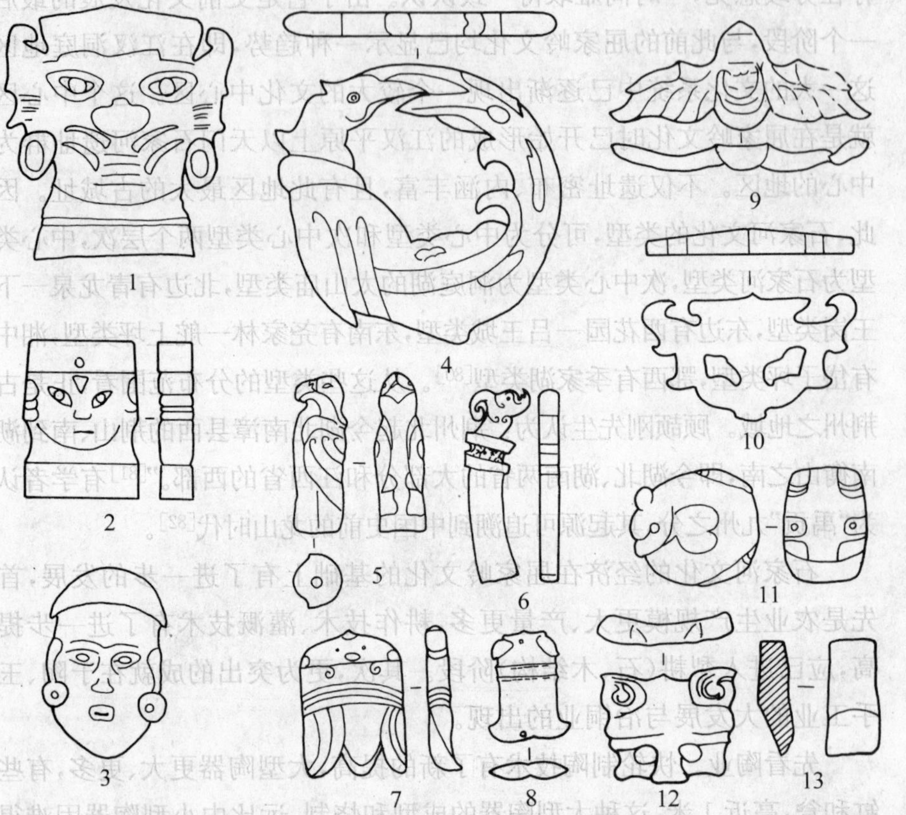

图 1.1－16　石家河文化玉器

见于报道的有人头像、雕蝉、璜、管、玦、笄、玶形器、锥形器、坠、纺轮等17件。在此前，钟祥县博物馆在这里的一座瓮棺中清理出圆柱形鹰、玶形器、小锛等3件玉器。

第三批于1988、1989年由联合组成的石河考古队在石家河遗址群的肖家屋脊遗址瓮棺中所出。70多座瓮棺中多寡不一，有的数件、10余件，最多的数十件，其中最重要的是瓮棺W6，共出玉器56件，其数量之多，器形之精美，均属空前。

第四批于1991年冬荆州博物馆在江陵枣林岗的瓮棺葬出土。品种、形式与六合遗址所出相近，但新发现的有玉琮，十分重要，另有较多的小玉锛，也为过去所少见。

第五批是1991年冬湖南省考古研究所在澧县孙家岗的墓葬中出土，代表性的有龙形和凤形玉珮。此前，澧县博物馆在相同地点墓葬中也发现若干玉器，其中1件笄形器，长约16厘米，雕刻十分精致。

以上较详地列举这些资料，是因为过去学界大多为良渚精美玉器所折服，一度认为长江中游的玉器不发达。现在随着这些资料的相继发表，可以改变人们以往的成见。一些论著也充分肯定了这一地区玉器工艺的高度成就，特别是对那些有特色的玉人头像，从反映的社会意识形态、制度加以探讨，有认为是巫觋像、玉神像或祖先偶像的多种看法，并把玉器的大量出现与文明起源的形成联系起来。对此，在下节亦将对这些玉器的社会功能作进一步分析。

石家河文化已有冶铜的迹象。例如在石家河遗址群的邓家湾和肖家屋脊的早、中期文化层中，多次发现大小不同的孔雀石小块，小的指头大，大的有半个鸡蛋大。有少数孔雀石表面已被氧化成褐色，或呈蜂窝状，有的标本经北京钢铁学院检验，肯定为铜矿石而非铜块。这里并不出产铜矿石，考古工作者推测，这些铜矿石应是为了炼铜之用。石家河文化的厚胎陶缸，其用途可能是炼铜、化铜的坩埚。据玉器研究者牟永抗先生对石家河玉器的考察，认为其玉器制作已使用了金属工具，这也可作为石家河已出现铜器和冶铜业的间接依据[84]。

石家河文化的社会发展状况，大而多的遗址群与城址最引人注目。前已提到建于屈家岭文化时期的石家河古城、城头山古城（始建于大溪文化时期），均延续使用到石家河文化时期。在石家河大古城内，除有密集的居住遗址群外，还有宗教活动中心和手工业制作区，表明城区已有规划和严格的布局。虽说还未发现处于权力顶峰的大型建筑基址，但仅仅是目前未发现而已，并不能排除今后有这种发现的可能性。石家河文化属于铜石并用时代晚期阶段，“已进入初级文明”，或者说“进入文明的初级阶段”。对此，我们在下面还将再着重进行探讨。

第二节　荆楚地区文明起源的研究

前面一节已将这一地区远古文化的发展历程作了简述。由于新发现和研究成果与日俱增(最新成果参阅《长江中游史前文化暨第二届亚洲文明学术讨论会论文集》),以上所述,有的将要有所修正与提出新认识[85]。在本节,将对这一地区史前文化作总体考察,阐明它在中国史前文化中的地位,在中国文明起源中的作用。

一、江汉洞庭地区文明起源研究的评估

中国文明只起源于中原一个地区的说法,虽已为新的材料所否定,但晚到20世纪80年代后期仍有人坚持这一旧说[86]。更多的学者则根据新的考古发现,作出新认识,认为文明起源地区已不限于中原一个地区。至于有多少个地区,则需有一个随考古材料增加的认识过程。例如,20世纪80年代初,夏鼐先生根据当时的考古发现,提出文明起源还应上溯到新石器时代,并指出中原地区、山东地区、长江下游地区是与文明起源关系最密切的三个地区。其后随着辽宁辽河流域等地一系列新发现,表明文明的起源地已不限于这三个地区,苏秉琦先生明确提出了文明起源的多元性"满天星斗"论[87]。由于江汉洞庭地区与文明起源有关的重大发现在近年来有了突破性进展。这一地区在中国文明起源中的重要地位与作用越来越受到学术界的重视与关注,并予以高度评估。但毋庸讳言,至今仍存在忽视或贬低的情况。作为置身于本地区的一名文物考古工作者,既为一些重要的新发现而欢欣鼓舞,也对出现忽视与低估的现象,感到有义不容辞的参与讨论的责任。以下略举数例予以辨析:

1993年出版的《黄河文明的曙光》一书[88],在其第八章"黄河文明的伙伴"中,只提出"太湖地区古代文明"、"燕山地区古代文明",再无第

三个“伙伴”。在该书的概论里，除提到黄河文明、太湖文明、燕山文明这三者外，甚而还提到石峡文化、巴蜀文化“都发展到相当高的水平”，却不提长江中游地区同时代的文化，这就表明在该书作者眼中，长江中游地区文化发展水平还不如石峡文化，更谈不上作“黄河文明的伙伴”了！这是一个很突出的“忽视”的例子。

下面再举一个“贬低”的例子：

1994年发表的《中国北方与南方古代文明发展轨迹之异同》(以下简称《异同》)一文[89]，分别论述到处于同一时代的中原龙山文化、长江下游良渚文化和长江中游石家河文化，但对后者却作出了贬低的论述："在社会性质方面，龙山文化和良渚文化均处于原始社会的最后一个阶段——酋邦阶段。石家河文化的社会，也到了部落社会的晚期。"即是说，石家河文化连文明的前夜都还未达到。这样低估石家河文化发展水平，颇令人吃惊。此文作者一向重视考古材料，像城头山古城发掘材料也已有简报发表，石家河文化其他重要新发现也陆续有报道，为什么还持此看法？

由此看来，对长江中游地区文明起源的研究，包括对石家河文化的研究，不仅要继续深入，还要大力宣扬，才能让学术界进一步认识长江中游地区文明的重要地位与作用。

江汉洞庭地区的史前文化发展历程，从上节的简述来看，若与相邻的几个重要文化区比较，虽各有本土起源和自身特色，但又有其共性；社会发展阶段也大体同步，其发展水平不同时期虽然互有参差，总的来说大体相近。

就目前的考古发现来看，在文明初级阶段，一些重要的文明要素的出现，各地区是不平衡的。例如冶铜术的发明和铜器的使用，以黄河流域最早，发展较快，故有铜石并用时代之称。而从玉器的制造技术与精美程度及其社会功能来看，则以长江下游地区与辽河流域为最，但却至今未发现冶铜遗迹与铜器。因之，就这两地区文明起源特点看，不能统一称铜石并用时代，故有学者主张用“玉器时代”代替“铜石并用时代”

这一名称[90]。这表明在文化起源过程中，不同的文化区有不同的成就，文明要素的具备各有侧重。长江中游地区即江汉洞庭地区，在文明起源过程中，铜器、玉器的发生与发达程度，就现有考古材料看，确乎不如上述那些地区的发展水平，这大概是某些学者忽视这一地区在文明起源中重要地位的原因。不过，由于这一地区考古工作起步较晚，至现在考古工作者主要精力还放在建立文化谱系方面，一些重要遗址还未经发掘，因之作出铜器、玉器发展水平远逊于上述地区的结论，似乎为时尚早。而从已有的考古发现来看，这一地区的城址数量之多、规模之大，却是上述其他地区所无法企及的。

这一地区的城址，已确认的五座，其年代为屈家岭文化时代。前已提到，据最新考古资料，澧县城头山城址始建于大溪文化时期，其年代距今约6 000年，而黄河流域古城址最早年代比此为晚[91]。故而就目前资料看，以江汉洞庭地区古城的年代最早。石家河古城面积达100万平方米，而黄河流域的一般只数万平方米，最大的城子崖龙山城址也只20万平方米，与石家河古城相比，相差悬殊。石家河古城乃我国早期古城之最。城址内的布局虽未探明，但有密集的居住区、专门的手工业区、宗教活动中心等，却是可以肯定的。因此，它并不是一座单纯用于防御的军事城堡，而是一座具有经济中心、社会权力中心性质的城市，是乡村的对立面。中外学者均认为"城市革命"是文明出现的象征之一。古城的形成和初步发展，大体即相当于学者们说的铜石并用时代或玉器时代，若从长江中游地区文明起源特点看，我意可称之为"古城时代"或"古城、古国时代"[92]。由于这一时代在黄河流域、长江流域均已数量不等地出现古城、古国，所以使用"古城、古国时代"似乎比"铜石并用时代"、"玉器时代"二名更为切合历史实际，特提出此点供学界讨论。这一地区出现城址最早，且规模又最大，是这一地区史前文化发展的必然结果。为说明这一点，有必要在此再略作综述。

首先，这里发现了年代最早的人工栽培稻遗存。农业不仅起源早，而且发展速度快，从彭头山文化到大溪文化，即已在平原地区发展起密集型农业，表现在聚落遗址的密集与水稻产量的提高。这里有河网密布的平原，灌溉农业的发展程度亦高于其他地区。农业发展是文明出现的重要条件，有学者明确地指出，“文明起源毫无例外地必须以农业革命为基础”[93]。

其次，手工业不仅很早从农业中分离出来，而且已有各类手工业的专业化分工。大溪文化时期，在红花套发现的石器制造场，是专门从事石器专业化生产和交换的一个经济中心。每个石器作坊都是一个半地穴式的圆形工棚，里面放几块像冬瓜一样大的砾石作为工作台和坐椅。工棚内堆满原料(较小的砾石)、废料、工具和半成品。制作石器的主要工具是石锤。用作工作台的大砾石上有许多打制石器时留下的酥点，还有磨光石器用的砾石等。值得注意的是，在这里发现许多用管钻留下的石芯，而很少发现管钻的完整器物，其他类型的完整器物也很少见，最多的是些残次品和废料。相反，在它周围数百公里内的许多遗址中，则有许多与红花套石质相同、制法和类型也相同的完整器物，而不见半成品、残次品和制石工具。这足以表明红花套的石器是供许多地方使用的，实际是一种商业性生产[94]。

不仅制造石器、陶器已形成专业化生产，即使陶器这个门类的手工业，发展到后来，内部也出现了更为细分的专业化趋势。例如石家河文化时期的石家河遗址群内，其中的三房湾遗址中一个小范围内竟有红陶杯数十万件之巨；在邓家湾遗址内出土几千件陶塑小动物。一个器类的数量如此之多，看来在陶器生产中，已存在专门生产某一类陶器的手工业区。这种专项性生产不仅大大提高了劳动生产率和产品质量，而且更加促进产品交换的发展，促进各地文化的交流，这也是文明起源、发展的必备条件。

谈到这一地区生产的陶器，其中特别值得重视的是白陶和蛋壳彩陶。关于白陶，早在彭头山文化阶段就已出现，比其他地区早得多，且质量较精。从其花纹图案看，有的陶器已具礼器性质，或具有宗教、巫术作用的特殊功能[95]。

关于彩陶中的蛋壳彩陶，是屈家岭文化时期制陶工艺最高水平的体现。以往，人们曾为山东龙山文化的蛋壳黑陶的生产工艺与精美可观而赞叹，没料到几十年后竟在比之还早几百年的江汉地区发现了工艺水平并不亚于蛋壳黑陶的蛋壳彩陶。看来，蛋壳陶这一先进工艺，首先是江汉地区的先民“捷足先登”了，其发明权应归之于这里勤劳创业的先民们。

再次，由于这一地区以农业为主的经济生产持续不断发展，形成于经济基础之上的某些上层建筑形态也开始出现与成熟。例如从中心聚落遗址的形成到城市的产生，墓葬材料反映的贫富分化与氏族首领拥有的特权，表明已有不事生产的权力阶层开始形成。严文明先生还指出，在石家河城址内已有一种持续进行大规模宗教活动的宗教中心[96]，表明也已出现与生产劳动相脱离的专门从事宗教礼仪性事业的宗教巫师阶层，这都是城市得以形成的内部条件。

由此可见，在江汉洞庭地区先于黄河流域、长江下游地区出现最早的古城，决非偶然。若按传统的黄河流域中心论，则对此很难理解。现在据考古新资料得出这一新认识，表明即使在相同的发展阶段，各地的发展并不平衡，有时此一地区先进，有时彼一地区先进。考古资料显示，黄河流域新石器时代最辉煌的时期之一是仰韶文化前期，特别是第二期（庙底沟期）。那时它是黄河流域最发达、水平最高的文化，还对邻近地区包括长江中游地区产生很大影响。但到仰韶文化晚期，这一文化趋向衰落。与之相反，江汉洞庭地区的大溪文化从中晚期之际开始，由于自身文化的高涨，其文化覆盖面和影响范围不断扩大，到屈家岭文化时期达到顶峰。向北影响一直深入昔日仰韶文化的腹地，它向外的影响远远大于外界对它的影响。可以说，屈家岭文化时期的荆楚地区，在全国范围内发挥了数百年的龙头作用，成为我国史前文化中一颗璀璨明珠。在这样的一个文化高涨的氛围中，诞生出我国最早、规模最大的古城乃水到渠成、瓜熟蒂落的必然结果。它是物质文化和制度文化、精神文化的聚焦点，“国家是文明社会的概括”[97]，这些古城正是早期国家文明的最重要标志。“城市革命”率先发达于江汉洞庭地区。在“古城、古国时代”，由处于领先地位的地区之一，发展到了“最早的文明社会”和“文明社会的初级阶段”，由此可证这一地区在我国文明起源中的重要的历史地位和作用。

二、江汉洞庭地区文明起源与炎帝祝融文化

在我国文明起源与发展过程中有如此重要地位的江汉洞庭地区，创造了这一地区远古文化辉煌业绩的族群是什么？对此，前辈学者依据文献记载的古史传说资料作过研究，当今学者又据考古新发现也进行了研究。笔者对这些研究试作一次总的考察，吸取有益的观点，形成自己的若干新看法。

前辈学者徐旭生、蒙文通等先生主要依据古史传说资料研究我国远古历史。徐旭生先生数十年以前所著《中国古史的传说时代》一书[98]，系统地论证了他主张的古代部族分为三大集团——华夏集团、苗蛮集团、东夷集团，并认为三大集团的地域是：华夏集团处于黄河两岸的中原及部分北方地区，苗蛮集团的“中心在今日的湖北、湖南两省”[99]；东夷集团的中心在山东省境，西及河南东部，南达安徽中部，东至于海。现在看来，这三大集团的划分，大体可信。用考古学文化来对应，则华夏集团为磁山·裴李岗文化、仰韶文化、中原龙山文化序列；苗蛮集团为江汉洞庭地区的彭头山文化、皂市下层文化、大溪文化、屈家岭文化、石家河文化序列；东夷集团为山东后李·北辛文化、大汶口文化、山东龙山文化序列。就目前的考古发现看，长江下游的文化序列也很完整，且发展水平与上述基本同步。另外，北方红山文化也是重要的文化区。如此看来，三集团之说恐难以概括，也许要有四集团、五集团之说。至于每个集团的名称也可讨论。愚意以为，三集团名称应改为河洛族团、江汉族团、海岱族团。本书将使用这三个集团的名称[100]。

问题在于每个集团内的族系是什么？考古学文化与族的共同体是既有区别又有联系的两个不同的概念。一个考古学文化可以是一个、

两个甚至更多的部族创造使用的文化，也不排除一个部族使用两种不同的考古学文化。因此，在推定某个考古学文化就是某族的文化时，应特别慎重，应有充分的依据。但是，由于所依据的历史资料来源不同、认识不同，往往出现歧异甚至完全相反的看法。例如关于炎帝与祝融的族属，就有两种针锋相对的看法，孰是孰非？又如三苗与楚的关系，一说同源，一说不同源，孰对孰错？真有雌雄莫辨之惑。若单纯爬梳文献，则有如乱麻，愈理愈乱，治丝益棼。为此，我认为应首先着眼于考古材料与考古学文化的分析。

前面我们已指出，荆楚地区屈家岭文化时期，在同时期的我国原始文化中，是势力最强劲的一支考古学文化。屈家岭文化可分为六个类型，已发现五个以上的古城址。它的居民显然是一个很大的部族集团。如果一个文化类型代表该集团内一个小的族系，则至少有六个小的族系。在几个古城址中又有最大的中心城址，应为其中最大的族系所在。在这个部族集团中特别是其最大族系中，不可避免地会产生一个该族团的首领。那么，这个首领是谁？能否与古史传说中的某个首领人物对上号？

在这方面，严文明先生依据已有的考古成果作出的宏观分析，值得重视。他认为，“中国的铜石并用时代大致相当于史书记载的五帝时代”，若与考古学文化比照，“前三帝（黄帝、颛顼、帝喾）代表了较长的一段时间，似应相当于铜石并用时代早期”[101]。屈家岭文化的年代范围相当于铜石并用时代早期，亦即相当于古史传说中的前三帝时期。

在这个历史时期内，黄帝、颛顼、帝喾属于黄河流域的部族首领，史有定论。那么，属于江汉族团的屈家岭文化部族，其首领只能是与这三帝同时的首领人物。既然存在着处于同时代领先地位的屈家岭文化，出现了古城、古国，就应该有名声显赫的部族首领传颂于后代，在文献记载上应有反映。这就要讨论至今仍有争议的与黄帝同时的炎帝及其佐神祝融（楚先祖神）的族氏归属问题。

关于炎帝、祝融的族团归属，长期以来存在针锋相对的两种看法。

前辈学者蒙文通先生认为可归属江汉族团，徐旭生先生则力主归属华夏集团(河洛族团)，直至今日仍是针尖对麦芒，论者各执一说。为此，笔者在此略申己说。

先说炎帝。考古发现的战国时期文字材料是最为可靠的，并且往往可推翻成说。例如，山东银雀山汉简中的《孙子兵法》，其中有如下一段话："孙子曰：黄帝南伐赤帝，至于□□战于反山之原……大灭有之。"[102]此事在《史记·五帝本纪》也有记载："炎帝欲侵陵诸侯，诸侯咸归轩辕。轩辕乃修法振兵，以与炎帝战于阪泉之野，三战然后得其志。"两相对照，赤帝即炎帝，"反山之原"就是"阪泉之野"，因反、阪字通。"原"字从"厂"从"泉"，《说文》："原，水泉本也。"《左传·昭公三年》经文曰："滕子原卒。"《公羊》："原"作"泉"。故"反山之原"就是"阪泉"。旧说阪泉在河北涿鹿县或山西阳曲县附近，今人多宗此说。而银雀山汉简有"南伐赤帝"一句，与传世文献不同处在于有此"南"字，从而证明旧说阪泉在北方之不可信，真是可谓"一字值千金"。由此可证黄帝族在北，炎帝族在南，一北一南，一黄一炎，泾渭分明。古籍云炎黄二帝"各有天下之半"[103]，可见南半边炎帝势力之强大，然在与黄帝争战中失败了，自不得列入五帝之中。但这里却透露了历史的真相，即炎帝乃是足以与黄帝抗衡的一大部落之首领。"这个部落地域非东非西，而在南域"[104]。说炎帝确是南方的部落首领，他有如此大的势力敢与黄帝抗衡，正是在南方原始社会经济、文化发展的基础上，必然出现的一个强大部族的结果。

黄、炎两族的时代，前面已指出，相当于我国原始社会晚期铜石并用时代(古城、古国时代)的早期，年代约为公元前3 500年至2 600年；在黄河中游地区为仰韶文化后期，长江中游地区则为大溪文化后期、屈家岭文化时期。这两个地区的考古学文化应该就是黄、炎两大部族的文化。此时期南北考古文化的关系与势力消长也是这两族关系的反映。苏秉琦先生早就指出："仰韶文化后期同它南方邻境江汉之间的屈家岭文化的关系，也表现为自南而北的影响要多于自北而南的影响。”又说：“在此期间内，我国民族文化关系上发生的一个大变化是……以东南方原始文化集中影响于中原地区的仰韶文化为主。”[105] 1985 年笔者应邀在香港中文大学作学术讲演时也举例说明：“我们也应看到南方地区原始文化对北方的影响，如新石器时代的屈家岭文化，它的向北影响所及，已深入到黄河流域中原地区的腹心地带，在禹县、郑州等地的仰韶文化区都可找到它的踪迹，在郑州大河村仰韶文化晚期遗址里出土的绳纹大陶锅，就与屈家岭文化的大陶锅相似，出土的敛口钵上的圆形旋涡纹饰与仰韶文化彩陶风格异趣，而具有屈家岭文化特点；在禹县出土了折腹豆、高领圈足盘、高圈足杯、扁平瓦状鼎足等屈家岭文化的陶器。”[106]这些屈家岭文化遗物发现于黄河流域说明什么问题？说明屈家岭文化发展水平丝毫不亚于黄河流域的发展水平，甚至还要略胜一筹，否则不会对其有如此大的影响。由此可见，当时的屈家岭部族的人们已开始向北发展其势力，这或者正是《史记》所云“炎帝欲侵陵诸侯”的遗迹与物证。对于这方面的论述，近年出版的张绪球著《长江中游新石器时代文化概论》一书也提供了有说服力的例证，在此不烦再引。他的结论性看法仍是继续发挥、印证苏秉琦先生的论断：“屈家岭文化时期，长江中游和全国大多数地区之间都已建立了广泛而密切的经济文化联系，而且总的趋势是，长江中游对外的影响远远大于外界对它的影响。因此，屈家岭文化时期，长江中游曾经在全国的范围内，发挥了数百年的龙头作用，这是江汉地区先民们对祖国的历史发展所作的重大贡献[107]”。前面已指出，炎帝氏族从时代上看，正好相当于考古学上的屈家岭文化时期。因此，可以认为创造屈家岭文化的先民们的族属就是炎帝族，屈家岭文化就是炎帝文化。由此观之，我们应重新充分估价作为南方原始文化表率的炎帝文化的伟大作用。由于历史上中原文化正统论的长期影响，几千年来不被重视的南方文化首先是由于楚文化考古的重新发现而使人们不得不重新考虑这种对南方文化的不公正的看法。同样地，由于新石器时代文化特别是长江中游新石器时代文化的重新发现，也迫使人们需要改变几千年来对炎帝及其文化归属的不正确、不公正的看法与评价。

次说祝融。关于祝融的时代，或说与炎、黄同时，或说与颛顼、帝喾同时，虽稍有早晚之别，若比照考古学文化，都属铜石并用时代早期。与屈家岭文化时代也大体同时。因之，从年代范围看，说祝融与屈家岭文化的部族首领有关，也是可以说得通的。但问题的解决远没有这么简单。

在近年的研究中，论者看出有关祝融的传说地点相当广泛，以致提出要"对特定含义的祝融和广义意义的祝融加以区分"[108]。有的认为被神化后的祝融，成为"包括黄河、长江两大流域居民所共同尊奉的神"[109]，有的甚至认为"祝融是越国的主宰神"，与越王族"有血缘关系"[110]，祝融成了无所不在的神话人物。祝融乃楚族先祖，已有考古发现的文字材料为证[111]。面对祝融的诸多说法，关键在于要弄清这个祝融的最初居地在何方？也就是说，这个在黄河、长江流域被广为敬奉着的祝融，其原生地、起源地在何方？

对此，近年出版的论著，大都据《左传·昭公十七年》"郑，祝融之墟也"等文献，认为这里就是祝融的最初居地，"是楚族最确凿不移的地理源头"[112]，是楚王族发祥于中原说法的重要依据。颇有铁案难移，非此莫属之感。果真只能如此吗？如同对待炎帝有南、北二说一样，祝融原居地也有南、北二说。但近年来的论著，多囿于传统的说法，认为祝融起初在中原地区，以后才迁于南方，并有所谓新土著说。[113]看来，祝融南方说，在两说对垒中似已有南风不竞、败下阵来之势。故在此还须稍费笔墨，为重振南方说而擂鼓助威。

第一，从祝融传说的演变过程看。《山海经·海外南经》记"南方祝融，兽身人面，乘两龙"，表明南方这个祝融是个半人半兽的神。对宗教神话颇有研究的文崇一先生认为："从神话的演进方式看，海外南经之说也许比其他各说均较早,因为它还停留在人兽之间的阶段。”[114]文氏说神话的演变过程是:从半人半兽的图腾神变为天神再变为某族的祖先神。故可以使用一个简单的方式予以表示:

兽祝融→神祝融→人祝融→祝融八姓。

这么说,郑语所云“祝融八姓”,“郑,祝融之墟也”,乃这一神话演变的最后形态。它的最初起源地便只能如《山海经》所云的“南方祝融”,即祝融是在南方,而不在北方。从南方到北方,才是这一历史传说演变的地域轨迹。用传说的最后形态作为立论的依据,便显得是本末倒置,倒果为因了。

第二,楚人自己的记录是最真实可据的第一手材料。《包山楚简》217号:“举祷楚先老僮、祝融、媸(鬻)酓(熊)各一牂。”长沙楚帛书:“炎帝乃命祝融……”老僮、祝融是楚人的始祖神,鬻熊则是楚人的先祖(是人祖而非神祖)[115]。这两个神的居处并不在中原。老僮的居地只在《山海经·西山经》有记载:

三危之山……又西一百九十里,曰騩山,其上多玉而无石。神耆(老)童居之,其音常如钟磬。其下多积蛇[116]。

老童居处的騩山不可考,在其东的三危山,有说指今敦煌三危山,或说“在岷山西南”[117],还有认为在“今云南怒江”[118]。騩山亦当与之相去不远,地在中原地区之西或西南,绝不在中原地区。

同样,神祝融也和神老童一样,其居地亦非中原地区,作为神的祝融也是在南方。今本《竹书纪年》:

夏道将兴,青龙止于郊,祝融之神,降于崇山。

《国语·周语》:“昔夏之兴也,(祝)融降於崇山。”这个崇山在《尚书·尧典》、《大戴礼记·五帝德》、《史记·五帝本纪》中也有记载:

> 放驩兜於崇山,以变南蛮。

表明这个崇山在南蛮之地。盛弘之《荆州记》记载:“崇山在澧阳县南七十五里。”《通典·州郡典》谓在澧丰县,即今湖南洞庭湖西北侧的澧县,与《荆州记》地点相同。《读史方舆纪要》卷77:“崇山,(慈利)县西三十里。”位于今湘西北的这个崇山,正是在屈家岭文化的一个类型——划城岗类型的范围内,并且有一座城头山古城址(见前述)。而在史书中则被称之为“南蛮之地”,祝融神却偏偏要降临这个南蛮之地,足以表明祝融与南方先民的密切关系。

在《管子》、《吕氏春秋》、《越绝书》等古籍中也不乏祝融在南方的记载。这些记载,虽不如崇山之有具体地点,但置之于南方则是一致的,证明神祝融是属于南方的。作为人祝融则移到了北方。前已指出,从神话演变过程,是由神到人,祝融八姓乃后起之说。因此,祝融之原生地在南方,应是无可怀疑的了。

当然,如能在屈家岭文化分布的中心区,找到祝融的位置,就也可以说是铁案难移了。但在目前确实无此材料,只有俟诸他日地下之新发现(有如包山楚简这样的记录)[119]。

还要提及一点的是,使用传说材料,要注意它的来源。蒙文通先生在20世纪60年代一篇关于《山海经》研究的文章里,就指出古代文献记载有中原文化系统和南方文化系统的区别。两个系统各自的记载往往是互相矛盾,正相反对的。蒙氏指出:“本来各是一个系统,合之则两伤,分之则两全。”[120]关于祝融的记载,显然也存在两个系统的记载,以至说法各异。祝融神在南方,这是南方系统的产物。祝融八姓在北方,这是北方系统的产物。从时间上说,南方系统的在前,北方系统的在后。据此,不妨进而作点推论。

屈家岭文化在大溪文化基础上，其势力向北、向东大为扩展，北边一直达于黄河两岸。不妨可以认为，以炎帝、祝融为首领的这个大部族集团，在向北推进中，一部分族人或者主要是祝融之族人北上中原地区，占据了郑地为中心的一大片地方，成为移居于该地的居民[121]，并留下了在此活动的遗存（如前述屈家岭文化的大陶锅等在郑州大河村遗址出土），以后成了中原族团的一部分，故而在后世文献里留下“郑，祝融之墟也”的记载。这虽然是推测，但不是向壁虚造的无稽之谈，而是依据考古学文化和有关文献作出的符合历史逻辑的合理推测。只要不抱住中原文化、中原部族中心论的观点不放，是不难理解的。

以上是正面论述屈家岭文化的部族，其首领可能是炎帝、祝融，它的居民即属炎帝、祝融部族。但在与考古学文化比照时，目前流行的说法却是三苗族。在1992年出版的《长江中游新石器时代文化概论》这本书中，就专辟一章，从年代与地域分布及兴衰历程三个方面，认为屈家岭文化、石家河文化的族属均为三苗，其文化为三苗文化[122]。论者振振有辞，也不过是推测而已，这种推测，问题甚多，在此略作辨析。

第一，首先应认真爬梳一下有关三苗的文献记载，三苗在文献中又作苗民、有苗或单称苗，在成书年代较早的文献如《尚书》诸篇中均未言其居地[123]。有学者认为三苗只是“神话中天帝的搭档”，“三苗是没有地盘的”，“在虚无缥缈间”[124]。只是晚到战国时期才出现三苗地盘在今湘鄂赣地区的说法[125]。

第二，这就要进一步追问，为什么到了战国时期，会有三苗在两湖地区的说法并载之于文献呢？对此，似尚无人问津。笔者也为此颇费思绪，反复研讨，一度感到百思不得其解。然经较长时间的思索，终于悟到了其中的奥妙。引起彻悟的重要契机在于联想到了前面提到的蒙文通先生关于传说材料来源有两个不同文化系统这一灼见。我在前面已讨论了祝融传说的演变过程，是由兽到神到人最后演变为祝融八姓。

祝融八姓乃中原文化系统的说法，后世便以中原文化系统的这一说法被记录下来。南方文化系统的说法反而失传了！但这个地区不可能没有部族。这就得有个新说法予以填补，于是在春秋战国间兴起的以中原为华夏中心，四方为蛮、夷、戎、狄的说法出现以后，便把苗蛮之说分配到了南方，填补了由于祝融北移而产生的空白。这应就是把本来处于虚无缥缈间的三苗定位于南方荆楚地区的真正原因。“三苗文化”的说法虽流行已久，几成定论，经此正本清源，寻其真相，就应承认“三苗文化”之说是不妥当的[126]。

第三，既然不称“三苗文化”，那该称什么文化呢？就应如前面提出的，可合称为“炎帝祝融文化”。在此不妨再作一些说明。我在前面已论证祝融的原居地本在南方，把祝融定位北方乃中原文化系统之说。据南方文化系统之说，祝融子孙虽有部分到了北方，而主要部分仍在南方。祝融的后裔有季连一支，季连即楚之先祖，有学者考证季连生活年代约当传说中帝尧之时[127]。其后代子孙又称季芈。《路史·后纪八》：“伯禹定荆州，季芈实居其地。”清楚地指明大禹在建立夏王朝时，居于荆州之域的正是祝融后裔一支的季连部族亦即楚族，这也是笔者和一些学者早已主张的楚族乃土生土长的本地部族根据之一[128]。既然祝融及其后裔的主要根据地在荆楚地区，而时代又与这里考古学文化上的屈家岭文化、石家河文化相合，就应该顺理成章地称之为“炎帝祝融文化”，而不能再人云亦云地去称为“三苗文化”。试想，在荆楚大地，曾一度在数百年间发挥了龙头作用，领先于中原发展水平的屈家岭文化，不可能不在文献记载上留下一个显赫的部族名称，不可能不在这支强大部族中出现一个彪炳史册的首领人物。这样的人物本来是客观存在的，这就是前面提出的炎帝、祝融！而以往囿于中原正统论观念，把炎帝、祝融也通通移植到了中原文化系统，现在是该把颠倒了的旧说予以重新颠倒过来的时候了。当然，一种说法形成以后，往往积重难返，需要反复论证、深入阐释[129]。

第四，还有一个问题，对考古材料显示出的石家河文化之后的大变化或“突变”的现象如何理解？论者有归之于自然原因的[130]。诚然，气候、水旱等自然因素对史前社会发展的影响是巨大的，但引起“突变”的主要原因，似应主要归之于社会原因，即社会发展阶段的变化。石家河文化早中期与晚期之间的大变化，是由于其晚期已属夏代，也有称之为“后石家河文化”的。夏代建立时，这一地区建立的古国臣服或降服于夏王朝[131]。这里的文化自然受到夏王朝文化的很大影响，成为夏王朝文化、文明的一部分，反映在考古学文化上当然会有很大的变化。这种情况也许与东周时期楚亡后的情况类似。楚国被秦不断攻占及最终消灭，楚规模宏大的国都纪南城及后期寿春郢都等均沦为废墟，代之而起的是小小的南郡城等郡、县县城，文化面貌随之发生很大变化。石家河文化在夏代的情况也同样类此。原有的最大古城石家河城不存在了，其他古城也相继不存在了。这些古国“都城”不存在了，但不等于原有文化就消失了，它的文化因素还延续到了商代甚至更晚。这也与楚国灭亡以后的情况类似：东周楚国不存在了，作为国都也沦为废墟，但楚文化并未断流，“保留着大量原有楚文化因素的‘后楚文化’……要到汉武帝前后才最终融入到汉文化之中”[132]。石家河文化与“后石家河文化”之间的那种较大变化，由此也可以得到合理的解释。[133]

以上所论，对目前颇为流行的屈家岭文化、石家河文化为三苗文化说予以否定，并认为这两个考古学文化应属炎帝、祝融文化。这是一种新的见解，但也事出有因。前辈学者蒙文通等早就有炎帝、祝融为江汉民族说，我的看法不过是在旧说基础上将其进一步与考古学文化“对号入座”，认定屈家岭文化、石家河文化就是炎帝祝融族系文化。对于这一新的看法，定然会引起争论[134]。“学术之树常青”，通过讨论，期盼进一步促进对荆楚地区史前文化和文明起源、发展的认识。

注　释：

[1] 详见吴汝康等：《湖北郧县猿人牙齿化石》，《古脊椎动物与古人类》1980 年

第2期。

［2］见中国社会科学院考古研究所编：《新中国的考古发现和研究》第10页，文物出版社1984年版。

［3］群力：《湖北郧县白龙洞又发现猿人牙齿化石》，《人类学学报》1983年第3期。

［4］李天元：《郧县人化石出土》，《中国文物报》1991年2月3日。参阅李天元《郧县人遗址的发现与研究》，载《中国考古学研究的世纪回顾·旧石器时代考古卷》，科学出版社2004年5月版。

［5］《中国考古学年鉴·1989年》第4页，文物出版社1990年版。

［6］《中国考古学年鉴·1993年》第2页，文物出版社1995年版。补记：《光明日报》1998年4月6日《科学家进一步证实，我国200万年前就已出现古人类》："'巫山人'化石是到目前为止我国境内发现的最早的人属化石。"

［7］李炎贤等：《湖北大冶石龙头旧石器时代发掘报告》，《古脊椎动物与古人类》1974年12卷2期。

［8］袁家荣：《略论湖南旧石器文化的几个问题》，《中国考古学会第七次年会论文集》，文物出版社1992年版。

［9］贾兰坡：《长阳人化石及其共生的哺乳动物群》，《古脊椎动物学报》1957年1卷3期。

［10］湖北省文物考古研究所：《湖北省文物考古工作十年来的发展》，《文物考古工作十年》(1979—1989)，文物出版社1990年版。

［11］李天元：《湖北枝城九道河旧石器时代遗址发掘报告》，《考古与文物》1990年第1期。

［12］湖南省文物考古研究所等：《石门县燕儿洞旧石器时代遗址试掘》，《湖南考古辑刊》第6集，《求索》增刊1994年。

［13］袁家荣：《湖南旧石器文化的区域类型及其地位》，《长江中游史前文化暨第二届亚洲文明学术讨论会论文集》，岳麓书社1996年版。

［14］刘德银：《我国旧石器时代考古的重大突破——湖北江陵鸡公山发现旧石器时代居址》，《中国文物报》1993年5月2日。这一重要发现被评为1992年中国十大考古发现之一。

［15］同注［8］。1998年补注：《中国文物报》1997年4月6日报道：《湖南发现旧石器时代末期高台建筑》(储友信)。建筑遗迹在高出周围农田6米的台地上，面积约

24平方米。“该建筑遗迹可能是目前国内发现的最早的建筑遗迹，为认识特殊的地貌单元(由丘陵向平原过渡)之于人类的意义，为探讨旧石器时代文化的转变，以及研究早期的建筑形式提供了不可多得的材料”。

[16] 苏秉琦：《中国考古学的黄金时代即将到来——纪念北京大学创设考古专业四十年》，《中国文物报》1992年12月27日。

[17] 1996年在北京王府井东方广场基建工地上发现了与山顶洞人年代相同的古人类活动遗迹，证明其时古人类“已有能力在平原上居住了”(《中国文物报》1997年4月6日)。山顶洞人年代距今2万多年，比江陵鸡公山遗址年代晚些，因此，目前仍可认为荆楚地区是人类从穴居、巢居到平原定居的年代最早的地方。

[18] 参阅严文明：《略论中国文明的起源》，《文物》1992年第1期。

[19] 例如：1993年出版的《黄河文明的曙光》(中州古籍出版社)一书，在论及“黄河文明的伙伴”中只提到“太湖地区古代文明”、“燕山地区古代文明”两个，而其时长江中游的古代文明材料多已报道，著者却未提及。又如，1994年发表的《中国北方与南方古代文明发展轨迹之异同》(刊《中国社会科学》1994年第5期)一文，认为石家河文化的社会发展阶段比中原龙山文化落后了一段等等。参阅拙作《长江中游地区文明起源问题的思考》，刊《南方文物》1996年第2期。

[20] 何介钧：《洞庭湖区新石器时代早期文化探索》，《求索》1989年增刊。

[21] 严文明：《中国史前稻作农业遗存的新发现》，《江汉考古》1990年第3期。

[22] 陈铁梅：《彭头山等遗址陶片和我国最早水稻遗存的加速器质谱^{14}C测率》，《文物》1994年第3期。

[23] 安志敏：《碳-14断代和中国史前考古学》，《文物》1994年第3期。文内所列新石器文化序列和年代表，彭头山文化的年代置于中原地区裴李岗文化之前。

[24] 湖南文物考古研究所等：《湖南澧县彭头山新石器时代早期遗址发掘简报》，《文物》1990年第8期。彭头山文化的分期，何介钧分为四期，裴安平分为三期；皂市下层文化分期，何氏分为五期，见其论文《长江中游原始文化再论》，裴安平《彭头山文化初论》，出处均见注[85]之书。

[25] 参阅注[21]严文明之文。可同时参阅严文明：《我国稻作起源研究的新进展》，《考古》1997年第9期。

[26] 据发掘者之一的裴安平先生告知，刻划符号还有多个，资料待发。

[27] 李家岗等遗址见湖南省考古研究所等：《湖南澧县新石器时代早期遗址调查》，《考古》1989年第10期。八十垱遗址材料见《湖南澧县梦溪八十垱新石器时代早

期遗址发掘简报》,《文物》1996 年第 12 期。八十垱遗址于 1993 年又进行了两次发掘,揭露出环绕遗址的围壕与围墙,这是城的前身,意义重大。补记:《中国文物报》1988 年 2 月 8 日报道:《澧县八十垱遗址出土大量珍贵文物》(裴安平),1995—1997 年又进行了几次发掘,对围壕、围墙及围墙内外建筑遗迹、遗物作了清理,遗物中重要的有:1. 木制生产工具木耒、木铲、木钻等;2. 木牌、竹牌,其上多钻有小孔,排列似有规律,"估计其用于记事或占卜";3. 最重要的为大量保存完好的稻谷、稻米,已收集的数量多达 1.5 万粒,专家定名为"八十垱古稻"。此文又报道:"此次发掘的另一成果是,首次在长江流域的露天遗址中见到了介于新旧石器过渡阶段的一种新的文化遗存,可暂称为'八十垱下层类型'。"

[28] 湖南省博物馆:《湖南石门皂市下层新石器遗存》,《考古》1986 年第 1 期。已有论文分为五期。

[29] 参阅张绪球:《长江中游新石器时代文化概论》第 17—18 页,湖北科学技术出版社 1992 年版。**校补**:湖北省文物考古研究所编著的考古发掘专题报告《宜都城背溪》已于 2001 年文物出版社出版。认为"城背溪文化的相对年代,上限不超过公元前6 500年,下限为公元前5 000年"(第 282 页)。

关于城背溪文化,认识尚不一致,有的认为城背溪文化不能单独命名,它的早期属彭头山文化,晚期属皂市下层文化早期。何介钧认为,湖北把许多遗存"统统装入'城背溪文化'这个笼子,就使得城背溪文化变得四不像",见其论文《长江中游原始文化再论》,载入其论文集《湖南先秦考古学研究》,岳麓书社 1996 年版。

[30]《中国文物报》1996 年 2 月 18 日、《光明日报》1996 年 3 月 26 日先后报道了 1995 年全国十大考古发现,第二项即为"道县玉蟾岩遗址"。此遗址及出土的陶片、水稻的年代,报道为距今 1 万年前。何介钧在《长江中游原始文化再论》一文中,则认为"距今 0.9 - 1.4 万年……水稻实物提前到 1.4 - 1.5 万年"前。此遗址出土的陶器与稻谷无疑为目前世界上已发现的年代最早者的标本。《中国文物报》1996 年 3 月 3 日头版头条载:《玉蟾岩获水稻起源重要新物证》,小标题为:"出土已知时代最早水稻实物标本,人类栽培水稻历史提前到一万多年前。"这一报道对发现的水稻实物作了较详的介绍。另外,2001 年公布了"中国 20 世纪 100 项考古大发现",此遗址被列入其中。

[31] 彭头山文化已是农业文化,而玉蟾岩遗存则还未形成农业文化,尚未找到两者文化上的联系与演变的轨迹。参阅何介钧:《洞庭湖区的早期农业文化》,载《华夏考古》1997 年第 1 期。

[32] 黄纲正:《长沙南托遗址文化类型试析》,《长江中游史前文化暨第二届亚洲文明学术讨论会论文集》,第 18 页,岳麓书社 1996 年版。

[33] 何介钧:《湖南早期新石器时代文化遗存》,《东南亚考古论文集》,香港大学美术博物馆 1995 年印行。此文并认为岳阳坟山堡一期遗存填补了彭头山文化与皂市下层文化之间的年代缺环。

[34] 贺刚:《中国史前艺术神器的初步考察——〈中国史前艺术神器〉纲要》,出处同注[32]。

[35] 武汉大学历史系考古教研室:《湖北宜城曹家楼新石器时代遗址》,《考古学报》1988 年第 1 期。

[36] 参阅徐祖祥:《论大溪文化》,《南方民族考古》第三辑,四川科技出版社 1991 年版。

[37] 对这三个类型的划分,考古界有多种不同的看法。这里介绍以下几种:1. 认为油子岭类型不属大溪文化;2. 汤家岗类型大溪文化(即湖南地区的大溪文化)也可另外命名;3. 除这三个类型外还可增加鄂东、湘东北的一个类型;4. 汤家岗类型应改名三元宫类型,汤家岗一期应单独命名为汤家岗文化。此说明见何介钧:《长江中游原始文化再论》一文(出处见征引书目 11)。

[38] 参阅张绪球:《长江中游新石器时代文化概论》第 54—60 页(出处同注[29]之书)。

[39]《中国文物报》1994 年 2 月 20 日:《三峡地区考古取得丰硕成果》。《寻根》杂志 1997 年 12 月号(第 6 期)刊发了林河《干栏小考》一文,认为俗称的吊脚楼仅是干栏建筑的一个类型,该文对"干栏"的名称、历史、文化进行了考证,认为干栏起源于一两万年前的南方,成熟于距今六至七千多年。在湖南已发现多处这样的遗迹与图案(见图 1.1-4 之 4)。

[40] 向绪成:《中国新石器时代考古》,武汉大学出版社 1993 年版。

[41] 王杰:《试论湖南大溪文化》,《考古》1990 年第 3 期。

[42] 何介钧:《洞庭湖区新石器时代文化》,《考古学报》1986 年第 4 期。他在《长江中游原始文化再论》(出处见附录书目 11 号)一文中,把汤家岗类型更名为三元宫类型,把汤家岗下层文化定名为介于皂市下层文化与大溪文化之间的汤家岗文化。

[43] 张绪球:《汉东东部地区新石器时代文化初论》,《考古与文物》1986 年第 4 期。

[44]《屈家岭遗址第三次发掘》,《考古学报》1992 年第 1 期。又见林邦存:《屈家

岭遗址与屈家岭文化的分期》,《中国文物报》1994年1月9日。

[45] 对油子岭文化(类型)的看法,连及对长江中游新石器时代文化谱系结构的认识,直至1995年召开的学术讨论会,仍存在两种对立的观点。可参阅何介钧《长江中游原始文化再论》和孟华平《长江中游新石器时代考古学文化谱系初探》,均载《长江中游史前文化暨第二届亚洲文明学术讨论会论文集》,岳麓书社1996年版。

[46] 何介钧:《环珠江口的史前彩陶与大溪文化》,《南中国及邻近地区古文化研究——庆祝郑德坤教授从事学术活动六十周年论文集》,香港中文大学出版社1993年版。

[47] 同注[38],第131—132页。

[48] 严文明:《略论仰韶文化的起源与发展阶段》,《纪念北京大学考古专业三十周年论文集》,文物出版社1990年版。文中根据碳-14测年数据,确定仰韶文化第一期年代在公元前4 900—前4 000年间(即距今6 900—6 000年,以下距今年代可类推),第二期在公元前4 000—前3 500年间,第三期在公元前3 500—前3 000年间。

又,对大溪文化最晚一期的文化归属有不同看法,何介钧主张对其晚段(前3 300—前3 000年)应归入屈家岭文化早期。见《试论大溪文化》,载《中国考古学会第二次年会论文集》,文物出版社1982年版。

[49] 湖南省岳阳地区文物工作队:《华容车轱山新石器时代遗址第一次发掘简报》,《湖南考古辑刊》第三集,岳麓书社1986年版。郭胜斌:《湖南车轱山遗址的原始农业遗存》,《农业考古》1985年第2期。

[50] 见何介钧:《环珠江口的史前文化与大溪文化》(出处见注[46]之书)。此文指出:大溪文化对环珠江口地区有强烈的影响,大溪文化白陶向南传播直达珠江口一带;向北到达陕西汉中地区的仰韶文化分布区。白陶呈辐射状向外传播达数千里之遥,它名副其实地成了大溪文化的使者。

[51] 牟永抗:《南丫岛'牙璋'探微——关于玉礼兵的若干思考》(出处同注[46]之书)。此文认为,彩陶圈足盘和白陶不是一般的日常实用器皿,在它们的装饰图案中寄寓着古人的信仰和意念,很可能也是"事神致福"的专用器。这些装饰图案的意蕴,可参阅贺刚:《史前艺术神器的初步考察》一文(出处同注[33]、[34]之书)。

[52] 第一章正文写成于1994年。补记:《中国文物报》1998年2月18日报道《1997年全国十大考古新发现评选揭晓》,其中第4项为"澧县城头山大溪文化城墙及汤家岗文化水稻田"。文中报道:"通过对西南城墙的解剖,确认古城曾经四次修筑,其中第一期城墙建于大溪文化时期,距今6 000年前,是目前中国发现时代最早的古

城址之一，第二期约筑于大溪文化二期偏晚，距今 5 800—5 600 年，第三期筑造于屈家岭文化早期(本章认为属大溪文化晚期)，距今 5 300—5 200 年，第四期约筑于屈家岭文化中期(本章断为屈家岭文化早期)，整个城址废弃于石家河文化中期。"

[53] 吴汝祚：《划城岗遗址中一期墓地剖析》，《江汉考古》1987 年第 1 期。

[54] 余秀翠：《杨家湾遗址发现的陶文剖析》，《江汉考古》1994 年第 1 期。

[55] 林小安：《中国文字起源之我见》，《传统文化与现代化》1993 年第 3 期。补记：《中国文物报》1994 年 10 月 23 日《宜昌杨家湾遗址的重要考古发现和研究成果》(林邦存)，报道在此遗址又新发现"90 块陶片上有刻划符号，加上以前六次发掘，每一次都发现有这种刻划符号，已使杨家湾成为目前我国发现刻划符号最多的一处史前遗址"，并认为"湖北宜昌杨家湾与陕西临潼姜寨这两处遗址在距今六千余年前后就似有密切的联系"。

[56]《中国文物报》1993 年 8 月 22 日报道：《黄梅发现新石器时代卵石摆塑巨龙》(陈树祥)。又，周建山：《为什么中华民族自称是"龙的传人"》，《光明日报》1993 年 12 月 5 日。

[57] 陈启家：《辰溪发掘新石器时代贝丘遗址》，《文化时报》1994 年 1 月 18 日。

[58] 中国科学院考古研究所：《京山屈家岭》，科学出版社 1956 年版。直至 20 世纪 80 年代仍是这一地区仅有的一本新石器时代考古发掘报告(90 年代这一地区也没有专门报道新石器时代考古材料的报告，例如《西花园与庙台子》一书报道的就不限于新石器时代的发掘材料)。

[59] 熊卜发：《鄂东北地区新石器时代文化试探》，《考古》1994 年第 2 期。

[60] 湖北省文物考古研究所编著(王劲主编)：《武昌放鹰台》，文物出版社 2003 年版。

[61] 由湖北省京九铁路考古队等、朱俊英执笔编著：《武穴鼓山——新石器时代墓地发掘报告》，科学出版社 2001 年版。

[62] 湖南省考古研究所：《怀化高坎垅新石器时代遗址》，《考古学报》1992 年第 3 期。

[63] 严文明：《中国新石器时代聚落形态的考察》，《庆祝苏秉琦考古五十五年论文集》，文物出版社 1989 年版。

[64] 参阅何介钧：《湖南新石器时代文化的分区研究》，《考古学文化论集》，文物出版社 1987 年版。

[65]《中国文物报》1994 年 2 月 20 日报道：《三峡坝区考古取得丰硕成果》。

[66]《中国文物报》1994年11月20日报道:《枣阳雕龙碑揭示一个新的文化类型》,文中报道此遗址发现中国年代最早的推拉门遗迹,日本、韩国学者对此尤感兴趣。

[67] 分为早、中、晚三期者,是把大溪文化的晚期晚段认作为屈家岭文化早期(约距今5 300—5 000年)。本书主张分为早、晚二期。

[68] 严文明在《略论仰韶文化的起源与发展阶段》一文中,认定庙底沟二期文化的年代为前3 000—前2 500年,屈家岭文化约结束于前2 600年,两者的下限年代相差100年。

[69] 张绪球:《屈家岭文化古城的发现和初步研究》,《考古》1994年第7期。

[70] 何介钧:《长江中游原始文化再论》,收入其论文集《湖南先秦考古学研究》,岳麓书社1996年。补记:《文物》1998年第6期有《湖北公安鸡鸣城遗址的调查》一文认为:"鸡鸣城城垣的始建年代为屈家岭文化时期。"**校补**:新发现的古城有湖北应城门板湾和陶家湖古城两座、湖南澧县鸡叫城等。

[71] 城头山古城的始筑年代已提前到距今6 000年的大溪文化时期,已在注[52]补述。又,任式楠《中国史前城址考察》一文,也肯定"城头山为我国目前所知最早的史前城址"(见《考古》1998年第1期)。

[72] 参阅亚权:《近十年江汉史前考古的重大收获》,《中国文物报》1992年9月6日。参阅注[69]、[71]张绪球、任式楠之文。**校补**:参阅两本专题考古报告:《肖家屋脊》、《邓家湾》。此两书为天门石家河考古报告之一、之二,《邓家湾》总主编严文明、主编杨权喜,文物出版社2003年版。

[73] 补述:据《考古》1997年4期和1998年第1期的两次报道,此城址东西长580米,南北残宽约350米,面积约20万平方米。城内大溪文化遗存可分早、中、晚三期。城址始筑于屈家岭文化时期,使用至石家河文化时期,其后曾加修整,西周时期进行第二期修筑,在原来城垣的基础上大规模加宽而形成。

[74] 马家院古城材料,见《文物》1997年第7期《荆门马家院屈家岭文化城址调查》。城址至今保存完整。南北路呈梯形,长约640米,宽300—400米,总面积约24万平方米。又,走马岭古城材料,见《考古》1998年第4期《湖北石首市走马岭新石器时代遗址发掘简报》。城址东西最大长度为370米,南北最大宽度为300米,总面积约7.8万平方米。走马岭城址始建年代相当于屈家岭文化早期,使用年代为屈家岭文化早、中期,到屈家岭文化晚期已逐渐废弃。但此城址的遗存年代则超出城址年代,从大溪文化晚期一直延续到石家河文化早、中期,有一个连续不断的发展过程。

[75] 严文明:《龙山时代考古新发现的思考》,《纪念城子崖遗址发掘60周年国际

学术讨论会文集》,齐鲁书社 1993 年版。

[76] 最先由王劲、苏秉琦提出此名称。王红星等所撰《江汉地区"龙山时代"遗存的命名问题》一文有专论,载《江汉考古》1985 年第 3 期,但认为应以石河镇这一地名来称呼,称为"石河文化"。

[77] 陶鬶首先出现在海岱地区,然后向中原地区、荆楚地区流传,也许有一支部族由东向西迁徙,将陶鬶传入其他地区。参阅高广仁、邵望平:《史前陶鬶初论》,《考古学报》1981 年第 4 期。

[78] 例如宜昌白庙遗址、宜都石板巷子、随州西花园遗址的石家河文化晚期都已有二里头文化因素。张绪球认为,到石家河文化晚期,从陶器变化看,颇有点"改朝换代"的味道,是黄河流域龙山文化晚期对长江中游的影响所致。有的论者称之为"后石家河文化"。

[79] 何介钧:《石家河文化浅析》,出处同注[75]。**校补**:王红星认为岱子坪不属石家河文化,见其所撰《石家河文化初论》一文,载《奋发荆楚,探索文明——湖北省文物考古研究论文集》一书。

[80] 各类型的划分及定名,认识多大同小异。用两个地点连称的类型名称,采自何介钧的看法。另,湖南西南境的斗篷坡中期文化与石家河文化的年代相当(《中国文物报》1991 年 3 月 24 日报道)。

[81] 顾颉刚:《禹贡注释》,载《中国古代地理名著选读》第一辑,科学出版社 1959 年版。

[82] 邵望平:《禹贡"九州"的考古学研究》,载《考古学文化论集(二)》,文物出版社 1989 年版。

[83] 这些玉器的综述,参阅张绪球《长江中游新石器时代文化概论》一书。石家河文化晚期的年代已进入夏代,则其晚期玉器年代相当于中原地区二里头文化早期,即本地区的"后石家河文化"时期。罗家柏岭玉器详见《考古学报》1994 年第 2 期。

[84] 笔者于 1993 年参加中国考古学会第九次年会期间,承牟永抗先生告知。

[85] 此章写成于 1994 年。近几年来又有不少重要新发现(有的已补入正文与注释中),提出若干新认识,可参阅湖南文物考古研究所编:《长江中游史前文化暨第二届亚洲文明学术讨论会论文集》,岳麓书社 1996 年版。最近两年来的新发现与新研究成果,也已酌收入本章注释之中。

[86] 安志敏:《试论文明的起源》,《考古》1985 年第 5 期。

[87] 参阅《苏秉琦考古学论述选集》、《华人·龙的传人·中国人》两书有关论述。

张光直在《庆祝苏秉琦考古五十五周年论文集》内的《中国相互作用圈与文明的形成》一文中提出“相互作用圈”论。

[88] 许顺湛:《黄河文明的曙光》,中州古籍出版社 1993 年版。

[89] 童恩正:《中国北方与南方古代文明发展轨迹之异同》,《中国社会科学》1994 年第 5 期。

[90] 牟永抗等:《试谈玉器时代——中华文明起源的探索》,《中国文物报》1990 年 11 月 1 日。

[91] 黄河流域年代最早的古城,就现有发现看,以郑州西山古城最早,距今5 500 年左右,比城头山古城始建年代晚了约 500 年左右。

[92] 按苏秉琦提出的“文明论”,文明起源、发展的道路是古文化、古城、古国。古国是史前形成的雏形国家,故可称之为古城、古国时代。我在本书最后一章第一节还将讨论这个问题。

[93] 日知:《农业起源与文明起源》,《史前研究》1983 年第 2 期。

[94] 参阅严文明:《中国新石器时代聚落形态的考察》,《庆祝苏秉琦考古五十五周年论文集》,文物出版社 1989 年版。

[95] 参阅贺刚《中国史前艺术神器的初步考察》一文。

[96] 参阅严文明《龙山时代考古新发现的思考》一文。

[97] “国家是文明社会的概括”为恩格斯语。“城市革命”为英国考古学家柴尔德提出,认为城市是文明最主要的因素。也可以认为城市是文明开始的标志、国家出现的标志之一。**校补**:“文明社会的初级阶段”,是我在《长江中游地区文明起源问题》一文(收入本人论文集《早期文明与楚文化研究》一书,岳麓书社 2001 年出版)内提出的看法,此文又收入《中国文明起源研究要览》一书(出处见附录二)。

[98] 此书初版于 20 世纪 40 年代,60 年代初出有增订版。本书所引为文物出版社 1985 年版。

[99] 同上注,第 66 页。何光岳认为:“蛮人是四五千年前最早活跃在黄河中下游的伟大人类团体之一……后来才分批向四方迁徙。”见其所著《南蛮源流史》第 22 页,江西教育出版社 1988 年版。

[100] 前辈学者蒙文通等已提出河洛、江汉、海岱等族团的名称,我认为这比徐旭生的三个名称为佳。徐氏的华夏、苗蛮、东夷三者的名称,乃中原正统论的文化优劣观的反映。即认为华夏为中原正统文化,苗蛮、东夷为文化低于华夏的蛮夷。而在远古史前时代,不存在中原文化在全过程中优于、高于其他地区文化的问题。史前三集

团文化各有独立起源，相互平行发展（有相互影响而非取代），是三大文化、文明中心。夏王朝建立后才出现中原为最大中心的局面。因此，史前这三大集团应以其中心地域命名其文化、部族。

[101] 严文明：《略论中国文明的起源》，《文物》1992 年第 2 期。

[102] 银雀山汉墓竹简整理小组：《银雀山汉墓竹简（壹）》第 32—33 页，文物出版社 1985 年版。

[103] 贾谊《新书·制不定》："炎帝者，黄帝同父母弟也，各有天下之半。"炎黄为兄弟说，源出《国语·晋语》，"司空季子曰：昔少典娶于有蟜氏，生黄帝、炎帝"。此说可疑。赵光贤著有《评徐旭生〈中国古史的传说时代〉》一文（收入他的论文集《古史考辨》，北京师范大学出版社 1987 年版），认为："如用史学方法来衡量，司空季子的话便大成问题。第一，我们要问，司空季子的话有何根据？在他以前的书中，是否有这种传说？第二，少典是何许人也？他从何而来？这是很要紧的，徐先生根本未谈。第三，'成而异德'的话，颇有'五德终始'说的嫌疑，令人不能相信这个说法会很古。第四，古代的'帝'字，都是'上帝'或'天神'之义，凡用来做'人王'解释的，都是很晚起的……第五，据近人研究甲骨文，姜与羌是一字，姜族很可能是羌族最初汉化了的一支，此说若信，似乎和黄帝无法认为同宗。因为有这许许多多的问题，我们对于'炎黄集团'之说，便不能不表示疑问了。"以上我较多地引用了赵氏的话，乃在于直到目前为止，仍有不少人据《国语》这段话及徐旭生之说，把炎黄二帝作兄弟看待，认为同生长于今陕西宝鸡地区，把来源不明的传说当成信史。

[104] 刘彬徽：《炎黄文化的考古学思考》，载《炎帝与中华文化》第 55 页，人民出版社 1994 年版。2001 年本人又撰《炎帝文化研究再论》，载《炎帝文化与 21 世纪中国社会发展》，岳麓书社 2002 年版。

[105]《苏秉琦考古学论述选集》第 187 页，文物出版社 1984 年版。

[106] 刘彬徽：《中国先秦时期南北文化的交流与发展》，香港《大公报》1985 年 5 月 23 日。

[107] 张绪球：《长江中游新石器时代文化概论》第 233 页（出处同注[29]之书）。

[108] 王光镐：《楚文化源流新证》第 16 页，武汉大学出版社 1988 年版。

[109] 罗运环：《楚国八百年》第 35 页，武汉大学出版社 1992 年版。

[110] 董楚平：《吴越文化新探》第 106 页，浙江人民出版社 1988 年版。

[111] 湖北省荆沙铁路考古队：《包山楚简》，文物出版社 1991 年，其中第 217、238 号简有楚人祭祀先祖祝融的记录。文物出版社 1991 年版。

[112] 同注[108]第 29 页。

[113] 祝融南迁说,在近年的楚学专著与论文中几乎众口一词,不再列举。所云“新土著说”,见《楚国哲学史》第 23 页,湖北教育出版社 1995 年版。

[114] 文崇一:《楚文化研究》,中央研究院民族学研究专刊之十二第 8 页,台北 1967 年版。此书于 1990 年重印,文氏的看法仍一以贯之:“原来就认为楚民族是南方民族的一支。”(见《重印序言》)

[115] 董楚平认为楚祭祀神界始祖祝融和凡界始祖鬻熊,而颛顼、高阳都不是楚的神界祖先,详见其所著《楚辞译注》附录二“《离骚》首八句考释”。此书由上海古籍出版社 1986 年出版。

[116] 郭璞注《山海经·西山经》,上海古籍出版社 1980 年版第 55 页;郭璞注云“耆童即老童”。

[117] 孙星衍注疏《尚书今古文注疏·尧典》,中华书局 1986 年版第 57 页。

[118] 姜亮夫:《楚辞今绎讲录》第 44 页,北京出版社 1981 年版。

[119] 楚史《梼杌》及《三坟》、《五典》之类楚人之书均已失传,如能在今后考古发现中如同马王堆帛书大批典籍出土一样,能有楚人自己的史籍出土,庶几可望解决至今仍争论不休的族源等问题。

[120] 蒙文通:《略论〈山海经〉的写作年代及其产生地域》,载《巴蜀古史论述》,四川人民出版社 1981 年版。

[121] 郑地在仰韶文化时代,不是仰韶文化中心区,一直到春秋初年,郑国从陕西迁到郑地,这里还有大片荒芜之地。屈家岭文化的这支强大部族向北发展,可能有一部分人停留于此。在郑州大河村仰韶文化遗址内出土了屈家岭文化的大陶锅等遗存,就是物证。

[122] 同注[107]之书第六章,乃据俞伟超《先楚与三苗文化的考古学推测》一文论述。

[123]《尚书·吕刑》:“苗民弗用灵……遏绝苗民,无世在下”,“苗民无辞于刑,乃绝其世。”这里不但未言其居地在何处,且已由帝灭绝,不存于世。又,《尚书·舜典》有“分北三苗”之说,亦未言其北在何地。《尚书·皋陶谟》:“何迁乎有苗。”亦未指何地之苗。

[124] 朱俊明:《略论舜征三苗之伪及穆王至洞庭伐越》(油印稿)。

[125]《战国策·魏策》吴起云:“昔者三苗之居,左彭蠡之波,右洞庭之水,文山在其南,衡山在其北。”近年,也常有人引述《墨子·非攻下》关于禹征三苗的记载,对此,

赵光贤也早有评说:“禹征有苗,是否有此事,禹与苗是否交战,尚待考证;但是如《非攻下》所说,完全是神话,令人无法相信它是历史。”(见注[103]赵氏之书的第 23 页)

[126] 近阅刘起釪《古史续辨》(中国社会科学出版社 1991 年版)一书中的《我国古史传说时期综考》一文,是 20 世纪 80 年代以来对中国古史传说研究的最新代表作,此文按西周、春秋至战国前期、战国后期、汉以后等几大时期的文献材料梳理传说的史料,指出西周时期的文献中可见“以蚩尤为首领的苗族(《逸周书·尝麦》谓蚩尤住在少皞之虚)”(第 6 页),即西周史料中的苗族是在东方,而不在南方。刘氏接着认为,以蚩尤为首领的三苗族“在涿鹿被黄帝打败后,才逐步向南方迁移”(第 62 页)。按刘起釪先生这一说法,则三苗为东方土著,黄帝时期才从东方迁移到南方来。既然是迁移来的部族,则人数当大大少于本地土著,创造荆楚土著文化的部族显非东夷来的三苗族。此说与我在正文中引述的朱俊民的看法不同(朱氏认为三苗是没有地盘的)。其共同点则均不认为江汉地区有一个三苗土著部族。论证问题要有破有立,刘起釪、朱俊民之说是“破”而未“立”,我则是先“立”而后“破”,应更有说服力。参阅拙作《关于三苗与三苗文化的讨论》,《江汉考古》2003 年第 4 期。

[127] 罗运环:《楚国八百年》第 49 页(出处同注[109])。

[128] 刘彬徽:《楚丹阳和郢都的地望与年代》。又可参阅《中国考古学会第二次年会论文集》中王劲、杨权喜等人的论文。

[129] 目前考古界、史学界的状况是两种对立的说法都在“反复论证”,有的是老调重弹,不必理睬。但有的乃据新发现的考古材料立论,就值得展开讨论。在此,不妨在此再论说一下。为此,先要肯定一个前提,我们反对“传播论”,但同时也肯定文化的传播,这是哲学上内因与外因的关系。外因即文化的传播是通过内因起作用的。好比鸡蛋变成小鸡,前提是要有鸡蛋,没有鸡蛋,鸡从哪里来?!江汉地区土生土长的彭头山文化、大溪文化、屈家岭文化是内因,是“鸡蛋”。正因如此,大溪文化接受了外来文化主要是长江下游文化的影响,发展到了屈家岭文化;屈家岭文化又接受了海岱地区大汶口文化等外来文化影响,发展为石家河文化,都是外因通过内因而起的变化。而现时有的论者则把外因当成内因,当成文化形成的主因。例如《苗蛮集团来源与形成的探索》(《中原文物》1996 年 4 期)一文就认为“苗族集团是从东夷集团中分化出来的”,意即江汉集团是从东夷(海岱地区)迁移而来形成的,否定了本地文化一脉相承的连续发展。该文并引用王迅《东夷文化与淮夷文化研究》(北京大学出版社 1994 年版)一书的观点,认为祝融起初在山东东夷地区,以后才迁移到江汉地区来的。其论据是在山东苏埠屯晚商墓内出土有一带双“鬲”从“虫”的族徽文字符号“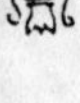”。认

为这一文字符号就是“融”字，也即祝融。但是，第一，这个字是否为融字，尚可研究；即使是融字，是否即祝融，也要研究；第二，就算如论者所认为的是祝融，也与楚祖祝融无关。楚先祖祝融族后裔芈姓季连，在五帝时代的帝尧之时，就已定居江汉地区，而山东这个有族徽的“融”族却晚至商代晚期还活动于今山东地区。我在正文里已谈到有南、北两个系统的祝融族，这个北方的融族与南方的楚祝融族无关。另外，还可提到《中国史研究》1998 年第 1 期上刊发的陈平《从“丁公陶文”谈古东夷族的西迁》一文，此文论述东夷族西迁的“三级跳”有一定的说服力。但东夷族的西迁也只能是部分的，在西迁过程中途经江汉地区时也只能影响这里土著文化的发展，即是说，也是外因通过内因起作用的一种影响关系，而不可能是取而代之的关系。

[130] 自然界气候和周期性洪水泛滥对史前文化的影响，可参阅王红星：《长江中游地区新石器时代遗址分布规律、文化中心的转移与环境变迁的关系》（《江汉考古》1998 年第 1 期），吴小平、吴建民：《洞庭湖区新石器时代遗址的分布与古环境变迁的关系》（《东南文化》1998 年第 1 期）。正待将书稿邮去出版社之际，看到了《中国文物报》1998 年 8 月 26 日刊发何驽《’98 荆江特大洪灾的考古学启示》一文，所云之启示，值得重视。

[131] 这一地区古国在夏王朝建立时的存灭状况，史籍失载。从考古学文化的一些“突变”现象看，也许夏王朝和这一地区一些古国发生过大战，但不是如《墨子》所述的大禹与三苗之战那种神话般的记载。即使夏王朝在战争中取胜，也不会把这一地区的众多方国全部消灭，而是有降服的，也有臣服的或不服的。即仍有方国存在着，对此，在本书最后一章中还会论及。

[132] 俞伟超：《江陵九店东周墓》序言，科学出版社 1995 年出版。

[133] 用东周末楚国灭亡后的文化传流情况来类比这一地区史前古国到夏代建立后的变化，似尚未有或少有人这么做，也许是我长期思索而得。在目前这一地区夏代考古材料欠缺的情况下，我觉得用这种类比法来考察，有助于人们对这一地区由史前古国向夏代转变过程获得较为准确的认识。

[134] 将考古学文化与族群联系起来，考察屈家岭文化、石家河文化的族群归属，恐怕一时难以达成共识，在此提出个人的看法，以便引起进一步的探讨。对这类问题的研究，不妨引述一下李零《考古发现与神话传说》一文中的看法：“以帝系式的族团与考古区系比较，从方向上不能说错。但它们是性质不同的两种‘书’，各有各的‘读法’。”（此文载《学人》第五辑，江苏文艺出版社 1994 年版）既然各有各的“读法”，就要探求如何正确地解读，并将两种正确的读法有机地结合起来，以获得新的认识。这不

是短期内能做得到的事，需要有不断的考古新发现，也需要有考古界、学术界不断的探索，在今后总会有所前进、有所收获的。

补注：笔者在定稿阅读中，又抽时间到湖南省图书馆借阅蒙文通著《古史甄微》(商务印书馆民国 22 年印)。此书中多处论说炎帝族为南方江汉间部族，即使在炎族北上与黄帝族大战，战败之后，“熊湘江汉之南犹为炎族割据”(第 66 页)。但蒙氏认为炎帝、祝融与三苗同族(第 40 页)，则与我的看法不同。我仍坚持在正文中的看法，即否定三苗为江汉土著说。

第二章
夏商时期的荆楚文明

长江中游地区夏商时期的文明状况，史籍记载几乎空缺，唯赖考古发现方能有所了解。近二三十年来的考古发现虽已逐渐填补一些空白，然相对于此地区其前的史前时代与其后的两周时代而言，则又甚感考古材料的不足，即两头材料较多而中间这一段材料较少，造成了又喜又忧的境况。喜的是可对这些从地下博物馆取来的新材料作出一些前人无从判断的新认识；忧的是毕竟材料有限，大大影响了人们的认识，以致有的问题歧见纷生、莫衷一是。考虑到这个时期对于探讨长江中游地区早期文明和楚文化渊源具有承上启下的关键意义，有必要在已有研究的基础上再作微观、宏观的研讨，以求对这一地区早期文明有更准确的认识。

第一节 夏代荆楚考古发现和研究

“国家是文明社会的概括”（恩格斯语）。夏代中央王朝的建立无疑是我国早期文明发展的里程碑。然而夏王朝直接控制的地理范围只限于中原地区，中原地区以外包括长江中游地区是否也同时进入了文明时代？这正是要着重讨论的问题。

我们在上面一章已指出，这一地区在原始社会晚期，即考古学上新石器时代晚期和铜石并用时期已出现了文明曙光，并进入了文明社会的初级阶段。问题在于夏王朝时期这一地区的文明是“中断”了，还是在夏王朝影响下继续前进了？有一种观点认为直至西周初年“楚建国以前，当地并没有出现先进的政治组织和文明”[1]。按这种看法，这一地区夏商时期无文明可言。然而事实并非如此，我们还是从分析考古材料入手。

夏王朝时期的考古学文化，在中原地区为二里头文化[2]。在长江中游地区也已发现二里头文化和具有二里头文化因素的遗存。探讨这一地区夏王朝时代文明状况，就必须分析这些文化遗存。

1. 淅川县下王岗遗址。此遗址位于紧靠湖北汉水的河南西南部丹水流域，属长江中游北部边缘区。在石家河文化层之上叠压有二里头文化一、三期的遗存，有房基、灰坑、瓮棺葬，少数灰坑有人殉现象。出土遗物中有铜制工具和玉戈等（图 2.1-1 之 1、2、3）。所出陶器如鸡冠形鋬扁足鼎等与二里头遗址同类器相似，有学者将此遗址文化属性称之为二里头文化的“下王岗类型”[3]。遗址中发现人殉，表明阶级分化与斗争之尖锐，青铜工具乃青铜文明之证，玉戈则表明已存在礼仪活动等文明要素。因此，可以认为，这一处于长江中游地区北部的边缘地带，最早接受了中原夏王朝文明。夏文明向南传播与影响，大概正是通过丹江、汉水流域而逐渐南移的。从鄂东黄陂盘龙城、鄂西江陵荆南寺、宜昌白庙的发现，可以看出夏王朝时期的文化遗存已广泛分布于长江沿岸地区。

2. 黄陂盘龙城遗址。位于武汉市区流入长江的涢水岸边，有上下两类文化堆积，已发掘的为上层商代二里岗期文化，故此遗址以二里岗期商文化著称。在二里岗期之下叠压有相当二里头文化期的遗存（图 2.1-1 之 4、7—10；图 2.2-1 之 1）。在城垣基部之下和南城垣外的王家

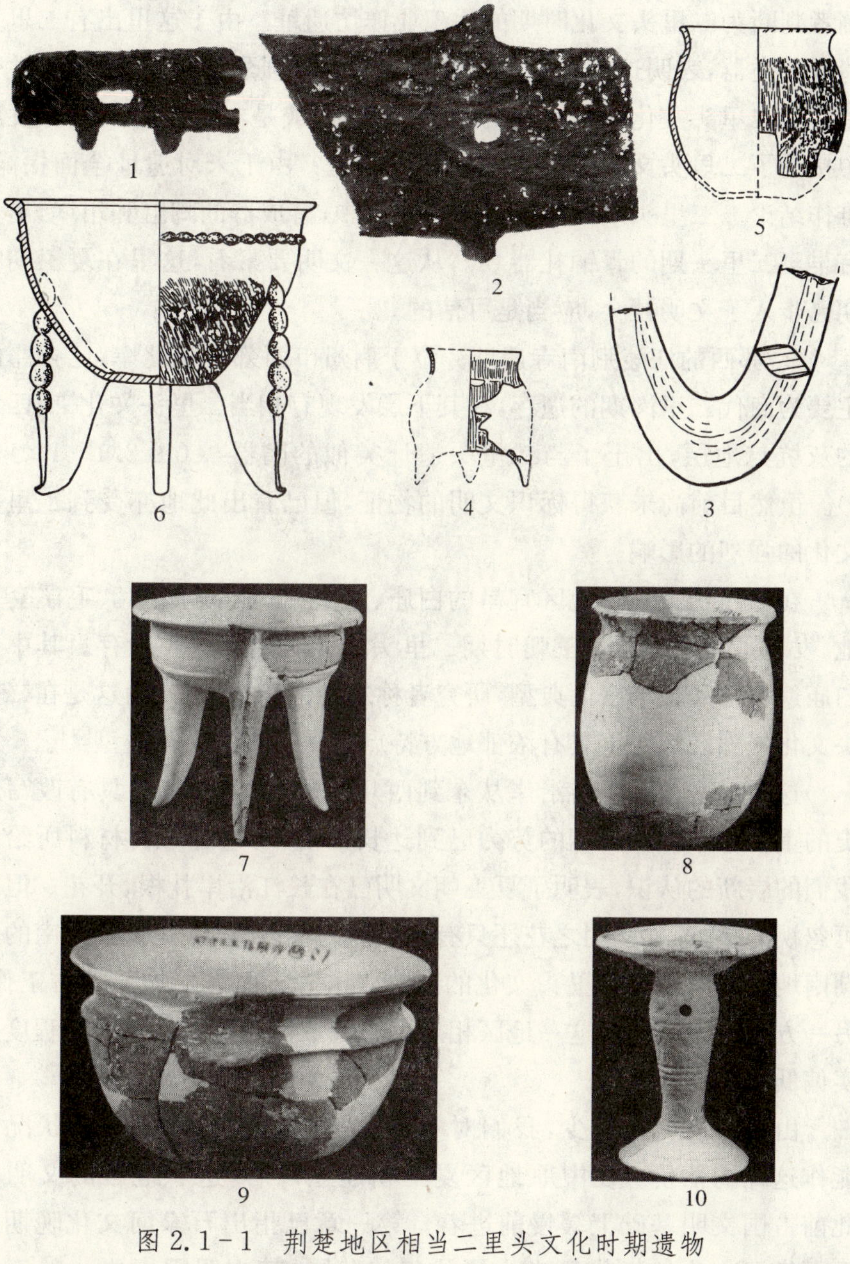

图 2.1－1　荆楚地区相当二里头文化时期遗物

嘴下层，发现有房屋建筑遗迹，文化层堆积厚可达1米。在王家嘴，发掘者判断为二里头文化时期的手工业作坊遗址。由于这里出有二里头遗址同类器，表明这里也受到了二里头文化的强烈影响，其文化属性究竟应是二里头文化向南扩展的一个类型，抑或是本地原有文化在发展中接受了二里头文化影响的一支地方文化？由于未对遗址全面揭露，难作结论。二里头期的手工业作坊遗迹中，有成群的陶缸和坩埚，出土有早至二里头期的青铜礼器[4]。从这一文明要素看，这里在夏王朝时期已步入了文明社会，应当是可信的。

3. 鄂西的江陵荆南寺遗址。位于荆州市西郊长江北岸，已揭露的主要为商代二里岗期的遗存，在其下层发现有相当二里头文化二、四期的灰坑与地层，出土了与二里头遗址类似的陶器[5]（图2.1－1之5、6）。虽然目前尚未获得标识文明的物证，但已看出此地亦受到二里头文化的强烈的影响。

在鄂西长江三峡地区宜昌的白庙、路家河、宜都红花套、毛溪套等地，发现了相当中原夏王朝时期二里头文化时期的一类遗存。其中以白庙遗存内涵最丰富而典型，研究者称之为白庙类型，认为这是在二里头文化强烈影响之下具有浓郁地方特点的一支新的文化类型[6]。

这一地区长江中游沿岸从东到西几个地点的新发现，具有改写历史的重要意义。夏王朝的势力已到达长江沿岸，这是考古材料所给予我们的崭新的认识，表明了夏王朝文明已在长江沿岸扎根、开花。但不可忽视的是，这种文明之花还只有几个点的零散发现，在长江以南的今湖南地区则尚未见二里头文化的影响。这一方面需要加强考古工作，另一方面也要估计到这一地区相当大的地带在此时的文明发展程度确实偏低。

由于考古材料较少，我们对于这一地区夏王朝时期文明状况只能作这样的估价：在中原地区夏王朝建立以后，这一地区的文明在此前古国文明基础上缓慢前进着。第一章已指出石家河文化晚期或后石家河文化的年代已进入夏代纪年范围，其文明因素之一的玉器发展水平已相当高，这是本土文明在夏王朝时期继续发展的证据。前述盘龙城等地点的文明则是本土原有文化与中原二里头文化的结合。这种结合由点到面，也许终夏王朝之世仅是一些散点式的文明，表现出文明发展的不平衡性。这一特点可能一直延续到商王朝时期。我们在此所要否定的是目前较为流行的夏王朝时期此地无文明的言论[7]，即算是星点般的文明，也应承认这一地区已存在着文明。下王岗遗址、盘龙城遗址的考古材料就有力地证明了这一点。在现时，这类考古发现还太少，但当务之急，则应建立起这一地区相当于夏时期的考古文化年代序列。在"夏商周断代工程"中，考古学文化的断代研究很重要，若能把荆楚地区的考古文化断代工作做好，可以说是对这一断代工程的支持。

第二节　商代荆楚考古发现和研究

荆楚地区商王朝时期的考古发现比夏王朝时期丰富得多，因之对这一地区文明状况的认识远比前一时期清楚得多。

商王朝时期文明的状况，可以分为前后两个大的阶段进行论述。中原地区商前期考古学文化以二里岗文化为代表，后期以殷墟文化为代表。在荆楚地区，前期可以盘龙城的二里岗期文化为代表，并按这一地区接受商文化影响程度的差别，区分为四个类型。晚期则以鄂西的周良玉桥遗址和湘江下游的遗存为代表。

一、商代前期文化

荆楚地区商王朝时代前期的考古学文化，可分四个类型予以讨论。

（一）盘龙城类型，代表性的为盘龙城遗址和铜鼓山遗址。

1. 盘龙城遗址

盘龙城遗址是1954年发现的，当时并未引起人们的重视。直到

1963 年、1974 年、1976 年进行了试掘和大规模发掘以后，它的“庐山真面目”才从迷雾中真实地显现出来[8]。今天，它已被评选为 20 世纪百项考古大发现之一。

原来这是一座保存相当好的商代二里岗期的遗址，通过考古发掘与研究，这里从二里头文化时期起至相当殷墟一期时期为止，有连续的发展序列。相当商代二里岗期的文化分为四期，即二里岗下层——二里岗上层偏早——二里岗上层——二里岗上层偏晚至殷墟一期[9]。商代城址的“建成及使用年代，只能相当于商代二里岗上层”[10]，即建成于二、三期期间，在四期以后已荒废，从此成为废墟，埋没了近三千年之久。

这一城址的城垣几十年以前尚高达 7—8 米，现存残高 1—3 米不等，城址呈方形，南北长 290 米，东西宽 260 米，周长 1 100 米，面积7.54 万平方米。论其大小，自然比作为王都的郑州商城小得多，但却是长江流域保存的唯一一座完整的商代城址（图 2.2－1）。它的四个城垣中间各有一缺口可能为城门，城垣外有壕沟围绕，已发现壕沟遗址三处（城北二处，城南一处），壕沟面宽约 14 米，深 4 米。城垣营筑方法，与郑州商城基本一致。

更为重要的是，在城址内的东北部已发现大型宫殿建筑基址，建于一长 100 米、宽 60 米的夯筑台基之上，并有上下两层，上层有基址三座，排列在一条南北轴线上，前后平行，方向同城垣一致（北偏东 20 度），已发掘二座，编号为 F_1、F_2。F_1 台基面宽 39.8 米，进深 12.3 米。从留存的柱洞（下有柱石）与墙基残迹判断，这是一座中间有四室，周围有回廊的大型宫殿基址（图 2.2－2）。F_2 在 F_1 之南约 13 米，东西长 27.5 米，南北宽 10.5 米。未见分间，应是一座大空间的厅堂。据《考工记》“内有九室，九嫔居之，外有九室，九卿朝焉”等古籍记载，推测 F_1 为寝殿，F_2 为朝殿，乃我国古代宫室的“前朝后寝”最早建筑实例之一，为中国封建社会宫廷建筑基本形制的滥觞。

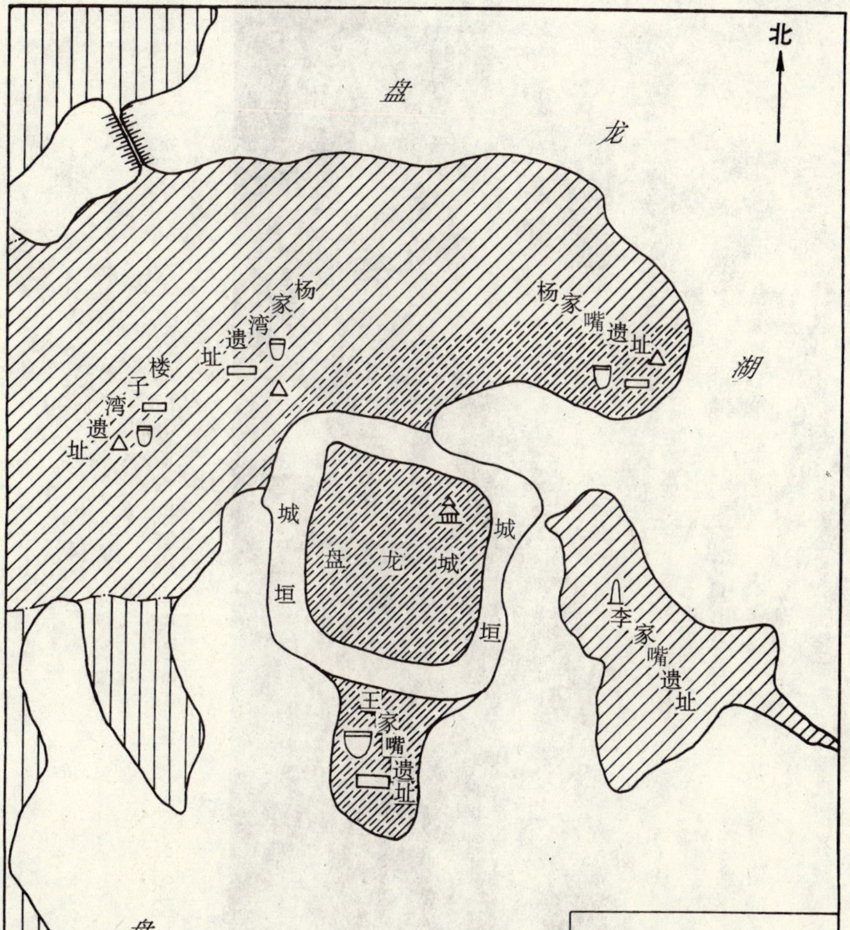

1

图 2.2-1 黄陂盘龙城遗址全貌与遗迹分布图

图 2.2－1　黄陂盘龙城[2]遗址全貌与遗迹分布图

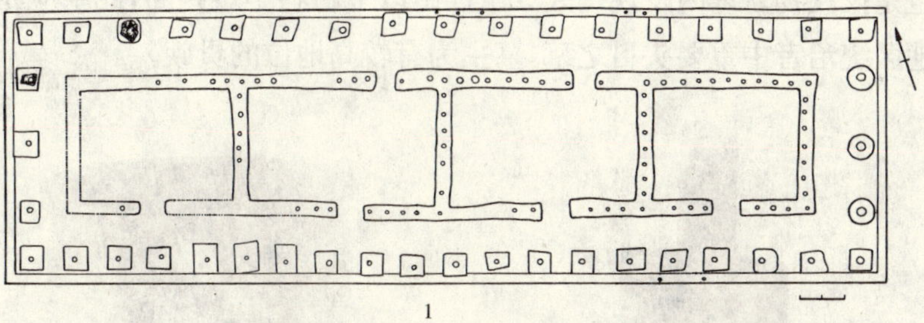
1

2

图 2.2-2　黄陂盘龙城商代大型宫殿基址

这两座房基体型空间庞大，其建筑形式应即古文献所载殷人"茅茨土阶"、"四阿重屋"的土木结构形制。其建造技术，有与郑州商城共同之点，也有自身特色。如采用木骨泥墙承重屋盖，采用大叉手承脊檩和擎檐柱支承重檐。其落地支撑的擎檐柱是后代悬臂出跳斗拱的前身，在建筑学史上有重要的意义[11]。

从城垣以内主要遗迹为宫殿建筑群来看，此城的性质应为宫城。在城外附近有平民住址、手工业作坊遗迹与墓葬，主要分布在城外东部、北部、西北部的杨家嘴、楼子湾、杨家湾等地。东部有李家嘴贵族墓地，已发掘的四座，以编号为李 M2 的规模最大，为一椁一棺墓。椁板上雕刻花纹乃商时期长江流域的首次发现。墓内随葬青铜器、玉器、陶器、木器等共 75 件。青铜礼器就有 23 件，兵器、工具 40 件。其中 1 件大钺长 41 厘米、刃宽 26 厘米，援部饰变形夔纹和云目纹，具地方特点（图 2.2-3 之 1），是象征权威的仪仗物。同出的 1 件玉戈长 94 厘米，为我国商墓出土玉戈中之最大者，这也是仪仗物。墓内发现殉人 3 个。由以上材料不难判断,此墓应是盘龙城地区统治者中重要头目之墓,墓主为有较高地位的贵族。

图 2.2－3　黄陂盘龙城商代青铜器

在盘龙城内外遗址与墓葬中所出土的二里岗期青铜器,无论形制、纹饰、制作均与郑州二里岗期青铜器十分类似,而且比郑州二里岗的保存更好,出土时器表光亮,很少锈蚀,尤以青铜容器类最好。

青铜容器中的食器鼎、鬲和酒器斝、爵、觚、盉、罍,与二里岗所出几乎如出一辙。还有与二里岗同时期而未见于二里岗的容器如甗、兽耳与无耳簋、提梁卣(图 2.2－3 之 2、3、4)。与二里岗所出器形有异者如圆流爵、雕花觚、分裆斝。另外,李 M_2 的大圆鼎,形制高大,通高 55 厘米,在二里岗未见有如此之大的圆鼎，乃目前所见二里岗期圆鼎之最大者[12]。这些容器在墓葬中所出成组成套，是表明墓主身份地位的礼器。这些礼器种类比同期的二里岗所出多且精，是表明盘龙城在二里岗期的青铜业生产水平丝毫不亚于甚至某些方面超过同期中原地区水平的物证之一。

盘龙城所出青铜生产工具（农具、手工用具）的种类与数量也不少，如臿、镬、斧、锛、凿、锯等 20 余种。有的形制也很大，如铜斧最长的有 27.3 厘米，罕见于中原地区。臿、镬、锛等可用于农业生产。关于商周时代是否用青铜工具为农具，有不同的意见。有学者据各地出土较多的用作农具的青铜生产工具，认为商周农业生产中仍较多地使用石、木、蚌器工具，但也普遍使用青铜农具[13]。这种看法深得笔者之心。

盘龙城所出土的武器数量也不在少数，如戈、矛、钺、刀、镞等，总数 50 余件，其中一件最大的钺已如前述。

盘龙城所出青铜器的种类在 25 种以上，总数量约 200 件左右。器物形制、纹饰和铸造与同期二里岗所出共性是主要的，差异是次要的。除前面提到的形制特点上的差异外，纹饰也有特点，如觚和矛上的人字纹和菱形纹不见于二里岗，应是此地铜器纹饰的特色。铜器成分中含铅成分较高，也是南方铸造青铜器的特点。

最能反映地方特色的是陶器。根据陶器类型的分析，研究者曾分为 A、B、C、D、E 五群[14]（图 2.2 - 4）。A 群为二里岗期商文化因素的陶器，B 群为二里岗期商文化与本地原居文化融合的产物，出土数量较多，占已复原陶器总数的 27.7%，具有代表性的矮领或高领陶鬲，占陶鬲总数的 70%。这个比例很能说明问题，我们在后面对此还会提及。C 群为本地土著文化因素的继承与发展，如陶质上的红胎黑皮陶乃本地二里头文化的遗风。D 群主要指缸与炼锅，实际上可归于 C 群。E 群为江南印纹陶在本地的发展，以硬陶、釉陶（原始瓷）为主。这种陶器在墓葬中的比例相当大，几乎占 30%（李 M2），有的墓内有 1—3 件硬釉陶随葬（并有青铜器，如楼 M1、M3），而在郑州二里岗所出则微乎其微。

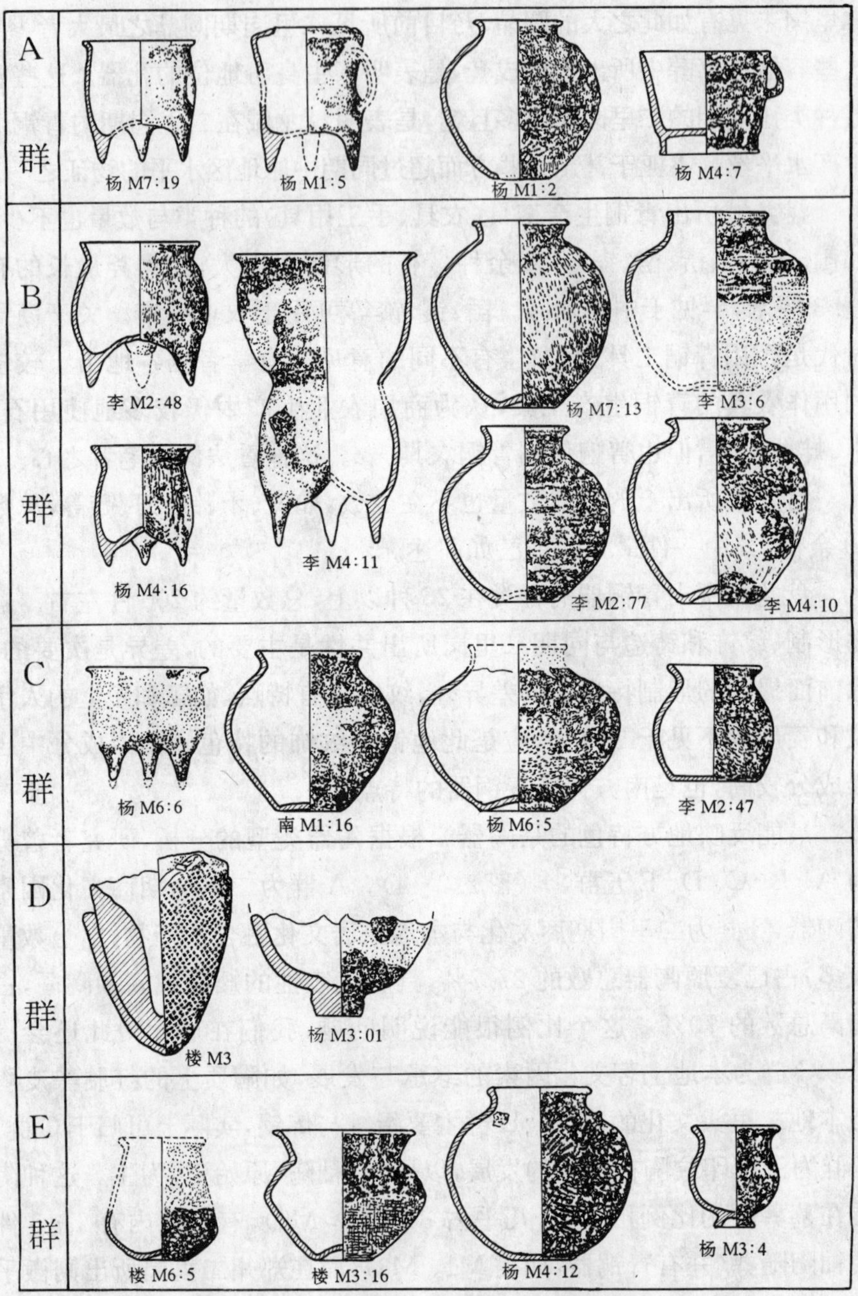

图 2.2-4　黄陂盘龙城墓葬陶器类型图

由上所述，盘龙城有着保存较好的城址和宫殿基址、手工作坊遗迹、贵族墓葬及出土的大量精美的青铜器、有特色的陶器，乃长江中游地区商代考古文化中最重要的一类遗存。

盘龙城高峻的城墙等上述考古材料，昭示着这里“已经跨入文明时代了”[15]。目前在我国境内发现的商代前期的古城只有三座，即郑州商城、偃师商城和这座盘龙城。前二城均为商之都城，而盘龙城则为中原地区以外唯一一座商城。盘龙城乃仅次于商都的有较高文明发展水平的一个地方文明中心。

这样一个地方文明中心，由于它与中原地区二里岗类型商文化的相似性，一般都将它归属“商文化系统”。是否如此？有必要作进一步的探究。即使它属于商文化系统，还可追问：这个处于商王朝南土范围的文明中心的出现，是中原商代文明的移植，抑或是受到中原商文明强烈影响下的本土文明发展的范例？若对其文化内涵作点动态分析、数量分析，是不难作出恰当的判断的。

首先，盘龙城商文明的出现是以本土原有文化发展为基础的。前面已提到盘龙城商文化层叠压着本地相当于二里头文化即夏王朝时期文化的遗存，其中以陶器的因袭关系最清楚。例如此地二里岗期高领平档鬲、小口罐、折肩瓮、红陶敞口罐等，都是由下层同类器演变而来，并可在早于二里头期的石家河文化中找到其演变的源头，这种源流关系必须肯定。

其次，从中原商文化对盘龙城的影响看，有一个由弱到强，由少到多的演变过程。论者将盘龙城二里岗期墓葬分为四期[16]。第一期陶器的文化因素以本地原居文化占上风，表明盘龙城的先民仍沿袭旧习，或者是北来的商人改从当地习俗。到第二、三期，商文化因素不断上升，到最后一期(第四期)变成以商文化因素为主导。如陶鬲，一部分与中原二里岗的几乎雷同，商化程度很高。但即使如此，仍不同程度地保留着本土自身特色。正如论者所指出的，这里的陶器“不论是原有的或外来的，都经过了本地的改造”[17]。例如陶鬲，本是中原文化的产物，在这里，属于经改造的融合型的陶鬲,占出土陶鬲总数的 70%。而胎质多作红陶以及数量庞大的红陶方格纹缸更是与中原泾渭分明,特色突出。这种自身特色在其他方面也有表现。例如建筑上的木骨泥墙,器类上多见青铜工具,以及前已提及的纹饰中的人字纹、菱形纹等,均不见于中原商文化。

通过上述简要分析,不难看出,这里的文明显非中原商文明的简单移植,而是中原与本土两者的融合。若一定要说它属商文化系统,也只能是在一定阶段即盘龙城第四期处于二里岗上层偏晚阶段似乎才可以如此说。不过正如前面所言,即使在此阶段,其本土特色仍是一目了然的。盘龙城文明显然是在本地相当于二里头阶段即夏王朝时期文明的基础上逐渐接受中原商文明而最终形成的。不可否认,正是受到文明发展程度最高的中原二里岗期商文明的强烈影响,才可能出现这样一个在长江中游地区处于发展前列的文明中心。

据此分析,盘龙城商文明的创造者显然既有本地原居族群,也有北来的商族之人。那么,其上层贵族和最高统治者是谁? 商人抑或本地原居民的首领? 和前面提到的问题一样,也有截然不同的看法:1.“是商朝封国……是商朝南土的一处重要都邑”[18]。2.“是作为商王朝的一个侯伯的军事据点”,并认为即卜辞中多次提到的“雀”[19]。3.“盘龙城是‘荆楚’的都邑”[20],“有可能正是商代楚国的都邑”[21]。

这几种看法各有所据,偏重于商文化的主导因素者便主张第一、二两说,至于第三说定为楚国都邑,乃仅据这里有本土文化因素而作的一种推测。楚国立国于周初,地在鄂西,商代即使有楚国,也难以判断在何处。以上三说都可商榷。笔者在此提出不同于以上三说的第四种说法——这里是长期在盘龙城一带生息的荆楚地区某支族群建立起来的一个方国。这个方国也许早在夏王朝时期即已建立,到汤灭夏以后则归服于商。这种推测的依据是:

第一,考古证据。即前面提到的盘龙城文明是在本地原有文化发展基础上接受了中原商文明强烈影响而形成的。

第二,文献依据。据《吕氏春秋·异用》:“汉南之国闻之曰,汤之德及禽兽矣，四十国归之。”又据《越绝书·吴内传》：“汤献牛荆伯。荆伯者，荆州之君也。汤行仁义敬鬼神，天下皆一心归之。当是时荆伯未从也。汤于是乃饰牺牛以事。荆伯乃愧然曰：‘失事圣人礼。’乃委其诚心。此谓汤献牛荆伯也”(参《尽心集》内李家诰文)。这种记载与《史记·夏本纪》记夏末“汤修德，诸侯皆归汤。汤遂率兵以伐夏桀”的记载相合。《诗经·商颂·殷武》：“维女(汝)荆楚，居国南乡。昔有成汤，自彼氐羌。莫敢不来享，莫敢不来王，曰商是常。”看来，商王朝建立后四周大小方国多已归顺商朝，应是事实。盘龙城这个方国归服商王朝，接受比自身文明更高的中原商文明的影响，乃顺理成章之事。也可更好理解考古材料反映的商文化因素由少到多、由弱到强的演变进程。

至于这个方国当时叫什么名称，是何族群，与周初立国的楚国有无关系，苦无材料予以确说。大概说来，这当是荆楚地区一支土著部族建立的方国。这个方国仅是荆楚地区几十个方国之一。周初的楚国在商代也许只是这几十个方国之一，没有过硬的材料，不可贸然把盘龙城这个方国与西周兴起的楚国联系起来，甚至等同起来。顶多只能说在商代，盘龙城方国与以后兴起的楚国曾经有某种联系，甚至也可以认为盘龙城方国衰亡以后，它的一部分居民包括其统治者中的一些人也许加入到了建立楚国的行列之中。

考古材料显示，盘龙城的最盛期在二里岗上层期，到殷墟一期时衰败。关于它衰败的原因，由于前面提到的对其性质判断不同，也有许多说法。比较流行的说法是：由于盘龙城这一商王朝封国或军事据点的统治者对当地的残暴压迫与掠夺，引起荆楚地区土著部族的反抗，打破了这个城池，使得城毁人亡，从此成为废墟，即毁于一场战争。毁于战争之说有一定依据，但值得研究的是毁于一场什么样的战争？如果按前面笔者提出的这是当地土著部族建立的方国，并且是从商汤以来一直归顺商王朝的方国来予以推论，就可以得到一个新看法：这一土著方国在长期接受先进的中原商文明过程中，力量不断壮大，待羽翼丰满时，它不再俯首听命于商王朝的指挥了，不再充当商王朝向南掠夺、统治的马前卒与桥头堡了，而要闹独立性了，进而成为商王朝的对抗力量，甚至威胁到商王朝的统治。类似情况，历史上屡见不鲜，不足为怪。约当殷墟一期，正是商王朝中衰之时，史载商王阳甲时荆楚反叛，其时正是相当二里岗上层偏晚、盘龙城方国势力最盛之时。商王朝中衰，对荆楚之反叛已无可奈何，只有等到武丁之时商王朝中兴，才可能大举向南讨伐荆楚地区的叛乱。武丁时“挞彼殷武，奋发荆楚。罙入其阻，裒荆之旅。有截其所，汤孙之绪”(《诗经·商颂·殷武》)。《诗经》这首诗乃春秋时代宋国的宗庙祭祀诗，曾有人怀疑其所述史实的真实性，但已有甲骨文可证。论者已引述甲骨原文，指出武丁确曾亲率大军(甲文有左、中、右三军)，在三个方国(曾、我、举)的配合下讨伐荆楚地区反叛势力[22]。看来，武丁时曾与荆楚地区发生一场大战是不容怀疑的历史事实。在荆楚地区能与武丁强大军事力量抗衡的决非等闲之辈，一定存在着以某一强大方国为首的对抗势力，而现在我们所知唯有盘龙城这个方国是当时荆楚地区文明发达水平最高的一个，能与武丁对抗的方国看来非此莫属。自然，它毕竟是一个地方方国，它决然不可能在武丁的联合军事力量进攻下取胜，决定它的历史命运的只能是以失败告终。这当是盘龙城废弃的真实原因。当然，这仅是一种有根据的新的思考，特予揭示，立此存照。

2. 铜鼓山遗址

这一遗址发现较晚，1987 年由湖南省文物考古所正式发掘，1990 年发表了材料[23]。

此遗址位于湖南北部岳阳市北区陆城镇与临湘县交界的长江南岸。遗址所在为靠近江边的一低缓山坡，面积 3 万平方米，发掘面积近 400 平方米。遗址在后代破坏严重，发掘区因处在地势低的冲沟内，文化层保存较好。所见遗迹仅灰坑 6 个、灰沟 3 条，未发现居址遗迹与同期墓葬。出土物大量为陶器，有少量石器；并有数量极少的青铜器件，镞可分 3 型，削 1 件和圆形铜泡等。

关于此遗址的年代分期，研究者依据出土陶器的时代特征，分为两期四段，第一期Ⅰ、Ⅱ段相当二里岗期下层偏早和二里岗上下层之间，第二期Ⅲ、Ⅳ段相当二里岗上层和上层偏晚，或可晚至殷墟文化早期[24]（图 2.2－5）。

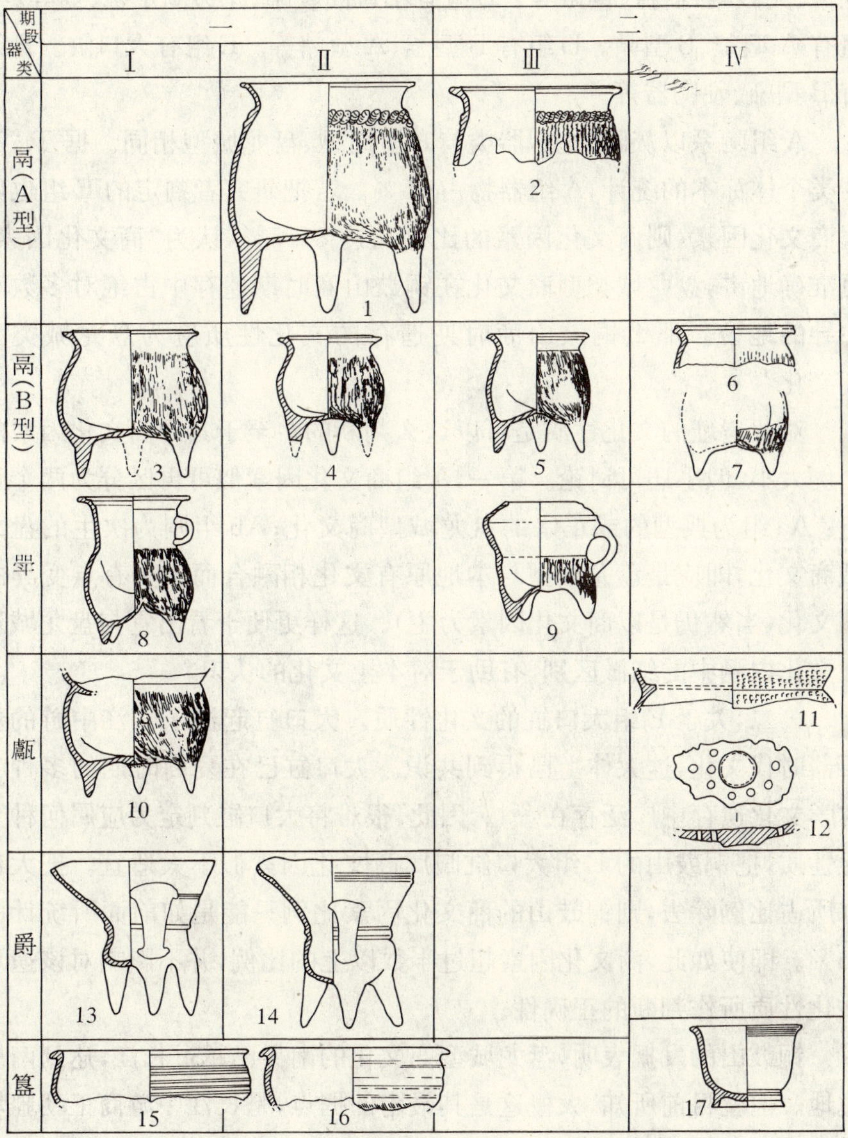

图 2.2－5　岳阳铜鼓山商代陶器分期图

关于遗址的文化性质，研究者将出土陶器按各种文化因素的组成状况分为六组：A组器类有鬲、斝、A型甗、爵、盆、簋、大口尊、小口矮领罐、夹砂罐、器盖、铜镞等。B组有小口高领罐、花边圈足碗、豆等。C组有A型釜、B型鼎。D组有B型釜、A型鼎等。E组有大口缸。F组有B型甗、硬陶器等。

A组陶系以灰陶为主，器类与二里岗型、盘龙城型相同。据T_{13}④器类个体标本的统计，A组器物占65%。若把研究者判定的E组也归属商文化因素，则商文化因素的比例高达84.5%，认为“商文化因素，更准确地讲，盘龙城类型商文化在铜鼓山商时期遗存中占绝对多数和主导的地位。那么铜鼓山商时期遗存的文化性质应为盘龙城类型商文化”[25]。

对此遗址的文化性质是可以这么判断的。至于其中商文化因素的比例大小，似乎还可讨论。第一，A组商文化因素似可再区分为两个亚组：Aa组为典型的或正宗的盘龙城型商文化；Ab组则为次生的盘龙城商文化，即应是盘龙城型与本地原有文化相融合而多少有点变异的商文化（当然仍是以商文化因素为主）。这样更便于看出它与盘龙城遗址文化内涵中的细微区别，有助于对本土文化的认识。

第二，关于E组大口缸的文化性质。大口缸起源于长江中游的新石器时代文化，这大体上已得到共识。大口缸已在夏商时期的多种考古学文化遗存中广泛存在[26]。因此，很难将大口缸判定为应属何种文化性质，把铜鼓山的E组大口缸归属商文化因素似不太适宜。把大口缸所占比例除去，则铜鼓山的商文化因素比例只能是如前面所统计的65%。即使如此，商文化因素超过半数以上的比例，并不影响对该遗址文化性质所作判断的正确性。

铜鼓山的发掘表明，盘龙城型商文化的南界已越过长江，达到南岸边地。但就目前所知，大概这是其最南的据点，是长江中游商王朝疆域的最南端，是商文化势力的南方前哨阵地。

盘龙城型商文化的东界已到鄂、皖交界的英山一带，其西界尚可讨论。下面论述荆南寺遗址。

（二）荆南寺类型

以荆南寺遗址为代表的鄂西类型，过去多归属于盘龙城一个类型，笔者在此单列为一个类型，理由后面再论。

荆南寺位于湖北江汉平原西侧的江陵境内，在荆州城以西1.5公里的山岗地带。1965年曾在此地以东400米的张家山作过试掘。1982年以来，对该遗址进行了三次发掘，获得了一大批自大溪文化直至两周时代（其间有的时段存在缺环）的重要考古材料。从目前已发掘的近800平方米所揭示的情况看，以夏商时期遗存最为丰富、重要。

发现的夏商时代遗迹有墙基和灰坑。遗物以陶器为大宗，有少量石器。铜器有镞、铜削、鱼钩等，并发现卜甲、龟腹甲，反面有排列密集的椭圆形凿孔。在陶器上发现有陶文，乃目前所知荆楚地区商时期仅见的一处有陶文的遗址。另外，还有家畜、水生动物遗骸。

发掘者以所出陶器并以地层为依据，将此地夏商时代文化遗存分为七期[27]。其后在一篇论文中归纳为四期，认为“第一、二期至少是早于二里岗上层的”，第四期“偏晚阶段大体与殷墟一期同时”[28]。另一研究者则分为五期[29]。从其三、四期相当于二里岗上层看，也相当于四期说的第三期，故两种分期法基本一致。

关于此遗址文化性质问题，有的认为其陶器“具有浓厚的中原风格，应属中原系统”，“荆南寺遗址是商人势力直接抵达或曾经控制的最西地点”[30]，将其归属于盘龙城类型。

但是，这个遗址的文化面貌及其变化，比盘龙城遗址还要显得复杂些。其最明显的区别是：盘龙城遗址的商文化因素，从早到晚，呈不断上升的趋势，从第一期到第四期，商文化因素不断增强，到最后一期达到顶峰。相反，在荆南寺遗址，商文化因素却是呈下降的趋势。研究者列举了两个统计数字[31]，属于第二期的A_7，出土物中的A组器物（北方商文化因素）占34.68%，B组器物（南方本土文化因素）占 26.98%，即 A 组明显大于 B 组的比例；而属于第五期（最后一期）的 H_{10}，出土物中的 A 组下降为 25%，B 组则上升为 55%，B 组器物由第二期的劣势转变为优势。从器类中的炊器看，第一、二期鬲、鼎最多，第三期釜、鬲并重，第四期则是以釜为主了[32]（图 2.2－6）。

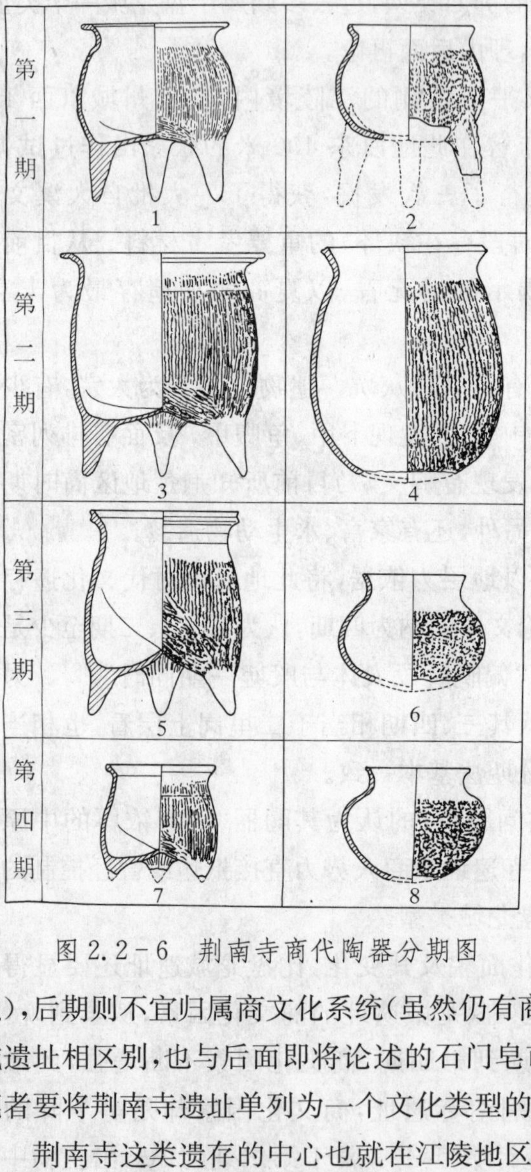

图 2.2－6　荆南寺商代陶器分期图

从文化因素的消长看，荆南寺与盘龙城两地的变化轨迹完全是相反的。其文化因素前后主次不同，势必影响到文化性质的差异。从文化的动态变化考虑，不宜于将荆南寺与盘龙城划为一个文化类型，它只能作为一个有独特风格的地域文化类型存在。它的特点即在于遗址前期的文化属性可归入商文化系统（即使如此，本土文化因素也很强），后期则不宜归属商文化系统（虽然仍有商文化因素）。以此与盘龙城遗址相区别，也与后面即将论述的石门皂市类型相区别。这也就是笔者要将荆南寺遗址单列为一个文化类型的原因所在。

荆南寺这类遗存的中心也就在江陵地区或者说以沮漳河中下游地区为中心。把它作为夏商时代一个新的文化类型单列出来，有助于认识江汉平原西部以沮漳河流域为中心的文化面貌，特别有助于认识这一地带文化演进的脉络，对此，我们在以后的论述中还将提到。

(三) 石门皂市类型

石门皂市遗址位于湖南西北部，洞庭湖平原西侧，处于澧水支流渫水北岸的一级阶地上，面积7万平方米(图2.2-7之1)。20世纪60年代初发现时作了小范围的试掘。1977—1978年和1981年进行了两次发掘，发掘面积1400平方米，有上、中、下三个时期的文化堆积，其商代遗存又被称为“皂市中层遗存”[33]。

此遗址商时期遗迹有灰坑19个，墓葬5座，首次在湖南发现熔炉1座，炉体长1.5米、宽0.8米左右，可大体看出火道和炉膛两部分。炉膛内出土陶大口缸残片多块。炉膛周围10平方米范围内，散布有七八块铜渣，最大一块面积达50平方厘米。炉体旁有大石块6块，似与操作有关。在其他探方内，也发现有铜渣。由此推测，这可能是一座熔铜炉(图2.2-7之2)。遗物以陶器为大宗，共出土3001件，能确定器形和型式的有2676件，复原325件，乃荆楚地区西部商时期一个遗址内出土陶器与复原陶器数量最多的一处，可与盘龙城遗址媲美。石器有147件，青铜器有6件(镞3、锥1、凿1、鱼钩1)，石范2件(斤范1、斧范1)。从出土铜器和附有大块铜渣的容器、坩埚底部残块、仿铜陶斝及熔铜炉遗迹看，这里已存在青铜铸造手工业，已步入青铜时代。

发掘整理者根据地层关系与陶器的时代特征，将皂市商代遗存分为早、中、晚三期，以中期为主，其年代从二里岗期下层后段延至殷墟二、三期，即大体上与荆南寺遗址上下限的年代相当(上限略晚而下限则略延长些)。现据新的研究成果[34]，分为四期图示如下(图2.2-8)。第四期年代已延至商代晚期，相当于殷墟二至三期。

皂市商代遗存的文化性质，可依据陶器所反映的文化因素确定。该遗址的陶器主要可分为甲、乙两组，甲组以釜(鼎)、罐、碗为代表的一类器物，属本地土著文化遗存；乙组以鬲、簋一类器物，代表商文化影响下的产物。两组器物数量的比例相差很大，乙组只占总数的四分之一，

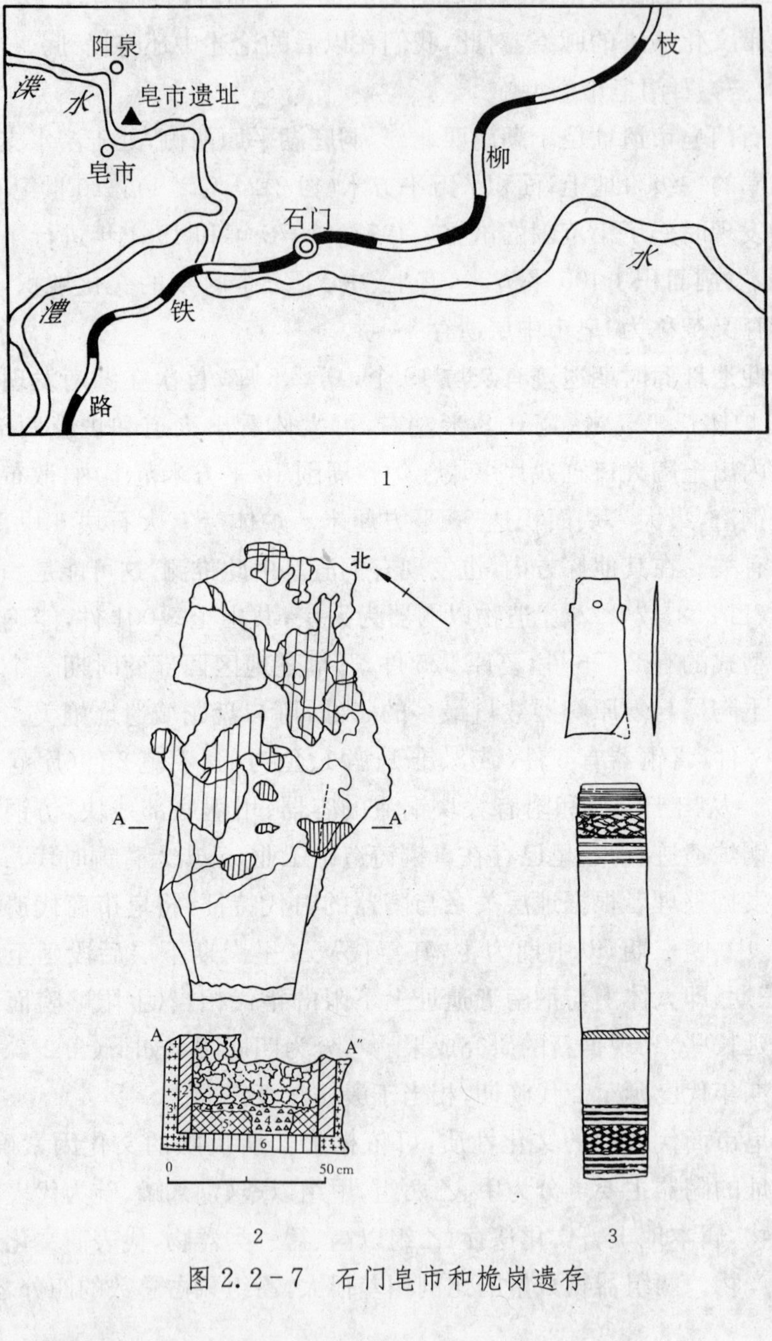

图 2.2-7　石门皂市和桅岗遗存

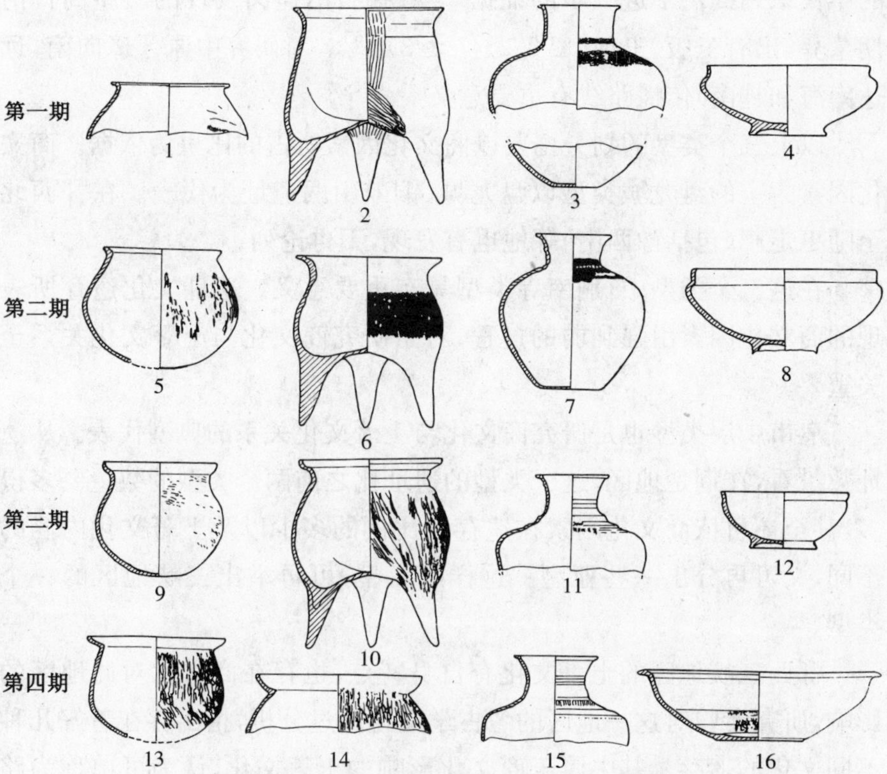

图 2.2-8　石门皂市商代遗存陶器分期图

并且从发展趋势看，只有甲组走完了全部历程，而乙组器物大多只存在于第一、二期，第三期已罕见。故此遗址的文化性质当以占主导地位的甲组来判定，“其文化性质应是受商文化强烈影响的本地青铜文化。因为商文化因素仅占次要地位，所以不能称其为商文化”[35]。

皂市商代遗址发掘面积较大，出土物又十分丰富，对这批重要材料的研究也已取得了很大进展。这对于荆楚地区商代文化遗存的性质及文化演变的来龙去脉的研究起了很大推动作用，它与盘龙城的发现和研究一样，东西辉映，是荆楚地区商代考古中的两颗明珠。

皂市类型的遗址在澧水、沅水流域已发现多处[36]。其中石门宝塔遗址有三个连续堆积层次的发现[37]，为初步确立澧水流域商时期遗存的年代系列提供了进一步的证据[38]。在石门桅岗发现的一座商代前期墓葬，出有玉版、玉璋(图 2.2－7 之 3)[39]。对研究中原牙璋向南(远达南海和越南)传播路线有重要意义[40]。

以上三个类型的划分主要以商文化因素所占的比重为依据。商文化因素为主的盘龙城类型以盘龙城、铜鼓山两遗址为代表。在鄂西北至随枣走廊(包括豫西南)等地也有发现，不再论列。

在这三个类型中，荆南寺类型具有重要意义。遗址文化遗存所表现的商文化因素由强到弱的过程，对于研究商文化与土著文化关系至关重要。

皂市中层类型也是研究商文化与土著文化关系的典型代表。从遗址数量看，在荆楚地区，这个类型的遗址比之前两个类型的数量要多得多，甚至还可依商文化因素在遗存中比例的多少以及土著文化内涵的不同，又可再分出一些亚型。这样的亚型，可再举出三峡地区的一个类型。

鄂西三峡地区的土著文化有自身特点，也存在商文化对此地区的影响，研究者曾对这一地区的考古学文化作过分析，指出存在着好几种不同文化的遗存。其中属于商文化影响的土著文化，认为可单称为路家河文化类型[41]。

路家河遗址以本地有特色的釜、罐为典型器物，数量最多；而同时共存的商文化因素及巴蜀文化因素的器物数量很少，这就决定了遗址的文化性质只能属于皂市这样的类型，而不可能是荆南寺类型，更不可能是盘龙城类型。

在 1993—1994 年为配合长江三峡大坝工程建设，在淹没区范围内的调查、试掘，又有关于商时期遗存的不少发现，如保存较好的商代陶窑及大量遗物[42]。据初步考察，时代多为商代前期，商文化因素在遗址中并不占主要地位。看来，三峡地区的商文化遗存，均可归为路家河类型。从以土著文化为主、商文化因素为次这点来看，仍然属于皂市文化类别。这样的类型既表明商文化影响范围之广，又反映其影响并未能取代土著文化，具有商文化影响下的土著文化性质。

（四）樟树潭类型

这个类型完全是一种土著文化类型，是基本不见商文化影响的土著文化类型。依土著文化内涵的不同，当然还可分出一些亚型，在此不再细分，而以此类型为代表稍加论述。

樟树潭遗址位于湖南南部浏阳县境内，处于浏阳城西 0.5 公里的浏阳河旁高地，面积东西长 300 米、南北宽 200 米左右，文化层 1—2 米多，下层为新石器时代文化，上层为相当于二里岗期的商代早期[43]。出土物以宽折沿圈足罐、小圈足碗等有本地特色的陶器为主，另有吴城文化因素的少量器物，不见中原二里岗期商文化因素。因此，这是地地道道的土著文化类型。这个类型的遗址在湘江、资水中下游已发现多处，当属越文化系统的文化遗存[44]。

樟树潭类型文化，就其文化发展程度考察，是否已进入青铜时代？目前限于材料不足，难以判断。但有一点可以肯定，其总体发展水平，肯定比前述三个类型的文化为低。即是说，这些土著文化虽也在缓慢地发展着，但进展甚微，究竟处于什么样的发展阶段？这有待已发掘的考古材料的陆续公布，并有待新的发现，方能作出切合历史实际的分析。

二、商代后期文化

商代晚期江汉洞庭地区的考古学文化面貌与商代早期即二里岗期差异较大。这是我们为什么要作为两个部分来论述的缘由。

中原地区（黄河中游）文化与荆楚地区（长江中游）文化的关系，自石器时代以来，便存在着如海浪般的涨潮、退潮情况，或又如战争中的攻守、进退一样，是势力（政治的、经济的、文化的）对比的演变所致，不足为奇。我们从上述商代早期（二里岗期）的考古文化与类型，已清楚地看到，二里岗时期商王朝势力大举南下，在它的冲击下，本地原有文化不同程度地变化甚至解体。在二里岗上层时期，这种情况达到顶峰。此后则是商文化势力的退潮，以致出现本土文化的复归与大发展。因此在商代晚期(殷墟期),这一地区文化反而没有以前那样复杂。其文化类型划分为两个即可,即分为含有商文化因素的一类和不含商文化因素的一类。下面着重研讨含有商文化因素的一些遗存,以两个典型遗址予以命名并稍加论述。

(一) 周梁玉桥——费家河类型

周梁玉桥遗址位于湖北沙市东北郊的一处缓坡地带,中有古河道遗迹,南距长江 1.5 公里。已发现的遗址面积包括与其相距 1 100 米的官堤遗址共达 30 万平方米。1979 年发现以来,前后已进行了五次发掘[45]。

发现的遗迹有房基、灰坑、窑址、祭祀坑等。遗物以陶器为大宗,铜器有削、鱼钩以及炼渣等。还出土大量卜骨、卜甲。卜甲有钻、凿、灼及卜兆痕,惜无卜辞。卜甲主要发现于一灰坑的下层,有腹甲、背甲两种,而以腹甲为多,圆钻痕有的多达 53 个[46]。

根据地层有上下之分及陶器型式的变化,下文化层的年代约为殷墟二期,上文化层的年代约为殷墟三、四期,或可晚到西周初期。

关于文化属性,主要以陶器进行分析。研究者分为三组:第一组以有本地特色的鼎、罐等器为代表,为土著文化。这类器物最多,居于主导地位。第二组为鬲、簋等中原文化因素器物,数量极少,且器形也多少有所变异。第三组为洞庭湖区澧水流域及湘水流域或更为东南的一类文化因素,其中硬陶、印纹陶有一定数量。因此,这一类型的文化性质显与商早期的皂市类型相近。不同的是商文化因素比皂市类型更少,与相隔仅 10 公里的荆南寺遗址中的商文化因素相比,更显得微不足道了。显然,荆南寺遗址与周梁玉桥遗址虽距离很近,却分属两种不同性质的遗存。不过,也应看到两者的联系,此点在后面再论。

这一类型的遗址在荆楚地区商晚期的遗址中,数量较多、分布密集且多出土青铜器的有以下两个地带。第一个地带是以周梁玉桥遗址为中心的今荆州市区南至松滋一带,有江陵梅槐桥遗址[47]、松滋的博宇山遗址[48]等。梅槐桥遗址年代属殷墟一期和三、四期间。博宇山遗址的年代可能以殷墟后期为其上限(还有晚到西周的地层)。在澧水流域和沅水中下游地带，此时期的遗存也有少量的商文化因素，亦可归入这一片地带。

第二个地带在洞庭湖平原东南侧的湘江下游地区(包括资水中下游)，也不断有一些重要发现。

湘江下游地带相当于商代晚期的遗址已发现多处，有的已作试掘。从它们有商文化因素一点来看，可以认为与周梁玉桥遗址同属一个类别。如果以自身特色的差异再加区分，也可以作为另一个类型。在此以岳阳费家河遗址的材料作些分析。

费家河遗址位于岳阳市南40公里，在费家河与其支流青龙河接合处的岸旁发现窑址和遗址[49]。已发现窑址总数达63个，遗址则仅保存了一个大灰坑；发掘了窑址32个。清理了灰坑，出土物全为陶器(另仅砺石1件)，代表性器形为折沿扁平足方格纹鼎，还有带扉棱的圆锥形鼎足，直口微圜底饰方格纹或梯格纹的罐等。硬陶、釉陶较多，比例达22.3%。这为周梁玉桥遗址所未见。但以鼎为主，陶质以夹砂红陶为多，则与周梁玉桥相同。这也是两者属一个类型的原因之一。原因之二是同有少量的商文化因素。例如在此遗址中也有陶鬲(仅发现一鬲足，为硬陶，与周梁玉桥鬲的陶质不同)。更可注意者，在窑址出土物中，出土数量较多的大口缸，其形制竟与相距遥远的殷墟遗址“将军盔”式的缸完全一样。表明在商代晚期，商文化势力虽是退潮期，文化影响比之先前大为减弱，但并未割断这种联系与影响，所出形制高度一致的大口缸就很能说明问题。还有其他的遗址出土陶器的仿铜器作风，特别是铸铜迹象的发现与遗址附近出土大量商晚期铜器，足以表明，在本地土著文化大发展的这一时期(商代晚期)，乃是在前期商文化影响的基础上，发展起了本地特色的青铜文化。商文化的退潮并不意味着土著文化的倒退，而是一种新形式的前进。对此，在后面讨论各地发现的青铜器时还可再述。

宁乡炭河里遗址和新发现的岳阳对门山、温家山、老鸹洲、汨罗玉笥山等多处遗址，可以建立起湘江下游商时期文化发展的完整系列[50]，极有助于说明这一地区的文明发展状况。

以上两个地带，也可以认为是发展水平较高的两个文明中心[51]。

（二）金山岭类型

这个类型指全无商文化因素的影响而言（当然并不排除间接的、微小的影响），典型遗址不多，暂以湖南境内金山岭遗址为代表。

金山岭遗址位于衡阳县境内，处于湘江的支流蒸水河中游东岸一岗地上，遗址面积约 2 100 平方米。20 世纪 70 年代作了小范围的发掘[52]。文化层可分为上下两层，发现灰坑两个，出土陶器可复原者不多，有鼎、罐、豆、瓿、盘等，有一定数量的硬陶；生产工具主要为石器。

根据出土陶器的文化特征，上层的年代相当于商代晚期，出土遗物较多，主要体现了古越族文化风格。看到的是与其东的江西，其南的两广越文化的交流与影响，表明商文化势力自始至终并未到达这一地区。我们以商文化因素的有无作为区分类型的标准，即使在湘西沅水上游，古文化的族属也许并不是越族而是濮族。因而我们仍以非商文化影响区来界定，把它们统统归于这一非商文化影响区类型——金山岭类型。这一类型因未受商文化影响，发展迟缓，进入商王朝时代，也许还停留在文明前夜，即未进入文明时代。对此类型的考古学文化情况，不再多述[53]。

三、商代本地区青铜器的讨论

以上我们已就商代早期和晚期的文化遗存按类型为纲作了扼要的论述。这里拟就遗物中的青铜器一项再作一次讨论。这是由于：第一，荆楚地区出土商代青铜器数量已相当多，尤以湖南出土青铜器（大多为商代晚期）为多，遍及全省（图 2.2－9），且不乏造型奇特、极为精美之器[54]。第二，有助于进一步认识这一地区的商代文化与文明发展程度。

这一地区商代铜器有早、晚两个中心区域，商代早期青铜器的中心区域在盘龙城遗址及其周围。盘龙城遗址所出铜器在前面已简要提及，主要为二里岗期青铜器（下限可到殷墟一期）。二里岗期的青铜器

图 2.2-9　湖南商代青铜器出土地点分布图

在其他地点也有发现。在鄂西的清江流域出土了二里岗期的罍。在荆南寺类型、皂市类型遗址中仅有工具、武器发现,未见青铜容器。至目前为止,在今湖南省境尚未发现二里岗期的青铜容器,表明商早期文化在长江以南的影响不大。

到了商代晚期情况为之大变,大量有地方特色的青铜器突然在各地特别在湖南境内涌现(图 2.2-10)。其中心区域是以湖南宁乡为中心的湘江中下游地区,在宁乡县境内又以沩水流域的黄材盆地一带为最集中的出土地点。在湖南出土的约 300 件商代青铜器中大概有约 90%出于此地。这里应存在着一个重要的青铜器铸造中心[55]。以宁乡黄材为重要地点的周围地带受到了人们的加倍关注,并已着手进一步的考古勘查工作。

商代晚期铜器除这一中心区域外,发现的地点远比二里岗期的为多,在今湖北、湖南省大部分地区都有数量不等的发现。各类青铜容器、兵器、工具,多种多样,不像商代早期主要为单一的二里岗式青铜器风格,而是以南方风格为主的有特色的青铜器为多。以文化因素成分的多寡来分析它们,可以分为三个类型。

(一) 中原型

这里所出商代早期二里岗的青铜器几乎全是中原型的,商代晚期有徽号之器(如□、戈族徽)和有铭文的"旅父甲"尊、祖丁爵、父乙罍等器,这都是中原地区南传之器,毫无疑问是中原型。即使铸于本土,而形制、纹饰基本与中原地区所铸一致者也应属中原型。如大部分鼎,酒器中的爵、卣、觚等。中原□、戈两族的一部分人可能迁到了湖南境内(或许即宁乡一带),并带来了中原的匠师与工艺技术,有力地推进了这一地区青铜铸造业的发展。

(二) 融合型

这是指器形、纹饰与中原型基本相同或部分(并不是小部)相同,而融入了地方文化因素的器物。这些青铜器的数量最多、特色鲜明、铸造精湛、工艺先进,有的为罕见的工艺珍品。这是在中原青铜文化的推动

图 2.2－10　湖南出土商代青铜器

下，地方文化发展的象征和地方文化发展已有较高水平的标志。这可举出几件代表性器物为例[56]。例如：

人面纹方鼎（彩版5），器形与中原地区方鼎相同，所铸铭文“大禾”二字也与中原金文相同。而鼎腹四壁铸出四个人头正面形像，则不见于中原地区同时期铜方鼎；且人面面部特征也与中原地区铜器上的人面特征有别，具南方型人面特点[57]。

分裆鬲，造型为商式，但腹部三只羊头，其嘴似作衔足状，羊纹形象逼真，与中原的以兽面纹为主纹的鬲不同（图2.2-10之5）。

四羊方尊、圆尊和罍，造型为商式，而器形更高大，如华容一件高达72.4厘米，乃尊器之最。尊腹的装饰风格也有特色，如浮雕的牺首、圆雕的羊首、扁身凤鸟等（图2.2-10之1、2、3、4）。

又如长沙市郊的鸮卣，形体与妇好墓所出相同，但器腹的纹饰为浮雕式，不见于中原（图2.2-10之6）。宁乡的瓿，形制为中原型，但盖顶上捉手为一虺身虎头，乃地方特点。

这类器型尚多，由于两种因素有机地融合于一器，从而既显示了中原文化的影响，又突出了本地区尤其是南部地区文化的特色。研究这种融合的情况，可以得到很多有益的启示。

（三）独特型

这个类型，有的学者认为可与第二类合并，主张只分为两类[58]。这里之所以要分出这一型，在于更加强调其地方特色。有的完全是本地的独创，有的则仍是在中原型基础上的创新，不过创新的成分比之融合型的为多。即是说从两者文化因素的比例来看，地方文化因素的比例要大于中原文化因素。例如：

大铙，主要出于宁乡为中心的湘江、资江流域[59]。它与中原的铙区别较大：第一，大小的区别。中原商晚期的形小体轻，而这里的高大厚重，最高达103厘米，最重的达221.5公斤[60]。这恐怕是世界上此时期最重的乐器了，乃铜铙之王。第二，纹饰有异。南方铜铙纹样粗犷或繁缛，流行以凸起的粗线条组成的兽面纹，或以云雷纹为主纹，在北方铙中未见(彩版 6)。第三,出土状况与敲击法有差异。1997 年报道了在宁乡出土编铙,值得特别重视[61](彩版 7、图 2.2-11 之 1、2)。这是湖南地区青铜文化和音乐文化在商代已有高度水平的新证。

以动物为造型主体的圆雕青铜器,如象尊、牛尊、豕尊、虎卣(虎食人卣)(彩版 8、图 2.2-10 之 7、8、图 2.2-11 之 3、4)等。整体造型基本或大部与中原器异趣。豕尊迄今未见于中原地区。特别值得一提的是虎卣。在目前所见商周青铜器中乃唯一的有独特风貌的一种卣。这卣上的人面与人面方鼎上人面相似,头部发式为断发,乃南方"断发纹身"的反映。卣上纹饰除兽面纹外,还有鳞甲纹,这也是南方风格的表现(图 2.2-11 之 3、4)。当然,关于虎食人(还有龙食人)的形象在中原及其他地区也有所见,这里只是强调在卣上有此独特的南方文化因素的造型,乃目前所仅见。至于此形象的意象观念或其文化意蕴应如何理解与分析,则已出现几种不同的解释,在这些解释中,以"意味着人与神性的龙、虎合一"[62]的解释较有代表性。

这一地区商代晚期铜器数量既多、种类又多,器形高大,地方风格突出,已引起国内外学者广泛关注与研究,取得了不少重要研究成果[63]。对这一时期在本地有较发达的青铜器铸造业,已成为无可怀疑的事实,不再都以"从中原带来"作解释了[64]。特别是前些年在四川广汉三星堆与江西新干大洋洲发现了大批的有独特地方风格的青铜器之后,人们对南方青铜器及青铜文明的认识,无疑更大大前进了一步。我们有理由推测,在这一地区譬如宁乡等地今后也许有类似三星堆、大洋洲那样成组成群的新发现。这一地区商代青铜文化发展水平不会亚于三星堆、大洋洲地区的发展水平,作出这种预测,应非无稽之谈。

四、对东、南、西邻地区的影响

以上我们就荆楚地区商代考古遗存用文化类型的方法作了分类简析。从整个地区的文化全貌来看,进入夏商时期,这一地区文化发展极不平衡。这种不平衡形成的原因主要是处于文明发展高水平的中原文

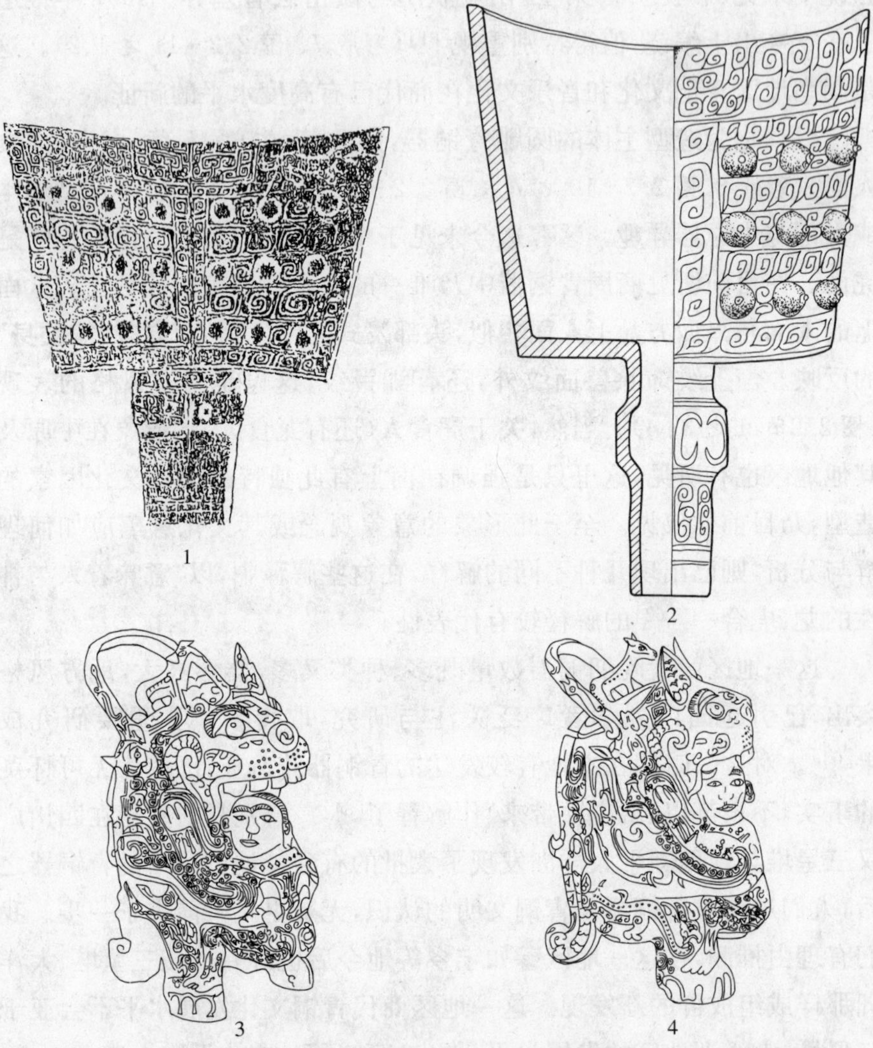

图 2.2－11　湖南商代末期编铙和虎卣

化对这地区影响、控制的强弱不同。盘龙城类型的商文化，无疑是这一地区文明发展最快、水平最高的一个类型。这是荆楚地区商代早期文明的代表。说它是代表，因为这并不是中原文明的简单移植，它的内涵中也有着当地文化的贡献，是植根于当地土著文化基础上的商代文明。

荆南寺类型是有更多土著文化因素的商代文明，皂市类型则是以土著文化因素为主的商代文明。这些都可能是这一地区夏、商两代的方国文明。在夏禹立国时史载有万个方国，在商汤代夏时有三千余方国[65]。其中一些就应在荆楚地区。《吕氏春秋·孟冬纪·异用》载：商汤时“汉南之国”“四十国归之”，当指这一地区的大小方国。盘龙城、荆南寺，甚至皂市都可能是这样的一些方国所在地。它们归附商王朝后，大量吸收先进的中原夏、商文明因子，从而使本地文化得到较大发展。到了商代晚期，由于商王朝势力减弱，失去控制力，造成了当地土著文化的进一步发展。土著文化有了前一期的基础，加上南下商人的融合其间，从而创造出了有自身特色的青铜文化。大量有异于中原的造型奇特的青铜器就是明证。这个青铜文化中心在商代晚期已由商代早期的盘龙城、荆南寺等地转移到了荆州周梁玉桥和岳阳、宁乡即湘江中下游地区，成为另两个文明中心。

这两个文明中心与东边的文明中心吴城文化、西边的文明中心三星堆文化均有着横向的联系。这在青铜器方面有不少例证。

先看它与吴城文化的联系。属吴城文化的新干大洋洲铜器群无疑是吴城文明的代表。大洋洲的一件铜鬲与在湖南出土的一件铜鬲非常接近。“因此，这件鬲有可能系自湖南一带传入，或者是受到了该地区的影响”[66]。岳阳鲂鱼山和湖北荆州市沙市区出土的晚商铜罍上（图2.2-10之4，图2.2-12之3），装饰有圆涡纹和四瓣目纹。这是晚商时期南方青铜器颇为盛行的纹样。大洋洲的圆涡纹鼎（标本003），腹上乳丁泡上饰圆涡纹，乳丁间以四瓣目纹，也与上述岳阳、沙市罍上的十分相似。沙市铜罍形制与大洋洲四羊罍（标本044）更为相近，两件罍均为云雷纹衬地，由分解式双夔龙构成浮雕兽面纹。这种纹饰与华容的三羊尊兽面纹也相似（图2.2-10之3）。岳阳鲂鱼山铜罍腹部的鱼带纹，在大洋洲鬲鼎（标本036）的颈部上也有发现。以上例证均表明荆楚地区与赣中地区在商代晚期有着广泛的文化联系与相互影响。有学者认为商文化传入赣中心地区的路线之一就是经由盘龙城、

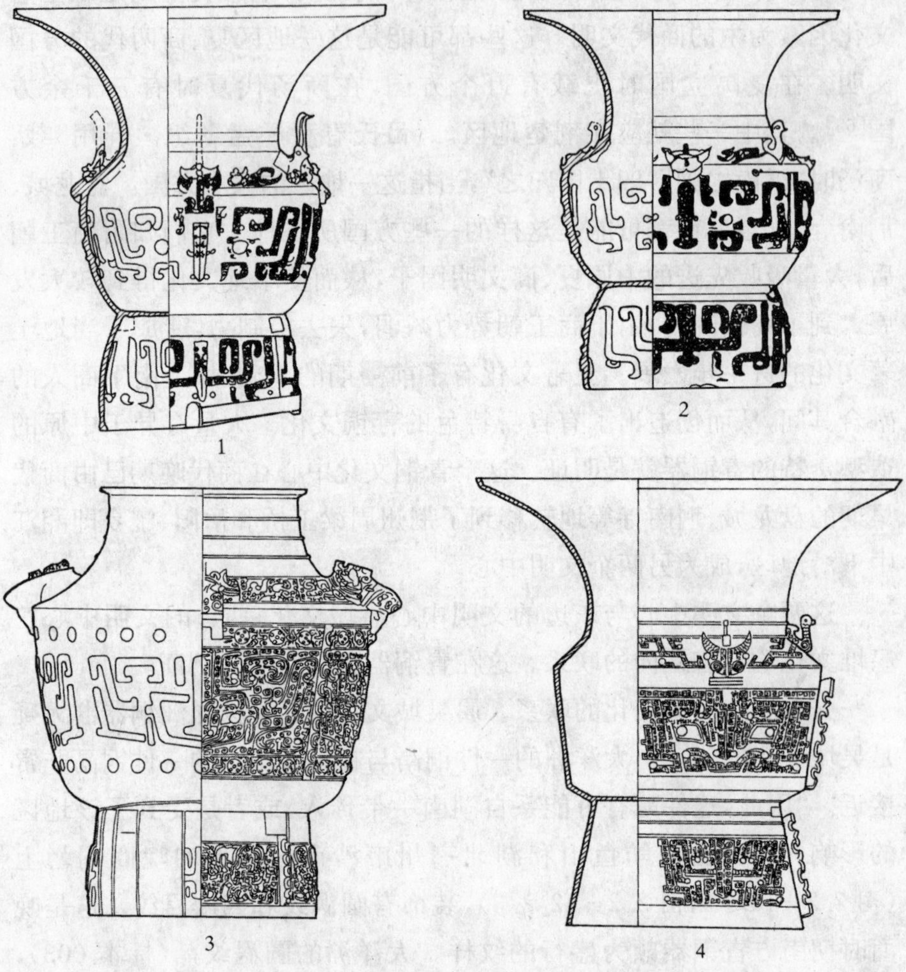

图 2.2－12　湖北出土商代青铜器

铜鼓山沿湘江而上再东入赣中地区[67]。湘江下游成为商文化流入江西的中转站之一,这是有可能的。

商文化之与更南的岭南地区的联系与影响,自然也以这一地区的南部湘中、湘南地区为中转站。现知在湖南境内出土青铜器最南的地点已到五岭地区的新宁县,跨过五岭在广西的兴化以及广西最南端的武鸣均有商代铜器发现。其南传的路线可能是从湘江中游传入资水上游而达广西（见图 2.2－9）。这表明荆楚地区在向南扩展商文明因素方面也起了一定的推动作用。

商代晚期这一地区与巴蜀地区的文化联系与影响，也反映在两地的青铜器上有某些共同因素。例如三星堆相当殷墟晚期的二号祭祀坑出土的四牛尊、三羊尊，肩上装饰四个牛首和八只伏鸟。尊的花纹和扉棱均是三个单位，两肩上的牛、鸟却是四个单位，很是奇特。两件尊的圈足都很高，足壁的中腰向外膨出，是一个明显的特点。这两件尊与中原殷墟的有较大差异，而与荆楚地区的相同点则更多，如华容的尊肩饰三羊首、三伏鸟（图 2.2－10 之 3），江陵、枣阳的尊肩饰三牺首或三牛首和三伏鸟（彩版 9、图 2.2－12 之1、2、4）。“三星堆的尊与华容、枣阳两件更为相近，伏鸟的状态、扉棱的样子都近似。饕餮纹也是同一类型的。特点是鼻上有直竖的冠，这在湖南商代青铜器上常见。同时花纹的各部分多加饰乳丁，好像小的眼睛，也很特异”[68]。又如，三星堆的四羊罍，形态不像中原地区的下腹收敛的罍，其下腹只比肩部略收一点，望之近似圆筒形，是很有特色的，而这一特色也同见于两湖，如岳阳鲂鱼山的罍、沙市东岳村的罍（图 2.2－10 之 4，图 2.2－12 之 3），沙市罍腹花纹结构与三星堆三羊尊的腹部花纹酷似，“仔细端详这种饕餮的颜面，眉目口鼻的布局和三星堆的青铜人面很有相当之处，值得注意”[69]。再如三星堆二号坑的尊、罍，出土时器表多涂朱，器内装有玉器、工具、铜饰之类物品。青铜容器中贮放玉器的情形，也是湖南青铜容器早已发现的特点之一，这种现象，肯定是一种共通的礼仪信仰的遗存。根据以上的例证，即不难发现荆楚地区特别是湖南的商代晚期青铜器与千里之遥的广汉三星堆青铜器必然存在某种特殊联系，才出现如此多的共同特点。对此，李学勤先生作了如下的推断：“自湖北、湖南通向四川，则必沿江穿过三峡。三星堆的青铜文化最接近于湖南、湖北，而且与淮河流域的安徽一隅也有联系。因此，我们似乎可以设想，以中原为中心的商文化先向南推进，经淮至江，越过洞庭湖，又溯江穿入蜀地。这很可能是商文化通往成都平原的一条主要途径。”“通向四川的途径是畅通的，商文化的影响可以迅速地传入成都平原。特别是四川、两湖一带，关系密切。这对古史研究，应当有重要意义。”[70]

这是通过对考古新发现特别是两地区青铜器的相似性研究所得到的一种崭新的认识。它使我们看到了长江中游地区商时期对东西两相邻地区的巨大影响，从而促使我们必须对南方长江中游地区的早期文明予以重新估价。为此，不妨看看这一地区在沟通中原商文明与岭南沿海文化之中的作用。1994 年在香港举行的“南中国与邻近地区古文化研究”学术讨论会上，研究者们曾就香港南丫岛出土的牙璋进行讨论，学者们充分肯定牙璋这种玉质礼仪用器乃中原商文化南传的物证，并指出是以长江中游地区特别是湖南地区为重要中介地区进行的[71]。早在新石器时代，起源于洞庭湖区的白陶就南传于环珠江口地带。到了商代，在湖南也出有牙璋。青铜器和牙璋等玉器主要沿湘江、资水上行而传入两广以至更南的香港、越南北部。这进一步证明了长江中游地区不但发展起了本地区的文明，且起着向东向西和向南传播与扩散文明的桥梁作用。

我们说要对长江中游地区夏商文明重新估价，主要是针对以往直至近年的论著仍无视这一地区存在着一定发展水平的文明而言。我们要恰当地予以估价，既不要贬低，也不要拔高。它与中原地区商文明水平仍有一定差距，主要在于：1. 整体水平不及中原地区。2. 文明发展的不平衡性。即有的地点高，有的地点很低，甚至还未跨入文明门槛；并且不像中原地区统一在一个商王朝之内，在这一地区可能正如文献所载“汉南四十国”那样存在互不统属的大小方国，影响了各地的文明进展步伐。3. 文明有自身特色，即使像盘龙城二里岗期已高度商化，仍然存在地方特色的文明因素。商代晚期更是以地方文明因素为主，不但使本地区文明缓慢地向前推进，而且对东、南、西邻地区的文明也起了巨大的推动作用。以上应是我们对夏商时期长江中游地区文明所作的恰当的实事求是的分析。

在南方所谓“蛮荒”之地有如此高度的商时期文明，在数十年以前是难以预料的。它以自己富有特色的文明因素，成为中华早期文明百花园中的奇花异草,彪炳史册,乃中华早期文明史的重要篇章。

创造这一地区的商代文明的族属是什么?这又是必然引起人们关注而目前认识尚未一致的一个重要问题。据文献记载,与荆山相近的江汉平原当是荆楚族活动中心。处于江汉平原东西两端的盘龙城、荆南寺、周梁玉桥类型文化的主人是否即荆楚族?争议颇多。可以推断的一点是,在商代晚期,创造了荆楚商代文明的部分土著族人与在西周建立了楚国的楚族当有密切的前后延续关系,否则楚国的建立就成了无源之水,无根之木。

处于湘中一带的商代土著部族,当为百越部族中较先进的一支,这似乎无疑问。也有研究者认为有北来的楚人,是创造了荆楚商代文明的楚人,并且认为他们可能是在商王武丁"奋发荆楚"之后被战败了的楚人,而后向南逃窜,与居于清江、洞庭湖一带的百越杂处,并把原来作为商的方国的中原青铜文化带到这一地区。这一段杂处,使得后人追述楚人历史时,竟"数典忘祖",不知楚"姓之所出",往往将楚、越混为一谈。楚、越各是一个古老的民族,各有自身的发展史,至少在商代,楚、越是同时并存、并行发展的,只是在楚人战败之后,才与百越杂处,才形成楚、越间的特殊关系[72]。

这样的看法有一定依据,有新意。但作为结论,仍难免带有推测成分。依笔者之见,湘江下游作为商代晚期青铜文明的又一中心地域,发展起来一个商代晚期文明中心,创造这一文明中心的居民,可以判断为三个部分的族群组成:第一部分为当地土著即百越族(东周时称扬越),第二部分为居于湖北江汉平原地区(包括盘龙城,荆南寺的居民——我们暂不讨论这部分人到底是商代的荆楚部族或其他部族)的土著部族,大概在武丁时期从湖北地区南下的一部分人,第三个部分为中原南下的族群(包括商族的人和中原地区不属商族之人)。正是由于这三个地域的人群共居于湘江中下游地区,促进了当地文明的发展。他们凭借南方盛产铜锡的优越条件,借鉴中原先进的冶铸技艺,加速了本地青铜文明的进程,创造出了富有特色的商时期又一文明发展中心,从而使南方地区文明发展跃上一个新的台阶，带动了整个南方地区文化的进一步发展。

注　释：

[1] 见第一章注[89] 之文。

[2] 邹衡：《夏商周考古学论文集》，文物出版社1980年版。此书论证二里头文化即夏代的文化（本书取此说），并指出二里头文化即“夏文化分布范围，其南可达川东鄂西交界之处”。对二里头文化与夏王朝文化的联系，目前存在三种不同的看法，参见李伯谦《考古学应在“夏商周断代工程”中发挥应有的作用》，《中国文物报》1996年12月15日。

[3] 李龙章：《江汉新石器文化系统族属考》，《江汉考古》1988年第2期。与下王岗遗址邻近的湖北均县乱石滩遗址也有二里头文化阶段的遗存，也应划入下王岗类型。

[4][10] 王劲、陈贤一：《试论商代盘龙城早期城市的形态与特征》，《湖北考古学会论文选集（一）》，武汉大学学报社会科学论丛1987年。此文指出：“盘龙城遗址，早在二里头时期，就出现了较大规模的作坊遗址，以王家嘴为中心，范围约23 125平方米。作坊分布密集，其特征为：在长条状的沟槽内堆积有成层的木炭屑，有三五成群的红陶缸和坩埚。”据陈贤一告知笔者，在盘龙城出土有二里头期铜礼器爵和斝。这些材料将在盘龙城考古发掘报告内公布。

[5] 该遗址主要为商时期遗存，见注[27]。此遗址的灰坑 H_{23} 和地层 T_{13}④C，相当于二里头文化二期和四期，出土的花边口沿夹砂罐、大口尊和中原地区二里头文化二、四期同类器相似。

[6] 孟华平：《白庙早期遗存及相关问题》，《江汉考古》1994年第1期。有关白庙遗址考古材料可参阅《三峡考古之发现》（一）、（二）二书。

[7] 例如有学者认为：“长江流域正式进入文明阶段是在商代早期”（李伯谦：《长江流域文明的进程》，《考古与文物》1997年第4期）。按这一看法，不仅长江流域（包括中游的荆楚地区）在夏代无文明可言，在其前的古城、古国时代也无文明可言。

[8] 盘龙城发掘队：《盘龙城一九七四年度田野发掘纪要》，《文物》1976年第2期。又见，陈贤一：《江汉地区的商文化》，《中国考古学会第二次年会论文集》，文物出版社1982年版。

校注：2001年出版《盘龙城——1963—1994年考古发掘报告》，文物出版社出版。

[9][14][16][17] 陈贤一：《盘龙城商代二里岗期墓葬陶器初探》，《中国考古学会

第四次年会论文集》,文物出版社 1985 年版。**校补**:陈贤一从 1963 年起参加盘龙城考古工作,为该地考古工作站站长,《盘龙城》发掘报告编写主持人,本书有关盘龙城材料、照片,得到他的大力支持、帮助。

[11] 杨鸿勋:《从盘龙城商代宫殿遗址谈中国宫廷建筑发展的几个问题》,《文物》1976 年第 2 期。

[12] 湖北省博物馆:《盘龙城商代二里岗期的青铜器》,《文物》1976 年第 2 期。

[13] 参阅陈振中:《青铜生产工具与中国奴隶制社会经济》,中国社会科学出版社 1992 年版。在本书第七章论青铜生产工具时还将详谈。

[15] 恩格斯:《家庭、私有制和国家的起源》,人民出版社 1972 年版。

[18][22] 江鸿(李学勤):《盘龙城与商朝的南土》,《文物》1976 年第 2 期。

[19] 高大伦:《论盘龙城的性质与作用》,《江汉考古》1985 年第 1 期。

[20] 同注[8]陈贤一之文。另有论者认为是商代一个方国,但未申论其说。

[21] 陈旭:《商楚文化关系的探讨》,《楚文化研究论文集》,中州书画社 1983 年版。

[23] 湖南省文物考古研究所等:《岳阳市郊铜鼓山商文化遗址与东周墓发掘报告》,《湖南考古辑刊》第 5 辑,《求索》1989 年增刊。

[24][25] 向桃初:《湖南岳阳铜鼓山商代遗址试析》,《南方文物》1993 年第 3 期。

[26] 熊传薪、郭胜斌:《长江中游商时期大口缸的探讨》,《中国考古学会第七次年会论文集》,文物出版社 1992 年版。

[27] 荆州地区博物馆等:《湖北江陵荆南寺遗址第一、二次发掘简报》,《考古》1989 年第 8 期。

[28][32] 王宏:《荆南寺商代陶器试析》,《湖北考古学会论文选集(一)》,出版时地同注[4]。据何驽介绍,荆南寺遗址还存在商族与土著族的居址各在一处的情况,表明两者的文化尚未完全融合。

[29][31] 张万高:《江陵荆南寺夏商遗存文化因素简析》,《湖北考古学会论文选集(二)》,《江汉考古》1991 年增刊。

[30] 湖北省文物考古研究所:《湖北省文物考古工作十年来的发展》,《文物考古工作十年(1979—1989)》,文物出版社 1990 年版。

[33][35] 湖南省文物考古研究所:《湖南石门皂市商代遗存》,《考古学报》1992 年第2期。

[34][50] 何介钧:《湖南商时期古文化研究》,见《湖南先秦考古学研究》,岳麓书社 1996 年版。此文对湘江和资水下游的商时期遗存分为前后有连续演变关系的六

期,对澧水和沅江中下游遗存分为四期,据新发现的考古材料作了有说服力的分期论证。

[36] 何介钧:《湖南商周时期古文化的分区探索》,《湖南考古辑刊》第 2 辑,岳麓书社 1984 年版。

[37][39] 王文建、龙西斌:《石门县商时期遗存调查——宝塔遗址与桅岗墓葬》,《湖南考古辑刊》第 4 辑,岳麓书社 1987 年版。

[38] 王文建:《商时期澧水流域青铜文化的序列和文化因素分析》,载俞伟超主编《考古类型学的理论与实践》,文物出版社 1989 年版。此文对此地商时期遗存分为三大期九小段。

[41] 林春:《宜昌地区长江沿岸夏商时期的一支新文化类型》,《江汉考古》1984 年第 2 期。校注:参阅长江水利委员会编著《宜昌路家河——长江三峡考古发掘报告》(林春主笔),科学出版社 2002 年版。

卢德佩:《鄂西发现的古文化遗存》,《考古》1986 年第 1 期。

[42]《中国文物报》1994 年 2 月 20 日报道:《三峡坝区考古取得丰硕成果》。

[43] 湖南省博物馆:《湖南浏阳樟树潭遗址调查》,《考古》1965 年第 7 期。

[44] 向桃初:《湖南湘江流域商时期古文化初论》,《南方文物》1994 年第 1 期。

[45] 沙市市博物馆:《湖北沙市周梁玉桥遗址试掘简报》,《文物资料丛刊》第 10 集。

又,《沙市官堤遗址发掘简报》,《江汉考古》1985 年第 4 期。彭锦华:《沙市周梁玉桥殷商遗址试析》,《江汉考古》1989 年第 2 期。

[46] 同注[45]彭锦华之文。

[47] 荆州地区博物馆、北京大学考古系:《湖北江陵梅槐桥遗址发掘简报》,《考古》1990 年第 9 期。

[48] 荆州地区博物馆:《湖北松滋博宇山遗址试掘简报》,《文物资料丛刊》第 10 集。

[49] 湖南省博物馆等:《湖南岳阳费家河商代遗址和窑址的探掘》,《考古》1985 年第 1 期。有关研究文章请参阅《考古耕耘录——湖南中青年考古学者论文选集》书内有关文章。

[51] 本章写成后,笔者于 1995 年参加首届长江文化暨楚文化国际学术会议,提交的论文为《略论长江中游地区夏商时期的文明》(载《长江文化论集》,湖北教育出版社 1995 年版)。此文在本章写作基础上作了进一步论证。

[52] 湖南省博物馆:《湖南衡阳复溪公社金山岭遗址》,《考古学集刊》第 2 集,科学出版社 1982 年版。

[53] 参阅何介钧：《湖南商时期古文化研究》，出处同注[50]。此文对湘江中上游和沅江上游新发现的考古材料作了概论。

[54] 杨宝成主编、黄锡全副主编：《湖北考古发现与研究》第83—84页，武汉大学出版社1995年版。此书对湖北地区发现的商代青铜器作了综述。

又，熊传薪：《湖南商周青铜器的发现和研究》，见《湖南省博物馆开馆三十周年暨马王堆汉墓发掘十五周年纪念文集》(1986年)；高至喜：《论中国南方出土的商代青铜器》，见《中国考古学会第七次年会论文集》第76—78页，文物出版社1992年版。熊、高二文对湖南地区出土的商代青铜器作了综述。

又，何介钧：《试论湖南出土商代青铜器及商文化向南方传播的几个问题》，出处同注[46]。

[55] 高至喜：《中国南方出土商周铜铙概论》，《湖南考古辑刊》第2集，岳麓书社1984年版；《商文化不过长江辨》，《求索》1981年第2期。二文对大铜铙等青铜器铸于本地作了论证。此二文收入其论文集《商周青铜器与楚文化研究》，岳麓书社1999年。

又，朱凤瀚：《古代中国青铜器》，南开大学出版社1995年版。此书第673页认为："商代青铜器在长江以南的湖南出土本身即有一定的学术意义，特别是由于其中的青铜容器有不少异常精美，具有高超的艺术性，从而在中国古代青铜器发展史上居于极重要的位置。"因而在宁乡一带"很可能有一较发达的青铜铸造中心"。

[56] 所举器物实例来源见《湖南省博物馆》(大型图册)，文物出版社、日本讲谈社1981年联合出版。

[57] 熊传薪：《湖南商周时期的青铜文化》(油印稿)1984年。

[58] 分为三类的见注[54]熊文，分为两类的见注[54]高文。

[59] 高至喜：《中国南方出土商周铜铙概论》《湖南考古辑刊》第2集，岳麓书社1984年。此文对铙的类型、演变、年代、用途、产地作了综合研究，并在国际学术会议上宣读，后收入《湖南省博物馆建馆四十周年纪念论文集》，湖南教育出版社1996年版。

[60] 岳阳地区博物馆等：《宁乡月山铺发现商代大铜铙》，《文物》1986年第2期。报道该铙出土于商代晚期遗址西端，"推测该窖藏的年代应与遗址基本同时或稍晚"，此铙既出于地层边沿，又无晚期遗址，可认为应与遗址年代相同，即其年代应为商代晚期。

[61] 长沙市博物馆等：《湖南宁乡老粮仓出土商代铜编铙》，《文物》1997年第12期，同期又报道了在宁乡出土的另两件大铜铙。

黄纲正：《宁乡出土的商代大铜铙及有关问题》，《湖南省博物馆建馆四十周年纪念论文集》，湖南教育出版社1996年版。

[62] 李学勤:《试论虎食人卣》,见《李学勤集》,黑龙江教育出版社 1989 年版。虎食人卣共 2 件,在建国前流出国外,一在日本,一在法国。张光直认为此类动物"是帮助巫觋通天地的"(《中国青铜时代》,三联书店 1983 年版,第 323 页)。新论见熊建华:《虎卣新论》,《东南文化》1999 年第 4 期。

[63] 参阅陈芳妹:《商代青铜艺术"区域风格"之探索——研究课题与方法省思》,其中《区域特性与多向交流》(《故宫文物月刊》1998 年 4 月号)一节,对商代南方区域风格研究作了综述。认为:"高至喜对南方区域风格的看法从 1960 年到 1989 年的近三十年间,从一片荒芜到零星碎石,终于建构起可住可居的高楼了。南方区域的研究,随着高至喜、Kane 及 Bagby 而确立。"此文对各地"区域风格"所反映的文化关系:一元与多元、多元而不平衡的发展、传播交流与自力发展、开放空间与闭锁空间、单向与多向交流、殉埋礼制等诸多值得讨论的问题作了有益的探索。

[64] 李学勤:《楚青铜器与楚文化》,载 Edited by Tbomas la · wton:"New per spectives ON CHU CVIVRE DORING EASTERU ZHOV PERIOD", Distributed by prince ton Univerty Press. 此文从四个方面(形制、纹饰、大小、合金成分)论述这些有南方特点的青铜器"是当地铸造的,而不是从中原引进的"。

校补:参阅施劲松著《长江流域青铜器研究》,文物出版社 2003 年版。

[65]《吕氏春秋 · 用民》:"当禹之时天下万国","至于汤而三千余国。"

[66] 李学勤:《新干大洋洲商墓的若干问题》,《文物》1991 年第 10 期。

[67] 何介钧:《试论湖南出土商代青铜器及商文化向南方传播的几个问题》,出处同注[46]。此文对商代湖南出土的大铜铙文化属性、型式源流提出了不同看法:"我同意大铜铙是在南方铸造的,但不同意'属越族所铸'的观点。我认为它应是南下的商人在中原铜铙的基础上吸收了南方越民族的某些文化因素,加以改造与发展的产物,它是南方类型商文化的构成部分,而不是越文化的组成。"

[68][69][70] 李学勤:《商文化怎样传入四川》,《中国文物报》1989 年 7 月 21 日。收入他的论文集《走出疑古时代》,辽宁大学出版社 1994 年版。

[40][71] 裴安平:《中原商代"牙璋"南下沿海的路线与意义》,《南中国及邻近地区古文化研究——庆祝郑德坤教授从事学术活动六十周年论文集》,香港中文大学出版社 1993 年。

[72] 参阅张玉石:《中国南方青铜器及中原商王朝与南方的关系》,《南方文物》1994 年第 2 期。

第三章

西周时期的荆楚文明

荆楚地区西周时期的考古学文化，与此区夏商时期考古文化一样，也一度曾是空白。通过近一二十年来的考古工作，这种空白状况大为改观，研究工作也紧紧跟上。例如，综合性的论文有《论江汉流域西周时期文化分区》[1]、《湖南商周时期古文化的分区探索》[2]等，阅读它们可以对西周时期两湖地区的文化有一个概括性的认识。当然，由于考古发现远不如其后的东周时代丰富，对这一地区西周考古文化的认识仅处于起步阶段。

对这一时期的考古文化进行分区探索，不失为一条有效途径，前举两篇论文对湖北地区的考古文化分为鄂西、鄂北、鄂东等三区，对湖南地区则分为澧水和沅水下游区、沅水中上游区、湘江中上游区、湘江和资江下游区等四区，这都是对已有考古资料进行综合研究所得出的认识，应予肯定。不过，笔者在此采取的论述方式略有不同，而与上一章论商代这一地区的划分类型的方式相似，打破省界和单纯按地域划界的方式，将两湖地区统一划分为几个大的文化类型。

经过对比研究，按文化特征来划分类型，我以为可划分为三个文化类型——楚文化类型、周文化类型、越濮文化类型。楚文化类型的地域，大体与前述论文中的鄂西区和澧水、沅水下游区相近。周文化类型则基本上与鄂北区相合。越濮文化类型范围较大，鄂东区及湖南大部分地域都可归入此文化类型。由于地域范围大，也可再细分为几个次级亚型，如鄂东区分为毛家嘴亚型、铜录山亚型；湘江中上游可称为何古山—菱角塘亚型；湘江和资江下游可称为高沙脊、杨家山亚型。湘江下游有晒网场遗址，到西周晚期与澧水下游楚文化遗存相似，可以归入楚文化这个大的类型。西周时期各地的文化纵向演变与横向交叉相互影响，存在着文化上的犬牙交错情况。这种情况以西周晚期的江汉地区与洞庭湖周围地区为甚。湖南南部则比较单一，基本上为越文化区。沅水上游可能为濮文化区。

这几大文化类型，有的有连续的年代序列，有的则尚有缺环，将在以下的分类型讨论中细加论述。

第一节　楚文化考古与西周时期楚国文明

一、西周时期考古学楚文化

楚国于周初成为周王朝的一个诸侯国，故探讨荆楚地区西周时期考古文化，必然要与楚文化的探索联系起来。

《史记·周本纪》载，周文王时"太颠、闳夭、散宜生、鬻子、辛甲大夫之徒皆往归之"，集解引刘向《别录》云："鬻子名熊，封于楚。"《史记·楚世家》载"鬻熊子事文王，蚤（早）卒"。其子熊丽"始讨此睢山之间"（《墨子·非攻》），开始在荆山地带建立基地[3]。其曾孙"熊绎当周成王之时，举文、武勤劳之后嗣，而封熊绎于楚蛮，封以子男之田，姓芈氏，居丹阳"（《史记·楚世家》）。近代有学者对这样的记载曾有怀疑，现在已有考古新发现的文字资料加以证明。如前些年在周原甲骨文中发现了有关楚的记事（图3.1－1）。此甲骨文年代为周初，证周初楚国君主确与周有密切联系[4]。1987年又在包山楚简里发现了楚人祭祀其先祖鬻熊和熊绎的记录[5]。这更是《史记》所记真实性的铁证。李学勤并举出传世的太保玉戈为证，指出召公曾省察南国的历史事实[6]。周初对于江汉地区的开发，采取了不少措施，召公之省察南国，使南方诸国服朝于周即其一项举措。这南国中当包括楚国在内。

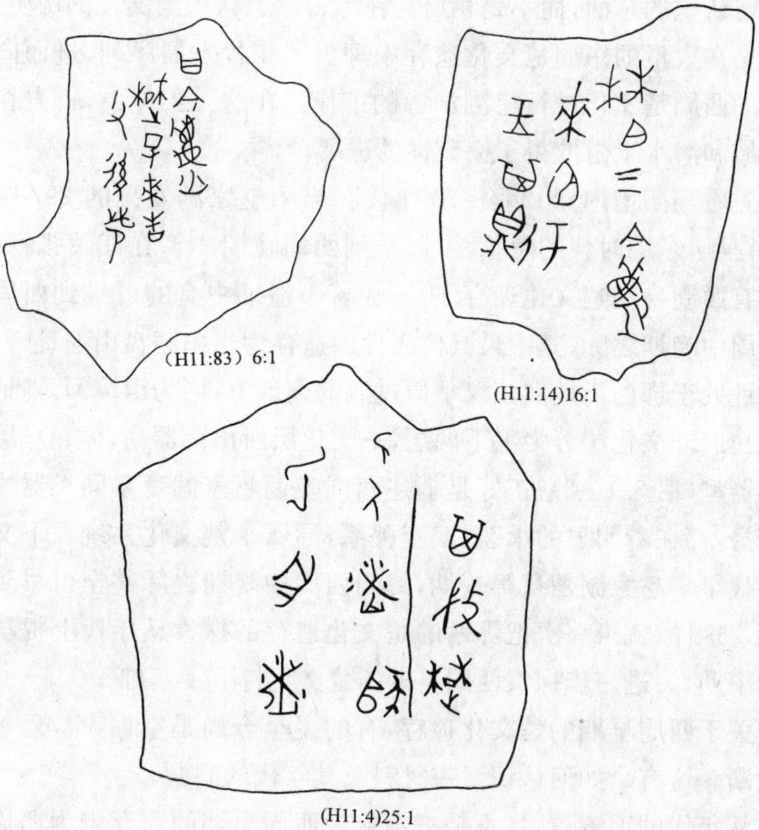

(H11:83) 6:1

(H11:14)16:1

(H11:4)25:1

图3.1－1　陕西周原出土有关楚记事的甲骨文

楚文化以都城为中心所在，但关于楚始都丹阳的地望，至今仍存在很大的分歧[7]。为了弄清丹阳的地望，应先着眼于考古文化的研究，看看哪里的考古文化具有楚文化中心的地位，这样的中心决非一朝一夕所能形成，必然有漫长的发展历程，表现在考古文化上应有连续不断的发展系列与谱系。这样的考古文化序列，根据已有的考古发现，应在鄂西的沮漳河一带去寻找[8]。楚文化类型的地域中心沮漳河一带，其范围西至三峡，北达荆山周围，南达澧水、沅水下游地区，东达江汉平原腹地。我们可据此范围内的文化遗存进行一些必要的分析。

人们的认识规律是由已知到未知，即在已有认识的基础上获得过去未曾认识的东西，而不是相反。在考古学上认识楚文化的历史进程，首先是在大量的东周楚文化遗存中理出了年代发展序列，进而向早于东周的西周楚文化进行追溯渊源的工作。在这一工作中，首先在沮漳河流域和澧水下游取得了突破性的进展。

先看当阳境内，20 世纪 70 年代在当阳赵家湖发掘的 297 座楚墓中，有早于东周时代的楚墓，可以早到西周晚期[9]。在江陵张家山、荆南寺有西周晚期楚文化遗存[10]。在若干遗址中有的可早到西周中期和西周中晚期之际，其中最具代表性的遗存为当阳磨盘山遗址[11]。这一遗址处于鄂西山地向江汉平原过渡的岗地上，西为沮漳河，遗址面积较大。遗址文化层分为上下两层，下文化层所出陶器鬲、盂、豆、罐等器类和器型(图 3.1－2)，正好是上述西周晚期赵家湖楚墓同类器物的直接前身，存在着明显的承袭、演变关系，同属于楚文化系统。下文化层的年代早于赵家湖楚墓第一期，约当西周中晚期之际甚至可早到西周中期。这样，就第一次把鄂西的楚文化遗存的探索从年代上提早到了西周中期，为进一步探索西周早期的楚文化打下了基础。

关于西周早期的楚文化遗存，有的说至今尚是空白[12]，恐不能如此武断。这有个如何认识考古材料及其年代的问题。

从年代的追索看，是不是把本应为西周早期的遗存定为西周中期遗存？或者把晚于商代晚期的实际上应可定为西周早期的遗存仍作为商代晚期对待？例如周梁玉桥的商代晚期遗址存在上下两个文化层，现在一般都定为殷墟时期，但是也有认为上文化层的年代可晚到周

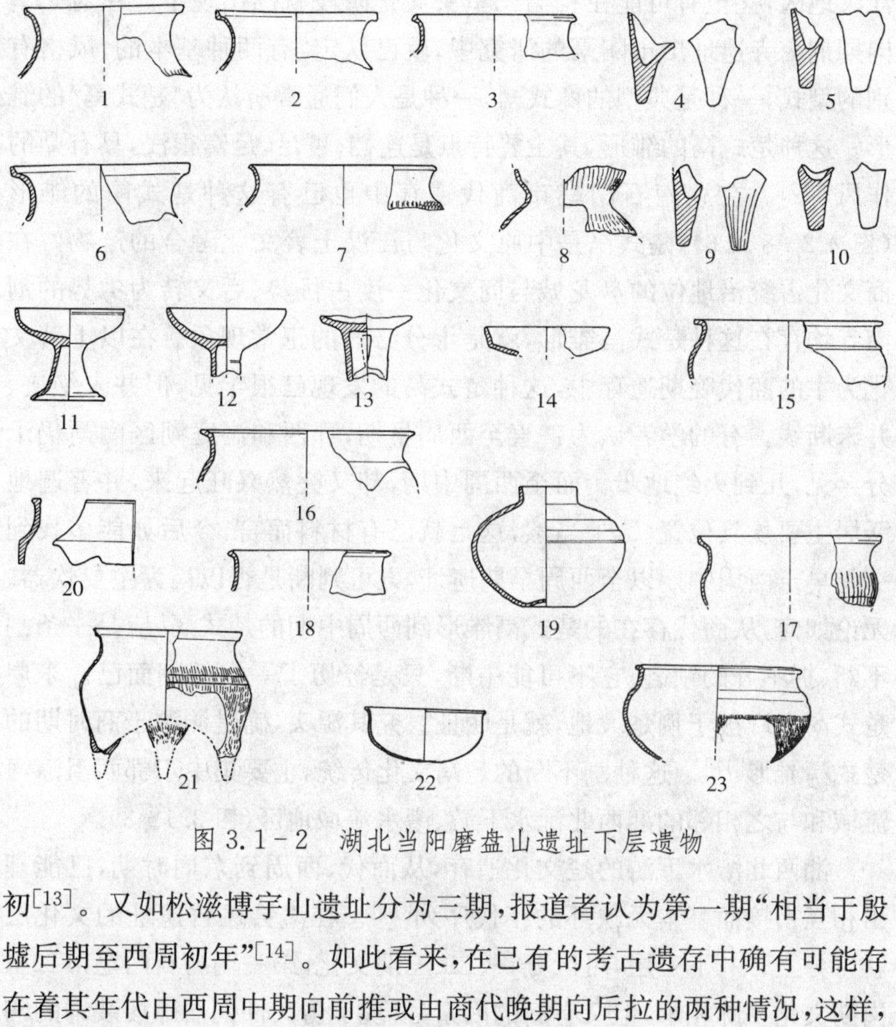

图 3.1-2　湖北当阳磨盘山遗址下层遗物

初[13]。又如松滋博宇山遗址分为三期，报道者认为第一期"相当于殷墟后期至西周初年"[14]。如此看来，在已有的考古遗存中确有可能存在着其年代由西周中期向前推或由商代晚期向后拉的两种情况，这样，便可以从中探索、认识西周早期的楚文化遗存面貌。

从文化因素看，虽然商代晚期存在着或以商文化因素为主、或以土著文化因素为主的两种情况，与西周中期以楚文化因素为主的遗存还难以有机地衔接起来，但是并不是全无线索可言。就以考古学楚文化有代表性的典型器物——楚式鬲而言，它是有别于商式鬲、周式鬲的一种新型式鬲。这种鬲在早于周式鬲出现之前的商式鬲阶段就已出现在江汉地区，甚至有可能在相当二里头文化阶段就已出现了。在对二里岗期荆南寺遗址出土陶鬲的研究中，就已认定“有两种基本的、风格有别的型式，一种是典型的商式鬲，一种是人们通常所认为‘楚式鬲’的雏形。这种楚式鬲的雏形，其主要特点是连裆、裹足，足窝很浅，具有鼎的作风”[15]。在湖南石门皂市商代遗存中也已有这种楚式鬲的雏形（图 2.2－8 之 6）。楚式鬲是中原文化与江汉土著文化融合的产物。在商文化占统治地位的盘龙城与商文化一度占优势、后又转为劣势的荆南寺均存在这种楚式鬲雏形，就是十分必然的正常现象。在以土著文化为主的商代晚期遗存中，这种楚式鬲的发现已很罕见，但并未绝迹、并未断线。有的学者认为：“直至西周早期，鄂西和洞庭湖区陶鬲仍十分罕见，几到灭绝地步。而至西周中期，却又突然兴旺起来，并普遍地跃居主要炊具位置。”[16]当然，这是就已有材料而言，今后如能多找到一些早于西周中期以至西周早期遗址，方可判断是否以鬲为主要炊器。无论如何，从商代存在的楚式鬲雏形到西周中期的楚式鬲，应是一条割不断、拆不开的锁链，它不可能中断，只是经历了一个低潮而已。东周楚式鬲之广被于荆楚大地，就是明证。究其源头，确是渊源于商时期的楚式鬲雏形[17]。这种割不断的楚鬲文化传统，主要集中于鄂西沮漳河流域和与之相邻的湘西北沅水下游、澧水流域地区（图 3.1－3）。

湘西北澧水下游的楚文化遗存，从商代、西周到东周时期，已能理出相互衔接而基本无缺环的年代序列[18]。在澧县斑竹遗址的文化层就可分上、中、下三层，可区分一、二、三期文化，第一期与石门皂市二里岗期文化一脉相承，但又有新的因素，发现了仿大件铜器扉棱装饰的陶器，初步肯定其年代为商代晚期。第二期可定为西周早期，距此不远的保宁桥遗址也属此期。第三期出土物与已知的西周中期楚文化遗存（文家山、黄泥岗等地）相类似，应定为西周中期。一、二、三期器类演变的轨迹明显，不存在缺环。因此，研究者认为：“这里的商周时期古文化应是属于青铜时代楚文化的范畴。”[19]斑竹遗址二期为西周早期，这就从地层上确认了西周早期的遗存，这是可喜而又重要的新发现。而至

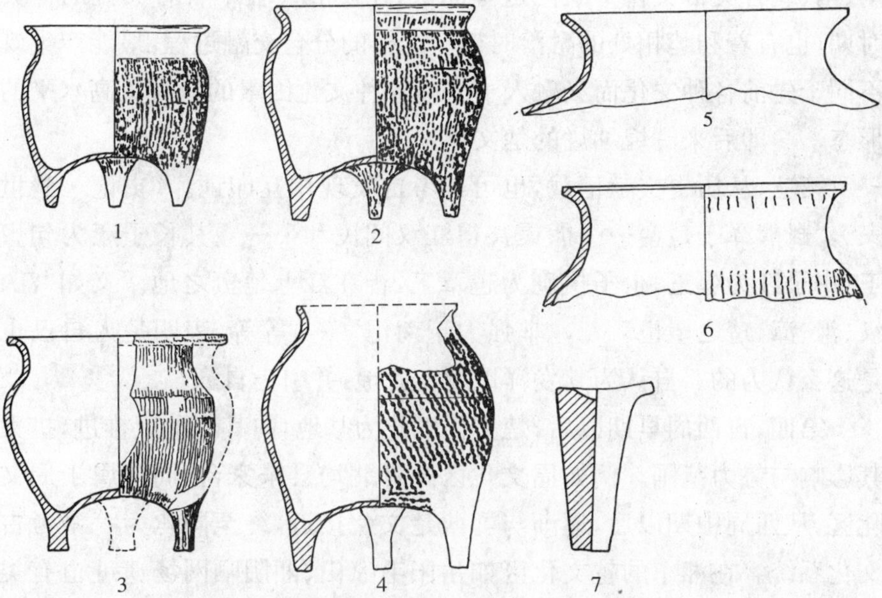

图 3.1－3　鄂西、湘西北西周时期楚式鬲

今在鄂西则尚难确认出西周早期的遗址或文化层。因之，这一发现意义重大，值得高度重视与评价。以此为契机，在鄂西地区找到西周早期楚文化遗址，应是指日可待的事了。据云，在枝江已发现西周早期的楚墓[20]。但材料尚未报道，如能肯定无疑，则是楚文化考古一大新收获。

总之，鄂西和湘西北探索西周早期楚文化的工作，如同旭日已从东方地平线上冉冉升起，从初露曙光到光照大地，已为期不远。这是西周楚文化考古的可喜势头。

西周早期楚文化线索首先在沮漳河流域及相邻的湘西北发现，决非偶然。它有着深厚的文化土壤与悠久的历史渊源。

第一，这个地方恰好是新石器时代早期文化发展最快的地区，也是新石器时代文化从早期到晚期最为兴盛的地区，并且是以这一地区为核心逐步向外扩展、推进的。其文化之根不可谓不深厚矣！

第二，这里又是几种文化相互激荡、交融较剧的地区，存在着东、南、西、北各类古文化不断向这里涌进，在发展过程中有着尖锐的冲突时期，也有着和睦相处的融洽时期。这样的分合交融过程，最能产生既不同于先前各种文化而又融入了先前各种文化因素的具有更高水平的形态——即后来辉煌灿烂的楚文化。

第三，从历史文献记载，也可与考古发现相互印证。《史记·楚世家》："封熊绎于楚蛮……熊渠甚得江汉间民和……立其长子康为句亶王，中子红为鄂王，少子执疵为越章王，皆在江上楚蛮之地。"又如"江、汉、沮、漳，楚之望也"[21]，"芈强大于南汜"[22]，等等，表明楚人自己也是这么认为的。自认为其发祥地就在此地，并引为自豪。

第四，自西周早期以后，楚文化以此为基地，向其他地区推进，扩大其影响与势力范围。例如周文化区的鄂北均县朱家台，周初属于周文化区，从西周中期以后，逐渐与鄂西楚文化接近，终至同化为一个考古文化系统。在湘东的越文化区如岳阳毛家山、湘阴晒网场遗址也有类似情况，表明湘江下游在西周晚期已开始转入楚文化系统。从各文化区域的逐渐楚化过程更可看出，楚文化最先形成于鄂西和湘西北，然后才向外发展。

从以上几点分析，不难得出总的认识，即楚文化兴起的基地与中心区域，应当是荆山南麓、沮漳河流域南达长江沿岸的江汉平原西南部与洞庭湖平原西北部澧水下游地区。这两地在当时本应就是一个区域。这个区域就是楚文化的策源地。它的文化基础是本地自原始社会以来的土著文化，在夏商西周时期则又勇于与善于吸收夏、商、周的文化成分以及周邻各族的先进文化成分，最终于西周早期以后熔铸出一支新的文化——楚文化。创造这一文化的主人自然是楚人、楚族。这支楚族乃是以当地"楚蛮"为主体的民族。至于这楚族的族源与组成成分及在夏商周各历史时期内的演进、变化、形成情况，仍存在一些不同的看法[23]。这在当前是难以避免的，但并不妨碍我们得出上述总的看法。

二、西周时期楚国家文明

楚国在周初是否已进入文明社会？楚国的国体、政体构成状况如何？这需要进行考古学与历史学的综合研究。解决这一问题似乎为时尚早。因为根据有限的历史文献资料难以解决，而据已有的考古资料特别是在西周早期楚文化考古资料少见的情况下，也同样难以得出满意的解释。不过，对那种否认西周早期楚已进入文明社会、否定楚已存在着国家文明的说法，笔者以为也是为时过早、过于武断。有必要稍加申说。

在这里我们使用的方法是顺推法与逆推法，即从楚于周初立国前的状况与立国后的状况作些分析。

楚之立国，楚文化的产生，决非一朝一夕之事，而必须有一个历史发展过程。在楚立国前的商代，荆楚地区已存在着文明，例如盘龙城的商文明。皂市与湘江中下游等地的商时期青铜器铸造遗迹、遗物，表明在荆楚地区已存在着较为发达的青铜铸造业，而这正是中国特色的早期文明重要特征之一。楚兴起于这一地区，它决不会不继承这样的先进技术，虽然尚未发现西周早期楚国铜器，但在西周中晚期楚遗址与楚墓里出土了铜工具和兵器，西周中晚期之际至西周晚期，已有楚国青铜礼乐器面世。例如传世的楚公豪钟、楚公逆钟，乃西周中晚期楚国国君熊渠、熊鄂之器[24]。熊鄂之器近年在山西晋侯墓内出土了 6 件（彩版 10），有长达 68 字的铭文[25]，极为重要，引录如下：

> 唯八月甲午，楚公逆祀氒（厥）先高祖考，夫工四方首。楚公逆出，求其用祀四方首。休，多擒。鏞𩰫内（入）饗赤金九万钧。楚公逆用自作龢（和）䶒（齐）錫钟百飤（肆）。楚公逆其万年寿，用保氒大邦，永宝。（图 3.1－4）

这一长篇铭文铸于西周晚期楚国国君的编钟上，乃振奋人心的重大发现，在楚文化研究史上乃至西周文化研究史上都具有难以估量的意义。目睹钟铭，抚今追昔，快何如之！

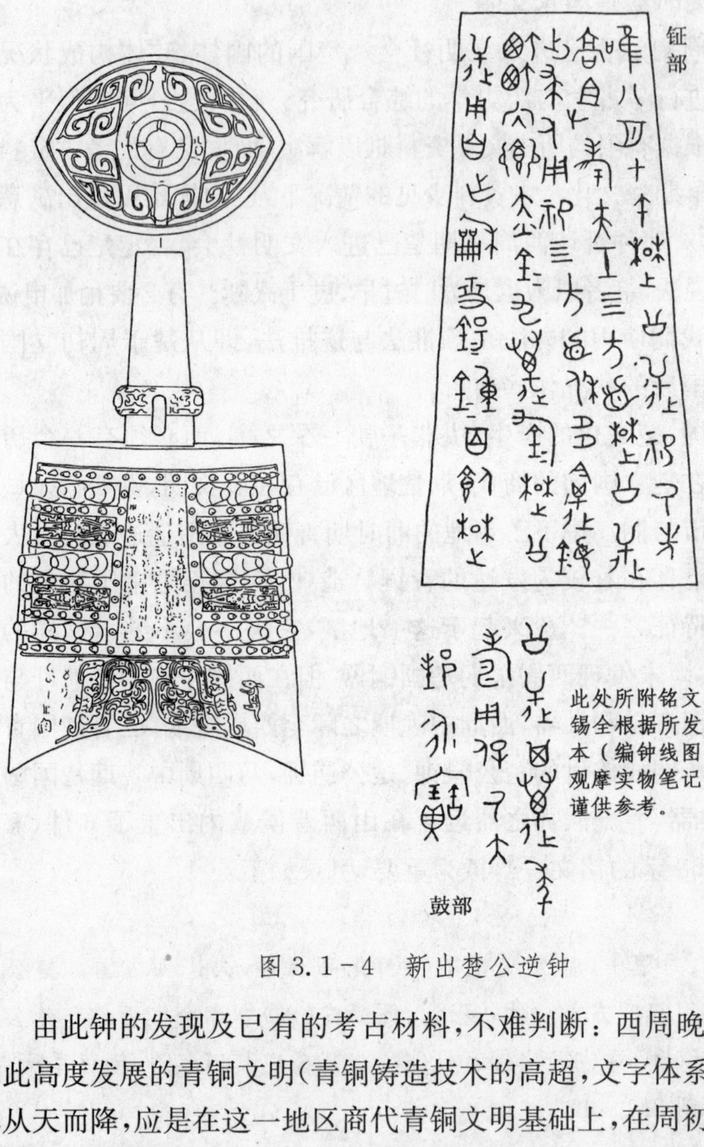

此处所附铭文写本，是黄锡全根据所发表之照片、摹本（编钟线图），结合观摩实物笔记复原而成，谨供参考。

图 3.1-4　新出楚公逆钟

由此钟的发现及已有的考古材料，不难判断：西周晚期楚国已有如此高度发展的青铜文明（青铜铸造技术的高超，文字体系的完美），决非从天而降，应是在这一地区商代青铜文明基础上，在周初又接受了西周文明，才可能创造出有如此高度的青铜文明。无论顺推还是逆推，对周初楚立国时的楚国家文明，决不能低估，更不能否定，应该肯定周初的楚国已进入了文明社会，楚已建立了它的国家文明。

我们认为，楚的国家文明与周王朝的国家文明的差距应不太大。

它是周封的诸侯国，不可能不借鉴周之模式。周初甲骨文有“楚子来告”等内容，表明楚周关系密切。楚是一个善于接受先进文化、博采众长、自创一格的民族。楚在周初借鉴甚至照搬周的国家模式是可能的，在文化创造中楚人善于继承、善于借用，在楚公逆钟、楚公豙钟等有铭的楚器（且不谈东周时期楚器）上也反映出来。钟的形制、纹饰既有与周式钟相同之处，也有自身特点。例如右鼓部的穿山甲动物纹从未见于宗周之钟，当是楚人的创造风格使然。青铜器上如此，在日常生活用的陶器上又何尝不如此。鬲是商、周人的创造，楚人移植过来加进了自身因素，创造出与商、周式鬲不同的楚式鬲。西周中晚期楚式陶器组合鬲盂罐豆是周式的，而具体形态则异……凡此均表现出楚文化乃是融合多种文化因素的产物，它不是封闭性文化而是开放性文化，是不断革新、勇于进取的文化，在今天仍有着精神上的感召作用，是今天需要继承与发扬的一种历史文化精神。楚文化之所以在现时备受人们关注，并非发思古之幽情，而是有着重要的现实意义。

楚国家文明的标志除上述有与中原地区同步发展的文字体系、青铜冶铸技术外，还少不了有自己的中心都邑——雄伟的城垣以及宗庙等礼仪建筑、礼仪制度设施。然而遗憾的是，至今未找到楚早期都城丹阳所在，更不用说到都城里去找宗庙礼仪建筑了。这同样可用间接的逆推、顺推法作些推论。

这一地区历史悠久。我们在第一章讨论新石器时代、铜石并用时代时已指出，在几千年原始文化发展的深厚土壤中，荆楚地区率先进入中国的古城时代，是发现古城数量最多的区域之一。目前在商代只发现了一个盘龙城遗址，西周时期有阴湘城址[26]。到东周时期则是古城遍布，并有着在当时规模处于全国前列的南方最大的楚国都城——纪南城。早期古城发达，后期古城也发达，处于两者中间的商周时期这一段，无论如何不会前后中断。我们深信周初楚立国时是有都城的。这样的都城（丹阳）今后如能找到，那是万幸，是令人振奋的空前发现。但是历史长河中“沧海桑田”，变化很大，也许这样的都城早已在历史中消失了，再也难以找到了。即使如此，我们也切不可失去信心。这种有根据的信心说不定真能感动天地，有朝一日让我们重睹丹阳故址的英姿，即使看到一些蛛丝马迹也是令人欣喜的大好事[27]。

对都城的设想是如此，对楚礼仪建筑与礼仪制度同样应有一种探索的态度。我们从六枚楚公逆钟的新发现和楚公豖钟的研究中不难看出，楚国对于礼仪制度是十分重视的，乐钟就是物证。西周晚期已有体现礼仪的重要器种——编钟。不难想象，楚在建国之初应已重视这体现礼仪、体现等级的制度[28]。它也同样离不开借鉴商周王朝的制度，为我所用，建设楚国的礼仪制度。

以上我们以较多篇幅间接推断楚在西周时从建国伊始就建立了国家文明，进入了文明社会，它是在本地商代文明基础上借鉴周王朝文明而必然出现的文明[29]。当然，这样说并不是认为楚国整个地区的文明发展步伐都是一致的，也不是否定总体水平还赶不上宗周文明，但至少可以肯定楚国的中心腹地即其都城地区已进入了文明社会。当然，这一看法有待于验证，有待于今后的考古新发现，特别是有待于西周早期楚文化考古的新发现，我们翘首企盼着这一天的到来！

第二节 周系文化与越濮文化

一、周系文化的分析

这一地区周文化考古遗存，主要分布于湖北北部、东北部，还包括处于长江中游地区范围内、在河南西南部丹水入汉水一带的地区。鄂西北地区东南经随枣走廊直至江汉平原东侧的孝感、黄陂、大悟一带，均为以周文化为主体的区域，经发掘的遗址有河南淅川下王岗遗址、均县朱家台遗址、随州安居遗址、黄陂鲁台山遗址与墓葬、大悟吕王城上层等。宋代在孝感所出“安州六器”为周文化遗物，研究者甚多[30]。

“安州六器”的铭文内容丰富，乃周昭王时征伐虎方的史实记录。铭文所记的路线是，“从今随县北面的唐国出发，经过随县、京山间的曾，出使长江中游的大小邦国”[31]。还有周王赐给“中”以福土作为采邑的记录，并以卦象符号为其族徽[32]。这个“中”，有学者也认为在随枣走廊一带，是当地一个方国[33]。从传世安州六器和太保玉戈以及各地新出土的西周有铭铜器来看，清楚地表明周初的鄂北地区确为周王朝控制的地区，属周文化区。一些新的考古发现更有力地证明了这一点。试举以下五处为例：

1. 下王岗遗址。豫西南的淅川下王岗遗址上层，为西周文化层。发现遗迹有房基 2 座、灰坑 16 个、墓葬 3 座(小型墓)。出土遗物主要为陶器，器形有周式瘪裆鬲及罐、瓮、杯等，少量石器、骨器加工精致，还发现铜矛、戈、镞、刀等青铜兵器。西周文化层及出土物的年代为西周早期，与宗周张家坡等地的文化基本一致，证明这是一处周文化系统的遗存[34]。

2. 均县朱家台遗址。位于均县县城以南的汉水南岸一岗地上，面积约 8 000 平方米，发现有仰韶文化、西周文化、东周文化三个文化层。西周文化层可分早、中、晚三期。西周早期的器类、器形、纹饰显示“与周文化高度一致”[35]。西周中期以后逐渐增加楚文化因素，所出陶鬲已与鄂西楚文化区基本一致。表明楚文化逐渐取代周文化的过程。

朱家台遗址属鄂西北区域，它和其东面的襄阳一带，均经历了一个由周文化演变为楚文化的过程。杨权喜专就沮漳河流域的楚陶器和襄阳一带的楚陶器作了对比研究[36]，得出的结论和笔者指出的这种情况相同。

与均县相近的襄樊市真武山遗址的发掘及有字甲骨的新发现，也为这里的周文化遗存及向楚文化的转变提供了新的重要资料[37]。

根据前述下王岗遗址、朱家台等遗址的初步分析，可获得对于汉水中游地区(鄂西北、豫西南)的一个整体性认识：

第一，这一地域的西周文化遗存，在西周早期一律表现为周文化系统，属周文化区。

第二，这一地区均具考古学文化的边缘文化性质，即不是某一个考古文化的中心区，是一种交互作用区。例如下王岗遗址和朱家台遗址均缺商文化层，表明中原的商文化并没有向此地扩张其势力，未留下商文化遗迹。下王岗遗址西周早期层之后断了线，表明无论是周文化或楚文化在西周中期都未对此扩张势力，未留下遗迹。而在其南的朱家台，则由周文化占优势转而以楚文化为优势，以后周文化的影响越来越弱，表明这边缘地带，两种文化势力的影响强弱起了一个正好相反的变化。凡此均可看出这里确实是一个文化边缘的交互作用地带。准此，不难得出以下的深层次看法。

第三，这里的文化在西周早期为典型的周文化系统，对主张楚初都丹阳在丹淅一带的说法是一反证。试想，文化基础是周文化，而其文化中心所在却是楚国国都，这有可能吗?！面对这一地区的考古材料，值得主张丹阳在此地的论者予以反思。这里既缺乏深厚的文化根基（此地已发掘的遗址无商文化或少见商文化遗存），又缺乏后劲（下王岗无西周早期以后遗存），不存在楚文化自身持续不断的发展序列，却硬要人为地把楚都置于此地，未免有“空中楼阁”之嫌。主此说理由最多，而这主要的依据一失，很可能“全盘皆输”矣！

3. 随州庙台子。位于随枣走廊随州市以东约 20 公里的一处台地上，面积约 1 万平方米，发掘面积 100 平方米，文化层厚达 3 米以上，有石家河文化、商代文化、西周文化、春秋文化、战国文化等几个文化层。西周文化层的遗迹仅发现墓葬 2 座。出土遗物陶器有鬲、甗、豆、钵、簋、罐、缸等。发现一青铜器件，用途不明，并出土卜骨一件。其年代为西周早期，与中原宗周早期文化相比，“存在着广泛的一致性……当属周文化范畴”[38]。这当是“汉阳诸姬”某一小国的早期遗存。

4. 黄陂鲁台山遗址。位于长江北岸黄陂县境内的滠水河东岸一较高台地上，总面积达 125 万平方米。1977 年在此范围内发掘东周、西周墓葬共 35 座，清理灰坑一个。西周早期墓有 5 座（编号 M28、M30、M31、

M34、M36)，其中M30最大，有斜坡墓道、有棺椁(已朽)。出土青铜器有圆鼎1、方鼎4(图3.2－1)、甗2、簋2、卣2、爵2、觚1，还有车马饰、玉瑗等。其他几个墓也出土数量少于此墓的青铜器等随葬品。

1　2　3

图3.2－1　鄂东的周系青铜器

墓葬的年代，研究者陈贤一分为略有早晚关系的三组，均属西周早期[39]。

鲁台山墓葬出土青铜器约 47 件(有铭文的 10 件)，其中青铜礼器 28 件，与中原宗周青铜器风格完全相同的占 90%。墓葬内、地层内、灰坑内出土的陶器器类和形态特征也与宗周文化有很大程度的一致性。如灰坑出土的陶器已复原 14 件，与宗周类同的 9 件，占 64%。可见，这里在西周早期，周文化居于主导地位。

更可注意的是，出土的铭文有："公大史作姬丵宝尊彝"、"长子狗作文父乙尊彝"(图 3.2-1)。研究者认为 M30 的墓主为长子狗之母姬丵或其父亲。姬丵为公大史之女。公大史乃西周王朝三公之一，他的女儿下嫁到了长江流域，是周王朝与这里关系密切的有力证明。这样，考古文化面貌与周文化高度一致，也就好理解了。

据长子狗铭文，笔者认为这里存在着一个受周王朝直接控制的小国——长国[40]。长子狗即此国国君。关于长国的来源存在不同意见，尚未取得共识。

5. 孝感地区晒书台等遗址。以邹衡先生为首的考古调研组对孝感地区安陆县晒书台等 8 个遗址进行了探查。其中属于西周时期的遗址有晒书台、孝感聂家寨、殷家墩、白莲寺、涨水庙、大悟四姑墩。有的遗址文化层可分出上、下层或上、中、下三层，西周时期的考古文化可分为早、中、晚三期。"通过这次的分期工作，至少在孝感地区树立了一个西周的年代标尺。"[41]

随州庙台子、黄陂鲁台山和孝感地区安陆晒书台等西周早期文化均属西周文化的中原型。例如陶鬲均为足根平的尖锥足瘪裆鬲，与楚式鬲属两个系统。孝感地区西周中、晚期文化面貌，已受到东南的越文化、西边的楚文化的影响。由于尚无典型遗址与墓葬发掘材料，对各种文化因素的交融情况尚难作比较肯定的分析。

由前举 1—5 例，对西周时期豫西南、鄂西北中经随枣走廊至鄂东孝感地区的几项考古材料，可以得到一个概括性认识：这一地带西周早期文化与中原宗周文化大体一致，属周文化系统，西周中晚期以后有不同程度的变异。这一地带正是西周王朝所封“汉阳诸姬”之地。铜器铭文和出土的周文化风格青铜器也有力地证明了这一点。前述“安州六器”中铭文表明周王南巡正是取道“汉阳诸姬”之地南行。西周青铜器铭文中提到“伐楚荆”的铜器有多件。《史墙盘》铭文“广笞楚荆”，与史籍记载的周昭王两次大举伐楚可相互印证。周昭王虽然在第二次伐楚中丧师亡身，但周王朝仍牢牢地控制了汉东不少地方。终西周之世，楚国未能大举扩张其地盘至汉东，以至东周初年楚武王犹在慨叹“吾不得志于汉东”[42]。春秋中期以后，这一地带才完全为楚文化取而代之。

除上述周文化考古发现外，在非周文化区也有些零散的发现，例如鄂西的宜都（今属枝城市）、江陵等地出土了有族徽的铭文铜器。江陵的一批有17件，其中7件有铭文，一件甗上同时有两个族氏徽号，其中的族徽号乃商族氏，看来商族氏的一支直到西周早中期之际仍生活在今江陵万城地带。在湖南也出土了商末周初的族铜器，湖南镜内也出土过典型的周文化铜器[43]。可见周文化的影响已及于长江中游大部分地区。

二、越濮文化的分析

荆楚地区西周时期的考古文化遗存，除上述楚文化、周文化两个类型之外，主要是越文化类型（湘西有濮文化类型），而且终西周之世，越文化类型的遗存不仅与楚文化、周文化“三足鼎立”，而且所占面积较大，某些地带越文化势力甚强。现按北、中、南三小区稍加论析：

1. 北区。即论者所分的鄂东地区，也还包括湘东北与鄂东南衔接地带。考古材料较多的有毛家嘴、大冶铜录山两个地点。

毛家嘴遗址在鄂东圻春县境内。在这里发现了两处房屋建筑遗迹，出土了木柱和木板墙及平铺之木板。据木柱的分布、结构痕迹，这应是一个单元的成组木结构住房建筑，并有木构楼房迹象，即俗称“吊脚楼”的干栏式建筑，是研究西周时期南方房屋建筑的重要材料（图 3.2-2）。

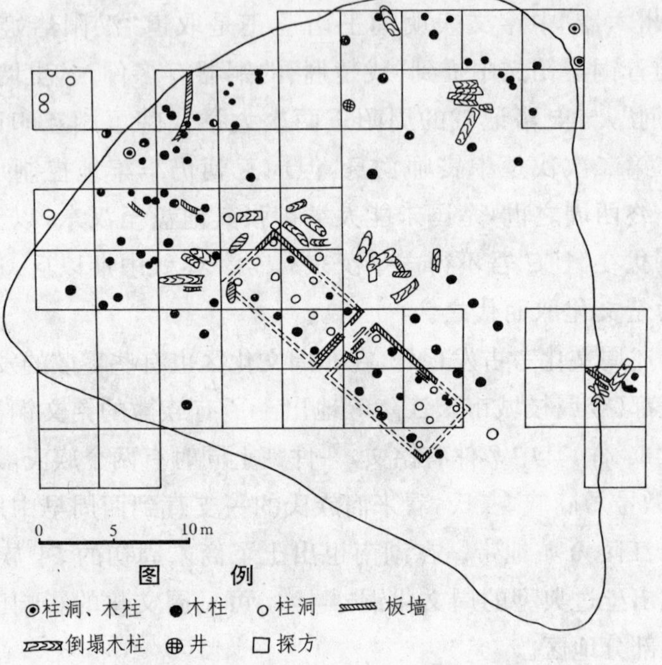

图3.2-2　湖北圻春毛家嘴西周木构建筑遗迹平面图

在遗迹范围内发现了不少铜、石、骨、木、陶等质料的生产工具、生活用具，尤其还发现了铜礼器和精美的漆器残片。这是一处范围较大、居住密集的村落遗址。其年代为西周早期至西周中期[44]。

出土物的文化内涵中有周文化因素（如作礼器用的铜爵），有土著文化因素，也有与楚文化接近的因素，还有赣西北文化因素。

1996 年，在距毛家嘴遗址 600 米处发现 6 件铭文铜器，有重要研究价值[45]。

铜录山矿冶遗址。铜录山遗址的第六层被推断为西周晚期[46]。其文化内涵比毛家嘴有更多的越文化因素，如刻槽足的鬲、鬼脸足的鼎及数量较多的硬陶器等。

铜录山已发现多处古代矿冶遗址，年代从西周开始（也有认为可早至商代）至春秋战国时代采冶最盛。西周时期此地尚属越族所据，西周晚期，楚熊渠兴兵“东至于鄂”，势力已抵达铜录山一带。但楚人真正牢固占领此地恐已在春秋之世了。西周时期应为越文化势力范围。

2. 中区。湖南北部、中部，中心在湘江、资江的中下游，乃越文化得楚文化风气之先的一个重要地区。这里上承商代青铜文化兴盛的基础，故终西周之世，仍出土了不少具有地方特色的青铜器。如桃江马纹簋（图 3.2-3 之 1）、仿竹器簋，望城的甗、湘阴的罍及西周时期铙、甬钟和镈（图 3.2-3 之 2）等[47]。1996 年底至 1997 年初，在长沙市望城县的高沙脊发现了西周时期的居住遗址和两座西周初年的墓葬，出土 10 多个大小不等的青铜鼎和小铜尊、铜戈、铜刀以及少量陶器[48]。铜鼎中有越式鼎，显然这是越文化墓葬，是此地的越族贵族墓葬。这是一个新的可喜发现，将有助于破解湖南大量商末周初青铜器之谜。这一地带也许存在着一个重要的政治势力中心——方国或其重镇。

1

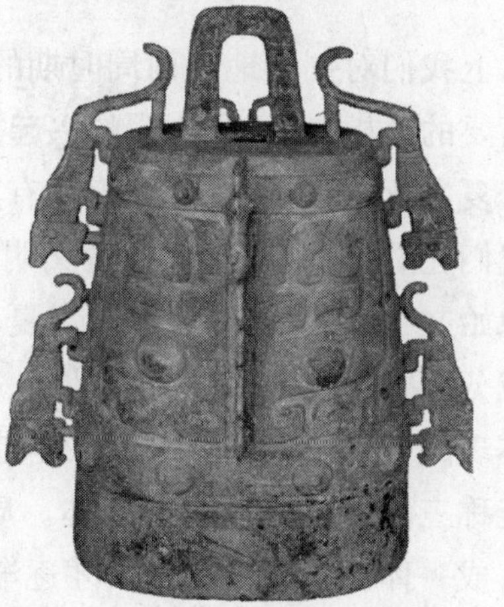
2

图 3.2-3 湖南西周铜器

这一小区也出有少量周式铜器如株洲的方座簋，宁乡回龙铺的卣，以及西周中期湘潭洪家峭墓葬所出周式甬钟等，表明周文化对此有过一定的影响。今长江、湘潭间的湘江边有“昭山”，传说周昭王伐楚曾南达长沙、湘潭间，昭山即由此得名[49]。传说虽不一定可靠，或许也是周文化影响此地区的一种反映。

然而，从年代为西周晚期的湘阴晒网场遗址看，文化面貌竟与楚文化区的澧县周家湾遗存“高度一致”，“应属楚文化的范畴”[50]。由此可以认定，至迟在西周晚期，楚文化的影响已深入这一地区腹地，迫使越文化向南退缩。

3. 南区。指湖南南部地区。已试掘的有安仁何古山遗址、零陵菱角塘遗址、衡阳周子头等遗址[51]。这些遗址，均有商周之际和西周时期文化层，以越族文化特征为主。它通过湘江中下游地区接受中原青铜文化影响，铸造出本民族有特色的铜器，如越式鼎、虎饰镈（图 3.2－3 下）等。并以本区为桥梁，进而越过南岭，影响岭南地区。楚文化影响与控制此区及湘西南的濮文化区，那已是晚到春秋战国时期的事了。

以上我们对荆楚地区西周时期的考古文化遗存分为三大文化类型作了简要的分析，楚国家文明的兴起是西周时期一件大事，影响南方文化与华夏文化数百年，直至今天还有其流风余韵，真是“极目楚天舒”！

我们还看到，西周兴起的楚文明乃荆楚地区历史的必然。它以数千年原始文化发展为基础，接受了夏商文明的先进因素，吸收了宗周文明的成分，从而产生了楚国家文明。在这个文明的初期——西周时期，它所体现的是夏商文明、周文明、本地土著文明三者的结合体。西周早期只能称三者的组合体或混合体。质言之，即三者尚未完全水乳交融地熔铸成一体。西周中期以后才逐渐熔铸出新的文化共同体。然而作为严格意义的独具特色的与商周特别是周文化截然区别开来的考古学上的楚文化，在西周时期还无法形成，只有到春秋中期以后这一文化形态的形成才真正成为现实，并以此为转机，开始了它转而向中原地区和其他地区流传的进程。“水往低处流”，文化的影响也是如此，楚文化的历史进程也证明了这一点。

从考古材料上进一步论证楚文化的形成过程、发展趋势及自身特色，这仍将是今后一项十分艰巨、复杂的任务，也是一件饶有兴味的工作。随着“楚文化研究热”的升温，这一工作必将掀起一个新的高潮，跃上一个新台阶。

注 释：

［1］［12］王宏：《论江汉流域西周时期的文化分区》，《湖北省考古学会论文选集(二)》，《江汉考古》1991年增刊。

［2］［19］［50］［51］何介钧：《湖南商周时期古文化的分区探索》，《湖南考古辑刊》第2集，岳麓书社1984年版。

［3］罗运环：《楚国八百年》，武汉大学出版社1992年版。该文在第72、73页中，对“熊丽始讨此雎山之间”作了考证。清人毕沅注：“讨字当为‘封’。”罗氏认为“封”为本字。据《左传》宣公十二年之杜预注，解“讨”为“治理”。“即指熊丽开始在‘雎山之间’建立统治关系”。并认为“雎山的山当指荆山”，发源于荆山的雎水、漳水“即今鄂西注入长江的沮漳河”。这些考证是可信的。

［4］周原甲骨文关于楚的记录有以下三片：

甲：“曰今秋楚子来告父后哉。”

乙：“其微、楚□氒尞，师氏受尞。”

丙：“楚白(伯)迄今秋来，囟于王其则。”

摹本见陈全方：《周原与周文化》，上海人民出版社1988年版，第63、59、65页。顾铁符、李学勤、王宇信、徐锡台等均有解说，请参阅王宇信：《西周甲骨探论》，中国社会科学出版社1984年版。

［5］湖北省荆沙铁路考古队：《包山楚简》第217、238、246号简，发表时隶定为嫬酓，未考释。释嫬酓为鬻熊，首由李学勤和我释出。李学勤：《证包山简中一楚先祖名》，《文物》1988年第8期。拙文：《包山楚简论述》，为参加1988年中国古文字学术研讨会论文，文中认为应指楚鬻熊，并以此看法向李学勤先生请教，李先生谓与他的

看法“不谋而合”，并告知他的文章即将在文物 1988 年 8 期刊发。拙文收入《古文字研究》第 20 辑，中华书局 2000 年版。

[6] 李学勤：《太保玉戈与江汉的开发》，《楚文化研究论集》第 2 集，湖北人民出版社 1991 年版。

[7] 关于丹阳地望，汉代以来就有许多说法。笔者于 20 世纪 80 年代初对前此诸说作了疏理，并提出了自己的看法，见拙作《楚丹阳和郢都的地望与年代》，刊《江汉考古》1980 年第 1 期。其后，中国人民大学复印报刊资料《中国地理》1981 年第 5 期转载了拙文。20 世纪 80 年代以来，又有不少论著续加讨论，其中罗运环著《楚国八百年》一书，在分析了诸家说法之后，认为：“从熊丽起楚都丹阳在睢山荆山之间，枝江丹阳说，荆山丹阳说都有可能，而可能性最大的是枝江(包括当阳)丹阳说。”(见该书 85 页)

[8] 俞伟超：《寻找楚文化渊源的新线索》，《先秦两汉考古学论集》，文物出版社 1985 年版。又，高应勤：《试论沮漳河流域是探索早期楚文化的中心》，《文物》1980 年第 4 期。

[9] 湖北省宜昌地区博物馆、北京大学考古系：《当阳赵家湖楚墓》，文物出版社 1992 年版。

[10] 陈贤一：《江陵张家山遗址的试掘与探索》，《江汉考古》1980 年第 2 期。荆州地区博物馆等：《湖北江陵荆南寺遗址第一、二次发掘简报》，《考古》1989 年第 8 期。

[11] 宜昌地区博物馆：《当阳磨盘山西周遗址试掘简报》，《江汉考古》1984 年第 2 期。

[13] 沙市市博物馆：《湖北沙市周梁玉桥遗址试掘简报》，《文物资料丛刊》第 10 期。

[14] 荆州地区博物馆：《湖北松滋博宇山遗址试掘简报》，《文物资料丛刊》第 10 期。

[15] 张万高：《江陵荆南寺夏商遗存文化因素简析》，《湖北省考古学会论文选集(二)》，《江汉考古》1991 年增刊。

[16] 何介钧：《中国古代陶鬲研究》，《中国考古学会第七次年会论文集》，文物出版社 1992 年版。

[17] 何介钧：《楚鬲试析》，《湖南考古辑刊》第 6 集。《求索》1992 年增刊。

[18] 曹传松：《澧水下游楚文化的分期及其相关的两个问题》，《楚文化研究论集》第 1 集，荆楚书社 1987 年版。

[20] 高应勤：《沮漳河流域西周楚文化遗存试析——兼谈江汉地区各西周文化遗存面貌》，载《楚文化考古论文集》，武汉大学出版社 1992 年版。书中第 62 页称：在

沮漳河流域远安、当阳、枝江等县境，已发现60多个地点，1991年又新发现21个地点，均为西周时期楚文化遗址。在枝江姚家港高山庙"发掘了一座西周早期陶器墓"。

[21]《左传·哀公六年》。**校补**：新蔡楚简有"宅兹沮漳"、"及江、汉、沮、漳……"等记载，这是地下材料与文献材料相互印证的有力例证，值得特别重视(见《新蔡葛陵楚墓》，出处见附录二)。

[22]《汉书·叙传》。

[23] 参阅何介钧：《关于楚蛮和楚族族源的断想》，湖北人民出版社1994年版。此文认为"问题的症结是楚族与江汉地区土著的关系"。

[24] 刘彬徽：《楚系青铜器研究》，湖北教育出版社1995年版。该书第六章对此两器有综述。

[25] 山西省考古研究所、北京大学考古系：《天马—曲村遗址北赵晋侯墓地第四次发掘》，《文物》1994年第8期。铭文释文在本书第十章有详述。

[26] 本章正文写成后，见到《考古》1997年第5期发表的荆州阴湘城遗址发掘简报，获知从东城墙解剖中，有先后两个时期的城墙构筑，特予引录："第一期城墙的时代下限为屈家岭文化时期……第二期城墙是在第一期城墙的基础上加宽加高而成的……第二期城墙在靠近一期城墙顶部的内外两侧，又进行过修整，有明显的夯筑和版筑痕迹……外侧修整部是以夏商周时期的文化堆积土修筑，厚约2.15米，有明显的版筑痕，夯层清晰平齐，较为规整。其土质坚硬、灰黑色，包含有较多夏、商及西周时期的遗物。第二期城墙较第一期城墙更为宽大，其基脚宽约45米……后期修整在商周时期，西周时期为二期城墙的下限。"在西周时期下面我加上了重点号，因为这是目前考古所确定的唯一一座西周城址(其他地点，也有西周时期城址，但未公布考古材料)，值得特别重视。

[27] 仍以阴湘城为例。根据城址内出土西周时期遗物，不难判断为一座楚国城址。这是楚国什么样性质的城？年代上可否早到西周早期？如真能早到西周早期，就与探讨楚都丹阳的地望极为有关。可惜第一次试掘只解剖了城墙，出土遗物太少。1995年第二次发掘，揭露面积370平方米，在西周文化层内出土物除陶器外，还有铜镞、铜带钩等小件铜器，但简报未具体介绍(见《考古》1998年第1期)。我们期望着能对此城址作较大规模的发掘，彻底弄清此城址的年代与性质，提供研究西周时期楚国最重要的第一手资料。

[28] 例如楚国也有藉礼礼仪制度。罗运环在他所著《楚国八百年》第118—119页认为：《左传》所载楚国君"筚路蓝缕……"，乃"类似两周时期天子及诸侯所举行的

藉礼”。“不能把楚君举行藉礼视作一般的农业生产劳动，更不能以楚君亲‘处草莽’、‘启山林’的藉礼活动，以及行藉礼所乘所穿的‘筚路蓝缕’来断定楚国尚处于相当落后的原始状态。”认为“筚路蓝缕”“显示了楚国藉礼的特点”。这些新见解值得重视，特录之于上，供读者参考。

［29］目前对于西周时期楚国社会生产力状况及社会性质，有截然不同的两种看法：一种是西周时期的楚国尚处于原始社会，此说颇为流行，在《楚文化源流新证》及《楚学文库》的几本书中都有论述；另一种则肯定西周时期的楚国已步入阶级社会，已进入文明社会。第二种是笔者及其他不少人的看法，本书第四章还会再论。《楚国八百年》、《楚国哲学史》等书也持这一看法。特别是《楚国八百年》一书，对许多原先被证明楚在西周时期落后的文献史料与看法进行了辨析，有不少新见解（例如前注关于“筚路蓝缕”的解释），值得向读者推荐。在这两大对立的看法中，在两种看法的内部，各自的看法也有差异，这是学术争鸣的正常现象，在现时很难达成共识，唯有寄希望于今后的考古新发现。我意，像丹阳地望一类难以解决的问题，可以不再讨论，以免浪费学术研究的精力与时间，而应着重于对新发现的材料的认识与考证。

［30］关于安州六器，著录及研究者甚多，此不一一列举。可参阅：黄锡全编著《湖北出土商周文字辑证》，武汉大学出版社 1992 年版；刘昭瑞著《“安州六器”辨》，《文物》1992 年第 10 期，该文认为安州六器指：“中氏作方鼎三，中氏作圆鼎一，作册般圆鼎一，中甗一。把中觯作为安州六器之一，显失于详考。”

［31］李学勤：《盘龙城与商代的南土》，《文物》1976 年第 2 期。

［32］张政烺：《试释周初青铜器铭文中的易卦》，《考古学报》1980 年第 4 期。

［33］张亚初：《论鲁台山西周墓的年代与族属》，《江汉考古》1984 年第 2 期。

［34］河南省文物研究所等：《淅川下王岗》，文物出版社 1989 年版。

［35］中国社会科学院考古所长江队：《湖北均县朱家台遗址》，《考古学报》1989 年第 1 期。均县今属丹江口市。

［36］杨权喜：《襄阳楚墓与楚都丹阳》，《楚文化研究论集》第 4 集，河南人民出版社 1994 年版。该文认为丹阳不应在襄阳以北，而应在其南。

［37］湖北省文物考古研究所：《湖北襄樊真武山周代遗址》，《考古学集刊》第 9 集，科学出版社 1995 年版。

［38］武汉大学历史系考古教研室等：《西花园与庙台子》，武汉大学出版社 1993 年版。

［39］湖北省博物馆等：《湖北黄陂鲁山西周遗址与墓葬》，《江汉考古》1982 年第 2 期。同期有陈贤一《黄陂鲁台山西周文化剖析》一文。

[40] 刘彬徽:《湖北出土两周金文的国别、年代考述》,《古文字研究》第十三辑,中华书局 1986 年版。

[41] 北京大学考古专业商周组(邹衡执笔):《晋鄂豫三省考古调查简报》,《文物》1982 年第 7 期。此文已收入邹衡著《夏商周考古学论文集续集》,科学出版社 1998 年版。

[42]《左传·桓公六年》。

[43] 湖北铭文铜器可参阅黄锡全编著的《湖北出土商周文字辑证》(武汉大学出版社 1992 年版)和刘彬徽《湖北出土两周金文的国别、年代考述》(《古文字研究》第十三辑,中华书局 1986 年版)。湖南族器、周式铜器可参阅《湖南省博物馆》一书。

[44] 中国社会科学院考古研究所湖北发掘队:《湖北蕲春毛家嘴西周木构建筑》,《考古》1962 年第 1 期。

[45] 湖北黄冈市博物馆等:《湖北蕲春达成新屋湾西周铜器窖藏》,《文物》1997 年第 12 期。另外,同时还有两篇论文:1. 吴晓松、洪刚著《湖北蕲春达成新屋湾窖藏青铜器及相关问题的研究》,作者认为:"西周时期毛家嘴一带处于'多无君'的古越族地区,这里可能并无一个严格意义上的方国,西周王朝为了政治上特别是经济上的需要,在这里设立了政治、军事据点……在政治、军事上受周王朝节制,在文化传统上仍保留本地文化与风格的越人居聚区。" 2. 李学勤著《谈盂方鼎及其他》,文章认为这批铜器铭文中的盂,"是商朝王子、帝乙、箕子的兄弟行,是可信的",而窖藏年代约在商周之际。

[46] 黄石市博物馆:《湖北铜录山春秋时期炼铜遗址发掘简报》,《文物》1981 年第 7 期。

[47] 高至喜:《湖南出土的西周铜器》,《江汉考古》1984 年第 3 期。其中两件甬钟出自湘潭一座年代为西周中期的越族墓葬。

[48]《三湘都市报》1997 年 1 月 6 日报道:《望城高沙脊考古成果扩大——考古队新发现西周居住遗址》,同报于 1997 年 1 月 21 日报道:《高沙脊发现更大形制商周墓葬》及《破解湖南青铜之谜》一文。这批新资料由湖南省文物考古研究所发掘、整理,待发表。**校补**:参阅湖南省文物考古研究所等:《湖南望城县高沙脊商周遗址的发掘》,《考古》2001 年第 4 期。

[49] 伍新福主编:《湖南通史》先秦卷第 67 页,湖南出版社 1994 年版。

第四章

东周时期的荆楚文明

东周，即春秋战国时代，是中国上古历史中最辉煌的时代，也是当时诸侯国之一的楚国最辉煌的时期。这一辉煌时代被学者们称之为“轴心时代”，或者说“古典文明时代”。从世界范围看，在这数百年间，“人类的精神基础同时地或独立地在中国、印度、波斯、巴勒斯坦和希腊开始奠定。而且直到今天人类仍然附着在这种基础上”[1]。

春秋战国时代是中国历史大动荡、大革新的时代，也是经济大发展、文化大高涨、民族大融合的时代。这个时代有形、无形的传统确实比任何时代的传统都更有力地影响着生活在现时代的人们及其从事着的事业。

这是一个大变革的时代，主要表现在：

考古学上，由青铜时代向铁器时代的转变。

经济史上，农业、手工业、商业的大发展引起的井田制崩溃、贵族领主经济向地主经济的转变。

政治史上，分封制向郡县制转变，大国争霸向七强争雄、渐趋统一的转变。

文化艺术史上，百家争鸣局面的形成以及地域特色文化的繁荣与融合发展的趋势。

由于这个时代一系列的考古重要发现，使得现时代的人们更能直观地感受到它辉煌的文明成就，从而备受鼓舞并得到有益的启示。

在这辉煌的文明时代中，以楚国为代表的荆楚文明更是如日中天，灿烂无比。这是荆楚地区早期文明的鼎盛期，楚国成为了周代众多诸侯国中举足轻重的泱泱大国，其文化影响的范围也最广大。李学勤先生把文献和考古成果综合起来，将东周时代列国划分为七个文化圈，其中“长江中游的楚国是另一庞大文化圈的中心，这就是历史、考古学界所艳称的楚文化。随着楚人势力的强大和扩张，楚文化的影响殊为深远。在楚国之北的好多周代封国、楚国之南的各方国部族，都逐渐囊括于此文化圈内”。“楚文化的扩展，是东周时代的一件大事。春秋时期，楚人北上问鼎中原，楚文化也向北延伸。到了战国之世，楚文化先是向南大大发展，随后由于楚国政治中心的东移，又向东扩张，进入长江下游以至今山东省境。说楚文化的影响所及达到半个中国，并非夸张之词。”[2]这里所说大概指其直接影响而言，若从其间接影响所波及的地区来看，应已遍及中国大部分地区并远播国外、海外一些地域[3]。

由于一系列楚文化考古重要新发现的刺激和全国文化研究热的推动，20 世纪 80 年代以来兴起的楚文化研究热正方兴未艾，于今已形成“楚学”这样一门备受关注的新兴学科，研究成果十分可观，但同时也存在许多学术难题有待解决，目前似乎还是楚学研究的“百家争鸣”时期。

鉴于东周时期的荆楚文明有着丰富的内涵和重要的历史地位，本书内容也是以这一时期为重点。从本章起至第十章均主要以这一时期的考古成果作分门别类的阐述。限于篇幅，不可能对楚文化考古丰硕成果作全面概括，只能选择楚文化发展特别显著的几个方面作重点论述。本章则是对这一时期楚国文明的综合考察。

第一节　五霸七雄之一——楚国鼎盛期历程

一、楚国历史文化发展的分期

在东周长达500多年的历史中，楚国与其他列国一样，其社会发展同样是有阶段性的。在这一历史时期中，楚国经历了由青铜时代到铁器时代的转变，在政治、经济、文化、军事各方面都显示出阶段性的变化。在考古学文化上，也同样显示出阶段性变化。这种阶段性变化如何区分？这是考古学文化年代分期即年代学研究的问题。虽说年代学研究是楚文化考古研究中最为值得称道的成果之一，但即使在考古学界，对一些考古遗存的年代，认识也不一致，对一些遗址、城址年代的看法和对一些墓葬年代的看法[4]，见仁见智，一时难以得出一致的认识，以致影响到学术界难以准确地利用这些资料去作进一步的研究。

不但在一些具体遗存的年代上看法有异，对东周楚墓年代分期的看法也不尽一致。例如，六期分法与七期分法何者更好？由东周楚墓年代的分期能否结合遗址的分期，导出东周楚文化分期的总看法？由东周楚文化分期能否结合楚王世系和社会历史发展，推导出楚国历史文化在东周时期的期段划分？这无疑是楚文化考古学和楚国历史文化研究中一个颇为重要而难度又较大的课题。笔者为此也总览了众多材料予以反复思考，感到目前已有了一定的条件来继续讨论这一问题。

我在研究楚系铜器墓葬的年代分期时，提出了一个七期十四小段的分期法，并结合青铜器的发展历程，将这七期又归属为四个发展阶段[5]。我以为这可以扩充成为对楚国历史文化发展期段划分的总看法，但必须作进一步的论证。

为便于论述，先将我编制的七期期别与楚王世系年代划分表列出如下：

表一　东周时期楚国历史与考古遗存分期表

期别	年代范围（公元前）	历史时期分界	楚王世系（括号内年数为楚王即位之年）	重要文化遗存举例
	770年	西周东周之际		
东周一期			若敖、霄敖(763) 蚡冒(757) 武王(740) 文王(689) 堵敖(676)	当阳磨盘山遗址上层 宜城郭家岗遗址东周一期 楚系墓葬第一期 传世楚季苟盘、楚嬴盘、匜
	670年	春秋早中期之际		
东周二期			成王(671) 穆王(625) 庄王(613)	宜城郭家岗遗址东周二期 岳阳阎家山遗址 楚系墓葬第二期 传世楚王领钟、楚子暖簠
	600年	春秋中期中界		
东周三期			共王(590) 康王(559) 郏敖(544) 灵王(540)	当阳、江陵地带春秋时期遗址 宜城郭家岗遗址东周三期 楚系墓葬第三期 楚王酓审盏、王子昃鼎、王子婴次钟、炉，王孙遗者钟
	530年	春秋中晚期之际		
东周四期			平王(528) 昭王(515) 惠王(488)	当阳季家湖楚城遗址 宜城郭家岗遗址东周四期 楚系墓葬第四期 竞平王钟，传世昭王之諻鼎、簋（惠王前期）
	450年	春秋战国之际		
东周五期			简王(431) 声王(407) 悼王(401)	楚纪南城遗址 宜城郭家岗遗址东周五期 楚系墓葬第五期 传世楚王酓章（惠王）钟、剑、戈。王孙鱼戟
	380年	战国早中期之际		
东周六期			肃王(380) 宣王(369) 威王(339) 怀王(328)	楚都纪南城遗址 宜城郭家岗遗址东周六期 楚系墓葬第六期 鄂君启节，59字铭文铜量，传世曾姬无卹壶
	300年	战国中晚期之际		
东周七期			顷襄王(298) 考烈王(262) 幽王(237) 哀王(228) 负刍(227)	楚都陈城、寿春郢遗存 湖南沅陵楚黔中故城遗址 宜城郭家岗遗址东周七期 楚系墓葬第七期
	223年	楚国灭年		

附注：表内重要文化遗存举例一栏，分遗址、墓葬、散见重要文物三项。其中有的遗址跨前后几个期别，以属主要的一期列入。墓葬未再举例，东周一至七期的分期情况详见本书第六章。散见重要文物，主要指传世和零散出土或收集的年代明确的重要文物。

在此有必要向读者说明一点：各期的分界年代给出了一个绝对年代，这不过是为了划分期别而人为设定的一个年数，事实上每一期与它前后相连的一期是不会这么"一刀切"予以框死的，而容许有往前、往后移动的余地，例如二、三期的分界，把楚庄王在位年代分属两期，研讨楚庄王时的历史、文化，就可以视情况而稍前稍后移动分界年代。多数期别的起始年代并未以某一楚王在位之年来定，这是由分期原则所决定的。

上表分期中同时列出了与之对应的楚王及即位之年，这种将考古分期与楚王世系及其在位年代结合起来的分期表，此前似尚无先例。这样的分期表能更好地将考古材料与历史文献结合起来进行研究。

楚国国君有明确纪年者始于熊勇，在熊勇以前只有世系。为便于读者对楚君世系有清晰而完整的了解，现将世系传承列叙如下[6]：

楚鬻熊——熊丽——熊狂——熊绎——熊艾——熊䵣—
—熊胜
熊杨——熊渠——熊毋康
熊挚红
熊执疵(熊延)——熊勇(前 847)
熊严(前 837)——熊霜(前 827)
熊徇(前 821)
——熊鄂(前 799)——熊仪(若敖，公元前 791)(下接前表一)

从表一可以看出，它与通常历史分期法即春秋早中晚、战国早中晚共分六期的分期法不同，区别在于春秋时期不是三期而是四期，并且将春秋时期下限定在公元前 450 年，这与有的学者将其定在公元前 453 年的分期法相近[7]。为什么要把春秋期分为四期？依据何在？有什么好处？这是读者和研究者不可避免地要提出的问题。我在论楚系青铜器墓及出土青铜器的分期问题时，对为什么分为四期而不是三期的依据提出了四条理由：第一，由楚铜器发展演变规律所决定；第二，有淅川下寺楚墓的分期为重要依据；第三，与中原地区铜器墓分期比较，可得有力佐证；第四，为楚国社会历史发展的阶段性所决定。对这四条理由的详细说明，读者如有兴趣，请参阅拙著《楚系青铜器研究》[8]。

二、楚文化考古分期中遗址个案的分析

要把这一分期法作为楚文化考古分期和楚国历史阶段划分，单依据楚墓材料还不够。因为楚文化遗存除楚墓外，遗址（包括城址）是更为重要的一类遗存。必须有遗址材料作证，才能谈得上把这一分期法扩大为楚文化的考古分期，才能认为是能代表所有考古遗存的分期法。但这样的遗址必须有丰富的文化堆积，要能纵贯东周时代且能分出连续而有阶段变化的七个期别，以往实难见到这样的典型遗址。“巧妇难为无米之炊”，故一直无条件涉足这种分期探讨。值得高兴的是，最近终于见到了这样的遗址，这就是湖北宜城郭家岗遗址（图 4.1－1 上）的考古材料[9]。整理者和报道者仍按传统的东周六期分法予以分期。但笔者在仔细检视了已报道的材料后，发现这可以作为研究东周楚文化分为七期的新的重要资料。为此，以下进行必要的较为详细的分析。

就考古学文化分期来说，层位学和类型学是两把尺子，其作用犹如人的两条腿走路，缺一不可。如果硬要区别作用大小，当以层位学最具决定作用，如同一本书的页码表示出前后顺序，层位决定时代早晚顺序。

从层位学来看，宜城郭家岗遗址的地层堆积从两周之交起直到东周末年有一个连续不断的历史堆积过程。以其中的北区 T2 的地层为例（图 4.1－1 下），堆积的深度最深为 165 厘米，除去地表耕土层外，文化层的厚度有 145 厘米。发掘者工作很仔细，将这么厚的文化层，区分为 2—10 共 9 个文化层（1 层为耕土层）。根据其对出土物的组合与形式分析，从年代最早的最下层第 10 层往上到第 6 层，为西周晚期或两周之际至春秋时期的文化层，第 5 层以上至第 2 层为战国时期的文化层。

整理者根据地层、遗迹单位和出土陶器组合与型式变化，分为前后有连续衔接关系的七组，并相应地分为七期，相当于历史上的两周之

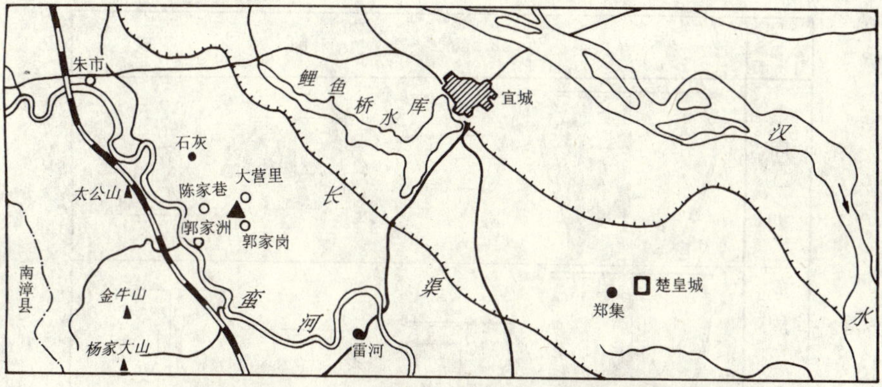

1

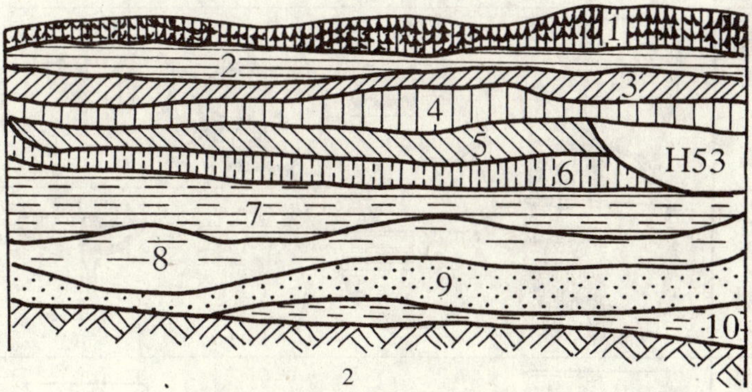

2

图 4.1－1　宜城郭家岗遗址

际，春秋早、中、晚期和战国早、中、晚期等七个期别。

现在要讨论的是在春秋早、中、晚三期中，可否多划出一期即分为四期？我认为相当春秋中期的一组即第三组（第三期），可以考虑再区分为前后两期。由于我划分的春秋四期与通常所分的春秋早、中、晚三期，在年代分界上有若干年稍前、稍后的差别，因此，整理者所分出的第二组（春秋早期）中也许有年代偏晚的要断为春秋中期偏早的阶段。同样，所分出的第四组中，年代偏早的也许有的可断为春秋中期偏晚段，这可以增加把三组划分为两期的资料。至于哪些可以划入新分出的一期？这需要对资料的再研究。下面所论只能就已正式报道的资料予以分析。现选取原报道的器物型式标本，制成分期图（图 4.1－2），以便讨论。

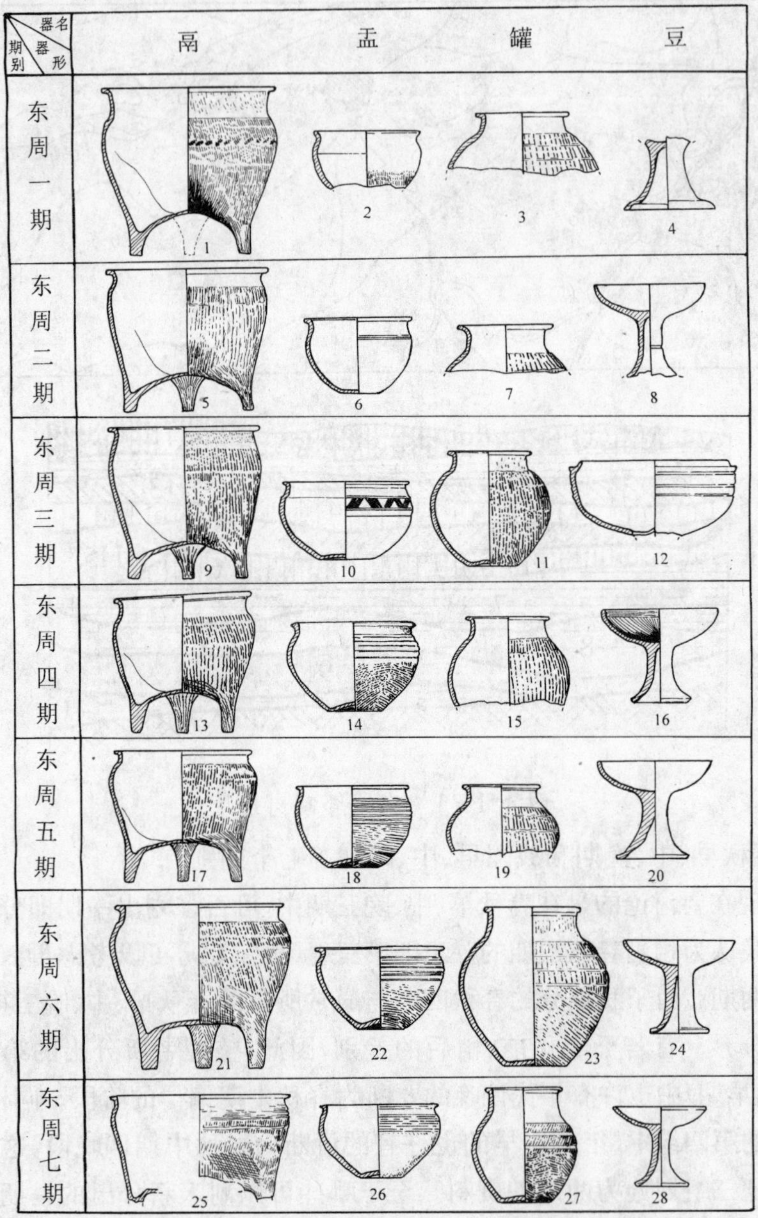

图 4.1-2　宜城郭家岗遗址东周陶器分期图

在此主要以原报道的第三组的资料作一讨论：

第一，从地层关系看。第三组的地层有七和八两个文化层，七层叠压在八层之上。在整理者所分的七个组中，除这一组外，还有第二组和第七组包含了两个文化层。这就不能说有两个文化层就应分为两个期别。这七、八两个文化层的厚度最厚处将近1米，在七个期别中是最厚的两个文化层。但是，“文化层的厚度绝非衡量其形成时间长短的尺度”[10]，就是说，即使这两个文化层中每个层的厚度均要厚于其他的任何一期的文化层，也不能作为划分两个期别的依据，只能作为参照数。在这第三组地层遗迹中，从报道的“北区遗迹单位平面分布图”看，存在着H167打破H171现象。这种在同一时期内的相互打破关系，又有两层堆积，也许意味着这个时期经历的时间较长，这或许可作为分为两个期别的一种地层依据吧。而其主要依据，看来“只能依靠其中的包含物来判断”。[11]

第二，从类型学的分析看。第三期的各类器物有鬲、盂、豆、罐、瓮、盆、甗等（见本章注[9]542页的表三与对应的各组陶器组合情况）。在这一期的器物中有的有不同的型式，从其早晚演变的差别较大来看，可证不同的型式代表了前后可区分的两个期别，举例如下：

鬲　先分析A型鬲的AⅡ$_{a、b}$、AⅢ、AⅣ$_{a、b}$式。其AⅢ式，报道云：“口部特征接近Ⅱ$_{a}$式”，即其器形特征与第二期（春秋早期）的鬲接近，表明从演变关系看，其与第二期的鬲较近。Ⅱ$_{b}$式的颈部比Ⅱ$_{a}$式短，两者似有早晚演变关系，看出Ⅱ$_{a}$与Ⅱ$_{b}$可以分属于前后两期（图4.1-2之1、5）。其AⅣ式分两个亚式，Ⅳ$_{a}$式的颈部比Ⅲ式内束为甚，Ⅳ$_{b}$式（图4.1-2之9）的三足略外张，显示比Ⅲ式年代为晚的特征。同样，鬲BⅢ$_{a}$与BⅢ$_{b}$也显示出两者的前后演变关系（例如前者足窝比后者深，裆比后者高，后者三足也略外张）。看来，它们的差异均非一个期别内的差异，而存在着期别上的差异，即应区分为两个时期。

盂　第三组有A、B两型。A型有AⅡ、AⅢ两式，B型有BⅡ—BⅤ共四个式。AⅡ与AⅢ两式的差别较大，应分属两期。BⅡ、

BⅢ、BⅣ、BⅤ四个式之间的差别也较大，特别是 BⅡ、BⅢ、BⅣ与 BⅤ之间，明显可分为两期，前者平底、磨光灰陶(图 4.1－2 之 6)；后者底内凹，有压印的三角形暗纹或锯齿形暗纹，为磨光黑皮陶(图 4.1－2 之 10)。据湖北当阳赵家湖楚墓分期材料[12]，盂的凹底早在春秋早期晚段就出现了，而这里的盂还是平底；暗纹在赵家湖的盂中出现于春秋中期晚段，这里的暗纹时代也应相当。因此，盂的 BⅢ、BⅣ与 BⅤ存在着期别上的差别，应分作两期处理。

罐　第三组有 AⅢ、AⅣ、AⅤ式三个式别(图 4.1－2 之 7、11)。为节省烦琐的文字描述，从直观图像也可看出 AⅢ、AⅣ与 AⅤ式罐应分作两个期别处理。

豆　有 AⅢ、CⅠ两个型式(图 4.1－2 之 8、12)。CⅠ式盖豆在湖北当阳、江陵等地都出现较晚(春秋晚期以后)，看来 AⅢ与 CⅠ式豆也应分属于两个期别。

盆　有Ⅲ、Ⅳ、Ⅴ三个式别。这与罐一样，从直观图像看，Ⅲ、Ⅳ与Ⅴ式之间也应存在着不同期的差别。

从以上几类器物的型式差别较大来看，综合起来可以得出一个肯定的结论，即此遗址原报道的第三期中的器类型式组合的变化，可以区分为有早、晚两个时期变化的不同阶段，而不应是同一个期别的早晚变化。结合地层学的考察，此遗址春秋时期的分期就不是三期而是四期。因此，整个遗址的分期就不是七期，而是八期(包括西周晚期)。以鬲为例，其东周时期七期的演变序列如图所示(图 4.1－2 鬲)。一期为西周晚期或两周之际，二、三、四、五期为春秋时期，六、七、八期为战国时期。其东周各期的起讫年代应如 158 页表一中所划定的年代范围。这就是我在仔细、认真梳理了此遗址材料后，得出的新的分期法。由此可见，我所提出的东周分为七期而不是六期的新分期法，不仅适用于楚墓材料，也同样适用于遗址材料，是囊括了遗迹、遗物的综合分期，它与楚国历史文化的分期与阶段划分相符(下面再谈)。

在此我以较多篇幅不厌其烦地用考古学方法论证自己提出的东周

七期新分期法，读者难免会感到枯燥、琐细。其实，从考古学研究来说，这还是很简单的。若要充分论证，还应作更为细致的考古学型式学对比研究。对于不从事考古学研究的人来说，看看结论也就可以了。当然，前提应是这个新的结论是科学的，值得信任的。这样，才可以放心地将它用作历史学或其他学科的综合研究。需要进一步说明的是，我论述宜城郭家岗遗址的考古，使用了一些数字（地层上的1—10层、器物型式上的A、B、C……Ⅰ、Ⅱ、Ⅲ……）表示出来的材料，正是科学论证的必备材料。有了它们，才能得出令人信服的楚文化考古分期的新分期法。

上述郭家岗遗址是最有代表性的一处遗存。像这样多层次的连续不间断的地层堆积遗存，并且贯穿于东周历史的全过程，不但在楚国遗存中罕见，在其他列国遗存中恐怕也是较难见到的。在楚国其他地点也有类似遗存，但没有贯穿东周全过程的地层堆积。例如襄阳真武山遗址，文化内涵也较丰富。整理者分为六期，从西周中期一直延续到战国中期（缺战国早期和晚期）[13]，其春秋时期的材料也有可能多分出一期，即同样可分为四期而不是三期。又如湖南岳阳毛家堰—阎家山遗址，整理者分为五期，从西周晚期延续到春秋晚期[14]。其春秋时期的分期，也应可据地层与器物型式演变分为四期而不是三期。限于篇幅，不再详论。

以上就分期依据着重分析了郭家岗遗址的材料。至于郭家岗遗址的文化内涵与性质，则似乎还留有值得研究的问题。整理者是这么说的："郭家岗遗址是一处楚文化遗址，郭家岗遗址文化遗存的发展轨迹是否就是楚文化遗存发展过程中的一个缩影，目前虽不能下结论，但至少会给今后楚文化的研究提供一份有价值的资料。"[15]这一说法很慎重，体现了整理者的科学求实精神。确实如整理者所言，如何下一个恰如其分的结论，是值得研究的。

在我看来，这一遗址反映出来的文化发展是一个动态的此消彼长的过程。说明白点，是周文化因素逐渐消退、楚文化因素不断发展并成为主体文化的过程。最明显的实物例证是周式瘪裆鬲的消亡，楚式鬲基本上取而代之。以此看来，这并不是一处最典型的楚文化遗址。春秋时期的典型楚文化遗址应在楚国、楚文化兴起的腹心基地——“江、汉、沮、漳”去找。这有待于考古工作的进一步开展、探索[16]。

三、东周楚国历史文化分期演进的考察

考古学文化分期的目的是便于进行考古学与历史学的综合研究，要与历史文化发展的阶段性变化结合起来，以阐明历史发展进程。以下就是对前面论述的楚文化七期与楚国历史发展的阶段性变化的一次综合考察。

第一个方面，考古学楚文化的观察。

东周是青铜时代的结束和向铁器时代转变的时期，对应于楚文化分期来看，东周一、二期自应属于青铜时代后期（上承商周青铜时代），三、四期则为青铜时代向铁器时代过渡阶段，在第三期遗存中目前尚只发现1件玉柄铁器[17]，在第四期遗存中已有较多铁器出土，有兵器、工具、用具。但对有的铁器的年代有争议，认为早不过这个时期即春秋晚期。在遗址内地层关系明确可早到第四期的铁工具，举宜城郭家岗遗址的铁臿为例，出土于该遗址T19H186灰坑内，长12.8厘米，刃宽13.2厘米（图7.4-2之1）。其刃宽与身等宽，两刃不外侈，确为年代偏早的铁臿。这是第四期已用铁器作生产工具的例证，在此期内铁工具的使用可能不普遍，应是向铁器时代转变时期。至第五期（战国早期）特别是第六期（战国中期），铁工具已普及于生产领域，取代了青铜工具，无疑已进入了铁器时代（关于铁工具与兵器请详阅本书第七章）。

东周考古楚文化七期的变化，主要体现在物态文化即遗迹、遗物上。遗址已以上述郭家岗遗址为例作了论述，墓葬及其出土器物的器类与型式，在我论楚系青铜器墓分期及其他学者论楚墓分类分期的论著中，对每一期的变化及其特征，已有较充分的论述[18]，在此仅略作补充。

物态文化中的器物层面变化轨迹的阶段性特征是明显的，主要表现在器物组合的变化，器种的变化（旧器种消失，新器种产生），器物形态、纹饰和工艺的变化等方面。东周一期有礼器鼎簠组合的形成，东周二期为独具特征的楚器初创期，例如楚国特有的束腰平底鼎和“四不像”的盏，还只具雏形。到了第三期则为成熟形态了，初创期的鼎和盏在此期不仅形态定型，而且装饰繁缛、花纹美观。这种成熟的器物文化以淅川下寺第三组墓（二号墓为主墓，墓主为楚康王时令尹薳子冯）为代表。对此，张正明在《楚史》第六章专辟一节“成熟的文化”，论述了下寺楚墓的重要发现，并很有感慨地说：“杰出的领袖人物不常有，他们是历史的花朵，开于所当开，谢于所不当谢。在有杰出领袖人物的时代，如武文时代（即东周一期）和成庄时代（即东周二期和二、三期之际），功业煊赫，但文化的发展不一定很快，他们为文化所做的工作是开垦和播种。反之，在没有杰出领袖人物的时代，如共康时代（东周三期），政绩平淡，但文化的发展不一定很慢，前人播种的到了后人收获的季节。”[19]这种政治与文化并不平行发展的不平衡律，似乎古今中外概莫能外。创新阶段的领异标新，在东周三期时的楚国大地已遍地开花结果，除它北部重镇地区有下寺楚墓的重要发现之外，在今湖北江陵地区、湖南洞庭湖东西两侧都已有所发现。

但是，东周三期之时还只好说是楚文化独特风格的奠定时期，它的进一步发展和完善，要到东周四期才最终完成。在第四期出现一个全新的独具特色的器种——敦（图 7.1－3 之 3）。这种“球形的敦，上下两半一模一样，可谓简单之极，但它像一个天体，嵌上呈环带组合、以云纹为主的图案，给人以置身宇宙空间的感受”[19]。这一器种，从第四期以后又有一些呈现期别特征的变化，到第七期逐渐演变为“盒”，现代生活用具中碗的渊源可以追溯到楚文化的敦，成为楚文化传流影响至今的一个实物例证[20]。

又如，第三期的尊缶、浴缶，在第四期更为定型、完善。此后并一直延续到第五至七期。当然，在每一期也有显出阶段性变化的特征。

以上是就青铜礼器的演变来看的。再从陶器的演变来看，例如楚国都城地区，在第四期遗址、墓葬中出现的长颈壶（罐）是一种反映楚文化特征的新器种（图 5.2－5 之 3）。在宜城郭家岗遗址第四期，楚式鬲取代周式瘪裆鬲，都显示出第三期与第四期的区别。从器物文化层面看，楚文化独特风格在第四期已是成熟期。

从精英文化看，楚国文化巨匠老子的年代是在第四期。从楚国文化发展的总体过程看，从器物文化发展一个方面看，与其说第三期是“成熟的文化”，不如说第四期才是“成熟的文化”更为合适。只是第四期还未见到有如淅川下寺楚墓那样重要的实物证据而已。但从第五期曾侯乙墓的大量珍贵文物看，无疑是在楚文化第二期至第四期发展的基础上形成起来的。

有趣的是在第四期平王、昭王时代，政治上却是个大起大落的时代。由于平王晚年任用奸臣，残害忠良，政治昏暗，招致吴师长驱入郢，几近丧国。后来昭、惠王有所作为，才恢复元气。从王孙圉论楚宝在人才的故事来看[21]，昭、惠王也许接受了“楚材晋用”的教训，这应是楚国得以复兴的原因之一。不过，从这里又可看到政治发展与文化发展的不平衡性。文化发展有多种因素形成的惯性力，它总是要向前发展的，并在发展过程中形成不同的文化阶段。在这里，已由物态文化论到了人文文化。人文文化是个大题目，在此只不过顺便提及，“蜻蜓点水”而已。

以上所述，从考古学物态文化考察，这七期可分别称名：东周一期为延续期，二期为初创期，三期为奠定期，四期为成熟期，五期为繁荣期，六期为持续期，七期为衰落期。我并将七期归纳为四个发展阶段，但那是针对楚系青铜器的发展而论。若从整个楚文化考察，要稍加调整，即：东周一、二期为初创阶段，三、四期为形成阶段，五、六期为繁荣阶段，七期为衰落阶段。对于每一期、每一阶段的特征与变化，除前面简略的说明外，在表一内也已举例列出。所列举的重要遗存与文物在本书有关章节及拙著《楚系青铜的研究》内均有论述，故在此从略。这种分期分段的考察，不仅有助于楚文化考古学研究，也有助于楚文化历史学研究，这就是下面接着要谈的。

第二个方面，楚国社会和政治发展的历史学观察。

东周时期的楚国，经历了由氏族制封建社会向领主制封建社会和由领主制向地主制封建社会的两次转变(后详)。社会制度的演进，促进了楚国的日趋强盛。下面我从政治、军事的角度，对上述七期特征作历史学考察。

楚国由弱转强的过程就是不断兼并众多小国、开疆拓土的争霸、争雄过程。从这一方面考察，可将东周七期表述为：东周一期为始强期，二期为争霸期，三期为霸业期，四期为守成期，五期为争雄期，六期为强盛期，七期为衰亡期。

东周一期——始强期(公元前770—公元前670年左右)[22]。此期历经若敖、霄敖、蚡冒、武王、文王、堵敖等楚国国君，以楚武王、文王之世功业最著。楚武王自立为王，与周王分庭抗礼，成为与周王朝对立的王朝。以荆楚地区的历史而言，东周确为楚王朝的天下(且已大大超出荆楚地区范围)。可以认为，中原地区经历的是夏、商、周三代，荆楚地区则经历了夏、商、周、楚四代。论先秦的南方，就不是“言必称三代”，而应“言必称四代”(此点在本书第十二章还将论及)。

武王时期先是并吞周围小国，灭权国首创县制，是为“春秋第一个县”[23]，巩固了以江、汉、沮、漳为楚望的腹心基地。武、文时代，越汉水，服随唐，出方城，“实县申、息”[24]，奠定了争霸中原的坚实基础。

东周二期——争霸期(公元前670—公元前600年左右)。历经武王、穆王和庄王前期。这是楚国发展最快的时期，也是灭国扩疆最多的一期。此期内虽有晋楚城濮之战的失利，但兵锋未减，不仅继续北进，且又同时东扩，势如破竹，所向披靡。

东周三期——霸业期(公元前600—公元前530年左右)。历经庄王后期及共、康、灵等王。前597年楚晋邲之战，楚大获全胜，饮马黄河，问鼎中原，乃霸业的顶峰。楚庄王成为春秋五霸中功业最显赫的一位霸主。其后有鄢陵之役败于晋，霸业虽从顶峰下跌，但仍是唯一与晋争夺中原霸权之国。前546年的弭兵之会，晋、楚平分霸权，转而与吴国争霸，楚灵王把打击吴国作为振兴霸业的国策，乃有前538年召集10余国诸侯的申地会盟。前535年，规模宏大、豪华的章华台落成，中原一些国君包括"周礼尽在鲁矣"的鲁国国君也前来参与落成典礼，也可谓"威诸侯"于一时了。

东周四期——守成期(公元前530—公元前450年左右)。历经楚平王、昭王、惠王前期。此期内发生了吴师入郢之役，楚国一度中衰。昭王后期和惠王前期，又复中兴，为成战国七强之一打下了基础。

东周五期——争雄期(公元前450—公元前380年左右)。历经惠王后期以及简、声、悼诸王。从惠王后期开始，伐灭陈、蔡、杞、莒，"楚东侵，广地至泗上"(《史记·楚世家》)，把国境从中原扩展到齐鲁南境，并略亡吴之地，东至于海。悼王时用吴起变法，"却三晋，西伐秦，诸侯患楚之强"[25]，乃楚国势力再度雄长时期，向着战国时期最强盛的国家迈进。

东周六期——强盛期(公元前380—公元前300年左右)。历经肃、宣、威、怀王。这是楚国疆域最广、人口最多的极盛时期。在合纵连横之争中，只有楚才能成为敢与秦对抗的合纵纵长。楚灭越以后，苏秦对楚威王说："楚天下之强国也……楚地西有黔中、巫郡，东有夏州海阳，南有洞庭、苍梧，北有汾泾之塞。地方五千里，带甲百万，车千乘，骑万匹，粟支十年，此霸王之资也。"[26]或曰楚疆域"南卷沅、湘，北绕颍、泗，西包巴蜀，东裹郯、邳"[27]，均表明这是楚国历史发展全盛时期。考古发现的东周各个时期遗址(包括城址)、墓葬及出土文物遍布于荆楚大地及楚扩境之地，就是明证。这些在《中国文物地图集》的湖南、湖北、河南、安徽等省分册内都有图示与说明，足资参考[28]。

东周七期——衰亡期(公元前300—公元前223年)。历经顷襄王、考烈王、幽王等。此期内已被秦国攻破郢都，失去了昔日的基地。但南边的江南、黔中郡，仍为楚国的后方和粮仓，在湘东的长沙地带、湘西的楚黔中地发现的战国晚期楚墓较多，出土文物较丰，是最有力的实物证据[29]。

战国晚期后段，楚都东迁，继续北略东扩，"收之桑榆"，在距离灭亡仅数十年时还一鼓作气吞掉了号称礼仪之邦的鲁国，北祭于泰山。考古发现的楚祭祀泰山的遗物，就是明证[30]。

东周500多年，楚先后兼并、灭国61个[31]，占《经》、《传》记载之灭国三分之一以上，为列国灭国扩疆之首。这数百年的兼并战争，客观上是以铁与火相交的暴力形式推动着历史发展的，“暴力是一切孕育着新社会的旧社会的产婆”[32]。楚人灭国扩疆的过程，客观上也是传播、交流先进生产力、生产方式的过程，促进了南方经济、文化的发展，促进了民族的融合，促进了社会形态的转变。诚如范文澜所言：“楚国八百余年的扩张经营，为秦汉创立伟大帝国准备了重要条件，七国中秦楚应是对历史贡献最大的两个国家。”[33]

楚国在西周不过是僻处荆蛮之地的一个小国，而从东周一期起，其历史发展有如物体的加速度运动一样，越来越快，以奔逸绝尘之势，后来居上，其他列国均瞠乎其后。其发展速度之快，水平之高，特色之著，独树一帜。

楚国在东周时期为什么能发展得如此之快？促使它不断强大的原因何在？它的发展道路有什么特点？它所取得的巨大成就主要有哪些？在楚秦两强角逐下为什么会败北？这些问题论者多多，但却又是个常谈常新的课题。以下所论或许能从若干侧面作些进一步的探讨，期盼能对关心这些问题的读者们起些抛砖引玉的作用。

第二节 楚国社会形态与制度文明

制度文化或者制度文明，是了解与研究早期文明的题中应有之义。其中，又以对社会制度或社会形态的了解为首先应当注意的重要问题。

一、楚国社会制度的探讨

社会制度是制度文明中最根本的起决定作用的制度。人们谈论文明往往只谈物质文明、精神文明两者，而忽视了制度文明。其实，人类的社会文明应是物质文明、制度文明、精神文明三个基本方面的有机统一体。这三个文明是一定历史条件下与生产力状况相适应的产物，它们是互为基础、互为前提的，又是相互影响、相互促进的[34]。弄清这三者的关系，也许能揭示一些楚国兴亡之谜的奥秘。

然而，关于楚国社会制度、社会性质的问题又必须置于中国先秦社会形态即社会制度范围内去观察。这涉及到中国有无奴隶社会制度、中国奴隶社会形态和封建社会形态的分期这样一类大问题，而且它们至今仍在百家争鸣之中(参阅张广志著《中国古史分期讨论的回顾与反思》，陕西师范大学出版社 2003 年)。探讨这么一个带全局性的大问题，谈何容易！但既然重要，就不能绕道走。况且，谈论早期文明而不谈这一带根本性的早期制度文明，就只能是残缺的文明论，即使物质文明、精神文明谈论得再充分，也会造成根本性的缺失。因此，只能迎难而上，“明知山有虎，偏向虎山行”！当然，对这么一个重要问题，在本书内容上只能占一个小小的部分，不可能详论，这是要请读者谅解的。

虽然本章内容是东周楚国文明，但要谈楚国社会制度文明，探讨楚国社会形态的演进，则必须从西周时期谈起。

对西周时期的楚国社会制度亦即社会形态，以往存在三种看法，而我则认为还应提出第四种看法。

先介绍现有的三种看法：

第一种看法，西周时期的楚国社会形态为原始社会说。有学者认为“楚族在蚡冒、熊通之际，实现了由原始公社向阶级社会的过渡”[35]。蚡冒、熊通之时已是春秋早期即我所分的东周一期。按此说法，就是整个西周时期，楚国是尚未形成国家的原始社会。赞同此说者也见于好几本论著[36]。我在前一章已论述过楚于西周之时已步入国家文明，故在此不再讨论这一看法。

第二种看法，西周楚国奴隶社会说。凡主张中国存在奴隶社会且延续到西周春秋甚或秦汉以后者，自应也会认为西周楚国也是奴隶制社会。近年出版的《西周土地关系论》一书，在论证西周为封建土地所有制关系时，对楚国在西周时的土地所有制问题，则认为是“楚王为代表的奴隶主贵族土地所有制”[37]，就是说楚国在西周时为奴隶制社会。

第三种看法，西周楚国领主制或分封制封建社会说。凡主张西周宗法封建论者，一般来说也多认为“粥（鬻）熊为楚国分封制之始”[38]，即以为从商周之际的楚君鬻熊起，就已是封建制。

我的看法与这三种看法不同，我认为西周楚国应是氏族封建制社会。氏族封建社会这种观点是晁福林新著《夏商西周的社会变迁》一书中明确提出来的，认为中国未经历奴隶制社会，由原始社会直接进入封建社会，并将封建社会的演进分为三个阶段，即“夏商两代应当称之为氏族封建制的社会，而西周则是宗法封建制的社会，到了东周时期，宗法封建社会逐渐解体，而步入了地主封建制社会”[39]。那么，晁氏是不是认为楚国在西周也是宗法封建制社会呢？他没有明言。但书中认为：“由于它（指宗法封建制——引者注）显示了对于生产力比较适应的特点，所以周边地区的诸侯国也陆续采用”[40]。我以为他所指“周边地区的诸侯国”，也当包括楚国在内。这样，晁氏也把西周楚国列入宗法封建社会阶段。这是一种西周社会制度一致论观点，而我认为应提出非一致论观点，即有的诸侯国例如楚国，它的社会发展进程并不一定与西周宗周地区同步发展。我以为楚国在西周时期仍应停留在氏族封建制社会阶段。

提出楚国在西周时期为氏族封建制社会一说，这只是我从晁氏的研究中得出的一种新看法，需要有说服力的论证，才能为人信服。遗憾的是有关西周时期楚社会制度的材料太少，但并不是毫无线索。例如，从文献材料看，楚熊渠时分封其三子为王，“皆在江上楚蛮之地”（《史记·楚世家》）。后虽去其王号，但却透露出楚国国君进行氏族分封的信息，可以认为是氏族分封制之证。再从新出考古材料——楚公逆钟铭文看（铭文全文见第三章），祭祀要用“四方首”，还保留了殷商旧俗，这或许也是楚还停留在夏商时期氏族封建制社会阶段的一条材料。这时楚国已是能铸青铜编钟的“大邦”，决不会还停留在原始社会阶段。对楚国在西周时期为氏族封建制社会这样一种新看法，还需要进一步论证。但我以为现在能提出这样一种新看法，应意味着在荆楚文明研究中前进了一步。

接着讨论一下东周时期楚国社会制度、社会性质问题。这同样应放在中国社会形态的全局中去考察。目前在对东周社会性质的认识上如同在对西周社会性质的认识上一样，存在着几种不同的看法：

第一种看法，奴隶制社会说。

第二种看法，春秋时期为奴隶制、战国时期为封建制说。

第三种看法，春秋时期为领主制封建社会、战国时期为地主制封建社会说。

如同对西周时期楚社会性质的新看法一样，对楚在东周时期社会性质、社会制度的问题，同样可以提出与上述三种看法不同的第四种看法。这自然是在我对西周时期楚社会性质新看法基础上的逻辑延伸。

这第四种看法可简称“两次转变论”，即西周至东周的楚国发展历程，楚国社会经历了两次演进：第一次发生在西周、东周之际，由氏族封建制转变为领主封建制；第二次在春秋战国之际，由领主封建制开始了向地主制封建社会的转变。

楚国在西周东周之际（两周之际）完成了第一次转变，由氏族封建制跨入宗法封建制的门槛。楚武王称王，就是一个显著的标志——楚国从此在荆楚大地取代了周天子的地位——宣布楚王朝的开始。这种情况有点类似于殷周之际的周王朝取代商王朝。周本来也是臣服于商朝的一个小国，也可能走的是氏族封建制向宗法封建制发展的道路。灭商以后，迅速变弱为强，建立了宗法制的新兴封建国家。楚国在两周之际也应是像周王朝在殷周之际所走的道路一样，由氏族封建制向宗法封建制转变。对于楚国来说，宗法封建制是一种新的有生命力的社会制度，是由落后变为先进的社会机制。而对于西周王朝来说，宗法制已走过了两百多年历程，已是成熟而趋崩溃的阶段。失去了促进社会进一步发展的驱动力。正因为楚国迈向了社会制度的新阶段，各方面充满了活力，故能迅速变弱为强，后来居上。

在这种向新的社会阶段的转变中，楚国把氏族封建制遗留下来的优势和新兴宗法封建制的优势结合起来，形成了自身一些有特色的新制度。这种新制度文明必然影响着、促进着自身物质文明与精神文明的发展，这大概正是楚国迅速后来居上、成为五霸七雄之一的原因之一。由于它的宗法封建制晚于西周王朝，它也如同西周王朝保持了数百年的历程一样，其宗法制度的形成乃至走向消亡也会有一个漫长的过程；而楚国在转向地主制经济的过程中不仅放慢了历史步伐，且不如秦国那样转变得彻底，这大概又是促使它衰亡的原因之一。

把楚国兴亡原因的探讨与楚国社会制度的变化结合起来考察，有必要对楚国政治制度中的王权作用及其他相关制度作些观察。

二、王权与相关制度略谈

王权在古代社会发展中的作用，不仅在中国，而且在世界各古代文明国家中，都有着极为重要的作用。按照马克思主义的观点，经济基础是历史发展的决定因素，人民群众是历史的创造者，但同时也应肯定上层建筑的反作用和杰出历史人物的重要作用。但过去在历史研究中，由于极“左”思潮的干扰，往往过多强调前者而忽视后者。在这里有感而发，拟着重谈谈后者。

在古代，王权就是国家权力。对于国家权力的作用，恩格斯曾说：“国家权力对于经济发展的反作用可能有三种：国家权力可能沿着同一方向起作用——那时事情就会发展得较快……在第二和第三种场合，政治权力能给经济发展造成较大损害，并能引起大量的人力和物资的浪费。”[41]对于第一种场合，即促进社会经济的积极作用来说，正如恩格斯所说，“王权是一种进步的因素”。

在楚国的鼎盛期，在它蓬勃发展而不是停滞或后退期，王权的作用确实强大。从春秋早期楚君熊通自称武王开始，此后文王、穆王、庄王、共王等楚王，都是一些励精图治、很有作为的国君。这些国君及其良臣有许多留传于世、至今仍能激励后人的故事，就是很好的证明[42]。

就在当时，作为与楚国争霸的强有力竞争对手的晋国，其有识之士就已对楚国国君的创业精神予以赞赏。例如《左传·宣公十二年》，晋国栾武子曰：

“楚自克庸以来，其君无日不讨国人而训之于民生之不易，祸至之无日、戒惧之不可以怠；无日不讨军实而申儆之于胜之不可保，纣之百克而卒无后，训之以若敖、蚡冒筚路蓝缕以启山林。箴之曰：‘民生在勤，勤则不匮。’”

这段话至今仍发人深省。“筚路蓝缕”成了激励后人艰苦创业的成语，至今仍广为引用。

这段话是在楚晋邲之战前夕，晋国将领分析楚晋形势时说的，道出了楚能取胜的政治思想因素。果不出其所言，楚庄王与令尹孙叔敖亲率大军在邲地与晋军大战，大获全胜，奠定了楚国的霸主地位。楚庄王无疑是楚国也是中国历史上的一位雄主与明君。在楚国令尹中，以功业和品格而论，孙叔敖也数第一。常言有“睹物见人”、“睹物寄情”之说，对这两个历史名人则还只能从残缺不全的史书记载中去神会。考古发现有时能弥补这方面的不足，虽暂时尚未发现庄王和孙叔敖遗留之物，庄王的下一代即他的两个儿子（一为楚共王、一为令尹子庚）的遗物却在偶然之中重见天日。可举出以下两起珍品：

一是已流散海外的楚共王之器——楚王酓审盏[43]（图 4.2-1 之1、2）。二是在河南淅川下寺楚墓出土的令尹子庚的七件楚式升鼎（器盖自名为鼾）[44]（图 4.2-1 之 3）。

楚庄王盛年早逝，王位传给了他的儿子熊审，酓（熊）审盏的发现，正好互证。楚共王的业绩虽不如其父之大，仍不失为鼎盛期楚国的一位有所作为的国君，如《左传》所载：“赫赫楚国，而君临之，抚有蛮夷，奄

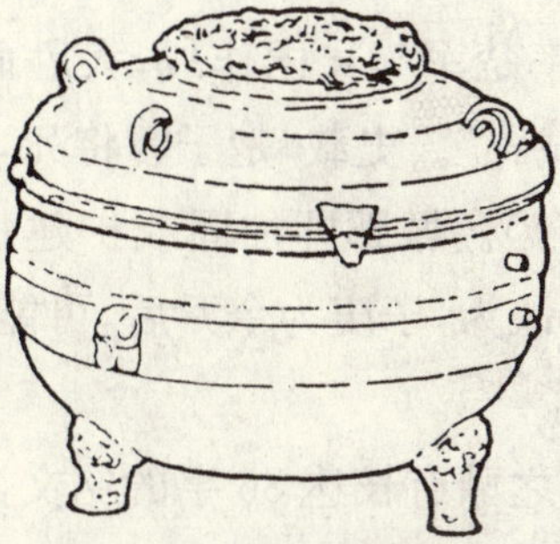

1

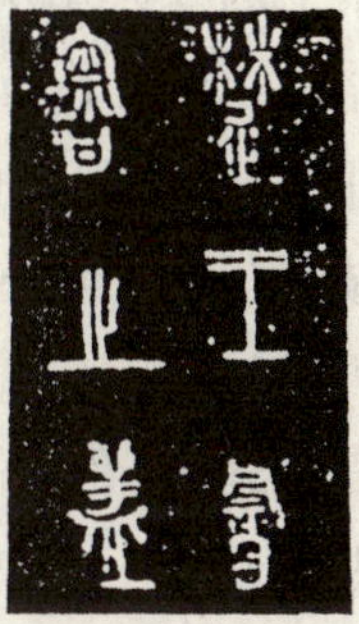

2

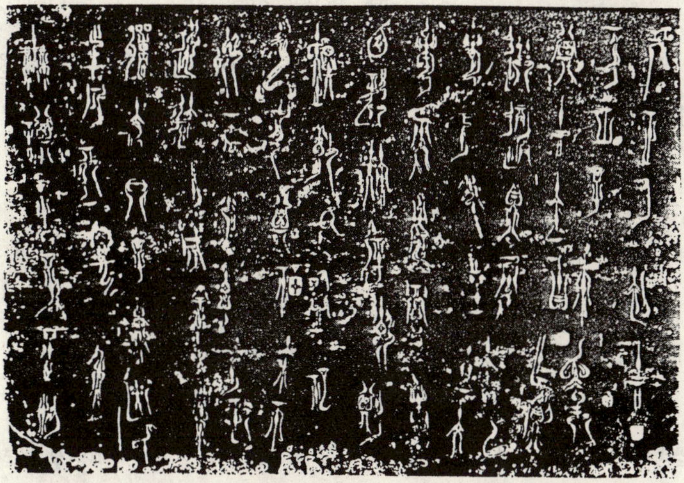

3

图 4.2－1　楚王酓审盏和王子午升鼎铭文

征南海，以属诸夏。”[45]这“抚有蛮夷”、“以属诸夏”最为值得称颂，楚文化正是熔蛮夷、华夏文化于一炉的典范。“博采众长以独创一格”的楚文化不仅有鲜明的特色，而且有高度发展的水平。以共王盏为例，运用了当时最先进的铸造技术——失蜡法。此盏与下寺楚墓几件用失蜡法铸造的器物风格相同，年代相近，共王盏铸于其晚年，不晚于他的卒年（前 560 年）。由此，李学勤说：“我们可以放心地讲，至迟在公元前 560 年，已能熟练地运用失蜡法铸造技术。”[46]这是楚国的青铜器铸造技术在当时处于领先地位的一件有年代可考的物证。

楚康王的令尹子庚乃庄王之子、共王的兄弟公子午。史书对他记载很简略，主要记了三件事：一是率楚军与吴国作战，大胜而归；二是率军与郑国作战，无功而还；三是“城郢”。史载“楚子囊将死，遗言谓子庚、‘必城郢’”（《左传·襄公十四年》）。城郢即加固或扩建楚国首都。子庚是否“城郢”？史无下文。我曾认为，子庚为令尹后，可能实行了子囊的遗言城郢，只是史书未记载罢了[47]。

考古发现的王子午“令尹子庚”之鼎有长达86字的铭文，铭文内容有的是通行的颂辞，如“惠于政德、淑于威仪”等语句，也见于其他青铜器铭文。可注意的为最后一句：“令尹子庚、殹民之所亟，万年无期，子孙是制。”意即子庚告诫其子孙要以楚国的利益为行动准则，这是子庚一生为国为民的自勉之辞[48]。（图4.2-1之3）

从史书记载看，虽然子庚的业绩不多，但其人是值得赞许的，不妨移录《左传·襄公十五年》的一段记载：

“楚公子午（即令尹子庚——引者注）为令尹，公子罢戎为右尹，蒍子冯为大司马，公子橐师为右司马，公子成为左司马，屈到为莫敖，公子追舒为箴尹，屈荡为连尹，养由基为宫厩尹，以靖国人。君子谓‘楚于是乎能官人。官人，国之急也。能官人，则民无觎心’。”

这里可注意的是君子的话，认为在楚国中央权力机构中安排合适的官职人选，乃国家的当务之急，安排得好，老百姓就不会有非分的希望。两千多年前的君子能据楚王任命以子庚为首的官员，发出如此之议论，既看出子庚的为人，也佩服君子善于总结历史经验。这种历史经验，就是到今天仍具启示意义。

前面提到王权有进步作用，但并不是凡王权都有进步作用，正如前引恩格斯关于国家作用的论述一样，王权也有正反两个方面的作用，即好的王权可促进社会发展，反之则否。王权的进步与否，受多种因素制约，但王者本身的素质也很重要。据史书记载，楚王室是很注重对王子，特别是对要继位为王的太子的培养的。《国语·楚语》就记载了楚庄王对太子（即后来的楚共王）的培养：

"庄王使士亹傅太子箴……问于申叔时，叔时曰：'教之春秋，而为之耸善而抑恶焉，以戒劝其心；教之世，而为昭明德而废幽昏焉，以休惧其动；教之诗，而为之导广显德，以耀明其志；教之礼，使知上下之则；教之乐，以疏其秽而镇其浮；教之令，使访物官；教之语，使明其德，而知先王之务用明德于民也；教之故志，使知废兴者而戒惧焉；教之训典，使知族类，行比义焉。'""若是而不从，动而不悛，则文咏物以行之，求贤良以翼之。悛而不摄，则身勤之，多训典刑以纳之，务慎惇笃以固之。摄而不彻，则明施舍以导之忠，明久长以导之信，明度量以导之义，明等级以导之礼，明恭俭以导之孝，明敬戒以导之事，明慈爱以导之仁，明昭利以导之文，明除害以导之武，明精意以导之罚，明正德以导之赏，明齐肃以耀之临。若是而不济，不可为也……教备而不从者，非人也，其可兴乎！"

以上申叔时关于教育太子的议论，基本上予以照录。为免冗长，后面省略了一段。但即使如此，行文也相当长。我并非不想到会有"文抄公"之讥，然我觉得这段话实在重要：

第一，看出楚王室有重教的传统与制度，所谓楚为蛮夷之说应予以正名。20 世纪 80 年代我在香港作演讲的题目就是《南蛮不蛮》，颇受众多听众（主要是中学教师）的欢迎[49]。

第二，正如有的研究者指出的："申叔时论教是我国，也是世界首次对教育理论的系统阐述。"[50]早在 2 600 多年前（早于孔子数十年）就有如此系统的教育理论，确实值得自豪。在当今大力提倡教育兴国的条件下，重温这些早期教育理论，也有着重要的现实意义。当然，限于那时的历史条件，这种教育理论有它的局限性（如无科技方面的教育内容），但处在当时的历史条件下，这是那时最先进的教育理论，我们不能以今天的标准去苛求古人。

楚国的重视教育，也确实成就显著，不仅有助于国力强盛，而且人材济济。清代的洪亮吉就写过一篇《春秋时楚国人文最盛论》，云楚地"人才辈出"。《国语·楚语》就有一篇王孙圉谈宝，说"楚之所宝者，曰观射父……又有左史倚相”。《左传》昭公十二年也记载倚相“能读《三坟》、《五典》、《八索》、《九丘》”等书。后来则多因楚内乱而致人才外流。所谓“楚材晋用”(《左传》襄公二十六年:“虽楚有材,晋实用之”),就是现在仍流行的成语,其实不仅晋用,还有“楚材秦用”,如为秦国统一天下立下了汗马功劳的李斯就是楚人。还有“楚材吴用”、“楚材越用”中的伍子胥、范蠡、文种等,都是美名流传至今、影响深远的著名历史人物。楚材传统延续至近现代,仍人才辈出,“惟楚有材,於斯为盛”。

楚国之所以后来居上,王权的专制作用甚于列国,并且注重教育、善用人才,确是很重要的因素。关于用人才,清代大学者顾栋高在《春秋大事表·春秋楚令尹论》中就不无深情地评论道:楚“自春秋迄战国,四五百年,其实常强于诸侯,卒无上陵下替之渐者,其得立国之制最善者乎?!楚以令尹当国执政,而自子文以后,若斗氏、成氏、芀氏、薳氏、阳氏,皆公族子孙,世相授受,绝不闻以异姓为之。可以矫齐、晋之弊。然一有罪戾,随即诛死。子玉、子反以丧师诛,子上以避敌诛,子辛以贪欲诛,子南以多宠人诛,绝不宽宥。可以矫鲁、卫、宋之弊。以肺腑而膺国重寄,则根本强盛;以重臣而骤行显戮,则百僚俱震。且政权划一,则无牵制争竞之病;责任重大,则无诿罪偷安之咎。楚之国法行而纲纪立乎是乎!”[51]

顾氏此论,小有所失,如论令尹“绝不闻以异姓为之”,只能说绝大多数非异姓(异姓者不少于二人),又置芀、薳为两氏,亦误。然在此引录其语,重在其肯定楚国王权强大,开中央集权之先河。即使权重如令尹(政权行政首脑),有罪立即被诛杀。例如接任令尹子庚的子南,由于宠用观起,“未益禄而有马数十乘”(《左传》襄公二十二年),用现代的话说是宠用贪污犯。其为令尹仅一年就被楚王诛杀之。这种严厉措施,在当时列国中,恐怕惟楚独有。接任子南为令尹的芀子冯,就是已发掘的河南淅川下寺二号楚墓的墓主。他吸取了前任令尹的教训,辞退了无禄多马的八个宠人,“而后王安之”,才坐稳了令尹这把交椅。在芀子冯的墓内,没有表示自己身份的七个列鼎,却葬入了在他之前的令尹子庚的列鼎。为什么墓内没有他自己的列鼎而却有子庚的列鼎？芳子冯没有自己的列鼎，是否也是如同孙叔敖一样，做的是清官，不贪恋财富，以致没有自己的列鼎呢？这仅是推测而已，也许另有他因。至于子庚的列鼎为何会葬在芳子冯的墓内，还是个谜。

上引顾氏语中，认为楚"得立国之制最善者"，确应如此。但究竟哪些是楚国最善之制？这是历史学研究的重要课题，在此不作详论。

楚国在东周时期的制度文明除上述社会制度这一根本制度外，诸如政制、官制、法制、礼制、兵制、田制、赋制、役制等等方面都相当健全，皆有章可循[52]。其中有些为楚国首创之制，如政制中的县制。楚制特征最为显著，如楚独创的令尹等官名之制，独见的"仆区之法"、"茅门之法"等。正如前引晋楚邲之战前夕，晋人对楚君之创业精神予以赞誉一样，其时晋国大臣士会对楚国的各种制度也同样予以好评：

"芳敖为宰，择楚国之令典……德立、刑行、政成、事时、典从、礼顺，若之何敌之？……"[53]

这是楚国因用典（制度、法令）而致强大的明证。因此，当楚国有难时，就有为了国家存亡而拼死护典的忠臣。请看吴国攻入郢都后的一段故事：

"吴与楚战于柏举，三战入郢，君王身出，大夫悉属，百姓离散。蒙谷结斗于宫唐之上，舍斗奔郢，曰：'若有孤，楚国社稷其庶几乎！'遂入大宫，负离次之典，以浮于江，逃于云梦之中。昭王反郢，五官失法，百姓昏乱，蒙谷献典，五官得法而百姓大治。比蒙谷之功，多与存国相若，封之执珪，田六百畛。蒙谷怒曰：'谷非人臣也！社稷之臣也！苟社稷血食，余岂患无君乎？'遂自弃于磨山之中，至今无胄。故不为爵劝，不为禄勉，以忧社稷者，蒙谷之谓也。"[54]

这段话为楚威王时的莫敖子华所说。他所列举的忠于社稷（国家）的楚人还有许多，例如申包胥连夜奔至秦国，在秦庭不进饭食哭号七天七夜，终于感动秦国国君，请得援军来楚，共同打退了吴国军队，为楚国立了大功，最后也辞不受赏。在此之所以详引蒙谷的故事，其一，在于世传多见晋人介子推助晋文公返晋，坚不受赏，以致焚死于山的美名，而很少见对蒙谷同样的高风亮节之赞扬，故有着重称颂之必要。其二，在于看出楚国法典制度在楚国社会中的重大作用。离(鸡)次之典是什么样的典册？史无记载，也许是楚国典章制度的汇编。楚昭王复国后，由于离(鸡)次之典尚在，致“五官得法而百姓大治”。楚国仍然是一个令诸侯望而生畏的大国。蒙谷之功不可没。

谈到这里，使我想起了类似的又一个故事：

秦末农民大起义后楚汉相争，刘邦军队最先攻破秦都咸阳。当他的军队刚进入咸阳时，“诸将皆争走金帛财物之府”(《史记·萧相国世家》)。在诸将纷纷争夺财物之时，时为丞督的萧何却是先至秦丞相御史府，将载有全国制度、户籍和各类档案资料、法令文书的“律令图书”妥善保存起来，为汉初稳定政局、治理全国起了难以估量的作用。萧何的这种深谋远虑之举，是否也借鉴了楚国贤臣蒙谷的经验？史无记载，但从萧何作为楚人，从我国三代起就有以史为鉴的传统来看他的明智之举，其与历史的熏陶、前辈的影响，似应有思想上的渊源关系。

楚国的“令典”、“离(鸡)次之典”等典籍的具体内容均已失传、失载，但有的“典”却能在考古发现的文字材料中显露若干真相。现主要见于包山楚简材料。

包山楚简及其他楚简的内容在本书第十章将有综述，在此只就有关“典”的材料作些讨论。

1. 关于名籍制度。

包山楚简文字材料中有“典”、“玉賨之典”、“絮典”的记载。“典”有广狭二义：广义的典是指有关国家律令制度的汇编，如前面提到的“离(鸡)次之典”应属此类；也有指一般记事的簿册，如望山二号楚墓遣策记车与器的清册。狭义的典则指国家的名籍管理。从先秦到秦汉，名籍的名目繁多，例如官府有奴籍、宦籍、门籍、市籍、属籍，贵族有客籍，私学有弟子籍……不一而足。楚国的名籍是什么样子？有什么类别？内容如何？在史籍中毫无记载，在包山楚简中方能有所了解，但也不全面。据简文材料，似都为有关官、私奴的名籍记录。

玉府之典，见于包山简3号。玉府即玉府。据简文内容，“玉府之典”乃指国家的官府奴婢的名籍，与《周礼》中的玉府之性质有异[55]。

絮典，见于包山简6—8号，对絮典，研究者有不同的解释，似以解“籍没的名籍”为胜[56]。籍没的人中多为犯人及其家属，秦称“收孥”，汉称“籍没”。因此，这是有关登录“籍没”而来的奴的典册。

包山简文中还有“陈豫之典”、“某瘽之典”、“五师宵倌之典”以及“有典”、“无典”、“至典”等类记载。这是牵涉狱讼方面的案件记录，也可看出“典”在法律、诉讼方面的重要性。

从包山楚简法律文书方面的内容看，楚国的司法机构、司法程序均有章可循。这都是反映楚国法律制度健全、有效的难得的新材料。

2. 关于政制。

从包山楚简的资料分析，楚国的政权机构主要分为两级，即以楚王为首的中央政权和地方政权的县这两级架构。县级不少官名均与中央级官名对应，如司败、司马等。封君的封邑在行政上只相当于县级，在司法上与县一样，听命于中央政府。经济活动须遵循国家法规，受中央节制，封君可能主要是享受其赋税。陈伟认为县以下的里和邑是官方确定的行政、司法的最低地域单位，里很可能是城市中的地域组织，邑为乡野之中的地域组织，里和邑大致处于同一层级，二者之间无彼此隶属的迹象[57]。传世文献《鹖冠子》，已有学者提出是楚人著作[58]。其《王铁》篇记：“五家为伍，伍为之长；十伍为里，里置有司；四里为扁，扁为之长；十扁为乡，乡置师；五乡为县，县有啬夫治焉；十县为郡，有大夫守焉。”从包山楚简看不出有这么层层隶属的政权组织。史载老子生于“厉乡曲仁里”，在包山楚简中也看不出里之上还有乡这一级政权。

包山楚简有“州”一级政权机构。陈伟认为州、里之间没有垂直隶属关系，州是环绕于楚都一带的特殊建制[59]。包山楚简中缺郡一级的记载，也许此时的郡仍主要设在边境。

第三节　经济发展与物质文明成就

东周时期的荆楚地区，在楚王朝统辖下，社会生产和经济发展突飞猛进，同时制度文明和精神文明也取得了空前成就，成为早期文明历程中最为强盛的地区。有关楚国此时期生产力和经济文化发展的状况，已发表论著甚多，足资参考。我也曾以楚文化考古的重大发现与研究为题，着重从考古新发现来说明东周楚国辉煌的文明成就[60]。在本节及下一节仍以考古材料为主作简要的综述。

一、农业文明

民以食为天。荆楚地区有悠久的农业文明传统，早在新石器时代已有较为发达的农业[61]。殆至春秋战国时代，农业更有了飞跃的发展，主要体现在以下几个方面：

第一，农业生产工具先进。考古发现的青铜农具和铁制农具品种多、质量好、数量大，在本书第七章"工具"一节内将有论述，在此从略。

第二，水利灌溉工程的规模大、效益好，且堤防工程、蓄水工程、排灌工程三者都具规模。例如在江汉地区的今江陵、宜城两地建有水利工程[62]；在今河南固始由楚庄王时令尹孙叔敖主持兴建的期思陂，是我国历史上第一个社会性大型筑陂蓄水工程[63]。而后者则类似于后世的人工湖，它比我国历史上几个早期的著名水利工程——魏国的西门渠、秦国的都江堰和郑国渠，分别要早约200多年、350年和360年[64]，堪称中国上古农田水利建设事业的丰碑。

东周时期，楚国又在今安徽寿县南修建了大型水利工程——芍陂[65]，这更促进了楚国农业的进一步发展，并且泽及后世。芍陂乃"淮南田赋之本"(《读史方舆纪要》卷二十一)，为淮南地区历朝历代农业经济的发展奠定了坚实的基础，至今仍在发挥效益，造福江淮。

第三，农业生产技术的进步。在农作物施肥、选种、火耕水耨、轮作、轮种等方面都有了更大的进步。

第四，农业理论著作的出现。班固《汉书·艺文志》农家类，首列《神农》20篇。然此书已亡佚，有学者考证为战国楚人许行及其门徒所著，乃农家学派的代表作。其后《吕氏春秋》论农诸篇，对楚国农学特别推崇，并撷录了楚国《神农》一书的基本内容，特别是关于水稻栽培经验的总结更令人瞩目。这正是楚国的水稻生产技术先进的反映，表明楚国农业已达到当时农业的最高水平[66]。

第五，土地的广为开发利用。楚并国兼地最多，疆域最广，适宜开垦种植之地很多。“楚四境之田，旷芜而不可胜辟。”[67]通过开垦种植，“火耕而水耨，地广而饶财”[68]。《周礼》所记先秦时期各诸侯国遍行的田莱制，在楚国也实行过[69]。

楚国的土地开发做到了分类对待。《左传》襄公二十五年（前548年）：“楚蒍掩为司马，子木使庀赋，数甲兵。甲午，蒍掩书土田：度山林，鸠薮泽，辨京陵，表淳卤，数疆潦，规偃猪，町原防，牧湿皋，井衍沃。量入修赋。赋车籍马、赋车兵、徒兵、甲楯之数。”由此可知蒍掩把楚国土地分为九种情况：山林、湖泊沼泽（薮泽）、丘陵（京陵）、盐碱地（淳卤）、刚硬易潦之地（疆潦）、陂糖田（偃猪）、堤防间地（原防）、下湿之地（湿皋）、平美之地（衍沃）。这种划分，反映出楚人对田地土质已有一定的认识。成书于战国时代的《禹贡》，其对土壤的分类，应当说是包括了楚人有关这方面知识积累发展的结果。我国至今仍是农业大国，对土地状况作实事求是的了解与区分，是发展农业生产、实现现代化农业必不可少的条件，楚国的经验是有借鉴意义的。

再补充一点，我国山地多，在山地开垦梯田的历史悠久，荆楚梯田在东周应已遍及许多山地。楚国诗人宋玉的《高唐赋》中有一句：“若丽山之孤亩”，论者谓即对梯田的形容[70]。

第六，农作物品种多、产量高。广义的农业包括林、牧、副、渔等，在楚国都有长足的发展。

先谈粮食作物。荆楚之地主食为稻谷，古今皆然。在楚都纪南城遗址内发现了稻米遗存：1975 年发掘城西南陈家台遗址，在夯土台基西部发掘的范围内，在第三层（遗址废弃堆积层）中，发现五处被火烧过的稻米遗迹，四处在台基西北角，一处在台基南部的水沟填土中。稻米碳化成黑色，有的粒状清楚，杂质很少。最北的一处面积最大，长约 3.5 米，宽约 1.5 米，厚约 5—8 厘米。水沟中的碳化米杂质较多，显然是从台基上冲刷下来的。据当地群众反映，过去也曾经在台基西部挖出过成层的碳化米。碳化米经碳—14 测定为距今 2 410 年±100 年，即公元前 460 年±100 年[71]。

这处遗址有手工业铸造作坊遗迹，遗存的碳化米应为作坊工匠的食粮。一个作坊废弃时竟能遗留如此多粮食，乃楚国粮食富足的物证。史载吴军攻入郢都，"烧高府之粟"[72]。高府为楚王室宫廷府库。粟者，粮食之称也。当时郢都内定有多处粮食仓库。上述陈家台遗址碳化米时代正在吴攻破郢都年代范围内，也许可能为吴军攻入郢都烧毁建筑物（包括作坊）、毁焚粮食库存的遗迹。

战国时期楚国的粮仓在江西被发现。1975 年在江西新干县界埠袁家村赣江边上发现了两座大型粮仓。每座粮仓平面呈长方形，长 61.5 米，宽 11 米，面积近 700 平方米。仓内到处堆积有被烧成炭末的米粒，堆积厚度 0.3—12 米，其中有一部分保持较完整的形状，经鉴定为粳稻米[73]。

像这样的大型楚国粮仓在楚境内特别是产粮区应有很多。史载"雠、庞、长沙，楚之粟也"（《史记·越王勾践世家》）。这三处地方为楚国重要的粮食产区。在长沙等地也应有粮仓，只是未发现罢了。

《楚辞·招魂》："稻粢穱麦，挐黄粱些。"《楚辞·大招》："五谷六仞，设菰梁只。"一仞 7 尺（一说 8 尺），六仞为 42 尺；战国 1 尺合今0.23 米，那么六仞就是 10.66 米，大有粮食堆积如山的景观。考古遗存与文献记载互证，益见楚国粮食产量之丰盛，粮食供给之富足。

除以稻米为粮食作物的主食之外，副食的品种也多种多样。在楚墓内常出各种动植物遗骸。动物有各种畜产品、水产品，如牛、羊、豕、鱼等，一般多只残存其骨骼。在长沙烈士公园的楚墓内出土过肉脯，即腊肉，则较为罕见。据楚墓内出土的植物果蔬的核、壳，鉴定出来的品种有：生姜、藕、菱角、荸荠、莲子、葱、南瓜子、甜瓜子、枣、梨、柿、梅、柑橘、板栗、樱桃、杏、花椒等。有的大墓出土这类食物的数量特多。例如荆门包山二号楚墓出土的藕装在两个竹笥内，板栗、荸荠、枣等都有数百颗，生姜 30 多块，装在两个小竹笥内；而以花椒最多，重 5 公斤多[74]。这么多植物果实，有的为野生采集，大量的为人工栽培，可想见当时田野种植业的发达、食物的丰盛。从《楚辞·招魂》"食多方些"等关于饮食的诗句，可以看出楚国饮食加工技术亦高，正如论者曰："先秦时期楚国饮食系统属于华夏饮食系统中的一个分支，楚国饮食与中原诸国的饮食俱处在高级饮食阶段……挟南北两大饮食系统和烹饪技艺之长的楚国，自然地成为了先秦时的美食之乡。"[75]可见，与农业生产紧密相关的饮食文化亦是反映江汉洞庭地区文化的一项重要内容。

二、手工业文明

这是东周荆楚物质文明成就的第二个重要方面。大批精美楚文物出土，无不反映了这一方面的重大成就。它们既是楚国手工业高度发展的见证，也是其科学技术发达的物证。

（一）铜、铁的采冶与铸造手工业

在青铜时代和铁器时代，铜、铁的采冶和铸造，是当时的"重工业"。我曾认为："在青铜时代，青铜器的制作和使用，在当时的社会生产和生活中处于中心地位，青铜器的发展水平反映了一个国家、一个地区的经济发达程度，是衡量当时社会生产力发展水平的重要标志。打个比喻，近代社会的钢产量往往成为衡量某一国家生产力水平的标志。在青铜时代，青铜业的发展水平也可作如此观。"[76]东周又是青铜时代向铁器时代转变的时代，同样，铁的冶炼和铸造业发展水平，也应是衡量其生产力水平的重要标志。东周时期的楚国，青铜业和铁业的发展水平都处于当时的最高水平，这已为考古发现的实物所证实。

楚国青铜器和铁器的总体状况，我在拙著《楚系青铜器研究》和本书第七章已相继有所论述[77]，这里补论铜矿的采冶与铸造技术。

荆楚地区的古铜矿遗址，经考古发掘的已有湖北大冶铜录山、阳新港下、湖南麻阳九曲湾、江西瑞昌铜岭等地[78]。“至迟在春秋中期前后，楚人就控制了从湖北大冶到江西瑞昌方圆几百平方公里的古代铜矿产地，铜矿的开采为楚国的发展壮大提供了强大的物质条件。”[79]徐中舒先生曾认为：“春秋战国时代，百分之九十以上的青铜皆产于楚国。”[80]证之古矿冶遗址与大量青铜器的发现，斯言并不为过。现在，铜录山矿冶遗址已被评选为 20 世纪百项考古大发现之一。

铜录山古铜矿遗址已作了较大规模的考古发掘，并建立了遗址博物馆，便于今人参观。它清楚地反映出楚国冶铜业的高度成就。

久已闻名遐迩的大冶铜录山古矿冶遗址位于湖北省东部大冶县西约 3 公里处，距长江仅 20 公里。大冶县是历史上著名的铜铁产地，是目前我国最大的粗铜生产基地，铜录山为其主要矿区。这里的铜蕴藏量丰富，矿石含铜量高，有“状元矿”之称。古矿冶遗址是在矿区勘探建设中发现的，在矿区的 11 个矿体中都发现有古人开矿的“老窿”，即古采冶遗址。从 1973 年开始，先后发掘了 7 处古采矿遗址，3 处冶炼遗址，共清理出不同时期、不同结构的采矿井巷 400 多个，并发掘出 8 座冶铜竖炉。根据对出土文物的测定和有关资料考证，遗址的年代上限可早到西周，下经春秋战国一直延续到汉代以后。由于这里遗址范围大（约 2 平方公里），根据矿山地质勘探和考古调查所掌握的资料，整个矿区应还有大量古矿冶遗址尚未发现，古铜矿的年代可能还要往上推移。考虑到铜录山古铜矿西周至春秋早期的主人为古越族[81]，这里只重点介绍春秋中期以后至战国晚期楚国时期的采冶特点。

1. 铜矿开采方式。铜录山矿主要是地下开采，下掘深度最深可达 40—50 余米，通过探寻矿体，选中富矿带掘进开采。其开采方式是竖井、斜井、平巷和盲井相结合。有的平巷围绕竖井作扇面形展开，属于春秋时代的12线古矿井，呈"一"字形，有的呈"丁"字形。最大的是2号巷道，内空高1.6米、宽1.95米。属于战国时代的24线古矿井，向下掘进的平巷分上、中、下三层，最深处距地表达50余米。

采掘出来的矿石向上提升的方法，早期是分层人力提升法。大概战国时代已使用机械提升法，它是在竖井所在地面上搭起支架安装木辘轳，以长绳、竹钩、竹筐、藤篓作为运载工具，既省力又提高了功效。为了防止木辘轳滑动，聪明的匠师还在轴上设计了若干密孔，如若停止提升，只要插上插销，就能控制轴的回转，随时可以停转。这种结构简易灵巧，匠心独具。

铜录山古铜矿区出土了大批铜、铁、竹、木、石质的生产工具。用于采掘矿石的是金属器具，在战国早中期铁器普遍应用之前，主要是青铜工具，有铜斧、锛、镢、凿等。其中特大型"铜斧之王"，重约15公斤。战国晚期已广泛使用铁工具，有铁斧、铁钻、铁锄、铁耙等。这些铁器中既有锻铁件，又有铸铁件，还进行了不同工艺的软化处理。这时已出现重达6公斤的铁锤。由于铁制工具的坚固和锐利超过了青铜工具，使得开采铜矿的生产能力有了很大提高。

安全设施对于地下的开采极为重要，直接关系到采矿者的生命安危和矿石的运输。发掘所见矿井中都设置了矿井支架，有效地防止了四壁围岩塌崩。这些矿井支架的材料都是木材。春秋时代同时使用"榫接方框"和"搭接方框"，木料较细，方框径长80厘米左右。战国时代不再使用"榫接方框"法，而单一使用"搭接方框"法，木料较粗大，框径长1.1—1.3米。这些方框支架承受了巷道的顶压、侧压和底鼓，发掘所见，至今仍完好地支撑着，可见有良好的稳定性能。

采取竖井、斜井、平巷和盲井相结合的开采方式，排除井巷内积水也是一个需要解决的问题。当时的矿工们想出了有效的办法，即设置排水道。排水道有两种：一种是利用废弃的巷道和开掘较窄的巷道，作为排水道；另一种是铺设排水的水槽（用粗树干挖空而成），通过水槽将水集中导入积水井，然后运用提升工具把水提升到地面排出。

矿井内的通风与照明,也是安全采矿必须解决的问题。这个时期还不可能使用机械通风,而是利用当时井口高低不同所产生的气压差,形成自然风来调节巷道中的空气;还采取了填塞废巷的做法来控制风流,使新鲜空气流向深处的作业区,使采矿者免受窒息之苦。至于照明,可能是用燃烧干竹片的办法来解决的。

2. 红铜冶炼工艺。在铜录山发掘了3处冶炼遗址,可以看出,当时冶炼场地的设置是与采矿紧密结合进行的。开采出矿石后,就地筑炉冶炼,炉渣也就地处理,无须搬走。在这里,古代遗留的炉渣分布面积约14万平方米,有的地方炉渣堆积厚达3米,总计达40—50万吨。经检验,渣含铜大部分小于0.7%,推算累计炼出纯铜不少于8—10万吨。可以设想,这么大量的红铜,所能铸造的青铜器是非常可观的。目前在铜录山尚未发现铸造作坊。据在铜录山附近发现的铜锭及参考有关记载,当时炼出的粗铜是外运了。铜录山仅是采矿和冶炼之地,而不铸造铜器。

已发掘的古代炼炉的时代以第10号炉为例,其热释光年代距今2 895±305年、3 014±320年,从地层和出土物推定,属春秋时期。

这几座古炉都是炼铜竖炉,它包括炉基、炉缸和炉身三部分。炉基在当时的地表之下,下设风沟(又称防潮沟)。风沟的设置对确保炼炉的炉温和防止炉缸冻结是有效的。炉缸筑在炉基的上面,其截面有椭圆形的,也有长方形的。炉缸的侧壁上筑有金门,用以排放渣和铜。模拟实验证明,铜录山发现的炼铜竖炉,其冶炼工艺是铜的氧化矿的还原熔炼。用这种竖炉炼铜,只要炼炉熔化带中保持足够的温度,那么矿石无论品位高低,无论块矿、粉矿,都可以炼出红铜。模拟实验还证明,这种竖炉并非每炉只炼一次便要破炉取铜,而是可以连续投料、连续排渣、间断放铜、持续冶炼的。显然,这种竖炉具有较高的冶炼能力(图4.3-1之1、2)。

从铜录山古铜矿获得的丰富资料表明,楚国的采冶技术沿着一条独立发展的道路,自成体系,并已达到成熟阶段。东周时代的楚国,在

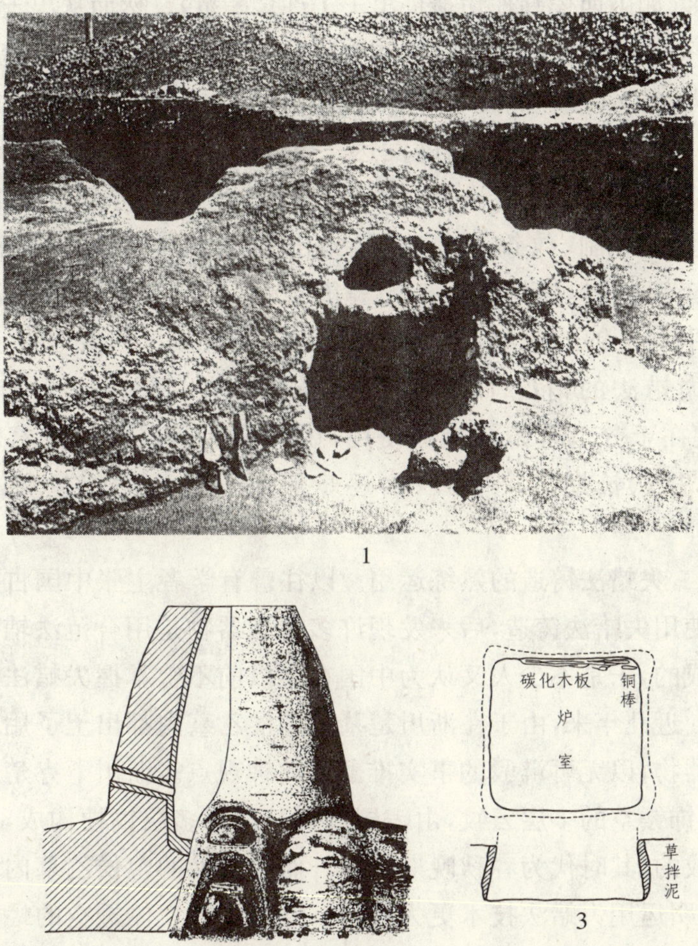

图 4.3－1　炼炉、铸炉遗迹

铜矿的开采和冶炼方面确已达到较高的水平。由此，人们对于曾侯乙墓出土的青铜器，总重量达到十吨之多的惊人数字，也就有了更深的理解。

楚国铸造铜器的作场遗迹发现太少，在纪南城内发现有冶铸作坊残迹（图 4.3－1 之 3），对当时的铸器状况不可能有较多的了解。铸造铜器的陶范虽有少量发现（如制作圜权和蚁鼻钱的陶范），也不如中原发现的多(如山西侯马作坊遗址出土了许多陶范)。然而从出土的铜器来看,已可得知楚铜器铸造技艺和中原是一致的,而且正是从楚铜器获得了对当时铸造技艺高度水平的认识。

第一,合范法铸造的高度发达。以属于楚文化系统的曾侯乙编钟为例,编钟的音律要准确,对铸造要求非常严格。由于它数量多,重量大,形制、纹饰繁复,需要有很高的技术水平才能铸造成功。这套编钟,包括作为支架的簨簴构件,全都是采用合范法铸成的。其中层甬钟的铸型,系用范、芯 136 块组成。研究者认为:“在不使用失蜡法的情况下,铸作纹饰极为复杂、尺寸相当精确的乐钟,关键在于分范合铸的娴熟使用,说明中国商周陶铸技术确有独到之处,是从长期生产实践中,逐步形成了自己的特色和工艺体系的。”[82]

第二,失蜡法铸造的熟练运用。以往曾有学者主张中国古代青铜器普遍使用失蜡法铸造,后来发现许多复杂器物是用合范法辅以分铸技术制成的,于是不少人又认为中国在秦以前不曾掌握失蜡法这一先进工艺。近几年来,由于在淅川楚墓和曾侯乙墓内都出土了用失蜡法铸造的器物,以无可辩驳的事实推翻了此种观点。淅川下寺楚墓出土的铜禁,饰镂空的多层云纹,由表层纹饰与内部多层铜梗构成,是用失蜡法铸成的,其时代为春秋晚期偏早。而在稍晚的曾侯乙墓内出土的尊盘,证明运用失蜡法技术更为成熟。尊盘上有立体透空的蟠虺纹附饰,由表层纹饰与内部多层铜梗组成。表层纹饰不同于其他青铜器上连续的镂空花纹,它们互不接续,彼此独立,全靠内层铜梗支承,而内承的铜梗又分层连结,这样就构成了一个整体。观察表明,这一附饰无焊接与合范铸造的痕迹,在第三层铜梗背面较均匀地分布着许多铜条残茬,说明附饰是倒着浇的,铜条便是直浇口和排气孔道,铜梗兼起分支浇道的作用,这只能是熔模铸造浇注系统(图 4.3-2)。这是经过专家们反复研究、鉴定而作出的正确结论[83]。

根据楚器失蜡法铸件的发现,使我们有理由推测,失蜡法铸造工艺,

1

2

图 4.3－2 曾侯乙墓出土的尊盘

可能是楚人最早发明的，先在楚文化区内流行，然后再影响、流传到其他地区。综上所述，春秋中期以后，楚人后来居上，在青铜器铸造工艺水平上已遥遥领先于他人了。

关于铁的开采与冶炼，论者颇多，此处从略。但不妨再强调以下的事实：荆楚地区至迟在春秋中晚期，不仅有了块炼铁制品，到春秋晚期有块炼渗碳钢制品，同时也有了生铁制品（图 4.3－3）。世界古代其他文明地区

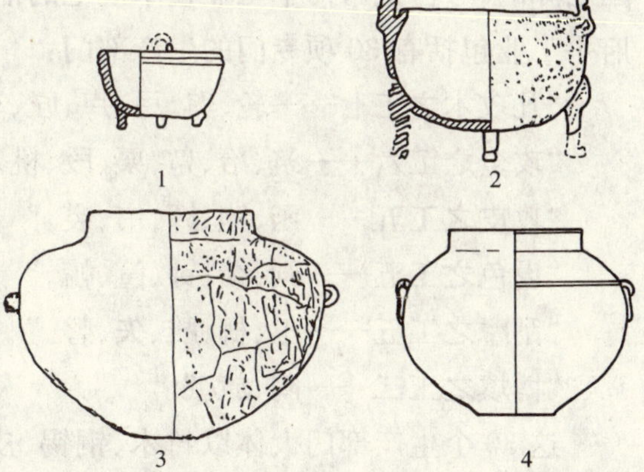

图 4.3－3 生铁铸品

虽然使用铁的时间比较早，但几乎都是块炼铁制品，直到公元元年前后，古代的罗马才开始有生铁出现，由于质量等原因，几乎未得到应用；直到中世纪末（公元 1400 年前后），欧洲一些国家才有生铁制品的使用。从生铁的出现时间看，楚国地区是世界上最早冶炼和使用生铁的地区之一，甚至可以认为楚国是世界上最早使用生铁的地区，至少要比"世界各国早 1 800 年"[84]。

更为重要的是，楚人在生产出生铁之后，为了克服生铁的脆性，提高生铁铸件的使用性能，进而发明了生铁柔化技术，将生铁制品通过退火等工艺处理，制成了展性铸铁件（又称可锻铸铁件）。出土楚国铁器中，已鉴定出多件为展性铸铁制品。尤为惊讶的是，这些展性铸铁件中，既有"白心"展性铸铁，又有"黑心"展性铸铁。而在欧洲，展性铸铁的出现和应用已晚至 1720 年之后，当时得到的是"白心"或"欧洲式"展性铸铁；另一种"黑心"或"美国式"展性铸铁，迟至 19 世纪才出现于美国。由此可知，楚人制出展性铸铁件的时间至少要比西方早 2 000 多年[85]。这都足以表明楚国的铁业水平已遥居于当时世界领先水平。

（二）其他手工业略述

除上述铜、铁手工业外，还有很多其他手工业部门。成书于春秋战国之际的《考古记》，乃手工业技术规范的汇集[86]。该书记载当时的官府手工业包括有 30 项专门的生产部门：

"凡攻木之工七——轮、舆、弓、卢、匠、车、梓。"

"攻金之工六——筑、冶、凫、栗、段、桃。"

"攻皮之工五——函、鲍、韗、韦、裘。"

"设色之工五——画、缋、钟、筐、㡆。"

"刮摩之工五——玉、楖、雕、矢、磬。"

"博填之工二——陶、旊。"

这 30 个生产部门大体以竹木、铜锡、皮革、麻丝、玉石、骨角、陶土等为原料。郭宝钧著《中国青铜器时代》一书[87]，分为冶金、陶瓷、玉石、骨角、皮革、麻丝、竹木等七项予以阐述(此书出版于1963年,自那以后考古新材料甚多,需要有新的概括)。证之以楚考古发现的实物资料,荆楚地区这七个方面的手工业均已相当发达。但现时有关楚经济史的专著大多只重点谈冶金、丝织、髹漆三个方面[88]。诚然这三个方面是极发达的三类手工业,我在本书也将列出专章重点综述其成就,但其他方面的成就也不能忽视,故在此简略地予以考察。

第一,铜、铁以外的冶金业。

铜、铁以外的金属冶炼,主要有锡、铅、黄金、白银等。"中国早期金属文明包括冶金术有独创之处,具有自己的特点,有些比西方文明地区早。"[89]此说已有大量考古资料为证。

锡、铅主要用作青铜的合金原料。荆楚为铜、锡、铅、银等金属的主要产地,《尚书·禹贡》:"荆及衡阳惟荆州……厥贡羽、毛、齿、革,惟金三品。"金三品即金、银、铜。又"长沙出连、锡"(《史记·货殖列传》)。连即铅,以长沙为中心的湖南地区,至今仍是铅、锡的主要产地之一。锡、铅除用作合金外,还可单独作器,有实用器,也有明器(冥器)。在纪南城内发现残留有锡块的冶铸作坊遗迹[90],较大型楚墓的棺椁有的以锡攀钉加固,在望山楚墓内出土了冥币——铅锡饼,曾侯乙墓内出铅锡附饰489件。在楚墓、楚系曾墓内出土了锡、铅和黄金制作的弹簧形器,对它的性质、作用存在着不同看法。后德俊认为:"铅锡合金或黄金质地的弹簧形器实际上是代表着一只只金属蚕,应该称它们为'蚕形器'。""楚人采用他们当时所用的器具(纺锭)和所仿制的器物(金属弹簧形器),将春秋战国时期长江中游一带育蚕吐丝、纺线等一系列丝绸制造工艺完整地、有顺序地、明白无误地表示了出来,为研究楚国的纺织工艺提供了宝贵的实物资料。"[91]这种外貌似弹簧的形器,因无弹性,把它解释为楚人重视养蚕、丝纺的明器,可备一说;并且因有马山"丝绸宝库"的发现,确证楚国丝纺工艺的高超水平,也为此说提供了佐证。

黄金以荆楚地区资源最富,开采量也最大。《战国策·楚策》载楚怀王曰："黄金、珠玑、犀象出于楚，寡人无求于晋国。"《山海经·中山经》："洞庭之山，其上多黄金，其下多银、铁。"《管子·轻重甲》："使夷吾得居楚之黄金，吾能令农毋耕而食，女毋织而衣。"包山二号楚墓竹简记载了以黄金百多镒"翟(糴)种"，即用黄金去购买种子，可证楚国对农业生产的重视和黄金储备量之大。先秦时代唯见楚国使用黄金货币(在第九章有论述)。

黄金除用作货币外，还有以黄金作器物的，如楚系曾侯乙墓内出土了重量达 2 156 克的金盏(图 4.3-4，彩版 11)，乃先秦金器中最大最重的一件。出土时器内有金匕 1 件，重 56.5 克；另出金杯 1 件(重 789.9 克)、金器盖 2 件[92]。大型楚墓还出有金带钩。

黄金有延展性，可锤为金箔，进而可为包金工艺。在湖北当阳曹家岗 5 号楚墓、荆门包山二号楚墓及曾侯乙墓内均出土了数量甚多的金箔。

黄金又可拉成极细的金丝，用来镶嵌青铜器、铁器上的花纹。有错金、贴金、鎏金等多种工艺。望山楚墓、信阳楚墓内出土嵌错金、银的大型铁带钩和鎏金带钩。总之，不仅从文献，而且从考古发现足证楚地黄金手工业生产的发达。

关于白银。楚是否有银币？需进一步研究。在楚器中有为数甚多的错银工艺制品，望山 2 号楚墓内错银车軎上的花纹图案甚见工巧。安徽寿县出土的大府铜牛，身上嵌错白银，至今仍闪耀着银白色美观图案。

第二，皮革业。

这也是荆楚手工业的重要门类。用皮革制作战争使用的甲裳、车马战具，在东周战火频仍的年代里得到进一步的大发展。"楚人鲛革犀兕以为甲，鞈如金石"[93]，即形容其坚固有如金石。"金革"二字一度成为战争的代名词[94]。考古发现的人与车马甲具无疑是使用于战争中的。例如在湖北当阳曹家岗 5 号楚墓内出土了大量皮革甲片。在曾侯乙墓内，共清出完整程度不同的人甲 13 件，不完整的马甲 2 件，从存在大量残片看，原来下葬时的数量要大为超过此数，是历年来出土甲胄片

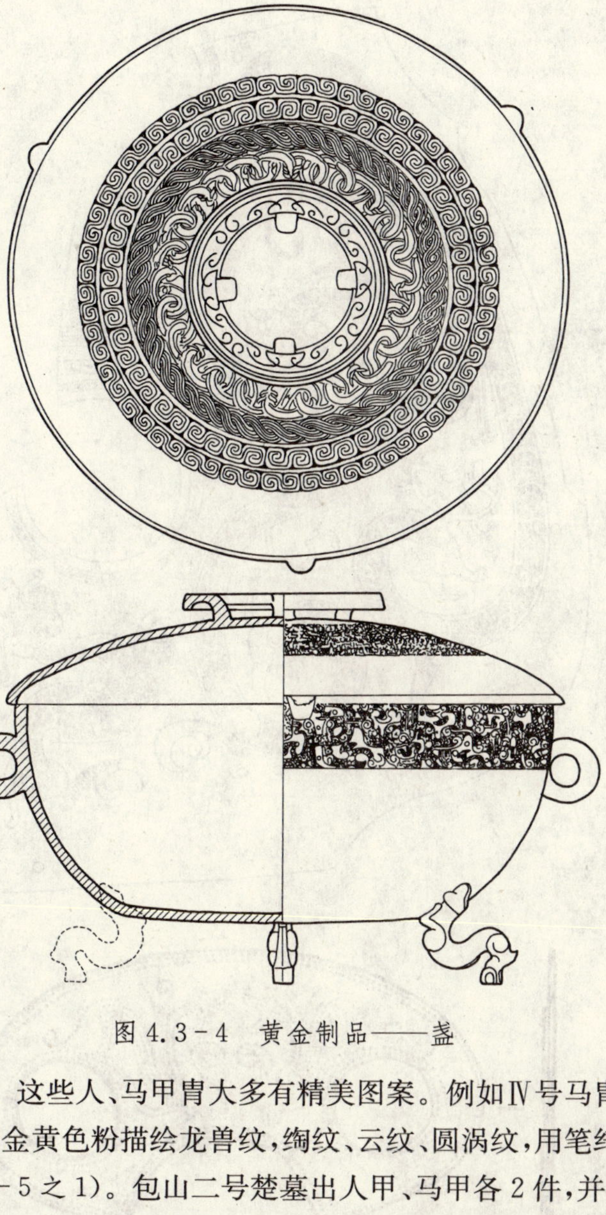

图 4.3-4 黄金制品——盏

最多的一次。这些人、马甲胄大多有精美图案。例如Ⅳ号马胄，表面以朱漆为地，用金黄色粉描绘龙兽纹，绹纹、云纹、圆涡纹，用笔纤细，异常精美(图 4.3-5 之 1)。包山二号楚墓出人甲、马甲各 2 件，并出皮革盾 1 件。惜皮革胎已朽，仅剩漆皮。漆皮上有美观花纹，以红、棕红、黄、金四色，彩绘龙凤卷云纹的图案。还出有车壁皮革袋。

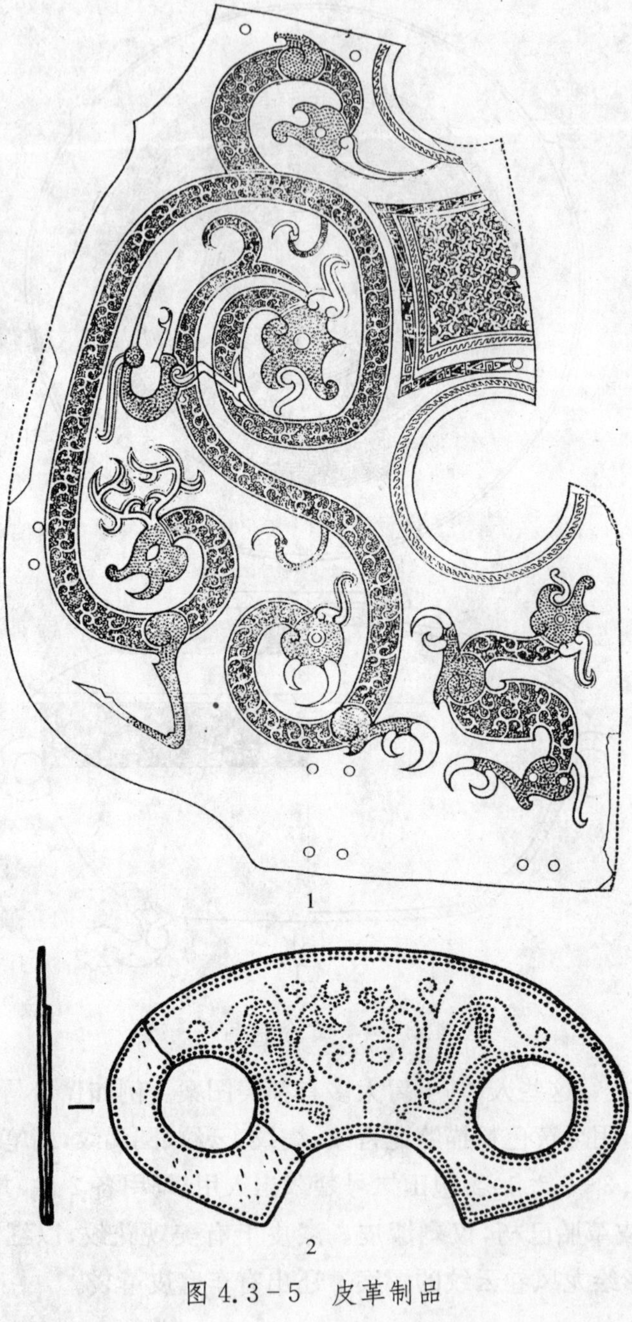

图 4.3－5　皮革制品

以皮革制作日常生活用品，在楚墓内也多有出土。如江陵藤店楚墓出土了皮手套[95]（彩版 12），长沙楚墓出土皮包、皮制之鞋。在望山二号楚墓内出土的皮件，有由极细小钉孔组成的龙凤纹图案（图 4.3－5 之 2），其技术有如现代缝纫机针孔那样密集、规则，可想见当时皮革制造工艺之先进。当时各级贵族少不了皮衣、皮裘的穿用。《左传》昭公十二年载："楚子（楚灵王）次于乾溪以为之援。雨雪，王皮冠……豹舄。"可知其时楚王在冬季寒冷天气是要用皮革冠履的。仅从皮件用于战具和贵族衣着两项来看，楚国皮革制造业的发达和工艺的先进，也是十分明显的。

第三，竹木业。

楚地特多竹木。就地取材，占人们器用大部者，首推竹木器。漆器亦以竹木胎为大宗。木工所占比重远较金玉石骨等工种为大。在《考工记》所记六类 30 工种中，攻木之工居其七，而文字比重居全书三分之二。所以如此多者，也正以用多，故制多、工巧，记录亦应加详，文字的比重乃大。证之出土实物，楚墓出土竹木器最多，且大多保存较好，举凡日常生活用具、礼乐器、车船等交通工具、兵器、生产工具等各类器具中均少不了竹木器及竹木质的构件。如生活用具中的木质折叠床和竹席（图 4.3－6 之 1、4）。乐器中木质钟架、鼓架，配上美观的漆绘花纹，不仅实用，且成为工艺品。还有纯粹作工艺品供欣赏用的雕刻精品，例如包山二号墓出土的 1 件小巧玲珑的动物雕像，是用树根制作的，长、宽、高分别为 3.9 厘米、1.4 厘米、3.6 厘米。器形略呈长方形，中间穿一小孔（应为根蕊）。通体肉雕各类动物，计有三鹿、一猴、一鸟，蛇数条。因有残损，还有其他动物难知其形状。所雕之鹿为奔走状态，大者前导，回眸而视，中者尾随，小鹿在其中，中有数条蛇在蠕动；猴作蹲坐状；鸟栖枝头，似以尖喙拂理羽毛。在这么小的根制品上雕出如此众多栩栩如生的动物，已不仅是表示木工技术的进步，而且是雕刻技艺有高超水平的生动体现（图 4.3－6 之 2）。

至于竹制器皿及构件以及各种竹木丧葬器具，大者如棺椁，小者如

图 4.3-6　竹木骨制品

积竹木质兵器、木俑、镇墓兽，品种、数量众多，尤证楚地竹木业的发达已远居于各区域之上，不再赘述。用于建筑业上则与土方工程结合，造出了富于楚地特色的华美建筑及其装饰，均已有不少文章[96]，以及专著论述[97]，不复繁述。

4

图 4.3-6 竹木骨制品

第四，骨角业。

东周荆楚的骨角手工业，也有长足进步。骨角器多附以纹饰雕刻，以增益华美。实用器件有骨镰、骨贝、骨楪、骨镳、骨剑首等。丧葬用器中如镇墓兽、虎座飞鸟上的鹿角，并多在鹿角上雕花及彩绘，乃木、骨、漆多项工种相结合的艺术品。在曾侯乙墓室主棺内出有角质饰件 72 件和骨珠 11 件。

更有骨质雕刻工艺品引人注目。例如包山二号楚墓内出土 1 件角雕动物，长仅 10 厘米，最大径才 1.9 厘米(图 4.3-6 之 3)。呈稍弯曲之长条形，一端粗，一端细尖，内空。全器透雕 3 个虎首龙身动物，相互蟠绕。最大的一物首尾贯通全器，头向下；次者尾卷成圆形，头向上；最小的一个沿最大者尾部作同向爬行，口咬中者的右足，雕刻惟妙惟肖，反映了骨角技艺的高超水平(彩版 13)。

第五，陶作手工业。

陶器是自新石器时代以来与人们生活密切相关的用品。东周时期以其价贱实用而长盛不衰，并且由于建筑用砖瓦的异军突起而成为手工业的基础产业之一。各地已发现大量烧制陶器、瓦类的陶窑，在楚郢都纪南城故址内就已清理了多座此类陶窑。1965 年由我经手清理了一座专门烧制瓦类的陶窑。窑的上部已破坏，窑壁在地面以下 1.2 米深处发现。窑室平面呈椭圆形，东西向，门道在西，分为窑床与火膛两个部分，以火门相连。火门内为火膛，低于窑床 0.45 米，底部略呈圜底形。窑床基本平稳。烟囱在窑床的后部。全长 8.5 米、宽 3.5 米、残深 2.5 米。在潜江龙湾遗址出土大量红烧土砖块，附近当有烧制砖瓦的窑场。在纪南城内还发现专门烧制明器的陶窑。

陶器按用途可分日常用器、冥用陶器、建筑用陶器三大类。多注重实用性，常亦有施彩绘与刻画花纹者。在长沙地区，从战国到西汉时期，还出现一种“锡涂陶”制的器物，“是中国古代陶瓷家庭中的特殊种类，是素陶向釉陶发展过程中的一个小插曲”[98]。

以上简略谈了五类手工业，加上铜铁冶炼、丝麻纺织、漆器工艺、玉石工艺、玻璃工艺，林林总总，共十大类。这后面五类乃楚文明中最有成就、最具特色的五类，由于多有专书讨论，在本书中又有专章述及，故本章不再重复。这十大类手工业及其产品，体现了楚国在东周时期物质文明的发展水平与高度成就。按现代的产业分类，农业为第一产业，工业为第二产业，那时的工业为手工业。这十大类可认为是当时“第二产业”的主体部分，是值得认真总结的。

三、楚国的商品生产与贸易

《左传》宣公十二年记载楚国对外征战，“商农工贾不败其业”。今人对此句中将“商”列为四民之首虽看法有异，但都一致认为楚国比之中原诸国更为重视商业的发展[99]。郭仁成著《楚国经济史新论》认为：“要弄清楚国的国情，只能从楚国的实际出发，切忌用先入为主的现成模式去硬套。楚国既不同于希腊罗马，也不同于齐鲁秦晋，楚国只能是它自己。战国时代……在封建社会的大环境里，楚国这个小环境究竟有哪些与众不同的特点？与同时代的西北诸国特别是秦晋相比，楚国的封建社会经济至少具有三方面的明显特点，而第一个便是早熟型的商品经济。”“说楚国商品经济‘早熟’，包含两层意思：一层讲，楚人的先世是殷人的近邻和贸易伙伴，它重商的传统是在跟这批资格最老的商人直接做生意时就开始形成的，起步比后来号称‘冠带衣履天下’的齐人还要早；二层讲，楚国商业的兴旺几乎与农业同步，比手工业要早，而在商业的刺激下，农林牧副渔多种经营一齐上，因地制宜，互为补充。它们和手工业一样，一开始就超越了自给自足的樊篱，具有商品生产的性质。这后一层所导致产生的经济体制，与西北诸国那种以农为本，以工商为末，以自给自足为目标的模式，是大不相同的。”[100]

以上较多引述郭氏的看法，并不是对他所有看法完全同意，而是觉得他紧紧抓住楚国国情特点的研究方法颇值得称道。我在撰著荆楚文明各章时也正是始终注重楚国国情这一问题。此心相通，故对他的议论深表赞许。至于楚国商品经济是不是“早熟型”的？商品经济在楚国社会经济中的比重与作用应如何估价？……此类问题，还可以进一步研究。楚国商品经济发展程度比之中原地区秦晋等国发展程度为高，对此应是可以肯定的。

楚国商品经济的发达，表现在国内和列国间以及更辽远地域的商品贸易十分通达。楚国内疆域广、城市多、水陆交通便利，如鄂君启车节、舟节所载水陆通道遍及全境，形成了交通网络。大宗的物资如稻谷等粮食作物、丝麻等纺织品、竹木漆器、铜器、铁器等手工业制品，都已进入商品流通市场。

楚国商品经济发达更重要的标志是对外贸易。贸易种类既有农副产品和手工业制品，又有各种自然资源的产品，如矿产品、土特产品、珍稀物品。在和中原列国及巴、蜀、滇、吴、越等地的商品贸易中，楚国受益最多，促进了楚国经济的进一步发展与国家的强大。

楚国的对外贸易已超出了当时列国地域，而达到了更远的地域。

张正明认为，最迟在公元前4世纪后期，南方就开通了一条“丝绸之路”：东起长江中游的楚国郢都（今湖北荆州），西至恒河中游的摩揭陀王国孔雀王朝的都城华氏城（今印度比哈尔邦巴特那附近），途经今长沙、贵阳、昆明、缅甸等地，中间要越过横断山脉。尽管这是一条布满风险的古道，依然被犯艰历险的楚国商人所征服[101]。后德俊则认为南方这条通道可称之为“玻璃之路”[102]。通过这条南方丝绸、玻璃之路，西亚的“蜻蜓眼”式琉璃珠运入中国（包括楚地），而楚国高度发达的丝织业成品——各式丝绸衣物，被辗转运入南亚印度等国。

东南亚一些国家的考古发现，提供了楚国商品传入该地的物证。据杰里米·戴维森《越南近年来的考古活动》一文介绍，发现了东山文化时期（公元前5世纪）的铁器和漆器，很可能是楚器或受楚影响的产品，当由楚国商人辗转运输所至[103]。又据谭·夏里臣《1964年马来西亚最近考古发现》一文介绍：“近年来在马来西亚各地发现了大量的琉璃珠，绝大部分是中东产品，也有一些是来自中国的，时代从公元开始或更早一些。”[104]公元前中国范围内的琉璃珠，无论就其数量还是质量，都以楚国为最。看来，马来西亚各地发现的中国式琉璃珠应是楚国与当地有着商贸往来的实证。

西北方向，楚国商品已穿过阿尔泰山脉。在今阿尔泰山西麓巴泽雷克发现了古代游牧民族的贵族墓，其年代相当于我国战国时期，墓中出土了堪称标准楚式镜的四山镜和丝织刺绣物[105]。其中丝织刺绣物的丝纤维、花纹风格（龙凤纹）以及刺绣工艺手法（锁绣），都与长沙烈士公园战国楚墓出土的龙凤纹刺绣相同[106]。这是楚国商品已经远销到中亚乃至更远地区的物证之一。

第四节　科学文化与精神文明成果

楚国鼎盛时期不仅政治强劲，经济繁荣，与之相应的还有文化灿烂，精神文明与物质文明、制度文明三个方面协调发展、相互促进。科技文化的发展在许多方面也同样处于当时的领先地位，同样有着鲜明的特色。本节着重从天文学和历学、算学以及学术思想、音乐文化等几个方面作出一些论述。

一、天文学、历学、算学

东周时代的楚国，天文、历象、算学等领域，在"世叙天地"[107]的历史传统基础上有了更长足的发展，取得了巨大的成就。

（一）天文学

战国时期在中原地区和荆楚地区出现了两位齐名的天文学家——魏国的石申夫和楚国的甘德。石申夫是魏国人，史无异辞。甘德则有齐、鲁、楚三国人之说，孰是孰非？仅据史籍难以判别。王胜利据考古发现的资料予以辨析，提出了两条足以使人信服的证据[108]。第一是从马王堆汉墓出土《五星占》的占文看，把《五星占》的记载与唐代成书的《开元占经》所辑录的分别标明"甘氏曰"、"石氏曰"的有关五星的占文相比较，发现《五星占》的不少行文用语与《开元占经》中的"甘氏曰"的占文十分接近，而与"石氏曰"的占文明显不同。《五星占》的占文为什么会有"同甘异石"现象？很可能是因为马王堆汉墓所在地长沙本为楚国故地，而甘德本为楚人有关。第二，从甘氏二十八宿的选星看，甘德与石申夫对日月五星的运动规律进行了系统的观测与研究，分别建立了自己的二十八宿恒星体系。《汉书·天文志》在有关古代太岁纪年法的论述中，分别提到了甘氏和石氏两套二十八宿的全部星宿名。在曾侯乙墓的漆衣箱盖上书写有二十八星宿名（图 4.4-1），三者大同小异，列表于下：

甘氏	角	亢	氐	房	心	尾	箕	建星	牵牛	婺女	虚	危
石氏	角	亢	氐	房	心	尾	箕	斗	牵牛	婺女	虚	危
曾墓	角	堃	氐	方	心	尾	箕	斗	牵牛	婺女	虚	危

甘氏	营室	东壁	奎	娄	胃	昴	毕	参	罚
石氏	营室	东壁	奎	娄	胃	昴	毕	觜觿	参
曾墓	西萦	东萦	圭	娄女	胃	矛	绊	雚	参

甘氏	狼	弧	注	张	七星	翼	轸
石氏	东井	舆鬼	柳	土星	张	翼	轸
曾墓	东井	与鬼	酉	七星	张	翼	车

图 4.4－1　曾侯乙墓漆衣箱盖面文字、图像

从上表看出，甘石两套二十八宿的选星绝大多数是相同的，只有五对有异，即甘氏系统中的建星、罚、狼、弧、注，与石氏不同。特别是其中的狼、弧两星分别要比石氏的东井、舆鬼两星偏南 40 度以上。甘氏二十八宿体系之所以要选用如此偏南的星宿，很可能与楚国的地理位置较魏国偏南，而甘德又为楚国天文学家有关。正因为狼、弧二星位置偏南，易为楚人观测和熟悉。屈原《楚辞·九歌·东君》："举长矢兮射天狼，操余弧兮反沦降。"王逸注曰："天狼，星名，以喻凶残。"《晋书·天文志》："瓜九星，在狼东南，天弓也，主备盗贼，常向于狼。"楚国伟大诗人正是借用这两个星宿来抒发自己憎恨残暴势力、主持正义的炽热情感。据以上两条，可证甘德应为楚人。《史记》正义云：甘公，"楚人，战国时作《天文星占》八卷"[109]。《汉书·艺文志》亦云："六国时，楚有甘公。"从上所述，考古新发现的资料印证了文献记载关于甘公为楚人的可信。甘公的《天文星占》是楚国天文学著作，也是中国最早的天文学著作，而考古发现的中国最早天文学著作《五星占》也当是楚地楚人的著作[110]。

至于曾侯乙墓漆衣箱盖上的二十八宿星名则与甘氏体系出入较多，与石氏体系出入较少，可能因墓主为姬姓曾侯，故较多地接受了中原地区二十八宿体系影响，但也多有楚文化的影响在内，例如"昴"写作"矛"，这与《五星占》之写作"茅"相同，显然是受了楚地方言之影响。

总之，甘氏、石氏为两套二十八宿星名体系。"甘氏二十八宿体系属于楚文化范畴"[111]。这与音乐文化中的十二律名也存在着楚、周两个文化体系一样(后详)，足以表明楚文化的自成体系及与周文化的密切关系。甘德应是总结了楚人在此以前的天象观测成果并编著成书的楚国天文学家。曾侯乙墓的漆衣箱这样的日用器物上书写有二十八宿星象，可知其时在包括曾国地域在内的楚地域内，天文学知识已有广泛的流传，证明楚国有着重视天文事业的古老传统。恩格斯在《自然辩证法》一书内指出："首先是天文学——游牧民族和农业民族为了定季节，就已经绝对需要它"，"科学的发生和发展，一开始就是由生产决定的。"

楚国有悠久的农业文明、手工业文明传统，理所当然地天文学起源早、水平高，到战国时期出现代表当时天文学最高成就的楚人甘德的《天文星占》著作，就是必然的事情了。战国时期楚国天文学成就，还可再举数例：

对五大行星的观测。甘德对五大行星的认识比前人前进了一大步。他观测到行星的逆行现象。《史记·天官书》："故甘、石历五星法，唯独荧惑（火星）有反逆行。"《汉书·天文志》："古历五星之推，无逆行者；至甘氏、石氏经，以荧惑、太白为有逆行。"这真实地记载了甘德和石申两位天文学家首先发现行星运动有逆行现象的历史功绩。

五星占的木星，我国因其特殊作用而称之为岁星。甘德著有《岁星经》虽已失传，但部分保存于唐代的《开元占经》中。《开元占经》卷二十三："甘氏曰：单阏之岁摄提格在卯，岁星在子，与婺女、虚、危晨出夕入，其状甚大有光，若有小赤星附于其侧，是谓同盟。"当代著名天文学家席泽宗认为：那颗附于岁星之侧，与岁星结成同盟的小赤星，即是木星的第三号卫星[112]。国际天文学界过去一直认为，木星的四颗较大的卫星是意大利物理学家伽利略和德国天文学家麦依耳在公元1610年用望远镜发现的。这实际上是一个错案。因为木星的三号卫星是其最大的一颗卫星，是颗橙色的四等星，当其与木星的角距大于5角分时，是可以用肉眼直接看得到的。所以，楚国天文学家甘德发现它是完全做得到的。据席泽宗推算，甘德的发现应在公元前400年至公元前360年之间，最可能是在公元前364年夏天。这比西方的发现早了将近两千年。甘德的这一杰出成就，是楚国天文学的骄傲，是楚国天文学发展水平领先于列国和世界的有力证据。

长沙楚帛书和马王堆汉墓出土的《五星占》、《天文气象杂占》等都是楚人的著作，和甘德的著作一样，不管是对二十八宿、五大行星的观测和研究，还是对日食的观测、对北斗星的观测、对彗星的观测和对恒星的观测与命名等诸多天文学领域，都有着独特的成就与杰出贡献。由此看来，楚国的天文学家有一个群体，甘德不过是其中的杰出代表而已。《史记·天官书》:“昔之传天数者……楚,唐昧。”“近世十二诸侯、七国相王,而尹(皋)、唐(昧)、甘(德)、石(申),因时务,论其书传,故其占验,凌杂米盐。”可见唐昧也是楚国的一位天文学家。同时,他又是一位楚国将领,死于垂沙之难[113]。而出土的《五星占》、《天文气象杂占》如果不是甘、唐所传,也是一些已佚名的楚天文学家所作。饶宗颐先生云“足见甘公之天文实为楚学”[114]。也可以说以甘公为代表的楚天文学家乃楚学的一个重要群体。屈原不仅是政治家、文学家,也可以认为是楚国天文学家群体中的一员。他的诗篇中有很多关于天文学的问题,除上举射天狼诗句外,还可举几例:

> “援北斗兮酌桂浆。”“杳冥冥兮以东行。”
>
> ——以上《九歌·东君》
>
> “天何所沓?二十焉兮?”“日月安属?列星安陈?”“夜光何德,死则又育?”“厥利维何,而顾菟在腹?”“角宿未旦,曜灵安藏?”
>
> ——以上《天问》

屈原的弟子、诗人宋玉在他的《九辩》和《远游》诗中也有关于二十八宿划分为四象的诗句,楚道家著作《鹖冠子·环流》中有以北斗斗柄指向定四季之语句……凡此都反映出楚天文学群体和先秦其他地域的天文学家一样,为我国早期天文学的发展,为在世界天文学发展史上确立独具特色的中国古代天文学体系,作出了突出的贡献。

(二) 历学

历学与天文学密不可分,历法的进步是以天文学的成就为基础的,因此,历学实际是天文学的一部分。东周时期的楚国和几个主要诸侯国,至迟在公元前 5 世纪已普遍使用四分历,即以 $365\frac{1}{4}$ 日为岁实(回归年),以 $29\frac{499}{940}$ 日为朔策(朔望月),以十九年七闰为闰周[115]。四分历的使用,是先秦历法水平取得重大进步的一个里程碑。它说明人们不仅能够准确地测定回归年和朔望月，而且能够较准确地掌握两者之间的内在关系，使历法的编制工作从对天象观测的依赖之中解脱出来，进入到可以科学推算的阶段。列国历法的区别主要在于年首不同、历元不同、闰月设置的年份或月份不同、年名及月名的命名方式不同等。由于历元、年首不同，有黄帝历、颛顼历和夏、殷、周、鲁历等所谓古六历之说，又有因月首不同形成的所谓“三正”历法说和“四正”历法说。这些历法不管怎么不同，但都已达到四分历水平，而以干支纪日，则是万变不离其宗的共同点，这足以表明中国天文学与历学的高度水平，并具有中国特色。

楚国在东周使用何种式样的四分历？楚历久已失传，幸喜有出土的大量金文、楚简帛书材料足资研究，也确实引起了一股楚历法研究热。但由于多种主客观因素，至今还是仁者见仁，智者见智，形成各持一说的“百家争鸣”局面。这是楚学研究的正常现象，唯其如此，才能促进楚学研究的进展。

关于西周和西周以前的荆楚历法，材料太少，实难讨论。春秋时期的楚国历法，一般依据《左传》上的“荆尸”一词，有主张实行子正（建子、天正）周历或寅正（建寅、人正）夏历（即以夏历十一月或正月为年首）的两说。而我则“吾道一以贯之”，在论证楚国于战国时期行用丑正（建丑、地正）历法的基础上，进而认为在春秋时期也可能行用丑正历。试提出两点理由：

第一，《左传》庄公四年和宣公十二年均提到楚月名“荆尸”：一曰：“四年春，王三月，楚武王荆尸”（庄公四年）；二曰：“十二年春，楚子围郑……三月克之……荆尸而举……夏六月……乙卯……丙辰，楚重至于邲，遂次于衡雍……祀于河，作先君宫、告成事而还。”（宣公十二年）后者写的是楚晋邲之战（前 597 年），楚大胜、晋大败。这一著名战役，乃楚国在大国争霸时期的最辉煌事件。这两个年份中的“荆尸”之月，均系之于三月记事。这个三月可能是夏正历的三月[116]。如按丑正历法，应以夏正的十二月为正月，则“荆尸”恰好相当夏正历法的三月，于楚历法则为四月。荆尸之月正是楚历的第四个月(后详)。这样解释,则《左传》以上两处记事就成为楚行丑正历法的文献依据之一。

第二,楚历月序中的四月至七月的名称为:荆尸、夏尸、享月、夏柰。夏尸、夏柰两个月名,在楚历月序中为第五个和第七个月。按夏正历法,相当于夏正历法的四月和六月。四、六月正是夏正历法中的夏季,也就是今天传统农历中的夏季,故两个月名中都有"夏"字。这是历法与物候节气相符的证明。反之,如果楚国不用丑正历法,则这两个月名在月序中有一个必定要归于春季或者秋季,这显然与楚历法的本来面目不符,应予否定。

以上为笔者提出的关于春秋时期楚同样使用丑正历法的两个根据。若使这一看法得到公认,还需更多证据。这里权以一家之言提出,供时贤研究之参考。

至于战国时期楚用建丑为正的历法,是我在研究包山楚简材料时提出来的,并作了较为详细的论证。考虑到这是一个相当重要的学术问题,研究的材料又主要是考古发现的文字材料,故放在本书第十章论楚系文字中去谈。虽然我的说法至今尚未得到公认,但产生的效果则是显著的。例如我据此推断的包山二号楚墓的下葬年代及该墓竹简中七个以大事纪年的绝对年代,为公元前 322 年至公元前 316 年,则已为研究界所认同[117]。这为楚墓年代学与楚历史年代学研究作出了自己的一份贡献。由于这一新说的提出,从而导致楚历法研究与楚文化研究的进一步开展与深入,应该说其意义与影响也是深远的。笔者有生之年能作出此类贡献,亦可谓"三生有幸,殁亦无憾"矣。

(三) 算学

算学即现代的数学。在中国古代和现代都产生了许多数学大师,这与中国传统的数学甚为发达相关。楚国的数学无疑也是很发达的。楚国的天文学、历学以及生产活动、建筑工程等均离不开数学的应用。只是文献对楚国算学几乎缺载。幸赖有出土材料可资说明。长沙楚墓里出土过算筹等运算工具,安徽出土的一些郢爰,刻有代表算筹的数字符号。砝码中的数列计量及“黄金分割”的运用，仅见于楚国。20 世纪 80 年代在江陵张家山 247 号西汉早期墓内，出土了年代应早于秦汉的竹简《算数书》[118]。其内容和体例与《九章算术》近似，也是一部数学问题集。标题有以算法拟定的，即“赠(增)减”、“合分”、“相乘”、“分乘”等。也有以用途拟定的，即“里田”、“税田”、“程禾”、“金贾(价)”等。此墓是汉初吕后执政时下葬的，上距秦灭楚国仅约 40 年，墓主为楚裔。《算数书》应是战国时代的楚国著作，代表了楚国数学发展水平。《九章算术》当脱胎于《算数书》。《九章算术》成书年代不早于西汉中期，张家山算数术乃现知年代最早的算数书。由此证明楚国算学在中国数学史上有重要的历史地位。

二、学术思想

春秋战国这一“轴心时代”，是中国文明史上第一个黄金时代。诸子蜂起，百家争鸣，著作如林。这是一个既产生思想巨人，也产生后世称之为中华经典著作的时代。这些由学术巨人的思想凝结而成的经典或元典，是此前中华文明积淀的结晶，其内含的元典精神具有不朽性和现代意义[119]。

众所周知，近几十年来，新出土的竹简、帛书中很多是先秦古籍，有许多重要的经典文献不见于今本或与今本相异，引起了学术界对这些新出古籍的研究热潮。王国维先生曾指出：“古来新学问起，大都由于新发见。”“纸上之学问赖于地下之学问。”[120]由研究这些新发现的先秦古籍而引出了很多需要重新研究的问题和新的学问，进而得出了“我国的古代学术史由于这些发现是必须重写了”[121]的新认识。

有感于这一“必须重写”的看法，具体到楚国学术思想史，我以为更有必要提出这一问题。为什么这样说？第一，从历史上看，“《史记》、《汉书》所载学术传流，多侧重北方，对南方楚地的文化史涉及较少”[122]，并且失传、误传的情况较为严重。第二，新发现的简帛古籍大多为佚籍，且主要是楚地或楚人的佚籍，有非常重要的研究价值。第三，对这些新发现的古籍的认识很不一致，并存在着有意无意贬低楚国学术水平的倾向。因此，有必要重写楚国的学术史，以推进中华学术史的研究。

先秦学术思想的流派有九流十家之说，但主要是儒、道、法三家。楚国是道家的起源与盛行地。墨家、阴阳家亦为楚地显学。儒家在楚地也有传流。但楚国学术的主流是道家，对楚国道家学派的认识也有待进一步展开讨论，故在此主要谈谈道家的有关问题。

道，这个使无数先哲为之倾倒的至高无上而至深莫测的观念，源自楚地，盛于楚国。早在商周之际，楚人的先祖鬻熊就是道家的祖师。《汉书·艺文志》载："《鬻子》二十二篇。名熊，为周师，自文王以下问焉。周封为楚祖。"明人宋濂注此书曰："盖子书之始也。"清人宋翔凤曰："《鬻子》书已不传。今传逄行珪注鬻子，乃是伪书。惟《新书·修政语》二篇，当采自《鬻子》……固治天下之书也。"今之学者张舜徽按："不得谓《鬻子》为子书之始也。特直名其书为某子，则以此为最早耳。"[123]今人涂又光认为《汉书》作者班固"鉴定道家著作《粥（鬻）子》为真，小说家著作《粥（鬻）子》为伪"；他并认为"《粥（鬻）子》有个写定本，还有个口传本，写定本就是班固著录本……虽非粥（鬻）熊本人写定，总也相隔不久。口传本一直到贾谊下放长沙时由他笔之于书"[124]。也有予以否定的，如认为此书乃战国时代楚人伪作[125]。或认为"班固所言的《鬻子》二十二篇，亦非周代作品，而出于战国末年或汉初之人的伪托，多属向壁虚造"[126]。我认为对这种古书的真伪判断要谨慎，不能过于武断。鬻熊其人是可信的，不仅有古书为证，更有包山楚简中楚人自己的亲笔记录为证。有鬻熊其人，对鬻熊其书就不能一概否定。我赞成冯友兰、李学勤等学者的看法，既不要拘泥信古，也不要一味疑古，而要释古[127]。《鬻子》虽为后代人所追记而写，并掺入不少后代人的思想、文字，但这是古书形成过程中的正常现象，不足为怪。我们应该肯定《鬻子》一书。全书虽已失传，但其部分内容见于其他古书所引[128]，可以作为研究《鬻子》的资料。

流传至今的中国第一本哲学著作，也是中国和楚国第一本私人著作，就是与儒家经典齐名的《老子》一书。其内容博大精深，被誉为"万经之王"。

但是，对于《老子》一书及其作者老子其人，至今同样存在不少的歧异之见，不可不论。

第一，老子其人的问题。早在司马迁著《史记》时就记载有三个老子："老子者，楚苦县厉乡曲仁里人也，姓李氏，名聃，周守藏室之史也。""或曰，老莱子亦楚人也……与孔子同时。""孔子之所严事：于周则老子……于楚，老莱子。""自孔子死之后百二十九年，而史记周太史儋见秦献公……或曰儋即老子，或曰非也，世莫知其然否。老子，隐君子也。"[129]如此看来，被称为老子的学者有两人或三人，即老聃、老莱子、老儋。今人治楚学者，或主张老子应指老莱子，或应仍按传统说法即指老聃[130]。1994 年出版的《中国通史》则不置可否，未肯定哪种看法[131]。

第二，《老子》一书的年代问题，存在春秋晚期、战国早期、战国中期等不同的看法。

第三，老子思想的地域文化属性问题。近年的个别著作中出现了老子和庄子思想均属中原文化而非楚文化的"新"看法。对于这一新说，更是不可不辨的问题。

讨论这些问题，现在有更为重要的考古新发现值得庆幸。这就是近年在湖北荆门郭店楚墓所出几部竹简典籍中有关《老子》的篇章。这是不同于已知《老子》各种传本的另一种尚未见过的传本[132]。这是比长沙马王堆汉墓所出帛书《老子》更为重要的新材料，可惜其全部材料还待公布。幸喜笔者最近得到了此地不易看到的《荆门大学学报》上的一篇文章：《试论荆门竹简〈老子〉的年代》[133]。此文认为这是《老子》一书的抄本，抄定年代的上限为公元前 377 年，下限不晚于公元前 300 年，相对年代为战国中期。

该文最使我感兴趣的是首次披露了竹简《老子》的不少新材料。特别值得注意的是以下一些:“竹简《老子》无篇题,共有三册,各自独立。三册简文,分别使用不同的简形和简长”,作者并以 A、B、C 编号,分别介绍了三者不同之处,其数量 A 为 28 枚,B 为 18 枚,C 多达 40 枚。“各册的用简数量,是由文字的多少所决定,而不是同一著作人为地分割成三册,各册具有独立性。”“三册简文不能构成上下篇关系,所以不能统名之为《道德经》或《德道经》。我们把三册简文合称为《老子》,是因为其中的内容大部分见于今本《老子》,囿于传统,姑且名之。”

关于《老子》一书的年代问题,既然荆门所出为《老子》抄本,抄定于战国中期,则其写定本必早于战国中期,写定于战国早期或更早至春秋晚期,即为与孔子同时代而年岁又稍长于孔子的老子之手。老子与孔子是同时代人,故其书的初写本年代应为春秋晚期,不会晚至战国早期和战国中期。《申论〈老子〉的年代》一文,肯定老子一书的年代“不会晚于战国早期”[134],看来还可提前,当不会晚于春秋末年。

在此还想介绍一本也许流传不太广的书中所提出的看法。这就是李水海的著作《老子〈道德经〉楚语考论》[135]。此书“匠心独运……自成一家、颇有新意”(见该书序)。书中附录一:“《老子》成书时代新证”,证明“《老子》一书,至迟成书于春秋末年。……虽然有后人羼入的个别字语,基本上仍是老子原著”。

李水海此书最精彩处还在于对《老子》书中楚语的考证,这就要谈到前述第三个问题,即《老子》思想属中原文化还是楚文化的问题了。

其实,这一问题,本来前贤早有定论,宋代朱熹就早已说过老子是楚人。国学大师如王国维,治哲学史的名流学者如任继愈、冯友兰等早已指认老子、庄子为楚人,其思想反映了南方道家的思想。今人张正明、涂又光等多有反复论述。但是在 1997 年 5 月出版的《庄子考辨》一书[136],仍反其道而行之,不仅认为老子、庄子不是楚人,进而认为“先秦道家文化应属中原文化”。此论重要依据之一是以作者出生地来定其人其书的文化归属,显然是不科学的。老子虽是陈国人,但其时陈已名存实亡,在老子出生之前的楚庄王时就曾灭陈为县,后虽恢复陈国,但已俯首听命于楚国,楚灵王时就曾"大城陈蔡"。在楚平王时即老子生活的年代,又复灭陈为县,"使穿封戌为陈公"(《左传·昭公八年》)。后虽让其复国,但陈侯实为傀儡,并于前478年为楚灭亡了。无疑的,陈地早已沦为楚势力范围,其文化已属楚文化范畴。所以张正明称老聃为"楚化的陈人"或"楚籍陈裔"[137]人。

同样,庄子虽出生于宋国,但游于楚。正如王国维所云:"庄子楚人,虽生于宋,而钓于濮水,陆德明《经典释文》曰:'陈地水也',此时陈已为楚灭,则亦楚地也,故楚王欲以为相。"[138]所云为相之事,见《史记·老子韩非列传》:"楚威王闻庄周贤,使使厚币迎之,许以为相",也见于《庄子》的《秋水》篇中。老、庄虽一度生活在陈地,在淮水以北,但"当时的所谓南方,是含淮北在内的"[139]。

以上是从地域看,道家非属中原地区文化,应属南方的楚文化。而从《老子》、《庄子》二书的语言和所蕴含的思想来看,也主要是反映了楚文化思想,道家代表了南方的学术主流。对这一点,不在此详论。值得注意的是前面提到的李水海所考定的《老子》书中的楚语问题。

在《老子〈道德经〉楚语考论》的引言中,作者援引高亨的话:"故谓老子为楚人,未可厚非",进而认为其书"自然多用楚方言",并引朱谦之《老子校释》云"特重楚方言与《老子》的关系"。但朱谦之的书只考了10个楚方言字,而李水海此书则考出51个楚方言字词,例如"华"、"灵"、"不穀"等字词,均为朱书无考。李书不仅考定为楚方言,并通过这种对楚方言的正确阐释,做到"准确抉发《老子》的微言大义"(见该书引言)。证《老子》如同屈原辞赋一样是"书楚语"。这是表明《老子》的楚文化属性的一个重要方面,完全可以认为《老子》一书主要是楚文化发展在学术思想方面的结晶。当然,它也有其他地区文化的影响,包括中原文化在内。先秦的学术流派如同经济、文化的各个方面一样,都是相互交流、相互渗透、相互促进的。肯定《老子》属楚,并非否定其他地区文化、思想的影响,这才是正确的认识。

楚国的学术思想除以老、庄为代表的主流学派之外,也有其他流派，儒家、法家、阴阳家等，都可在楚国畅行无阻。“正像政策上能宽待不同的民族，工艺上能兼采不同的长技，学术上楚国能优容不同的流派，如果没有博大的襟怀和宏大的气度，楚国就不会创造出那么伟大的文化业绩。”[140]

对于其他流派的学术思想，这里不再论说。顺便再提一点，《庄子考辨》中有一种说法，认为楚文化比之其他地区文化（主要指中原文化）“相对落后一些”（见37页），这不仅牵涉到对《老子》、《庄子》的评价，也关系对先秦中华文明的认识，留待本书最后一章再论。

还再顺便提一下墨子的里籍问题。《楚国哲学史》曰：“前人或说墨子是宋人，或说是鲁阳人。……就本书而言，只说墨子是北方人，就足够了”（第314页）。对于墨子的里籍作出这种泛指的看法，在无材料确证的情况下，不失为谨慎之言。笔者有意于此，后见到关于全国墨子研究会的报道，对墨子的里籍提出了肯定的看法，深得吾心，特录之与读者共识：“许多学者运用史传记载、考古发现、口碑材料、方言风俗等材料分析，比较一致地认为墨子的故里在今河南鲁山，即春秋战国时期楚之鲁阳。”[141]以此看来，墨子并非如有的学者所说仅只是两次游楚，其实他本就是楚国鲁阳人。墨学也应是楚国之学，对这一点，也当有专门著述才行，甚盼时贤撰出大部头专著，故在此也仅提及而已。

三、楚国音乐文化的成就

音乐文化是体现文化发展、文明成就的重要标志之一。楚系乐器的大量发现，提供了这方面的实物证据。据李幼平统计，已发现的楚系乐器共120批680多件，其中包括地层关系、乐器组合特征明确的约105批580件以上，占总数的84%左右。楚系乐器组合可分为金石类和非金石类两种，前者多于后者，前者有440余件，后者百来件[142]。金石类中编钟以河南淅川下寺2号楚墓所出王孙诰钟、信阳楚墓“荆𦥑”编钟和楚系曾侯乙墓编钟为代表；编磬以曾侯乙墓编磬和纪南城南郊所出 25 具大型彩绘编磬为代表。非金石类乐器以当阳曹家岗 5 号楚墓之瑟、信阳楚墓之锦瑟、荆门郭店七弦琴、虎座鸟架鼓以及曾侯乙墓所出为代表[143]。春秋战国之际,金石类与非金石类二类乐器组合谐鸣,共同形成了南方特色的钟鼓楚声。此时之金石类组合达到了集先秦同类组合之大成的顶峰,是为楚乐的最鼎盛辉煌时期。此后,随着礼崩乐坏的社会演变趋势,逐渐由体现礼制的金石之乐向以表现世俗娱乐的非金石之乐转变,特别是与南方特有的娱神、娱人的浪漫主义文化特征相适应,非金石类乐器逐渐取代金石之乐,开汉代以“丝竹之乐”为主之先河。

楚音乐文物如此丰富,难以尽书。这里仅以楚系曾侯乙墓所出乐器作些论述。

1978 年发掘的曾侯乙墓,是中国考古史也是中国音乐考古史上的一次空前大发现。所出乐器有 9 种:编钟、编磬、鼓、瑟、琴、均钟(律准)、笙、排箫、篪,共计 125 件,还相伴出有与部分乐器配用的击奏工具(钟槌、鼓槌等)10 件和各种附件。出土时它们基本保持着下葬时的位置和状态。中室以编钟为主,可看出是战国初诸侯宫廷乐队的基本建制及其演奏时的大体布局,俨然是一座 2 400 多年前规模宏大的地下音乐厅。

这么多乐器中,首以洋洋大观的编钟最令人注目,是这批乐器中科学与艺术高度结合的顶峰之作,是自古至今所见同类乐器中规模最为宏伟,同时又完好地保存着原有音响的罕见杰作。编钟共 65 件,分三层八组悬挂在钟架上(图 4.4-2)。尤其可喜的是钟和附件上还有多达 3 755 字的铭文(钟体铭文就有 2 828 字),编磬上也有 700 多字,绝大多数文字为乐律铭文(图 4.4-3)。音乐界誉之为古代乐律学的光辉著作。全套编钟音域宽广,从下层第二组第一钟最低音 C_2 开始至中层一组第一钟 C_7,跨五个八度音程之多,只比现代钢琴的音域两端仅各少一个八度音程。“在中心音域约占三个八度的范围内十二个半音齐备,可以旋宫转调,其旋宫能力六宫以上，而全部音域中的基本骨干则是五声、六声以至七声的音阶结构。”[144]经过测音，各钟发音准确，可演奏古今中外各种乐曲。公元前5世纪的乐器，已具备如此高的水平与性能，这是中国历史上的奇迹，世界文明史上的奇葩。各种赞誉之辞多得难以一一罗列。例如颂之为“中华民族的光荣和骄傲”[145]、“世界奇观中独一无二的珍宝”[146]、“古代世界第八大奇迹”[147]、“不但给古代中国在声学和冶金学的成就提出了不可否认的实物论据，并给整个人类声学史与冶金史提出了革新的观点”、“古代中国在声学与音乐上的成就，的确在世界上遥遥领先”[148]……此类赞颂之辞还可举出很多。这使我回忆起1979年和1985年在北京和香港两地举办曾侯乙墓编钟和相关文物展览时，国内外观众的热烈赞颂的场面和动人的情景[149]。笔者在欣喜之余也写过多篇关于曾侯乙编钟的文章予以宣扬之、歌颂之[150]。

图4.4-2 曾侯乙编钟全景（演奏古乐“楚商”）

由于这一奇迹的出现，更引起了对乐律学史与中国传统音乐的重新研究。音乐理论界及著名音乐家中，多人皆断言：中国古代音乐史行将为之改写。黄翔鹏深有感触地说：“历史上汉以来的学者无知于先秦音乐的实际，因而引起过多的有关事物的失传、误传以及有关理论的强解、不解。以致某些中断了的音乐文化现象，也已陷入不明本源的状态；即使是线索犹存，亦无从探明；断线应如何接亦大成问题。诸如七声之用、旋宫之法，原本是出于本国传统的，也已长久误断为来自外国。而且积重难返，即令获得真实凭据，也还使人难以遽信。”[151]我之所以较长地引述黄氏这段话，一是因为直到曾侯乙编钟出土8年以后，美国的学者E.G·麦克伦仍在宣扬中国钟律“有可能是从巴比伦传入中国的”[152]。对此，已有饶宗颐、程贞一等中外学者著文予以讨论。指出：“麦氏认为中国律历关系可间接地追溯到巴比伦创世神话中，只是一个主观的见解，没有任何根据。”[153]由此可以看出，对曾侯乙钟律及乐理研究，不但可改写中国乐律学史，也应重写世界音乐史，把中国对世界音乐文化的独特的遥遥领先的地位与作用，予以大写特写，给以应有的公正的评价。

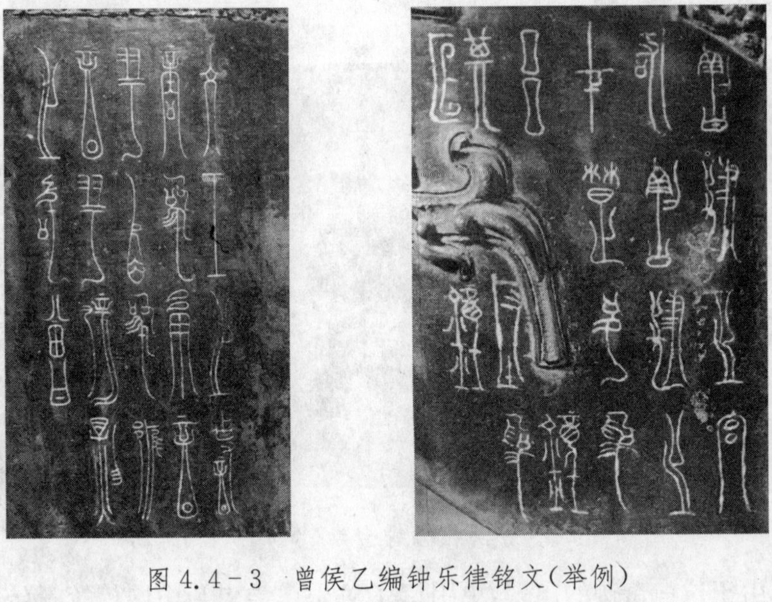

图4.4－3　曾侯乙编钟乐律铭文(举例)

二是黄氏这一段话对于我们研究楚音乐文化有很大启示意义。世人对楚音乐水平与特色也多有误解或估计不足之处。因此，在这里我将重点讨论曾国音乐文化与楚音乐文化的关系。

我所感兴趣的是，曾侯乙编钟反映的楚国音乐文化发展水平与特色及其在中国古代音乐文化发展中的地位与作用。对这样两个问题要恰如其分地谈清楚也非易事，但这是不能回避的重要问题。

从曾侯乙墓出土文物看，曾国文化属于楚文化的范畴，已成定论[154]。曾侯乙编钟及其铭文也有力地证明“曾国的乐律体系属楚文化的范畴”[155]。

说其乐律体系属楚文化范畴，主要表现在以下几点：

第一，十二律名中有的借用楚律名。例如“浊姑洗”律名中的“浊”字系借自楚律名，其他5个浊律名也借自楚国。曾侯乙墓磬铭显示，十二律名自浊坪皇至穆钟皆用楚律名。“磬名虽以姑洗为首，但却以新钟为主律，实属楚律系统。”[156]

第二，曾、楚二国的乐调都重视商音，与周乐不用商音形成鲜明的对比，曾翔鹏指出：“‘楚商’也是曾国的为主的调式结构。”[157]它的特点是：

(1) 音列的两端，高音为宫，而基础的低音为商。

(2) 以商为主，其次则重在徵、宫二音，商—徵—宫是它的主要骨干音。

楚国的音律以商音为主，影响所及，周围小国亦然，特别是在政治上已依附于楚的小国。除曾国外，蔡国亦然[158]。

楚律以商音为主，影响也及于后世。例如有“楚商”及劳商之曲。《楚辞・大招》：“伏戏驾辨，楚劳商只……叩钟调磬，娱人乱只。”王逸注：“驾辨、劳商，皆曲名也。……楚人因之作劳商之歌，皆要妙之音。……劳，绞也，以楚声绞商音，为之清激也。”饶宗颐认为：“所谓绞商音，可以解作重二个商音……清商亦名姑洗调，曾侯乙钟律，即以姑洗为主调。楚商、清商皆为商音之变调，‘劳商’乃以楚声绞商音而成之调，曾侯乙钟律之音域有以高低之商音组成之现象，正可给予解释，以究其源，而琴曲之楚商，是其孑遗，可以明其流。”[159]黄翔鹏则更证以楚地现存的民间传统音乐中仍有楚商、劳商这一流风余韵[160]。

第三，曾侯乙编钟的乐律体系乃受楚国乐律的影响而形成。这有比曾侯乙编钟为早的楚钟材料为证。例如赵世纲根据已发现的13批80多件楚国编钟为基本材料，并重点以早于曾侯乙编钟百多年的下寺楚墓王孙诰编钟为例，与曾侯乙钟比较它们的异同，以期能够找出它们之间的内在关系。赵氏的研究最值得注意的是以下看法：

楚王孙诰钟的编钟数为26件、音域宽度为三个八度，没有曾侯乙钟音域宽；但若分组比较，则曾侯乙钟音域较窄，并有缺音，如中一组缺15个音，中二组缺12个音，中三组缺9个音。而王孙诰钟分组的半音完整程度比曾侯乙钟还强，故虽钟的数量少于曾侯乙钟，其旋宫转调能力则大致与曾侯乙钟相同。

因此，赵氏的结论是："王孙诰钟铸于公元前552年以前，这就证明了楚国在公元前6世纪中期就已产生了十二律并且能够旋宫转调。"[161]显然，比王孙诰钟晚了百多年的曾侯乙编钟从其形制到乐律都受到了楚音乐文化的强烈影响[162]。由此引出的必然结论就是曾侯乙编钟反映的音乐文化（包括乐律理论）水平也就是楚国的音乐文化水平。并且，"须知曾是楚的附庸，位于楚的腹地。附庸的水平尚且如此，宗主的水平如何就不难想见其大概了"[163]。不妨推想一下，假若今后发现了与曾侯乙墓时代相当且保存完好的楚国国君墓，墓内若同样随葬有编钟、编磬等乐器，其宏大的场面和气派，肯定还要甚于曾侯乙编钟等音乐文物，其所体现的音乐文化水平肯定还要令人惊叹莫名！

这里，我想还要提请读者特别注意以下的一个历史事实：

从曾侯乙编钟乐律铭文看，十二律的形成存在着两个系统，一是周律系统，即传统的十二律；二是楚律系统。两个系统各有自己的律名律制。从律名看，传统周律名和楚律名完全不同。曾国律名则杂用周律名和楚律名，用周律名时的字体也有异，例如姑洗之作割肄（音同字异），可能受楚地方言的影响，为便于对比，特列表如下：

周楚曾等国律名对应表[164]

十二音位	传统音律	曾钟铭所言之周律	楚律	曾 律	晋律	齐律	申律
C	黄 钟	(夹钟)	吕钟	割肄 宣钟	六墉		
#C	大 吕	(姑洗)	浊坪皇				
D	太 簇	(仲吕)	坪皇	妥宾			犀则
#D	夹 钟	(蕤宾)	浊文王				
E	姑 洗	(林钟)	文王	韹(函音)			
F	中 吕	(夷则)	浊新钟				
#F	蕤 宾	(南 吕)	新钟	无铎、赢孠		吕音	
G	林 钟	(无射)	浊兽钟				
#G	夷 则	鄜钟	兽钟	黄钟、鄜音			
A	南 吕	(黄钟)	浊穆钟				
#A	无 射	剌音(大吕)	穆钟	大族、穆音	槃钟		
B	应 钟	(太簇)	(浊割肄)	浊割肄			

从上表看出,曾国律名中的六个阳律名来自周律(有的仅写法有异)[165],而阴律所空白的五律"是借自楚国的"[166],"以'浊'字称'六吕',来自楚制"[167]。

从乐调看,前已说了,周排斥商音,楚却特重商音等等。

对这种周楚两个系统的看法,已为众多学者所一致肯定。例如前引赵世纲论文已提到,黄翔鹏文章也论到,饶宗颐氏也多处提到,如"楚之钟律不用周名号,自成一系统","春秋各大国有自己的乐律名,这和历法月名各国互异之情形相似"[168]。美国学者肯尼斯·丁·戴维斯金也看出了这一点:"曾钟也采用完整的完全不同于周朝的楚国律名……可见构成曾国音乐体系中两个主要对立势力的是楚和周。"[169]

我为什么要恳请读者特别留意这个问题?因这关系到楚文化的渊

源及发展水平、历史地位的正确估价问题。在楚文化研究中，不少论者只肯定楚文化是在周文化基础上的创新，甚至说其主源不在荆楚本地，而要到黄河中原地区去找。这是有意无意低估楚文化的一种并不符合历史真实的看法。所以特别在音乐文化方面揭示出楚音乐文化自有本源、自成体系这一客观事实。试想，如果楚文化只是在周文化基础上的创新，那楚乐的十二律名总得有一点周律名影响的痕迹，小小的曾国虽受到周、楚文化强烈影响，然而它的十二律也有自身的特点，如果楚音律只是受周律的影响而来，那无论如何要留有这一影响的证据（当然，因都同为十二律，相互影响是存在的，但在律名上看不出来）。客观事实是周、楚的十二律名完全不同！因此，从这一点看，只能得出楚十二律有自身的渊源，是独立起源的。推而广之，楚文化也是独立起源的，正如同长江的源头与黄河的源头虽靠近，但并不同源一样。周文化是黄河文化的代表，楚文化是长江文化的代表。先秦的中华文明正是主要由这两支起源不同的文化所创造而形成的。对于这一点，自然不是三言两语所能说得清楚的。在此仅只因曾侯乙编钟的研究有所感而发，暂不详论，在本书第十二章还会作适当的讨论。

关于楚国的美学、美术、艺术和歌乐舞文化，这是荆楚文明最值得称道和引人入胜的方面。一些楚美术、绘画往往附着在一些器物上。因此，这些艺术作品既体现了物质文明水平，也体现了精神文明水平，且最具鲜明的楚文化特色。正是出土的众多充满奇光异彩的精美文物，成为楚文化最具吸引力和令人陶醉着迷的文化景观。在此仅就楚音乐文化方面作了以上论说，有的在本书其他章节略有提及（例如在第九章论及帛画）。楚美术的其他许多重要内容，只能割爱，恕不论及。这方面论著颇多，例如《楚美术图集》、《楚文艺论集》、《楚艺术研究》等，足资研究[170]。

考古发现过《诗经》、唐勒赋残简[171]，虽未发现屈原作品，但考古发现却能提供研究楚辞的新资料。笔者在《楚辞与楚文物》一文中认为："自汉代以来，历代学者对楚辞的注释与研究……不乏真知灼见之作。然其中不妥与谬误之处亦不少，有的甚至讹谬相承至今。楚文物是当时人们遗留下来的实物，利用它们来研究楚辞，可以在某些方面起到检验旧说，证成新解的作用。这将有助于在广度与深度上加强对楚辞的研究。"[172]由于楚文化考古一系列的新发现，有力地推进楚辞研究迈向一个新的阶段，有关论著愈来愈多，亦足资参考[173]。

上面所提到的楚美学、楚辞等方面，因限于本书篇幅，不再详论，恳请读者谅解。

注 释：

[1] "轴心时代"之称见冯天瑜等著《中华文化史》第 339 页，上海人民出版社 1990 年版；引文亦转引自此页(原载[德] 卡尔·雅斯贝尔斯著《人的历史》)。"古典文明时代"之称见于下列二书：1. [美] 伯恩斯、拉尔夫著《世界文明史》，商务印书馆 1987 年版。2. [美] 斯塔夫里阿诺斯著《全球通史——1 500 年以前的世界》(吴象婴、梁赤民译)，上海社会科学院 1988 年版。

[2] 李学勤著《东周与秦代文明》第 12 页，文物出版社 1984 年版。

[3] 饶宗颐、文崇一等港台学者及海外学者如巴纳等均有论述，详见第十二章。

[4] 对城址、墓葬年代的不同看法详见本书第五、第六两章。

[5] 见拙著《楚系青铜器研究》第 37—82 页、574—578 页，湖北教育出版社 1995 年版。

[6]《史记·楚世家》载鬻熊之前的世系为：
黄帝——昌意——颛顼——称——卷章(即老童)——重黎——吴回——陆终——季连(陆终第六子，是芈姓之始)——附沮——穴熊……"其后中微，或在中国，或在蛮夷，弗能纪其世"。据此，穴熊之前均为楚史传说时代，无可考。包山楚简卜筮记录中鬻熊之前仅有楚先老童的记载。

[7] 例如高明撰《中原地区东周时代青铜礼器研究》，《考古与文物》1981 年 2—4 期。前 453 年为三家(韩、赵、魏)分晋的年代。

[8] 见第 37—82 页，湖北教育出版社 1995 年版。

[9][15][46] 武汉大学历史系考古教研室、湖北省宜城市博物馆：《湖北宜城郭家岗遗址发掘》，《考古学报》1997 年第 4 期。

[10][11] 俞伟超:《关于"考古地层学"问题》,《考古学文化论集》第 17 页,文物出版社 1987 年版。此文收入他的论文集《考古学是什么——俞伟超考古学理论文选》,中国社会科学出版社 1996 年版(第 26 页)。

[12] 湖北省宜昌地区博物馆等:《当阳赵家湖楚墓》第 79—82 页,文物出版社 1992 年版。

[13] 湖北省文物考古研究所、襄樊市博物馆:《湖北襄樊真武山周代遗址》,《考古学集刊》第九集,科学出版社 1995 年版。

[14] 岳阳市文物工作队:《湖南省岳阳市郊毛家堰——阎家山周代遗址发掘简报》,《文物》1993 年第 1 期。

[16] 这牵涉到楚都丹阳和春秋时期郢都地望的问题,而对此至今各说不一。在今当阳、枝江地带也确未发掘到有如宜城郭家岗遗址这样的地层堆积很厚、文化遗物又丰富的典型遗址,故在现有资料条件下,难以得出为学界公认的认识。

[17]《淅川下寺春秋楚墓》第 292 页,文物出版社 1991 年版。

[18] 参阅拙著《楚系青铜器研究》,郭德维著《楚系墓葬研究》等书。

[19] 张正明:《楚史》第 185 页,湖北教育出版社 1995 年版(前注)。后注见其《楚美术概说》,《楚文化研究论集》第三集,第 330 页,湖北人民出版社 1994 年版。

[20] 刘彬徽:《从楚器看楚文化的传统》,《中华文化论坛》1995 年第 4 期。

[21]《国语·楚语》:"王孙圉论楚宝"篇。

[22]《左传分国集注》以楚武王、文王(东周一期)时的事迹辑为"楚之始强"一项(此书 1980 年由江苏人民出版社重印),这是称此期为始强期的文献依据。

[23] 顾颉刚:《春秋时代的县》,载《禹贡》第 6、7 合期。

[24]《左传》哀公十七年。

[25]《史记·孙子吴起列传》。

[26]《战国策·楚策》"苏秦为赵合纵说楚威王"章。

[27]《淮南子·兵略训》。

[28] 国家文物局主编:《中国文物地图集》,河南、湖南两省分册已出版,分别由地图出版社 1991 年、湖南地图出版社 1997 年出版;湖北分册已于 2002 年由西安地图出版社出版。

[29] 参阅《楚文化的南渐》一书。又,贺刚:《战国黔中三论》,载《湖南考古辑刊》第 6 辑;贺刚:《楚黔中地及其晚期墓葬的初步考察》,载《楚文化研究论集》第 4 集。

[30] 出土楚式缶 6 件、铁盘 1 件,缶上有"楚高"二字及其他三字铭文,见杨子范:

《山东泰安发现的战国铜器》,《文物参考资料》1956 年第 6 期。

[31] 何浩:《楚灭国研究》第 9 页,武汉出版社 1989 年版。

[32] 马克思:《资本论》第一卷。

[33] 范文澜:《中国通史简编》第 240 页,人民出版社 1962 年第 9 次印刷。

[34] 冯天瑜等著《中华文化史》导论认为文化包括物态文化、制度文化、心态文化(社会意识)等层次。贺祥林在《晋阳学刊》1994 年第 1 期撰文认为"应把制度文明纳入历史唯物主义范畴体系之中"(转引自《新华文摘》1994 年第 7 期 190 页)。

[35] 张正明:《楚国社会性质管窥》,《楚史论丛》初集第 36—58 页,湖北人民出版社 1984 年版。

[36] 例如《楚文化源流新证》、《楚国经济史》等书。

[37] 李朝远:《西周土地关系论》第 173 页,上海人民出版社 1997 年版。

[38] 涂又光:《楚国哲学史》第 10 页,湖北教育出版社 1995 年版。

[39] 晁福林:《夏商西周的社会变迁》第 229 页,北京师范大学出版社 1996 年版。

[40] 同[39]第 284 页。

[41] 恩格斯:《致康·施米特》,1890 年 10 月 27 日。载《马克思恩格斯文选》(两卷集)第 2 卷,外国文书籍出版局 1955 年莫斯科中文版第 493—494 页。

[42] 例如武王抱病伐随,保申责文王,成王败宋的泓之战,庄王的"飞将冲天,鸣将惊人",共王的临终自责等故事。请参阅张正明著《楚史》和《雷电·火焰·凤凰——绘画楚史》,后书由湖北少年儿童出版社 1995 年出版。

[43][46] 李学勤:《楚王酓审盏及有关问题》,《走出疑古时代》第 29、287 页,辽宁大学出版社 1994 年版。

[44] 河南省文物研究所等:《淅川下寺春秋楚墓》第 118 页,文物出版社 1991 年版。

[45]《史记·楚世家》。

[47] 刘彬徽:《楚郢都建制考》,《楚文化新探》第 113 页,湖北人民出版社 1981 年版。

[48]"殹民之所极",殹,语助词。"民之所极",与《诗·江汉》"王国来极"语意相似。朱熹《诗集传》:"极,中之表也,居中而为四方所取正也。""民之所极"意谓民众的典范,虽乃自誉之辞,从子庚一生对楚国所作的贡献来看,也确是值得肯定的历史人物。

[49] 1985 年初我在香港参加出土文物展览期间,为参观展览的中学教师作了一

次讲演,香港《大公报》、《文汇报》等都作了报道(香港《文汇报》1985 年 2 月 10 日报道)。

[50] 董立章著:《国语译注辨析》第 626 页,暨南大学出版社 1993 年版。

[51] 顾栋高:《春秋大事表》。

[52] 参阅《楚文化志》第九、十两章,内有田制、赋制、税制、役制、官制、法制、礼制的论述。又,郭仁成:《楚国经济史新论》(湖南教育出版社 1990 年版)、刘玉堂《楚国经济史》(湖北教育出版社 1995 年版)等书内也有论述。

[53]《左传》宣公十二年。(着重点为笔者所加)

[54]《战国策·楚策》"威王问于莫敖子华"章。离,一作鸡,乃同字异写。对此故事,一些楚史论著未曾论及,或一笔带过,故在此多写一点。

[55]《周礼》中的玉府"掌王之金玉,玩好、兵器,凡良货贿之藏"。乃王室器用府库,据包山简则为奴婢的名籍。两者显有差别。但简文中的奴婢似与王太子有关,是否把奴婢也当成了玩好、货贿? 因材料太少,难以定论。

[56] 见香港中文大学研究生院中国语言及文学部博士研究生袁国华撰《包山楚简研究》博士论文中第二章"包山楚简所见名籍编制考"。

[57][59] 陈伟著《包山楚简初探》第 67—101 页,武汉大学出版社 1996 年版。

[58] 李学勤《马王堆帛书与鹖冠子》,《江汉考古》1983 年第 2 期。

[60] 我于 1985 年赴香港参加出土文物展览工作期间,曾在香港中文大学作过楚文化考古重大发现与研究的讲演,香港《华侨日报》等报刊相继作了报道。讲演稿并在香港《大公报》发表,内地也有摘要转载者,例如《荆楚文化》(辽宁教育出版社 1992 年版)等书多有引用,产生了较广的社会影响。

[61] 在本书第一章已略有介绍,可参阅。特别要再次强调,荆楚湖南地区是迄今已发现人工栽培稻和水稻田年代最早的地方。

[62] 在今江陵,孙叔敖"激沮水作云梦大泽之地"。在今湖北宜城一带开掘了大型排灌工程——木渠。参阅《楚国经济史》第 140、151 页。

[63] 刘玉堂:《楚城经济关系的历史考察》,《民族研究》1988 年第 4 期。

[64] 参阅何浩:《古代楚国的两大水利工程期思陂与芍陂考略》,《楚文化新探》,湖北人民出版社 1981 年版,第 121 页。

[65] 关于芍陂的兴建时间有春秋和战国两说,程涛平、刘和惠则力主春秋时代说。请参阅程涛平《芍陂溯源》一文,刘和惠《楚文化的东渐》一书第 33—39 页。程、刘氏的论证有说服力,值得肯定。参阅刘玉堂《楚国经济史》第 140—148 页。

[66] 参阅刘玉堂《楚国经济史》第171页。

[67]《墨子·耕柱》。

[68]《盐铁论·通有》,《四库全书》695册475页,上海古籍出版社1987年版。

[69][70] 程涛平博士论文《楚史稿》(农业社会经济分册)对此有论述;撰写本节文稿时对程文多有参考。

[71]《楚都纪南城的勘查与发掘》,《考古学报》1982年第2期。

[72]《淮南子·泰族训》。

[73] 陈文华等:《新干县发现战国粮仓遗址》,《文物工作资料》1976年第2期。

彭适凡:《江西先秦农业考古概述》,《农业考古》1985年第2期。

[74] 林奇:《楚墓中出土的植物果实小议》,《江汉考古》1988年第2期。

[75] 宋公文、张君:《楚国风俗志》第9页,湖北教育出版社1995年版。

[76] 拙著《楚系青铜器研究》第2页。

[77] 在拙著《楚系青铜器研究》一书内未论及青铜的采冶与铸造工艺,因这是《楚学文库》中的一本,《楚学文库》中另有《楚国的矿冶髹漆和玻璃制造》一书,故在拙著内不再论述。在《楚文化志》一书中我撰写其中第三章"铜器和铁器"中的第五、六两节谈到了铜、铁的采冶、铸造工艺,这里所写的就是在拙文基础上的补充。

[78] 铜录山考古发掘队:《湖北铜录山春秋战国古矿冶遗址发掘简报》,《文物》1975年第2期。**校补**:参阅黄石市博物馆《铜录山古矿冶遗址》一书,文物出版社1999年版。

港下古铜矿遗址发掘简报:《湖北阳新港下古矿冶遗址发掘简报》,《考古》1988年第1期。

湖南省博物馆等:《湖南麻阳战国时期古铜矿清理简报》,《考古》1985年第2期。

江西文物考古研究所铜岭遗址发掘队:《江西端昌铜岭商周矿冶遗址第一期发掘简报》,《江西文物》1990年第3期。

[79] 后德俊:《楚国的矿冶髹漆和玻璃制造》第11页、29页。

[80] 徐中舒:《论巴蜀文化》,四川人民出版社1982年版,第19页。

[81] 张正明、刘玉堂:《大冶铜录山古铜矿的国属》,《楚史论丛》初集。

[82] 华觉明:《曾侯乙编钟及簨簴构件的冶铸技术》,《江汉考古》1981年第1期。

[83] 中国机械工程学会和铸造学会1979年召开中国传统精铸工艺鉴定会,对尊盘的透空附饰,一致认为是用失蜡法铸造的,报道见《江汉考古》1980年第1期,又见《曾侯乙墓》一书附录。参见华觉民等:《中国冶铸史论集》第230页,文物出版社1986

年版。

[84] 李众:《中国封建社会前期钢铁冶炼技术发展的探讨》,《考古学报》1975 年第 2 期,并请参阅后德俊:《楚国的矿冶髹漆和玻璃制造》第 127 页,湖北教育出版社 1995 年版。

[85] 参阅注[79]之书第 127—128 页。

[86] 杜石然等编著:《中国科学技术史稿》(上册)第 105 页,科学出版社 1985 年版。

[87] 郭宝钧:《中国青铜器时代》,三联书店 1963 年版。

[88] 例如《楚国经济史》(《楚学文库》之一)只谈了铜铁的采冶、铸造和纺织、竹木制作与髹漆三个方面并旁及料器,对其他门类则都未论及。各种手工业门类都是经济史的内容,只有如此方能成为较全面的经济史。

[89] 黄盛璋:《论中国早期(铜铁以外)的金属工艺》,《考古学报》1996 年第 2 期。

[90] 湖北省博物馆:《楚都纪南城的勘查与发掘》(下),《考古学报》1982 年第 4 期。

[91] 同[79]之书第 192 页。

[92] 湖北省博物馆编:《曾侯乙墓》,文物出版社 1989 年版。

[93]《荀子·议兵》。

[94] 例如《礼记·中庸》:"衽金革,死而不厌,北方之强也。"

[95] 皮手套出土于湖北江陵藤店一号楚墓。

[96] 例如《楚郢都建制考》一文(载《楚文化新探》,湖北人民出版社 1981 年版),谈到了楚地土木建筑特色。

[97] 王崇礼:《楚国土木工程研究》,湖北科学技术出版社 1995 年版。

[98] 李建毛:《长沙楚汉墓出土锡涂陶的技术考察》,《考古》1998 年第 3 期。

[99] 参阅刘玉堂著:《楚国经济史》。

[100] 郭仁成著:《楚国经济史新论》第 142—143 页,湖南教育出版社 1990 年版。

[101] 参阅刘玉堂:《楚国经济史》第 277 页。

[102] 参阅后德俊:《楚国的几项科学技术与域外文化的比较研究——兼论中外文化早期交流的玻璃之路》,《中华文化论坛》1996 年第 1 期。

[103] 杰里米·戴维森:《越南近年来的考古活动》,《考古学参考资料》1979 年第 2 辑(此文及下注之文转引自《楚国经济史》)。

[104] 谭·贾里臣:《1964 年在马来西亚最近考古发现》,《皇家亚洲学会·马来

西亚五分会会报》第 28 卷第 1 部 1965 年版。

[105] 参考 C. N. 鲁金科:《论中国与阿尔泰部落的古代关系》,潘孟陶译文见《考古学报》1957 年第 2 期。

[106] 熊传薪:《楚国的丝织业》,《江汉论坛》1982 年第 8 期。

[107]《国语·楚语下》。

[108] 王胜利:《甘德系楚国天文学家证据两则》,《中华文化论坛》1996 年第 4 期。此处所论多参阅此文和他在《楚文化志》一书中关于天文学的章节。

[109] 见《史记·天官书》"在齐,甘公"下注《正义》引《七录》云:"楚人,战国时作《天文星占》八卷。"

[110] 我在所撰《马王堆汉墓帛书〈五星占〉研究》一文中认为:"《五星占》是荆楚地区的楚人所观测、辑集的,它代表了楚国天文学的高度水平。"(载《马王堆汉墓研究文集》)

[111] 张正明为《楚美术图集》所写的导言。该书由湖北美术出版社 1996 年出版。

[112]《科学史上的一个错案应予纠正——我国战国时期天文学家甘德已发现木星的三号卫星,比伽利略和麦依耳的发现早出近两千年》,《光明日报》1981 年 4 月 7 日。王胜利提出的年数还精确些,即早 1970 年,见《楚文化志》第 282 页。

[113] 见《史记·楚世家》。《资治通鉴》、《吕氏春秋》亦有记载,但有的论者怀疑是同名异人,特注此存疑。

[114] 饶宗颐:《楚帛书》第 131 页,中华书局香港书局 1985 年版。

[115] 钱宝琮:《春秋到明末的历法改革》,《历史研究》1960 年第 3 期。

[116] 冯时在《春秋子犯编钟纪年研究——晋重耳归国考》(《文物季刊》1997 年第 4 期)一文中认为:"《左传》虽书王正,实则直录晋正,而未将晋史所书之夏历做相应的调整。"此说颇得我心,又,《左传》宣公十二年记楚晋之战,所记晋人对楚的评论,相当详细、完整。对这次战事,有可能据晋史和楚史而写成。所书三月当录自晋史。晋用夏正,故应指夏正的三月,而非周正的三月。周正三月适当夏正正月,其时正值隆冬季节,中原地区十分寒冷,在天寒地冻之时出兵伐郑,实非明智之举。故从气象考虑,所云三月也应为夏正之三月,相当楚之四月——荆尸。又,杨伯峻《春秋左传注》云,按周历,其日辰干支与周历不合,这也是非用周正而用夏正之佐证(正文引《左传》原文,亦据《春秋左传注》)。**校补**:冯时《中国天文考古学》、《出土古代天文学文献研究》二书,是关于天文考古力作,值得参考。

［117］《包山楚墓》（发掘报告）所定 2 号楚墓下葬年代，正是采取我所定的公元前 316 年。又见陈伟：《包山楚简初探》一书，又见刘信芳：《战国楚历谱复原研究》（《考古》1997 年第 11 期），虽论证不同，但均采用我所推定的这七个绝对年代。许多论者均一致认同对这些年代的推断。

［118］江陵张家山汉墓竹简整理小组：《江陵张家山汉简概述》，《文物》1985 年第 1 期。

［119］参阅冯天瑜著《中华元典精神》，上海人民出版社 1994 年版。另外有《元典文化丛书》，由河南大学出版社出版，第一批 10 部已于 1995 年出版。

［120］王国维：《中国近二三十年来新发现之学问》，转引自肖艾著《一代大师——王国维研究论丛》，湖南人民出版社 1988 年版，第 228 页。并见李学勤《论新出简帛与学术研究》一文。

［121］李学勤：《论新出简帛与学术研究》，《传统文化与现代化》1993 年第 1 期（创刊号）。

［122］李学勤：《再论楚文化的传流》，《楚文化觅踪》第 2 页，中州古籍出版社 1986 年版。

［123］张舜徽：《汉书艺文志通释》第 131 页，湖北教育出版社 1990 年版。所引宋濂、宋翔凤之注，亦转引张氏此书。张氏并指出《鬻子》辑本还有数人。

［124］涂又光：《楚国哲学史》第 52 页，湖北教育出版社 1995 年版。

［125］张正明为《楚美术图集》所写序言（见该书第 7 页）。

［126］徐少华：《从包山楚简论楚之始封立国》，《长江文化论集》第 360 页。

［127］李学勤：《走出疑古时代》第 19 页，辽宁大学出版社 1994 年版。

［128］参阅涂又光：《楚国哲学史》第三章。

［129］《史记》"老子韩非列传"、"仲尼弟子列传"。1997 年报载老聃的诞生地在安徽涡阳，在此地发掘出建于东汉有关老子的遗址和遗物。

［130］张正明认为老子即老莱子，见其《楚史》第 272—274 页。涂又光认为老子为老聃，见其《楚国哲学史》第 204—206 页。

［131］白寿彝主编《中国通史》第三卷，第 1228 页，上海人民出版社 1994 年版。

［132］荆门市博物馆：《荆门郭店一号楚墓》，《文物》1997 年第 7 期。

［133］崔仁义撰，此文载《荆门大学学报》1997 年第 2 期。以下引文均见此文。**校补：**参阅崔仁义著《荆门郭店楚简〈老子〉研究》科学出版社 1998 年 10 月。

［134］李学勤：《古文献丛论》第 140 页，上海远东出版社 1996 年版。**补记：**李学

勤:《荆门郭店楚简所见关尹遗说》,《中国文物报》1998年4月1日。此文认为郭店楚简《老子》"可能系关尹一派传承之本,其中包含了关尹的遗说"。

[135] 李水海此书由陕西人民出版社1990年出版。

[136] 张松辉:《庄子考辨》,岳麓书社1997年版。

[137] 见其所著《楚史》第272页。

[138] 王国维:《国朝汉学派戴阮二家之哲学说》,"老庄之徒生于南方"自注,见《静安文集》,收入《王国维遗书》,上海古籍书店1983年影印版第5册,第80页。以上转引自《楚国哲学史》第345页。补充一点:庄子的出生地一说在安徽阜阳,见韩自强《阜阳汉简〈庄子〉》,《文物研究》第六辑,此文介绍了在双古堆西汉墓内出土的《庄子》残简的内容,认为"是目前所能见到的存世最早的《庄子》写本"。

[139] 张正明:《楚史》第272页。

[140] 李学勤、徐吉军主编:《长江文化史》第171页。

[141]《全国墨子研讨会综述》(强胜),《光明日报》1997年11月11日。

[142] 李幼平:《楚乐器的种类及其组合》,《楚文艺论集》第496—510页,湖北美术出版社1991年版。

[143] 这些乐器出土于湖北者见已出版的《中国音乐文物大系·湖北卷》,大象出版社1996年版。下寺和信阳的见两墓发掘报告。

[144] 黄翔鹏:《先秦音乐文化的光辉创造——曾侯乙墓的古乐器》,《文物》1979年第7期。

[145] 载湖北省博物馆等编:《曾侯乙墓编钟研究》第46页,湖北人民出版社1992年版。原报道见《湖北日报》1983年1月10日报道,语出日本公明党前委员长竹入义胜先生。

[146] 同[145]之书第46页,原报道见美国《巴尔的摩太阳报》1984年8月1日:《远东文明的第二个发源地在中国南部发现》,译文载《湖北省考古学会通讯》第5期。与上注同转引自《曾侯乙编钟研究》第49页。

[147] E.G.麦克伦:《曾侯乙青铜编钟——巴比伦的生物物理学在古代中国》,载《曾侯乙编钟研究》第460页,湖北人民出版社1992年版。原文在这句话之下接着说:"今天通过中国的报告所表露出的民族自豪与喜悦完全是应该的。现今中国人知道了他们的祖先在公元前5世纪时在音乐方面已达到了如何惊人的高度,而且我们的世界教导我们所相信的东西是无法与这一成就相比的。"

[148] 见美国圣迭各加州大学教授程贞一为《曾侯乙编钟研究》所写的序言。

[149] 1979 年在北京中国历史博物馆内举办了“随县曾侯乙墓出土文物展览”，笔者是该展览领导小组成员，展览后期为湖北省博物馆在京展览小组负责人。展览最受人欢迎的就是这套曾侯乙编钟，并且是以编钟原件进行演奏的（在此以后铸出了复制件，一般不准演奏原件，特殊情况需经国家文物局批准），令国内外观众为之震惊而高度赞誉。1985 年在香港举办“湖北随州擂鼓墩出土文物和江陵出土越王勾践剑展览”，主要展出曾侯乙墓和擂鼓墩二号墓出土的青铜乐器、礼器、兵器、漆器、金玉服饰和竹简等。我是此次展览驻港的唯一一名专业人员，作为展览的业务指导，接待和解答了观众提出的许多问题，也亲自感受到了国内外观众钦佩中华古文化光辉灿烂之情。

[150] 例如展览期间在香港《大公报》发表了我写的两篇文章：《简谈曾侯乙编钟的意义》、《中国古代音乐文物的奇观——记战国的大型编钟》，载于该报 1985 年 4 月 25 日和 5 月 4 日。在对曾侯乙编钟进行的论述中写道：“观其外形就已有美感的享受，而其直接和间接保留着的声音，犹如最古老型的录音机，能将时隔千载的音响播放给今人聆听，令人陶醉、令人惊叹。”“不仅能大饱眼福，而且能大饱耳福。”用曾侯乙编钟的复制件进行演奏，其乐音、乐调都与原件相同，仅有通过仪器检测才能发觉的微小差异，凭人耳是觉察不出来的。曾侯乙编钟的复制件已先后在日本、美国和中国台、港等地展出、演奏，产生的深远影响是难以估量的。

[151] 黄翔鹏：《曾侯乙钟磬铭辞乐律学研究十年进程》，《曾侯乙编钟研究》。由此而及古乐在文化史中的地位问题，可参阅李学勤：《古乐与文化史》一文，载《李学勤集》第 34 页。

[152] 见[147]麦克伦之文。此前刊发于《中国音乐学》1986 年第 3 期。

[153] 参见饶宗颐论文：《曾侯乙钟律与巴比伦天文学》，载《楚地出土文献三种研究》第 112—123 页，中华书局 1993 年版。引文见程贞一、席泽宗、饶宗颐：《曾侯乙编钟时代之前中国与巴比伦音律和天文学的比较研究》，（同[145]第 388—433 页）。

[154] 春秋至战国时期，曾（随）国的文化即所受楚文化的影响是不断强化的，见我所撰《从近年出土曾器看楚文化对曾的影响》，载《楚史论丛》，湖北人民出版社 1984 年版。《曾侯乙墓》（考古发掘报告）一书结语章也总结为：“上述种种，说明曾侯乙墓所反映的曾国文化，确已深深地打上了楚文化的烙印，可以说已纳入楚文化的范畴。”（第 470 页）

[155][157][160] 黄翔鹏：《释“楚商”——从曾侯乙钟的调式研究管窥楚文化问

题》,《文艺研究》1979 年第 2 期。

[156] 饶宗颐:《随县曾侯乙墓钟磬铭辞研究》,见注[153]饶书第 30 页。

[158] 见[156],饶氏已引用曾、蔡编钟铭文予以论证。

[159] 见[156],该书第 76—77 页。

[161] 赵世纲:《曾侯乙钟与楚钟》,载《曾侯乙编钟研究》。

[162] 参看冯光生、谭维四:《曾侯乙编钟的发现与研究》一文,载《曾侯乙编钟研究》。

[163] 张正明:《楚史》第 271 页,湖北教育出版社 1995 年版。

[164] 此表据以下两文中之表综合取舍而成:

a. 黄翔鹏:《曾侯乙钟磬铭文乐学体系初探》,《音乐研究》1981 年第 1 期。

b. 饶宗颐、曾宪通:《随县曾侯乙墓钟磬铭辞研究》,见其书第 34 页。十二律先后顺序的排列见此书之附表。

[165] 文字的异同考释参阅裘锡圭、李家浩:《曾侯乙墓编磬铭文释文与考释》(载《曾侯乙墓》一书)和《谈曾侯乙墓钟磬铭文中的几个字》,此文载《曾侯乙编钟研究》一书 515—528 页。

[166] 同[164]之 b 一书第 204 页。

[167] 同[164]之 a,黄翔鹏之文。

[168] 同[164]之 b,饶宗颐之文,见其书第 4 页、30 页(出处同[153])。

[169] [美] 肯尼迪 · 丁 · 戴维斯金(杜志豪):《〈曾侯乙编钟——巴伦生物物理学在古代中国〉述评》,载《曾侯乙编钟研究》一书第 382 页。

[170] 这些书的出处见本书附录的书目。

[171]《文物》1990 年第 4 期有汤漳平《论唐勒赋残简》一文。残简是在银雀山汉墓出土竹简中发现的。《史记 · 屈原贾生列传》曰:"屈原既死之后,楚有宋玉、唐勒、景差之徒者,皆好辞而以赋见称。"汤文认为"唐勒赋残简的出土,对于了解唐勒的生平、思想,对现存楚赋的鉴别和楚国史研究,都有重要的意义"。

[172] 笔者此文载《屈原研究论集》第 384—394 页,长江文艺出版社 1984 年版。此书是 1982 年召开的屈原学术讨论会的论文集,对这次学术盛会的评价,可引用湖北屈原研究会已故副会长张啸虎的看法:"自有屈原以来,开这样规模宏大、内容丰富的学术讨论会,还是第一次(见此书前言)。"

[173] 可参阅一些楚辞书目及论文选,例如饶宗颐著《楚辞书录》(选堂丛书之一,香港,1956 年)。马茂之主编《楚辞研究集成》所附楚辞专著目录和论文目录索引。周

建中著《当代楚辞研究论纲》(1992 年由湖北教育出版社出版)一书,对 1949—1990 年期间的楚辞研究作了总结、评论,这是《当代楚辞学》研究的重要参考书。近年又陆续出版不少专著,例如金开诚著《屈原辞研究》、黄震云著《楚辞通论》等。

第五章

楚国城市文明

我们在前面章节中已论述了这一地区自铜石并用时代以来的一些古城。东周时期的城市文明是在本地区原有古城文明的基础上的进一步发展与蔚为大观。春秋战国时期，以楚都为中心的城市网络如雨后春笋，在荆楚大地普遍开花。每一座城邑就是一个文明中心。这些或大或小的文明中心犹如夜晚星空中大小不一、明暗有异的星光，闪耀在荆楚大地之上。它们是荆楚文明发展水平的真正代表者，了解与研究荆楚文明不可不注意这些城邑文明状况。然而两千余年来，历经沧桑巨变，这些城邑大多已沦为废墟。其城垣则大多不同程度地留存于地面，引起历代无数诗人发思古之幽情，予以咏叹之。近几十年来，考古工作者已对一些重要城邑予以勘查、发掘，但其出土物究不如墓葬内保存之多与精美，故往往不太引起轰动性的效应与受到社会的高度关注。鉴于古城址在学术研究上的重要意义，不能随俗而轻视之，应好好整理研究已有的城邑材料，以阐明其在荆楚文明发展史上的重要地位与作用。

第一节　楚城概况

楚国立国于周初，“居丹阳”（《史记·楚世家》）。但是，对丹阳的地望，众说纷纭，莫衷一是。今后能否在某地找到它，恐怕是个难解的谜。西周时期的楚城遗址，鄂西的阴湘城经初步勘查、试掘，修建于史前屈家岭时期，并一直沿用下来，并“推定阴湘城址的时代下限是西周时期”[1]。据说鄂东也有西周时期的古城，但情况不明。

东周楚城的数量，有学者主要据文献记载的城邑（有的为楚灭小国之城）统计为 262 座或 277 座[2]。其数量之多居列国城市数量之冠。这些城邑有的仅有文献记载，无考古遗址对应；有的已发现城址，而在文献上却无记载；相当多的一部分则既有文献记载又有考古遗址印证，是我们研究的重点。关于楚城的规划、布局、建制、建筑状况，文献记载大多空缺，主要依靠考古工作方可望探明。

考古发现的楚城数量，有论文统计，一云有 33 座、一云有 50 座[3]。经笔者反复核查，这两个统计数均不够准确。例如有的楚城仅在个别论述中提到，难以断定为楚城；有的不是楚城，应予排除[4]。科学研究不能人云亦云，而须实事求是，应在已有研究的基础上前进一步。凡经考古勘查、试掘，至今尚有城垣，据文化遗存能判断为东周楚城的，才列入楚城予以统计。文献记载的楚城，尚未找到对应的古城遗存的，不予统计。基于此，现把经过核实后的楚城遗址重新列表统计如下：

表二 东周楚城统计表

序号	名称	地点	形制大小	主要遗迹	时代	性质	著录	备注
1	纪南城	湖北荆州市	长方形面积16平方公里	地面遗留城垣、城门、夯土台基，进行过大规模发掘	东周	郢都	[8]	著录栏的编号和本章注释号码相同，下同。
2	季家湖古城	湖北当阳	不规则长方形2.24平方公里	发现南城垣，有夯土台基	春秋	楚城	[28]	“平方公里”或“平方米”，均指面积，下同，不再加“面积”二字。
3	楚皇城	湖北宜城	矩形2.2平方公里	保存有城垣、城门	东周	楚鄢邑	[31]	
4	邓　城	湖北襄樊市	正方形城周长3 233米	四周城垣保存较好	春秋至汉代	原为邓国都城，楚灭为县	[79]	
5	楚王城	湖北云梦	长方形1.9平方公里	东、南、北有城垣，出土陶、铜、铁器、蚁鼻钱	战国中晚期至汉	县城邑	[80]	
6	鄂王城	湖北大冶	不规则长方形500×400米	城垣高2—4.5米，有缺口，出土陶、铜器、郢爯等	战国	可能为鄂君启封邑	[81]	
7	吕王城	湖北孝感	长方形1 500×500米	城垣，有建筑材料、古井，出土史前至东周遗物	战国至汉	楚城	[82]	
8	禹王城	湖北黄冈	长方形1 500×600米	城垣高2—6米，四周8处缺口，有的为城门，文化层厚1米多，陶器、铜器等	战国至汉代	楚城邑	[83]	
9	草店坊城	湖北孝感	不规则长方形0.11平方公里	有城垣、城门、夯土台基	战国至两汉	楚城	[84]	
10	草王嘴城	湖北大冶	不规则长方形0.055平方公里	城垣高3—9米，遗物较多	东周	楚城	[85]	

续　表

序号	名称	地点	形制大小	主要遗迹	时代	性质	著录	备注
11	大箕铺城	湖北阳新	长方形周长 1 130 米，8 万—9 万平方米	城垣高 2—3 米	东周	楚城	[86]	
12	罗城	湖南汨罗	长方形 590×400 米	城垣残高 3 米，城内有夯土台基，有陶鬲等楚文物	春秋	罗国故城	[87]	
13	古城堤城	湖南石门	长方形 600×300 米	有城垣、陶鬲等楚文物	东周	楚城	[88]	
14	古城岗城	湖南澧县	长方形 350×250 米	有城垣、城门遗迹，文化层厚 1 米	东周	楚城	[89]	
15	宋玉城	湖南澧县	长方形残长 240×220 米	城垣高约 5 米，有城门、濠沟遗迹	战国	楚城	[90]	
16	白公城	湖南慈利	长方形 350×277 米	有城垣、城门、护城河遗迹，城内东周至汉代文化层，一般厚 1.5 米左右	战国	楚城	[91]	
17	申鸣城	湖南临澧	长方形 500×300 米	残留城垣、出陶瓦等	战国	楚城	[92]	
18	黄楚城	湖南桃源	长方形 830×600 米	存城垣，城内中部有台地、有陶质水管等	东周	传为楚平王时筑	[93]	又名采菱城
19	五　城	湖南辰溪	长方形 500×300 米	城垣残高 3 米	战国	传为楚将庄跻所筑	[94]	
20	窑头古城址	湖南沅陵	长方形 450×残长 250 米	有城垣、护城河，文化层明显	战国	可能为楚黔中郡址	[95]	
21	安定古城	湖南平江	长方形 298×250 米	有城垣、城门，护城河迹	战国至汉	楚城	[96]	
22	长沙古城	湖南长沙	近正方形约 600×700 余米	城内有水井多处、文化层厚约 2 米	东周	楚城	[97]	
23	龙城	河南淅川	正方形 900×900 米	城垣残高 8 米，夯土城墙中有春秋陶片	东周	楚城	[98]	

续　表

序号	名称	地点	形制大小	主要遗迹	时代	性质	著录	备注
24	都国故城	河南西峡	近正方形，东西长7 500—800 米	城垣大部没于地下，城内西周、东周、汉遗物	两周至汉	楚灭都之后县邑	[99]	
25	析　城	河南西峡	长方形 850×300 米	城垣、城门、城濠迹	东周	楚迁许于析之处	[100]	
26	黄国故城	河南潢川	长方形 周长 6 720 米 280 万平方米	城垣高 5—7 米，城门、城濠迹铸铜作坊址	东周	原为黄国都城	[101]	
27	息国故城	河南息县	长方形 846×420 米	地面上城垣已毁，但城垣基部仍存，出土铜、陶器、瓦当等	东周	原为息国国都，楚灭为县	[102]	
28	江国故城	河南罗山	不规则六边形 26 万平方米	城垣东西部分尚存，高约 3 米，出土青铜器、陶器	东周	前 623 年楚灭江国为县邑	[103]	
29	道国故城	河南确山	正方形 300×300 米	城垣高约 3 米，东周陶、铜遗物	东周	前 7 世纪后半叶灭之为县邑	[104]	
30	柏国故城	河南舞钢市	长方形 2 000×1 000 米	有夯土城垣	东周	前 7 世纪灭之为县邑	[105]	
31	番国故城	河南固始	长方形 内城 6.5 平方公里，外城 13.5 平方公里	有城垣、护城河，城垣高 4—5 米，出郢爯等楚文物	东周	前 7 世纪灭之为潘邑	[106]	
32	东不羮城	河南舞阳	凸形，周长 5.5 公里	有城垣，东北部为宫殿遗址，有蚁鼻钱等楚文物	东周	楚灵王时筑城	[107]	
33	西不羮城	河南襄城	长方形 1 500×1 200 米	地面城垣已不存，文化层厚达 3 米	东周	楚灵王时筑城	[108]	
34	上蔡古城	河南上蔡	长方形 周长 10 490 米 1.4 平方公里	有城垣、城门、护城河遗址，城内有台基、蚁鼻钱等楚文物	东周	前 531 年灭之为县邑	[109]	
35	期思古城	河南淮滨	长方形 85 万平方米	有城垣、护城河，有台基、古井，出郢爯、蚁鼻钱等楚文物	东周	楚灭蒋国为县邑	[110]	

续　表

序号	名称	地点	形制大小	主要遗迹	时代	性质	著录	备注
36	城父故城	河南宝丰	内外两城，外城周长6公里，内城7.7万平方米	有城垣、出壶、鉴等青铜器	东周	楚太子建所居之处	[111]	
37	叶　城	河南叶县	长方形 100万平方米	西城垣及西南西北隅城垣存	东周	楚叶公沈诸梁封地	[112]	又名昆阳城
38	沈国故城	河南平舆	长方形 2.1平方公里	有城垣、城门痕迹	东周	楚灭之为县邑	[113]	
39	顿国故城	河南商水	正方形 500×500米	有城垣、有护城河迹	东周	楚灭之为县邑	[114]	
40	安陵故城	河南商水	正方形 500×500米	有楚汉遗迹遗物	战国至汉代	楚安陵君封邑	[115]	
41	新蔡故城	河南新蔡	长方形 周长3 215米	南城垣保存较好，出郢爯、陶、下水管道等楚物	战国	蔡国493年迁下蔡，此为楚邑	[116]	
42	城阳城	河南信阳	梯形，内外二层总面积68万平方米，内城20万平方米	存城垣、台基，有护城河，出郢爯、铜器等楚遗物	战国	又名楚王城，曾为临时国都	[117]	
43	陈楚故城	河南淮阳	长方形 周长4 500米	有城垣、城门、护城河	东周	前478年灭陈国为楚邑，后为楚都	[52]	
44	东蓼故城	河南固始	内城垣周长6.5公里，外城垣周长13.5公里	内城、外城内遗迹不明，外城外有护城河	东周	原为蓼国都城，前622年楚灭之	[118]	
45	寿春郢故城	安徽寿县	长方形 12平方公里	有城垣、城门、护城河，多楚遗迹遗物	前241—223年为楚都	战国晚期楚都	[46] [48]	此据复原研究，原曾估为26平方公里

上表所列楚城总数为45座，分属于鄂、湘、豫、皖四省，鄂省11座(序号1—11)，湘省11座(序号12—22)，豫省22座(序号23—43)，皖省仅1座[5]。其中为楚所灭之国的城邑有15座，河南绝大部分楚城均属这一情

况。从楚城的分布与构成状况可以看出，被灭国的城邑文明在楚城邑文明中有着重要的地位与作用。楚文化是兼容并包的文化，于此又得一证。

这些城邑大多未经全面勘查与发掘，故对其时代、性质只能按初步调查作出估计，无法作进一步的讨论。可喜的是20世纪70年代以来，对楚都纪南城和季家湖古城、楚皇城等重要城址以及龙湾遗址等进行了探掘与发掘，所获较丰，以下将重点论述这些楚城的考古收获。

第二节　楚纪南城遗址考古与郢都文明

湖北荆州市江陵区境内的纪南城遗址是楚国郢都故址[6]。虽然现今呈现的是一派田园风光，但四周的古城垣犹存。地面调查亦多见楚文化遗物。20世纪50年代以来，文物考古工作者便不断进行调查、保护工作，20世纪60年代初被列为全国重点文物保护单位。20世纪70年代为配合城内外大规模农田水利基本建设，湖北省组成了以当时省委书记为组长的发掘保护工作领导小组，邀请了全国许多省市的文物考古工作者和北京大学、吉林大学、四川大学、厦门大学等校考古专业师生来此进行考古大会战[7]。对全城进行了一次全面的勘查与重点发掘，主要收获[8]有：1. 勘查了纪南城的城垣、城门与城内的夯土台基。2. 发掘了两处城门。3. 发掘了一处宫殿基址。4. 清理发掘了几处手工作坊遗址。5. 清理发掘了一些井、楚墓。自那以后至20世纪90年代初又继续作了一些调查、试掘工作。这样，就改变了过去论述东周列国都城唯缺郢都资料的空白状况，并且在若干方面处于列国都城考古的前列地位[9]。现在已有相当多的材料来全面讨论纪南城的都市文明问题，揭示纪南城在东周都城文明中的历史地位。

一、城垣与布局

纪南城城址平面基本上呈长方形（其中有三个城角为切角，南垣中部偏东有一段向外凸出,似为一瓮城),方向 10°,东西长 4 450 米、南北长 3 588 米(均为城址四周城垣中心点的直线距离),总面积达 16 平方公里(图 5.2-1)。为当时我国南方最大的一座城市。

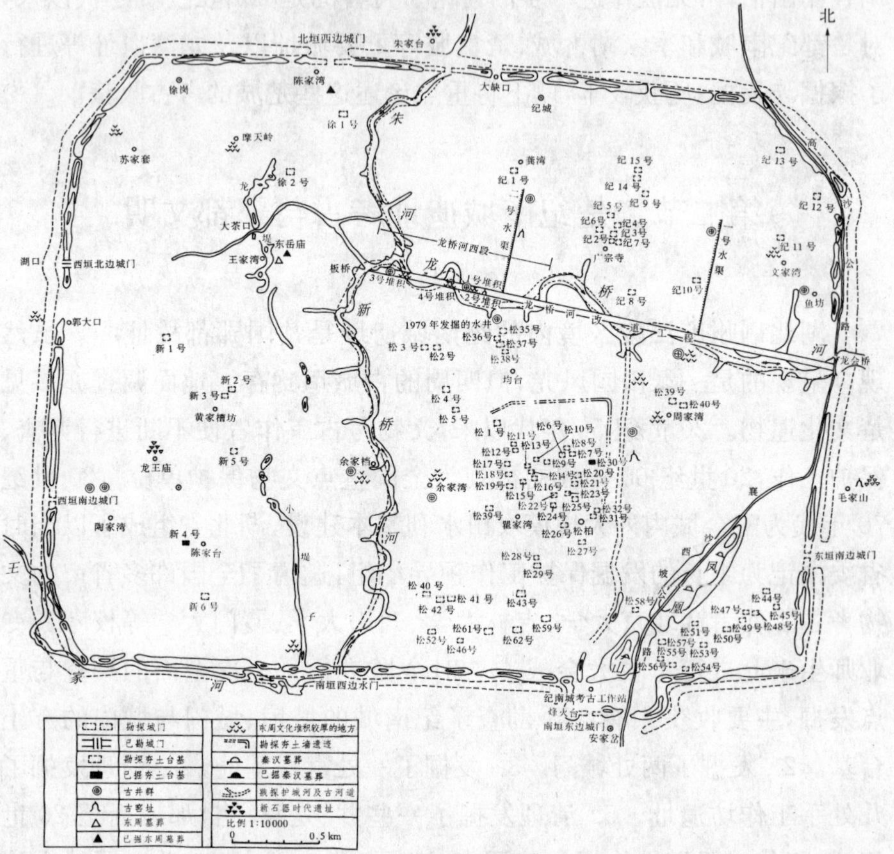

图 5.2-1　楚故都纪南城遗迹分布图

1. 城垣、城门与护城河

夯筑城垣大部分仍保存在地面上,仅小部分地段被毁坏而形成缺口或夷为平地。城垣现存高度 3.9—7.6 米不等,顶部宽度 10—14 米不等,城垣周长 15 506 米。(彩版 14)

城垣由墙体、内外护坡三个部分构成,墙体的构筑是先挖基槽,在基槽内填土，层层夯筑起来的，极为坚实。内外护坡则是平地起夯，结实程度不及墙体。据西垣一处的解剖，墙体底宽 10.1 米，内护坡底宽 15 米，外护坡底宽 3 米，总宽度 28.1 米，而据其他地段对城垣的探掘，其底宽为 30—40 米。

城门经勘查确定的有 7 处，即北垣 2、西垣 2、东垣 1，其中北垣、南垣各有水门一座。东城垣中部偏北有古河道流出城外，推测东垣亦应有水门一座，则东垣亦有城门 2 座。四方各有城门 2 座，共为 8 座城门。《考工记 · 匠人》:“匠人营国，方九里，旁三门。”纪南城大小近于方九里之制，但不是每边三门，至今在东周列国都城遗址勘查中都未见有每边三门之制[10]。也许是秦汉以后才有三门之制。

陆门、水门各发掘一座，知城门均设三个门道。西垣北边陆门门道，中间的比两旁的宽一倍（宽 7.8 米）（图 5.2-2），当为供国君专用的御道。已发现道路痕迹，直通城门内外，可以想见当年楚王及各级大小贵族车马飞驰之热闹景观。南垣水门用四排木柱构成一门三道。与陆

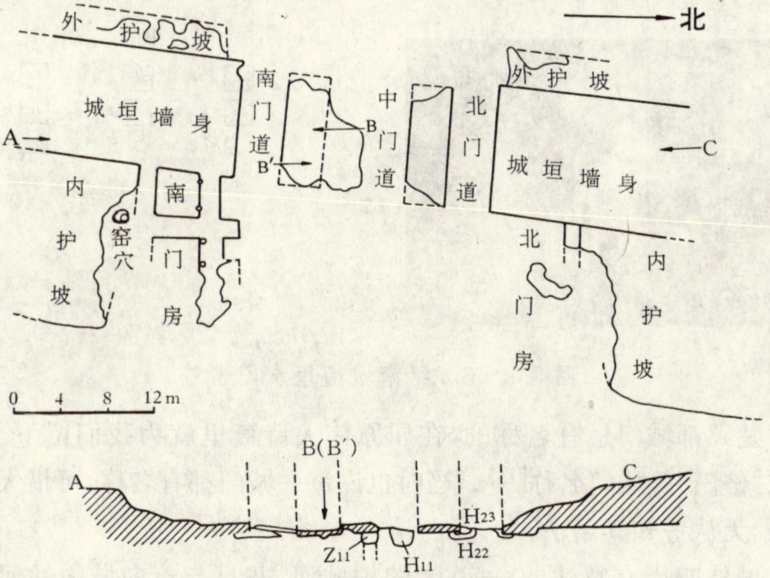

图 5.2-2 纪南城西垣北边城门平、剖面图

门不同的是三个门道等宽(图 5.2－3)。这样的水门建筑在东周列国都城考古中为首例。一门三道的设置,尚未见于其他列国都城城门,很可能是楚人的首创。

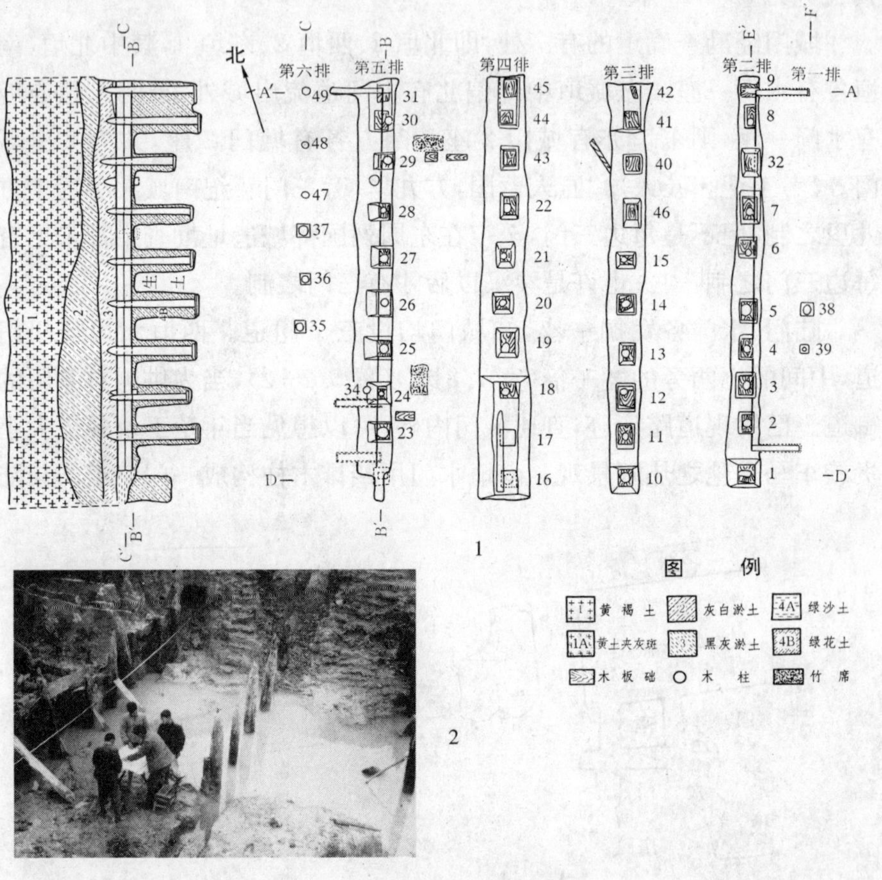

图 5.2－3　纪南城南垣水门遗迹

楚郢都城门是有名称的,在屈原伟大诗篇里就为我们留下了“龙门”、“修门”等城门名称[11]。当时也许每一城门都有名称,可惜大多已失载,无从考知其名了。

城外四周有宽达 40—80 米的护城河,并且与流向城内的河道相通。已勘查出流经北、南、东城垣的古河道(与今日仍存的河道走向基本一致)，由城内河道向东可与汉水、长江相通。这表明纪南城巧妙利用了自然河道，使得此城水陆交通都极为方便。水陆交通如此便捷，这与其他列国都城相比，堪称独步！

对纪南城两座城门的发掘，在东周列国都城考古史上也是罕见的。通过这两座城门的发掘，不仅弄清了城门与城垣的形制、结构，而且从所出土的早晚期文化遗物，可以较准确地判断城垣“兴建的年代大约在春秋晚期或稍后”[12]。但对这一兴建年代有不同的看法，后面还将论及。

2. 布局

城内的布局别具一格。由自然形成的古河道与冲沟，呈近于“十”字形地将整座城址分隔成四个自然区划，即东北部的纪城区、东南部的松柏区、西南部的新桥区、西北部的徐岗区。以东南部的松柏区面积最大，其他依次为纪城、新桥区，徐岗区面积最小。东南松柏区又以中部的古河道分为东西两小区，东小区有凤凰山高地，西区有密集的夯土台基。全城经勘探确定的夯土台基共84座，东南部松柏区占61座，可见大部分台基集中在此区(图5.2-1)。从重点发掘一个台基推知，这一地带当为宫殿建筑区。在其东、北两边发现有宫城城垣，其东边的古河道可能就是宫城的护城河。在宫城的西北、东北城垣外分布有制陶作坊区(发现窑址多处)[13]。在西南新桥区发现了一处冶铸作坊遗迹，应为铸造手工业区。东北纪城区也发现有较密集的夯土台基，或许为贵族居住区和主要的商业区。宫殿区在南，为前；商业区在北，为后。这种布局恰可与《考工记》所记“面朝后市”之制相符。市有“蒲胥之市”、“屠羊之肆”，并有“市令”之官，可证楚郢都内商业之繁华[14]。

令人惊讶的是，在这城内河网交叉、水流充足的情况下却发现数量可观的水井，总数已在400口以上，乃东周列国都城内水井数量之冠！即使在古河道两侧亦有不少的井，如在城东部龙桥河古河道地段，新开河道长约1 000米、宽约60米的范围内就发现水井256座，平均约4米的距离就有一口井，有的地方井的间距离不到1米，古井分布之密集程度，非考古亲历，难以想象。井的用途有生活用水、烧窑用水和窖藏、冷藏等几种不同的功能。从水井数量之多且分布又密集来看，当时人口必不在少数。论者据纪南城面积估算郢都“高峰人口数大体在30万左右”[15]。证之以如此发达的用井情况，当不为过。古人云“楚之郢都，车毂击，民肩摩，市路相排突，号为朝衣鲜而暮衣蔽”（桓谭《新论》），虽属夸张之词，然目睹这庞大城址与已发现之遗迹，可以想象得到，当年的郢都城内，马车在大街上扼铃而过、舲船在河道中衔尾而行，宫殿巍峨、市廛纵横、人烟稠密、市面繁华，一片南国独特风光的大都会景象。遥想当年，这里是何等的煊赫！无怪乎有的学者赞之为“东方的雅典”[16]。乃世界少有之名都，信矣！

二、宫室建筑基址

“最是楚宫俱泯灭，舟人指点到今疑”（杜甫《咏怀古迹》），“楚王台榭空山丘”（李白《江上吟》）。纪南城沦为废墟后，昔日壮观的宫殿建筑灰飞烟灭，唐代大诗人杜、李均发出如上的感慨。通过勘探，在城东南松柏区发现了密集的夯土建筑群，且成组成排，分布有一定的规律。推测应存在“左祖右社”、“前朝后寝”、“前堂后室”之制。显然，这里应就是楚都城内宫殿区所在。要证实它必须“解剖麻雀”。为此，我们选择了因水利工程取土即将挖掉的一个编号为30号的夯土台基，进行了较大规模的发掘，先后参加发掘的有厦门大学、北京大学、吉林大学考古专业师生和湖南、上海、天津、河南、湖北等省市的文物考古工作者。笔者作为湖北省博物馆派驻此处发掘工地的负责人，与先后来此工作的黄景略、严文明、俞伟超、张忠培等学者一起主持了这一历时两年多的发掘和整理工作[17]。发掘面积达5 000平方米。这在东周考古史上也是罕见的一次大规模发掘[18]。（图5.2－4、5、6）

皇天不负有心人。在此台基上终于找到了久已湮埋地下的宫室建筑基址（图5.2－4和5.2－6之2）：在台基中心有一大型房屋建筑的墙基，东西长63米，南北宽14米，中间稍偏西有一隔墙；在墙基南北有柱洞、磉墩、散水、排水管道（图5.2－4；图5.2－6之2至5；图5.2－7之6），整个建筑物的进深达43米。它坐落在长80米、宽54米的夯土台基之

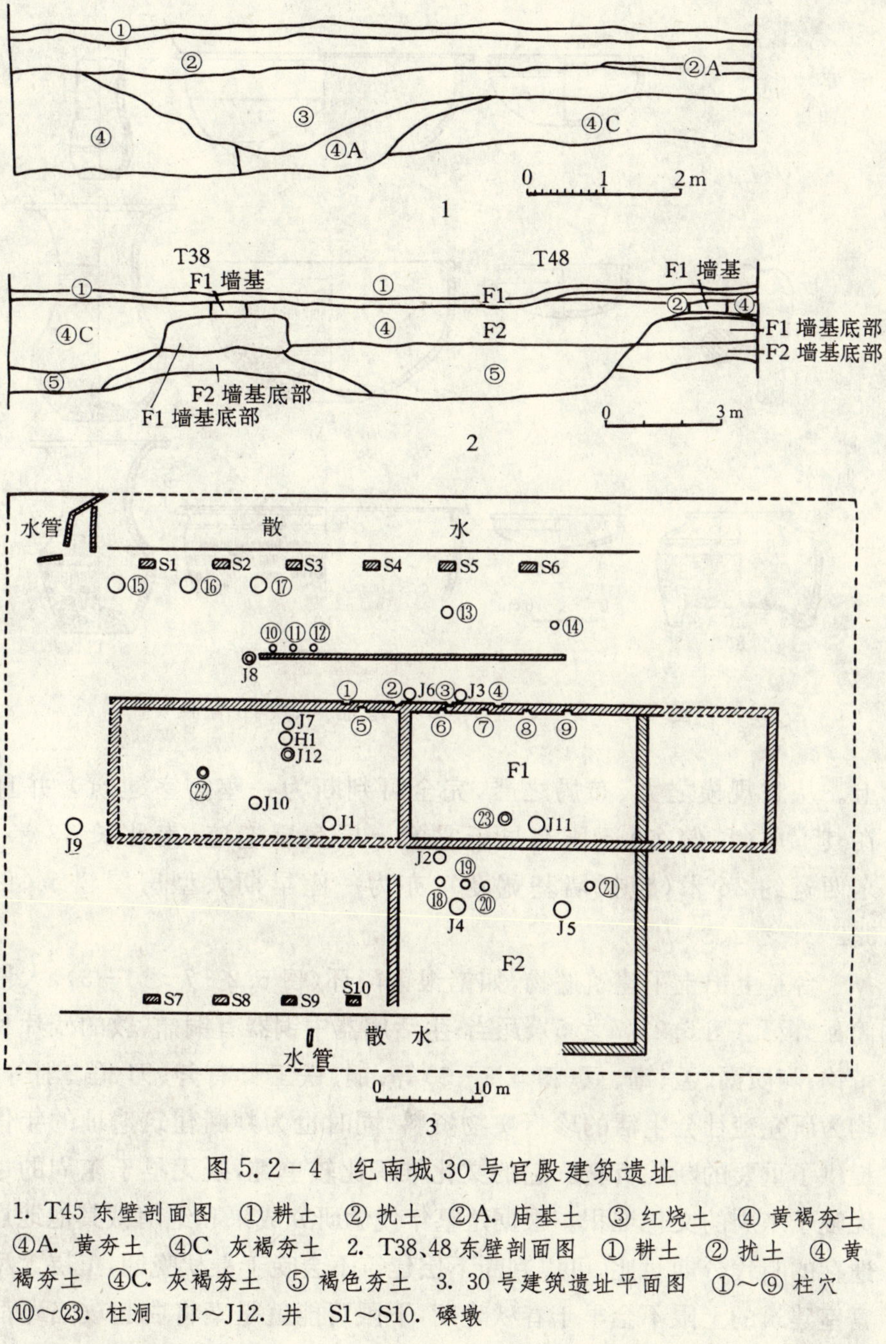

图 5.2-4　纪南城 30 号宫殿建筑遗址

1. T45 东壁剖面图　① 耕土　② 扰土　②A. 庙基土　③ 红烧土　④ 黄褐夯土　④A. 黄夯土　④C. 灰褐夯土　2. T38、48 东壁剖面图　① 耕土　② 扰土　④ 黄褐夯土　④C. 灰褐夯土　⑤ 褐色夯土　3. 30 号建筑遗址平面图　①～⑨ 柱穴　⑩～㉓. 柱洞　J1～J12. 井　S1～S10. 磉墩

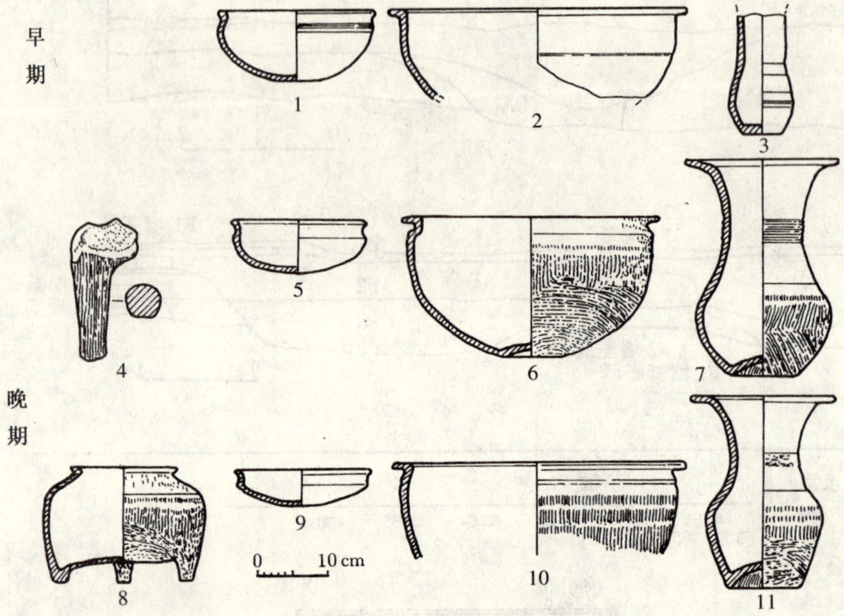

图 5.2－5　纪南城 30 号遗址早、晚期陶器

上。从它规模之大、布局之严，完全可判断为一座宫室建筑。并且在其下层（稍偏东）还压有早于它的一层房屋遗迹，南北长 33 米，东西宽约 26 米（包括墙基宽度），亦为一座早期大型房屋建筑（图 5.2－4 之 2、3）。

台基上出土了建筑遗物，如错银铜门环（图 5.2－7 之 1—3），大量筒瓦、板瓦（图 5.2－7 之 5）、瓦当；生活用器中铜器有铜鼎、敦的残片和带钩；陶质鬲、盂、罐、豆（图 5.2－5）等；铜、铁工具有斧、刀、凿、削等。均为研究楚社会生活的珍贵实物资料，同时也为判断建筑遗址的年代提供了重要的断代资料。它的文化堆积比较单纯，既无早于东周的也无晚于东周的文化堆积。根据楚墓年代学研究成果和纪南城其他地点遗存的断代分期对比，可以判断下层建筑不会晚于春秋晚期，上层大型宫室建筑的上限不会早于春秋晚期，下限可能就是秦将白起攻陷郢都

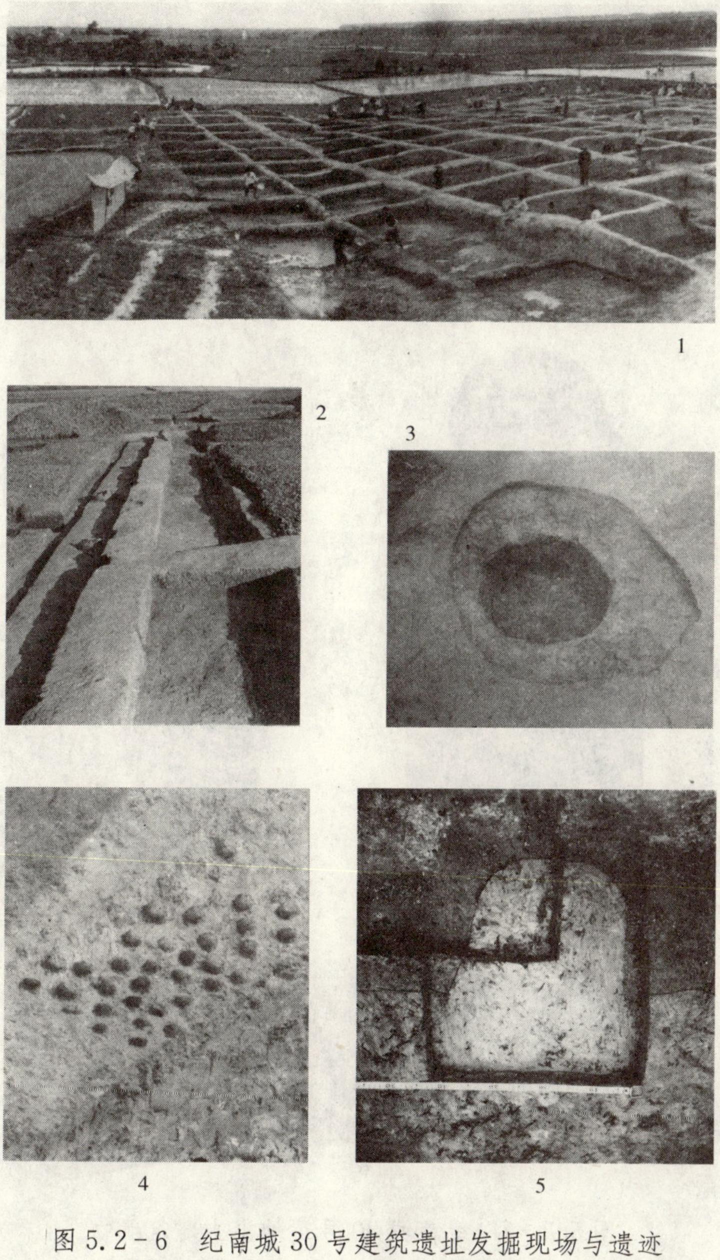

图 5.2－6　纪南城 30 号建筑遗址发掘现场与遗迹

1 2 3 4 5 6

图 5.2-7 纪南城 30 号遗址出土建筑遗物

之时(公元前278年)。上层大型建筑的存在时限大体与纪南城城垣的兴废同时。

揭露出年代可早到春秋晚期的大型宫室性质的建筑基址,在东周列国都城考古史上恐怕还是第一次[19]。其在东周都邑文明研究中的地位不言而喻。在楚郢都考古中也是破天荒的一次。对这一遗址性质的认定,使我们进而可以推定遗址所在这一区域当为宫殿建筑区。从它所处位置在宫城的东部边缘来看,不是宫殿区的主要建筑。在此以西确有一大批排列有序的夯土台基,最大的台基长130米、宽100米,可能就是宫殿区的主体殿堂。

对本台基的发掘,从而找到了楚郢都宫殿区之所在,实乃楚都考古史上最重大的收获,值得大书特书。当然,这一"解剖麻雀"性质的发掘,仅是撩开笼罩在宫室废墟上深厚面纱之一角,仅是城内宫殿考古工作一个良好的开端。今后的工作仍很艰巨,需继续探明这一台基所在的小城内所有宫室建筑情况。在它东南的凤凰山高地上也存在不少夯土台基迹象[20]。可惜这里的遗存被破坏较甚,要找到如30号台基这样的大型建筑基址,恐怕很难。在这全城地势最高的高地上营建巍峨的宫室,应非一处。因之,即使破坏较甚,仍应努力加以探寻,以弄清楚郢都高台建筑、宫室建筑的全貌。文献记载楚都城内的宫室、官府有"太室之庭"、"大宫"、"高库"、"平府"、"方府"等诸多名称[21]。在城内那么多夯土台基中,有的也许就是这些宫室、官府的遗迹。能否相互印证,这只有寄希望于今后的考古工作了。

三、手工业作坊遗迹

东周列国都城内有主要为官府与贵族服务的手工业作坊,纪南城内也同样如此,已发现的为制陶与铸造遗迹。

制陶手工业已有专业分工,如专为烧制瓦类的窑,专为烧制某一类容器如陶豆的窑,也有同时烧制几类生活用具的窑,更有专为烧制贵族墓葬用的陶明器的窑[22]。从这种专业分工情况看,表明各类产品数量大，这种批量生产具有商品生产性质，除满足城内官府需要外，还可能进行外销。这是纪南城物质文明发达的一项表征。

在城西南新桥区陈家台一夯土台基上，发现铸炉两座，惜仅存底部，例如2号炉，东西长1.45米、南北宽1.43米，炉室残深0.4—0.57米，炉内出土有一小铜棒和一层锡渣（图4.3-1之3）。在1号炉底出土有锡攀钉、木炭、碳化稻米。炉周有锡渣、铜渣、鼓风管、残陶范、铜矛、锡饼。据此判断，这里应是一处铜器铸造作坊遗址[23]。楚国的青铜业在春秋中晚期以后，发展水平高于其他列国，应还有更大型的铸造铜器作坊。陈家台的发现仅是“小巫”而已，仅是“偶尔露峥嵘”罢了。我们期待着铸造遗址“大巫”的发现。

四、关于纪南城年代的讨论

纪南城乃楚郢都故址，考古工作已予证实，但对其年代，从现有的考古材料看，只能上溯至春秋晚期。就是说，这是春秋晚期至公元前278年秦拔郢之时的楚国国都。而从文献记载看，楚以郢为都却早在楚武王、楚文王之时就开始了。那么，春秋晚期以前的郢都在哪里？目前意见很不统一，或云在当阳季家湖楚城[24]，或云在宜城楚皇城[25]，或云在汉水中游某一地点[26]。但这几种说法多带推测成分，难以坐实。在未找到并证实有早于纪南城的春秋郢都之前，不可轻易否定纪南城为自始至终的郢都。诚然，现有考古材料难以证实春秋晚期以前的郢都在此，有待今后进一步的考古工作和深入研究来解决这一悬案。

在研究中曾出现一种新的说法：“今江陵纪南城只是一个战国中期晚段至战国中晚期之际的楚城，存在了不过四五十年，大体相当（楚）宣王后期至顷襄王元年前后。而且早在白起拔郢之前，约在顷襄王元年前后，此纪南城已然废弃。”[27]此说很难得到考古界认可。此论所持的主要依据有二，在此简析一下。其依据之一，将纪南城内的遗址、墓葬出土物分为五期，认为第一、二、三期属城址兴建之前，推断其年代为春秋中期晚段至战国中期早段。然而据考古界的研究，其第一期有的可早至春秋早期，有的为春秋中期早段。第三期年代应为春秋晚期。第五期下限可晚至公元前278年秦拔郢之时。显然，论者的断代分期与考古界大多数人的认识有距离，分期推断不妥势必影响结论之难以成立。其所持依据之二，据已发现的纪南城周围几座大中型楚贵族墓无一例外是公元前300年左右，从而认为纪南城也应只在这其间的几十年内存在。诚然，目前发现的楚大贵族墓的年代大多集中在这一时段，但这种发现纯属偶然，不能说今后不会有年代早于这些墓葬的大墓被发现。我们还可反问一下，主此论者将楚郢都定在宜城楚皇城，而那里不但在城内找不到可证明有楚都规模的建筑遗址，在城外更无一座有如纪南城周围已发掘大墓那样规格的墓葬，更难证楚皇城之为郢都。由纪南城考古文化之丰富，可以设想，在短短的四五十年内，能营建如此规模的大都城吗？能有如此多的文化堆积和各类遗迹、遗物埋藏下来吗？周围能有这么多大贵族墓吗(已发掘的大墓仅是其中的少数几座)！“四五十年”之说至今少见赞同者，盖其所持依据实难使人信服。

以上我们对纪南城的考古发现与研究作了叙述。在此要强调的是，纪南城作为楚国建都时间最长的一座都城，它的规模之宏伟，建筑之气派，已经考古证实。在东周列国都城中，它虽不是最大的一座，但却是有数的少数几座大都城之一，是南方最大的古都，其繁荣程度不亚于齐、秦等北方大国的都城。而在设计精巧、规模整齐、富有特色方面则为其他都城所不及。它是光辉灿烂的楚文化的一个结晶，至今仍令人惊叹不已。这本身就表明了它具有永恒的价值。它永远是我国早期文明辉煌的一个历史见证。

第三节 重要楚城、建筑遗址的考古探索

楚国都城以上述纪南城之为郢都，历时最长、规模最大、考古最丰。

此外，新发现的重要楚城和原有的楚城，同样有许多重要的新发现。前者以季家湖楚城为代表，后者以宜城楚皇城和寿县楚晚期都城遗址为代表。20 世纪 80 年代新发现的潜江龙湾遗址有可能为楚章华台故址，广受世人关注，也在此予以论列。

一、季家湖楚城

这是 20 世纪 70 年代初新发现的一处楚城遗址。它位于湖北省当阳县东南隅，距县城 40 公里，东南与江陵（今荆州市）、枝江相邻。南距长江岸边约 15 公里，东距沮漳河约 3 公里，东南距楚故都纪南城约 35 公里。考古工作者对城墙与城内遗存进行了勘查与试掘，证实这里是一座东周楚城[28]。其范围南北长约 1 600 米，东西宽约 1 400 米，面积约两个多平方公里。城墙墙宽 10 多米，高度最高处 6 米。以南城墙及其外面的城壕保存较好。城内中部偏北发现有多处夯土台基和房屋基址，有红烧土地面、地下排水管道及用筒瓦、板瓦铺垫的房屋散水。城内还有制陶作坊遗迹和粮食窖藏遗迹。东城门附近有冶炼遗址一处，出土过成束的铜箭镞和一些戈、矛、剑等兵器。西城墙附近出土过大型铜鼎足。特别值得注意的是，在一号建筑台基上出土了“竟平王”铜甬钟和青铜建筑构件等重要文物。根据其地层堆积情况和出土陶器、铜器特征看，此城址的年代与纪南城虽同属东周，但相对年代要略早于纪南城。在城址周围有大量楚墓，并有许多大型楚冢，有的其封土直径在 100 米以上，往南与纪南城西的楚冢连成了一片。显然，这是一座重要的楚国城址[29]。

这座楚城是何性质？自发现以来提出了许多不同看法。有的认为此城早于纪南城，有可能始建于西周，从而认为是楚国早期都城丹阳。不少意见认为此城的年代难以早到西周，而可能是早于纪南城的春秋时期的郢都。“有可能是楚平王‘城郢’以前的郢都，而纪南城则是楚平王‘城郢’的郢——战国时期的郢都。”[30]有的学者则认为是在楚昭王时期才从季家湖的“郢”迁到纪南城的“郢”都。

究竟何说可靠？就现有考古材料而论，说它是西周时期的楚都丹阳，难以证实，应予否定。说它是早于纪南城的郢都，可备一说。但是也有疑点，一是缺乏文献依据，二是缺少证明它是楚都的考古材料。要像纪南城考古那样，找到宫殿区所在，要对夯土建筑基址进行发掘。纪南城之为楚都，除了它的规模宏伟之外，主要在于发掘出了宫殿建筑性质的基址，这才是最重要的证据。因此，要说它是早期郢都，还要有过硬的考古物证。只有肯定了早期郢都的说法，才能进一步讨论何时迁纪南城之郢的问题。我在前节论纪南城时仍持保守的看法，也是基于这一考虑。

二、楚皇城遗址

此城址位于今湖北宜城县南约 7.5 公里处的一个较高岗地上，东距汉水约 6 公里，西距蛮河约 8 公里，处于古代荆州通襄阳、南阳到达中原的交通要道地带。城址早有记载，也颇受学者注意，但意见纷披。为弄清城址文化内涵、性质、年代，20 世纪 70 年代，考古工作者进行勘查发掘工作，在城址内发掘探方一个，解剖城墙一处，并在城外发掘了一些墓葬[31]。

城垣全为土筑，现存城墙底宽 24—30 米，高 2—4 米不等。城垣周长约 6 440 米，城垣每边旧有缺口两处，可能是八个城门遗迹。城址内遗物丰富，其年代从春秋早期到秦汉时期。较重要的有春秋早期楚式铜方壶，战国时期的带流铜鼎、提链铜壶、错金嵌玉铜带钩、铜车軎、大量铜镞，还有楚金币郢爯和铜蚁鼻钱，以及大量的日用陶器和建筑材料陶筒瓦、板瓦、瓦当等。秦汉陶、铜器亦复不少。发掘者认为此城内外的遗物“绝大部分属秦汉时期”[32]。城内的一个小城叫“金城”、“紫禁城”、“小皇城”，发掘者认为“大城城垣的夯土中没有发现秦汉以后的遗物，当是战国时代所筑……城内的金城，有可能是大城颓废以后修筑的，与大城并非同时代的遗存”[33]。

我们在此不厌其烦地引述考古发掘得出的看法，在于对此城性质有截然不同的看法。尤其是有学者一直主张此城是春秋战国时期的楚郢都、汉江陵城故址[34]。从考古角度看，这一说法疑点较多：第一，此城址年代早不到春秋时期。第二，城址内的小城非东周时代所筑，显非楚城内宫城。至今在城内未见楚宫殿建筑性质之遗存，可见此城不具备国都的条件。第三，城外未见有王室和贵族规模的大墓葬。第四，文献记载上找不到此城为楚都的确凿依据。我们只能按文献记载，说它是春秋时期楚的鄢邑，曾作为楚之别都[35]。鄢地秦汉时属南郡，汉惠帝三年更名为宜城，沿用至今。楚皇城应即历史上的宜城故址，城址内的“金城”，或许就是汉宜城县治所在地。诚然，由于考古发掘面积不大，材料不多，我们的这一看法也不是作结论，只是就目前所知作出的合理的认识而已。

三、龙湾建筑遗址

这是20世纪80年代新发现的一处重要楚遗址，很可能是文献所载楚灵王时建在郢都附近的豪华离宫——章华台故址[36]。还有论者认为就是楚蔵郢所在[37]。故有必要在此论列。

此遗址位于古云梦泽地区，即今湖北潜江西南部的龙湾镇附近，西距楚郢都故址纪南城约50公里。这是一处范围相当大的东周时期楚文化遗址群，由放鹰台、水章台、章家台、华家台等10余个台基组成。遗址群范围东西长约2 000米，南北宽约1 000米，总面积达200万平方米，与前述季家湖楚城、楚皇城城址的面积相近。

最令人欢欣的是，1987年考古工作者对其中放鹰台的试掘中，发现了一处十分壮观的楚宫殿建筑基址(图5.3-1，彩版15)。

放鹰台遗址位于这一遗址群的东部岗地上，南北长约75米，东西宽约60米。建筑形制为由下层夯土台基和上层砖坯台基有机结合的高台式建筑。下层台基保存较好，由黄色夯土筑成，已揭出东侧门，门外向南向东有灰白色贝壳嵌砌的路面，宽约1米，已揭露长度为9米。贝壳壳面向上，相互间排列紧密，呈人字形纹。路面高出两侧地面约10厘米，两侧有小排水沟。考古发现的楚国贝壳

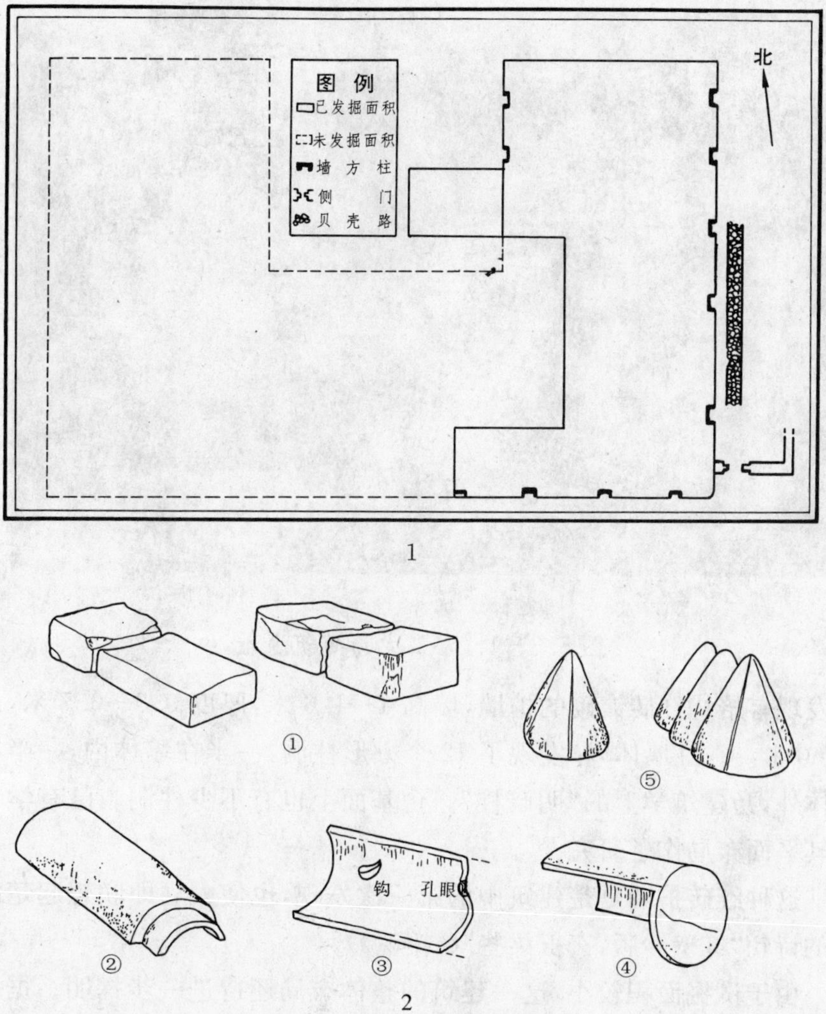

图 5.3-1 潜江龙湾建筑遗址

路，这是首次见到。令人联想起楚辞的诗句“紫贝阙兮珠宫”（《九歌·河伯》）[38]。同时还发现有经火烧烤的居住面和由瓦片铺成的散水等遗迹。

上层台基位于夯土台基的中部，是先将夯土台基下挖 20 厘米，内填红烧土、瓦片为地基，再用灰色砖坯垒砌而成。基地的东、南、西三面

3

图 5.3-1　潜江龙湾建筑遗址

均发现有焙烧红砖镶砌的护墙，墙高 1—1.6 米，厚度 0.5—0.7 米，总长 60 米。在红墙体内，发现了 12 个方形柱洞，一半在墙体内，一半在墙体外，乃建筑学上的“明暗柱”。台基面上也有不少柱洞。已有学者对其平面布局作了研究[39]。

这种红砖护墙是楚建筑中的第一次发现，也使人立即联想起楚辞中的诗句“红壁沙版，玄玉梁些”（《招魂》）。

由于试掘面积较小，这一建筑的整体布局还待进一步探明。据已有材料初步判断，宫殿方向为坐北朝南，由南面正殿、东西侧殿组成，东西长约 38 米，南北宽约 25.20 米，基址平面呈“凹”字形，东西横剖立面呈“凸”形，即三面台基较低，中间高出者为砖坯高台建筑，肯定是一座楚国宫殿基址（图 5.3-1）。

出土遗物以建筑材料最多，有筒瓦、板瓦、瓦当、红烧砖块、吊线楔形砖、铜门环等。铜门环与纪南城 30 号宫殿台基所出大小相近，这也是判断此台基为宫殿性质的物证之一。

放鹰台宫殿基址的年代，发掘简报认为："该宫殿使用时间较长，从废弃堆积中出土的少量陶器残片和从郑家湖出土的大量陶器初步判断，该宫殿的建筑时间，可能在春秋中晚期，使用至废弃时代，可能延至战国中期。"从年代上证明是楚国一处重要建筑遗存。

放鹰台东周楚国宫殿基址的新发现确实收获丰富。所见红砖墙体、曲形垛侧门、贝壳路、大型明暗柱穴，均为国内同时期遗存中的首次发现。高台宫殿建筑十分壮观，独具特色。这一重大发现意义重大，考古学界、楚学专家、历史地理学者、古建筑学家等对此进行多学科研究，组织了专题性的学术讨论会，编印了论文集[40]。研究的焦点集中在这一宫殿基址是否即文献所称的楚章华宫？

史籍不乏楚章华宫、章华台的记载。《左传·昭公七年》："（楚灵王）及即位，为章华之宫"，"楚子成章华之台"。《国语·楚语上》："灵王为章华之台。"《史记·楚世家》："灵王七年就章华台。"《水经注·沔水》：华容县东七十五里"有章华台，台高十丈，基广十五丈"。《新语》甚至说此台高五百仞，可见其高大。台经"数年乃成"，可想其工程之浩大，建筑之精美。

相传章华台不止一处，但楚灵王落成的章华台应是最大、最美、最早的一处。古往今来，学术界对章华台地址的考证，众见歧出，均未能确指。今有此新发现，从其规模、性质、年代看，说章华宫、台就在此地，提供了最有力的实证。著名历史地理学者谭其骧的考证最具权威。早在这一发现之前的 20 世纪 70 年代，他就曾著文指出楚章华台应在今潜江西南。新发现的这一宫殿基址正好位于此地。谭先生闻此喜讯，乃欣然命笔题写"章华台遗址在潜江龙湾"[41]。这一看法，已得到了大多数学者的认同，纷纷著文作进一步的论证[42]。古建筑学家则对其在建筑学史上的地位、意义进行充分论证。例如高介华、张良皋等均著文予以高度评价。高介华指出楚建筑"已进入到以组合型台为建筑群的主体——综合组成的台类建筑体系阶段，是我国古代台类建筑达到成熟的一个标志"，"是我国台类建筑史上的一座里程碑”[43]。

对于楚宫建筑特色，笔者在20世纪80年代就纪南城30号台宫殿建筑的特色进行研究，提出体现在两个方面[44]。这同样也可适用于放鹰台宫殿建筑的特色，即：一是建筑结构方面，采用土木建筑结构形式，木结构最能创造出多种多样的宫室体形，形成“高堂邃宇”、“层台累榭”(《招魂》)的结构，表现出楚式宫殿特色。二是表现在装饰艺术方面。楚艺术如雕刻、绘画、漆绘等必广泛运用于楚建筑。“网户朱缀，刻方连些”，“仰观刻桷，画龙蛇些”(《楚辞·招魂》)，即其写照。加上“琦玮僪佹”的壁画、“室中之观，多珍奇些”(《招魂》)的光怪陆离的各种装饰和陈设，用具楚文化特色的建筑艺术、装饰艺术建造起来的楚宫，会使人如入仙境，流连忘返，不足为怪。史载鲁国国君朝见楚王，对楚宫极为羡慕，在回到鲁国之后竟一反常态，仿作楚宫，死犹安于楚宫。

楚宫的典范就是章华台上的章华宫。如今能找到并初步揭示其实地遗存，确是楚文化和先秦历史文化考古一大幸事，一大喜事。楚亡台废之后，后人曾发出“欲吊章华无处问”(宋代陆游)的感慨，从今以后可改为“欲观章华有迹看”。虽然见到的是残迹，不可能复原其昔日高大华美、并世无双的卓异风貌，但由于文献所载与考古遗存的相互印证，更使我们对它的历史地位、价值有更多的认识。它是我国第一座超大型的高台宫殿兼园林建筑群，是后世园林建筑群的鼻祖。从春秋中晚期到战国中期，楚国物质生产的总体水平领先于列国，章华宫无疑代表当时土木结构建筑的最高水平。它在中国建筑史上的地位，由此不难想见。

不但在中国，在世界建筑史上其地位也不容忽视。西亚的空中花园，号为古代世界七大奇迹之一，巧则巧矣，美则美矣，毕竟只是在建筑上添加了花园。就建筑与环境的和谐，人工与天工的融通来说，空中花园不曾达到章华宫已经达到的境界。把章华宫也视为古代世界的奇迹，当之无愧！[45]荆楚文明在中国和世界文明史上的重要地位，于此又得一证。

四、寿县楚都遗址

据《史记·楚世家》、《史记·六国年表》载，楚考烈王二十二年(前241)“楚东徙都寿春，命曰郢”。至公元前223年秦灭楚，作为楚国最后一个都城的时间仅只有19年。其地在今安徽寿县。

对于寿县楚都的位置、大小、布局等状况，历年来的考古发现提供了一些资料，特别是1987年以来利用遥感技术进行勘测取得了较大的进展。有关城址的考古收获与研究论文相继发表，大大有利于寿县楚都的研究[46]。

通过对考古资料的研究，现在对过去关于此城位置的几种说法，已得出大体一致的认识，其方位在今寿县城东南，然对其具体界定则有分歧。一种意见认为范围较大，面积达26.35平方公里[47]。另一种意见则认为不会有如此大的规模。曲英杰通过引证文献资料与考古资料考证，对寿县楚都具体方位、大小作了估定，绘出了示意图(图5.3-2)。其面积为12平方公里[48]，略小于纪南城郢都故址，为楚国第二大都城。此说较为合理，作为已临近灭亡前夕的楚都，是不会有26平方公里多这么大的规模的。但此说把寿县城外柏家台发现的为宫殿建筑性质的遗存排除在楚都之外，认为乃楚都兴建前之州来城，则可商榷。柏家台的遗存是否为楚国建筑遗存，值得再研究[49]。如果肯定它是楚国一处宫殿建筑性质的遗存，则应再进一步确定它是位于当时的都城内或者是都城附近的一处离宫别馆。这将有助于寿县楚都的确切范围的研究。文献记载，在城内中央有宫城，内有宫殿建筑，宫城北面有市，也是“面朝后市”。其布局应仿自楚都纪南城而又有所变化。城门名称也有记载。但城内迄未进行考古发掘，建筑遗迹情况不明，两者无从相互印证。“郢之后徙寿春，亦一都会也。”(《史记·货殖列传》)希望今后的考古工作能揭示城内建筑遗存，以充分说明这一都城的宏伟规模及其在历史文化上的地位、作用。

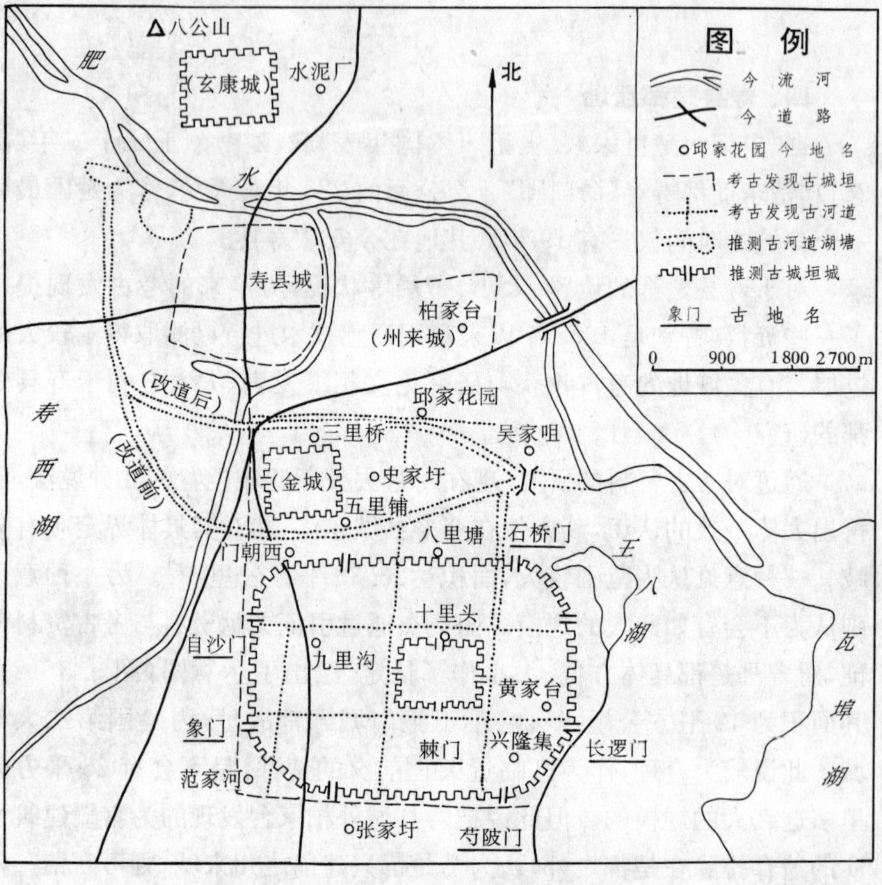

图 5.3－2　楚都寿春郢遗址的推测示意图

(底图据安徽省测绘局 1977 年编绘《寿县地图》)

五、其他楚都的讨论

楚国的都城及其别都、临时都城，除上述纪南城故郢都遗址、宜城楚皇城鄢郢址、寿县郢故址外，见之于文献记载的还有楚昭王一度“迁郢于鄀”(《左传・定公六年》)之鄀都(不久又迁回郢都)。公元前 278 年秦将白起“拔郢”后，楚“东北保于陈城”(《史记・楚世家》)，以陈(今河南淮阳)为都。又有楚顷襄王“流揜于城阳”(《战国策・楚策四》)，以城阳为临时国都。考烈王十年(前253年)“徙于巨阳”(《史记·六国年表》),以巨阳为临时国都也有十多年。这些为时不长的楚短期都城,考古材料太少(有的连城址都未找到),在此一并综合起来简要地作点讨论。

关于楚昭王“迁郢于鄀”之举,乃以鄀为临时都城,我曾著文指出:“细检有关古籍,可以断定……,至迟在楚昭王末年已迁回郢都。”[50]其以鄀为国都的时间仅短短的十来个年头。至于鄀的地点,论者认为“在今湖北钟祥丰乐镇”[51]。惜此地尚未找到符合此年代的城址,故关于鄀都只能谈这么几句。

关于楚以陈(今淮阳县城)为都,即是以楚灭陈国之陈城为都。其城址就在今淮阳县城一带,惜仅有初步勘查材料(见本章第一节之表),城址内布局待查[52]。在此城址外的淮阳平粮台发掘出大型楚墓和车马坑。论者推测为楚顷襄王之墓[53]。从其规模看,确有可能为王者之墓。近年有论者认为楚顷襄王在陈只“作短暂停留后即来城阳,以城阳为都”[54],认为楚并未以陈为都。证之陈楚故城址和平粮台有可能为顷襄王的墓来看,此说难以成立。

关于楚顷襄王以城阳为临时国都,其故址即今信阳县境的“楚王城”遗址,业经黄盛璋、欧潭生先后予以论证,其说可信[55]。惟对此城也只有初步勘查材料(见本章表二),有待今后考古工作的开展,方可有较多的了解。

至于楚以巨阳为临时都城,其故址位置有二说。旧说在今安徽阜阳县北[56]。新说认为可能在“淮水之南”,“今河南光山县西南”[57]。无论旧说或新说,都无遗址可证。这个谜也只有寄希望于考古新发现去破解。

以上是文献记载上的楚都,在考古发现的文字材料中又新出现了几个与郢有关的地名,均与楚都有关。早在20世纪50年代发现的鄂君启节上除单称郢的都城外又有葴郢一名,引出了对“葴郢”的研究。20世纪60、70、80年代相继出土的望山楚简、天星观楚简和包山楚简等文字材料中，又多次出现“𦭼郢”的记载，使得对“𦭼”字和“𦭼郢”的研究成了热门话题。

关键是这个“𦭼”字，究竟应释为何字？先后有释“茂”、“栽”、“蔑”、“莪”、“蒇”等多种看法。对这些释读意见，黄锡全撰有《□郢辨析》一文，将此字形体分为八式，一一予以辨析，指出不应释为“茂”、“栽”、“蔑”等字，认为应释为“蒇”，读为“郊”、“纪”。“蒇郢”即指今纪南城之郢[58]。荆门郭店楚简中此形字，据文例应释为“戚”[59]。因此，屡见于楚简的这个字可以确定地释为“蒇”或“戚”[60]。

至于“蒇郢”所指何地？“蒇郢”与“郢”的关系如何？都需继续研究。鄂君启节上既有单称的郢，又有“蒇郢”二字连称的郢。以此看来，两者似非指一地，应为两地。有论者仍认为是指的一个地方，即纪南城的郢[61]，恐非是。文献记载有“郊郢”之称。考古发现的楚文字材料中除“蒇郢”外，又有另外的某郢，是值得进一步研究的新材料。

这就是在包山楚简中除“蒇郢”外的另外三个以郢为名的地名——蓝郢、戕郢、郙郢[62]。我们推测这三个地名的今址，蓝郢在今钟祥县境内，戕郢在今湖北省安陆县境内，郙郢在今安徽亳县境内[63]。这只是我们的初步看法，是否如此，留待验证。

“蒇郢”、“蓝郢”、“戕郢”、“郙郢”这几个楚别都名（陪都名），性质应一样，“蒇郢”、“蓝郢”内都有楚游宫，并且可以会见别国使臣。内设楚王行宫，是楚王经常驻跸之地。以此看来，单称的郢都与这四个有二字连名的郢，显然非指一地，对此应是无可非议的了。单称的郢，肯定是指纪南城楚郢都故址，连名的某郢有的可能距郢都较远，有的则可能较近。前述潜江龙湾古章华台遗址，有人认为即蒇郢所在地，可备一说[64]。

有一种颇为新颖的说法，认为戕郢指的是原江陵、今荆州区的阴湘城城址，郙郢指的是今纪南城东南的郢城遗址。将戕读为屏，即以阴湘城为郢都之屏障。又解郙，读为倗、辅，即辅卫郢都[65]。这种解释未免过于牵强附会。有必要指出的是，阴湘城乃史前和西周城址，根本不是东周城址[66]。怎么能以这不是东周的城来作为郢都的屏障呢?!同样,郢城也非战国楚城。笔者于20世纪60年代就参加过对此城内一处文化遗存的发掘,耕土层之下就是秦汉文化层,发现汉代建筑遗址。所以现在考古界均未把此城址列入楚城,乃秦汉时代的郢县县城和郡城[67]。既然此城非楚城,所云此为纪南城郢都的"辅卫之城"的说法就失去了考古依据。看来,论者提出这一新说并未注意考古材料的时代性,未注意最新考古成果。故此说新则新矣,可惜是不能成立的"新"说!

第四节 楚城及其建筑的历史地位

城市是文明形成的标志之一,也是文明发展、进步的集中体现与见证。东周列国都城是各地政治、经济、文化、军事、交通的中心,最能反映各地文明发展水平与特色。可惜历经两千多年沧海桑田的变化,这些昔日繁华的都城早已沦为废墟。考古工作者为追寻昔日的辉煌,顶寒风,冒酷暑,把久已湮埋在地下的文明遗迹不断地揭示出来,弥补了史籍记载的欠缺。楚都纪南城等楚城、楚宫的发掘,向世人展示出楚文化卓异风采的一方新天地。以下让我们根据前面的论述,来综合探讨一下楚都(以纪南城郢都故址为重点)及其建筑在东周列国都市文明中及我国建筑文化史中的地位与特色吧。

第一,楚都地理位置优越。古往今来各国都城的地理位置都较优越,这是共性。这里强调楚都地理位置优越,是从共性中看个性、特性。纪南城作为楚国历时最长、规模最大、最为繁华的都城,无疑与它的优越地理条件有关。它是当时南方水陆交通的枢纽,它与北方几个大诸侯国的都城的不同之处,在于特别重视水路的交通,在城内发现有数条古河道,东与城外的湖泊相连并可直达汉水、长江。它"西通巫巴,东有云梦之饶"(《史记·货殖列传》),北有大道直驰中原,南过长江与江南富庶之地相连。可谓形胜之地，古人曾言“楚人都郢而强，去郢而亡”，诚哉斯言！

第二，楚都规划、建制上的超前意识与别具一格。

东周列国都城尚处在我国古代都城规划发展的第二阶段[68]。其规划列国并不统一，处在一个不断创新、完善的阶段。说楚都规划的超前意识，意味着楚都在我国古都发展过程中，有一些为后期都城承续的建制，乃楚人首先创造与使用，体现了楚文化的先进性。试举数例。

1. 纪南城城垣南墙偏东有向外凸出的一块，平面如“⌐¬”形，这正是后世瓮城的雏形，这在东周列国都城中仅此一例，是为首创。

2. 楚都城内无贵族墓，都城内有王室贵族墓乃古城前一阶段的延续，为落后之制。东周列国齐、燕及东周洛阳王城内都有大贵族墓地，甚至号称礼仪之邦的鲁国，都城规模只相当楚都纪南城面积的一半多一点，可在城内仍有贵族墓葬区。楚都纪南城同时代的王公贵族大墓都在它的周围，尤以城西八岭山、城北纪山为多。后世王室贵族墓也无不在都城之外，楚都规划的先进性于此可见。

3. 楚都宫殿区建筑的先进性。战国时成书的《考工记》记述宫殿区“左祖右社，面朝后市”(《匠人》)。我们在前面已指出楚都纪南城的宫殿区正是“左祖右社，面朝后市”之制，而同时代的北方列国并不如此。例如秦都咸阳，它的宫殿营建在都城北边，“因北陵营殿”(《三辅黄图》)。显然不是面朝后市，它的市只能是在南边的什么地方。楚都纪南城的宫殿区内夯土台基呈南北向的中轴线分布，这也开后世宫殿区中轴线建制之先河。当然，与后世宫殿区处于都城中心区位置稍有不同，纪南城的宫殿区稍偏东南，其时列国都城宫殿区位置也何尝不是或南或北或西，并不在中心位置。这正是我国都城发展第二阶段尚未趋于定型化的表现。

4. 楚都城建筑工程技术和楚宫建筑技术的先进性、创造性。

春秋战国时代是我国古城继史前古城之后的又一轮新的高潮，大、中、小古城遍布我国各地，筑城技术有了长足的进步。许多先进技术当以在都城建筑上运用最充分。对建筑素有研究的高介华在其所著《楚国的城市与建筑》一书内，专辟一节“先进的建筑技术”，对楚人筑城技术的先进成就作了论述。其中论到大跨度结构，以纪南城西垣北边门为例，指出门道宽度即结构净跨度达 10 米。“如此跨度，如此荷载，不论其上部结构如何，都属于那个时代的大跨度结构，若与同时代的希腊建筑比较，雅典卫城山门建成于公元前 432 年，其中门净空为 3.85 米，希腊最大的陶立克式庙宇建成于公元前 438 年（当楚惠王五十一年），其外廊柱间的净空仅及 2.4 米，这些都属于平梁式石结构。（纪南城）这几座陆城门采用石结构的可能性很小，采用平梁式木结构的可能性存在，但是否有减少正弯矩的补加技术措施，颇值探索。值得注意的是，西汉初年的长安城门，门道净空为 8.6 米，这一尺度也小于（纪南城）郢城门。”[69]这种大跨度结构，不仅城门如此，宫殿建筑更如此，且有过之。例如城内 30 号宫殿建筑主体房屋南北主墙净跨达 14 米之巨，无疑是当时宫室建筑独一无二的。楚建筑之宏伟、先进，令人惊叹！

楚宫的建筑显示出建筑技术的精进，前述纪南城 30 号宫殿基址，特别是龙湾章华宫基址就是实证。宫室无疑都建于夯土台基之上，这是列国宫室的共同点。有一种说法，楚宫的夯土台基“都只有 1—2 米高”[70]，恐不是事实。论者乃据纪南城的资料提出的看法，但即使是纪南城的夯土台基，也不会只有这么高。诚然，已发掘的 30 号宫室的台基的确不高，然笔者是发掘的亲历者，至今记忆犹新，它的台基主体仅只是残存的地面以下部分，它原有的高度应有数米之高。佐证的例子是龙湾宫殿基址，它现存的台基高度就将近 4 米，可见楚宫的夯土台基也并不是很矮。就夯土台基的高度而言，确不如北方有高达 10 米以上的台基。但楚宫的总高度却要高出北方的高台建筑。其间的奥妙就在于楚宫在夯土台基上加建木结构楼台，比中原地区的木构楼台要高得多。楚建筑的特点与优点是楚国早已形成完善的木结构建筑体系，我在前面已指出这是楚建筑的两个最显著特点之一。“木结构最能创造出多种多样的宫室体形，表现出楚式宫殿的特色。”[71]辞赋中的“层台累榭”、“重楼疏堂”，正是楚宫建筑的写照[72]。在夯土筑的层台上有高累之榭，章华台有“三休台”之称，形容其高，才有“天下第一台”在楚的美誉。

5. 楚建筑艺术的卓异风采。

楚艺术是楚文化中最让人惊叹的精彩部分之一，而楚建筑艺术则是楚艺术中的综合表现。虽然其主体木构建筑久已消失，人们仍从众多楚文物、考古发掘出的遗迹和文献上的描述，去追寻其形神之美的遗韵。《楚国的城市与建筑》一书将楚建筑的美学特征归纳为十个特点，为与读者共同欣赏，不妨略作引述。

一曰线型之美。在各种线条中，楚人对曲线最为钟情。这同中原诸夏多重直线判然有别。楚人在建筑活动中高度重视曲线的美学思想，不仅在中国上古建筑中独步一时，而且影响到后世中国园林建筑，甚至波及到西方，如 18 世纪出现的法国的芳伯罗宫和德国的无愁宫，与其说是受到中国古典园林的感染，不如说是它们间接地接受了“曲尽其妙”的楚风。

二曰和谐之美。楚国思想家伍举在偕楚灵王登上章华台时，发表了他石破天惊的建筑美学见解，认为，建筑物只有“上下、内外、大小、远近皆无害焉”[73]，才称得上美。所谓“无害”，就是指建筑物在数、量、形等诸方面都符合一定的比例，给人一种和谐的美感。这是上古时期关于建筑和谐美的最早、最完整的表述。楚人不仅是这一建筑美学理论的提出者，而且是实践者，创造出了光辉的典范——章华台。

三曰因借之美。即注重对自然的直接因借，是老子“道法自然”在建筑上的美学体现。

四曰空灵之美。即楚建筑中的虚实互补，有无相生的美学意境。

五曰朦胧之美。楚建筑与山水自然浑然一体，尤重云蒸霞蔚、薄雾如纱的朦胧景观。

六曰超拔之美。即建筑物的高峻。以章华台为代表的楚高台建筑，拔地而起，如倚天之柱，截星揽月、穿云破雾，体现了楚人强烈向上的生命活力与超越万物的创造精神。

七曰绝艳之美。这即是我指出的楚建筑两大特点的第二个方面。我曾综合两个特点指出:“用这种具有楚文化特点的建筑技术和装饰艺术(即绝艳之美)建造起来的楚宫会使人如入仙境,令人流连忘返!”[74]

八曰怪异之美。这是充溢神秘的楚地巫风色彩之美。这是对绝艳之美的充实和补充。

九曰恢弘之美。体现了楚国哲人老子“大象无形”的宇宙苍穹意识,与前述超拔之美相得益彰。

十曰运动之美。楚国的建筑,总是力求化静为动,虽静犹动,蕴含着一种活泼、热烈的生命活力。

以上所说的十点楚建筑艺术之美,其实也可以推而广之,体现出楚艺术之美、楚文化之独特美。然而我们不能仅停留于赞叹、欣赏,以致浅尝辄止。我们所关注的是楚建筑艺术并不像有的古典艺术那样永远死去,永远消失了。楚建筑虽已不复存在,但楚建筑的灵魂长存!有形的楚建筑影响着当时与后世;无形的楚建筑的灵魂,一直影响及于今世与全世界。建筑学家高介华正是以“楚建筑在东方和世界建筑文化史上的地位”为题,论述楚建筑文化的传播与现代“楚风”建筑漩流。他指出,被誉为20世纪现代建筑伟大先驱的美国建筑师莱特,他所创立的“有机建筑论”,竟然是以中国楚学——老子哲学为思想基础创立的。“他敢于把自己的‘体系’架立在老子哲学——这座古代东方文化的圣山上。”[75]这是令人振聋发聩、鼓舞人心的宏论。楚城、楚宫等建筑思想、文化技术、艺术在中国和世界历史文化中的地位、作用,可以勿复多言,尽在不言之中了。

在这里还想补充说明的是,对于楚城、楚宫的研究,应该说还是刚刚开始,在这起步阶段,我们已有着如此多的考古与研究成果,是应该庆幸的,欣喜之情溢于言表也是自然的。但我们还同时有着新的期盼、新的责任。因为大多数的楚城、楚宫,还待我们去进行勘查与发掘,还有更多的惊人发现在等待着我们。并且,随着祖国改革开放的深入进行，处于乡村的楚城遗址不断因新的农田水利建设而被人为地毁坏。一位充满激情的作家站在楚都纪南城的荒丘上，发出了如下感叹：楚国 800 年历史文化，“不仅中国任何一个王朝无与伦比，在世界历史上也是罕见的，而 20 世纪楚国子孙们却忍心毁坏这一垄荒丘。如今在楚丘（城）上任何掠夺破坏的行为，同 2274 年前白起小竖子摧毁郢都的罪行，是同样不能宽恕的”[76]。此文作者在文末动情地以诗词作结：“我来寻故郢，向平原清泪如铅泻。荒烟外、寒波澹澹，晚日无言西下！”[77]这道出了中华儿女、楚人后裔的心声。有建设就有毁坏，不该毁坏的就得保护，这是天经地义的事。

还有一种情况，有的楚城、楚宫遗址今日仍处于繁华的城市内，不仅楚地如此，全国各地也存在这一情况。随着市场经济的发展，旧城改建和现代化城市设施建设大面积铺开，尤其是一些历史悠久的城镇，新建高楼、马路拓宽等，无不要在原有建筑物地段深掘深挖，在深挖中往往遇到许多意想不到的重要遗迹与珍贵文物。这样的情况各地多有出现，而最典型的一例是 1996 年在长沙原楚城范围内的一次惊人发现。

这就是已被评为“1996 年全国十大考古发现”之一的长沙走马楼简牍的重大发现，被誉为“世纪内的特大考古发现之一”，将对我国的历史研究和新时期文化建设产生极为深远的影响。笔者曾著文指出这一新发现对长沙楚城的研究提供了最新的重要资料。鉴于所出土的简牍大大超过我国历年来出土简牍的总和，可以预见，“走马楼简牍学将形成一门相对独立的专门学科，成为一门具有国际意义的学问”[78]。

这一发现的地点正好在楚城内的建筑基址之下，因修建数十层高楼而深挖 10 多米才被发现出来。现在，“城市考古”已作为考古学的一门分支学科应运而生，有的城市如江苏镇江已成立了古城考古研究所。楚城处于现代城市内，除长沙外，重要的还有作为楚国后期都城的陈（今河南淮阳县城）、寿春郢城（今安徽寿县县城），都处于旧城改造并扩大市区的建设时期，也可能还有意想不到的新发现。更多的地下荆楚文明被发现出来之后，又要补充、重写甚至可能改写荆楚建筑文化史、荆楚早期文明史的某些方面，还有更多的工作等待人们去做。这首先是楚文化考古工作者义不容辞的责任。

注 释：

[1] 见第三章注[26]。

[2][3] 高介华：《楚国的城市和建筑导论》，《华中建筑》1994 年第 4 期。陈振裕：《东周楚城的类型分析》，《江汉考古》1992 年第 1 期。

[4] 例如河南淅川的定阳城、寺湾古城、兴化城、马蹬城、罗城等，仅在一篇文章中提及。《中国文物地图集·河南分册》未收录，知这几个古城并无遗迹可证，应予排除。

[5] 本章写成后，看到新出版的刘和惠著《楚文化的东渐》一书（湖北教育出版社 1995 年版），在附录一有“寿县及其邻县地面战国城址调查表”，列出了三座战国古城，本表仅录寿春楚都一座。**校补**：近年又新发现若干楚城，例如湖南龙山里耶的战国楚城；此城延续至秦汉，城内古井出大批秦简，见本书第十一章校补。

[6]《史记·楚世家》：“文王熊赀立，始都郢。”（《世本》则云楚武王徙郢）《正义》引括地志云：纪南故城在荆州江陵县北五（按此“五”字可能为“之”字之误）十里，杜预云国都于郢，今南郡江陵县北纪南城是也。今江陵县北有山名纪山，当因此城位于纪山之南而名之。纪南城之名最早见于《三国志·吴书·朱然传》。又，《史记·货殖列传》：“江陵故郢都，西通巫、巴，东有云梦之饶”，显指今江陵之郢地。《汉书·地理志》南郡江陵下班固自注“故楚郢都，楚文王自丹阳徙此，后九世平王城之，后十世秦拔我郢，徙陈”。按文献记载，楚以此为都长达 400 年左右。参见拙作《楚丹阳和郢都的地望与年代》，《江汉考古》1980 年第 1 期。**校补**：纪南城今属荆州市荆州区。

[7] 除全国各地来的专业人员外，还在工地举办了亦工亦农考古短训班，总人数曾多达数百人。考古大会战业务组长是黄景略，知名考古学家俞伟超、严文明、张忠培等均先后来此工作，可谓纪南城考古史上空前绝后之举（所谓绝后之举，是指这种动员人数之多、之广，及遍地开花式的发掘工作，今后不会再出现了）。

[8] 这些收获由湖北省博物馆参加发掘的有关同志整理编写成《楚都纪南城考古资料汇编》。这是为迎接于 1980 年在武汉召开的以讨论考古学楚文化为重点的中国考古学会第二次年会而编辑印刷的内部交流资料。其后在此基础上修改、精简编成

《楚都纪南城的勘查与发掘》,发表于《考古学报》1982 年第 3—4 期(笔者均为整理执笔者之一)。

[9] 东周列国都城遗址中北方如齐都临淄、鲁都曲阜等在建国前都已有初步调查资料,建国后对秦、三晋、燕等国都城遗址也作了勘查、试掘,有的城址平面图均已公诸于世。而纪南城遗址一直要晚到 20 世纪 50 年代才有初步调查,但并未发表平面图。70 年代以来,经过"考古大会战"等一系列发掘,公布了遗址平面图和诸多遗址资料,有的已编入各类历史类论著,甚至教科书之中。纪南城考古由此变落后为领先,引起学界高度关注。

[10] 方九里(即每边长 9 里),按 1 里为 180 丈,九里为 1 620 丈,等于 16 200 尺,1 尺合今 0.23 米。四周总长为 14 964 米,略小于纪南城周长的 15 506 米,大体相符。曲英杰《楚都纪南城研究》一文(载《楚学论丛》,江汉论坛 1990 年专刊)认为东南北三面每边应为三门,乃推测之辞,考古工作难以证实。齐都临淄"城门六座,东西各一座,南北各两座"(《临淄齐国故城勘探纪要》,载《文物》1972 年第 5 期)。燕下都城门也是每边最多两座(《河北易县燕下都故城勘察与试掘》,载《考古学报》1965 年第 1 期)。《楚辞·哀郢》:"孰两东门之可芜?"由此诗句也可证东门只有两座。《楚都纪南城研究》一文又认为:"除有三座水门自成一水运交通系统外,每边应该还有两座陆门相互对应,且有大道连接,构成一井字形的陆路交通网。"这仍属推测,无考古依据。

[11]《楚辞·九章·哀郢》:"顾龙门而不见,孰两东门之可芜。"龙门似为南垣水门。《招魂》:"魂兮归来,入修门些。"这修门可能指南垣东边陆门,由此可直达宫殿区。

[12] 同注[8]。

[13] 杨权喜:《楚郢都的制陶手工业》,《楚文化研究论集》第 2 集。共四处,城内三处,城外一处。宫城西北角城垣外的一处规模最大,发现陶窑 7 座,水井多达 270 余口,是城内最大的制陶作坊区。

[14][44][71][74] 刘彬徽:《楚郢都建制考》,载《楚文化新探》,湖北人民出版社 1981 年版。此文重点对郢都的布局与宫殿建置结合文献记载进行了考证。

[15] 参见马世之:《略论楚郢都城市人口问题》,《江汉考古》1988 年第 1 期。

[16] 张正明:《江陵——楚郢都与楚文化》,《中国古都研究》(七),山西人民出版社 1991 年版。

[17] 关于 30 号台基宫殿建筑遗址的发掘与资料整理过程,在《楚都纪南城考古资料汇编》(见注[8])中《纪南城三十号台基发掘简报》末尾,我写了一个后记。但这一

《汇编》为内部资料，在公开发表于《考古学报》1982 年第 4 期时，无此后记，故在此补注，以不埋没这些辛勤工作者的业绩。此后记于下：

本台基的发掘工作参加单位较多，时间较长，发掘工地的单位和个人时有变动。1975 年上半年发掘工作的负责人为北京大学俞伟超同志、严文明同志、厦门大学苏垂昌同志和湖北省博物馆刘彬徽。1975 年至 1976 年上半年发掘工作的负责人为吉林大学张忠培同志、荆州地区博物馆王崇礼同志和刘彬徽。国家文物局黄景略同志多次亲临工地进行了指导与检查。当 1976 年春发掘工作基本结束后，曾由吉林大学留下一个三人小分队（张文军、徐伟、刘习祥）整理总记录。之后，省、地、县文物工作者和部分亦工亦农考古训练班学员一起整理编写出一份发掘报告初稿。1977 年底邀请了吉林大学张忠培、张文军两位同志来纪南城和省、地、县文物工作者讨论了这一报告初稿，决定进行大幅度修改。1978 年由刘彬徽写出发掘报告修改稿初稿。1979 年俞伟超同志来鄂，对此稿提出了许多宝贵的意见，又作了一次修改。这份简报就是根据发掘报告和许多有益的意见，由刘彬徽整理而成的，并经馆内有关同志讨论定稿。因此，它是集体劳动的成果。我们谨向参加发掘和整理的单位和同志们致以衷心的感谢。

[18] 在 20 世纪 60、70 年代的条件下，发掘工作是很艰苦的。60 年代初笔者在纪南城的首次考古工作就是睡地铺，与牛栏为伍。在 70 年代笔者筹备考古大会战时，经常吃的是水泡饭、咽的是咸菜。考古大会战中大多数人住的是草席棚，冬天，外面下大雪，里面下小雪，冻得发抖。即使如此艰苦，而人们并无怨言、干劲十足。这段生活永远值得回味、思索，这种考古工作恐怕以后难以见到，故亦补记于此。

[19] 齐、鲁等故都只进行过勘探，未发掘。在秦都雍城有过大规模发掘（面积超过此台基），但已是 20 世纪 80 年代的事，即晚于此台基的发掘。

[20] 在凤凰山发掘 M167、M168 等大型秦汉墓葬时，发现其墓口都有打破东周夯土台基的现象。

[21] 关于楚城高台建筑和宫室名称，请参阅拙作《楚郢都建制考》及马世之《楚宫室中的高台建筑》（《文物研究》第六辑，黄山书社 1990 年版）两文。

[22] 湖北省考古研究所：《纪南城新桥遗址》，《考古学报》1995 年第 4 期。有的窑址内出陶礼器如鼎、敦、壶、钫、鉴、簠、垒、盘、勺等。执笔者杨定爱、韩楚文认为："由此推知这 3 座窑，可能是专门烧制陶礼器和生活实用陶器的。"

[23] 这部分资料整理者认为："这种铸炉主要是铸造锡器的。"恐未必。不能因有锡块、锡饼就认为是铸锡器之炉。第一，未发现锡器；第二，青铜器中含一定量的锡。

这些锡块、锡饼的用途很可能是作为青铜合金组成部分的锡料。这种炉也可能为化锡炉或铸造青铜器之炉。

[24] 顾铁符:《楚三邑考》,载《夕阳刍稿——历史考古述论汇编》第32—50页,紫禁城出版社1988年版。

[25] 张正明:《楚都辨》,《江汉论坛》1982年第4期。

[26] 童书业:《楚王酓章钟铭"西旟"解》,《中国古代地理考证论文集》第100页,中华书局1962年版。

[27] 王光镐:《楚文化源流新证》第456页,武汉大学出版社1988年版。

[28][29] 湖北省博物馆:《当阳季家湖楚城遗址》,《文物》1980年第10期。

[30] 杨权喜:《当阳季家湖考古试掘的主要收获》,《江汉考古》1980年第2期。

[31][32][33] 楚皇城考古发掘队:《湖北宜城楚皇城勘查简报》,《考古》1980年第2期。

[34] 石泉:《楚郢都、秦汉至齐梁江陵城故址新探》,收入他的论文集:《古代荆楚地理新探》,武汉大学出版社1988年版。

[35]《左传·桓公十三年》:"及鄢,乱次以济。"杜注:"鄢水在襄阳宜城县,入汉。"《左传·昭公四年》:"迁赖于鄢。"杜注:"鄢,楚邑。"《左传·昭公十三年》:"王沿夏,将欲入鄢。"服虔曰:"鄢,楚别都也。"

[36] a. 荆州地区博物馆等:《湖北潜江龙湾发现楚国大型宫殿遗址》,《江汉考古》1987年第3期。

b. 陈跃钧:《潜江龙湾章华台遗址的调查与试掘》,《楚章华台学术讨论会论文集》,武汉大学出版社1988年版。**校补**:陈跃钧在2003年"楚学国际研讨会"发言:"龙湾遗址西区黄罗岗古城址的发现,为寻找早期楚国都城提供了探索方向和重要坐标点。"(见该会议论文提要编)

[37][64] 吴郁芳:《栽郢、云梦、章华宫》,《江汉考古》1989年第3期。此文将楚简文茂释栽,不对,后详。

[38] 陆玑曰:"紫贝,其白质如玉,紫点为文",引自姜亮夫著:《楚辞通故》之三第797页,齐鲁书社1985年版。诗句中的紫贝应就是考古发现的这些灰白色贝壳。

[39] 高介华:《楚国第一台——章华台》,《华中建筑》1988年第2—4期。

[40][41][42][43] 湖北省考古学会编:《楚章华台学术讨论会论文集》(出处同注[36]b)。谭其骧教授题词刊于此书的扉页上。张正明撰《章华台遗址琐议》,从八个方面论证其为章华台故址,此文收入上述论文集内。

[45] 参阅张正明之论文。

[46] 涂书田:《楚郢都寿春考》,《楚文化研究论集》第 1 集,荆楚书社 1987 年版。

丁邦钧:《楚都寿春城考古调查综述》,《东南文化》,1987 年第 1 期;《寿春考古的主要收获》,《东南文化》1992 年第 2 期;丁邦钧、李德文:《寿春城遗址遥感调查的新收获》,《楚文化研究论集》第 2 集。

[47] 见上注丁邦钧文章。

[48] 曲英杰:《楚都寿春郢城复原研究》,《江汉考古》1992 年第 3 期。

[49] 涂书田、任经荣:《安徽寿县寿春城址出土的瓦当》,《考古》1993 年第 3 期。此文提供了进一步研究的对比资料。

[50] 刘彬徽:《楚丹阳和郢都的地望与年代》,《江汉考古》1980 年第 1 期。

[51] 曲英杰:《先秦都城复原研究》第 394 页,黑龙江人民出版社 1991 年版。

[52] 曹桂岑:《楚都陈城考》,《河南省考古学会论文选集》,《中原文物》1989 年第 4 期。

[53] 马金:《马鞍冢楚墓主考》,《楚文化研究论集》第 1 集。张志华、骆崇礼:《淮阳马鞍冢墓主考略》,《楚文化觅踪》,中州古籍出版社 1986 年版。

[54] 同注[51]第 398 页。

[55] 黄盛璋:《楚王城》,收入他的论文集《历史地理论集》,人民出版社 1982 年版。欧潭生:《信阳楚王城是楚顷襄王的临时国都》,《中原文物》1983 年特刊。

[56] 顾国光:《七国地理考》卷三。

[57] 同注[51]第 399 页。

[58] 黄锡全:《郢辨析》,《楚文化研究论集》第 2 集。

[59] a. 荆门博物馆:《荆门郭店楚简》,文物出版社 1998 年版。

b. 张光裕主编:《郭店楚简研究第一卷文字篇》,1999 年版第 214 页。

[60] 滕壬生:《楚系简帛文字编》第 444—447 页,湖北教育出版社 1995 年版,所列 40 多个字体可释为"葳"和"戚"。

[61][65] 曲英杰:《说郢》,《湖南考古辑刊》第 6 集。此文认为茂郢应释栽郢,并说:"当训为兹字之假借……兹为指示词,可训为此、今等……指纪南城。"茂字释栽,误。前提错了,读兹也就错了。故其说不可信。关于戕(䧢)字,曲文读戕为屏,也不可信。

[62] 湖北省荆沙铁路考古队:《包山楚简》,文物出版社 1992 年版。

[63] 刘彬徽、何浩:《论新发现的几处楚郢地名》,载湖北省荆沙铁路考古队:《包

山楚墓》,文物出版社 1992 年版。

[66] 见本书第一章注[71]、第三章注[26]。

[67] 郢城遗址性质及年代,见本书第十一章。

[68] 俞伟超:《中国古代都城规划的发展阶段性》,载他的论文集:《先秦两汉考古学论集》,文物出版社 1985 年版。

[69] 高介华:《楚国的城市与建筑》第 220 页,湖北教育出版社 1995 年版。

[70] 见第二章注[54]第一本书第 136 页。

[72] 参阅张良皋:《论楚宫在中国建筑史上的地位》,《华中建筑》1984 年第 1 期。

[73]《国语·楚语上》。

[75] 同[69]第 434 页。

[76][77] 黄瑞云:《楚都二千七百周年祭》,《长江文艺》1996 年第 7 期。

[78] 刘彬徽:《长沙走马楼考古随想》,美国《侨报》1997 年 4 月 9 日。

[79] 湖北省地方志编纂委员会编:《湖北省志·文物名胜》,湖北人民出版社 1996 年版。**补注**:此注至[118]为本章 239—242 页的表二著录号。

[80] 湖北省文物考古研究所等:《'92 云梦楚王城发掘简报》,《文物》1994 年第 4 期。

[81] 大冶县博物馆:《鄂王城遗址调查简报》,《江汉考古》1983 年第 3 期。

[82] 孝感地区博物馆:《大悟吕王城重点调查简报》,《江汉考古》1985 年第 3 期。

[83] 楚文化研究会编:《楚文化考古大事记》第 148 页,文物出版社 1984 年版。

[84] 草店坊城联合考古勘探队:《孝感市草店坊城的调查与勘探》,《江汉考古》1990 年第 2 期。

[85] 大冶县博物馆:《大冶县发现草王嘴古城遗址》,《江汉考古》1984 年第 4 期。

[86] 冯少龙:《大冶县新发现一处古城遗址》,《江汉考古》1983 年第 4 期。

[87] 岳阳市文物工作队:《湖南汨罗罗国城遗址的调查与探掘》,《江汉考古》1996 年第 1 期。郭胜斌:《罗国史迹的考古学观察》,载《长江文化论集》。

[88] 湖南省博物馆:《湖南石门县古城堤城址试掘》,《考古》1964 年第 2 期。

[89][90][93][94] 曹传松:《湘西北楚城调查与探讨》,《楚文化研究论集》第 2 集。

[91][92][95] 国家文物局主编:《中国文物地图集·湖南分册》(湖南省文物局编制,编辑组长吴铭生),湖南地图出版社 1997 年版。

[96] 李科威:《平江县安定区古城址调查》,《湖南考古辑刊》第 4 集。

[97] 黄纲正、吴铭生：《战国长沙楚城初论》，《楚文化研究论集》第 2 集。黄纲正等：《湘城沧桑之变》，湖南文艺出版社 1997 年版。

[98][107] 马世之：《楚城试探》，《楚文化研究论集》第 1 集。

[99][102][103][104][105][106][108][111][112][113][114][115][116][117] 国家文物局主编：《中国文物地图集 · 河南分册》，中国地图出版社 1991 年版。

[100] 同[83]第 25 页。

[101] 杨履选：《春秋黄国故城》，《中原文物》1986 年第 1 期。

[109] 尚景熙：《蔡国故城调查记》，《河南文博通讯》1980 年第 2 期。河南省文物研究所：《1988 年蔡国故城发掘记略》。《华夏考古》1990 年第 2 期。

[110] 李绍曾：《期思古城遗址调查》，《中原文物》1983 年特刊。

[118] 詹汉青：《固始县北山口春秋战国古城址调查报告》，《中原文物》1983 年特刊。

第六章
楚墓考古与荆楚文明研究

楚墓的发掘，像是打开了尘封两千多年前的地下迷宫一样，让世人目睹了从未见过的奇珍异宝。可以这么说，处于当时世界第一流水平的楚文化得以在现时重放光彩，主要有赖于楚墓特别是大型楚墓的发现与发掘。因此，对于楚墓的研究，也就成为荆楚早期文明研究的题中应有之义。

第一节　楚墓考古简述

一、概述

楚墓内出土物，建国以前出自盗墓者之手(例如寿县楚幽王墓、长沙楚墓的被盗掘)，无科学记录资料可言。建国以后，1951 年中国科学院考古研究所组织了以所长、著名考古学家夏鼐为队长的长沙发掘队，在长沙发掘了楚墓 73 座，这是楚墓考古也是楚文化考古的第一次科学发掘，并及时整理出版了第一本楚墓发掘专题报告[1]。“1951 年的发掘，奠定了长沙以至整个楚文化考古的基石”[2]。作为楚文化中心的楚郢都所在地江陵的楚墓发掘，比长沙发掘晚了整整十年。1961 年，湖北省组成了省地县联合考古队，对郢都纪南城附近的太晖观、张家山楚墓群进行了发掘。这是郢都地区首次有组织的科学发掘。笔者参加了这首次的发掘，并参与了资料整理和发掘报告的编写工作，从此与楚文化考古研究结下了不解之缘[3]。江陵及其附近地区的楚墓发掘以此为契机，像雨后春笋般越掘越多，成为继长沙之后发掘楚墓数量最多的地区，并且由于许多墓葬的规模比长沙地区的大得多，所以出土的文物更为精美、重要。

楚墓的发掘数量最多。1980 年王世民就全国发掘的东周墓作过统计，共发掘 5 000 座左右，而楚墓就多达 3 500 座左右，占我国东周墓总数中的 70%[4]。过了十年之后又有人统计，全国发掘的东周墓约 8 000多座，而楚墓数也增至6 000多座。楚墓在东周墓中所占比例上升到 75%[5]，即占了四分之三。这种情况还在呈有增无减之势，例如笔者正在写作此章时，又传出湖南益阳一个地点一次就发掘楚墓 600 多座[6]。总之，近年增加数量甚多。

楚墓发掘不但在东周墓葬考古中数量最多，更重要的还在于出土文物也最多、最丰富、最完整，保存完好，一些楚墓内出土物宛如刚下葬一般的完整，且色泽鲜艳。楚墓资料的整理与专题发掘报告数量之多，在全国各区域比较中也名列前茅。且不说发掘简报之多，单就一个墓地(江陵雨台山、九店、望山、当阳赵家湖、河南信阳、淅川下寺等墓地)、一个楚墓(江陵马山一号墓、包山二号墓和楚系的曾侯乙墓)的考古发掘报告来看，在这 20 来年期间内就相继出版了九大本书(有的为上下册)[7]。这在其他区域考古成果中是绝无仅有的。正是由于有了这么多科学资料的相继公布，更促使楚文化热一浪高一浪地掀起。被称为“尘土学者”的中国考古工作者中的楚文化考古工作者，既备尝了田野考古和室内整理工作的艰辛，也享受了其成果获得嘉许的荣耀。

楚文化考古工作者也清醒地意识到,已掘楚墓仅只是未掘楚墓数量中的一个零头,还有难以计数的楚墓等待着去开发。考古工作者曾对原江陵(今属荆州市)境内至今仍存于地面的有冢楚墓作过勘查,总数有 628 座之多[8]。其中封土堆高 6 米以上、周长 120 米以上的大冢有 59 座,显为楚王等高级贵族之墓。文献记载也有楚王墓在江陵的记载,例如《渚宫旧事》卷二原注引《荆南志》载:“庄王墓在江陵西三十里,周回四百步,前后陪葬数十冢,皆自为行列也。”所云“江陵西三十里”的位置就是现今纪南城郢都故址之西的八岭山地带。这里有封土的楚冢宛如刚出笼的馒头,密密麻麻,密若繁星。凡去实地考察者,无不为这里的楚墓之多之大而啧啧称叹!

这样的情况在纪南城址以北的纪山同样存在。考古工作者对属于荆门市范围的纪山墓地所作的勘查,统计有冢楚墓 227 座之多[9]。其中大薛家洼墓区最为壮观,它由两个大冢和成排成列的 40 个小冢组成。1 号大冢处于墓地最高处,冢径 68 米,高 10.5 米,2 号冢稍小。其北排列有序之冢 40 个,成正南北向排列,四行十排。所在范围东西宽 66 米、南北长 115 米。冢径 13.5 米、高 1.5—2 米不等,冢间距 4 米。其东部有台阶五级(图 6.1-1)。此墓地的构成气势磅礴,观之令人吃惊[10]。这应是楚王或王室大贵族的王族墓地,乃楚国园陵式墓地的遗存。在纪山发现的这样有规则有气势的有冢楚墓,目前还是仅见之一例,故有必要向读者介绍,这将有助于世人对楚墓的进一步关注。规模特大的楚王墓经科学发掘的至今无一座(仅建国前盗掘了一座楚幽王墓),更值得注意的是西周早中期楚贵族墓至今未掘一座,更无法论及西周时期各阶层楚墓情况了。由此看来,已发掘的楚墓虽出土了令人耳目一新的珍品,但已有的发现犹如“小荷才露尖尖角”,或如西方的比喻“露出水面的冰山”。楚墓的发掘正可谓任重而道远。楚文化爱好者既对已有的发现而欢欣鼓舞,享受到了前人未曾享受的眼福、耳福(聆听编钟演奏的乐曲),面对那些前人未曾见过的如此重要的崭新材料,将楚文化研究推进到了一个从未有过的新高度;同时也寄托着更多的期望,期望有更多的楚墓的发掘,更多的珍品面世,使楚文化研究取得新的更大的突破。

在这里还想强调一下,楚墓的发掘与资料的整理都是一项十分繁杂而细致的科学工作,与盗墓者的盗宝或非科学的挖掘古物是完全不同的两回事。作为科学研究资料,楚墓的野外发掘仅只是完成了一半的工作,另一半是要对发掘出来的所有资料进行系统的整理研究,其难度在某些方面还超过楚墓发掘,成果就是形成一本书。只有当它们变成了书籍,成为了一部书面文献,大家可以充分地像利用历史上的文献书籍一样进行研究,才可以算是完成了楚墓、楚遗址的发掘与整理研究的任务,画上了一个完满的句号。当然这些实物资料有着与历史文献资料不

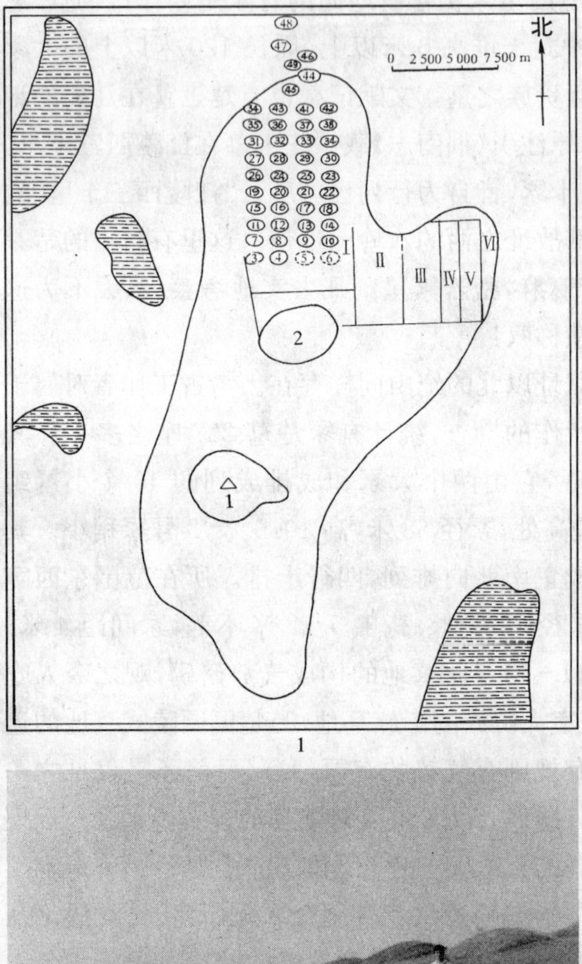

1

2

图 6.1-1　纪山楚墓群

同的优点，即它们尚未形成书面文献资料时就可以直观的形式进行展览，让人们目睹这些实物，亲身感受我们先人的创造力与取得的成就，增强民族自豪感，并得到美的享受。这仅仅是一个方面。要使先人们的文明成果变成永远可以流传和研究的史料，只有形成书面文献方可做到。

前面已提到楚墓发掘报告出版的相当多，但与发掘楚墓数量之多相比则还很不相称。这些仅是一些大型楚墓、重要楚墓或某个墓地的专门报告，更多的墓地的专题报告还有待于整理。由于历史的原因，有的墓地虽已发掘数十以至数百座楚墓，恐怕永远也整理公布不出来了，这是很可惜的事。即使已出版的专题发掘报告，有的也不是十全十美的，存在着资料报道不全、不准确的问题（发掘简报就更不用说了）。此类问题有的与整理者的水平有关，难免出现对资料的整理与认识上的不当甚至错误之处。因此，在利用这些资料时也有一个再研究的问题。当然，它与某些历史文献由于封建统治者有意加以歪曲、篡改的情况完全不同。楚墓资料已成为研究楚文化、研究我国古代文明、阐发我国优秀传统文化的至关重要的历史资料，成了用之不竭的历史文化资源。

楚墓及其资料的作用如此重要，对楚墓本身的关注与研究，也自然而然成为一个热点，这方面的学术专著与普及读物已应运而出。为避免重复，我在本章只就楚墓研究必须再讨论的课题及论者略而未论或所论可商的问题作些讨论。

二、楚墓分区、分类、分期再议

为了使楚墓及其出土文物的研究有一个坚实的、学界可以放心利用的科学基础，对楚墓的时空关系及其反映的社会关系有一个基本的认识，就必须首先进行三个基础性的工作——楚墓的分期、分类、分区。在20世纪50至70年代，由于楚墓资料多未全部公布与系统整理，学者们在当时资料与认识条件下，主要着眼于年代分期工作，作出了成绩。而进入20世纪80、90年代，如果仍仅局限于年代分期，而不同时进行考古学的分区、分类工作，势必影响分期的细致化与准确度，也将影响楚文化研究的进一步开展。因此，近 10 多年来，关于楚墓的分区、分类研究便成为紧迫的工作项目，并已取得了较大的进展。分区、分类研究的深入又进一步促进了分期工作的开展。这里不拟对分区、分类、分期作过多的学术讨论（这样做篇幅太大，在本书有限篇幅内也不适宜），而只概要地介绍一下这方面的研究成果，并间之以已见。

（一）分区

对这一重要问题，学者已有《试论楚墓的分区》（简称《分区》）一文予以讨论[11]。其论以“地域相近、文化内涵相同、有自身的特点”这三条依据为标准，对楚墓分为以下 12 个区：纪郢区、鄢郢区、丹淅区、城阳区、东鄂区、洞庭区、澧州区、潭州区、黔中区、苍梧区、陈郢区、寿春郢区。

这大体上反映了楚墓的实际状况，但若从总体考察，似觉分得太细。窃以为可以合并为几个较大的区：

1. 中心区　包括《分区》文中的纪郢区、澧州区。此乃楚文化中心区域的墓葬，年代最早的可到两周之际，是探寻西周时期楚墓与东周楚墓衔接的唯一重要地区。从西周晚期到战国晚期有连续发展的年代序列，乃进行分类、分期研究的最重要的楚墓区。

2. 北区　包括《分区》一文中的鄢郢区、丹淅区，相当于今鄂西北、豫西南地区。这是次于中心区的重要楚墓区，其中襄阳山湾、蔡坡、淅川下寺、和尚岭、徐家岭的春秋时期楚贵族墓最引人注目。下寺楚墓为𨛬氏家族墓地，出土大量有铭文的青铜器（包括令尹王子午、薳子冯之器），为楚史、楚文化研究提供了重要的新资料。此区年代最早的楚墓为春秋早期偏晚，即是说，与中心区年代最早的楚墓比较，这一区的年代要比中心区晚一个阶段。贵族墓铜器风格与中心区的基本一致，有不少高水平的有楚文化特色之器。但这里的小墓出土陶器（包括日用器如鬲、盂、罐等陶器），与中心区不尽相同。此区罕见中心区墓内常出的陶簠、长颈壶；相反，陶豆出土量多于中心区。陶豆是北方中原地区出土数量较多且成为基本组合的器类。在春秋中期墓内有的随葬周式鬲,到春秋晚期则改为楚式鬲。由此可以认为,北区楚墓在早期有较多中原文化因素,春秋晚期以后则已楚化,然陶器仍与中心区有一定差异,故而北区与中心区的重要区别在于中原文化因素的多寡而已。

3. 南区 包括《分区》所分洞庭区、潭州区、黔中区、苍梧区。以湘乡、长沙楚墓为中心地区,长沙是楚国南部最重要的城市之一,在这里已发现了楚城(见前章)。长沙楚墓已发掘两千多座,数量仅次于江陵。综合性的长沙楚墓发掘报告正在整理之中[12]。在湘乡已发掘了较大的牛形山 M1、M2,虽被盗,但出土漆木器仍显示南区楚文化的发展水平与特色。南区的特点是有不同程度的越文化因素。洞庭区、潭州区的越文化因素比重不大,而以苍梧区的越文化因素最为显著,已有论者对资兴楚墓的楚越文化因素作了中肯的分析,值得重视[13]。黔中区则有较多的巴濮文化因素[14]。

4. 东区 可分为三个亚区,即鄂东区、陈郢区、寿春郢区。鄂东区的楚墓年代大多为战国时期的,陈郢、寿春郢两个亚区的楚墓年代绝大多数属晚期楚墓(前 278—前 223)。东区的共同点是墓葬年代偏晚,有杨越、吴越、徐淮文化因素(陈郢亚区还有较多中原文化因素)的影响。

以上所分中心、北、南、东四区,可以作为楚文化区域内墓葬分区研究的基本概括,对于研究楚文化与其他文化的关系,分为四区也较适宜。在这四区的东周墓中也有的不是楚墓。在如何辨认楚墓上,存在两种情况:一种是把并非楚墓的墓当成楚墓,但也有把本应为楚墓的墓错断为他系墓葬的情况。判定是否为楚墓的标准不能以国界为标准,而应以文化标准界定楚墓。在把握文化标准上,也有个如何掌握的问题,对此必须慎重对待。

(二) 分类

分类与分区研究一样,只有楚墓资料积累到一定程度,并在对分期研究深入开展的条件下才能做到。这种分类研究具有考古学与历史学研究的双重意义。正如俞伟超 20 世纪 80 年代初所指出的:1.“即使是年代学研究，如果想把分期问题搞得更细致和准确，分类工作也是必须的”。2. “通过分类工作才能揭示出的现象，提供了分析当时社会变化的一个新基础，……分类工作可把年代学的研究上升到社会历史研究的高度”[15]。

对当阳赵家湖楚墓的分类与分期工作，提供了对一个墓地先分类后分期研究的范例。该墓地共 297 座墓，年代从西周晚期到战国晚期，被分为甲乙丙丁四大类共七期十二段[16]。这是目前所知东周年代序列最为完整、类别演变轨迹清楚的唯一一处墓地，值得重视。此墓地虽按墓葬规格分为四大类，但墓葬规模均不大，其甲类墓也仅相当周制卿、大夫、士等级中的上士。若从整个楚国多种等级的墓葬来看，还应包括上至国君、卿，下至各级大小贵族墓。只有综合各区大小楚墓进行分类，才能看清整个楚墓的分类及其反映的社会等级，其成果方能有普遍指导意义。有志于此项工作的楚文化考古工作者当然不会不重视这样的综合性研究工作，对整个楚墓作分类研究的代表性论文便应运而出。例如，1983 年发表的《楚墓分类问题探讨》一文[17]，综合各类楚墓并主要据战国时代楚墓进行分类，分为五大类： 1. 楚王墓； 2. 封君或上大夫墓； 3. 下大夫墓； 4. “士”墓； 5. 庶民墓。前四类为楚国贵族墓，后一类为楚国平民墓。就楚国贵族墓的分类而言，我以为对楚铜器墓进行分类，更能反映楚墓分类的实际情况，尤其是墓中青铜礼器的组合与数量最能体现楚墓墓主的等级状况。因东周时代楚国同样在实行周礼，而周礼最讲等级尊卑之序，所谓“藏礼于器”之器主要指青铜礼器；楚国虽也有不同于周礼的“楚礼”，但其高下尊卑之界限是相同的。因此本人曾先后著文[18]，并在专著《楚系青铜器研究》一书中，以青铜礼器的组合形式，将楚系贵族墓分为甲、乙、丙三大类，相当于楚贵族中的高、中、低三大等列，并在这三大等列中据礼器组合与数量的差异，在每一等列中再区分小层次。拙文指出：“存在至少八个由高到低的层次，即甲类组合三个层次，乙类组合三个层次，丙类组合两个层次。这八个层次显然反映了当时社会的等级状况，体现了楚贵族阶层的等级阶梯。这对研究当时的阶级结构、等级差别提供了为文献缺载的资料。”[19]也可以并非自夸地说，以铜礼器组合状况分出楚墓的三大类八小类的等列，在楚墓研究中是此前并无先例的新成果。楚贵族墓墓主随葬青铜礼器组合上的高、中、低三个类别，与对楚贵族墓分为大、中、小三个类别是基本相符的。当然，楚贵族墓大、中、小三大类的区别不单纯地体现在随葬青铜礼器上，还应表现在墓葬的规模（包括墓坑大小、棺椁多少即墓葬形制）及其他随葬品方面。但在东周时期实行周礼的社会条件下，青铜礼器无疑是体现等级差别的一个重要方面。诚然，也要注意到，东周时期处于社会大动荡的转变时代，存在着“礼崩乐坏”的情况，反映在墓葬形制、随葬品（包括青铜礼器）方面都有乱礼的一方面。所以，楚墓的大中小三大类与楚贵族高、中、低三大等列是否完全相符，需要就具体情况进行具体分析。在目前的资料条件下对楚墓分类作具体研究，出现不同的看法也是难免的。例如对楚墓棺椁制度与社会等级的关系就值得再研究，此点留待下一节再论。

（三）分期

分期是指判断楚墓的相对年代。因楚墓除极少数可据墓内出土文字资料判断其绝对年代（公元前多少年）外，绝大多数楚墓只能据其出土物基本特征来判断其相对年代的早晚关系。相对年代的早晚时距界限越短、分期的期别越多，就越有利于墓葬资料的研究。20 世纪 70 年代以来，考古研究者对若干地区的楚墓分别作过分期研究，对东周楚墓提出分为六期、七期、八期等几种看法。随着研究的深入，势必提出有没有一个可适应于所有楚墓的分期研究课题？我在《楚系青铜器研究》一书中专门就楚铜器墓的分期作了研究，就自己在 80 年代初提出的楚铜器墓分为七期的新看法进一步作了论证，并将每期细分为前后两段（组），第一次明确提出了七期十四段的分期意见。我以为这也可作为整个东周楚墓的分期意见（包括各地区大、中、小三类，特别是单纯出陶器的墓在内）。每一期的时距界限、年代范围的划分如下：

第一期 公元前 770—前 670 年 积年 100 年

第二期　公元前670—前600年　积年70年

第三期　公元前600—前530年　积年70年

第四期　公元前530—前450年　积年80年

第五期　公元前450—前380年　积年70年

第六期　公元前380—前300年　积年80年

第七期　公元前300—前223年　积年77年

每期区分为前后略有早晚关系的二组(二段),每期每段可以一些典型楚墓为代表[20]。现按甲、乙、丙三类分别举例如下:

甲类墓(此类不分段举例)

第一、二期无

第三期　淅川下寺M1、M2。M2为主墓,乃令尹薳子冯之墓,薳子冯卒于公元前548年,故此墓有绝对年代可考。

第四期　淅川和尚岭楚墓M1。

寿县蔡侯申墓,墓主为蔡国国君蔡昭侯,他卒于公元前491年,亦可定此墓的绝对年代。按其文化属性应归属楚系墓葬。

第五期　淅川徐家岭楚墓M10。

楚系曾侯乙墓,墓主为曾国国君,墓的绝对年代为公元前433年或稍晚数年。亦为楚系墓葬。

第六期　江陵天星观M1,其绝对年代为公元前340年左右。

荆门包山M2,其绝对年代为公元前316年。

随州擂鼓墩M2。

第七期　寿县楚幽王墓,绝对年代为公元前238年。

乙类、丙类

第一期　一段　当阳赵家㙟M2。

二段　枝江百里洲铜器。

第二期　三段　信阳平桥M2。

四段　淅川下寺M8、M7,谷城新店墓。

第三期　五段　淅川下寺 M 36，江陵岳山楚墓。

　　　　六段　淅川下寺 M3、M4，当阳慈化楚墓。

第四期　七段　淅川下寺 M 10，襄阳山湾 M 33。

　　　　八段　淅川下寺 M 11，襄阳山湾 M 23。

第五期　九段　淅川和尚岭 M2。

　　　　十段　襄阳蔡坡 M4，长沙浏城桥 M1。

第六期　十一段　江陵藤店 M1，江陵望山 M1。

　　　　十二段　江陵马山 M1，江陵望山 M2。

第七期　十三段　江陵张家山 M 201，长沙识字岭 M1。

　　　　十四段　安徽舒城秦家桥 M1。

以上所列，可以大体反映出当前楚墓年代分期研究所达到的水平。诚然，以上只是就铜器墓分期举例说明，但铜器墓与陶器墓的分期是相辅相成的。犹如车之两轮，二者缺一不可。事实上，单纯的陶器墓除仅随葬日常实用陶器的墓可据同期遗址出土陶器推断年代外，大多数陶器墓，特别是陶礼器墓的年代，只有依据铜器墓和铜、陶礼器共存于一墓的楚墓才能推断出较准确的年代。例如当阳赵家湖的甲、乙类墓，就主要是依据同期的楚铜器墓（或铜、陶器共存墓）的年代来判定其相对年代的。因此切不可轻视楚铜器墓在分期研究中的作用，据楚铜器墓资料而将东周楚墓统一分为七期十四段的分期方法应是切实可行的。

以上就是关于楚墓中分区、分类、分期三个基础工作的基本概括。有了这种概括性的认识，进而讨论楚墓反映的社会关系及相关问题，以及运用楚墓资料进行多学科的研究，就奠定了一个坚实的基础。

第二节　楚墓类型与楚社会等级制度的关系

楚墓与楚社会等级的关系，是近年楚文化研究中倍受关注的课题，研究者多，论文多。但如何用楚墓的材料去说明当时社会中的等级制度状况？却至今仍存在不同的认识。因此，虽然已有可观的研究成果，但仍有必要作进一步的考察与讨论。

前节已提到，从楚墓分类探讨入手来说明楚社会等级差别，俞伟超、郭德维等学者都已作了较为深入的研讨[21]。在拙著《楚系青铜器研究》一书中，侧重于铜礼器群的组合、数量和鼎制研究，将楚墓区分为三大等列、八个层次，已在前节述及。在拙著《楚系青铜器研究》交付出版社之后，《东南文化》1991 年第 6 期发表了《楚文化的礼与等级制研究》的专题论文。此文在俞伟超、郭德维等论文基础上对葬制、鼎制两个方面作了进一步的讨论。但在鼎制研究中过分强调了楚鼎制与周礼相同的一面，忽视了不同的一面，这是不符合历史事实的。拙著对楚鼎制与周鼎制的同异的分析，至今仍经得住考古新材料的检验。至于葬制的研究，此文认为“椁室（所定等级）并不能真正反映墓主人的等级”[22]。我们认为这一看法仍可讨论，要辩证地看问题。在战国时期“礼崩乐坏”的情况下，通过鼎制看等级，不一定与当时墓主的实际等级相符。同样，葬制的情况也是如此。这样看，并不是否定从葬制、鼎制看等级。恰好相反，我们通过考古材料与文献记载相结合的研究，比之单纯依靠文献资料所得出的认识，肯定要更客观得多。判定当时的社会等级，葬制与鼎制两者都要兼顾。诚然，青铜礼乐器特别是青铜鼎在判断墓主的身份、等级地位方面确起着关键作用，但使用的葬制也同样是代表其身份、地位的标志物。正如已有学者指出的：“木椁本是作为地上居室的象征物出现的”[23]，故而有“天子棺椁七重，诸侯五重，大夫三重，士再重”[24]等文献记载。由于对楚墓棺椁层数反映的墓主身份及其与楚社会等级的关系的看法有着较大分歧，故有必要作进一步讨论。

我们的分析应从现有的考古材料着手，目前以战国中期的棺椁材料最为丰富，就以这个时期的一些实例入手进行分析。据现有的材料，其棺椁结构有同有异。归纳之，可以分为三个大的类型，但每个类型内的棺椁情况也存在不少的差别。

第一类型。外椁有多个椁室，并有内椁的大型墓。有多个椁室的大墓较多见，而有内椁者则不多见，需要特别提出来予以讨论。

正如人们认识任何事物都有一个不断深化的过程一样，人们对内椁的认识也经历了一个过程。20 世纪 70 年代初发掘的马王堆一号汉墓，发掘简报称之为“三椁三棺”，后来发掘报告才据史为的论文[25]，改定为一椁四棺，即把原定的内椁改定为外棺，这是把本应是外棺一度当成内椁的一个例子。相反，其后则出现了把本应是内椁却当成了外棺的例子[26]。还有把椁室的内隔板当成内椁的例子[27]。一个正确的认识往往要经历反复，特别是对考古材料的认识更需要有新的发现，才能得出新的认识。对内椁的正确认识与判断，一直等到 1987 年发掘了包山二号楚墓之后才完成。

包山二号楚墓的发掘(彩版 16)，由于其规模大又保存好，出土大量精美文物，发掘之后轰动国内外，倍受重视。此墓的棺椁结构在发掘时曾作为一椁四棺对待。后来整理者正确地、如实地把最外一层棺改定为内椁[28]。对于内椁之认定及与外椁、外棺的区别，此墓提供的材料最为清楚(图 6.2-1)，由此可以作出概括性的说明。

内椁是介于外椁与外棺之间的一层葬具。目前主要见于以下五座大型贵族墓——包山 M2、天星观 M1、长台关 M1、M2、临澧九里 M1[29](**校补**：新增加两座：湖北省枣阳市九里墩 M1、M2，均为二椁二棺(见《考古》2003 年第 7 期))。归纳其共同特点是：大于外棺而小于外椁，处于外棺与外椁之间。外椁即文献上所云“井椁”。它是由外层椁板与内层椁板(内隔板)构成的。简单的仅只一室与棺室构成，复杂的则在其一边或二边、三边，又分隔成二室多至八室。也有中间未用隔板分室而成回廊形椁室的[30]。内椁与外椁的区别就在于它四周只有一层椁板，外形似棺，故而报道天星观 M1 时，误将其作为外棺对待。有的外椁内壁板因与外壁板间未分隔成室，也有将椁室内层四壁板当成内椁的，这都是未明白内椁与外椁的区别及与外棺的区别所致。

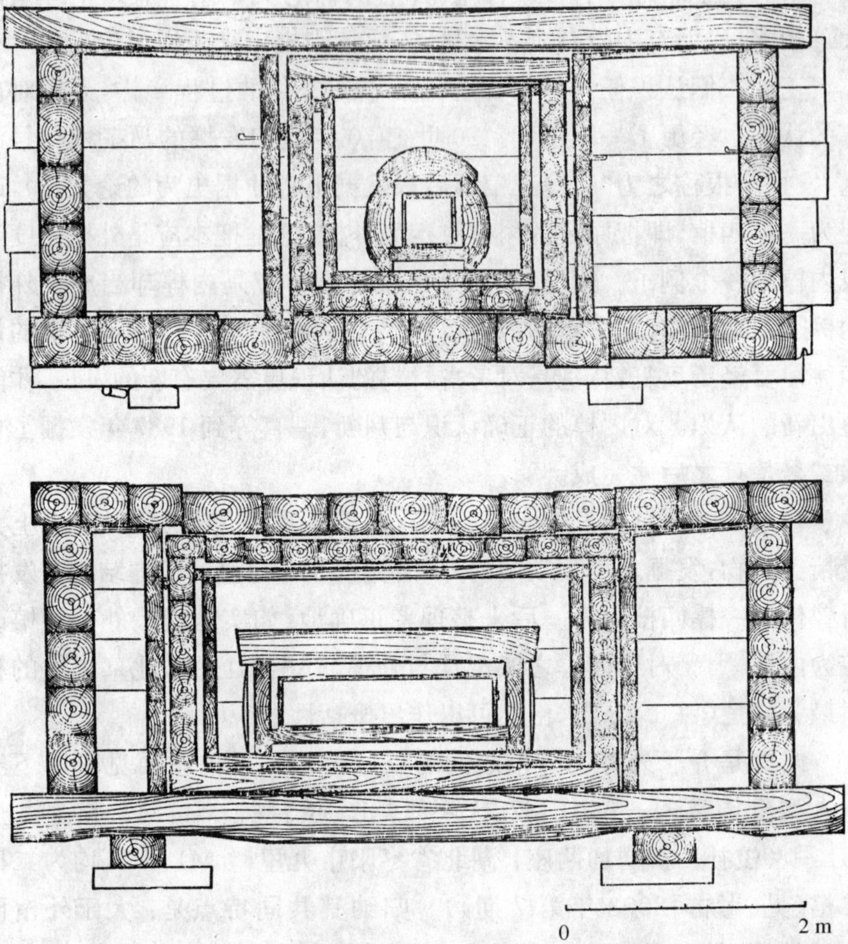

图 6.2－1　包山二号楚墓棺椁纵、横剖面图

内椁与外棺的区别，主要有二：第一，内椁与外椁一样是用砍制的方木在墓坑内垒砌而成，而棺则是用木板榫卯组构，大多用木质或金属铆钉加漆液封固，不易折开。这是内椁与棺最显著的区别。第二，内椁一般无漆饰而棺则髹漆，有的并彩绘纹饰。《仪礼·士丧礼》"井椁"条下，郑云注："匠人为椁，刊治其材。"胡培翚疏："椁无饰，刊治之即成，故云'刊治其材'。"（《仪礼正义》卷二十八）就现有材料看，棺的周身有漆

饰而椁则无或仅部分有之[31]。

这两条就是内椁与外棺相区别的标准，据此标准，天星观 M1 原报道的外棺就可改定为内椁。这有赖于包山 M2 的发掘新材料加以验证，才能得出如此规律性的认识与结论。

这种内椁应就是文献上所记载的“里椁”。《礼记·丧大记》：“君里椁、虞筐，大夫不里椁，士不虞筐。”里者内也，即指内椁。虞，备也；筐，可读为框，即安置木框[32]。信阳一、二号楚墓的内椁正是有一层木框紧贴内椁壁板，这是“虞筐”的实例。

所云“君里椁”，君指诸侯国君。若据文献则只有诸侯国君才能用内椁，但现有考古材料所见的五座有内椁的大型墓，无一为诸侯国君者，对此可作出两种解释。一种是战国时期已“礼崩乐坏”，旧的礼乐制度、丧葬等级制度江河日下，“僭礼”、“乱礼”者所在皆是，故卿大夫僭用诸侯国君之制而用内椁。第二种可能是，所云君者，也许是指楚国封君一类高级贵族，即低于国君而高于大夫的等级，相当于卿的等级。《礼记》也只说“大夫不里椁”，未云卿不里椁。如此说可行，则天星观 M1 的墓主正是封君，包山 M2 的墓主为左尹，相当于下卿，高于大夫，也可用“里椁”。若如此看，则文献记载不误，并非乱礼、僭礼所致。至于临澧九里 M1，从其规模看，与天星观 M1、包山 M2 相同，也应是封君级和卿一级的贵族。看来，内椁的有无是判定墓主是否高级贵族的重要标志物之一[33]。

这类大型墓就现有材料看，其棺的层数为二至三层不等，而未见有四棺的楚墓。从马王堆一号汉墓之有四棺来看，楚墓也可能有四棺之制，但也可以认为楚制并无四棺之制。《庄子·天下篇》和《荀子·礼论篇》皆云“天子棺椁七重，诸侯五重，大夫三重，士再重”，并没说有六重之制。“天子棺椁七重”，当指椁二重（内、外椁）和棺五重（五层棺）。“诸侯五重”，论者据马王堆材料解为“诸侯四棺一椁”，然据上述楚墓材料，也可以解为“三棺二椁”。包山 M2 就是三棺二椁之制。也许这位主管司法的左尹早已把周之礼制抛在九霄云外，故使用了诸侯之葬制。

观此墓乐器仅一件，也与周之礼乐制度不符，看来此墓既有“僭礼”，也有“乱礼”，即僭周制、乱周制。但并未乱楚制，楚制特别看重铜鼎的使用，在铜鼎的使用上此墓不敢僭越楚礼。因之，说它只乱周礼，不敢乱楚礼，并非臆说之辞。

第二类型。这一类型楚墓葬制规格低于第一类型，其墓坑和椁室面积都明显小于第一类型，且无内椁。椁室数量也少于第一类，多者五室，例如鄂城百子贩 M5，少者仅三室或四周为回廊形的椁室[34]。三室的椁室分为头箱、边箱和棺室三个部分，例如江陵望山 M1、M2。湘乡 M2 墓坑面积大于望山 M1，但椁室面积则略小，并且有回廊形的椁室（未用隔板分隔为四个室），比望山 M1、M2 仅两边有椁室要显得气魄，故有的学者将四周有椁室的楚墓均列入第一类型墓[35]。但由于椁室面积不大，更主要的是无内椁，故这种四周有回廊形椁室而规模又较小的仍应属第二类。

这一类墓的棺有多至三棺的，比第一类有二棺者还多一棺，但也是考虑到它的棺椁规模较小（没有第一类的多个椁室与内椁），仍归入此类。有三棺者如江陵望山 M2，比只有二棺的望山 M1 规模还小。其用三棺有两种可能：一种可能为僭礼；另一种可能是，此墓墓主为女性，可能因其夫地位高，按周制“妇人从其夫之爵位”（《礼记·杂记》）。虽然楚制与周制有别，但既然丈夫地位高，在某一点上（用棺）使用与其丈夫等级相近之葬礼（棺层数），也是可以的，不一定非以僭礼解之方可。

还有，湘乡 M1、M2 也都使用三棺，如何解释？我曾指出楚之边陲地区与中心区在楚礼制的遵守上有差异，边地的僭礼比中心区为甚[36]。湘乡乃楚之南部边地，墓主可能是当地的主管官吏，“天高皇帝远”，楚王室已管不了那么远，只有听之任之了。湘乡这二墓的椁室为回廊形，乃战国早期长沙浏城桥 M1 的回廊形椁室的延续[37]，也许这也是南楚较流行的葬俗的延续。

这类墓的墓主一般来说多为中等贵族，即相当于周制大夫等级，其本身又有等差，下详。

第三类型。单棺单椁墓,或称一椁一棺墓,即只有一个头箱和棺室,个别的无头箱而有置于龛室内的边箱[38](图 6.2-2)。墓坑与椁室构造都较简单,规模明显小于第二类型,乃楚国下等贵族之墓——相当于周制的"士"这一等列。

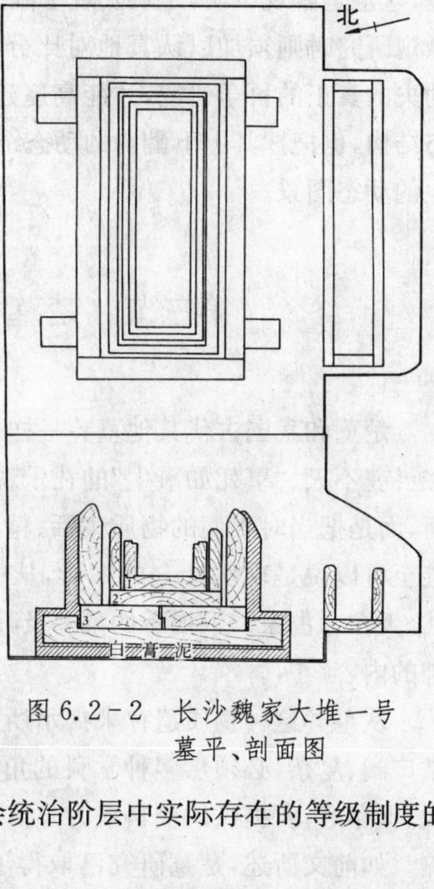

图 6.2-2　长沙魏家大堆一号墓平、剖面图

以上主要是从棺椁情况而分出楚墓的三个大的等列,除以棺椁为标准外,其墓坑形制(包括土阶的多少)、有无殉葬者、车马坑等也是区别第一、第二类型的因素。还有随葬器物的组合、种类、数量、形态等亦是最重要的标准之一。由于在《楚墓分类问题探讨》一文和《楚系青铜器研究》一书第七章"楚系青铜器与楚礼制关系的研究"中分别有详细论述,在此不再重复。总而言之,楚墓的大、中、小三个类型相当于楚国贵族高、中、低三个等列,而且每个等列中又可再分为几个层次,形成为阶梯形的从高到低的等级序列。这是楚国社会统治阶层中实际存在的等级制度的反映。

但是,应该强调的是,楚墓中的大中小等列与楚贵族中的高中低等列并不是完全若合符节的[39]。社会是复杂的,多变的。正如前面已提到的,东周尤其是战国时期僭礼、乱礼的情况甚嚣尘上。因此,不能说凡是第一类型的高级贵族墓,就一定非相当于周制卿一级的高等贵族不可,即二者不能划等号[40]。

同样,第二、第三类型墓也不能与周制大夫、士完全对等。有大夫降用士礼和士僭用大夫礼者，甚至于富有的庶民僭用士或大夫礼而使用第二、第三类墓规格的。就是说，必须实事求是地加以分析。当然，一般来说，楚墓的大中小三个类型相当于楚贵族的高中低三个大的级差，这也是客观事实，是从宏观予以把握。而在对一个个具体的墓葬作微观研究时则须加以认真地对比分析。只有这样，才是要花费时间与功夫的真正的科学研究，才能高屋建瓴地既把握楚国社会金字塔的静态结构，也把握其上下翻腾的动态结构，才能勾画出社会生活中的活生生的动态图景。

第三节　楚墓相关问题刍议

楚墓和我国古代其他墓葬一样，是早期礼乐文明中的“五礼”之一。在灵魂不灭、“事死如事生”的礼乐观念下，墓葬就不单纯是死者的掩埋所，而是把当时人们的物质生活、精神生活浓缩到一个墓葬内来体现，甚至可以说是现实社会的缩影，从中可以窥视当时文化与文明状况。“今天在考古家铲下揭示的墓葬及其中遗物，其物质的存在也负载着精神的内容”[41]。

从墓葬这种物质遗存来揭示所负载的多方面内涵，涉及的范围非常广阔、复杂，必须从多种学科的角度去探讨考察。楚墓数量多、规模大、保存好，所提供的资料最为丰富、完整，多学科研究的重要性不言而喻。如前文所述，楚墓研究已取得了相当多的成果。这里，我再“蜻蜓点水”式地补论一下楚墓及其研究在我国古代文明研究中的重要作用。

首先，楚墓特别是保存好的大型楚墓，它的构筑及其埋藏物能较为全面地反映楚社会结构和生产状况、楚文化发展水平和文明进步程度。

大型楚墓从墓坑的挖掘、棺椁的置放、填土的回填、封土的垒筑，本身是一项巨大的建筑工程，反映了楚建筑工程技术与艺术的发展水平。正如李学勤所云：“研究文明起源的学者，多以礼仪性建筑作为文明在考古学上的一项标志，在中国，大墓应该说就是这样的建筑”[42]。就是说，从文明起源时期的大墓直到文明发展时期的大墓建造，本身就是文化与文明发展的标志之一。在前一章城市建筑文明研究中，已谈到楚建筑文明的水平与特点，楚墓由于木构的棺椁保存好，弥补了在城市建筑遗存中看不到木构建筑的缺失，增添了楚建筑文明研究的资料。

由于南方的地理条件与楚人高超的防护技术，一般难以保存的丝纺织品、漆器等，在同时代其他地区墓葬内都已朽坏无存或只有残存，而楚墓所出则完整如新。例如战国时期的“丝绸宝库”——江陵马山一号楚墓，其丝织品保存极好，一直到西汉初期的有楚风传统的马王堆一号汉墓，所出丝织品亦同样完好。不少冠绝一时的艺术品多出于楚墓。如被称为“早期国画双璧”的长沙两幅帛画，以及至今仍属仅见的先秦帛书，均出于楚墓。楚墓出土简牍也是数量最多、最完整的……凡此均为全面反映楚国物质文化、精神文化的第一手实物资料。张正明谈到楚文化的美轮美奂的高堂邃宇，是凭借六根支柱营造的：1. 青铜冶铸工艺；2. 丝织工艺和刺绣工艺；3. 髹漆工艺；4. 老子和庄子的哲学；5. 屈原的诗歌和庄子的散文；6. 美术和乐舞[43]。以上除哲学、文学外，其他四项主要靠楚墓内出土的完好而精美的实物，方能看得清楚。青铜制品、丝纺织品、漆器三类反映了楚国高度发达的生产力及所取得的技术成就，已达到了当时无与伦比的高峰。还要看到，这三类产品既是实用器，又是工艺精湛的艺术品。不仅是技艺的佳构，还是艺术品的极诣，代表了先秦艺术的最高水平。因此，在本书内将以较长的专题性篇幅予以论述（请阅第七、八两章），力争把蕴蓄于其中的楚文明水平与特色淋漓尽致地揭示出来。

其次，我们看到，巨大的墓室、木椁的建造，多种多样、不乏精品的随葬物，无不凝聚着劳动者、各种能工巧匠、多才多艺的艺人的血汗结晶，成为劳动人民创造历史的见证。而这些又为少数贵族所占有，所以也是当时统治者剥削、压榨劳动人民的见证。例如巨大的木椁，像曾侯乙墓用木材 378.6 立方米，折合成圆木约 500 立方米，而规模小于它的楚左尹墓用木材亦 77 个多立方米。各级大小贵族无不用木材制作棺椁，要砍伐多少树木啊！更不用说楚王墓，其用材量肯定还要超出楚系曾侯乙墓多得多的数字！

楚墓提供的资料充分表明楚国劳动者的创造力与取得的光辉成就，这里就提出一个值得深思的问题：楚国人民为什么在东周时期像火山爆发一样迸发出了无与伦比的创造力，竟至后来居上，在很多方面超过了同时期的中原地区？这样一个看起来平常而又有一定难度的问题，是一个很有意义的并值得借鉴的历史经验问题，是一个对现实有启示的问题。

如此重要的问题，自然不能回避，也不应回避。但这又不是三言两语可以说得清的问题，甚至为探讨这一问题可以写成一部大的论著。为引起读者与研究者的共同关注，也不妨在此略陈管见。

东周时期的楚国之所以在经济、文化上都取得了突飞猛进、后来居上的成就，我以为至少要看到两个方面的因素。第一，这是楚地人民在几千年文明发展道路上不断积累、不断创新，而在东周又遇着了更有利于发展的历史机遇的结果。东周时期由于各地诸侯国的崛起，相互竞争、兼并，经济、文化交流比先前历史时代空前广泛而深刻，楚地人民在这种开放性社会环境中可以更好地吸取他地的长处，予以创新，“外求诸人以博采众长，内求诸己而独创一格”。楚墓内那些保存如新、既有高超技艺、又有独特风格的珍品就是最好的物证。

第二，应当提出一个过去不太重视甚至被扭曲了的一个问题，这就是对于国家及其统治者作用的看法问题。在极左思潮时期，只强调国家是阶级统治、阶级压迫的工具，而忽略了国家在调节经济、组织经济和文化事业这个方面的重要作用。客观历史事实是，历史上作为阶级统治工具的国家，统治者对经济、文化所采取的措施或用今天的话语来说就是所采取的政策，对本国经济、文化的发展，起着十分重要的作用。我们看到，从春秋到战国中期，楚国统治者对经济发展的措施是得力的，大大促进了生产力的发展。可举两个例子。楚国统治者懂得以农立国、发展农业的重要性。春秋五霸之一的楚庄王的得力助手、令尹孙叔敖就十分重视农业生产和农田水利工程，兴办了我国当时最大、最早的农田水利工程——期思陂、芍陂，在郢都附近也兴建了水利工程。同样，楚人对手工业生产也极为重视，早在西周中晚期之际，楚君熊渠就懂得铜的生产的重要性，兴兵占领了为杨越所掌握的大冶铜录山矿冶地。铜的生产是当时的“重工业”，东周列国绝大部分的铜料主要来自楚国。楚国统治者还看到工匠、技匠在发展手工业中的作用。史载楚国在与鲁国的一次战争中获胜，它并不要战败国的财富、美女，而要的是几百个工匠、纺织技工，把这些匠人、匠师弄到楚国来发展本国的手工业，这要佩服楚国统治者的眼力与所采取的有利于本国手工业发展的措施。

当然，造成楚国经济、文化后来居上、国力强大的因素还有一些，以上所谈的两点应是很重要的因素，而且对于处于改革、开放的现时代中国来说，也是值得借鉴的经验。我们伟大的祖国之所以取得令世界瞩目的成就，正是继承了我国的也包括昔日楚国的优良历史传统，采取了符合客观规律的战略、政策，充分调动了广大群众的积极性、创造性。沿着这样的道路前进，也定会像楚国那样变弱为强，后来居上，并且远远超过历史上的任何朝代，在世界历史舞台上扮演最重要的角色，为人类作出空前未有的贡献！

第三，让我们还是回到楚墓研究的本题，就楚墓研究中值得再研究的重要问题提点自己的看法。

楚墓的葬俗有着与中原地区及其他地区墓葬不同的特点，如墓向、葬具、葬式等。东周楚墓盛行悬底棺、悬底弧形棺，这可能与南方先民“干栏式”建筑及悬棺葬有一定联系。葬式以仰身直肢葬为主，与中原地区流行屈肢葬有所不同，对这种不同的原因也多有论说[44]。

关于楚墓头向的研究颇为重要。面对楚墓王室贵族墓葬头向从东、一般墓葬头向从南的事实，研究者提出的一种新的解释是“墓葬的头向与民族的来向相同，而与其流向相反”[45]，认为楚王族墓头向从东，证明楚族来自东夷地区。认为深具迷信思想的古代部族一般都有根深蒂固的“灵魂不灭”、“灵魂返祖”观念，死后让头部朝向祖先居留地则是表示灵魂返祖的重要方式之一。《礼记》引孔子言“狐死正首丘”(《檀弓》上)和《楚辞》屈原诗“狐死必首丘”(《九章·哀郢》)，正是这种心理的写照。论者列举了上古从史前时代以来的墓葬材料，提出东夷及先民的墓葬头向以东为主，秦陇西戎及其先民的墓葬以西向为主，江汉楚蛮及其先民的墓葬头向以南为主，中原华夏及其先民以北向为主[46]。如何看待这种以史前文化以来的墓葬头向材料为据所得出的看法呢？笔者以为，这种情况的存在只可大体适宜于上古早期历史，但时代的车轮转到了东周时期，墓葬头向是否与民族来向相同？值得怀疑。仍以墓葬材料来分析。

先举其他地区的例子。秦陇地区东周秦墓的头向尚西，但秦王族却来源于东夷，这已为学界基本上公认[47]。这就是说，秦墓的头向不能证明秦王族之起源地，而只是一项反证。

再举一例，山东曲阜鲁故城有甲、乙两组墓。乙组墓为周墓，头向从北，表明为中原周文化葬俗。而甲组墓为土著族的墓葬，在78座墓葬中，头向南的57座，占73%，几占近四分之三，为绝大多数。向北的13座，向东的仅2座(另6座头向不明)[48]。这批土著墓葬的头向不是以东向为主，而是以南向为主。而若按前面的说法是应以东向为主的，这批墓葬却不向东而向南，这如何解释？按前面提到的新说是解释不了的，若强为之解，可解释为这些土著族是从尚南向的江汉地区移居过去的。可是从墓地布局、墓葬形制与随葬物风格看，又只能证明是当地的东夷土著族。显然，这种强为之解是行不通的，只能另求别解。上举二例证明了墓葬头向不必与种族来源方向一致。由此看来，楚王族墓头向从东，就不一定非只有那种与种族来源地相联系的一种解释，而必须去考虑有没有别的解释。特别是在关于楚族来源至今仍存在多种看法的情况下，论者就不能抱着先入为主之见，作出只合乎自己观点的解释。相反，应据东周时期的历史实际来寻求新的解释。

我国东周时期的文化，普遍表现为有一定地域特点的区域文化，在葬俗上也存在这种地域差别。我以为墓葬头向就是这种差别的表现。它与各地的风俗、信仰有关。例如中原地区是“坐者南向，死者北首”（《孔子家语·问礼》）。楚国的风俗则是坐者面东，以东向为尊。例如《新序》一书所记楚人接待秦使的场面是：“昭奚恤发精兵三百人，陈于西门之内。为东面坛之一，为南面坛之四，为西面坛之一。秦使者至，昭奚恤曰：‘君，客也，请就上位东面。’令尹子西南面，太宗子敖次之，叶公子高次之，司马子反次之。昭奚恤自居西面之坛。”所云“上位东面”，就是面东的尊位。楚人为何以东向为尊？这当是与日出东方和楚人崇拜日神、火神的风俗信仰有关。楚人最为敬仰的天神和日神均冠以“东”字，如屈原加工改写的楚地民歌和祭祀之歌——《九歌》中的“东皇太一”和“东君”。楚人确信自己是日神的远裔、火神的嫡嗣，由此形成了特殊的风尚——尚赤、尚东、尚左。楚人以左为尊，也史有明载。例如《左传·桓公八年》记随国的季梁说：“楚人上左，君必左，无与楚王遇，且攻其右，右无良焉，必败。偏败，众乃携矣。”可见楚人尚左，军中精锐在左；而右军则为偏师、“无良”。楚左、右二军孰主孰从、孰上孰下，就判然分明了。

中原诸国也有左、右军之建制，但尊上者则为右军而非左军，这也史有明载，在此不繁引。

“楚俗以东向为至尊，以南向为次尊，南向于东向为左，尚左之风应是由此而来的”[49]。这种情况在墓地上也反映出来。例如下寺楚墓、包山楚墓均为家族墓地，凡父子两代墓，父墓在南，为左；子墓在北，为右。可见左尊右卑之俗在楚地广为存在，与中原地区的右尊左卑之俗正好相反。延及后世，尚东及左尊于右之风仍沿楚俗。著名的鸿门宴故事中，《史记·项羽本纪》记：“项王、项伯东向坐，亚父南向坐，沛公北向坐，张良西向侍。”项羽东向坐，是自居尊位而当仁不让。至汉代，楚风遗俗甚多，不赘述。

既然楚俗尚东，则楚王室贵族墓方向尚东，就易于理解了。至于一般楚墓头向尚南的解释，我以为也不能如前说所谓尚南者均为土著楚蛮,也有非楚蛮而头向南者,故不必非与族源去联系不可。这些尚南的楚墓,究应如何来解释为好呢?

我以为这与楚人的方位观念有关。在东西南北四个方位中,楚人尤尊南的方位。例如楚帛书的方位,过去有以北或以南为上的两种看法,现已基本公认应以南为上。楚人尊南位,在新出土的文字材料中也有发现,例如包山竹简第 115 号简记:"王所赏新大厩以帝苴之田,南与郝君执疆,东与……北与……西与……"。首从南位写起,与中原地区之从东位起始,截然有异。

以上就是笔者对于楚墓头向尚东、尚南原因所作的新探讨。这样解释有文献记载为据,有考古材料为证,应属可信。至于东周以前的时代,墓葬头向是否与族源有联系?可以探讨。不过,我认为方位观念或许比族源的解释更易于理解。前已述及,东方夷族墓向以东向为主,西方戎族以西向为主,南方蛮族以南向为主,北方华夏族以北向为主。可见它们居住的地理方位与墓葬的方位是一致的。这或许正是"狐死正首丘"[50]的确解,即死在本方位的土地上,必正首在本方位。

降至东周,各个方位的墓葬头向,除主体方位外,还有其他方位墓葬的头向,杂然纷陈,这正是中华民族的交流与融合的反映。以中原为中心的东、西、南、北或者南、东、北、西,好像是迎春花的四片花瓣,其花蕊就是民族主体。它由四方民族之流向中原而凝聚,又由中原流向四方而辐射。通过这种长期的往返流播,最终形成了统一的中华民族。中国之所以没有被国内的割据势力和国外的侵略势力瓜分,中国各民族之所以没有在多种动乱中瓦解,其原因就在于上述的凝聚与辐射,就在于熔汇于一炉的锤炼。这应当是在研究楚墓头向和上古墓葬头向问题时给予我们诸多启示中最有历史和现实意义的启示。

注　释:

[1] 中国科学院考古研究所编著(夏鼐等执笔):《长沙发掘报告》,科学出版社

1957年版(除楚墓外,还有一些西汉墓)。

[2] 李学勤:《东周与秦代文明》第132页。

[3] 考古队领队为张云鹏、王劲。1962、1963年,我和郭德维对江陵太晖观、张家山、葛陂寺、万城等地发掘的几十座楚墓进行了资料整理与报告的编写,写出了发掘报告初稿,但之后仅发表了太晖观的部分楚墓资料,其他的因"文化大革命"的干扰,照片、绘图资料均已散失,至今未能发表,颇感遗憾。但由于几年的楚墓考古(那时年轻,每年大部分时间在工地,有几年的春节都在工地度过),使我对楚文化研究产生了浓厚的兴趣,并着手积累有关楚文化研究的资料。

[4] 王世民:《楚墓简述》,《新中国的考古发现和研究》第304—309页,文物出版社1984年版。**校补**:楚都纪南四周墓群和曾侯乙墓被列入20世纪百大考古发现之一。

[5] 郭德维:《楚系墓葬研究》第5页,湖北教育出版社1995年版。

[6]《三湘都市报》1997年7月10日报道:《千座楚墓勾勒古代文明——益阳黄泥湖古墓发掘告捷》。这一墓群已于1997年底发掘完毕,共发掘楚墓千余座。

[7] 这些发掘报告书名与出处请见本书附录征引书目。其中有《江陵雨台山楚墓》、《包山楚墓》获得考古学成果最高奖——夏鼐考古学研究成果奖。《曾侯乙墓》获得首届郭沫若历史学奖二等奖,本人为此书执笔者之一,为此书五个获得者之一。

[8] 江陵县文物工作组:《湖北江陵楚冢调查》,《考古学辑刊》第4集,中国社会科学出版社1981年版。

[9] 荆门市博物馆:《纪山楚冢调查》,《江汉考古》1992年第1期。

[10] 1990年笔者前往湖北荆门市参加湖北省楚文化学会年会时,由会议组织在实地考察,大开眼界,乃前所未有的新发现。

[11] 郭德维参加1988年楚文化国际学术会议论文,已收入他的专著《楚系墓葬研究》一书(出处同[5])。

[12] 高至喜主编的《长沙楚墓》,已于1998年夏完稿,为国家重点科研项目。**校补**:此书已由文物出版社于2000年出版。

[13]《资兴旧市春秋墓》,载《湖南考古辑刊》第1辑,岳麓书社1982年版。《湖南资兴旧市战国墓》,《考古学报》1983年第1期。参阅裴安平、吴铭生:《湖南资兴旧市战国墓的再研究——关于考古学历史文化传统的思考之一》,《湖南考古辑刊》第4辑。

[14]《古丈白鹤湾楚墓》,《考古学报》1986年第3期。

[15] 俞伟超:《先秦两汉考古学论集》第251、252页。

[16] 湖北宜昌地区博物馆、北京大学考古系：《当阳赵家湖楚墓》，文物出版社 1992 年版。

[17] 此文发表于《考古》1983 年第 3 期，后收入《楚系墓葬研究》一书（出处同[5]）。

[18] 刘彬徽：《楚国青铜礼器初步研究》，《中国考古学会第四次年会论文集》，文物出版社 1985 年版。刘彬徽：《楚系铜器略论》，《楚文化研究论集》第 1 集，荆楚书社 1987 年版。

[19] 刘彬徽：《楚系青铜器研究》第 499、500 页。分期问题见此书第二章的论述。

[20] 分类、分期中所列楚墓的出处见本书第七章表三、表四的注释。其绝对年代的论述见拙著《楚系青铜器研究》一书，在此不再补述，相对年代则以本书第七章表三、表四为据。

[21] 俞著见注[15]，郭著见注[5]。

[22] 李安民：《楚文化的礼与等级制研究》，《东南文化》1991 年第 6 期。

[23] 注[15]第 118 页。

[24] 见《庄子·天下》篇和《荀子·礼论》篇。

[25] 史为：《马王堆一号汉墓的棺椁制度》，《考古》1972 年第 6 期。

[26] 湖北荆州地区博物馆：《江陵天星观一号楚墓》（简称天星观 M1），《考古学报》1982 年第 1 期。

[27] 河南省文物研究所：《信阳楚墓》（简称长台关 M1、M2），文物出版社 1986 年版。

[28] 湖北荆沙铁路考古队：《包山楚墓》，文物出版社 1991 年版。

[29] 湖南省博物馆：《湖南临澧九里一号墓发掘简报》（学术会议内部交流资料）。又，《中国文物报》1994 年 10 月 23 日报道河南新蔡发掘一大型楚墓，有“双椁双棺”。**校补**：此墓的发掘报告《新蔡葛陵楚墓》于 2003 年由大象出版社出版。其椁室平面呈“亞”字形，而非方形，与其他第一类大墓异，无内椁，此仅为特例。

[30] 例如：长沙 M 406，湘乡牛形 M1、M2。

[31] 例如：江陵天星观 M1 的椁室隔板上有几何形彩绘纹饰，目前所见仅此墓椁板有彩绘。

[32] 虞字，有置备、抚有、安诸义。如《国语·晋语》：“卫文公有邢翟之虞。”韦昭注：“虞，备也。”《仪礼·士虞礼》疏曰：虞、安也。此处指里椁内复置备或安置有筐。筐，即框，木框之意。

[33] 关于内椁为判定墓主身份标志物之一,在《楚系墓葬研究》等论著内似尚未予重视与深入讨论,故在此提出自己的看法。**校补**:据新出版的《湖北荆州天星观二号楚墓》(文物出版社 2003 年版)和《湖北枣阳市九连墩楚墓》(《考古》2003 年第 7 期),获知天星观二号楚墓和九连墩一号楚墓都属于有内椁的第一类型楚墓,为本人的看法增添新证。

[34] 百子贩 M5 见《鄂城楚墓》,《考古学报》1983 年第 2 期。湘乡牛形山 M1、M2 的规模比百子贩 M5 大得多,周围有回廊形椁室(中无隔板分箱),与第一类型墓之有数间椁室不同。

[35] 同注[15]。

[36] 拙著:《楚系青铜器研究》第 497 页。

[37] 长沙浏城桥 M1,原报道为二椁一棺,应为一椁二棺,这是已知椁室为回廊形的年代最早者。

[38] 湖南省博物馆:《湖南长沙黄土岭魏家大堆战国墓》,《文物资料丛刊》第 3 辑,文物出版社 1980 年版。此墓棺椁紧相套合,另在一侧挖一龛室,形成长条形边箱,无头箱。此墓有二棺,从墓坑、棺椁之小仅有一个器物箱来看,应属第三类型。不能一看到有两棺就认为等级高,而要从整体来判定。这种葬俗目前仅此一见,值得重视。

[39] 从第一类型的多室墓来说,并不能认为凡七室的必高于五室的。如包山 M2 椁室为五室,而信阳 M1 为七室。但从墓主身份看,包山 M2 墓主显然高于信阳 M1 墓主的地位。《楚墓椁室分室说略》一文(《长江文化论集》,湖南教育出版社 1995 年版)认为:木椁"分室的多少,是由贵族等级地位的高低所决定的",就简单地将两者予以对应,是不恰当的。

[40] 安徽省文物工作队:《安徽长丰杨公发掘九座战国墓》,《考古学辑刊》第 2 集。杨公楚墓中的 M9 有内椁,内椁应属于第一类型,但从墓葬形制与随葬物总体状况看,墓主的身份地位绝对到不了高级贵族,充其量为相当于大夫级的中等贵族。看来此墓之用内椁,只能说是僭礼的表现,而且只出现于战国末期,僭用内椁,在早期应不可能。

[41][42] 见李学勤为徐吉军、贺云翱著《中国丧葬礼俗》(浙江人民出版社 1991 年版)一书所写的序言。

[43] 张正明:《楚文化史》导言,上海人民出版社 1987 年版。张氏后在《楚美术图集》(湖北美术出版社 1996 年版)所写的导言中又综合为:1. 天文、历象、算数,2. 冶金、织帛、髹漆,3. 筑陂、筑城、筑室,4. 道术,5. 辞章,6. 艺事。

[44] 参阅徐吉军、贺云翱:《中国丧葬礼俗》(出处同[41])。

[45][46] 张胜琳、张正明:《上古墓葬头向与民族关系》,《湖北省考古学会论文选集(一)》。

[47] 陕西省考古研究所秦汉研究室编:《秦物质文化史》,三秦出版社 1994 年版。

[48] 山东省文物考古研究所等:《曲阜鲁国故城》,齐鲁书社 1982 年版。

[49] 张正明:《楚文化史》第 107 页。

[50]《礼记》檀弓篇。又,屈原《哀郢》诗:"鸟飞返故乡兮,狐死必首丘。"

第七章
荆楚青铜器、铁器

第一节 概 论

在对荆楚地区史前、夏商、两周时代的文明起源与初步发展及对楚遗址、墓葬作了综合论述之后，必须接着对反映这一地区早期文明发展水平与特征的各类物质遗存——各类质料不同的器物、构件进行分门别类的论述。夏商至东周时代属青铜时代，首当其冲的就应论述这一地区的各类青铜器。正如著名学者、美籍华人张光直所言："中国青铜时代这个概念与古代中国文明这个概念相合到几乎可以互换的程度，青铜器本身当然便是古代中国文明的突出的特征。"[1]鉴于本书的重点是青铜时代（包括向铁器时代过渡的战国时期）这一时段，理应首先对"青铜器本身"加以考察。

值得欣慰的是，对这一地区青铜器的考察研究已有了相当雄厚的基础，这就是新发现的大批青铜器和青铜器研究论著的相继问世。拙著《楚系青铜器研究》一书[2]，对这一地区楚系青铜器的丰富内涵作了多方面的深入研究。近年出版的《古代中国青铜器》一书[3]，对这一地区新发现的商代青铜器辟有专节予以总结。《楚式青铜器与楚文化》[4]等论文所论这一地区商周时代青铜器，很有参考价值。因此，在本章内为免“炒现饭”式的重复和避免人云亦云，拟突出以下两方面的内容：1. 对已在我的专著内讨论过的青铜器及相关问题不再重复，但对新的重要发现与新的看法则作补充论述。在拙著内未曾专论的青铜兵器与工具，在本章辟出专节论述。2. 着重对近年新发现和公布的青铜器资料进行研究，以便于读者及时掌握最新资料与研究成果。这一原则不仅适用于本章，在其他章节里同样坚持这一原则，在这里不过是再强调一下而已。

本章重点论述楚青铜器，并以兵器、工具为重点。

一、荆楚青铜器

这一地区的青铜器发展状况，可以区分为有显著差异的前后两个时期，前期相当于夏商西周时期，后期为东周即春秋战国时代。以下将略前而详后予以概述。

(一) 夏商西周时期的青铜器

在夏商西周时代，这一地区青铜器发展状况如何？至今仍存在一些不同的甚至是相互对立的认识。虽然我们已在前面第二、第三章内谈到了这一时期青铜器发展情况，为讨论或澄清一些认识，在本章专论青铜器时有必要再作一次总体性讨论。

这一地区铜器冶铸技术的起源已可上溯到史前的石家河文化时期(见第一章)。在相当于夏王朝时期的二里头文化阶段，目前只在两个地点发现了青铜器，第一个地点是在淅川下王岗遗址内发现铜器残件，第二个地点在黄陂盘龙城遗址出土有完整的青铜爵(见第二章)。相当于商王朝前期的二里岗文化期，已在盘龙城遗址和湘西北石门皂市遗址内出土了铜器与熔铸青铜器的遗迹。到商代晚期，出土青铜器的地点大为增加，青铜器数量猛增，出现了许多有地方特色的珍品、重器。对此，我们在第二章已有较详的论述，在此不再重复。在写至本章时又得知在宁乡出土了9个大小有序的商代晚期青铜编铙。经测音试奏，可演奏乐曲[5]。以往只在商文化中心的殷墟出土过三件一组的铙，没想到在这远离商文化中心的南荒之地竟有如此之多的编铙出土，实在出乎人们意料之外。可以认为南方青铜乐器的制造与音乐文化的发展在其时已处于前列，对这里青铜工艺的发展水平必须予以重新估价。在第二章里论定这里存在一个青铜铸造中心，存在着又一个文明中心。笔者在最近的一次学术会议论文中再次作了阐述[6]。1995年出版的《古代中国青铜器》一书对此也有论述。然而仍存在着不同看法，例如有论者仍低估了本地土著部族在这一铸造中心、文明中心中的作用，仍认为商代晚期的青铜器是“南下的商人”所为[7]。学术上不同意见的争论是正常的，真理愈辩愈明。我们也充分注意到夏商西周时代，由于政治中心在中原，经济文化中心也相应地在中原，其青铜铸造业的整体水平当高于其他地区。但我们不同意单向的传播论，而主张双向的交融论。在第二章已对出土有地方特色的青铜器从形制、纹样、合金成分等方面说明其与中原地区青铜器的区别与联系，乃本地文化与中原文化交融的产物，并且在某些方面“青出于蓝而胜于蓝”，产生了如上举青铜编铙这样高水平的乐器。这么多有一定地方特色的大而精的青铜重器，决非传播论或商人南下铸造这种单方面的因素所能解释得了的[8]。笔者深信只有交融论的观点才是符合客观历史实际的正确解释。

西周时期，这一地区虽不及商晚期那么多重器、珍品，但也同样不乏有地方特色的青铜器。仍继承本地商时期乐器传统，有较多甬钟、镈钟类乐器，另如方座下有两立马的簋（图3.2-3之1），仿竹制的簋形器等，均为绝无仅有的奇特之器。新近公布的湖北江陵出土的一件虎尊和两件甬钟，亦为颇具特色的精品[9]。虎尊属仿生动物类青铜器，整器为圆雕虎形，虎首微昂，口内獠牙利齿，双目圆睁，翘鼻，两个大耳上饰云纹，粗颈，颈脊有扉棱，圆身、平腹，腹脊背上有盖，盖钮为一鸟，鸟尾上一环与虎身一圆钮相连，便于掀盖时不致脱落器盖。虎四肢直立，短尾上卷，腹中空，与口部正中方孔相通，便于腹中之液体从口部流出，当为盛酒之用器。器表有纹饰，在其脊背、小腿和尾部饰双阴线虎斑纹，前胛和后臀部饰大涡云纹，腹底饰阳线网格纹。通高 21.8 厘米，长 35 厘米，重 2.9 公斤（图 7.1－1，彩版 17）。虎形尊少见，《通论》著录一件，形状、纹饰与此件略有区别，前者为南方风格，后者为北方风格。

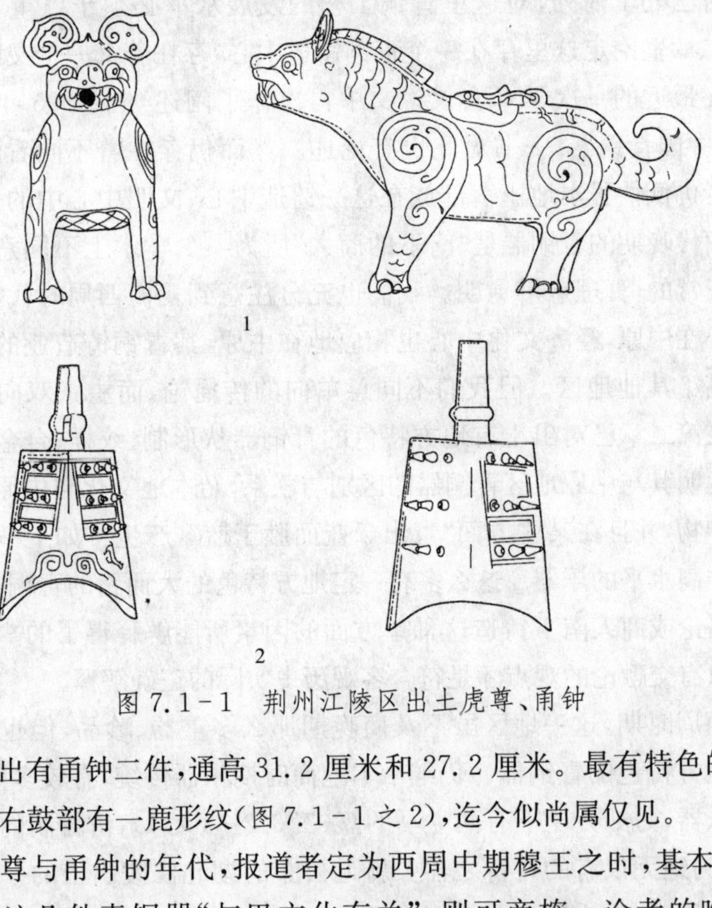

图 7.1－1　荆州江陵区出土虎尊、甬钟

同出有甬钟二件，通高 31.2 厘米和 27.2 厘米。最有特色的是小的一件右鼓部有一鹿形纹（图 7.1－1 之 2），迄今似尚属仅见。

虎尊与甬钟的年代，报道者定为西周中期穆王之时，基本可信。然认为这几件青铜器“与巴文化有关”，则可商榷。论者的唯一根据是钟上有鹿纹，并有鹿角同出，以其与巴人印章、铜钲上的鹿角形象相联系。究其实，鹿与鹿角并非只是巴人钟爱，周人、楚人同样钟爱。《诗经》中有一篇以鹿鸣起兴，此乃《大雅》的第一篇，可见周人对鹿亦颇爱好、看重。《楚辞·天问》："惊女采薇，鹿何佑?"则把鹿当成了神物。楚墓内出土了大量鹿角和木雕漆鹿，从文献与实物知楚人也是特别看重鹿和喜爱鹿的。甬钟上有鹿纹，应是荆楚土著族（"楚蛮"）在铸钟中花样翻新的自身标记及地方风格的表现，以后为楚文化所继承。

西周时期这些有地方特色的青铜器，显为荆楚地区自产之器，但是否就是西周时代楚国之器？有待探讨。楚立国于周初，理应有西周早中晚期的青铜器序列。但在目前资料条件下，对于西周早、中期的楚国（不是楚地）青铜器还难以认识与判断。现在确知为楚国的青铜器，为西周中晚期之际到西周晚期的几件铭文楚器和少量西周中晚期的无铭楚国器，即楚墓葬与楚遗址内屈指可数的青铜鼎、簋与箭镞[10]。

这时期的有铭楚器为楚公豙之钟与戈、传世与新出土的楚公逆钟，有必要着重论述。这就是1993年在山西北赵晋侯墓内出土的6件楚公逆钟[11]。由于钟上有68字铭文，其重要价值主要体现在铭文内容上，故关于这套钟铭的详细论述将在本书第十章楚文字一章内去谈（在第三章已介绍了铭文）。在此着重研究钟上纹饰的特色。在钟鼓部中央有龙、凤、虎交缠的纹样，这在同时期西周钟上罕见。尤为奇特的是，在钟的右鼓部饰一长耳有鳞纹的动物，简报说是穿山甲纹。对此定名，颇感怀疑，到底是何动物？疑莫难定。这从来没有见过的右鼓部动物纹样，显然是楚青铜乐器有自身特点的表现，反映了楚人勇于创新的精神。楚青铜器继承了商和西周青铜器传统，但绝不是生搬硬套，原封不动的移植，而是融入了自身的创造。楚铜器既然在"西周晚期就已有与中原地区大体一致的发展水平，不可能设想西周早中期会没有自身特色的铜器"。"今后对西周楚铜器的认识，恐怕仍要从楚铭文铜器入手"，"由那些有铭的铜器形态以串连那些无铭的铜器形态，藉以探明西周时期的楚铜器"[12]。从寻找楚铜器特征入手，有铭器与无铭器相互比较，庶几可望认识或发现一大批无铭的西周早、中期楚铜器。对此应该有充分的信心。

（二）东周时期的青铜器

东周即春秋战国时代，是荆楚地区青铜器发展的鼎盛期。从历史全过程看，商和西周时代的青铜器及其铸造工艺是中国青铜器发展的第一个高峰时期，在此期内以中原地区的发展水平最高。东周时代是中国青铜器发展的第二个高峰时期，在此期内楚国的和楚系青铜器发展后来居上，其发展水平超过了同时期的中原地区，"成为我国青铜器发展到第二个高峰时代的突出代表"[13]。

正因为楚青铜器成为这第二个高峰的代表，就有必要对楚青铜器作一次全面、系统的研究，拙著《楚系青铜器研究》一书便应运而作。限于篇幅，拙著主要集中在礼乐器及相关问题的论述。对这一部分的内容，没有必要再来重复。但为便于读者能较全面地了解楚系青铜器，不妨在此先简要介绍一下拙著的主要研究成果。拙著首先对楚系青铜器发现与研究的历史分为前后两大期作了较为全面、中肯的总结与评论。

其次，关于分期与年代问题。这是楚系青铜器研究（其他质料器类亦然）的最为重要的基础研究工作[14]。在拙著第二章内提出了东周楚系墓葬所出青铜器群分为七期的新分期法（每一期又分为前后两组，共得十四组）。这一新分期法实际上也是我对东周时代楚文化考古学分期研究的新认识，故在本书导论和第四章的论述内均已向读者作了介绍。分为七期及每期具体年代的界定均为笔者首先提出并予论证。从拙著定稿之后的最近6年以来，得到了考古新发现的进一步验证，并且受到学术界的赞许[15]。

第三，对楚系墓葬所出青铜礼器群的组合作了横向的分类研究。首次将其组合分为甲、乙、丙三大类，对乙类组合作了纵向考察，探讨其演变规律。这有助于分期研究的进一步深化和对楚系青铜器在组合方面的特征的认识。对中原地区青铜器的组合也已

有学者作了研究[16]。将两者对比,其演变规律与自身特点,可一目了然。见下表:

期 别	楚文化区	中原文化区
第一期	鼎簠壶盘匜	鼎簋壶盘匜
第二期	鼎簠缶A 盘匜(盏)	鼎簋钠盘匜
第三期	鼎簠缶盘匜(盏)	鼎簋钠盘匜
第四期	鼎簠敦A 缶盘匜	鼎豆罍盘匜
第五期	鼎簠敦壶盘匜	鼎豆壶盘匜
第六期	鼎敦壶盘匜	鼎敦壶盘匜
第七期	鼎盒壶盘匜	鼎盒壶

从这一对比来看,两个文化区在组合方面有同有异,其相异之处就是各自的文化特征[17]。拙著并对组合问题研究中的不同看法进行了讨论,论证了我提出的新见解。

第四,着重对楚系青铜器的分类及主要器类形态作了深入研究。此书重点是研究青铜礼乐器,将其分为食器、酒器、水器(附其他容器)、乐器等四大类予以论述。对一些主要器类如食器中的鼎、簠、敦,酒器中的壶、尊缶等,均按器型早晚演变作了论述,排列出了器物分期图,并与中原文化区同一器类作对比研究,以探讨楚器形态上的特征。其中的器物标本线图,因是按年代分期先后排列,是器型断代研究的成果总结。这对今后铜器断代大有裨益,即使不大熟悉楚青铜器的人,也可"按图索骥",知道新发现的青铜器是不是楚系器物和属于什么时代的。有的同行认为这样做是"做了一件功德无量的大好事"[18]。

第五,对楚系青铜器的纹饰作了专题研究。在此以前尚未见有专门对东周时代楚青铜器纹饰作深入研究之作。书中着重纹饰的考古学断代与文化特征研究,以龙凤纹为重点内容,把龙纹分为 11 个小类仔细考察,并列出龙纹演变图表,建立起从东周一期至七期的纹饰演变序列。如同器物图一样，也可"按图索骥"，亦是填补空白之作。对纹饰的楚文化特征也作了分析与归纳。

第六，对楚系青铜器的铭文作了全面整理与考述。对楚系金文的系统整理，乃楚文化研究和中国古文字研究一项基础性的研究工作。郭沫若早在20世纪30年代就说过："此等于年有征之物余以为其图像与铭文当专辑为一书，以为考定古器之标准。"[19]我正是在这个区域范围内实践郭氏早年的期望。按东周一至七期的序列考定金文的年代，列出"楚系金文一览表"并附铭文拓片（或摹本）和图像（铭文配以器形），极便查阅[20]。这是对已发现的楚系金文（包括其器形）的一次集成式总结。由于楚系金文资料丰富，故这一部分的篇幅在全书中的分量较大。

第七，对楚青铜器与楚礼制关系的问题进行了深入研究。这种研究是由物质文化推进到制度文化、精神文化的历史学研究。重点讨论了两个问题。第一个问题，从楚系铜礼器群组合上的差异看楚社会等级，得出了以下看法："存在至少八个由高到低的层次……这八个层次显然反映了当时社会等级状况，体现了楚贵族阶层的等级阶梯。这对研究当时的阶级结构、等级差别提供了为文献缺载的资料。"从而使对青铜器这类"物"的研究上升到对楚社会历史的研究。

第二个问题是深入研究了用鼎制度中楚制与周制的关系。这是近些年来研究中的热门问题，且存在着不同的看法，乃以较大篇幅从分析大量鼎制材料入手，从而得出了全新的规律性认识：将楚的列鼎明确区分为甲乙两类（平底、圜底两类），找到了楚圜底列鼎与中原地区圜底列鼎的区别：

周制列鼎序列的大小按单件依次递减。

楚制列鼎序列的大小按双件（对鼎）递减。

这一新见解的提出已受到学术界的重视[21]。它揭示出了楚文化与中原文化关系中的奥妙之一，从而有助于"深入探索楚文化形成和发展的奥妙，把楚文化在我国古代文明中的重要地位，真正揭示出来"[22]。

第八，对楚系青铜器与他系青铜器的关系作了双向考察与分析。

分别就它与周邻的北、东、南、西——中原地区、吴越地区、百越地区、巴蜀滇地区的青铜器相互交流与影响的状况作了探讨。尤着重于楚式青铜器的发展到后来居上时期，它对周邻四方地区的影响与流传的研究。指出楚文化鼎盛时期的青铜器对其周邻地区产生了多么巨大的影响。正如楚学专家张正明所言，楚文化作为“周代中华统系的一种区域文化……在所有这些区域文化和民族文化中，楚文化辐射力最强，覆盖面最大”[23]。读者从列举的大量楚铜器向周邻地区流传与影响的实例，当会深信张氏所言之不虚。

第九，对有关楚系青铜器总体性的四个问题进行概括论述。分别就楚系青铜器的发展阶段、关于楚国早期青铜器的探索、楚系青铜器的基本特征、楚系青铜器的历史命运等四个方面作了总结性论述。将楚青铜器东周一至七期加上西周晚期再归纳为四个阶段——延续阶段、创新阶段、繁荣阶段、衰落阶段，并制出“楚铜器发展阶段对照表”，以与当今我国青铜器分期研究成果相对照，使读者由楚铜器之局部以观中国青铜器之全部。从整体分期研究中显示出楚青铜器这一局部分期研究成果在整体中的地位与作用。在“楚铜器基本特征”一节内从组合、形态、纹饰、铭文、铸造[24]等几个方面对楚青铜器的特征作了归纳。例如组合方面的重水器组合，显示出“楚礼”、“周礼”的不同。又如对楚器“追美求奇、花样翻新”的三个要素的分析。楚器纹饰尤重繁饰，可与屈原诗句“佩缤纷其繁饰兮，芳菲菲兮其弥章”(《离骚》)相互印证，交相辉映，异曲同工，同具楚风。在“楚铜器的历史命运”一节里指出楚铜器在历史长河中，经历了“否定之否定”的辩证过程，满怀深情地写了如下一段文字：“盛极一时的楚铜器经过了漫漫长夜，终于在‘重新发现’之后，显露它奇光异彩的本来面貌，获得它在历史上应有的地位。我们对它的‘重新认识’，如同对整个楚文化的‘重新认识’一样，是否已可以满足了呢？否！楚铜器的新发现还会层出不穷，我们对它的认识远未结束。‘路漫漫其修远兮，吾将上下而求索’(《楚辞·离骚》)，还需一如既往继续不断地发掘、整理、探索。唯其如此，才能使楚铜器及其蕴蓄着的传统文化精髓，成为构筑'楚学'文化大厦的顶梁柱，汇入到熔铸当代社会新文化的系统工程中去。这无疑是楚器今后与往古迥异的美好命运、灿烂前景。"

上面之所以不厌其烦地重述这段话，因它表达了笔者对楚铜器研究的一往情深和不满足于已有成果的心情。诚然，此书确如评论者指出的为"集大成之作"。但不能到此为止，面对一些新的重要发现，仍然要一如既往，"情有独钟"，急于再研究一番。要追问：新发现的青铜器是否印证、补充了我已有的研究成果？或者可以修正我原先提出的某些看法？或者提出了过去未曾遇到过的新问题？抱着"吾生也有涯而学也无涯"的态度去不停地探索、研究，这就有了下面几节的新内容。除论述楚系青铜礼乐器的最新发现之外，着重研究在拙著内未深入专论的青铜兵器、工具，以了却我的夙愿[25]。

在下面分论之前，还有必要就拙著中关于楚系与他系青铜器的比较研究作一补充论述。

拙著论楚系青铜器特征，主要与中原三晋地区的青铜器进行比较，也与齐鲁青铜器作过个别的比较。在拙著交付出版社之后，对齐鲁青铜器作了一次整体性研究，尝试建立起山东齐鲁地区青铜器年代分期序列，并对其主要器类作了研究，提出了若干新见解。例如关于我国列鼎的特点，齐鲁地区与三晋地区、楚文化区均不相同，概括之可各用一句话说明：

中原三晋地区使用大小相次的列鼎

山东齐鲁地区使用大小相同的列鼎

楚文化地区使用成对的大小相次的列鼎

这是从这三个地区众多材料的研究中概括出来的带有规律性的新认识[26]。

秦国的青铜器自具特征，对楚、秦青铜器的比较研究颇具重要意义，在此着重论述这个问题。

秦、楚青铜器的大批发现及对其研究，似乎与秦、楚历史的发展有某种相似性,即也是后来居上。正当一些学者对中原地区青铜器进行研究、并提出了系统的分期序列时,秦特别是楚的青铜器却如涌泉般地以耀眼的光芒出现在世人面前时。首要的任务是予以快速的整理、报道,时隔不久,综合性的研究成果也应运而生,在学者们对秦墓研究的基础上[27],出现了专门研究秦国青铜器及其铭文的论文和专著,例如:《试论关于秦墓青铜容器的分期问题》(简称《秦铜器分期》)[28]、《秦铜器铭文编年集释》(简称《秦铜器编年》)[29]。这些,都大大有助于人们对秦铜器发展历程与特征的认识。与之同时,楚青铜器的研究也不甘示弱,在对楚墓研究的基础上,产生了专门研究楚青铜器的论文、专著[30],使我们对楚青铜器的发展历程和特征同样有了概括的认识。这样,在对秦、楚以及和中原地区青铜器的比较研究中,就具备了必要的科学资料和研究基础。

就已有的研究成果看,秦、楚青铜器的同和异已较明朗,相同的方面,如渊源相同,即都是在西周青铜器基础上予以变革与创新,到春秋中期,才各自形成特色,到战国中晚期,随着经济、文化的交流、融合,秦、楚以及中原地区青铜器也有着趋向一致的情况。即是说无论差异多大,同属华夏青铜器体系的一个组成部分。比较是有条件的,正是由于有其共同性为基础,才可能予以比较。

差异是明显的,这从秦、楚青铜器发展历程、组合、形制、纹饰的变化等方面表现出来。以下逐一作些对比、讨论。

首先,从发展历程看,秦国青铜器分为两个大的阶段,分为五期十组(见《秦铜器分期》)。第一个阶段名之曰春秋型铜器(春秋早期至战国早期),第二个阶段名之曰战国型铜器(战国中晚期)。第二个阶段铜器对前一个阶段"是全面而突然的新旧交替",是一种突变性的演进。而楚青铜器分为连续不断的七期(春秋早期至战国晚期)。其间每一期在组合、形态方面虽有变化,但不存在突变性的演进。突变性与连续性——这就是发展历程上最大的不同。秦铜器两个大阶段之间的这种突变性,发生在战国早中期之交,即在秦商鞅变法前后,可见商鞅变法在秦国历史文化发展上的巨大作用。变革的彻底性导致了秦国的强盛,造成了秦统一中国的物质基础。楚铜器的连续性反映了其保守性的一面,这正是楚亡于秦的原因之一。但事物往往一分为二。秦的突变性似乎与传统割裂得太厉害,忽视传统容易引起基础不稳。连续性虽有保守的一面,但其传统文化的影响较大。所以有学者强调,秦虽灭楚,但并未割断楚文化的传流[31],以后融入到汉文化中,成为汉文化的重要组成部分。由此观之,变革即使是突变,也不能割断传统,但又不能迷恋传统。对此,处于今日改革大潮中的人们,也可从历史经验中得到这有益的启示。

其次,从秦楚铜器组合变化看,商周以来我国青铜礼乐器的组合,有学者认为商代是“重酒的组合”(酒器为基本组合,且数量多),西周以后为“重食的组合”(食器为基本组合),春秋战国时为“钟鸣鼎食”组合[32]。这有一定道理,观东周时秦楚青铜编钟之多且精,可想见高级贵族们“每食击钟”、“既食又奏”及宴乐中“铿钟摇簴”、“宫廷震惊”的盛大场面,这种青铜器组合及其演变正显示了在世界青铜文化之林中的中国特色、中国气派。

就秦楚青铜器组合的差异而言,似乎秦更重视“食的组合”,从已发现的春秋中晚期在秦铜器特色形成阶段的情况看,“变西周以来以五鼎配四簋或三鼎配二簋的传统形式,而普遍出现像秦家沟 M1 那类以三鼎配四簋或二鼎二簋、二鼎四簋、四鼎四簋的变通式组合”[33]。可见秦铜器组合中特别重视簋这种盛食器,也特别重视作为蒸食用的甗(小墓中常出)。这与楚铜器组合形成鲜明的对比。楚对簋不如秦之重视,在与秦家沟时代相近的楚淅川下寺 M1、M2 中,铜鼎多达 13 件和 19 件,而簋仅 1 件和 2 件。相反,楚对水器特别重视,除常出盥洗水器盘、匜外,还常出盛水器——浴缶。笔者称之为“重水的组合”。这在秦铜器组合中却为罕见。这就是秦楚青铜器在组合方面的不同特征。这种差异说明什么问题?或许反映了两国习俗的差别吧。西北干旱地区适于种粟等耐旱作物,而簋正是饮食、祭祀中盛粟米之器。楚为水乡泽国,

“饭稻羹鱼”，一刻也离不开水，故而特别重视水器。

复次，从形制与纹饰特征看，秦楚青铜器也是于共性中见个性。以鼎为例稍加论说。众所周知，中国式的铜鼎是世界青铜时代铜器品种中最具独特风格者之一，是世界青铜时代器物文化中最具典型性、标志性的器种。在我国夏商周青铜时代，铜鼎的数量最多，精品也多。不仅具有实用功能，还有重要的社会的、政治的功能。九鼎（王权象征）的传说、楚庄王问鼎中原的故事（见《左传》宣公三年），都充分表明铜鼎在当时社会生活中的不可替代的作用。用鼎的多少，鼎簋相配的规格，乃各级贵族身份地位的体现。在春秋中期秦楚青铜器特征的形成阶段，秦楚贵族用鼎制度与鼎簋相配制度仍然沿袭西周以来的制度而稍加变更（变通式）。战国时期虽已“礼崩乐坏”，但楚国国君及高级贵族仍固守周礼，例如战国末期楚幽王墓内仍有楚式九鼎（𠫑）和成对的周楚结合式的列鼎。战国时期的秦国国君及高级贵族墓尚未发现，不便论列。而从已发现的小型秦墓看，其他铜器品种或缺或器种翻新，唯独鼎是不可缺少的。可见无论秦、楚或中原地区，鼎是始终存在的品种（并延续到汉代）。这正是华夏文化趋向统一的表征。

但是，鼎的形态是随着时代变迁而变化的，且又因地域而异。秦式鼎——腹浅足肥，三足成“鼓努开张之势”（图 7.1-2 上）。似乎象征着秦的国势、军事的鼓努开张，内部凝聚着的力量如火山爆发之状向全国喷出，全国大统一局面由秦完成而非他国所能，乃主要由内因起决定作用。在秦式鼎上作如此想象，当不致为脱离科学之胡诌吧。

楚式鼎的特征又是另一番情趣。楚式鼎有多种形态，最富特征的是自名为𠫑的束腰平底鼎（图 7.1-2 下），从楚铜器东周二期（春秋中期偏早）到七期（战国晚期），每个时期都已有发现，代表性的如春秋中期王子午鼎，它腹部装饰六个龙形饰，每个龙上又有各种姿态的小龙踞伏其上，于瑰伟中见活泼，于庄严中显秀丽。鼎腹作束腰状仅见于楚鼎，乃楚鼎一大特色，使人想起楚王好细腰的故事。它的形态、装饰正是楚俗的反映。

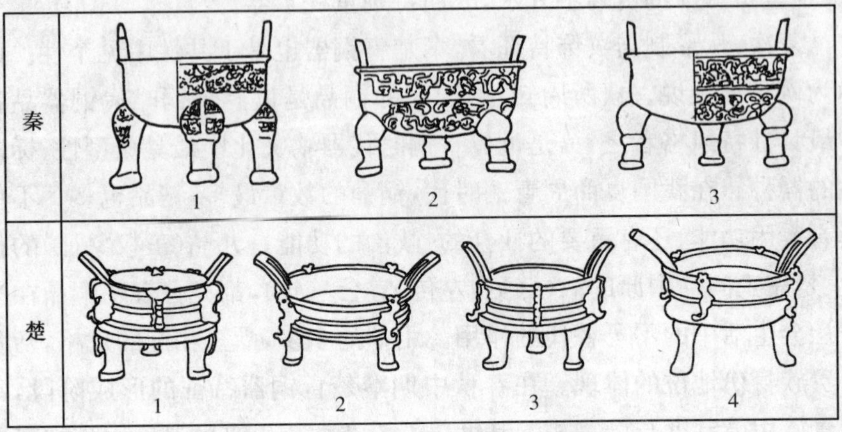

图 7.1-2 楚、秦青铜鼎的器形比较

楚 1. 下寺 M2 2. 寿县蔡侯墓 3. 随县曾侯乙墓 4. 寿县楚王墓
秦 1. 宝鸡福临堡 M1 2. 凤翔八旗屯 CM2 3. 宝鸡秦家沟 M1

中原地区三晋、齐、燕等地青铜鼎也自有特色，却没有秦、楚铜鼎如此鲜明之极的特色。同样是鼎，其各自形制则千姿百态，这正见东周时期我国文化百花齐放之一斑。中华文化既是统一的，又是多样化的，是多元性的统一。秦式勾联纹不同于楚式繁缛的花纹与装饰，犹如楚国诗人屈原的诗句所形容的“佩缤纷其繁饰兮”，相互辉映，异曲同工。青铜艺术是我国商周时代百花园中的奇葩，古今学人论述多矣。

第四，从铜器铭文的内容与字体看，也各具特征。“秦国青铜容器铭文字体，继承西周晚期金文传统比较忠实，维持时间也较长。但它在继承中又有一定发展，其面貌不仅与关东诸国有别，与西周晚期金文的格调也不尽相同”[34]。春秋时期秦铜器铭文的典型代表是新发现的秦武公时的编钟与镈及传世的经考证为秦景公时的秦公簋、秦公镈，铭文字数分别为 135、107、142 字[35]。现知春秋时期楚铜器铭文超过 100 字者仅王孙诰钟、王孙遗者钟(分别为 113、117 字)。看来，秦之重视铭文甚于楚，且铭文内容中秦器有先公之名号及“十有二公”等富历史价值的资料，而楚铭则多为一般的颂辞。秦国这种重史的记载与字数之多,正是西周中晚期铜器铭文的传统。秦立国于西周王朝中心旧地,较多地接受西周传统,乃是顺理成章之事。

秦楚铜器铭文就现有发现看,有一个十分醒目的区别:春秋时期秦国有铭铜器数量少,种类单调。据《秦铜器编年》一书所载,除上述钟、簋外,还有一戈一矛,分属于春秋早期与晚期,缺春秋中期之有铭器。相反,春秋时期楚系铭文铜器有 41 人之器共 142 器(有少量属楚文化系统的楚附属国之器)。数量相差是很悬殊的。究其原因:一是楚作为长江流域大国,青铜铸造业发展迅速,乃客观事实;二是也许秦国此时期青铜有铭器本来不少,只是尚未出土而已。还有被盗也是一因,例如秦公陵园一号大墓可能为秦景公墓,青铜器已被洗劫一空,否则当会有不少有铭重器出土。

战国时期的铜器铭文,秦器也显示出突变现象。据《秦铜器编年》,缺战国早期的铭文。战国中晚期的铭文主要是兵器,在全部 70 多件铜器铭文中,兵器达 50 件之多,所占比例达 70%。而战国时期楚铜器铭文共 150 余件,兵器仅 20 余件,所占比例仅为 13%。两相对比,秦之重视在兵器上刻铭远甚于楚。诚然,楚的兵器在楚墓内出土亦多,其总数量可能要多于秦墓出土的兵器,然以无铭兵器为多。秦之重视兵器刻铭(有督造者与工匠之名等),且主要见于战国中晚期,当与商鞅变法,推行一整套奖励耕战的富国强兵政策有关。这些正好是探讨秦国军事实力的重要物质文化史料。

就秦楚铜器铭文的字体而论,两者差别亦大。春秋秦文犹保西周铭文遗风,字体浑厚、方整;战国秦铜刻铭则多草率,与春秋风格不类。楚铜铭文风格如同其纹饰一样,注重装饰意味,字多秀丽,并流行美术化了的鸟虫书,反映了南北两域的不同风格。

前面着重比较分析了秦楚青铜器的不同特点,于同中见异,并且已指出这种差异反映了我国青铜文化是多样性的统一。历史进入到战国中晚期,青铜时代已基本结束,铁器时代已经到来。随着各国政治、经济、文化的广泛交流与融合,统一的趋势在逐步发展,这正是秦汉王朝得以统一全国的物质文化基础。表现在青铜器方面，随着反映旧礼制的青铜礼器日益衰落，青铜日用器则日益精进，不独秦、楚，连同中原地区全国青铜器都已呈现渐趋统一的趋势。如墓葬中的随葬器物，战国中晚期之际的鼎盒壶(铜、陶均有)组合，在楚和中原地区首先流行开来。直到西汉前期，不仅中原地区和楚地仍流行此组合，在关中昔日的秦中心区也同样流行这一组合。秦在战国中晚期的新旧交替中不仅大量引进中原地区青铜器，还引进带有浓郁的西北地区特色的新器类、器形(如蒜头扁壶、茧形壶)，反映了秦文化的毫不保守和兼容并包的胸怀。这类有特色的器类随着秦的统一全国，而流布于全国大部分地区，直到西汉前期仍在流传。最先兴起于秦国的模型明器(如陶仓、陶灶、陶俑)更在以后风行全国。由此可见，开放性和创造性的文化才是具有强大生命力的文化。秦汉大统一的文化的形成与发展，正是由于它在国内各地区的相互交流、融合的基础上出现的。在继承基础上有创新，在发展过程中有扬弃。秦楚青铜器的演变情况证明了这一点，我国历代文化的演变也证明了这一点。从这一点看，不免使笔者联想到著名美籍华人学者张光直在一篇文章中所提到的他的一个颇发人深思的论点：中国文明起源、发展的型态是“连续性”的，而西方的则是“破裂性”的；并且认为：“中国的型态很可能是全世界向文明转进的主要型态，而西方的型态实在是个例外。”[36]张氏还提出了一个令人耳目一新、并令国人倍受鼓舞的看法：“预计社会科学的21世纪应该是中国的世纪。”[37]他为怕引起误解，在上引的同一文章里又进而作了必要的解说，指出：“中国史料(包括大量考古资料——引注者)中潜伏的重要意义一旦被社会科学者认识并加以利用，中国历史一定成为许许多多研究课题集中利用的宝库……作这些工作都需长时间、深功夫，而且每人只能个别的自具体小问题开始。”在此较多地引述张氏的看法，谅读者也会感兴趣的，不至于冲淡所论的主题，相反是必要的。在当今学术研究已受到市场经济大潮冲击的情况下，尤需为社会科学的重要性呐喊，尤需莘莘学子耐得住坐冷板凳，从“个别的具体小问题开始”，深入研究。像秦楚青铜器的比较研究，当然在社会科学整体里只能算个小小的问题，然而却可小中见大，见微知著，于个别中发现一般，于个性中认识共性。诚然，要做得好也不容易，要处理好宏观与微观的关系，要有放眼整体的宏观的眼光，而又要在微观上下功夫，才不至于空泛的议论或无根据的标新立异。学术贵在创新，实事求是的标新立异则是值得提倡的。

二、略论荆楚铁器

我国考古学界曾把战国时期作为中国青铜时代向铁器时代过渡的早期铁器时代。但是，铁器出现的时间远远早于战国时期。据最新考古发现，我国使用块炼铁制器的时间可以早到西周晚期。从世界范围看，中国块炼铁的出现晚于外国，但生铁的发明使用则早于外国，过去认为"中国出现生铁的时间要比外国早 1 800 多年"[38]。但有学者认为还要早些，"在公元前 7 世纪的春秋中叶，就能够生产冶铸生铁，而欧洲最早的生铁出现在 13 世纪末至 14 世纪初，比我国晚两千年还多"[39]。即由过去的春秋晚期提早到了春秋中期。此说主要依据对文献记载的研究，并对考古发现春秋晚期以后生铁资料的分析予以逆推而来的。对此，目前学术界的认识尚未统一，真正解决问题还得靠考古新发现。

楚国地区考古发现年代最早的铁器，其年代完全可靠的有河南淅川下寺 M 10出土的玉茎铁剑(原报告称为玉茎铁匕首)，乃块炼铁锻造而成，年代为东周第四期早段，绝对年代约当公元前 500 年左右(或可超过前 500 年)，但不会早于前 530 年。

长沙杨家山 65 号楚墓出土了钢剑和铁鼎等物(图 7.1－3)。钢剑是块炼渗碳钢制成，通长 38.4 厘米，剑身经鉴定为含碳 0.5%的中碳钢。铁鼎是生铁铸件。关于此墓年代，报道者据同墓出土的陶器(鬲、盂、罐)特征，推断其年代为春秋晚期[40]。这成为轰动国内外的重要新发现，成为前述我国生铁发明早于外国 1 800 年或 2 000 年的最新考古证据之一。

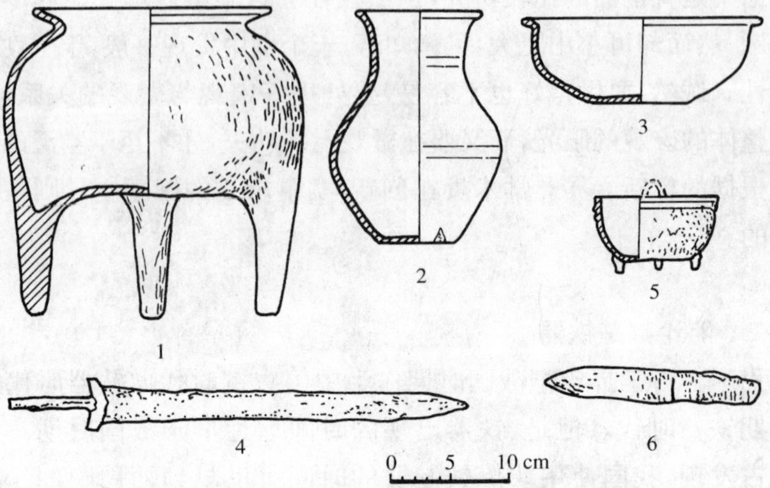

图 7.1－3　长沙杨家山钢剑墓出土器物

但是，对此墓的年代，就笔者所知，我国考古界包括楚文化考古同行们中对此有不同的看法，有春秋晚期、春秋战国之际、战国早期、战国中期，甚至个别的还有持战国晚期偏早等多种看法。这不能不引起笔者的慎重考虑与作进一步研究，不得不在此多费点笔墨予以讨论。

先从年代最晚的钢剑谈起。在湖北江陵九店 730 号楚墓内出一钢剑，发掘报告定此墓年代为战国晚期偏早[41]，同出陶器为鼎、壶组合。发掘报告并推断战国晚期偏早的楚墓仍有陶鬲。此报告编写者认为长沙这座出钢剑的墓内陶鬲的年代，也应晚至战国晚期偏早，从而认为长沙钢剑与江陵钢剑年代相同。是否如此呢？有必要稍加讨论。第一，两个墓的陶器组合不同，一为鼎壶，一为鬲盂罐。第二，江陵这座钢剑墓的鼎壶，其年代是否一定会晚至战国晚期？能否提前到战国中期？对此尚可研究。第三，必须着重讨论长沙钢剑墓出土陶器的年代特征问题。

对于楚式陶鬲的演变，研究者颇多。例如关于江汉地区的陶鬲，早晚期变化的特点是："口沿由微卷到外卷、再到平沿。颈由界线不明显到明显，最后接近消失。肩由倾斜到较平，最后消失。腹部最大径由接近足部逐渐上移，裆部由圜变得较平，足窝由深变浅。足由尖变平，由短变长，后来又变短。器形总的变化特点是由矮胖变瘦高，又由瘦高变成偏矮。”[42]根据这种变化规律来看长沙钢剑墓的鬲：其一，此鬲口沿外折上侈，而非外折平沿。一般来说，平沿鬲的年代较晚，例如江陵望山一号墓的鬲和纪南城西城门上层的鬲均为平口，它们的年代为战国中期是毫无疑问的。从这点看，此鬲口沿时代特征显然早于战国中期。其二，此鬲足部较高。战国中期的鬲足多已趋矮，如上举纪南城西城门上层鬲和纪南城 30 号基址的上层鬲（图 5.2-5 之 8），其足均已变矮。由这两点，应可认为长沙钢剑墓的鬲，其年代当早于战国中期。其形态与被定为春秋晚期和春秋战国之交的江陵雨台山 496 号墓和傅家台 1 号墓相近[43]，年代也当相近。

其次，看陶盂的时代特点。一般来说，陶盂早晚变化一个显著的特点是腹部由深变浅。例如江陵地区的战国中期墓和纪南城遗址上文化层的盂，基本上为浅腹（图 5.2-5 之 9）。长沙钢剑墓的盂介于深腹盂与浅腹盂之间。据此，其年代也当早于战国中期。

再看陶罐特点。从形态看，长沙此件与被定为春秋晚期的纪南故城陕家湾二号楚墓的罐较相似。战国时期则罕见此类罐。

从上述比较分析看，长沙钢剑墓的陶器年代要早于战国中期，有战国早期和春秋晚期两种可能。从鬲、盂、罐三者的整体特点看，若与江陵地区的同类器比较，似晚于春秋晚期，可定战国早期。这对于目前流行的钢剑墓年代春秋晚期说，是一标新立异之见，是否可靠？有待学界评论。

还值得注意的是，陶器的地区特点比较显著，长沙地区的陶器，可能有不同于江陵地区的一些特点，但两地既同为楚墓，共同点是主要的，可以对比研究。随着长沙地区楚墓年代序列的建立与完善，可望提供更为有力的论证。

长沙钢剑墓的年代，是判断我国钢剑与生铁制品年代的焦点问题。

陈振中在研究中注意到长沙“杨家山 65 号墓出土的春秋晚期钢剑成为孤证”的说法[44]。考虑到此墓同出生铁制品——铁鼎，如果这个墓的年代不弄清楚，不仅是钢剑，也会使生铁铸件的年代提早到春秋时期“成为孤证”。这事关我国钢铁和生铁制品产生的最早年代，关系到对我国物质文明发展程度一个方面的估价，其重要性不言而喻。在此论证其年代为战国早期，为的是进一步证实“中国出现生铁的时间要比外国早 1 800 多年”。至于是否能“早 2 000 年还多”，则还需新的考古发现来加以证实。从现有发现来断言“楚地是世界上最早使用生铁的地区”[45]，在目前是可信的。

对楚国的铁器作综合研究，可参阅黄展岳的《试论楚国铁器》一文[46]。此文统计已发现的楚国铁器有 168 件，并分为生产工具、武器、杂用器三类予以论说。其后，在《楚学文库》的几本书中对楚铁器也有专门的论述。高至喜对江南（湖南及鄂东南、赣西）地区的战国时期铁器有更为细致的统计，如工具类按 16 个器类分别统计，得出工具总数为 244 件；兵器按 9 个器类统计，共计 98 件；日常用具及其他有 11 个器类，共计 62 件[47]。由此可知江南铁工具数量远远超过兵器与其他日常用的铁器。陈振中在“我国春秋战国铁器一览表”中关于楚国地区的铁工具情况，统计出楚地铁工具已达 500 件左右。与其他地区比较，楚地铁工具数量居第一。

由于此前对楚铁器已作了较多研究，在此不再予以详论。除上述关于长沙钢剑墓年代的讨论外，在此再强调两点：

第一，在已发现的我国生铁铸件中，不仅楚地的时代较早，且量多体重。以铁容器鼎、釜为例，楚铁鼎已发现 3 件，而其他地区似只一见；铁釜已出 2 件，其他地区则缺。楚铁釜两件都较大，江陵纪南城出的一件，口径 25.2 厘米，腹径 47.2 厘米，高 34.8 厘米[48]（见图 4.3－3 之 3）；荆门出的一件，口径 27.6 厘米，腹径 46 厘米，高 37.6 厘米，重近 10 公斤[49]（见图 4.3－3 之 4），均为战国时代仅见的两件大铁釜。这是楚地铁器工业发达、进步的重要例证。

第二,铁制兵器、工具的制造,也以楚地最为发达。文献有"楚之铁剑利",楚"宛钜铁釶,惨如蜂虿"的记载[50]。楚人不仅发明、发展了炼钢、生铁冶炼技术,其生铁柔化技术工艺更处于遥遥领先地位,大大有助于提高铁工具、兵器的效能。前已提到楚地铁工具数量居列国第一。在农业生产中,战国后期铁工具已基本上取代了青铜工具。对此,我们在下面兵器、工具两节中,将与青铜工具、兵器一并予以论述。

总之,由于考古材料的丰富,已可看出,春秋特别是战国时代的楚国铁器工业的发达,生产力的先进,这不能不说是楚国得以后来居上、成为当时疆域最广、势力最强的国家的最重要原因之一。这对于我们现在强调以经济建设为中心,努力发展生产力来说,不啻是很好的历史启示之一。

既然楚国的青铜冶铸工艺、铁器和钢铁冶铸技术都处于当时的领先地位,是楚国生产力发达、经济繁荣的最重要标帜,本应在此继续予以论述,但考虑到《楚学文库》内已有专书论述,有关科技史著作也有论述[51],而近年的新发现和研究较为一般,故在此就不再详论了。读者如有兴趣,请参考上面提到的书目。

第二节　新出青铜礼乐器

拙著研究的楚铜器资料止于 1990 年。近几年来又陆续新发现与公布了一些楚墓及其出土的铜器资料。若干大墓如湖北当阳乌龟包楚墓、河南新蔡大墓均应有甲类组合礼乐器群,惜青铜礼乐器几乎全部被盗,在此不论[52]。近年新发现的最重要的楚铜器群为河南淅川和尚岭、徐家岭楚墓所出。和尚岭两座楚墓已有简报发表[53],徐家岭两座楚墓情况则仅见于有关文章[54]。和尚岭 M1 因多次被盗,仅存铜鼎 6 件,其中有"克黄之鼾"四字铭文的鼾和壶各两件,有"曾太师郑之厨鼎"七字铭文的箍口鼎一件,以及折沿鼎一件、中原式鼎两件。其他礼器仅见簠、壶的残片。和尚岭 M2 保存较好，礼乐器较全，有鼎 7 件，从发表的图像来看，有折沿、箍口、子口三种型式，无鼾；簠 2、敦 1、壶 2、浴缶 1、盘 1、匜 1、勺 1、斗 1 件；乐器有钮钟 9、镈钟 8 件，上有铭文(下详)。

这两座墓的墓主与年代，发掘简报定的年代过早。从和尚岭 M2 的青铜器组合鼎、簠、敦、壶、缶、盘、匜等来看，完全是东周楚墓第五期的组合形式；从器物形态看，也具东周五期的特征，应定为五期之早段(战国早期偏早)。和尚岭 M1 墓主，非克黄本人。从器物形态看，克黄鼾、壶年代早，其他均已晚到东周四、五期间。它的年代略早于和尚岭 M2，或可早至第四期之晚段(春秋晚期偏晚)。礼器组合形式均属乙类而非甲类组合[55]。徐家岭 M9 礼乐器有鼎(内有鼾)、鬲、鉴、缶、盘等，又出两件精美的“神兽”，可能是鼓架。

徐家岭 M 10的规模与随葬品均多于 M9。礼乐器有铜鼎 10 件(其中鼾 5 件)、簠 2、敦 2、方盖豆 2、圆盖豆 2、方座簋 4、鬲 5、圆鉴 2、缶、盘等，乐器有钮钟 9、镈钟 8 件(另石编磬 13 件)。

这两座墓的年代可据其礼器组合与器物的时代特点推定为东周五期之早段，墓主仍当为𨙸氏，与下寺、和尚岭楚墓同为𨙸氏之家族墓地。两座墓的青铜礼器类组合中都有鼾，且食器类中不止一个器类，显然均应属甲类组合形式。这是截止 1996 年夏(笔者写此书稿之时)新发现的唯一两个甲类组合形式的铜礼器群，弥足珍贵。以往东周五期的甲类组合仅曾侯乙墓一例，况曾墓毕竟不是楚国贵族墓(属楚系)。而这两墓为楚国王室贵族墓，且年代略早于曾侯乙墓。虽资料大多尚未公布，但从已公布的倗子受钟和两件“神兽”看，更证明比此为晚的曾侯乙墓反映的青铜文化确是接受了楚的影响所致。

近年新发现或新公布的乙、丙类楚铜礼器群也增加了一些。在《江陵九店东周墓》考古报告内，属于楚乙类组合的有M294、M485、M511、M250等 4 个，前 3 个均为鼎、敦、壶组合，年代已晚到战国晚期前段(前 3 个为战国中期)，属于丙类组合的有 24 个。

此外，在长沙新发现乙类组合的铜器墓有 1 例[56]，岳阳市汨罗和安徽六安也新发现乙类组合的铜器墓[57]。在鄂湘豫皖境内还有一些乙、丙类组合器群，但材料尚未公布。

以上这些新资料对于拙著关于组合研究的结论补充了一些新例证，没有值得研究的新问题。而在器物形制、纹饰、铸造工艺等方面，新资料中有的很值得在此补充论述。

在礼器分类研究方面，淅川和尚岭 M1 所出的克黄之鼾，正好补充了拙著鼾的序列图中的缺环。鼾在拙著内缺东周二期之标本图，虽在正文中已论述克黄之鼾年代属东周二期，但其时未公布这一器形图，特附录此图（图 7.2－1 之 1）。

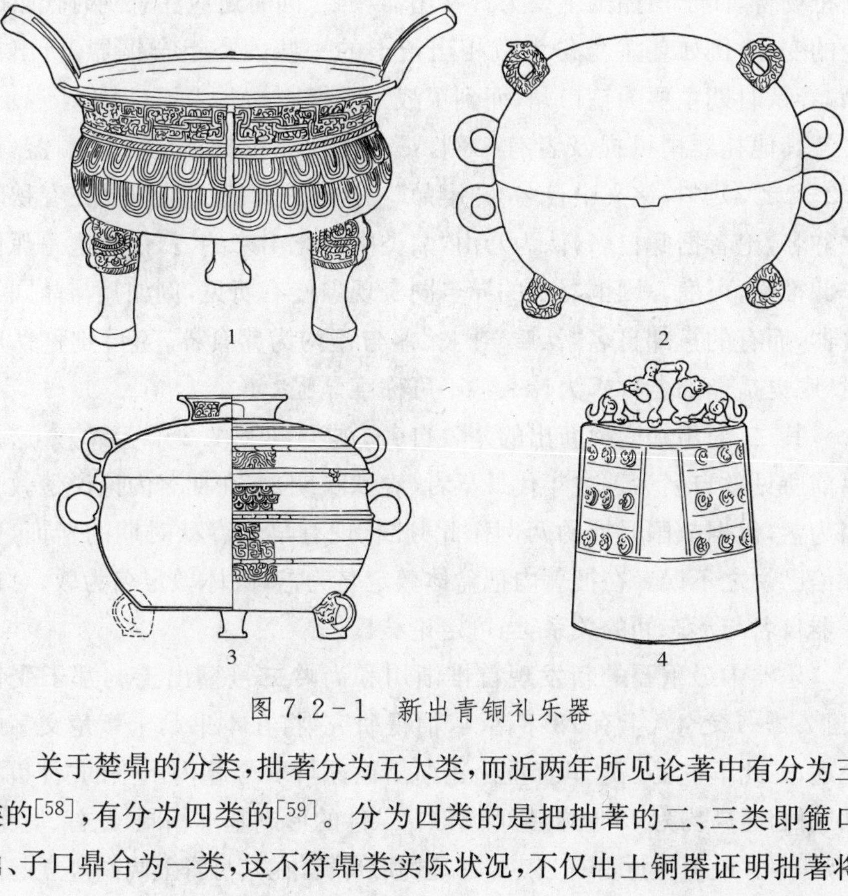

图 7.2－1　新出青铜礼乐器

关于楚鼎的分类，拙著分为五大类，而近两年所见论著中有分为三类的[58]，有分为四类的[59]。分为四类的是把拙著的二、三类即箍口鼎、子口鼎合为一类，这不符鼎类实际状况，不仅出土铜器证明拙著将此类圜底鼎区分为两类是对的，在专出陶鼎的楚墓内也能予以证明。例如《江陵雨台山楚墓》和《江陵九店东周墓》二书对这类圜底陶鼎也都区分为 A、B 两型，亦即拙著所分的箍口、子口鼎两类。有了陶器墓出土陶鼎的大量资料，更显出鼎之分为五类是符合客观实际的科学分类。

有的书中提出使用箍口鼎的墓主身份较高而使用子口鼎的墓主身份较低的看法[60]，但这仅适用于战国时期一些陶器墓。若综观整个东周时代的楚墓（包括铜器墓），则不能把这一看法绝对化。在一些高级贵族墓内，这两种型式的鼎并存，例如在昭龙墓（包山 M2）内和楚幽王墓内亦复如此。也许它们在使用上稍有区别，箍口鼎主要用于庄重的祭祀场合，而子口鼎则主要为日常用器[61]。同时还应注意到时代早晚上的变化，例如墓主身份大致相当于士的一些丙类组合铜器，所出铜鼎，春秋时期主要为箍口鼎，而到了战国时期则主要为子口鼎了[62]。

其他礼器稍可提及者有二例。一是 1993 年报道的一件铜盏（图 7.2－1 之 3）[63]，铭文中自名为“䵼鼎”。这本来是楚式箍口鼎在春秋时之称名，论者据此自名，认为乃由“鼎类中分化出来的”。仅凭这一孤例作此推论，可商。因铜器中的异名同实现象屡有所见，例如簋与鼎同为食器，而有的簋却自名“饤䵼”[64]。盏与簋均为盛食器，簋可别称饤䵼（饤䵼也是鼎的名称），为什么盏不可称䵼鼎呢？

其二，淅川和尚岭新出的楚敦自名为盏[65]（图 7.2－1 之 2）。这是目前所见敦自名为盏之年代最早者（春秋晚期）。在拙著内论说楚敦自名为盏，仅据战国时期的两例作此判断，现有早到春秋时期的新证，更深信己说之不误。在拙著内把盆体敦定名为盏，圆体敦定名为敦，对这一器自名与形态间的关系，当可定论矣！

乐器中最重要的新发现首推淅川和尚岭二号墓出土的郑子受钟（图 7.2－1 之 4），上有 28 字铭文，值得研究，将在本书第十章楚文字中论述，在此不重复。这里着重论述淅川徐家岭 9 号墓内出土的“神兽”，共二件，通高均为 48 厘米（彩版 18）。二件的形制基本相同，龙首、虎身、龟足[66]。最可注意者有三点：一是构形奇特，在其身脊上高高竖立起两条小龙，好比现代玩杂技之相互叠架状。在迄今所见青铜器件中风格独特。其二，从附加的龙形装饰看，恰是从下寺二号墓到曾侯乙墓同类装饰的中介环节。此器龙首上装饰六条圆雕小龙作为龙角，年代早于此件的下寺 M2 出土的王子午鼾腹龙形附饰上的龙首装饰四小龙。两相比较，此件龙首上多了两小龙，且两侧之龙较大，尤具动态美感。这是对王子午鼾同类装饰的进一步发展。值得注意的一点还在于笔者反复观察王子午鼾腹龙形附饰和此件的龙以及曾侯乙墓盘尊上的龙形附饰，三者的龙的总数各为八条。这是东周三期至五期龙形装饰所共见之数字为“八”的现象，古人是否对数字的“八”也情有独钟呢？这是颇为有趣的现象[67]。其三，此器周身镶嵌的龙纹甚多。笔者曾在展览中目验此器，反复观摩镶嵌的龙纹，有的鸟首龙纹竟与曾侯乙墓青铜器上的同出一辙，这正是曾器受楚器影响的最生动例证之一。这种通身色彩斑斓的花纹，更增加了其艺术魅力。整器“表现出楚人丰富的想像力，扩散着神话世界的神秘气氛”[68]。谈到此，不可不就其命名再讨论一下。前此称“怪兽”、“神兽”，均离不开“兽”字。其实，只要综览一下楚青铜器上的龙形装饰，有的龙身有如虎一类的兽身，但不能以此否定其为龙形。此器不过是龙形装饰的超大型而立体化，变成了一种器物（撇开其可能为鼓之构件），从而使人产生错觉，误以为非龙而是“兽”。笔者力主非兽而应为龙之说。这正是东周时代龙的特征，而与后世之龙有异。故此器宜正名为“龙形构件”[69]，或雅称为二件“神龙”。

东周时期除楚系青铜器外，在湖南还出土不少越族系统青铜器，如动物纹卣、蛇纹尊等（彩版 19），很有特色，值得重视[70]。

第三节 荆楚兵器

一、概述

楚系兵器的考古发现，也如同其他类楚文物一样，长期以来远不如中原地区发现得早且多。只是在近二三十年来，楚兵器方如涌泉般地不断出土，而且多与其漆木竹质构件（柄或附件）完整地结合在一起，保存如新，为研究我国东周时代兵器状况与军事制度提供了十分珍贵的资料。但是，已有的研究工作尚不能及时利用日益累积起来的资料，与其他地区对兵器的研究成果相比较就显得落后了一大步。例如，早已有关于吴国、越国、燕国及巴蜀等地区专论兵器的论文发表[71]，而综论楚兵器的论文似乎尚属空白，亟待填补[72]。商周时代，"国之大事，在祀与戎"（《左传》成公十三年），用于祭祀与战争的礼乐器与武器乃青铜器中的最主要部分，制作最精，代表了青铜铸造工艺的最高水平。因此，兵器研究的重要性在某种意义上不亚于对礼乐器的研究[73]。兵器虽以青铜质地为主，但还有铁、竹、木、漆、革、玉、石等质料的构件、附件。为便于读者了解楚兵器全貌，本节主论青铜兵器，其他质料的兵器构件在本节内也将略作论述，铁质兵器则置于本节末尾作一概论。

研究各类实物的基本方法，首先要对其年代、种类、数量有一个基本的了解。但如何掌握这一点？目前所见有两种方法，一是统计总数与举例法，例如《楚文化志》一书中兵器一节就是对散见于各地已发表的楚系兵器总数作大致的总数统计。如说剑有 600 余件、戈有 400 余件等，然后列出若干墓出土的数量，并举例作些说明。然这种统计有不足之处：其一，读者不知是如何统计的？其二，仅是已报道的部分，没有报道和新出土的还不知有多少？这样作总数统计会永无止境。况这种总数统计法在研究中能在多大程度上说明一些问题也颇可置疑。现在看来，应使用第二种统计方法，即笔者所采取的方法——典型资料统计与综合研究法。例如拙著《楚系青铜器研究》一书第二章列出"楚系铜器群年代序列和主要器类统计表"，便是以这种方法作为立论的资料基础的。然因拙著侧重于礼乐器研究，故主要器类统计并未包括兵器。因此，有必要在此先作出兵器的主要器类统计表。此表仍以拙著中统计表典型单位为主（其中无兵器的单位不再列入本统计表），并补充 4 例新发表的典型资料[74]。

表三　楚系典型墓葬出土兵器年代序列和主要器类统计表

期别	序号	出土单位	戈	戟	矛	殳	剑	镞	其　他（兵器、车马器件）	著录号同本章注释号
一	1	南阳西关	3					5	削 1、马衔 1	［75］
二	2	淅川下寺 M8	1	2				53		［76］
三	3	淅川下寺 M 36	1							［76］
	4	淅川下寺 M2	2	6	11			13	镈 9	［76］
	5	襄阳山湾 M6	1							［77］
四	6	淅川下寺 M 10	2	1	1			5	玉柄铁剑 1	［76］
	7	襄阳山湾 M 33	1					9	匕首 1、衔 2	［77］
	8	当阳曹家岗 M5	?	?	2	1		1		［78］
	9	襄阳山湾 M 14	?					2	匕首 1	［77］
	10	淅川下寺 M 11	2	1	1		2	8		［76］
	11	寿县蔡侯申墓	13	?	6	2	4	29	镦 3	［79］
	12	襄阳山湾 M 23	1					7		［77］
	13	襄阳山湾 M 19					1	2		［77］
	14	宜城骆家山 M1	1							［80］
	15	淅川和尚岭 M1	2		2	1			车軎 4、衔 3	［53］
	16	舒城 M1	2	2	4	1		8		［81］
五	17	随州曾侯乙墓	66	30	49	7＋14		4 507		［82］
	18	六安窑厂 M2	7	2	2		2	24		［57］
	19	长沙浏城桥 M1	5	2	4		4	46		［83］
	20	襄阳蔡坡 M4	7	4		2	3	105	軎16、衔28	［84］
	21	固始白 M1	9		4		2	15	匕首 4	［85］
六	22	江陵天星观 M1	9	刺 20、戈头 12	2	6	32		镈13、镦 7、弓 7、盾19	［86］
	23	江陵藤店 M1	1	1	1		2	36		［87］
	24	河南长台关 M1	4						镈 3	［88］
	25	江陵九店 M 90	1		1			13		［89］
	26	江陵望山 M1	6		5		4	50		［90］
	27	荆门包山 M2	8	3	11	3	2	23	匕首 2、弓 2、盾11	［91］

续　表

期别	序号	出土单位	戈	戟	矛	殳	剑	镞	其　他（兵器车马器件）	著录号同本章注释号
六	28	江陵望山 M2					7	1	矛镦 1、木戈 1	[90]
	29	随州擂 M 13	1				1			[92]
	30	江陵张家山 M 104	1		1		1	9		[93]
	31	江陵李家台 M4	1		1		2	5		[94]
	32	江陵马联 M2	2				1	20		[95]
	33	鄂城钢 M 53	1				1	4		[96]
	34	长沙烈士公园 M3	1		1		1			[97]
	35	长沙白泥塘 M5	3		3		2	10		[56]
	36	临澧九里 M 17			2			10	戈镈 1、剑格 2	[98]
	37	长沙荷花池 M1	1				1	12		[99]
	38	叶县旧县 M1	1				3			[100]
	39	上蔡城西楚墓			1			3		[101]
七	40	江陵张家山 M 201	1		1		1	10		[102]
	41	江陵雨台山 M 480	1				1	7		[103]
	42	荆门包山 M4	2		1		2	10		[91]
	43	长沙识字岭 M1	1		1	1				[104]
	44	常德德山 M 26	1		1		1		杖镈 1	[105]
	45	桃源三元村 M1	3		1		3	17		[106]
	46	寿县楚幽王墓	3	?	3	?	3	176	铁弩矢113	[107]
	47	舒城秦家桥 M1	1				1			[108]
	48	武进孟河楚墓					1			[109]

（附注：著录号与本章注释号相同，见注释）

以上 48 例中 44 例是拙著内 78 个典型单位中有兵器的部分。这 78 个单位概括了 1990 年以前出土甲乙丙三类组合铜礼器群的典型材料，其中 44 个单位既有礼乐器又有兵器，是在一个单位内同具“祀与戎”功能的青铜器基本材料，可作为我们进行研究的基础。那些只出兵器而无礼乐器的墓葬单位，未列入上表作统计。这类无礼乐器而有兵器的墓数量很多，且有许多精品。有的小墓随葬物中别无他物，唯见少量兵器，由此可证楚人对兵器多么重视。对这类未列入本统计表的楚墓内出土的兵器也将一并予以研究。

在78个墓葬铜礼器群中只有44个同出兵器，占总数的一半略强。其余34个墓葬不出兵器的主要原因有二：一是有的为女性墓，女性墓内一般不出兵器（只有个别例外）。例如随州擂鼓墩M2为曾国国君夫人的大墓，所出青铜礼器为甲类组合，数量也多，却无一件兵器。二是一些小型墓所出青铜器为丙类组合，礼器种类、数量很少（有的仅有鼎），有的墓主身份生前又非军队的甲士，生前无兵器，死后亦不用兵器下葬。由此看来这44个礼乐器与兵器兼具的楚系墓葬是楚系墓中最富研究价值的典型资料，值得高度重视。

从上述统计表可以看出，表中单列的戈、戟、殳、矛、剑、镞乃东周时代主要的兵器种类。在几个甲类组合器群中一应俱全，且每种数量最多（尤以曾侯乙墓所出为最）。而那些乙、丙类特别是丙类组合器群中的兵器，不仅种类只有一、两种或仅有一种，且数量亦少。可见兵器的种类、数量及其形制、大小与铜礼器一样，同样反映了墓主的身份、地位的高低。上表之所以如同铜礼器群那样，把每类兵器都列入表内，不仅有助于兵器的考古学研究，且有助于社会学、历史学的研究，以利于推进楚文化的整体研究。

古代战争武器不外格斗、远射、卫体三类，表中所列六种武器就是我国商周时代最常见的用于格斗、远射、卫体的武器。东周主要是车战，到后期才逐渐转入骑、步战时代，故也是车战的主要武器。

关于战车上的武器，《周礼·夏官·司兵》："司兵掌五兵"，郑玄注引郑司农云："五兵者，戈、殳、戟、酋矛、夷矛。"又，"军事，建车之五兵"，郑玄注："车之五兵，郑司农所云者也，步卒之五兵，则无夷矛而有弓矢。"若按此说，则战车上无弓矢，近人大概亦据此而认为"车兵的五兵是戈、殳、戟、酋矛、夷矛；步兵的五兵是矢、殳、矛、戈、戟"[110]。果真如此吗？否！在考古发现的楚国战车上就有弓矢[111]，可证《周礼》郑注之不可靠，盲从郑注更不可取。孟子曰：尽信书不如无书。只要不迷信《周礼》郑注，在其他文献里也可找到车战用弓矢之材料，楚人自己的作品就有。例如《楚辞·九歌·国殇》就是描绘车战之诗，其中就有远射的弓矢箭镞：

操吴戈兮被犀甲，车错毂兮短兵接。
旌蔽日兮敌若云，矢交坠兮士争先。
凌余阵兮躐于行，左骖殪兮右刃伤。
霾两轮兮絷四马，援玉枹兮击鸣鼓。
带长剑兮挟秦弓，首身离兮心不惩。
诚既勇兮又以武，终刚强兮不可凌。
身既死兮神以灵，魂魄毅兮为鬼雄！

这至今仍脍炙人口的诗篇，悲壮而生动地讴歌了为国捐躯的壮烈情景，是一首惊天地、泣鬼雄的爱国主义教育史诗。它所提供的历史信息和思想的火花历久弥新！

这一史诗也正好提供了当时车战及使用武器的情况：犀甲、吴戈、矢镞、秦弓、旌旗、战鼓、长剑、战车、战马。它描绘了车战过程：从远距离对射开始，经错毂格斗，直到车毁马伤，官兵牺牲的全过程。既然车战以远距离对射开始，就不可能设想战车上不备弓矢，考古发现也提供了证据。《周礼》郑注所云车之五兵无弓矢的说法必须摒弃。

作为远射、格斗、卫体三大类武器，上述戈、戟、殳、矛、剑、镞等应当是周代最主要的六类青铜兵器，在格斗武器中应以戈、戟、矛为最主要。戟是戈、矛的组装武器[112]，属尖端武器，长盛不衰[113]。殳这一类武器，现基本上只出土于大贵族墓内。除作为战争武器外，起仪仗作用的可能性更大些[114]。卫体的除剑外，还有匕首、刀等。但以剑使用最普遍，上至王公贵族、下至一般士卒，都可使用。战国中晚期转入以步兵、骑兵为主的战争方式后，剑不仅是卫体武器，而且成为格斗、厮杀的重要武器。它在楚墓中出土量也很惊人，足见楚人对剑的重视与爱好。远射的弓矢到了战国时代更盛行弩矢，而以楚弩最著。

春秋战国时代，战争频繁，对武器需求量很大。在需要使用大量实用兵器于战场的情况下，仍把大量的兵器埋藏到墓葬里，这既反映了当时兵器生产的发达，也是“事死如事生”观念的一种表现。对此，楚墓此风更甚。试举例作些对比。

新出版的《江陵九店东周墓》，在578座楚墓中，出铜兵器墓有235座，占墓葬总数的40%。出铜器总数1 152件，其中兵器580件，占50%。中原地区以新出版的《陕县东周秦汉墓》中的东周墓为例[115]，东周墓105座，铜兵器墓26座，占25%，铜器总数1 293件，其中兵器281件，只占23%。两相对比，楚墓铜兵器墓、铜兵器数量各占总数的三分之一强和一半，而中原地区的各只占总数的四分之一和四分之一弱，何况陕县东周墓还有几座大型墓，而九店墓均为中小型墓。大墓出兵器一般均甚多。例如陕县后川M 2040为一大墓，年代为战国早中期间。与此墓年代、墓葬规模、墓主身份大体相当的楚墓，可举江陵天星观M1为例，可以比较一下两墓出土兵器情况。

陕县后川M 2040出兵器戈17、矛3、戟2、矢177、剑2(另铁剑1)。天星观M1虽被盗，仍出戈13件以上，戟不少于20件[116]，矛不少于7件，殳6件、剑32件，镞未见报道，从出土有弓7、盾19看，原应有镞，可能被盗走一空，还有大量兵器的漆木竹质长柄。其中剑和矛、戟的数量大大多于陕县后川M 2040。如果不被盗，其他各类兵器数量也会大为超过M 2040之兵器数。

还可再举两个大墓出土兵器的例子，先看楚地的。楚系曾侯乙墓共出兵器4 777件。其中青铜戈66、戟30、矛49、殳21、镞4 507件。这是楚系墓和战国东周墓中出土兵器数量最多的一座。曾侯乙墓年代为战国早期偏早(前433年或稍晚)，墓主为曾国国君，曾国其时已沦为楚国卵翼下的小国，其国君怎能与楚王比肩，实际地位已与楚国卿一级贵族相当。中原地区的大墓可举山西太原金胜村晋卿墓为例。此墓年代约当春秋战国之际，与曾侯乙墓基本同时，墓主乃晋国之正卿赵氏[117]。这两墓的年代、墓主地位大体相当，可以进行比较。

晋卿墓出土兵器总数为779件，只有曾侯乙墓的16.3%。其中戈31件，不到曾墓的一半，戟9件，将近曾墓的三分之一（晋墓为单戈戟，曾墓主要为多戈戟，从戈头总数看，更要大大多于晋墓）；矛20件，不到曾墓之一半；镞510支，只及曾墓的11.3%。有剑6件，仅此为曾墓所不及。两者对比，兵器数量相差之悬殊，洞若观火。

以上所述，无论从一个墓地看，或是从单个大墓对比看，楚墓随葬的兵器数量均大大超过中原地区，且不仅量多，种类亦多，质量也优，不再详作对比。楚国是与晋国匹敌的强国，是那时的军事大国，对兵器自会倍加重视。楚人生前如此，死后亦如此。附庸于楚的小小曾国尚且随葬那么多兵器，可以想象楚王墓内的兵器不知要超过曾墓多少倍！也可以想象要超过晋国国君墓内的兵器几多倍数！这并非随心所欲的臆测，而是基于上述对比所作的推论和预测。

以上是从兵器种类、数量方面将荆楚地区与中原地区进行了对比，凸显出荆楚地区兵器资料之丰富，而其保存程度也更胜一筹，尤显出这些兵器之精彩、珍贵，吸引着我们必须投入更大的精力，把蕴蓄于兵器中的楚文化奥秘予以淋漓尽致地揭示出来，把它在我国古代文明发展中的地位与作用真实地揭示出来。

二、青铜兵器分类研究

在此着重对荆楚青铜兵器进行分类研究。除上表所列的六类外，还兼及弩机、青铜车马器件（附论战车）两类，共八类。重点论述东周时代的兵器，也兼论其源流，探讨楚兵器的特点及相关问题。

（一）戈（附论戈柲、冒、镈）

戈是商周时期最主要的一类兵器。长柲戈适用于车战，楚墓出土的长柲戈特别多。出土楚车上有插戈的兵器筒，所插之戈应是长柲戈。短柲戈则用于步战。《左传·定公四年》记载“以戈击王”，是指持戈者徒步攻击楚昭王。所持之戈也许是短柲戈，因有人挡住，方使楚昭王得免于难。

荆楚地区的戈，年代最早的出于黄陂盘龙城遗址的二里岗期，有直内、曲内戈两种（图 7.3－1 之 1－3），与中原地区同时期戈型相同[118]。在湖北随县淅河、湖南宁乡所出商代晚期铜戈，亦与中原地区的近同[119]。

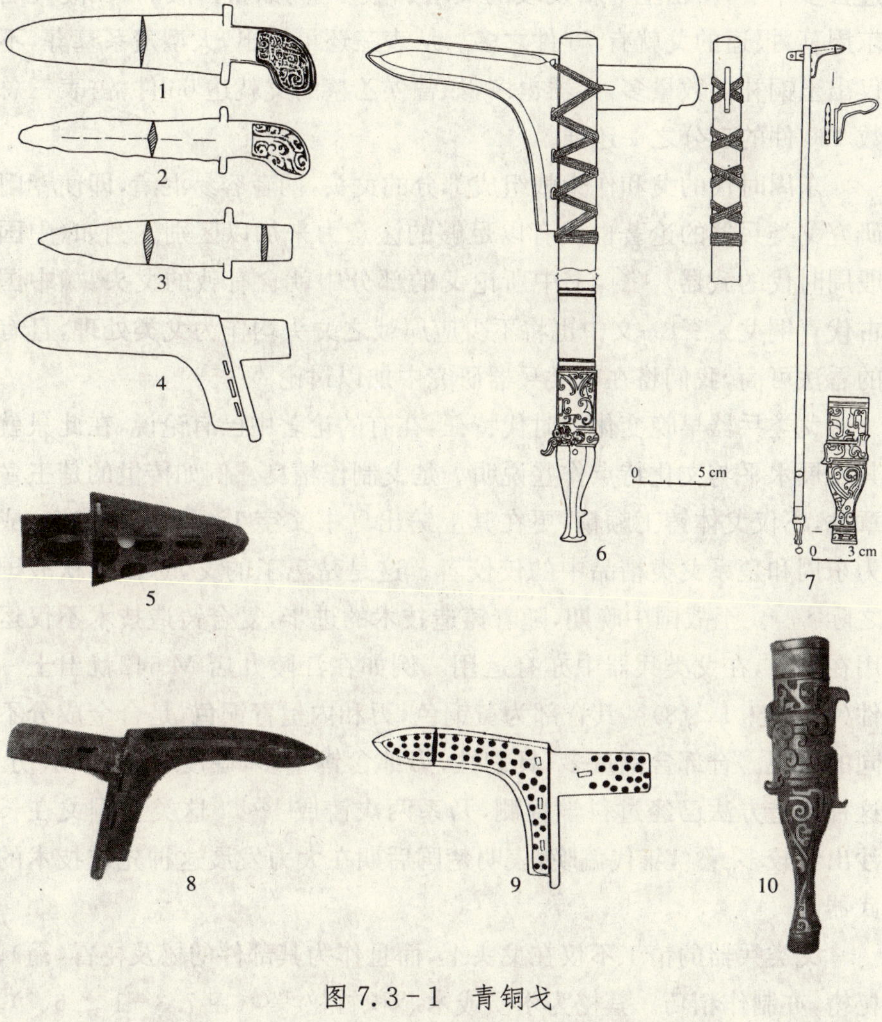

图 7.3－1　青铜戈

西周时期的戈，早期的在黄陂鲁台山西周墓内有无胡戈，有胡三穿戈(图 7.3－1 之 4)[120]。西周晚期戈最重要的一件是有楚国国君名字的铭文戈——楚公豪戈(图 7.3－1 之 5)[121]。

东周时期的戈，本书 335 页表三统计总数得 180 件。这只限于上表所列楚青铜礼器群墓葬内兵器的数字。还有大量的出于没有青铜礼器随葬的楚墓，《楚文化志》一书统计已达 400 余件。此书出版之后已过去多年了，新出土与新发表的又增加很多，例如新出版的《江陵九店东周墓》报道的戈就有 76 件之多。从表三还可看出，大型楚系墓葬，不仅出土铜礼器数量多，兵器也多，如曾侯乙墓的戈就达 66 件，占表三总数 180 件的三分之一还强。

东周时代的戈和作为戟组成部分的戈头，两者容易混淆，即使专门研究戈类兵器的论著也没有以足够的注意力来加以区别。例如《中国殷周时代的武器》[122]，书中所论戈的部分中就含有戟的戈头。《中国古代青铜戈》[123]一文中也将不少应属戟之戈头均作为戈类处理，且有的看法可商，我们将在戟类兵器研究中加以讨论。

戈类兵器早晚变化的时代特征，在有的论著中已有论说，在此只就其发展水平与文化特点作些说明。楚戈制作精良。例如传世的楚王酓章戈，不仅戈体铸工颇精，更在其上铸出鸟书文字 18 个，并且错金，成为东周和楚系戈类精品中的佼佼者。这是楚惠王的戈，时在春秋战国之际[124]。至战国中晚期，随着铸造技术的进步，复合铸造技术不仅运用在剑上，在戈类兵器中亦有运用。例如在江陵九店 M 642就出土一件(图 7.3－1 之 8)。其脊部为黄铜色，刃和内呈青铜色，是合金成分不同的表现。脊部含铜量多，具韧性，刃部含锡量多，硬度大，便于杀伤。这种铸造方法已经过科学检测，乃系两次铸成[125]。这类青铜戈在长沙出土较多[126]，年代偏晚，表明楚国后期在大力发展这种先进技术的武器。

戈类兵器的精工不仅在戈头上，而且作为其部件的柲及柲冒(龠)、柲樽，亦制作精巧。其柲为木质或木芯积竹柲[127](图 7.3－1 之 6、7)。

积竹柲是兵器杆制作的先进工艺。它是以一圆形或棱形的长木杆为杆芯，以部分甚细的长竹篾片（16片或更多）紧包在木芯周围，用丝绳和藤条将其紧紧捆扎牢固，外表加髹色漆。这种兵器杆（柲）刚柔相济（木质坚硬，竹片韧软），既坚固又不易折断，在戟类和矛类等长兵器中最盛行。以这种先进技术制作的兵器杆在楚墓内保存最好、最完整，而在中原地区由于土质等原因多已腐蚀无存。

柲冒与镈多为铜质，也不乏精品。例如荆门包山M2一件戈的铜镈，通身饰错金银勾连云纹，荆州1件错金并镶绿松石（图7.3-1之10），甚为美观。长沙楚墓的戈有的柲冒作鸟形、镈上也铸出立鸟形，并"镶金饰"[128]。在冒与镈上铸鸟形，也许与人们的心态有关，因兵器是实用性、目的性极强之物，实用需要乃兵器装饰的最主要原则之一[129]。也许这意味着持此类戈者，能像高飞的鸟那样，将戈飞速对准敌人，取得格斗的胜利。

楚墓所出戈中，还有一些在戈表面有一层黑色银斑纹或麻点纹（图7.3-1之9），有的加饰云纹（彩版20），包山M2出土一件保存完好的有黑色斑纹的戈。这种斑纹戈在长沙楚墓内出土更多，有的戈在内部还镂铸出车轮状的纹饰，颇具艺术欣赏价值。包山M2黑斑纹戈出土于椁室盖板边沿[130]，也许是下葬时的一种宗教活动（驱鬼、祭祀等），之后有意放置于此，用意在于呵护死者灵魂吧[131]。依此看来，这类有艺术装饰的戈也许并不使用于战场上，而是一种仪仗或作为巫术活动用的东西。

戈类中还有一种有銎戈，中原地区从商代到战国时期都有发现，在云南更有多种颇具特色的有銎戈。楚文化区有无此类戈？在《中国古代青铜戈》一文中未曾提及。其实早在此文发表之前数年就已有两例，只是论者未曾收集到而已。这就是湖北鄂城和湖南资兴的两例[132]，证明楚国在战国时期也在少量使用这种有銎戈。

楚系戈上有铭文者相当多，在拙著《楚系青铜器研究》内多已收录。曾侯乙墓内有铭楚系戈最多，有47件（共48件，有1件非楚系），占该墓 66 件戈的三分之一还强。近年新发现的可增补 6 器[133]。已知有铭文的楚戈，总数当在 78 件以上。无论是从出土戈的总数抑或出土有铭文戈总数来看，楚系戈的数量在现有东周列国墓葬出土数量中均居首位。楚系戈在数量上、质量上和文化特色上都显示出在我国古代兵器中的重要地位，这种地位在下面所论戟类兵器上同样十分突出。

(二) 戟类

戟是我国古代“五兵”之一，由勾击的戈和直刺的矛构成(多戈无矛戟是少数)，兼有戈与矛的两种优势，在车战与步战中的格斗力最强，从而显示它的重要地位，以致在文献中有用“持戟”一词作为列国军队的同义词。例如形容楚国的兵力云：“楚地方五千里，持戟百万，此霸王之资也。”[134]晚至汉初，仍有这种说法[135]。考古发现的楚戟数量也已很多，且多连同其长柄完好无损，为研究我国戟类兵器提供了更为重要得多的新资料。

考古发现的戟，年代可早至商代和西周，有戈、矛分铸联装的戟，也有戈、矛一次浑铸的戟[136]。在荆楚地区，至今尚未发现商至西周时代的戟。东周时代的楚戟，不但出土数量大增，而且又增加了新类型的戟，即曾侯乙墓发现的多戈戟和多戈而无矛刺的多戈戟，从而引起人们对戟定名、特征的再一次讨论[137]。

由于戟是由戈、矛或多戈组成的，在考古发现中如果连接的柲朽坏无存时，往往容易误认为单独的戈或矛，影响了对戟的资料的运用与研究。这就有必要作些辨析，恢复其戟的本来面目，以下按东周一至七期的顺序作戟的复原研究。

东周一期目前尚未发现楚戟，但从文献里已知楚用戟，如《左传·庄公四年》(前 690 年)：“楚武王荆尸，授师孑焉以伐随”。孑即戟，可知楚早已用它来装备军队。希望能在不久的将来发现这个时期的楚戟。

东周二期仅有淅川下寺 M8 出土的以邓戟 2 件，铭文为“以邓之戟”。戟之有自名，过去以为只能早到春秋晚期[138]。这一新发现，把有自名之戟的年代提早到了春秋中期偏早。遗憾的是，发掘报告把戟之戈与矛分开叙述，以致读者会误以为戟只存戈头而无矛刺。其实，从报道的资料看，即从平面图上的器物分布情况及正文中的文字描述来看，并不难判断。2 件戈与 2 件矛应分别组合为 2 件戟[139]。这样，此墓随葬兵器应为 2 戟、1 戈，无矛。

传世与出土的楚屈叔沱戈，形制同于以邓戟，年代应相近；过去多定为戈，由于以邓戟的新资料，便应改戈为戟，应定名为楚屈叔沱戟。

东周三期的楚戟，现知仅有淅川下寺 M2 出土的戟。此墓究竟有几件戟？发掘报告云有 4 件，即王子午戟 2 件、王孙诰戟 2 件，都是戈、矛合体的联装戟。但也同样被分开作戟（报道云戟之戈头）、矛两类予以叙述。矛共 17 件，未指出那些矛应是戟之矛刺？为此，笔者以较多时间对这些矛反复核查。除确认这 4 件有铭戟的相应矛刺外，还辨认出报告作为戈报道的 2 件也应为戟之戈头。这就是有铭文的倗戈[140]和无铭文但保存完整的标本为 M2:86 的戈。这样，此墓出土的戟就不是 4 件，而是 6 件。都是戈、矛联装戟。其矛刺就是报告中矛的分式中的Ⅳ式。Ⅳ式矛有 6 件，形制完全相同，正好是 6 件戟的矛刺。这是对此墓的戟资料进行再研究所得到的新认识。这也解答了以往曾有人提出的疑问：既然此墓墓主为倗（郏子倗），为什么没有墓主的戟，而只有他家族的戟？因戟在那时也是很重要的武器啊！现在有此新认识，找出了倗之戟，这样的问题便可涣然冰释了。

东周四期的楚戟，据表三，有四例，即淅川下寺 M 10、M 11、寿县蔡侯申墓、舒城九里墩墓等四墓均出有戟，分别作些辨析。

下寺 M 10出戈 3 件，其中 1 件的援较长，应为戟之戈头，与另一较短的矛构成一戟。

下寺 M 11所出的戈无铭文，共 5 件，分为三式；矛 2 件，分为二式。报告并未指明有戟。它将戈、矛分开作两类兵器报道，这与下寺 M8、M2 的做法一样。但不同的是，M8、M2 的戈头有铭文，自名为戟。而此墓之戈无铭文，更易使人误以为无戟。判断有没有戟，就只能从形制上着眼了。此墓所出 5 件戈中，有 2 件无"内"。从曾侯乙墓多戈戟的新资料，不难判断这 2 件无内戈就是多戈戟的第二、第三个戈头。再看这两件无内的戈与一件有内的戈，都有一个共同的特点——戈援根部有凸起的鼻饰。证之曾侯乙墓三戈戟中也有作此鼻饰的戟，则下寺 M11也同样应能复原出一件三戈戟（图 7.3－2 之 1），而且是目前所知楚系三戈戟中最早的一件。曾侯乙墓三戈戟应当由这类楚戟发展而来。这是曾国文化受楚文化影响的又一实例。这也是目前所知三戈戟年代最早者，也可以认为这是楚人创造出了戟的一个新类型[141]，乃楚文化创造性品格的又一例证。

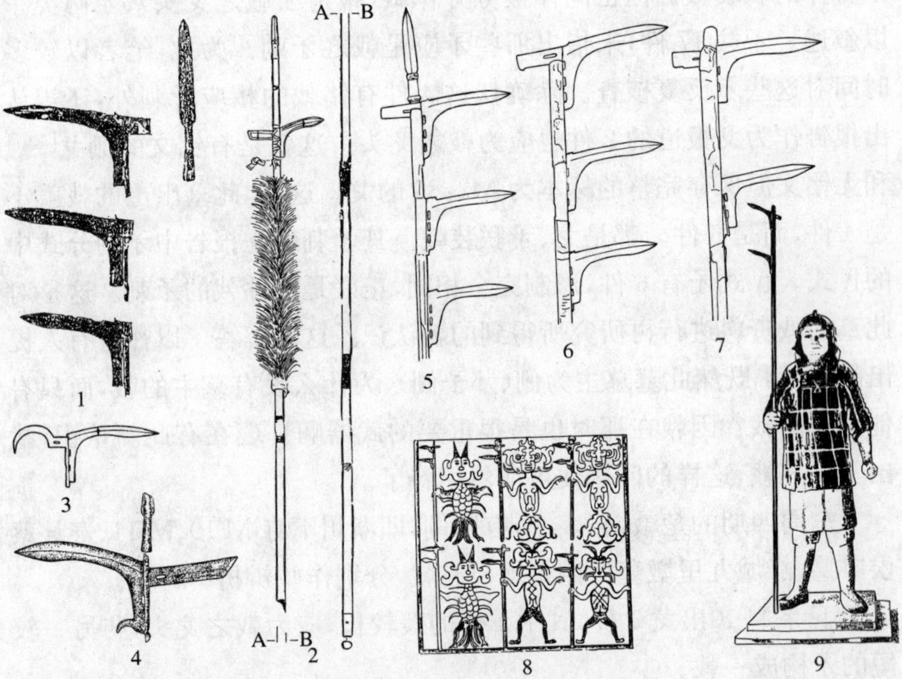

图 7.3－2　青铜戟

寿县蔡侯申墓出土戈 13 件，Ⅰ式 3 件，从图像看，自应为戈类。Ⅱ式 10 件，报告云“援较瘦长”，也许其中有戟，因无图像，不便确断。

安徽舒城九里墩大墓，出有蔡侯铭文的联装戟。还有 4 件戈，从图像看，有一件无内，有一件有内的援根上也有鼻饰。按下寺 M 11和曾侯乙墓戟的实例看，显然此墓之戈中有2件应联装为一件双戈戟。此墓有矛4件，Ⅰ式1件，非矛刺，Ⅱ式3件中有一件铭文矛，另2件无铭文，其中1件可能为双戈戟的矛刺。

东周五期的戟，据表三，有曾侯乙墓、六安窑厂M2、长沙浏城桥M1、蔡坡M4、固始白M1等墓。固始白M1出9件戈，其中有无戟之戈头？因资料不详，难说。这一期以曾侯乙墓的戟数量最多、保存最完整，全为多戈戟，分三戈带刺、三戈无刺、双戈无刺三种。大多与长柲连在一起(图7.3-2之5—7)。其中三戈或双戈无刺之戟乃首次发现，在戟制研究上有了崭新的认识：第一，过去发现的一戈一矛组成的戟仅是戟类兵器常见的一种型式，而不是唯一的型式；第二，从曾侯乙墓的发现，对戟型式的划分条件已具备，我意可分为甲、乙两型，每型又可分亚型；甲型，为带矛刺的戟，$甲_A$为一戈一矛的戟，$甲_B$为二戈、三戈带矛的戟；乙型为无矛刺的戟，$乙_A$为双戈无刺，$乙_B$为三戈无矛刺。我们在下面的论述中将使用这一区分型式的方法。

按此分型法，曾侯乙墓的30柄戟中，$甲_B$有3柄、$乙_A$有18柄、$乙_B$有9柄。戟中有铭文的20柄(按戟的戈头算则有40件戈头)，其中曾侯乙先辈曾侯遬、曾侯郕的戟16柄，他人的2柄。曾侯乙的戟仅2柄，但最为精致；铭文皆鸟书，且有两件错金。此墓棺上有持戟图案(图7.3-2之8)。那时甲士多持戟(图7.3-2之9)，可想见戟类兵器之盛行。

这一期除曾侯乙墓之戟外，蔡坡M4之戟，据报道者推定为双戈有矛刺之戟，为$甲_B$型。安徽六安窑厂墓的资料不全，且出土时戈、矛与柄分离，仅能从2件无内戈判断为戟之第二和第三个戈头，究竟有几件戟？属何型式？单从已报道的资料难于判断。长沙浏城桥M1的戟也有与六安窑厂楚墓相似的情况，报道除联铸戟1件很清楚以外，在7件戈中云“其中一件无内”。这表明7件戈中至少有1件为戟之第二或第三个戈头。此墓出矛4件，有的连同矛柄保存较好，有的则矛头与柄已分离，其中有无本应是戟之矛头的？仅据报道的资料亦难以判定。此墓出积竹长柄2件，长303厘米和310厘米，是戈抑或戟之长柄？也不好判定（曾侯乙墓的积竹柄均为戟之柄，但下面谈包山 M2 出土的戈也有积竹柄的，故据积竹柄也难判断）。

新公布的资料中也还有一些戟，如河南淅川和尚岭 M1 的戈中有 1 件无内，显为戟之戈头之一。湖北当阳乌龟包 M1 出有 4 件戟[142]。在《江陵九店东周墓》中有一件双戈无刺戟（B_A 戟），报道者定此墓年代为战国早期[143]，即东周五期。这是一座一椁一棺墓，墓主身份为士之富有者，能随葬一戟，也是其身份的标志之一。从曾侯乙墓随葬 30 柄多型戟看，身份越高随葬戟越多，反之则少。下面我们从东周六、七期出土戟情况更可证明这一点。

东周六期的戟，据表三，有江陵天星观 M1、藤店 M1、荆门包山 M2 之戟。未列入此表的出于其他墓葬的也有若干。以下分别论说。

天星观 M1 因被盗，未出土完整的连柲戟。报道者准确地分出了戟之矛刺有 20 件，戟之戈头有 13 件。其中 9 件无内，是为戟之第二或第三个戈头，到底有几件双戈戟、几件三戈戟，报道者未予说明。从矛刺数量看，如果都为有矛刺的甲型戟，则此墓至少有 20 件甲型戟。由于墓被盗和未全部报道戈戟资料，难作进一步推测。从形制上看，戟之戈援部比曾侯乙墓的更为瘦长，并有 4 件有内戈，其内部有镰刀形弯胝（图 7.3-2 之 4），与浏城桥 M1 之浑铸戟内部之弯形相似。其内部也具备了刺勾的功能，是改进了的杀伤力更强的一种戟型。

江陵藤店 M1 出土的为甲$_A$ 型联装戟，不同的是在胡部伸出一尖刺形胝，内部边刃，这又是一有特色的戟（图 7.3-2 之 3）。

荆门包山 M2 出土 3 件戟，保存得很好，为戈、矛联装的甲$_A$ 型。出土时连同其长柄完好无损（图 7.3-2 之 2）。柄为积竹柲，外髹黑红相间两色漆。矛刺和铜镈置于柄的上下端，用竹钉插入矛、镈的穿孔内，以与柲固着在一起。在柲上部还残留有束扎的羽毛和一束人发。其捆扎方法是，先将羽毛根部用丝带编结，而后羽尖向上由上往下绕柲缠绕，下部再用丝带缠数道，外包一绢带，结死结；连柲全长 370 厘米。在此墓竹简遣策里也清楚地写着“车戟，䄙羽一翣”。这样的戟装饰华美，恐非实用兵器。第一，捆扎羽毛不利于战斗。第二，固定矛刺、铜镈之钉为竹质，不及铜质坚固，亦不利实战。我以为这仍如墓内出土的金银错的龙首杖一样，可能是一种仪仗用具，而非用于战争的兵器[144]。属此期的长沙白泥塘 M5 内也可能有一戟。

这一期除表三所列已如上述之外，另外还有一些。例如《江陵雨台山楚墓》发掘报告内报道有甲$_{A}$型戟 5 件，其中一件也如同藤店 M1 那样在胡部有鮔。有甲$_{B}$型双戈戟 2 件。还有乙$_{A}$型双戈无刺戟 6 件，其中 3 件为实用器，3 件为明器，报告未判定为戟，而作为戈型之Ⅴ式报道，故有必要作此说明[145]。

东周七期的戟，在表三内未见。追其原因，已如前面提到过的，戟是车战主要用器，多限于贵族使用。表中第七期身份较高的贵族墓几乎没有，仅有的一座楚幽王墓由于被盗严重，即使有戟，也已不知去向。这一时期仍有戟的发现，例如在《江陵九店东周墓》一书内就报道了一件，为甲$_{A}$型[146]。看来，戟的演变经历了一个由简到繁又再到简的过程，到晚期又复归于流行一戈一矛组装的甲$_{A}$型戟。这也许与其时车战转为步骑战的战争方式改变有关。当然这是就已有的发现而言，如果在战国晚期的大型楚墓内仍出土了如同曾侯乙墓样的多型式戟，那就另当别论了。

以上就东周一期至七期的戟分期从早到晚作了论述。由表三统计得戟 74 件，其中有 8 件[147]在发表的资料中均将戈、矛分列，将本应为戟之戈头归入了戈类，将戟之矛刺归入了矛类，已如前述，经本人反复核查才归入戟类[148]。此外，未列入表内的，前面所论 19 件中有 6 件在发表的资料中也列入了戈类，亦在此归入戟类（无矛刺的双戈戟）。对戟的认识有一个过程，特别是新资料出现之后，更要有一个过程。人们的认识一时没有及时跟上来，也是难免的。要使人们的认识能改变得快一些，一要专业工作者本身的努力，即及时掌握新资料并加以研究，二要同行业中有人率先走出一步，将这种新认识及时公诸于世，并加大宣传力度。只有这样，我们对古代文明各个领域的认识，才能及时而准确地不断得到提高，促使我国古代文明的发展水平与突出成就能及时昭告天下，为世所用。

东周楚戟的最大特点，是出土了许多保存完好且不乏精美和独具特色的戟。例如曾侯乙墓的两柄戟，不但保存完好，且其文字为鸟书，并错金。前述包山 M2 的戟，其长积竹柄上扎有羽毛，确属罕见。这类精品，反映了楚系戟的制作技艺高超，是表现楚文化发展水平与特色的重要实物例证，因而它们在东周戟类兵器中不啻为仅见或罕见的珍品[149]。

不但如此，由于许多楚戟连同其柲保存完整，对于进一步研究戟的特征及与戈的区别，也提供了最能说明问题的资料。

前面已指出，由于曾侯乙墓出土了无刺多戈戟，使戟的旧概念有了新的发展，即无矛刺而有多个戈头者亦应称之为戟。这已得到公认。但涉及到戟与戈的区别，则至今仍有争论，争论是从《戈戟之再辨》一文[150]中的看法引起的。此文认为戟之戈头与戈之区别有三：一曰戟之戈头较戈类之戈窄而瘦长；二曰戟是长兵器而戈是短兵器；三曰戟柄均为积竹柲，戈柄不是积竹柲。对于第一、二点，有论者认为“并不意味着凡是援长而窄的戈都是戟戈”[151]。但我们从上举东周二至七期的楚戟资料来看，应该说这种区别是存在的，即戟上之戈较戈类之戈，其援部确较瘦长。当然，不排斥有个别的例外。这就牵涉到看问题的方法，有一个如何看待主流与非主流的方法。如果绝大多数的资料都表明了这一点，则应依据这绝大多数的资料作出相应的判断，不能因个别的微量的存在而否定主流的存在。因此，我们认为在多数情况下说戟之戈援比之戈类之戈援要显得瘦长些，这种看法是可以成立的。保存完整的曾侯乙墓、包山 M2 之戟类戈头无不比戈类之戈显得瘦长，就是最好的例证。

其次说戟是长兵器而戈是短兵器。有论者认为“不能作为区分戈、戟的标志”[152]。对这一点，也同样得看主次之分，同样存在绝大多数与个别例外的情况。这要以保存得好的资料来验证。《戈戟之再辨》一文是据曾侯乙墓资料来判断的，因该墓出土的戟柲均长于戈柲。论者在反对这一看法的依据中举出长沙浏城桥 M1 的例子，云其中戈柲也长。对这点，我在前面已指出，浏城桥 M1 还有无内戈，肯定有组装的戟，则出土之长积竹柲就不能武断地说它是戈柲，而有可能是戟柲。反对者写此文时可能还未看到包山 M2 的资料。包山 M2 出土的戟长度均在 3 米以上，而出土的戈连柄长为 0.95—1.49 米间，最长的也不超过 1.5 米[153]，比戟之柄短了一半。江陵天星观 M1 的戟柄长 3.38 米，而戈长 1.5 米。以上凡与柲相连完整的戟或戈，其长度都是戟为长柄，而戈为短柄。这样，就不是曾侯乙墓一个孤证了，而是凡所有保存好的都是如此。因此，至少就目前掌握的资料看，说戟是长兵器而戈是短兵器，这种看法是可以成立的。当然，同样也不排斥有个别或少数例外，但只要区分了主次，就不至于产生困惑了。不过有一点要指出，在《戈戟之再辨》中据此进而认为戟是"进攻武器"，而戈是"防御武器"，此说不妥。东周时期乃以车战为主(到战国中晚期才逐渐转为步、骑兵为主)，戟因其柲长的优点而成为车战中主要的格斗武器，《中国古兵器论丛》一书中已有较好的说明[154]。这样，戟在车战中既可作为车战中的进攻武器，同时也可用作防御武器。如果改为以下说法：戟主要用于战车上成员所持，戈则主要用于步战，这才是较为切实的看法。

至于第三点，即戟是积竹柲而戈则非。这是据曾侯乙墓资料作出的判断。而新出资料已对此判断作出了部分否定。在包山 M2 出土的戈柄中就有积竹柲的戈。因此，这种区分就不能绝对化。但我仍然要说，在多数情况下，戟之长柲为积竹柲，而戈柄则以木质为主，仅有少量积竹的，即是说要加上一个限定词，则仍然可以认为戟是积竹柲，而戈则主要为木柲(包含少量的积竹柲)。至少在目前资料条件下，这一看法同样也可以是成立的。

末了，关于戟之有铭文情况再略带几句。前已述及曾侯乙墓 30 柄戟中有 20 柄铭文戟，表三上其他出土单位之铭文戟有 8 件，连同曾侯乙墓的共为 28 件。在拙著《楚系青铜器研究》内著录的有铭戟除上述外，传世的有6件，现还可增补1件[155]，总数已达35件铭文戟。当然实际上肯定不只此数，正如戟的总数也不只93件一样。这有待于新资料的公布与从戈类中分辨出来属戟之戈头，有铭戟的总数肯定还要多得多。资料多了，又可能会引出一些新认识，这正是认识论的辩证法。

（三）矛类

荆楚地区的青铜矛，年代最早的可上溯至商代二里岗期，即湖北盘龙城遗址墓葬内出土的3件矛，是目前所知我国年代最早的青铜矛（图7.3-3之1、2）。对此，有论者作出推测：“矛制的来源或许与南方有关”[156]，“南方对商后期矛制的多样发展似有孕育之功。”[157]在商代晚期，殷墟出土的青铜矛已相当多[158]，而在荆楚地区则发现不多，例如湖北江北农场出一矛[159]，其上有“F”形花纹，与南方印纹陶上纹样相似，显为南方风格，为南土产品。在湖南也收集到有这时期的青铜矛[160]。

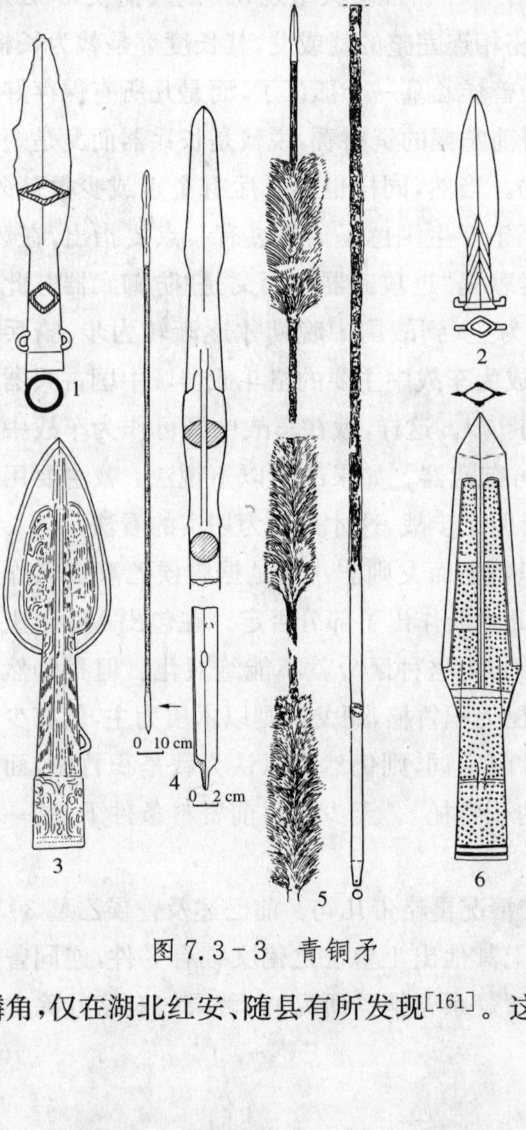

图7.3-3　青铜矛

西周时期，这一地区的矛的发现更是凤毛麟角，仅在湖北红安、随县有所发现[161]。这只能说目前发现得少，并不能表明商至西周这一长时段内本地不流行矛这类兵器。

青铜矛的大量出土，在春秋战国时期达到顶点。据表三，出土的矛已达123件。其他中小型楚墓和被盗大墓（礼器被盗，未列入表三）内出土的矛数肯定要超过这一统计表的数字[162]。在上列总数中又以保存完好的大墓出土最多，如曾侯乙墓内就出土49件，几近总数的一半。东周一、二期在表三上无矛，这并不表明其时无矛存在，只是尚未在楚墓中出土而已。考古发现总要有一个过程，若提前20年，谁能设想在曾侯乙墓这样大墓内有这么多数量的矛和其他兵器呢?!

东周楚矛也不乏精品与富有特色之器，例如淅川下寺M2之倗矛，乃至今唯一见到的有楚贵族名字的矛，其形制纹饰乃春秋时期楚矛精品（图7.3-3之3）。在矛叶脊部两侧饰镂孔勾连纹，脊至骹前部有规整的勾连雷纹，近骹口部饰兽面纹两组，全器完好，通长30.7厘米、叶宽8.4厘米、骹口径4厘米。纹样如此繁复的楚矛，恐怕在东周时代矛类兵器中也是冠冕群伦的，足见楚人对矛这类兵器的重视与爱好。

曾侯乙墓和包山M2的矛数量多，且以保存完好见长。两墓的绝大多数矛都是长柄矛，每件长度均在3.5米以上、最长可达4.36米和4.17米（前者为曾侯乙墓、后者为包山M2所出）。包山M2长柄矛中有的和戟一样，在柄上捆扎羽毛（图7.3-3之5）。两墓各出一短柄矛，长度前者为2.25米，后者为189.5厘米。曾墓的矛叶中作束腰状，或被称作琵琶形叶，乃楚系矛中有特色之矛，在年代早于曾墓的下寺楚墓内已出现过。还有在矛体的凹銎后面嵌接角质的骹，骹脊部有起血槽作用的浅槽（图7.3-3之4），这种复合体罕见。战国时期在兵器表面铸镶纹饰，在南方较盛行，矛类上也时有所见，如黑色星点状银暗斑纹、斜格纹等（图7.3-3之6），是楚系青铜矛中有特色的精品代表物。

关于矛类形制上的类型学分析，已有《战国青铜矛》[163]一文作了研究。文中将矛区分为两大类型：A类为骹侧附环耳、扉状饰或鼻钮者；反之，无耳饰、鼻钮者为B类。论者认为这种分类也适用于春秋时期甚至早到商代。这种抓住形制上重要特点予以分类的方法是可取的。但论者进而认为“战国青铜矛大致可分为差异明显的南北两个体系。从出土地点分析，A类矛主要分布于南方，B类矛主要分布于北方。楚国的青铜矛属于南方体系……南方体系的青铜矛主要是A类矛，也有少数B类矛”[164]。这种把A、B两型矛从地域上分属南北体系的说法是否可靠呢？试在此作些分析。

论者作出上述推论，所依据的是散见于各地的A、B两型矛的数量上的统计，得出“以楚国为代表的南方青铜矛，不仅A类矛居主导地位，而且以骹上附鼻钮者为大宗，展现出鲜明的时代和地区特色”[165]。说骹上附鼻钮者为多，这符合楚矛特点，但说楚以A类矛为主，则不见得。笔者据表三，得出的结论恰恰是相反的。在表三的28个单位共123件矛中，若按A、B分类统计，得到的结果是：A类18件，B类则多达89件（只有16件难于区分类型）。显然是B类数量大大多于A类，这与《战国青铜矛》一文所持的看法完全相反！这是怎么一回事呢？为什么会有如此截然对立的结论？这是发人深思的。之所以会如此，是由于统计所依据的资料不同。《战国青铜矛》一文是据已发表的散见于各地的矛进行统计的。这些矛主要出于一些中小型墓葬，且多仅存矛头，矛柄情况不明。而笔者所依据的主要是大中型楚墓所出。正如前面已提到的，单是曾侯乙墓所出49件就是一个大数目，加上包山M2所出11件，两墓共60件，其中A类矛仅2件。这种对比多么鲜明！因此，从笔者的统计只能得出楚系青铜矛以B类为主的结论。

那么，如何来解释这种从不同统计角度得出的正好相对立的结论呢？这可以进一步分析。从表三可知，数量多的矛主要出于几座大墓，而大墓的矛又以B类为主。从曾侯乙墓、包山M2的矛保存了柲的情况来看，A类为短柄矛，B类则为长柄矛（主要为积竹柲）。如前所指出的，曾墓和包墓仅各出一件A类短柄矛，长度分别为1.25米和1.89米。B类长柄矛则全在3.5米以上。因此，可以得出以下一个崭新的认识：A类矛和B类矛的区分不在于南北地域的，而在于矛的长短之分，即A类为短柄矛，B类为长柄矛。《战国青铜矛》的问题是忽视了研究青铜矛应与其矛柄的状况结合起来，否则会得出不恰当的结论。

将A、B类矛区分为短、长之别，这同样有历史学、文化史上的意义。A类短柄矛即文献记载五兵中的“酋矛”，B类即所称之“夷矛”。《周礼·考工记·庐人》：“酋矛常有四尺，夷矛三寻。”郑玄注：“八尺曰寻，倍寻曰常。酋、夷，长短名。酋之言遒也，酋近、夷长矣。”按郑玄注，酋矛长度为古之二丈，夷矛为二丈四尺。战国时期一尺约合今23厘米，则酋矛长度为4.6米，夷矛长为5.52米。但从曾侯乙墓、包山M2等墓出土实物看，均无此长度。那究应相信何者呢？当然要以实物为准，它是真实可靠的，而书面文献则不可尽信，应以实物资料予以核正。若按实物资料，改为“酋矛一寻、夷矛二寻”较为相近。一寻为2.3米，曾墓的短矛长2.25米，大体相近，包山M2的短矛1.89米，湖南桃源三元村的矛长2.01米[166]，均与之相近。夷矛二寻合今为3.68米，也与曾侯乙墓、包山墓长矛的长度相近(有的超过之，达4米多)。短柄矛与长柄矛的区分是客观存在的事实，将A、B两类矛正确地断为短、长两类矛应是符合客观实际的结论。

前面我们在论述戟这类兵器时已谈到，长柄戟是车战时车上甲士用以战斗的主要武器，同样，长柄矛也应主要用于车战。曾侯乙墓、包山墓虽未出土战车，但竹简记载车上都有戟和矛。这是车战用长柄戟、矛的文字依据。当然战车上也会有短柄戟、矛用以卫体，但主要应为长柄兵器则是无疑的。这样，短柄矛应主要用为步战。曾侯乙这类大贵族以使用车战为主，故在大墓内出土以长柄矛等长兵器为主，也就不足为怪。

如此也可进一步推论，在战场上士兵使用的当以短柄兵器为主；被统治的平民阶层只能充当步卒，自然应以短柄矛等短兵器为主。《战国青铜矛》一文所据散见于各地的矛头，正是一些小墓内所出，无疑应为下层平民士卒(也会有士级下层甲士)所用之物。这样的小墓发掘数量庞大,当然会出现相当数量的短柄矛这类武器。故而《战国青铜矛》据这些小墓出土矛头数量较多,而作出了南方A类矛多于B类矛的推论。还有,南方山地丘陵多于北方,适宜步战,更促成了南方用短柄矛较多。这都是《战国青铜矛》所作出推论的认识论的依据。所以,平心而论,此文之看法也自有其持之有故的依据,不能认为是毫无依据的推测,而只能说其所依据的资料不够全面,特别是忽视了大型楚墓保存的数量较多的有柲长柄矛,导致其得出了片面的看法和不正确的推论。即使如此,仍应肯定此文所取得的研究成果,在此只不过指出其不足之处,并且期望进一步引起讨论。

(四) 殳

殳是《周礼》所云"五兵"之一,为兵器基本器种之一。但在楚墓中多出于一些大型楚墓,数量也较前述之戈、戟、矛为少。据表三,直到东周四期才出土有殳,且在近百个器群中,仅8个器群中有殳:当阳曹M5出1件、蔡侯申墓出2件、曾侯乙墓出21件、襄阳蔡坡M4出2件、和尚岭M1出1件、舒城M1出1件、天星观M1出6件、包山M2出3件、长沙识字岭出1件,共计38件,比其他类兵器的数量少得多。

在出土的38件殳中,曾侯乙墓出土有刃和无刃两种不同形制的殳,有刃殳自名为"殳"。无刃殳无自名,但据该墓竹简记载,考证竹简记载中名"晋杸"者就是指无刃殳,数量上也相符。此墓出殳7件,晋杸14件,共21件。表三所列殳中,还有包山M2的3件、天星观M1的6件、识字岭M1的1件均为晋杸,合计24件,在总数37件中比例达三分之二。这些墓的年代均为战国时期,看来战国时期可能已由早期的有刃殳慢慢向无刃的晋杸转化。到汉代就可能以无刃殳为主或替代了。

对这一变化的推测,还可从文献和考古发现上再作些说明。

《诗·卫风·伯兮》:"伯也执殳,为王前驱。"这显然应是实战用兵器,当为有刃殳,又《北堂书钞》卷一二四引《吴都赋》:"干卤殳铤",注曰:"殳、铤,皆矛也"。把殳归为矛类兵器,当为有刃殳。安徽蔡侯申墓出土的有刃殳，报道者就误作矛。商殷、西周时有无殳？考古似尚未见。春秋时期楚系殳以当阳曹家岗 M5 所出的年代最早（图 7.3-4 之 1）。晚到战国中期仍有殳。但从曾侯乙墓看，无刃的晋杸数量已超过殳。包山 M2 的全为晋杸，未见有刃殳。秦汉时期的殳已都是晋杸而无有刃殳。上引《诗经》句下毛传曰：“殳长丈二而无刃”，就是用汉代以后的无刃殳作注。东汉许慎《说文·殳部》：“殳，以杖殊人也。”段注：“杖，各本作杸；……殊，断也；以杖殊人者，谓以杖隔远之。”[167] 依段注，《说文》之杖应改正为杸。杖即是杸，又见于《广雅·释器》：“殳，杖也。”这所指杖一类的殳，即战国竹简所称的晋杸，均指无刃殳。

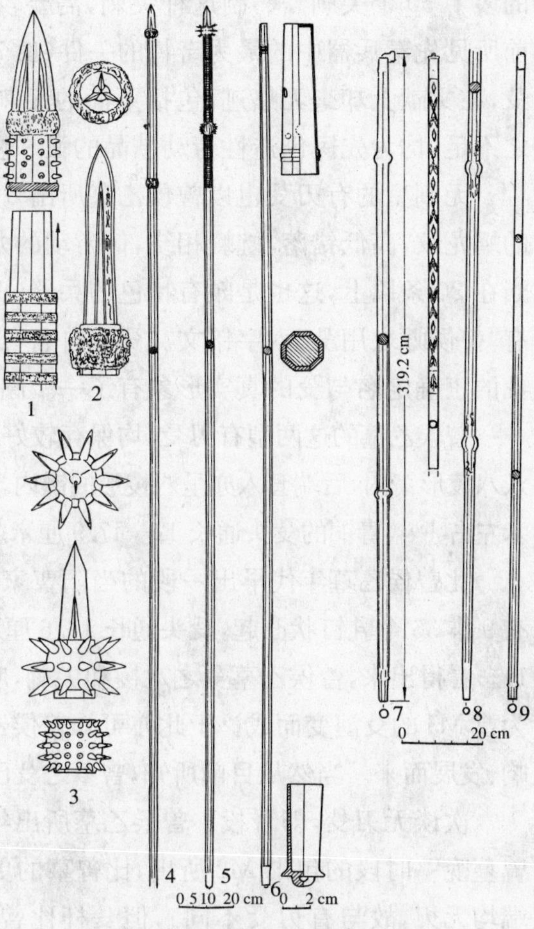

图 7.3-4 青铜殳

有刃殳和无刃殳的构造及形制特点，在兵器类中很有特色。先论有刃殳。殳前锋均作三棱刃，锋锐利，箭部与矛的銎部大异，按有无尖刺可分两型——有刺型和无刺型。有尖刺的以曾侯乙墓的 1 件为代表（M 153）。箭部在凸圆球形表面伸出圆锥形的尖刺粗而长，三个一排，一圈 30 排，共有 30 个尖刺。在殳杆上方的一个铜箍上同样有这样的尖刺，较箭部的密而短，一排有五个小尖刺，16 排共有 80 个，比之箭部的多了 50 个尖刺。铸制这种尖刺，需要较高的技艺，这可以认为是目前所见先秦兵器中的最为奇特的一件（图 7.3－4 之 3、5）。如此奇特的殳，在文献上却毫无痕迹，包括下面的无刺殳及众多殳柄，弥补了文献之不足，均为先民创造性劳动结晶的又一体现。

无刺型的有刃殳也以曾侯乙墓所出 6 件最为精致。在箭部饰浮雕的蟠龙纹，高低错落，蜿蜒相绕，像游动的龙蛇，富动态美感。龙的总数当在 20 条以上，这也是颇有特色的兵器（图 7.3－4 之 2、4）。其中三件有"曾侯邸之用殳"六字铭文。殳有自名者，仅见于此墓所出，使人们对殳的正确定名与殳的真实形象有了一个圆满的答案。

曾侯乙墓的这两型有刃殳，均保存较好，杆为积竹柲，八棱形，前端套入八棱形箭内，后端套入亦呈八棱形的镦内，镦为角质，殳连杆长度为 3.30 米左右[168]，青铜的殳头通长 12—17.9 厘米之间（图 7.3－4 之 4、5）。

比曾侯乙墓年代早出一段的当阳曹家岗五号墓的殳，箭部九棱形，有 9 排 36 个乳钉状凸起，殳头通长 11.6 厘米，柄长 1.66 米（图 7.3－4 之 1）。看得出来，曾侯乙墓殳之八棱和尖刺，应与此墓之殳有源流关系，当为曹 M5 的殳演变而成。于此亦可知曾侯乙墓奇特的殳，乃受楚文化影响、发展而来。当然从目前所知，曾墓之殳已是"青出于蓝而胜于蓝"了。

次谈无刃殳，即晋杸。曾侯乙墓所出年代最早（图 7.3－4 之 6），比曾墓晚一时段的包山 M2 所出，比曾墓的更为精致。两端均为铜套（顶端均无刃，故与有刃殳不同），但殳杆比曾侯乙墓的精。杆前段有异：前段圆形，后段八棱形，并在后段又套装两个八棱弧形铜箍。其中一件积竹柲木芯截面九棱形（已往的多见圆形木芯），外包篾片丝两层，内层 15 根、外层 17 根，以丝线固定。外髹红漆，绘黑彩，上部绘棱形纹，其下分绘五组二方连续三角云纹。残长 280 厘米（图 7.3－4 之 7、8、9）。殳杆有如此讲究的花纹，恐怕仅此墓所见。两墓的殳顶端均有半环钮的铜帽，包山的帽钮上还保留有丝带。杆尾端均为截面呈八棱形之镈。这类无刃的晋杸主要不是实战用兵器，大多属于仪仗性质的兵器。

其他的殳如天星观 M1 的殳，殳柄不像曾墓、包墓那样都是积竹，也有 2 件是木质的。另外，常德德山 M 26所出一杖镈，《中国殷周时代的武器》一书归入殳类，不确，可能为矛镦[169]。

(五) 剑(附论剑饰与构件及铍、匕首)

荆楚地区尚未发现早于东周之剑，东周一至三期的楚剑迄今也未见出土。而据文献记载是有剑的，例如《左传·宣公十四年》载：楚庄王得知宋国杀了楚国的使臣，“投袂而起。屦及于窒皇，剑及于寝门之外”。意即气得连鞋子也顾不上穿，剑也来不及佩，冲出宫门要立即去攻打宋国。时为公元前 595 年，当东周二、三期之际。就是说，至迟此时楚王已常佩剑在身，因而今后有希望能出土这一时期的剑。东周四期以后，剑已成为楚兵器组合中的基本器种之一。据表三，在出兵器的 48 个铜礼器群中，有 30 个器群中出剑，比例约三与二之比，数量有 91 件，次于表中所列戈、矛、矢三类，位居第四。这 91 件仅是表三中铜礼器墓出土剑的数量，还有大量不出铜礼器的墓出有剑。例如江陵九店的丙类小墓基本不出铜礼器(仅一墓有)，在 230 座这类墓中就有 81 座出 81 件[170]，与表三所列铜礼器群之剑数相等。《楚文化志》一书统计约 600 件。几年来又有新增加的，何况还有大量未公布的。所以这类统计数字都是相对的。要看出楚剑数量之多，只有与他地作对比才清楚。

现以江陵雨台山、九店两墓地与中原地区陕县东周墓地的剑作一对比。江陵雨台山 558 墓中有 168 座墓出剑 172 件，江陵九店 596 墓中有 201 座墓出剑 203 件，墓数与出剑的墓数的比例约为 3∶1。雨台山墓地兵器总数 518 件，九店墓地出兵器总数 580 件，兵器数与剑数之比也均约为 3∶1[171]。

陕县后川东周墓 105 座，仅 26 座出兵器 281 件。剑仅出于 8 座墓，共 12 件。墓数与出剑之墓数比例约为 13∶1，兵器数与剑数量之比约为 20∶1[172]。

一为 3∶1，一为 13∶1 和 20∶1；不比不知道，一比见分晓。两个地区随葬铜剑相差悬殊之状，一目了然。在时代大体相同、墓主身份均高的大墓中也有着同样的例证。以战国中期偏早的江陵天星观 M1 为例，此墓出剑 32 件，在迄今发现的战国东周墓葬中这是出剑最多的一例。中原地区以陕县后川 M 2040为例。它的年代与墓主身份大体与天星观 M1 相当[173]，但仅出剑 2 件（另有铁剑 1 件）。两相对比，差别之悬殊更为明显。这表明了什么？葬俗是社会生活、社会心理的反映，这两个地区随葬青铜剑数量的巨大差别，显示出楚地对青铜剑的特别重视与爱好。无疑地，楚国的青铜剑等兵器工业至为发达，生产量大。楚墓内随葬的数量也大，一个墓内竟会随葬 32 柄剑，这真是空前（当然不会是绝后，因还未掘到楚王墓）。有的墓地连贫民墓内可以不葬任何它物，但却有一件剑。这样的例子并不是个别的而是很多[174]。说楚人之剑多，特别爱好青铜剑，决非夸大其辞。

也许有人会提出，楚地与中原地区相比，相差悬殊。但若与吴、越之剑比，可就不见得了！是否果真如此呢？诚然，从传世与出土的有铭文的吴、越国君之剑的数量来看，确大大多于楚国有铭文的剑[175]。文献记载了吴、越有名的铸剑能手如何造宝剑的故事。这都是事实，因此，一段时间以来，吴、越剑真是誉满天下，似乎其他国地均不能望其项背。但是，我以为这只是事实的一部分。第一，吴、越国君之剑等有铭兵器，有明确地点的几乎全出于楚国、晋国等他国境内，多为战利品。而楚国有铭剑出于他国者未见，两者不好对比。可以对比的是，出于楚、越境内的国君有铭剑的数量均极少见，两地旗鼓相当。第二，楚国和楚系墓葬内出土剑的数量远远多于吴、越两国墓葬之剑，其相差之悬殊不亚于与中原地区相比之比例。从这点看，无疑楚剑产量多于吴、越。第三，说楚剑产量多于吴、越，这也是历史发展的必然。假如说春秋晚期吴、越之剑比楚剑多且精，也许是事实，但到战国时期就改观了。越灭吴，楚又灭越，昔日吴、越之地成了楚地，吴、越之铸剑工业也为楚所有。并且楚又在吴、越铸剑技术基础上更上一层楼，“青出于蓝而胜于蓝”。无论产量、质量都超过了原来吴越的水平。这也决非夸大之辞。不仅有如上举楚墓出土剑数量之多为证，更有当时的“高科技产品”为证。

这种“高科技产品”至少有三项。其一为双色剑。例如《江陵九店东周墓》有 5 件[176]，长沙楚墓地出土多件[177]。这种剑，剑脊含锡量少而剑刃含锡多，表面形成不同的光泽，故曰双色剑（脊部颜色偏红，刃部颜色偏白）。其优点是剑脊坚韧而剑刃坚硬，刚柔相济，提高了剑的战斗效用。这种剑的铸造要分先后两次复合而成，技艺复杂，难度大，是当时兵器工艺中的登峰造极的先进技术之一[178]。这种技术也使用在戈、戟、矛类兵器中。楚国无疑是这种高科技产品的最大生产国（图 7.3－5 之 1、8，彩版 21）。

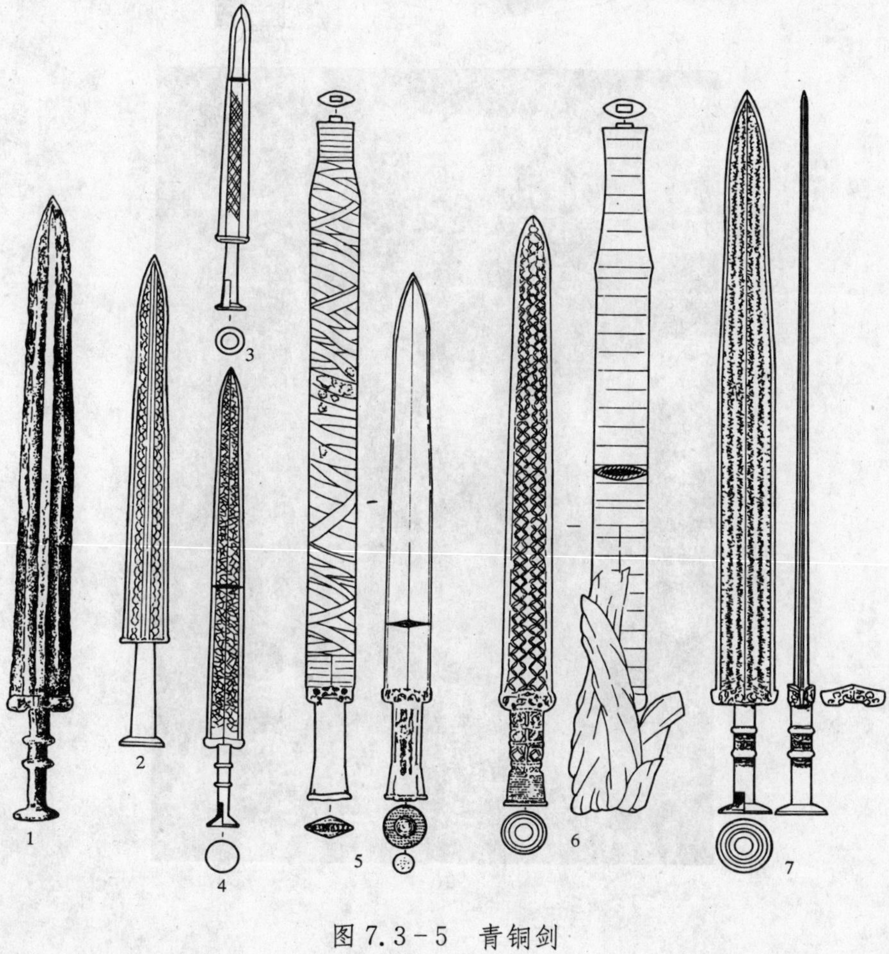

图 7.3－5 青铜剑

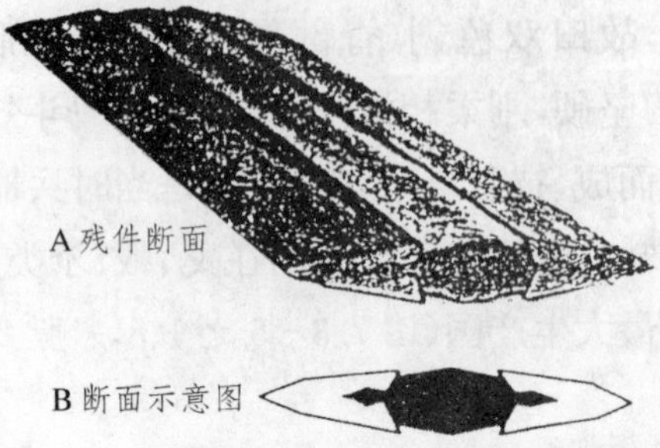

8

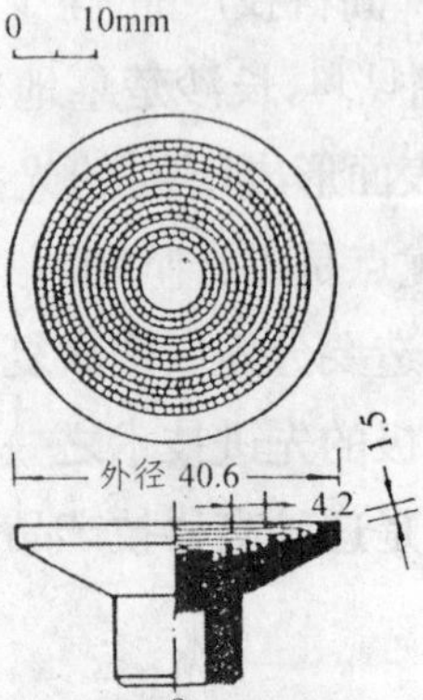

9

10

图 7.3－5　青铜剑

其二，是剑表面纹饰如菱形暗纹、银斑纹、异光花纹等。一些剑或戈上的亮斑，或如晨星，或如泼墨；或光亮或漆黑；或黑斑外镶“银”环，十分自然，决非机械镶嵌。这样的斑纹如何形成？至今仍是个谜。

其三，吴、越与楚剑上的剑首常见多圈凸起的同心圈棱，有如现代电动车床制造一般的整齐划一。其技艺巧夺天工，叹为观止（图7.3-5之9）。它们是怎么铸造的？可以判断仍应为铸造而成。但当时怎么能铸造出来？至今也是一个难解之谜。

这就是说，楚剑“高科技工艺”之三谜，现仅破解其一，其他二谜有待当今的科技界继续为之攻关，以求在不太长的时间内予以破解。

由上所述，楚剑在数量上大大多于其他地区，在铸造的先进技术上，楚也后来居上，处于领先地位。因此，过去所说吴、越是“宝剑之乡”[179]，现对此说要稍加修正。春秋晚期前后，可认为吴越之地是“宝剑之乡”。但到了战国时期，尤其是楚灭越前后，“宝剑之乡”这一称谓就应转移到楚国了。不仅有大量的楚剑特别是以先进技术铸制的双色剑、花斑纹剑、同心圆首剑为证，就是文献上也有这种转变的记载。如关于吴、越铸剑的传说，随着楚国并吞吴、越之地，也转而成为楚国铸剑的传说。著名铸剑能手干将、欧冶子从为越王铸剑转变成了为楚王铸剑的故事，并且出现了眉间尺为报父仇的动人情节。鲁迅就摭取了这一传说，撰成《故事新编》之一的《铸剑》篇，给这古老的传说赋予了新的深刻的寓意[180]。

楚剑之精美，主要表现在三个方面，一是剑首铸成多圈同心圆状，已如前述，乃高技艺产物。有的不是铜剑首而是玉、骨、木质剑首，尤以玉质剑首为美。考古发现楚剑玉剑首多而美，显居列国之首位。二是剑格上镶嵌金、玉、绿松石、琉璃等。史树青认为屈原诗句中的“陆离”就是琉璃，即玻璃。楚剑镶嵌这些色彩斑斓之物，其数量至夥，其他地区无以过之。笔者亲见长沙楚墓出土镶嵌金丝和绿松石之剑，煞是美观好看。三是剑身上的各类花纹。江陵望山M1出越王勾践剑，同出一柄与勾践剑身上菱形暗格纹一模一样的剑（图

7.3－5之7)，比勾践剑略长；剑格上两面嵌绿松石，这当为楚国自制，也许是仿勾践剑花纹而制，那么，这种工艺也许先产生于吴、越，然后传至楚地。这种菱形纹剑在荆门和江陵楚墓、长沙楚墓均有发现(图7.3－5之3、6、7)，证明楚地已能大量生产。除菱形纹外，江陵雨台山一剑身上的鱼鳞纹(图7.3－5之2)，尚属仅见。江陵九店楚剑身上饰龟裂纹(图7.3－5之4)，颇具特色。新近又公布了荆门出土的龙虎纹铜剑，也较少见，值得重视[181]。

台湾古物收藏家古越阁主人王振华夫妇收藏的一柄错金几何云纹铜剑[182]，有楚器、汉器二说。主楚器说者经汉器说者反驳，不敢坚持其说[183]。二说各有理由，似有雌雄莫辨之惑。形制宽短与图案的过于平整，确在楚剑中未见到，然在汉剑中也同样未见。观其菱形纹与云纹图样，在楚器中已较流行。例如江陵九店的一柄上就有着同样风格的纹样[184]。说它是战国中晚期的楚剑也未尝不可。如此装饰精美的剑，无疑地应是楚上层贵族使用之物，可能是在显示其身份于礼仪场合使用的佩剑，而非用于战场上的实用兵器。楚墓里有的剑出于墓主尸骨侧边[185]，这显然是墓主之佩剑。曾侯乙墓钟簴铜人腰间佩有剑(图7.3－5之10)。在长沙人物御龙帛画上男子身上也佩有长剑(彩版30)。“带长铗之陆离兮”(屈原诗句)的真实形象跃然画中。郭沫若目睹此画，发出了“仿佛三闾再世”之感慨。睹物思人，三闾大夫高尚的人格、情操不是仍激荡在从事现代文明创造的人们心胸中吗！

楚剑上的玉质与玻璃剑饰及构件较多见。屈原诗句中“抚长剑兮玉珥”(《楚辞·九歌·东皇太一》)，玉珥指剑的什么部位？孙机、高至喜等学者的看法有异[186]，有待再考证。

以上关于楚剑已谈了不少，而未以论戈戟那样从早期到晚期讨论其形制与类型。因楚剑的形制变化不大，主要分为茎上无箍与有箍两大类。按其茎部之扁圆、空实情况，在这两大类内又可分出小类。从年代看虽然无箍剑可能出现较早，但在战国时期是平行发展的，并无取代关系。这些方面在有关论著内多已讨论，此从略。楚墓还出有一些其他地区之剑或有他文化因素之剑，数量较少，也从略。

楚剑不仅青铜剑身保存好，且其诸多附件亦保存好，例如缠裹剑茎的丝麻织物保存得好的也不在少数。在江陵雨台山、九店和荆门包山楚墓内均有其例(图 7.3－5 之 6)。更有甚者，如包山 M2 的玉首剑，不仅剑茎在木质护茎上缠裹丝带，且在剑身之鞘上也缠有丝带(图 7.3－5 之 5)。包山 M2 另一骨格骨首剑的鞘上也有丝带。并且不少还与装剑的剑鞘和剑盒完好地保存着，得以让今人目睹二千余年前原封未动的宝剑真品。

这里还附带谈一下名铍之物。从考古发现与文献记载，都可知东周已有铍类兵器。但楚墓里有没有？首先，什么是铍？现在认识应该说已较一致：铍是有柲的长兵器，有前锋并有剑那样的双边刃。《包山楚墓》中的“剑形矛”，应就是铍。长沙出土的一件“宜章铜矛”，论者又称“鍛”，即铍也[187]，此物亦应归属铍类。有此二例，就可肯定楚国也有铍类武器。然楚铍太少，故不再单列一类讨论。

此外，还有一类匕首，多数器形如剑，但短小而扁薄[188]。个别也有较精者，如九店一墓所出之匕首长 15.6 厘米，装在鞘内，并置于匕首盒内。匕首为实用卫体之器或“图穷匕首见”之利器，非佩带或礼仪场合之物，故未见器面饰花纹者。

(六) 镞

镞为远射之箭(矢)的前端具杀伤力的尖锐部分。按其质料有石、铜、铁之分。这里仅论青铜镞。

荆楚地区的青铜镞，年代最早的为盘龙城出土商代前期之镞，20 世纪 70 年代报道有 30 件，都是双翼镞。其他地点也有偶尔出土者[189]。

西周时期的有黄陂鲁台山墓所出一件，两刃三锋，圆铤，翼上有血槽，上饰云雷纹。在当阳的磨盘山西周中晚期遗址地层内也出有 1 件双翼形残镞[190]。

殆至东周时期，这一地区出土的镞数量巨大，据表三，在 48 个出兵器的铜礼器群中，36 个器群有镞，数量仅次于出戈之墓。并且与戈一样，东周一期至七期每期均出矢镞，乃序列最完整的兵器类别。

出土矢镞之多，难以一一统计，据表三，统计总数有 5 255 件，乃各类兵器中数量最多的一类。就单个器群而言，以曾侯乙墓之镞最多，达 4 507 件，占总数的 85.8%，是东周时期墓葬(也可说是先秦墓葬)中一个墓出土矢镞最多的一次。镞的式样多种多样，琳琅满目。在报道此墓的文物电视纪录片中，有一组镜头就是摆满了这些大批量矢镞，配上动态的影像，有如万箭齐发、动人心魄！

关于镞的型式学研究，《古代中国青铜器》一书分为双翼、三翼、三棱镞等三个型。实际上三翼与三棱镞所指均为三刃镞，我意可将双翼和三翼镞改称双刃、三刃镞[191]。若概括所有矢镞，还有锥体型(并且可区分为圆锥、尖锥两亚型)、平头型。在双翼型中，有的把断面呈扁菱形的两刃镞也包括在内，我以为也可以分出来单列一型。这样，就不是三型而是至少有六型了。这种分型是从镞的尖锋与刃部考虑的。若再从关部、本部、铤部细分，又可分为多个亚型。其中脊至关部有无銎口，也是很重要的区分标志之一。总之，镞的形体虽小，而型式繁多。东周时期的楚地，所出矢镞，上述诸型均有出土，为免繁琐描述，以类型较全的曾侯乙墓所出的作图示于次(图 7.3－6)。

在这诸多型式中，春秋晚期以后至战国时期，楚式镞主要为三刃镞。曾侯乙墓的镞，在总数中有 4 318 件属此型，占总数比例的 95.81%[192]。尤可惊奇者，此墓的镞后锋不仅有三翼或三棱后锋形成的三刺(三倒刺)，还有 6 个倒刺和 9 个倒刺的。6 个倒刺的有 2 131 件，占总数的 46.13%。9 个倒刺的虽只有 5 件，却是最具杀伤力的尖端武器。它的作用是射入人体之后，很难再拔出来。这也是矢镞铸造工艺上的尖端技术。

楚之矢镞与其他武器一样，其组成矢镞部件的非铜质箭杆也保存得好。装矢镞的矢箙有的也保存较好。发射矢镞的弓等也有保存得很

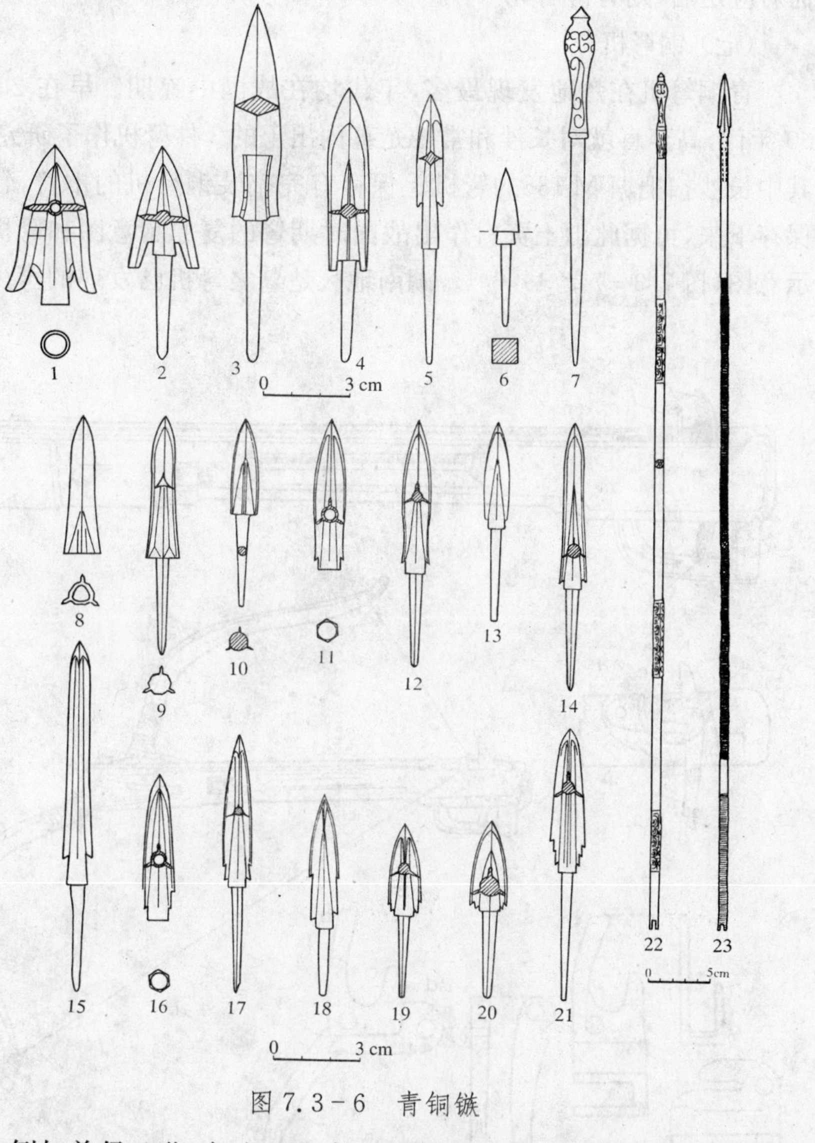

图 7.3-6 青铜镞

好的。例如曾侯乙墓、包山 M2、长沙浏城桥 M1 的弓箭矢箙都是这类典型例证[193]。

《周礼·夏官·司马》和《考工记》均有关于矢镞的论说，云矢有枉矢、杀矢、矰矢、恒矢、絜矢、鍭矢、茀矢、庳矢等 8 种之多，与出土实物如何对应定名，则有待研究[194]。

（七）铜弩机

青铜弩机在楚地发现最多，年代均在战国中晚期。早在 20 世纪 60 年代，高至喜就对长沙和常德楚墓内出土的 3 件弩机作了研究[195]。其中长沙扫把塘 M 138的弩机上保存有完整装铜弩机的木臂，竹弓也保存下来，可据此出土资料作出战国时期弩的复原示意图和弩机发射示意图（图 7.3－7 之 1）[196]。湖南地区楚墓之弩机已发现的至少在 5

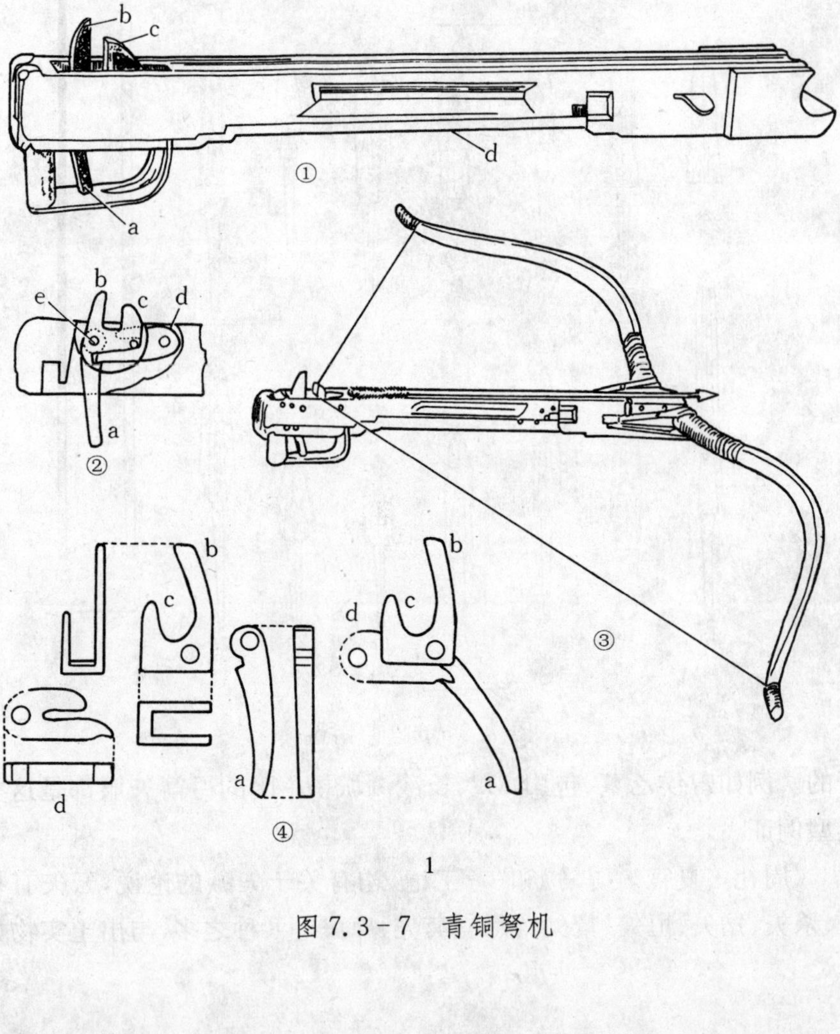

图 7.3－7　青铜弩机

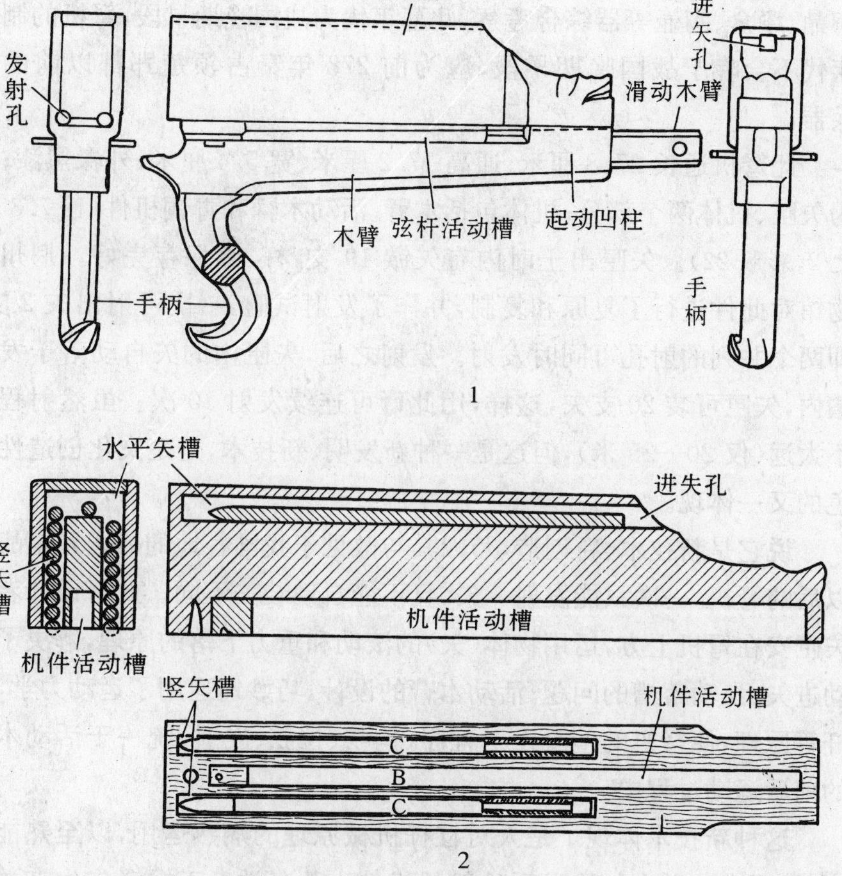

图 7.3-7 青铜弩机

件以上[197]。湖北近年在江陵楚墓内出土 3 件[198]。表三内则仅有江苏武进楚墓出土一件。这些楚弩均出于中小型墓内，大型楚墓内反而不出。这是就目前资料而言，也许今后在新发现的大墓内同样会有出土。

关于弩机的构造、组装，有关论著已有详论[199]，不再复述。在此值得特别提到的是在江陵新发现的新型弩机——双矢并射连发弩机[200]。它于 1986 年出于江陵秦家嘴 47 号楚墓内，此墓葬具为一椁一棺，兵器有剑 1、戈 1、木弓 3、矢镞 35 件，加上此弩共 41 件。据出土陶鼎、漆盒、陶壶等器综合考察，此墓年代为战国晚期早段，弩机的制作年代不会晚于战国晚期早段，应为前 278 年秦占领楚郢都以前的楚兵器。

此弩机通长 27.8 厘米、通高 17.2 厘米、宽 5.4 厘米；外髹黑漆；分为矢匣、机体两个部分；机体包括木臂、活动木臂和青铜机件（图 7.3－7 之 2，彩版 22）。矢匣出土时内有矢镞 19 支，杆、镞保存完好。荆州博物馆对此件进行了复原和复制，并作了发射试验，一次可射出矢 2 支，即两个并列的射孔可同时发射。发射之后，矢匣内的矢自动落于发射槽内，矢匣可装 20 支矢，这样，用此弩可连续发射 10 次。虽然射程并不太远（仅 20—25 米），但这是一种新发明、新技术，是楚文化创造性特色的又一体现。

说它是新技术、新创造，乃因其与散见于我国各地的战国乃至战国以后的弩机，一次只能发射一矢，且不能自动装矢不同。此弩设计者将矢匣安在弩机上方，运用物体（矢）的滚动和重力下落的原理，解决了自动进矢、自动落槽的问题；活动木臂的设计，巧妙地运用了运动力学、杠杆等原理，使弩机的整个发射程序（钩弦、拉弦、发射）统一于活动木臂的前后运动过程中。

这种新技术体现了楚人对杠杆机械原理的娴熟运用，以至熟能生巧，发明出这种有如连发手枪般的机件。著名学者王振铎先生在关于东汉张衡发明候风地动仪的研究中，就以《张衡传》中关于“施关发机”、“牙机巧制”等记载，指出它与弩机的机件“牙”等有源流关系，并率先认为铜弩机“可能是楚民族的创造，发明时代约在春秋”[201]。这是掷地有声的真知灼见。

诚然，目前已发现的铜弩机都是战国中晚期物，尚无早到战国早期和春秋时期的，似乎还难以证明楚在春秋时期发明了弩。但请注意，现已发现的楚弩已是成熟形态，它必然有个逐渐成熟过程。“这种远射兵器当时在楚国使用较为普遍，也反映出楚国的造弩工艺比较先进”[202]。这一先进工艺的发明，提早到春秋时期，不仅以实物推论可信，更有文献记载上的依据。《吴越春秋》卷九，记述了越王勾践请楚将陈音教射的故事，陈音把他射术的师承关系，一直追溯到了史前时代，他对越王曰：“臣，楚之鄙人，尝步于射术……楚有弧父。弧父者，生于楚之荆山……习用弓矢，所射无脱。以其道传于羿，羿传逢蒙，逢蒙传于楚琴氏。琴氏以为弓矢不足以威天下……乃横弓着臂，施机设枢，加之以力，然后诸侯可服。琴氏传之楚三侯，所谓句亶、鄂、章，人号麋侯、翼侯、魏侯也。自楚之三侯传之灵王……自灵之后，射道分流，百家能人用……”

由上引述，可知是楚琴氏“施机设枢”，发明了弩[203]，并知琴氏生于楚君熊渠三子之前[204]。熊渠的年代约当西周中晚期之际[205]，把发明弩的年代提早到了西周时期。楚国君熊渠以石为虎、射石饮羽、金石为开的著名故事[206]，也可能是用弩射石。楚庄王时又有神箭手养由基，也许既善于操弓，又工于操弩。到楚灵王（前541—前529年）时期“射道分流，百家能人用”，表明楚弩这一有先进技术、杀伤力强于弓矢的兵器已广及于诸侯列国所用，这也已有各地出土弩机的实物为证[207]。

由上引文献记载来看，楚弩的发明还要早于春秋，在西周时期就已发明使用了。但由于至今尚未发现西周至春秋时代的铜弩机，故而保守一点说，楚弩发明于春秋时代，盛行于战国时代，顺理成章、信而有征。

（八）战车与青铜车马构件、饰物

青铜时代的战争以车战为主，战车上的青铜构件、饰物也应属广义的兵器范围。故在青铜兵器研究中也应包括对战车及其青铜质配件的研究。

战车是车子的一种，且是最先进而坚固的一种。先秦车制由轮、轴、舆、辕、衡等主要部件组成。其初皆为木制，在青铜时代，为了加固与装饰，还有多种质料构件，也需使用多种技艺。故《考工记》曰：“一器而工聚焉者，车为多。”《后汉书·舆服志》亦曰：“一器而群工致巧者，车最多。”“国之大事，在祀与戎。”战争中的战车是战斗主力所在。有的学者认为在青铜时代，“从严格的技术史角度考察，战车比青铜器有更大的代表性”[208]。这一说法也许有点偏颇[209]，但战车在青铜时代的重要地位，则是不容忽视的。何况战车上也有诸多青铜构件、饰物，均反映了青铜时代物质文明发展水平。

关于先秦车制及其青铜构件的综合研究，由于考古实物已较丰富，研究成果也日见增多[210]。在此重点谈谈楚车情况及其青铜构件。楚在西周时期“筚路蓝缕”（《左传·昭公十二年》），杜预注“筚路”为柴车，是那时最简陋的车。可表明楚在西周时期也同样有车作为交通工具，也可能已有战车。但其时的车子是什么样子，却不得而知。相对于殷周王朝中心的平原地区来说，可能是落后的。但到了东周时代，楚车已与中原地区处于同一发展水平，并且有的更为先进。

考古发现的楚车，年代最早的为春秋中期偏早（东周二期），即淅川下寺楚墓八号墓车马坑所发现的车，在下寺 M 36、M2、M 10、M 11内也都有车马坑。年代为东周二、三、四期，即春秋中期至晚期都已发现楚车，共有车 15 辆，其中多为战车。战国时期已在湖北宜城罗岗发现一个车马坑，内埋车 7 辆、马 18 匹，年代为战国中期[211]。在江陵九店 M 104北发现埋有二车四马的车马坑，其中 2 号车可以复原（图 7.3－8），年代为战国中期晚段。在河南淮阳马鞍冢的西边发现两个车马坑，北边的一号坑葬车 8 辆、马 24 匹，南边二号坑随葬各类车 21 辆。两座车马坑的车子中战车有 20 多辆。其中 4 号车、7 号车上有插武器筒的青铜构件。4 号车厢四壁木栏杆外面镶有 80 块铜甲板，每块长 13.6 厘米、宽 11.6 厘米、厚 0.2 厘米。甲板排列整齐，上下对应，每块甲板的四角各有一小孔，用以捆缚在栏杆上面[212]。这样的车子可形象地比喻为当时的“装甲车”，无疑是其时最先进的战车。这样的战车在考古史上仅此一例。此车马坑附属的墓为大墓，墓主或被认为乃楚顷襄王之墓，属战国晚期前段。战国时期已由车战为主转变为步、骑兵为主，车战为

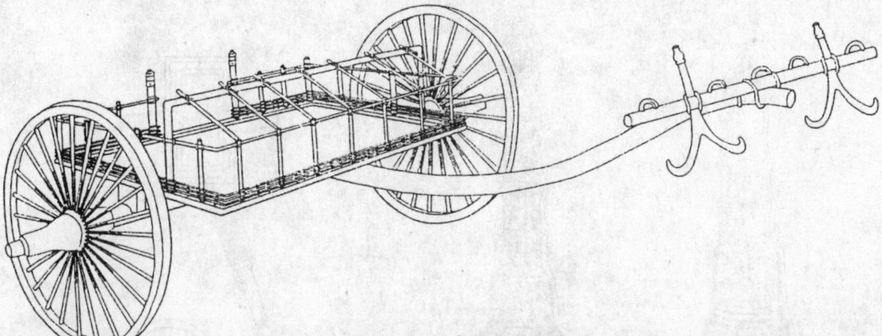

1

2

图 7.3-8 车与车的青铜构件

辅的战争方式。从马鞍冢车马坑发现的战车来看，即使已处于车战为辅的时代，楚国对战车仍极重视，4 号车的"装甲"设施就是物证。

楚国作为春秋五霸、战国七强之一，乃当时的军事大国。战国中期楚威王时，"地方五千里，带甲百万、车千乘、骑万匹"（《战国策·楚策》），可想见当时战场上车驰马奔，杀气腾腾，楚军何等威风！而从前

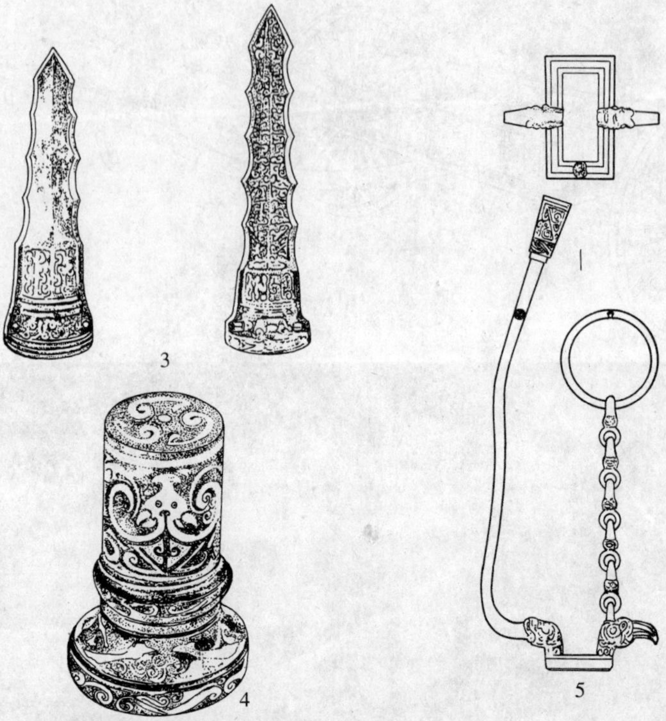

图 7.3-8　车与车的青铜构件

引《楚辞·国殇》中“旌蔽日兮敌若云……严杀尽兮弃原野”的壮烈场面，又可想见楚国晚期战败时车毁人亡的悲壮情景。由考古发现的车马，睹物及人，可以从楚国兴亡中得到不少有益的教训与启示！

楚车特别是战车上的青铜构件多数并未随葬在车马坑内，如淅川下寺楚墓车马坑的青铜构件，大多出于墓主的墓坑内[213]。有的大墓无车马坑，其车马构件均出于墓坑内，例如楚系曾侯乙墓内出青铜车軎76件(38对，象征38辆车)、衡40件(20对)、镳76件(38对，象征38匹马)。荆门包山M2出车軎22件(11对)、马衔24件(12对)、马镳52件(26对)。如以两件车軎象征一辆车，则曾墓、包墓各为38辆和11辆车。这些车辆中肯定有不少是战车，例如曾侯乙墓车軎中的两件带矛头车軎(图7.3-8之3)，显然应装备于战车之上。

尤可喜的是，在同墓出土遣策中就有关于战车的记载，这是在中原地区及其他地区见不到的极珍贵资料。曾侯乙墓竹简主要为记车马兵器的遣策。如简 120："凡广车十乘又二乘"，对照有关简文，这十二乘广车的具体名称是乘广、少广、大旆、左旆二乘、右旆二乘、大殿、左殿二乘、右殿二乘[214]。广车即兵车、战车。这十二乘车就是当时车阵的组合，旆为军前载旆之车，殿是殿后之车，大旆、大殿居中，当为主帅之车。这种记载对于研究楚军制及先秦军制是多么有用的资料啊！

包山 M2 墓主为楚王族三大姓之一的昭氏贵族，官居左尹要职，左尹亦可带兵打仗[215]。在该墓出土竹简遣策中也有关于战车及车上兵器装备的记载。例如：

> 一乘正车……其上载：朱旌，一百脩翠之首。翣中干，朱缟七䍐。车戟，戟羽一䍐；其旆，术五䍐，戭，三䍐……[216]
>
> （简号：271……269）

据此释文，知此乃左尹之正车，车上有红色旌旗，旗杆首端有 140 根翠鸟羽毛为饰。这旗杆可能就是墓中出土一件长 319.2 厘米的无刃晋殳，出土时殳首端还残留有丝带，可能系旌旗之用。翣，即旄，中干是一种罕旗，杆上缠有朱红缟丝。也许即指墓中出土的长 318—344 厘米的由三根瘦长小竹竿捆扎的竹竿，以此为旗之竿。车上插有一戟，扎羽毛一匝，旆上扎燕尾五匝。戭，为穳之异体，通穳，异体作铵。《玉篇》："穳，鋋也。"《说文·金部》："鋋，小矛也。"故当指墓中出土的三件小刺矛。出土时其柲上捆扎三匝羽毛，与竹简记三䍐相符。三件矛长度略有差异，在 390.8—417.2 厘米之间（图 7.3-3 之 5）。

像包山楚墓出土战车上的兵器及其上扎羽毛、旌旆等物，保存如此之好，实为罕见。而有出土竹简记载车上装备兵器及有关物品，更属罕见。考古楚文化之所以备受世人关注，兴起研究热潮，是不难理解的。

车上青铜构件装饰华美者，也从一个角度显露出楚文化灿烂的光彩。例如青铜车軎及辖，春秋战国间都有不少铸或镶嵌花纹的（图7.3-8之4）。在淮阳马鞍冢楚墓车马坑出土7号车上有一错金银龙首辕（辀）头，全长22.5厘米，最宽处12.2厘米。龙首张口露牙，双目圆睁，颈部正中银错一仜符号，面颈多处银错卷云纹，鼻耳处错金，线条流畅，造型生动，色彩艳丽，确为车马器中少见的珍品。在包山楚墓出土车马器中一件鸟首车饰（图7.3-8之5），也是颇具欣赏意味的饰物。

在车马及其构件上饰以华丽的装饰，显然多非战车。例如江陵望山M2的墓主为女性，竹简上记车为“女乘”，知非战车。应与马鞍冢出土的安车同类。荆门包山M2的车马人物出行图，均为贵族出行之车，非战车。出土的错银车軎等精美器件，可能即装于此类车上。此外，还有如“楚王游于云梦，结驷千乘”（《战国策·楚策》）的游乐狩猎之车。总之，车种多样，装饰也定然是多种多样。其中青铜质构件、饰物，显示出青铜工艺的多姿多彩。与其他质料的车马构件、饰物，共同组装出一辆辆实用各异的或繁丽或威武的楚车，使楚车在楚文化百花园里占有其光辉灿烂的一席之地。

三、楚系铁兵器

以上所论全为青铜兵器。荆楚铁兵器也已发现较多，在本章概论中已略为提到，这里再专就铁兵器稍作论述。

表三所列楚墓出土铁兵器极少，仅有淅川下寺M10的玉茎铁剑1件和楚幽王墓的铁弩矢113件。楚幽王墓被盗严重，也许还有其他铁兵器已流失了。在其他楚墓和遗址内则出土较多（图7.3-9）。据黄展岳《试论楚国铁器》一文对铁兵器的统计，楚剑最多，有29件（除河南、湖北各出1件外，其余均为湖南楚墓所出），其次有戈3件、矛2件、匕首1件、镞1件。高至喜对江南楚墓出土铁兵器的统计，数量更多，有剑43件、戈1件、戈镈1件、戟4件、矛2件、矛柄1件、匕首1件、镞铤44件、剑鞘1件，共计98件。实际上已发现的铁兵器数量远不止这

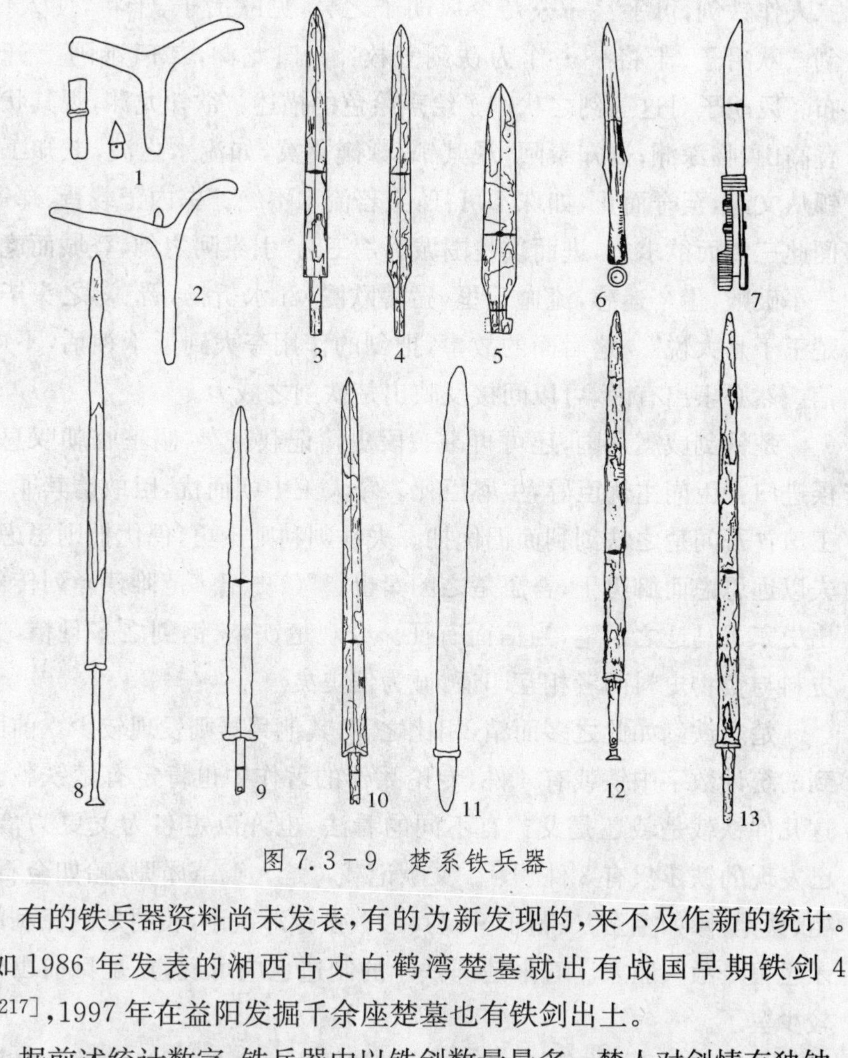

图 7.3-9 楚系铁兵器

些。有的铁兵器资料尚未发表，有的为新发现的，来不及作新的统计。例如 1986 年发表的湘西古丈白鹤湾楚墓就出有战国早期铁剑 4 件[217]，1997 年在益阳发掘千余座楚墓也有铁剑出土。

据前述统计数字，铁兵器中以铁剑数量最多。楚人对剑情有独钟，不仅青铜剑多而精，铁剑也多而精，并领先于其他地区制造出了钢剑，这也许与楚接受并发展了吴、越先进的铸剑技术有关。《越绝书·越绝外传记宝剑》里记载，楚昭王时就有请吴、越著名铸剑工匠到楚国铸剑的故事："楚王召风胡子而问之曰：'寡人闻吴有干将、越有欧冶子，此二人甲世而生，天下未尝有……寡人愿邦之重宝，皆以奉子，因吴王请此二人作铁剑,可乎?'……乃令风胡子之吴,见欧冶子、干将,使人作铁剑。欧冶子、干将……作为铁剑三枚:一曰龙渊,二曰泰阿,三曰工布。"风胡子对这三剑之状作了绘声绘色的描述:"欲知龙渊,观其状,如登高山、临深渊;欲知泰阿,观其釽,巍巍翼翼,如流水之波;欲知工布,釽从文起,至脊而止,如珠不可衽,文若流水不绝。"书内记载晋、郑等国闻此三剑而欲求之,进而攻楚围城。楚王乃"引泰阿之剑,登城而麾之。三军破败,士卒迷惑,流血千里,猛兽欧瞻,江水折扬,晋、郑之头毕白。楚王于是大悦"。这后面的故事,把剑的作用夸大到近于神话,不可尽信。然必事出有因,可以间接反映出楚铁剑之威力。

楚铁剑威震列国,还可再举一段史籍记载。秦"昭王临朝叹息,应侯进曰:'臣闻主忧臣辱,主辱臣死。今大王中朝而忧,臣敢请其罪。'昭王曰:'吾闻楚之铁剑利而倡优拙。夫铁剑利则士勇,倡优拙则思虑远。夫以远思虑而御勇士,吾恐楚之图秦也。'"(《史记·范雎蔡泽列传》)此出史家司马迁之手笔,当信而有征。今观楚铁剑、钢剑之多且精,文献史料与实物史料两者相互印证,诚为信史矣。

楚之铁剑如此之多而精,相比之下,其他兵器则发现较少。前面提到的统计数字中铁戟有 4 件,专论兵器的著作中也肯定有楚铁戟。但这几件铁戟是戟还是戈?有不同的看法,也许以定名为戈更为恰当。已发现的铁矛只有 3 件[218]。文献记载,"楚人鲛革犀兕,鞈如金石,宛钜、铁铯,惨如蠭虿"(《荀子·议兵》)。铁铯即铁矛,表明楚国锋利的铁矛也很令敌人胆寒。看来楚国铁矛的制造也应可观,只是目前出土量较少罢了。

从目前考古发现的铁兵器看,以楚铁剑最多且精,这或许与楚国的兵制转变较快有关。在战国时期,我国的战争形式已由战车为主转变以步骑兵为主,剑成为步骑兵最主要的作战武器。楚国在转为以步兵为主的过程中也许走在列国的前面,故而优先发展起与步战相适应的锐利的作战武器——铁剑。"惨如蠭虿"之形容于铁剑可能更为适当。还有已发现的大量铁铤铜镞和铁弩矢,表明楚国已在批量生产这种在战争中消耗量极大的兵器。凡此应可看出楚国的铁兵器制造业已具相当规模，这正是楚国物质文明发展程度的重要标志之一。楚国作为当时领地最广的强国却未能完成统一全国大业，而由秦始皇完成的原因，显然不在经济方面，而在于楚国政治的腐败。

当今兵器的研究正方兴未艾[219]。楚兵器的发现如此之多，资料如此之丰富，它在我国先秦兵器的专题研究中的地位、作用可想而知。但现有的研究成果与已有的发现、资料之丰富相比较，则还很不相称，至今尚无一本楚兵器专著[220]。以上所论仅是对楚兵器进行综合研究的初步总结，希望有助于我国古代兵器的整体研究。

第四节　荆 楚 工 具

工具，特别是生产工具，既是青铜器、铁器研究的重要门类，也是荆楚文明研究的重要专题。已有学者作过一些研究，但关于荆楚地区工具的综论性研究似尚欠缺[221]。本节主要论述这一地区东周青铜工具，战国时期铁工具数量大增，对这两种质料的工具合并一起进行研究（包括工具中的非金属构件）。

一、概述

（一）商代、西周时期荆楚工具概况

在铜石并用时代至夏代这一历史时期里，荆楚地区尚未发现青铜工具，已发现的年代最早的青铜工具相当于商代前期，在湖北黄陂盘龙城和湖南石门皂市遗址内均有出土。

盘龙城在两次发掘中出土与收集工具共有 15 件：臿 2 件、斧 5 件、锛 4 件、凿 3 件、锯 1 件（图 7.4－1 之 1—10）、鱼钩 1 件、菱形器 1 件。盘龙城出土的臿，有学者改称为耜[222]。先秦文献中，耜、臿通用无别[223]。从形态学考虑，器形作长方形或梯形者可定名为耜，而凹字形者则可定名为臿。盘龙城所出为长方形体，可称之为耜（图7.4－1之8、9）。盘龙城菱形器的横断面作楔形，也可能是铚。斧类中有1件可改称为锼。

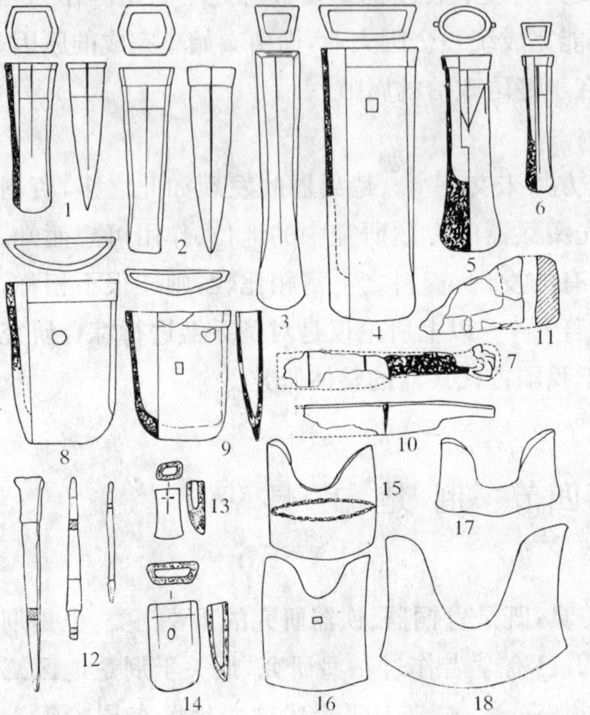

图7.4－1　荆楚地区商至西周时期青铜工具

石门皂市二里岗期工具仅有锥、凿、鱼钩各1件。另发现有铸锛、斧的石范和熔铜炉遗迹。知其时应较多地铸造锛、斧等青铜工具[224]。

既然商代二里岗期能铸造种类较多的青铜工具，则商代晚期应有进一步的发展。但目前所见为臿、斧、锛三种（个别有出削刀的）。湖北随州淅河出有臿1、斧3件[225]。以湖南宁乡黄材等地出土青铜斧235件最令人注目，其中224件出于一窖藏的铜瓿内[226]。在此窖藏坑附近的商代晚期遗址内也出过1件形制相同的铜斧，高至喜是负责该遗址的发掘者，观察过实物，有使用痕迹。窖藏内这么多铜斧与遗址内所出相同，毫无疑问，这200多件铜斧应都是商代晚期的实用工具[227]（彩版23）。

西周时期的工具，湖北有圻春毛家嘴遗址出土的凹字形臿[228]；汉阳纱帽山出土和荆州博物馆收集的臿各1件，为凹字形，在沙市收集到一件铲；红安金盆出土1件铚[229]。湖南出土的凹字形臿，据高至喜统计,湘潭、岳阳等地出土及收集的共有9件[230],亦均为凹字形。两湖共出西周时期凹字形臿12件。这些臿都只存金属刃套,推测应均为农业生产起土用的耜。用作手工工具的削刀、钻、锥等,已发现的数量不及农具多。

鉴于近年来关于殷商、西周是否大量使用青铜农具问题出现针锋相对的两种看法,或肯定或否定,各持己见,互相驳难。具体到江汉洞庭地区,对此也同样有不同的看法,有必要在此也略加讨论。

诚然,无论从全国范围抑或这一地区的现有考古发现看,商殷西周时代的青铜农具数量确实不及东周时代多,更不如战国铁农具的多而普遍。但决不能由此而断定商殷西周未大量使用青铜农具。对此,已有学者就持否定观点者提出的诸多理由一一作了辨析[231],在此不再重复。笔者所感兴趣的是对这一地区出土的工具作点具体分析,有的是论者尚未注意甚至完全忽视了的问题。

前面已提到湖南出土商代晚期青铜斧235件,其中有224件出于窖藏。对这些斧的功用如何看?是手工工具还是农具?对青铜斧类工具,有论者认为"先秦时代的铜斧、锛,既是手工工具,也是农具"[232]。也有论者在作农具与手工工具数量比例统计时,认为:"鉴于前已论及的斧类工具的砍伐功用、使用的多样性和归类上的争议,比较统计时斧类工具既不作为农具,也暂不作为手工工具"[233]。更有论者反对是工具的说法,而认为是货币(下详)。因此,湖南这些商代铜斧的功用问题就是一个不可忽视的重要问题。

这些铜斧形制相同、大小略有差异。均作长条形,中腰略内束,刃部圆弧,刃两侧外侈,銎作长方形;两面饰凸线条纹,上部横三或二条,横线下竖四或三条直线纹。最大者长9厘米、刃宽6.1厘米、銎长4.6厘米、宽1.8厘米,重203克;最小者长7.9厘米、刃宽5.4厘米,重136克。经金相分析,含铜82.29、锡8.56、铅0.16,属于青铜[234]。少量的有使用痕迹。这些铜斧肯定应是具有实用价值的生产工具。

为什么要强调这一点？在于近年来研究新干商代出土工具中，对其中的一种手斧，论者认为应是货币，也即文献中的“资斧”[235]。由此而及把宁乡这么多铜斧也视同货币[236]。这里我们不讨论新干所出手斧的性质、功用，但必须指出新干手斧与宁乡铜斧的基本的差别。宁乡铜斧有较大的用以装柄的銎口，而新干手斧则无，单凭这点已足以表明宁乡斧有实用工具功能。论者又云“个体小，难以胜任砍伐工作”[237]，这也不对。晚至春秋战国间的铜斧，如长沙浏城桥 M1 的带木柄铜斧，铜斧身长仅 7.2 厘米、刃宽 4.9 厘米，比宁乡商代铜斧还小，可见此论点之不能成立。有论者面对“货币”说盛行情况下仍坚持其生产工具功能的看法，笔者深表赞同。但对其提出“应是一种用于砍劈的工具”的说法[238]，则有必要作进一步讨论。

应该指出，这些有銎的青铜斧，只不过是木、铜结构工具中锋刃部分的刃套。它有空心銎口显然是要装柄的。由于装柄方式不同，可成为各种不同功能器物的刃套，定名也会随之而异。据郭宝钧、黄展岳、陈振中等的看法，柄向与刃向一致的叫斧，用于砍劈；柄向与刃向垂直的称之为镢、锛、锄，用于挖掘。这类器出土时大多只保存了金属刃套，难明其装柄方式。陈振中认为：“出土的空首条形端刃器，在形制大体相似之下又各有不同，相当大的一部分为楔形，即侧视为二等边三角形（双面刃），或直角三角形（单面刃）。这类器物一般长大厚纯的定为镢，銎部厚而短小的定为斧（双面刃）、锛（单面刃）。后者中也会有锄，但不好与斧、锛相区别。”[239]若锄与斧、锛的木柄不存，单凭青铜刃套确不易区别。长沙浏城桥一号楚墓的带木柄铜斧，双面刃，斧长 7.2 厘米、刃宽 4.9 厘米，銎长 2.65 厘米、宽 1.6 厘米[240]。江陵望山一号楚墓所出带木柄铜锛，长 9.3 厘米、刃宽 4.7 厘米，銎长 3.8 厘米、宽 2.5 厘米，亦为双面刃。这两种工具大小、形制均相似而安柄方式不同，功用、名称就异。如果长沙、江陵这两种器的柄部不存在，就很难判断何为斧、何为锛。除考虑器形因素外，还得考虑其用途。若从用途考虑,湖南宁乡这200多件铜斧的装柄方式既可能是斧类方式,也可能是锄、锛类方式,用途、名称也会随之而异。可以有三种名称,即:(1) 若所装木柄刃向与柄向一致,则称之为斧。(2) 若所装木柄刃向与柄向垂直,且作手工工具使用,可定名为锛。(3) 若装柄方式与(2)同,而用之于农业生产,则应定名为锄,因其形小,也可叫小锄,可作为入土浅的起土工具或中耕的松土工具。因此,这些斧的用途就不只单一的为"砍劈工具",既可以用作砍劈的斧,又可作手工工具的锛,以及用于起土或松土的锄。这种式样的小锄在三千年以后的现代农村里也还在使用,当然早已改铜质为铁质了。在青铜时代的商、西周,使用这种小型斧或锛或锄,却是当时用于手工业与农业生产的先进工具,有利于生产力的提高。

说这种斧有用于手工业与农业两种功能,特别是用作农具,还可提供一点佐证材料。例如在湖北大冶铜录山矿冶遗址内出土的西周至春秋时代的挖掘工具——铜锛、铁锛,都保存有完整木柄的情况,器形也不大,刃宽5.4厘米和6.2厘米、长度6厘米和11厘米,与宁乡铜斧相似(图7.4-3之9)[241]。其刃部均为双面刃,也可以叫锄。大概是作者以为并非农业生产起土之用,故仍叫锛。如用作农业生产,把这种刃向与柄向垂直的工具叫锄就是顺理成章的事,比叫锛要确切得多(锛按通常说法主要是单面刃)。又如在江陵故楚郢都纪南城30号夯土台基的夯土中出土了一件铁馒,长12.5厘米、刃宽4.4厘米(图7.4-3之1)[242];刃宽与宁乡铜斧相近,仅长度超过,故而不叫锄而叫馒。此铁馒出土时,我正作为此夯土台基考古发掘主持人之一,在现场考察了出于夯土层中的实况,乃挖土所用的工具。虽然未保留木柄,据其用途可断为馒、锄类的装柄方式,而不会是斧类的装柄方式。

基于上面的论述,宁乡铜斧也可由装柄方式的不同,引起功能与名称的改变。也可按使用锛、锄类的装柄方式而改定名称。之所以要以这较多篇幅说明,因为以往论著中未曾充分注意到这一点。对其用途与定名特别是可改称为锛、锄这一点从未涉及。此乃标新立异之见,笔者对此也经历了一个认识深化的过程。开始接触这些材料时,也并未从这方面想,只是由于看的材料多了,加上反复联想,方悟出一点新意,并非一时心血来潮、异想天开的怪论。目睹这二三百件实物,对其功能与名称,任何关心生产工具研究者,都不能不怦然心动。它毕竟是目前一次出土最多的商代生产工具,怎不令人高度关注与研究呢?作为置身于出土地附近的笔者,倍感其亲切,怎不去反复思考呢!

以上我们重点研讨了湖南宁乡等地商代铜斧的功能与名称问题,提出了具有斧、锄、锛多种用途的新看法。加上前述湖北、湖南地区所出商代西周青铜农具多于手工工具的材料,对于这一地区商至西周是否大量使用青铜农具这一问题来说,应可以得出较肯定的看法。当时应已较大量地使用青铜农具于农业生产。特别是近年又有江西新干大洋洲商墓出土大量青铜农具,可以更加有力地证成这一看法。

新干大洋洲商墓出土工具 127 件,农业工具有犁、耜、臿、耒、铲、斧、锛、镰、铚、镬共 11 种 53 件,手工业工具有刀、刻刀、凿、锥、砧共 5 种 74 件[243]。农业工具数量略少于手工工具,但品种则多于手工工具。这一重要发现清楚地表明青铜农具已大量使用于农业生产。对此,已有学者提出了“青铜农具的使用在地域上的不平衡问题”[244],认为江南铜矿资源丰富,商代已在大量开采,加上江南土质硬于中原地区,需要比石木工具更为坚韧的工具以提高农业生产力,从而认为中原地区不具备大量使用青铜农具的条件,而在江南“虎方地区已具备了大量使用青铜农具的物质技术条件……足以说明这一地区在商代确实已经大量使用青铜农具”[245]。商代如此,西周更当如此,这是不用多说的。但此说只限定在虎方地区,则可商。按论者所确定的虎方地区范围为“在彭蠡以西洞庭以东的平原地区”[246],似把范围限制得太小了。笔者以为应推而广之,整个长江流域农业较为发达的地区都应已较大量地使用青铜农具。就长江中游地区来说,江北的江汉地区,江南的江湘地区,均应作如是观[247]。在江北的黄陂盘龙城已有铸铜器作坊遗址,虽未发现工具范,但从兵器、工具有地方特点看,无疑应是本地铸造的,必大量铸造各种工具。江南的湘西石门皂市遗址,已发掘出铸铜遗迹与铸造铜斧的石范,亦必会大量生产用于农业的铜斧等生产工具。观宁乡一个窖藏铜器内储存224件铜斧(锄),也可推知当时铜斧(锄)的生产量定然很大。这些铜斧(锄)应就是江湘地区某一铜器铸造作坊生产出来的成批产品中的一部分。它已是一种商品生产性质的产品,批量生产流入市场或作为以物换物的交换品,以满足农业生产、手工业生产者对于青铜工具的大量需求。因此,从目前资料看,虽然对中原地区是否大量使用青铜农具可以再研究,而对于长江流域农业发达地区来说,现在已可得出大量使用青铜农具的结论。这是用较大篇幅来作此讨论所得到的新认识,是在已有研究成果上的新进展。

当然,正如已有一些学者提到的,说这些地区大量使用了青铜农具,并不是说它们已取代了石、木工具等非金属工具。恩格斯早已指出的:“铜、锡及二者的合金——青铜是顶重要的金属,青铜可以制造有用的工具和武器,但是并不能排挤掉石器。”[248]一些遗址在出有青铜工具、农具同时仍有大量石质工具,就是明证。只有铁器取代青铜器的时代才能做到这一点。东周时代青铜农具和战国铁农具的大量使用已是铁一般的事实,不存在是否大量使用的问题。故我们在下面论述东周青铜工具也就无需为此花费笔墨了。

（二）东周时期荆楚工具概况

荆楚地区东周时代青铜工具的使用,比之商、西周时代更为普遍;春秋晚期以后更有铁工具的大量使用。考古发现的这一时代的工具数量也相当可观。但考古发现的工具数量、种类并不能真实地反映当时的实际使用面貌。一是因为考古发现带有偶然性,例如湖南一次出土商代铜斧224件,其总数比已发现的东周工具还多。又如江西新干大墓发现以前,很难预料有如此之多的青铜农具和工具。二是即使已有的发现也难于精确统计,因有的至今尚未报道或报道不完全。三是反映在各种论文或著作内的统计数字,因其作者接触的资料面不同(有的知道得多,有的知道得少),也会出现不同的统计数字。例如《青铜工具》一书,统计湖北东周工具为 117 件,而《江汉地区出土的东周生产工具》[249]一文则统计有 470 件之多,比前者多了 300 多件。虽然前者统计年代截止于 1987 年,而后者大致止于 1992 年,其间相隔 5 年。笔者在江汉地区考古也是过来人,知道这 5 年内不可能一下新增加这么多数量。显然是两位作者各据资料而作的统计,作出 470 件统计的作者是长期在江汉地区的考古工作者,他可以将未发表的资料作数量上的统计,故而可靠性自然大于前书作者所作的统计。

关于东周铁工具,黄展岳先生对已发现的楚国铁器作了统计,其中生产工具有 162 件之多[250],总括了该文撰作时楚国铁工具的比较准确的数量。自该文发表以来,虽说又有所增加,但增加不会太多,因之,若讨论铁工具,自可放心地利用这一研究成果。

上面我已提到对东周工具数量上统计带有偶然性与不准确性,故在此不再重新作数量上的总统计。但一定的数量与种类又是研究工作展开的不可缺少的前提条件,正如我在研究楚系青铜礼乐器时编列"楚系青铜器年代序列和主要器类统计表"[251]以作研究的基本资料,在研究兵器、工具同样用得着续编此表,读者将会看到此表在我论述中的重要作用(往下还将论及)。故而如同前节编制兵器统计表一样,先将原序列表中凡出土工具的墓葬于以重新整理,制成表四(为与原表配套,便于读者查用,使用了原编号序列与工具编号序列两个编号)。

遗址内也出土了数量、种类相当多的工具,我们在此只选取典型遗址——楚郢都纪南城和大冶铜录山矿冶遗址的工具制成表五、表六,以便综合讨论。(表五资料来源编号和本章注释编号相同)

表四 楚系典型墓葬出土生产工具的年代序列和主要器类统计表

期别	原编号	序列号	单位名称	臿	锄	铲	镰	斧	锛	削	刮刀刻刀	凿	锥	其他工具	资料来源
一	2	1	南阳西关器							1					[75]
二	4	2	信阳平桥 M2						1	1	刻 2 刮 1		1		[252]
	5	3	淅川下寺 M8					1	1	2					[76]
三	10	4	淅川下寺 M36					1	1	2					[76]
	22	5	淅川下寺 M2				2	2	2						[76]
四	29	6	襄阳山湾 M14										2		[77]
	32	7	寿县蔡侯申墓					2							[79]
	33	8	淅川下寺 M11					1							[76]
	34	9	襄阳山湾 M23										1		[77]
	43	10	湘乡何家湾 M1							1					[253]
五	40	11	随州曾侯乙墓							5		1			[82]
	46	12	舒城九里墩墓		2	3	9	1							[81]
		13	安徽六安 M2						1			1		锯 1 针 1	[57]
	44	14	长沙浏城桥 M1					1		1	刮 3				[83]
	45	15	襄阳蔡坡 M4		3			3	1		刮 1	2	4		[84]
	47	16	固始白狮子地 M1					1	1			1		针 1	[85]
六	48	17	江陵天星观 M1	△1										盗洞内铁斧 8、锛 7、臿 4、锄 1、削 3	[86]
	49	18	江陵藤店 M1					1		1					[87]
	50	19	信阳长台关 M1						1	2	刮 2 刻 3	1		锯 1	[88]
		20	江陵九店 M90							1					[89]
	51	21	随州擂鼓墩 M2			1									[92]

续　表

期别	原编号	序列号	单位名称	臿	锄	铲	镰	斧	锛	削	刮刀刻刀	凿	锥	其他工具	资料来源
六	52	22	江陵望山 M1						1	2	刮 2				[90]
	53	23	荆门包山 M2				△1	△2		3	刮 1			钢针 1	[91]
	57	24	江陵李家台 M4							1					[94]
		25	长沙白泥塘 M5							1					[56]
	61	26	临澧九里 M 17							1					[98]
	67	27	上蔡城西楚墓	△1											[101]
七	69	28	江陵张家山 M 201							1					[102]
	70	29	江陵雨台山 M 480							1					[103]
	71	30	荆门包山 M4				△1	△1		1					[91]
	76	31	寿县楚幽王墓		6 △2	5	6	2	6 △2	6+4		△1		锯 3、错 5 錾 8、矩 2	[107]

注：1. 每期的年代范围见第六章(第 289 页)。
2. 有△号者为铁质工具。
3. 新增补 3 个乙类组合青铜礼乐器群，故无原编号。
4. 资料来源编号与本章注释号相同，同见注释。
5. 原编号末尾的 77、78 号无工具，新增 4 个号中有一个无工具。

表五　纪南城遗址出土工具统计表

序号	出土地点	镢	臿	镰	斧	锛	削	刮刀	凿	锥	针	鱼钩	资料来源
1	1965 年松柏 J2 古井		△1				△1			△1			[254]
2	1975 年西垣北门		△1						△1				[254]
3	1973 年南垣水门		△3	△2			△2		△2		△1		[254]
4	1975 年松柏 30 号台基	△3	△1		△1		2	1	△1				[254]
5	1975 年城东北古河道	△1	△1		△1			1					[254]
6	1979 年古井 J 82	△1	△1				△1						[255]
7	1987 年新桥古井 J2			△1		1					1	1	[256]

表六　铜录山矿冶遗址出土工具统计表[257]

质料＼种类	镢	锄	锛	斧	凿	耙	锤	錾	锥
铜工具	1	2+1	10	22	1				
铁工具	2	3		7	3	3	3	4	4

先谈谈表四所反映的值得重视的若干问题。

第一，在楚系 82 个青铜礼乐器群中[258]，只有 31 个单位出有工具，比例为 37.8%，占总数的三分之一强。而出兵器的单位比例为 58.5%（见表三），已超过总数的一半，可见墓主对兵器的重视甚于工具。再看数量，工具总数为 170 件，只占礼乐器总数1 318件的12.9%，而兵器数量则多出礼器总数的几倍（其总重量则大大小于礼器的总重量），也进一步看出墓主对礼器与兵器的重视。这是必然的现象，其时“国之大事在祀与戎”，（《左传·成公十三年》）。墓葬是社会生活的缩影，随葬青铜礼乐器群的墓，其墓主是“劳心者治人”的贵族，必然重视祀与戎的器具（礼乐器与兵器），而对“劳力者（使用工具的人）治于人”的器具当然不会重视。故而在墓葬里以礼器、兵器的数量多而精，就是顺理成章之事。

第二，从各墓所出工具数量看，其数量多寡与墓主等级的高低成正比，有的仅一件，而作为国君级大墓的楚幽王墓内出土数多达 59 件。占工具总数（表四统计为 170 件）约三分之一。在乙类组合礼器群中有的一墓出土工具有多达 14、15 件的，但与幽王墓之数量比，则为大巫、小巫之分了。在丙类组合中多数墓每墓为 1 至 2 件，也有较多的例子，例如未列入此表中的江陵望山 M4 内出有刮刀 4 件，削刀 1 件。此墓为仅出礼器一铜鼎的丙类组合，比一些乙类组合的工具数量还多，表明墓葬工具的礼俗不如随葬礼乐器的礼制严格。

第三，从随葬工具内部比例看，农具的数量又要少于手工工具的数量。其中斧、锛两种也有认为可使用于农业生产的，但一般多归入手工工具内(若归入农具,则斧、锛应改称为镬、锄)。这样,据表四,手工工具总数为129件,农具数为41件,比例为100∶31.78,即农具数不及工具数的三分之一。

再从出农具的墓葬数来看,仅有8个墓出农具,其中有2个墓仅各出1件臿,系出于填土中,并不是作为农具葬入墓中的。如果以镰作为农具的代表,只有5个墓葬出镰,在82个墓葬总数中的比例为16∶1。有的学者援引《仪礼·既夕礼》的记载:"既夕哭,……陈鼎皆如殡……用器:弓矢、耒耜、两敦、两杅、盘、匜……"贾公彦疏:"谓常用之器,皆象生时而藏之也。"据此认为"农具与兵器、礼器一起入葬是周代的制度"[259]。从上述楚墓中农具比例看,楚地并未对此形成制度。但出镰的楚墓级别均较高,可以表明楚大贵族对农具与兵器、礼器一起入葬的周制还比较重视。其中两个墓即舒城九里墩墓与楚幽王墓是同具锄、铲、镰三者的农具组合的典型例证。

在此要着重指出的是,表中所列工具的器类名称并未按原报道资料的名称来定,而采用了笔者改定的名称。最显著的例子是对镬这一名称的改定。

在表四楚墓所出农具中一律无镬。而据原报道资料,表四中淅川下寺M8、M 36、M2出土工具中原均有镬,而在此表内已改称为斧。寿县楚幽王墓的镬在表内则改称为锛。为什么要作这种改变?在此有必要作点分析。

先看淅川下寺三个楚墓原称为镬的工具,以往我也不假思索地照录为镬。因为从器形尺寸上看,也合于镬的定名标准:"长度超过10厘米,銎部厚度在1.5厘米以上的一般情况下定为镬。"[260]下寺三个墓所出同类器的尺寸也在此标准线以上。但只要仔细观察一下器形就能发现疑点,其中有2件(下寺M 36、M2各1件)的一侧有一钮耳,这显然应是横装斧柄固定斧身而设置的钮耳。对这种侧面(非正面)有钮的工具,认为不当为镬而应为斧。"如无钮耳,则其很可能不是斧而是镬了"[261]。显然,下寺2号楚墓的2件侧面有钮耳者应为斧,另2件无钮耳者是否可区分为不同于斧的镬呢？是否仍如发掘报告所定为镬呢？笔者也曾一度想这么区分。但经进一步考察，仍觉不妥。其一，这4件器仅存在有无钮耳一点区别，其他方面则完全一样，发掘报告也是这么认为的："与M8、M 36的铜镬相同。扁平长方体，双面刃，刃较宽而外撇。銎作圆角长方形；銎口沿下有一小圆形穿孔，沿外有绹索纹一周"。无疑这4件只能归为一个器类，而不能分开为镬和斧两种器类。还应指出的是，銎口沿下的绹索纹凸出于器表，这正是斧的特征。寿县蔡侯申墓、襄阳蔡坡4号楚墓的斧也同样有这种特征。其二，下寺楚墓的锛2件有钮耳（钮在器正面），另2件无钮耳；同样都是锛，有的无钮耳，有的有钮耳。这是有力的旁证，证明下寺的斧同样是有的有钮耳、有的无钮耳。基于这两种理由，可以肯定下寺楚墓原定名的镬均应改定其名为斧。

次谈寿县楚幽王墓称之为镬的农具。安徽省博物馆印发的楚器目录，称铜镬的6件，称铁镬的2件，其长度除1件铁质的为11.2厘米外，其余的在7—8.5厘米之间。按前面提到的器之长度超过10厘米方得为镬的标准，应改定名为锄。有的文章称之为"镢"[262]，"俗称镢头"。至于那件长度为11.2厘米的铁质工具，应定什么名称，是否仍可定名为镬？若按黄展岳所定镬的标准："长身、窄刃，长宽约为三比一"[263]，此器首宽5.2厘米，不到器长的三分之一，不宜称镬，似以称锄为宜。但不知刃宽是否要窄一点，如果刃宽窄到与器长之比为3∶1，自然也可以叫镬。因未睹原物，在此暂归于锄类。

以上改定了淅川下寺楚墓和幽王墓原报道为镬的名称，在表四中就排除了镬这一农具器类，更证实前面提到的楚墓随葬农具基本组合中无镬是可信的。诚然，农具镬在东周已广泛使用于农业生产中，遗址内也常有出土，而在楚墓内则主要以镰而非以镬作为随葬农具的代表，这在现有考古材料中可以作此判断。

第四，楚墓随葬手工工具的种类、数量，从表四中可以看到，主要为斧、锛、削刀三类。斧有13个墓出土，计19件。锛有11个墓出土，计

18件。削刀有19个墓出土,计38件。其中以削刀的墓数、件数最多。幽王墓多达10件,相当于下卿级的包山M2出土有3件,相当于大夫级的望山M1出2件(其中1件出于棺内),同出有精美花纹的刀鞘,墓主视之为珍品,备加爱护(置于棺内人身侧)。如果说楚墓内随葬手工工具是以斧、锛、削刀为主要组合的话,那么削刀更是组合中的主要器种。这是据表四又可得到的一个新认识。假如不列出这个表,就难以提出足够的数据来得出这种判断。这更进一步表明这种表格不仅对于研究礼乐器组合和兵器组合有用,对工具组合研究同样有用。本章所列兵器、工具的表格是拙著《楚系青铜器研究》一书中关于礼乐器表格的续篇、姊妹篇,是从青铜器这个方面深入研究荆楚地区早期文明必不可少的一个重要内容之一,在本书内的篇幅也显得较大。这正如我在拙著中提到的张光直的看法:"青铜器本身当然便是古代中国文明的突出的特征。"因此,在本书内又以较多篇幅来论述楚系兵器、工具,补列了兵器、工具一览表,免除了拙著《楚系青铜器研究》一书因限于篇幅,不能再详论兵器、工具的遗憾,了却了笔者的一桩夙愿[264]。这得益于江苏教育出版社给予了这样好的机会。古诗云:"幸甚至哉,歌以咏志"(曹操《步出夏门行·观沧海》);行文至此,有此真情的流露,以志感激之情,当不至于是蛇足之言吧。

第五,表四的铁工具有11件(其中钢针1件),在工具总数中与铜工具相比,其比例不到十分之一。而遗址内所出则较多,表五所列纪南城遗址铁工具有28件(包括农具),铜工具仅7件(全为手工工具,无农具)。铁、铜工具之比例,和楚墓所出正好相反。遗址所出以铁工具为主,其年代为战国时期,这正是青铜时代向铁器时代转变的必然趋势。早于战国时期的铁工具,也和铁兵器一样,可早至春秋晚期[265]。战国中晚期尤其是晚期,铁工具取代铜工具已成为无可争议的事实。

这里顺便提及江陵天星观M1盗坑内出土的铁工具,计有铁斧8件、铁锛7件、铁臿4件、铁锄1件、铁削刀3件。因是盗墓者使用的工具,而非随葬的工具,故未计入该墓出土工具数量内。该墓被盗发生在楚亡不久的秦代，其盗墓工具可视为楚国时期工具的延续使用，可置于东周至秦代工具资料范围加以研究，但若把它们作为该墓随葬资料与该墓其他出土物等同看待，不加区别地研究，则不妥[266]。

至于大冶铜录山古矿冶遗址出土的工具，已有论者就其主要部分作了介绍，笔者已统计于前面表六。铜工具年代有的可早至商代晚期，铁工具年代有的已晚至西汉时期。其种类名称虽沿用农具、手工工具的名称，但其用途为采掘矿石专用工具。故这一资料仅作研究东周手工业工具的参考资料，在下面就器类分别论述时作为对比资料适当予以论及。

二、分类论述

主要论述东周时期的工具，按表四的分类顺序依次论述。

1. 臿

臿，又作锸。为直装柄的农具。臿体的金属部分形状除个别的为一字形外，多为凹字形[267]。当然，并非所有的凹字形器都是臿。但至少有相当多的数量应是臿。前面已指出，在古文献中，臿、耜互用无别，春秋战国时期，耜已向臿发展，但有的臿刃宽与耜刃宽相近，故亦仍可耜、臿并称。从有柄的完整器看，凡木柄偏于一侧而便于踏脚者，以称臿为宜[268]。据表四、五，共有臿10件。有6件尺寸较完整，列表如下：

尺寸单位：厘米

单位名称	长度	宽度	备注	资料来源
江陵天星观M1	10	10	长、宽指臿头铁体　图7.4-2之4	[86]
65松柏古井J2	9.2	9.5	同上　图7.4-2之8	[254]
73南垣水门	10	10.8	同上	[254]
75松柏30号台基	9(残)	10.7	同上　图7.4-2之3	[254]
75纪南城古河道	7.9(残)	缺	同上	[254]
79纪南城古井J82	7	8	同上，双刃中一刃尺寸　图7.4-2之2	[255]

以上均为铁臿，这些都是战国时期的。年代最早的铁臿为春秋晚期（图 7.4－2 之 1，参见第四章注[9]）。在表四、五中无铜臿，但并不表明春秋战国时期不用铜臿。未列入表四的楚墓，有的就出土了铜臿，只是数量少见而已。例如江陵溪峨山楚墓出土 1 件（在墓底填土中发现），长9.8厘米、刃宽 11 厘米[269]。与上表所列铁臿刃宽相近。此墓年代为战国中期，说明战国时期在铁工具流行之时，青铜臿仍在继续使用。

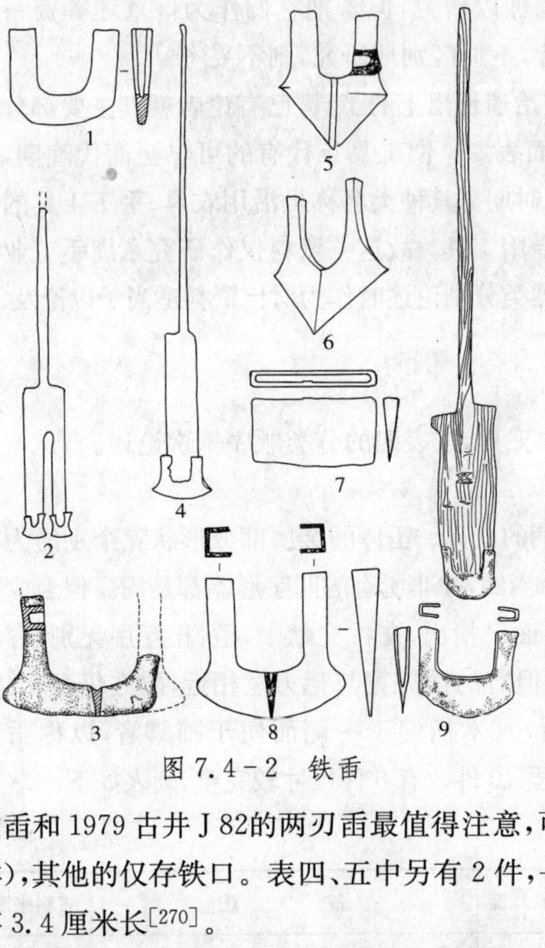

图 7.4－2　铁臿

上表中天星观 M1 的臿和 1979 古井 J 82的两刃臿最值得注意，可得知其木柄的长度（下详），其他的仅存铁口。表四、五中另有 2 件，一件尺寸不明，一件仅残存 3.4 厘米长[270]。

江陵天星观 M1 的臿出于墓坑内填土中，虽其木柄已朽，但留有痕迹。据痕迹测得其通长 99 厘米（图 7.4－2 之 4）。木柄偏于右端，可知是用右脚踏踩的直柄臿。这种踏臿以后流行于汉代，例如马王堆 3 号墓出有这种臿，全长 139.5 厘米，铁口长 11 厘米、宽 13.1 厘米（图 7.4－2 之 9），在画像砖上也有此类图像。这种臿沿用至现代，一般叫锹。

在天星观 1 号墓出土的盗墓工具中有铁臿，分两种型式，一种为一字形（图 7.4－2 之 7），一种为刃中部锐出呈等边三角（图 7.4－2 之 5、

6)，论者认为此型乃“从空头条形耜刃套向犁铧演变的中介形态”[271]。这种耜或臿用作起土工具，比起平刃臿的功效会更大些。

1979年在纪南城遗址内出土的双刃臿(原报告称为耒耜)，是适合于南方水田耕作的一种更为先进的工具。共出3件，但只有1件较完整，其臿头保存有凹口铁刃，而另2件的铁口刃已无(在表五中以有无铁口刃为标准只统计为1件)。此器通长109厘米(木柄顶端稍残)，柄长59厘米，柄下至铁口刃端50厘米。板长13.5厘米、宽16.5厘米，双齿各宽5厘米、中空3.5厘米。齿端套铁口刃各长7厘米、宽8厘米(图7.4-2之2)。柄的位置不在柄的正中，稍偏一侧，形成宽、窄两个边，宽边为使用时脚踏用力之处。这种形制与天星观1号墓、马王堆3号汉墓的臿相同。有的论文仍沿用简报所定器名称为耒耜。看来，应如徐中舒、陈振中称之为双刃臿较好[272]。这种双刃臿因双齿中间有空隙，在水田操作时便于过水以减少阻力；双刃又宽于单刃臿，其功效显然比单刃臿大得多，是使用耕犁以前最为先进的水田耕具。这种较完整实物仅在楚都遗址内出现，也可能并未普及。于此可见楚郢都地区农业生产工具更为先进。并且，农业生产中铁工具已普遍取代了铜工具。以郢都为中心的楚国农业生产水平，在当时列国中是处于领先地位的。

2. 镢、锄

《说文》：“镢，大锄也。”二者均为掘地、挖土的农业工具，故在此归为一类论述。

此二者与前述臿一样，均为木质的柄与铜或铁刃两部分构成，都是复合材料工具。但装柄方法不同，臿为直装柄，而镢、锄则非，其木柄与器身平面是基本垂直的(有一定程度的倾斜)，从而使用方式也就有差别。

墓葬内无镢的情况在前面已讨论过了。纪南城遗址出土5件铁镢，均只存铁质部分，形制为长条形，有宽、狭之分。松柏30号台出土的3件只有1件完整，长12.5厘米、刃宽4.4厘米(图7.4-3之1)。城内古河道侧82号古井出土1件长14.8厘米、刃宽5.2厘米

(图 7.4-3 之 2)。93 号古井出的 1 件较宽扁，残长 7 厘米、刃宽 4.6 厘米。这 3 件的木质构件不存(仅 1 件在銎内残留木质)，其装柄方式应如同下面提到的天星观铁锄、望山铜锛一样，均与器之板面垂直(或倾斜)成"┏"形。

在大冶铜录山矿冶遗址出土铜镢 1 件、铁镢 2 件(见表六)，应为采矿工具。但因其形制与农具镢相似，故沿用此器类名称(锄名亦同)。这几件铜、铁镢除长条形外，还有凹字形镢 1 件，器身的木质、铁质构件仍较完整地套合在一起，全长 28 厘米，铁质凹形长12.2厘米、刃宽12.2厘米，器身中部偏上有方孔以纳木柄(图 7.4-3 之 3)。此器报道时称锄，有的称大锄。因器身已长达 28 厘米，在此改称为镢。在江陵天星观 1 号墓的盗墓工具中有 1 件木镢，木质坚硬，长 34.8 厘米、宽7.4—9厘米、厚 3.4 厘米，中部偏上处有方孔以纳木柄(图 7.4-3 之 4)。有论者认为也可能下面套有铁质凹口刃。这种镢显系农业生产工具而移作盗墓工具使用的。

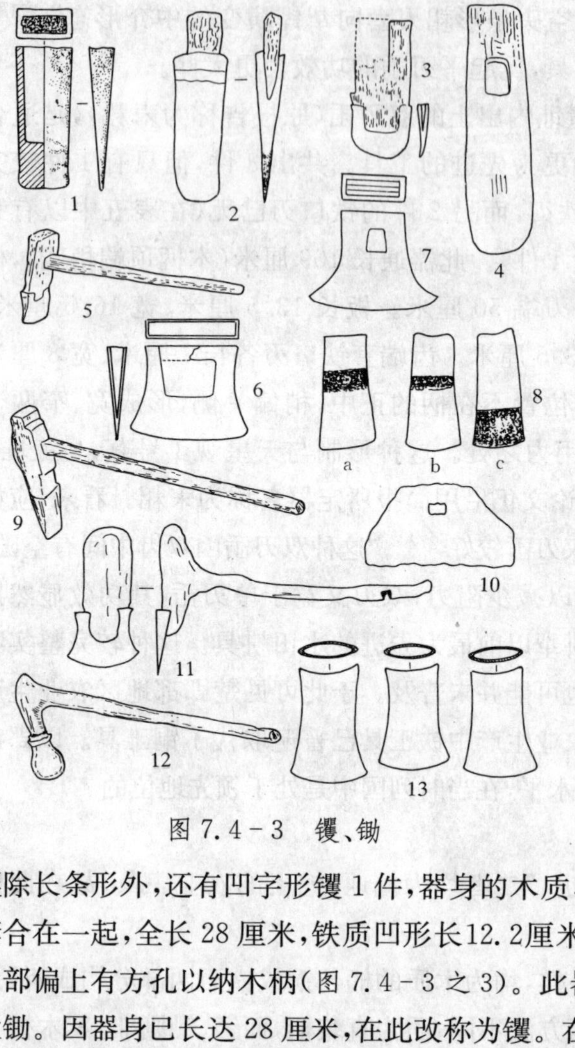

图 7.4-3　镢、锄

这些长条形、凹口形镢一般体长厚重，最适宜用于南方板结的土质，尤宜于开垦荒地。现代多称之为锄(当然，现代的锄比之两千多年前的锄或䦆其质地、结构均大有改进)。而水田因有水浸泡致土质较软,当以使用臿、锹为宜(现今主要以犁耕代之)。

现在再来谈锄。这是古今通用之名,乃人们最熟悉、最习见的农具。据表四,有3个楚墓出土铜锄11件。大冶铜录山出土铜锄3件、铁锄3件(表六)。天星观1号墓出盗墓工具铁锄两件。它们的锄体或铜或铁,刃口形制有长方形(包括刃部外侈的钺形)、凹字形和六角形(图7.4-3之10)等[273]。安徽舒城九里墩墓内出锄2件(原名锛),形制大小相同,中间有双孔、长方形銎,内残留朽木,长7.8厘米、刃宽9.4厘米(图7.4-3之6)。这种锄适于松软土壤,用作中耕除草。襄阳蔡坡4号墓出锄3件(原名B型斧),形似钺形,锄面方孔较小,长方形銎,全长6.5厘米、刃宽8.7厘米,銎口长4.2厘米、宽1.6厘米(图7.4-3之7)。这也和前述锄一样,应同为中耕除草用。寿县楚幽王墓内的6件锄,原名铲,陈振中认为此乃缚于木锄上的长条形锄片[274]。6件大小略等,1件长6.5厘米、刃宽8厘米、上宽5.5厘米、厚0.45厘米(图7.4-3之8)。

大冶铜录山的铜、铁锄,原名斤,应改定为锄,陈振中统计有15件[275](图7.4-3之13)。卢本珊列举3件,形制稍异,并附有全器(包括木柄)的图形(图7.4-3之5、9、12),显然应是锄类[276]。铜录山铁锄多见于中原地区,且有铜制的,乃锄的通用型式之一。建国前后的西藏农民还有使用类似形制的木锄情况,可见其源流的久远。

䦆、锄类最完整的实物出自江陵天星观1号楚墓,为盗墓工具。此器铁口长11厘米、刃宽11.5厘米,套接于曲木前端,木柄长46.5厘米(图7.4-3之11)。这应是原楚地使用于农业生产用的工具,被移用作盗墓工具的。其木柄是用自然生长的树枝曲木制成,而不是直木柄与板面上榫卯套接构成[277]。由这件完整器可以证实一点的是,凡刃宽11.5厘米左右的凹字形器口和耜、臿类的器刃口宽度相若(见前面393页所列表的尺寸),则这类凹字形刃口之器既可作耜、臿,又可作䦆、锄。其区别在于装柄方式的不同和器体厚薄的差异。因此,在未保存木柄只保存金属刃套的情况下，何者为镤、锄？何者为耜、臿？要谨慎地对待。论者曾试拟标准予以界说[278]。但这也只能是相对而言，不能绝对化。如前面提到的刃宽及銎部大小相近的刃套，同样可分为不同的器类。我们在前面已说到，凡只存凹字形刃套的，暂一律称为臿，也只是相对而言，因为其中难免有的会是锄的刃套。而在报道这类考古资料时往往对此有时注意不够，或者一律称臿，或者则又一律称锄[279]。笔者以为凡只有金属凹形刃套，而又未保存其装柄方式的，可均以臿名之为宜。

3. 铲

铲是与臿（包括后世的锹）、锄不同的又一类农具，一般来说器形比锄、臿更小，形体上也有区别。王桢《农书》卷十三诗云："古铲惟制小，颇逾锄耨功。"即此之谓。其用途主要为中耕锄草松土，而非插地起土，故有形体小的特点。现代的铲、锹器体甚大，与先秦的铲是两种不同的工具，不可混淆。荆楚之铲，以12例图示之（图7.4-4）。

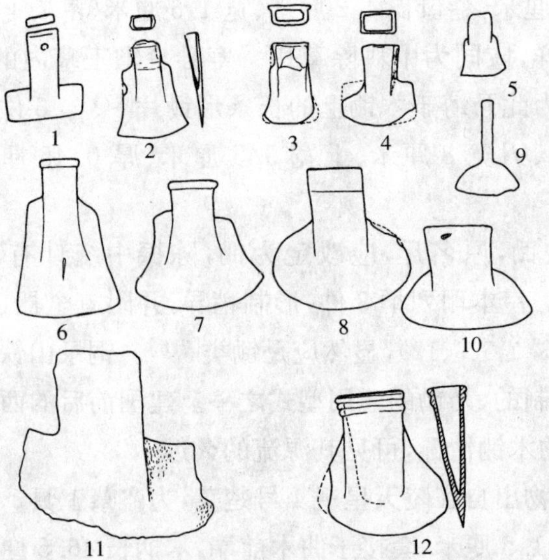

图7.4-4　铜铲

铲古又写作刬、铫，即《诗经》中"庤乃钱镈"的"钱"。《生产工具》有专论铲（钱）的一章，内分无銎铲、有銎铲（细分为10个式）、铜柄铲三大类。但只侧重于形状的区别，对早晚演变序列则注意不够。书中所列荆楚地区西周时期的铲数量极少，东周时期的铲湖北出土的仅2件、湖南的21件，实际已大大超出此数。仅湖南省博物馆所藏东周铜铲，总数就有200多件[280]，超过该书统计的10倍。而湖南省博物馆所藏不过是湖南所出铜铲的一部分,实际数量还要大大多于此数。在本书内只列出青铜礼乐器与工具同出的典型楚墓统计表,更能说明相关问题,而不仅仅是着眼于从不太准确的总数量上去说明问题。就现有楚墓资料看,从春秋早期到战国末年各个时段都有青铜铲出土。但从表四看,只有两个墓出铲,共9件,一是春秋晚期舒城九里墩大墓出3件,其中1件长11厘米、最宽7厘米。二是安徽寿县楚幽王墓出6件,其中1件通长12厘米、铲身长5.3厘米、刃宽8厘米。看来铲并非楚墓随葬工具中的必备器种,乃可有可无的器种。铁铲仅出于一个墓,且锈不成形,在纪南城遗址尚未发现铜、铁铲。

关于青铜铲是否大量使用于农业生产,有针锋相对的争论意见[281]。《生产工具》一书以较大篇幅作了肯定性论证,值得重视。但也必须注意到,这种铲如果只保存金属铲头,则有用作手工工具或其他用途的可能。例如长沙浏城桥1号楚墓出土的有木柄的斧,其青铜斧却是铲形,乃铲形斧,显为手工工具。假如此斧的木质构件不存,就会肯定为农具用的铲。因此,仅保存金属铲头的这类铲,除用作农具外,也还可作其他用途,应是无疑问的。还可再提到一种不对称形的铲,在湖南发现较多。它的用途很可能主要不是农具,而可能有多种用途。这种不对称形器,也有称之为钺的,已有专文讨论[282];可能有多种功用,当由荆楚地区南部的越人所创制。

铲虽然数量多,但真正用于农业生产而又保存了木质构件的,迄今罕见,是为憾事。

4. 镰

镰,古时称艾。《诗经》云"奄观铚艾"("周颂·臣工"),铚与艾(镰)均为收割工具。在荆楚地区,铚早在西周时期就已使用,但东周时尚未发现。镰则发现较多。据表四,有5个楚墓出镰共19件(其中铁镰2件)(图7.4-5之1—4、6)。在纪南城遗址内发现3件(表五),均为铁镰(图7.4-5之5、7、8)。

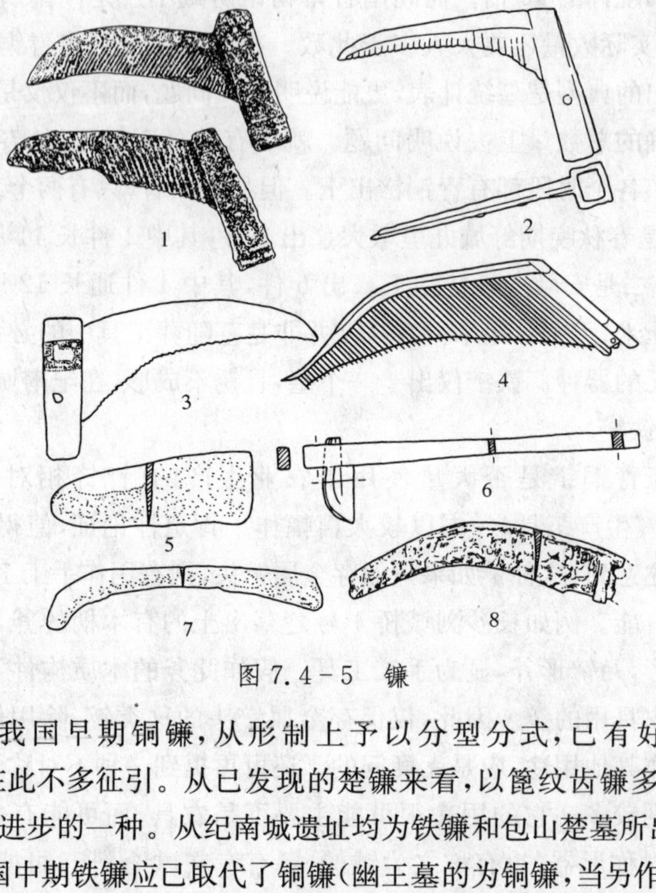

图 7.4－5　镰

综论我国早期铜镰，从形制上予以分型分式，已有好几种分法[283]，在此不多征引。从已发现的楚镰来看，以篦纹齿镰多见，这是铜镰的最进步的一种。从纪南城遗址均为铁镰和包山楚墓所出也是铁镰看，战国中期铁镰应已取代了铜镰（幽王墓的为铜镰，当另作解释）。

值得重视的是包山 2 号、4 号楚墓的铁镰，均保存了木柄，木柄长 45.8厘米（图 7.4－5 之 6）。这是迄今为止仅见的结构完整的铁镰，对于了解铁镰的装柄方式，提供了惟一可参考的实物材料，弥足珍贵。对楚幽王墓之镰柄安装方式，论者认为"装柄柄部都较镰身窄，似以装直柄为宜"。但论者拿不准，又疑惑地说"也不排除装横柄的可能"[284]。今观包山楚墓铁镰，镰柄窄于镰身，仍为横装。这可为论者的疑惑释疑了。

铲、镬一类掘土工具，可用于农事，也可用于建筑等方面，而镰则为专用农具，故李学勤在其所著《东周与秦代文明》一书关于青铜农具一章中重点论述了镰这一专用农具。但限于那时的发现，所列主要为安徽、江苏、浙江的镰。因那时淅川下寺、荆门包山等楚墓和纪南城遗址的资料尚未出土和发表。据前表统计楚镰已有20多件,并不比长江下游所出的少。李氏当时据长江下游出土较多的镰,指出:“东周时代的青铜农具并不像有的人所说只有零星的发现,而是已有相当多的材料”[285]。这相当多的材料在楚系墓葬、遗址内更是如此。楚国所在的荆楚地区从历史时代起,以水稻种植为主的农业生产水平已较高。楚国有此悠久的农业传统为基础,其农业生产水平决不逊于同时期其他地区。文献记载楚国粮食“粟支十年”[286],正可相互印证。

农具除以上所列之外,还有称耨的农具,是东周兴起的与锄相近的用于耘苗的中耕工具。但楚地少见,仅在湖南发现1件[287],湖北未见。有人认为湖北大冶采矿遗址的1件可改称的“曲柄耨”[288],不妥,应为采耙矿石的工具。

5. 斧

斧是专用于砍劈的一类重要工具,据表四至表六,楚墓的斧有19件(其中铁斧2件),纪南城出斧2件(原报道的斧有的已归入镬类)。铜录山矿冶遗址出铜斧22件、铁斧7件,但这些斧有木柄的均为直装柄,其作用为楔开矿石的开矿工具,在此不论列。

对于斧的分型分式,也有多种分法[289]。楚斧可分为三型——长条型、短钺刃型、铲型。长条型又可分为三式,Ⅰ式以淅川下寺楚墓的斧为代表,例如下寺M36:17,銎口外侧有凸起绹索纹,侧面有半圆环,长12.8厘米、刃宽5厘米(图7.4-6之1),下寺M2的与之同,惟无小环,长13.1厘米、刃宽5.2厘米(图7.4-6之2)。Ⅱ式以襄阳蔡坡M4的斧为代表,与Ⅰ式区别在于全素面,刃部基本不外侈,微弧,1件长9.5厘米(图7.4-6之3)。Ⅲ式为铁斧,以包山M2:135为代表。斧身为长方体,这是与Ⅰ、Ⅱ式的不同之处。此件保存了完整的木质构件,斧身銎口内有木榫套入木柄的长方銎内,全长70厘米,斧身长14厘米、刃宽5.6厘米(图7.4-6之4)。包山M4的铁斧(图7.4-6之5)也保存了完整的柄部,但铁质斧头与包山M2的有异,应属铲形斧。

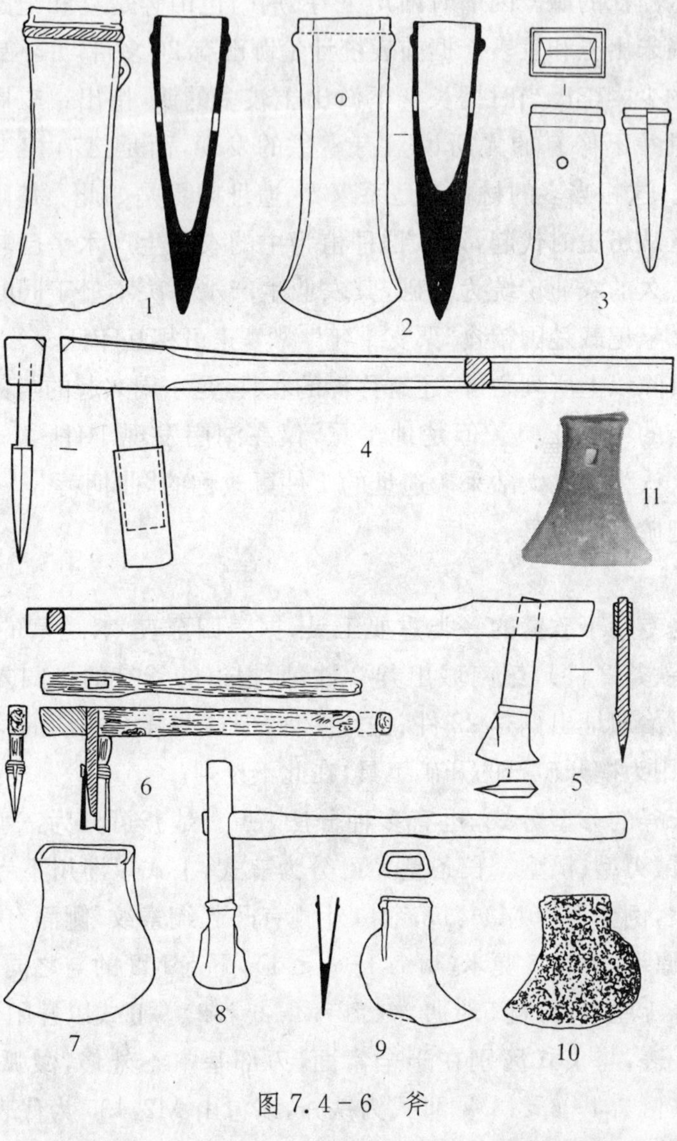

图 7.4－6　斧

以上长条型斧的三式，Ⅰ式为春秋中期物，Ⅱ式为战国早期物，Ⅲ式为战国中期物，其早晚演变轨迹主要表现在刃部外侈到不外侈，刃宽与銎口宽由不等到基本等宽，器形上的这种早晚差别应反映了斧类工具的进步，表现在铁斧取代青铜斧形制的不断改进，使之更加实用。

短体钺刃型，包括钺形、斜刃等。淅川下寺 M 11的 1 件形体小，长 5.5 厘米，刃宽 5.5 厘米（图 7.4－6 之 9）。藤店 M1 的 1 件长 5.3 厘米（图 7.4－6 之 10）。这种斜刃斧，是不对称型铜器的一种。已发现的年代最早的为两周之际。例如湖北称归官庄坪遗址就出土 1 件，通长 15.4 厘米、銎长 8 厘米、宽 4 厘米（图 7.4－6 之 7）[290]。在湖南两个战国楚墓内和湖南省博物馆藏铜器中也有多件。不对称形铜器虽以南方多见，但年代较早者却在鄂西与豫南出土，值得注意。这种小型斜刃斧应是人们日常生活中用作易于切割的小工具，与那种对称的近似钺形的宽刃斧之作为生产工具有着明显的区别。例如纪南城的铁斧、天星观 M1 盗墓工具铁斧（图 7.4－6 之 6），其为生产工具的功能是明显不过的。

铲形斧目前仅二见，这就是长沙浏城桥 M1 出土的保存有木柄的小铜斧和包山 M4 的铁斧。浏城桥 M1 的斧身长 7.2 厘米、刃宽 4.9 厘米、銎长 2.65 厘米、宽 1.6 厘米，木柄长 33.5 厘米（图 7.4－6 之 8）。由此推知有些失柄的铲形器也应是此种装柄方式的斧，而非直装柄的铲。这是有赖于浏城桥楚墓、包山楚墓的发现而得出的新认识。由此实例，更应引起研究者的注意，即单凭铜或铁的金属部分不能单打一地判断为某一种工具类别，而必须作留有余地的考虑。“完全相同的器物，也可能是不同工具的刃套”[291]。对这一点，应作为很重要的一条原则予以确认。同样“一种工具有多种用途”[292]，也是一条重要原则。如上所述，同样是斧，长条斧、短体钺刃斧、铲形斧用途各不相同。即使同样是长条斧，也可施以不同的用途。推而广之，斧确是工具中很重要的一类。既有超大型的，如铜录山所出 1 件，长 47 厘米、刃宽 41 厘米，重达 16.3 公斤（图 7.4－6之 11）。也有微小型的，如上举浏城桥的斧。斧既可用于农业垦殖，也可开矿，也可用于日常生活，其用途不可谓不广矣。

6. 锛

据表四，有锛 18 件，据表五、六，纪南城遗址 1 件，铜录山 10 件。

从形制看，锛也可区分为长条形、长方形和宽刃型三种。长条形锛的刃部多为弧形，有的弧刃外侈较甚，形如半月形，例如淅川下寺 M8

的1件，通长9.8厘米（图7.4－7之1）。下寺M2的2件较精致，近銎口处有卷云纹与三角云纹，最值得注意的是在斜面刃一面的近銎口处有半环钮一个，在楚墓内似仅此一见。环的作用在便于穿绳缚于柄上起固定作用。长度分别为11.5厘米和10.3厘米（图7.4－7之2）。

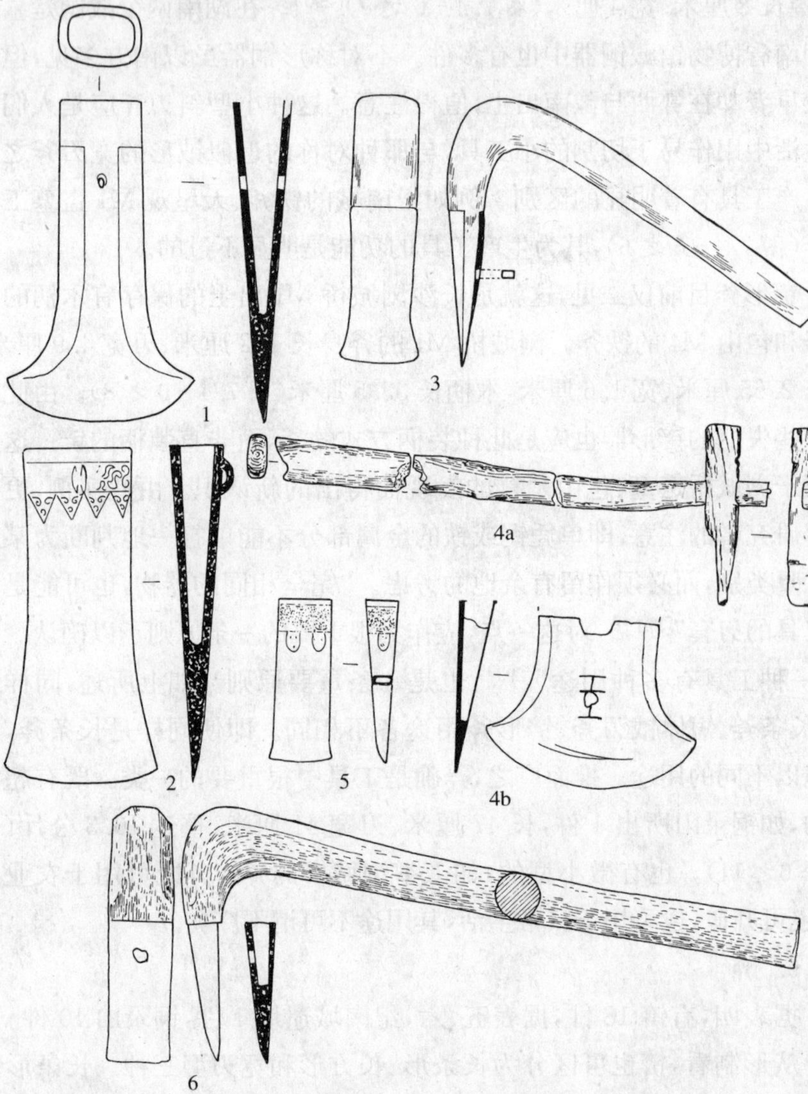

图7.4－7　青铜锛

长方形锛以信阳楚墓、望山楚墓的为代表,都是削制竹简的工具。其木柄保存完好。信阳楚墓的锛长 6.5 厘米、柄长 28 厘米(图 7.4－7 之 6)。望山楚墓的锛长 9.3 厘米、柄长 23 厘米(图 7.4－7 之 3)。值得注意的是,望山的锛为双面刃,与信阳的单面刃不同。以往均以为锛是单面刃器[293],现可据望山的双面刃锛,得出锛有双面刃和单面刃两种类型的新认识。襄阳楚墓的锛上部亦有花纹,柄已不存(图 7.4－7 之 5)。

宽刃型锛指刃宽超过器长,只在纪南城遗址内发现 1 件铜锛(原名臿)。一面有阳文"王"字,长 7.2 厘米、刃宽 9 厘米(图 7.4－7 之 4)。此锛出于古井的上部,而在下部则出一木质工具的柄。据图形比例看,柄下插部分的宽度刚好可套入铜锛的銎口内,看来这件木柄很有可能就是这件铜锛的柄。

锛,古称斤。《孟子·梁惠王》:"斧斤以时入森林,材不可胜用也。"《说文》:"斤,斫木也。"论者认为是一种平木工具[294]。但看来不限于平木一种用途。信阳、望山楚墓的锛置于文具箱内,显然是治竹简用的文书工具。由于它的装柄方式与锄、镬相同,也可能作农具用,唐兰先生就说过:"古代的兵字是两手捧一个斤,斤就是锛,既可以作兵器,也可以作农具或工具。"[295]纪南城的锛很可能作农具使用。下寺 8 号墓的锛,弧刃外侈成尖刃,也不排斥其作兵器使用的可能性。工具是人掌握的,可因人、因做事对象不同而具有不同的功能,这是在讨论工具的用途时,切不可忽视的一点。

7. 削

削是刀类的一种,楚削主要是指弧背弧刃即刃部内凹的一类,据表四共有 38 件(2 件为铁质),黄展岳统计楚国铁削数量为 34 件。凡此均可证楚削乃出土工具数量最多的一类。纪南城遗址内出土 6 件(见表五,4 件为铁质)。另有少量的直背直刃刀[296]。这两类削的年代可上溯至商代盘龙城二里岗期,盛行于东周时期(见表四、图 7.4－8)。

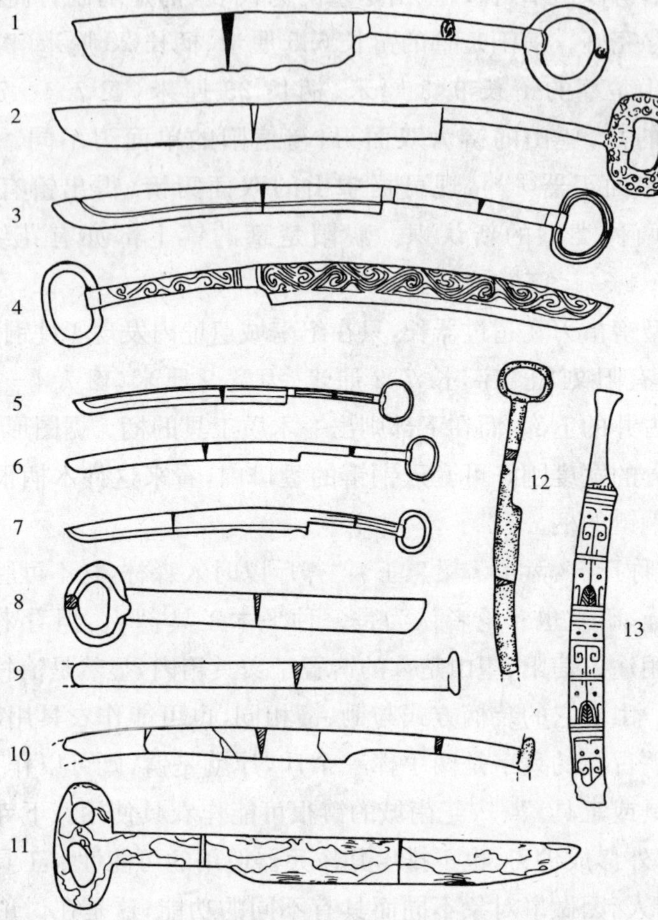

图 7.4-8　削

从信阳楚墓、望山楚墓出土的削置于文具箱内看，这种削无疑是削制竹简用的（图 7.4-8 之 4、6）。《考工记》云“筑氏为削”，郑玄注“今之书刀”，即此之谓。

削之功用不限于此，还有别的用处。曾侯乙墓、望山楚墓、包山楚墓出土的削中均有 1 件置于墓主棺室内，且装潢精致。例如望山 1 号墓的削（图 7.4-8 之 5）有精美的漆鞘，上有花纹。曾侯乙墓的共 5 件，4 件出于主棺附近，并不与竹简同处一室，位于墓主身旁的 1 件亦相当精致，首端之环为玉质，与削柄相接处呈龙首形，作衔住玉环状；玉环柄呈圆角长方环形，四角各接有一透雕的龙首形装饰；首面阴刻卷云纹；玉质为青玉，青中带蓝点有光泽；通长22.3厘米（图7.4－8之2）。这几件出自棺内墓主身侧的削，乃削之精品，为墓主心爱之物，可能也是显示其贵族身份的标志之一。楚削是很重要的一类工具，值得重视[297]。

战国中晚期，在湖北湖南楚墓内多见铁削，有的出土时仍置于漆鞘内（图7.4－8之8、11、13）。

8. 刮刀与刻刀

这是端刃铜刀中盛行于楚地的两小类铜刀[298]，以下分别论述（图7.4－9）。

刮刀：

此类端刃刀的前端尖锐，尖端向后分开作两刃状，中部至后端平齐，背有脊，断面为人字形或弧形。表四统计有10件，在其他楚墓内出土的刮刀，数量甚多，并有铁质的[299]。信阳长台关M1、江陵望山M1、荆门包山M2的刮刀均有木柄。望山M1的2件形制大小相同，刀面左上角铸一阳文“王”字，出土时刀上有木柄套合，所缠缚的四道丝带仍存，是保存最好的两件，刮刀长17.6厘米、宽2.7厘米，连木柄长29.6厘米（图7.4－9之4）。纪南城遗址所出一刮刀，残存有“王”字的一小段（图7.4－9之6），其形制也应与望山M1的相同。其他地点出土的铜、铁质刮刀（图7.4－9之2、3、5、7、9），形制均大同小异。

这类刮刀，报道者定名极不统一，有削、刻刀、尖刃夹刻刀、刮刀、穿刀、篾刀、雕刀、椎刀、刮削器，甚至还有称匕首和矛的。现在多数研究者认为以称刮刀为宜。刮刀具有刮和削的功用，主要用以加工竹器、刮削竹篾、编织席筐，或用于劈麻。上面提到的信阳、江陵望山楚墓的刮刀出于文具箱内，显为治竹简的工具。

刮刀的起源与族源问题值得重视。宁乡出土的两件小型刮刀，长仅6—6.2厘米，后端有椭圆銎以承柄（图7.4－9之1），年代属商代晚

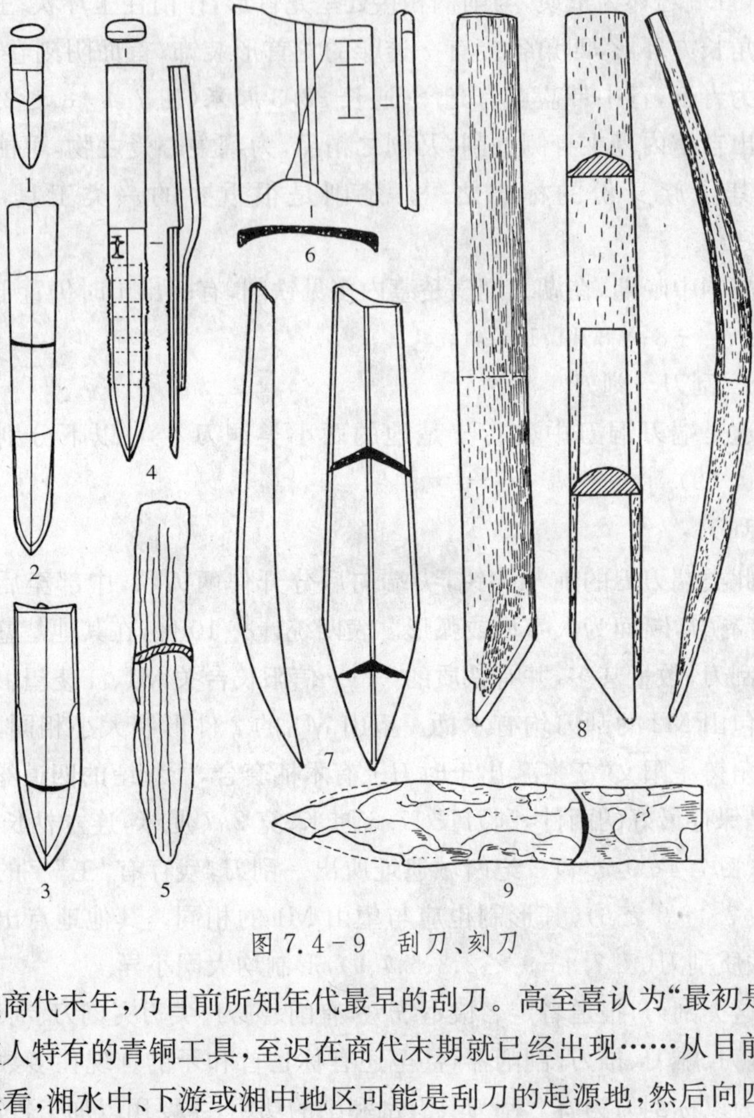

图 7.4－9　刮刀、刻刀

期或商代末年，乃目前所知年代最早的刮刀。高至喜认为“最初是南方越族人特有的青铜工具，至迟在商代末期就已经出现……从目前的资料来看，湘水中、下游或湘中地区可能是刮刀的起源地，然后向四周传播。主要传播路线可能是溯湘江而上，传入两广，成为百越的典型器物之一。楚人进入湖南之后，刮刀又被楚人所接受，主要用作治简的工具，在楚地广为流行，并又传至楚的周围地区”[300]。陈振中也指出，这类刮刀除1件出陕西外，“其余皆出自南方和西南各省”[301]。黄展岳统计楚国铁刮刀 13 件，全出于湖南楚墓内。不过，从春秋早期的楚系墓内就有刮刀出土[302]的情况看，似乎早在楚人进入湖南前，这种由越人创造的工具已向北传播，也许不迟于西周晚期就被楚人接受和使用，并进而仿造。只有如此解释，对春秋早期的楚系墓葬内有刮刀出土就好理解了。当然，由于至今尚未发现西周时期的刮刀，这一推测还要经受新资料的验证。刮刀不仅在南中国传播，更远播外域，在朝鲜、日本也有铁刮刀出土。论者认为可能是“由中国的楚越地区循东海路线传入，或在朝、日本土自行仿制”[303]，这是中国悠久文明影响朝、日等周邻国家的一实物例证，颇值得珍视。

刻刀：

这类刀，或称之为斜刃刀。出土数量不及削与刮刀多。据表四，只有 5 件，出于信阳平桥 M2 与信阳长台关 M1，长台关有 3 件，其中 1 件长 23 厘米，出土时嵌于较宽的木柄中（图 7.4－9 之 8）。其木柄宽于刃部，有论者据此认为“不适宜于雕刻器物，而是削制器物的工具”[304]。我们以为不能据此排斥其具有雕刻刀的功能。

9. 凿

据表四、五，墓内与纪南城内各出凿 8 件和 4 件。纪南城的全为铁凿，楚幽王墓 2 件中有 1 件为铁凿。

这些凿（图 7.4－10）据其形制差异，可分为 4 个不同的类型：1. 体长方形；2. 体前端细、后端粗；3. 刃部宽于体身；4. 中腰略束。第一类数量最多。曾侯乙墓的凿，保存有木柄，连木柄长 21.4 厘米，凿身长 8 厘米、刃宽 1.4 厘米（图 7.4－10 之 1）。这是楚地保存有木柄者目前仅见的 1 件。

这一地区早在商代就已有凿的发现，例如盘龙城遗址就出有 3 件，表明这一地区用凿的历史源远流长。到战国时逐渐以铁质代替铜质，纪南城内所出全为铁质，就是明证。

凿在全国各地各时期均有较多发现。有的论著分为九类论说，有的则分为四型列述[305]，但均无荆楚地区凿的图像与论述。论者

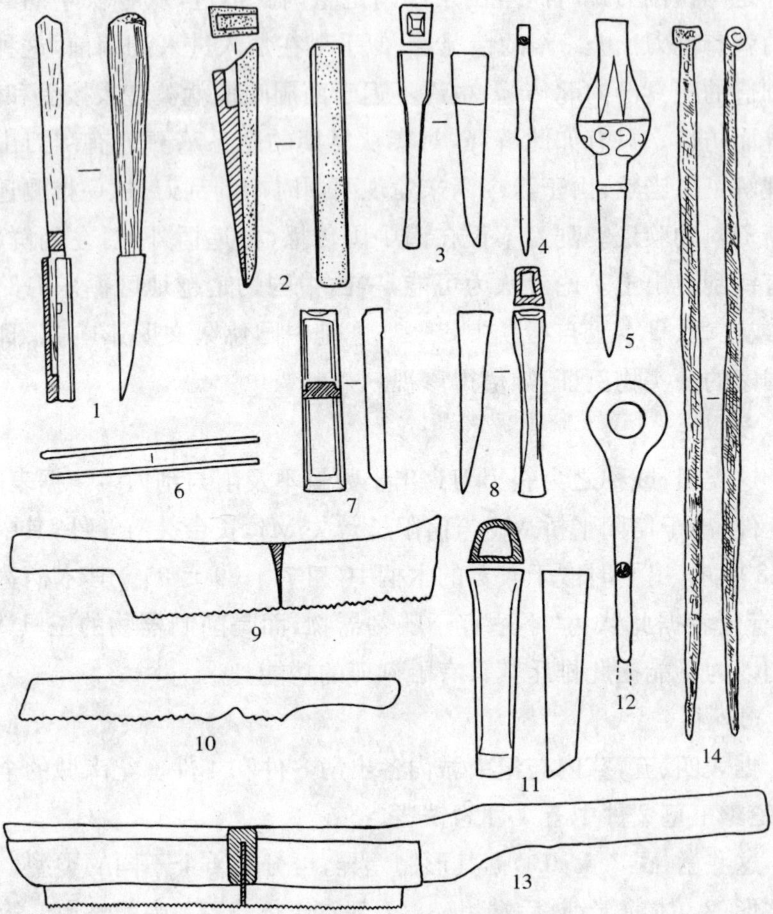

图 7.4－10　凿、锥、锯、针

据凿的资料进而推论“文化上地域上接近中原的北方地区尤其是殷周王朝统治的中心地区，西周以前大量使用青铜工具”[306]。言外之意，在非中原地区（包荆楚在内）则未大量使用青铜工具。荆楚地区早在商代二里岗期就发现 3 件铜凿和其他青铜工具，在江西新干大墓内也出土大量工具。以此看来，上述论断过于片面与武断。东周时期铜、铁凿在这一地区的大量使用应无疑问，对这一地区手工业水平不应低估。

10. 锥

据表四、五，墓内出 8 件、纪南城内出 1 件铁锥，实际当然不止此数。如湖北襄阳山湾楚墓除表内所列 3 件外，还有 5 件出于该墓地其他楚墓。东周之锥多有铜质柄部，粗于锥体，楚锥亦然。铜柄中部圆鼓或呈葫芦状，例如襄阳山湾 M2 的 2 件，柄上刻有花纹，长 7 厘米（图 7.4－10 之 5）。襄阳蔡坡 M4 的 4 件，每件长 11.9 厘米（图 7.4－10 之 4）。纪南城水井内的铁锥，其柄端为铁环，环径 3 厘米，刃端已残，残长为 17 厘米（图 7.4－10 之 12）。这件铁锥粗而长，应为手工业的专用工具。

锥在这一地区早在商代就已出现，在湖南石门皂市商代二里冈期遗址内出土 1 件，长 11.2 厘米（图 7.4－1 之 12）。可证江南地区使用铜锥历史之久远。然在两周时期却罕有发现，不及中原地区之多见，在《生产工具》一书的统计表内两湖地区为空白。因那时皂市之锥尚未报道，自然无法列入统计表内。这是考古发现的偶然性与资料报道的滞后性所致，统计表之相对性与或然率，于此又得一例。

11. 锯

表四，锯有 5 件，分布于安徽、河南省境内，而作为荆楚地区中心的两湖地区却未见 1 件，但并不表明就没有发现过。并且，早在商代二里岗期盘龙城遗址内就出土 1 件，通长 25.2 厘米（图 7.4－10 之 9），原应装有木柄，它与锥一样渊源久远，也应与锥等工具一样，流行于荆楚两湖地区。

楚墓内的锯以信阳长台关 M1 的保存较好，出土时木质构件完好，系将 27.8 厘米长的铜锯片嵌装于木柄内（图 7.4－10 之 13）。这种锯与今日木工使用的割槽锯（侧锯）十分相似。在墓内与文具同出，应为切锯竹、制作竹简的专用工具。

12. 针

针在《生产工具》书内及其他青铜器专门著作内未统计，罕有论及。考虑到楚墓内出针较多，在此单列一项，予以论述。

表四有3件,形制不一。六安M2的1件,体细长,平形帽、四棱面、四棱状尖锋,长14.6厘米、径0.25×0.2厘米。固始白狮子地M1的1件,针断面圆柱形和三棱形,残断,残长14.5厘米,出土时此针置于一小竹筒内,竹筒表面髹黑漆,看来墓主人很珍惜此针,用精致的筒套予以保存。荆门包山M2的一件已非铜质,而为钢针,乃迄今所见惟一的一件钢铁质料的针,弥足珍贵。此针有椭圆形鼻孔,且扁平,针体圆柱形,锋已残,残长8.18厘米、体径0.08厘米,鼻孔径0.06厘米(图7.4-10之6)。针有鼻孔,已与今日使用的针无异,显然是缝制衣物的锐利工具。

除以上12类工具外,还有错5件、矩2件、錾8件,因仅出于一个墓——楚幽王墓内,不具普遍性,不再分单项论述。错有直错、弯错之分(图7.4-11之1,共3件)。诗曰:"他山之石,可以为错[307]。"错由石

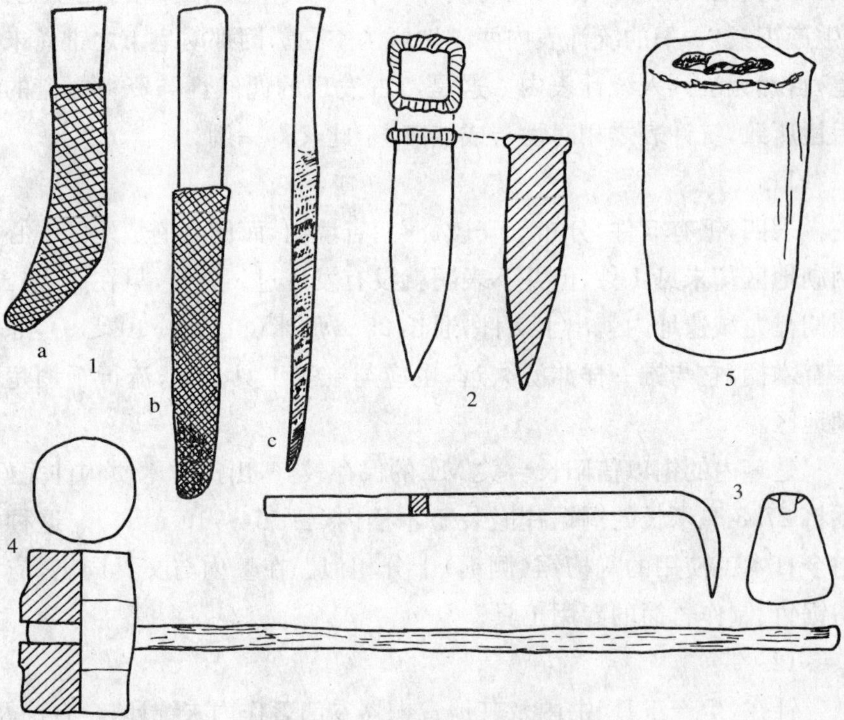

图7.4-11　错、锤、錾、耙

而铜、铁，今日仍是手工工具之一。矩乃木工使用规矩绳墨的工具，罕有发现。楚幽王墓的2件矩两边均等长，与汉代的矩两边不等长有异，可以看出其间的演变关系[308]。至于此墓之錾，因未见图像，不便论列。

大冶铜录山矿冶遗址内出有铁锤、铁耙各3件、四棱铁錾4件（图7.4－11之2—4），在其他地点罕见，不再讨论。在长沙等地还出铁夯锤（图7.4－11之5）等，也不再论述。

以上是对这一地区工具的总体与分类考察，既是对本地区工具状况的一次全面梳理，也有助于对我国这一历史时期工具总体状况的研究，对一些工具的定名、功用，提出了笔者的一些新见，期望引起讨论。

在青铜器研究中，相当长时段内，对工具这一大类是比较忽视的。且不说金石学时期的不重视，就是建国后在马克思主义为指导的新时期，也有过曲折的历程。一个明显的例子是，以研究生产工具为己任的荆三林先生，1955年出版了《中国生产工具发达简史》[309]。20世纪60年代初作者经过补充、修改，写成了专史，在“文化大革命”中却以“惟生产力论”的罪名没收书稿，并对作者进行批斗。待到拨乱反正之后，此书经作者充实，定名为《中国生产工具发展史》予以出版[310]。近二十年来，对生产工具的研究已步入一个崭新的丰收阶段。在这方面，《农业考古》杂志每期辟有工具研究专栏，大大推进了以农业工具为重点的工具研究。资料性的工具书如《中国古代生产工具图集》[311]等也相继出版。关于先秦时期工具研究的专著有《青铜生产工具与中国奴隶制社会经济》（简称《生产工具》）一书，乃中国先秦生产工具研究中的代表作，反映了作者研究工具的深度与广度。笔者在撰写这一节工具时，就以此书为主要参考资料，获益良多。当然，对其书中某些看法也提出了自己不同的见解，以便于进一步讨论。对其中有关问题，则因本书内容与篇幅的限制，不便展开详论。

注　释：

[1] 张光直：《中国青铜时代》第 26 页，《生活·读书·新知三联书店》1983 年版。

[2] 湖北教育出版社 1995 年版。

[3] 朱凤瀚著，南开大学出版社 1995 年版。

[4] 同第二章注[60]。

[5] 见第二章注[57]。这一重要新发现已补入第二章正文，并详注。

[6] 刘彬徽：《略论长江中游地区夏商时期的文明》，载《长江文化论集》。湖北教育出版社 1995 年版。

[7] 向桃初：《湖南湘江流域商周时期古文化初论》，《南方文物》1994 年第 1 期。

[8] 当然也确有南下商人从中原带来或在本地由商人铸造的器物，即那些有“”等类族徽符号的商器。但数量不多，大量的是如第二章所区分的三类器中的两类，即融合型与独创型的器物。

[9] 何努：《湖北江陵江北农场出土商周青铜器》，《文物》1994 年第 9 期。

[10] 铭文楚器为楚公豪钟、戈和楚公逆钟。湖北当阳赵家湖楚墓区的赵家塝 M2 出土簋二鼎一，分期属东周一期，上限可早到两周之际。箭镞出自当阳磨盘山遗址，年代为西周晚期，见《江汉考古》1984 年第 2 期。

[11] 山西省考古研究所、北京大学考古系：《天马—曲村遗址北赵晋侯墓地第四次发掘》，《文物》1994 年第 8 期(图像见第三章)。

[12] 拙著：《楚系青铜器研究》第 581 页。湖北教育出版社 1995 年版。

[13] 拙著：《楚系青铜器研究》第 576 页。李学勤在《中国美术全集·工艺美术篇·青铜器》一书序言里说：“春秋中期到战国中期是个绚丽灿烂的大阶段，这是中国古代青铜器发展史上第二个高峰。”我则提出楚青铜器是这第二高峰的突出代表。

[14] 分期、年代问题，是一切研究的前提条件与基石。早年郭沫若即云：“时代性没有分划明白，铜器本身的进展无从探索，更进一步的作为史料的利用尤其是不可能的，就这样，器物愈多便愈觉着混沌，而除作为古玩之外无益于作为历史科学的研讨，也愈感觉着可惜。”(《青铜时代》，人民出版社 1954 年版第 301 页。)

[15] 例如高至喜《〈楚系青铜器研究〉评介》一文(《中国文物报》1995 年 10 月 29 日)认为：“这是目前所见对楚铜器群分期和年代序列编排论著中最细致和水平最高

的。”(高至喜为中国考古学会理事,四省楚文化研究会副理事长,曾任湖南省考古学会理事长)。

[16] 见高明:《中原地区东周时代青铜礼器研究》,《考古与文物》1981 年 2—4 期。本书所引对比材料中原地区铜器组合即引自该文。

[17] 这种相同、相异仅主要指不同的器类,而器类本身又可分不同的型式。例如鼎,无论楚或中原都可分好几个型,早晚的式别差异也大,需要作更进一步的分析。在拙著的第四、五章内有所论述。

[18] 上海博物馆青铜器研究部周亚先生看了拙著后给笔者的来信中,认为拙著是楚青铜器研究的成果总结,功德无量。例如楚式鼎主要分为五个型,每个型按一至七期各选取一个标本图,显示每一器类型制上的变化序列,从而可以“对号入座”,判定类似器物的相对年代。

[19] 郭沫若:《殷周青铜器铭文研究》序页,1931 年石印手稿本。

[20] 楚系金文编排体例是正文、表格、图文(铭文与图形)三者的编号完全一致,极便查检(以往的金文著录若附铭文、拓片和图形,往往各自编号,增多了一道查检手续);并且,铭文与图像置于一处,便于研究(以往的金文著作大多将铭文与图像分开编排)。这一编排体例的创新,并非易事。这种看似简单、实为繁杂,貌似浅显、实为深邃的区域文化金文资料纂辑工作必须花大气力进行细致的反复对比、删选、归纳、深入研究,方能竣事。

[21] 例如《中国考古学年鉴·1992 年》(文物出版社 1994 年版),用了 140 余字的篇幅介绍了这一新观点。《南方文物》1996 年第 1 期《楚学文库丛书与〈楚系青铜器研究〉简介》一文认为:“确为崭新的见解。”

[22] 苏秉琦:《楚文化探索中提出的问题》,载《苏秉琦考古学论述选集》,文物出版社 1984 年版。

[23] 张正明:《楚文化的发现和研究》,《文物》1989 年第 12 期。

[24] 拙著于铸造未单列章节论述,因《楚学文库》另有这方面专著,以免重复。

[25] 在拙著《楚系青铜器研究》绪论内就有如下一段话:“鉴于本书的字数不能太多,若兼论礼乐器以外各类铜器,则篇幅太大,如有条件,拟另撰专著,作为本书姊妹篇。”故在本章第三、四节所论的兵器、工具,可认为乃《楚系青铜器研究》的续篇、姊妹篇。

[26] 刘彬徽:《山东地区东周青铜器研究》,《中国考古学会第九次年会论文集》,文物出版社 1997 年版(第九次年会于 1993 年召开)。

[27] 关于秦墓研究的论著较多,例如《新中国的考古发现和研究》一书有《关中地区的秦墓》一节,文物出版社 1984 年版第 310 页。论文有:韩伟:《略论陕西春秋战国秦墓》,《考古与文物》1981 年第 1 期;叶小燕:《秦墓初探》,《考古》1982 年第 1 期;滕铭予:《关中秦墓研究》,《考古学报》1992 年第 3 期。其他还有一些,不再列出。

[28] 陈平撰,刊《考古与文物》1984 年第 3—4 期。

[29] 王辉编著,三秦出版社 1990 年出版。

[30] 专著有拙著《楚系青铜器研究》,论文除笔者《楚系铜器略论》、《楚国青铜礼器初步研究》、《楚铜器墓分期续论》、《楚国有铭铜器编年概述》等等外,并有李零:《楚铜器类说》、《楚国铜器铭文编年汇释》;高崇文:《楚系青铜器的发展》(此文收入俞伟超主编的一本关于楚文化论文集,但至今尚未见到此书。此文曾承高崇文以复印件寄赠)。

[31] 李学勤:《再论楚文化的传流》,《楚文化觅踪》,中州古籍出版社 1986 年版。

[32] 郭宝钧:《商周铜器群综合研究》,文物出版社 1981 年版第 123 页。

[33] 见注[28]。

[34][35] 见注[29]。

[36] 张光直:《连续与破裂:一个文明起源新说的草稿》,载《九州学刊》第 1 卷第 1 期,香港中华文化促进中心 1986 年版。

[37] 张光直:《当前美国和英国考古概况》,《考古与文物》1985 年第 3 期。

[38] 李众:《中国封建社会前期钢铁冶炼技术发展的探讨》,《考古学报》1975 年第2 期。

[39] 陈振中:《青铜生产工具与中国奴隶制社会经济》(简称《生产工具》)第 452 页,中国社会科学出版社 1992 年版。

[40] 长沙铁路车站建设工程发掘队:《长沙新发现春秋晚期的钢剑和铁器》,《文物》1978 年第 10 期。出钢剑的墓编号为 M 65。

[41] 湖北省文物考古研究所:《江陵九店东周墓》,科学出版社 1996 年版。关于江陵与长沙钢剑年代的看法,此报告编写者杨定爱先生与笔者交谈时,认为两地的钢剑年代应相同。

[42] 杨权喜:《江汉地区楚式鬲的初步分析》,《楚文化研究论集》第 1 集。

[43] 郭德维:《江陵楚墓论述》,《考古学报》1982 年第 2 期。

[44] 同[39]之书第 432 页。此书作者认为孤证不孤,认为开始使用块炼铁时间可定在西周晚期。该书的表六、表八有春秋战国时期出土铁器一览表,可参阅。

[45] 后德俊:《楚国的矿冶髹漆和玻璃制造》第 127 页,湖北教育出版社 1995 年版。

[46] 见《湖南考古辑刊》第 2 集。

[47] 高至喜:《楚文化的南渐》第 283、284 页,湖北教育出版社 1995 年版。

[48] 湖北省博物馆江陵纪南城工作站:《一九七九年纪南城古井发掘简报》,《文物》1980 年第 10 期。

[49] 荆门市博物馆:《荆门市响岭岗东周遗址与墓地发掘简报》,《江汉考古》1990 年第 4 期。

[50] 分别见《史记》范雎、蔡泽列传和《荀子》议兵篇。

[51] 北京钢铁学院《中国冶金简史》编写小组编:《中国冶金简史》,科学出版社 1978 年版。

杜石然等编著:《中国科学技术史稿》(上),科学出版社 1985 年。《中国古代科技成就》,中国青年出版社 1978 年版。

[52] 乌龟包楚墓(M1)见《中国文物报》1996 年 1 月 14 日报道。新蔡大墓见《中国文物报》1994 年 10 月 23 日报道,均尚未发表简报或报告。据郝本性先生告知,新蔡大墓有平夜君的兵器铭文和出土竹简上也有平夜君名字,墓主很可能是楚国某一代封君平夜君之墓。**校注**:已出版了此墓发掘报告。

[53] 河南省文物研究所等:《淅川和尚岭春秋楚墓的发掘》,《华夏考古》1992 年第3 期。

[54] 曹桂岑:《河南淅川和尚岭、徐家岭楚墓发掘记》,《文物天地》1992 年第 6 期。

[55] 甲类组合应有青铜鼾,而和尚岭 M2 无,和尚岭 M1 虽有两件鼾,但据铭文为前此他人之器,并非墓主之器,故应属乙类组合。其身份相当大夫之地位显要者或富有者。**校补**:楚系青铜器甲类组合新增两例:湖北荆州天星观二号楚墓青铜器群和湖北枣阳九连墩楚墓青铜器群。

[56] 长沙市文物工作队:《长沙市白泥塘 5 号战国墓发掘简报》,《文物》1995 年第 12 期。此墓的 74 号戈与 22 号矛可能原应为一戟之戈头与矛。

[57] 郭胜斌:《湘江下游楚文化早期遗存探索》,《湖南省博物馆四十周年纪念论文集》。

褚金华:《安徽省六安县城北楚墓》,《文物》1993 年第 1 期;

六安县文物管理所:《安徽六安县城西窑厂 2 号楚墓》,《考古》1995 年第 2 期。所出礼器，一为鼎簋组合，一为鼎敦组合，缺壶，可归入乙类组合。

[58] 朱凤瀚：《古代中国青铜器》，南开大学出版社 1995 年版。

[59] 李零：《再论淅川下寺楚墓——读〈淅川下寺楚墓〉》，《文物》1996 年第 1 期。此文作者未注意新的资料与新的研究成果，并忽视了陶器墓楚鼎资料。

[60] 见《江陵九店东周墓》第 422 页。

[61] 例如幽王墓内的箍口鼎比子口鼎均高大且有铭文，中有“以供岁尝”之词，即表明为祭祀用器，而子口鼎中无此类词句之铭文。

[62] 仍以新出资料为证，《江陵九店东周墓》一书内报道的战国时期铜鼎全都是子口鼎，无箍口鼎，这些墓主身份为士，在春秋时期此类士使用铜鼎则主要为箍口鼎(仅个别例外)。

[63] 张昌平：《襄阳县新发现一件铜盏》，《江汉考古》1993 年第 3 期。此盏铭文见第十章，盏的年代为东周三期。报道者云器底有烟炱痕迹，把这也作为鼎类的依据之一。其实盛食器、酒器底有烟炱的情况也时有发现，故把这作为归属鼎类依据之一也不可靠。

[64] 容庚：《商周彝器通考》(1941 年哈佛燕京学社铅印本)，云簋“称别名者有飤𪊨”。

[65] 此盏铭文为“仲姬彦(?)盏”，详见第十章。盏之年代应为东周四期，即春秋晚期。

[66] 图像与文字说明见《中国文物精华·1993》，文物出版社 1993 年版。

[67] 龙形装饰情况，详见拙著《楚系青铜器研究》第五章楚器纹饰研究。所云数字为“八”的现象乃新归纳出的看法，在拙著内尚未总括出这个“八”现象。

[68] 见[66]一书的前言。

[69] 请参阅拙著第四、五章有关部分。称为构件而不称为器，乃考虑到此器可能为鼓架或别的器物的构件，故宜称为构件。

[70] 可参阅熊建华：《试论以湘江流域为中心的蜴形动物饰青铜器》，《南方文物》1997 年第 3 期。文中所论有的青铜器年代可早至西周。

[71] 冯普仁：《吴国兵器初探》；石永士：《郾(燕)王铜兵器研究》，均载《中国考古学会第四次年会论文集》，文物出版社 1985 年版。又，肖梦龙：《吴国青铜兵器研究》，《考古学报》1991 年第 2 期。童恩正关于战国西南地区青铜剑、戈的研究，载《中国西南地区民族考古论文集》，文物出版社 1990 年版。还有陈平关于秦兵器研究等，不一一列举。

[72] 综合性论述见于《楚文化志》一书,但并未作考古学研究。也有就某一类或某一小区域的兵器进行研究的文章,如陈跃钧关于楚铜剑的研究文章。周世荣:《湖南商周秦汉兵器研究(之一)》,载《湖南考古辑刊》第4集。故可以认为至今尚未见有关对楚兵器考古学研究的专门性论著。

[73] 关于兵器研究的重要性,在一些兵器研究专著如周纬的《中国兵器史稿》(三联书店1957年)已有论述。陈芳妹论文中提到兵器比礼乐器的地域文化特征更为明显,在文化史、科技史、艺术史研究方面均有其重要地位。

[74] 表中的15、18、25、35四个序号兵器群为新补的,其余均来自拙著的78个器群(该书内表2-2)。这便于研究礼乐器与兵器、墓葬等级与兵器相应的关系。

[75] 王儒林、崔庆明:《南阳市西关出土一批春秋青铜器》,《中原文物》1982年第1期。

[76] 河南省文物研究所等:《淅川下寺春秋楚墓》,文物出版社1991年版。

[77] 湖北省博物馆:《襄阳山湾东周墓葬发掘报告》,《江汉考古》1983年第2期。

[78] 湖北宜昌地区博物馆:《当阳曹家岗5号楚墓》,《考古学报》1988年第4期。

[79] 安徽省文物管理委员会等:《寿县蔡侯墓出土遗物》,科学出版社1956年版。

[80] 湖北省博物馆等:《湖北宜城骆家山一号墓出土青铜器》,《江汉考古》1983年第1期。

[81] 安徽省文物工作队:《安徽舒城九里墩春秋墓》,《考古学报》1982年第2期。

[82] 湖北省博物馆:《曾侯乙墓》,文物出版社1989年版。

[83] 湖南省博物馆:《长沙浏城桥一号墓》,《考古学报》1973年第1期。

[84] 湖北省博物馆:《襄阳蔡坡战国墓》,《江汉考古》1985年第1期。

[85] 信阳地区文管会等:《固始白狮子地一号和二号墓清理简报》,《中原文物》1980年第4期。

[86] 荆州地区博物馆:《江陵天星观一号楚墓》,《考古学报》1982年第1期。

[87] 荆州地区博物馆:《湖北江陵藤店一号墓发掘简报》,《文物》1973年第9期。

[88] 河南省文物研究所:《信阳楚墓》,文物出版社1986年版。

[89] 湖北省文物考古研究所:《江陵九店东周墓》,科学出版社1996年版。

[90] 湖北省文物考古研究所:《江陵望山沙塚楚墓》,文物出版社1996年版。

[91] 湖北省荆沙铁路考古队:《包山楚墓》,文物出版社1991年版。

[92] 王世振:《随州擂鼓墩砖瓦厂13号墓发掘简报》,《江汉考古》1984年第3期。

[93] 湖北省博物馆 1962 年发掘资料。

[94] 荆州地区博物馆:《江陵李家台楚墓清理简报》,《江汉考古》1985 年第 3 期。

[95] 湖北省博物馆江陵工作站:《江陵马山十座楚墓》,《江汉考古》1988 年第 3 期。

[96] 鄂城县博物馆:《鄂城楚墓》,《考古学报》1983 年第 2 期。

[97] 周世荣:《长沙烈士公园清理的战国墓》,《考古通讯》1958 年第 10 期。

[98] 湖南省博物馆等:《临澧九里楚墓》,《湖南考古辑刊》第 3 集。岳麓书社 1986 年版。

[99] 长沙市文物工作队:《长沙市荷花池 1 号战国木椁墓发掘报告》,《湖南考古辑刊》第 5 集。

[100] 河南省文物研究所等:《河南省叶县旧县 1 号墓的清理》,《华夏考古》1988 年第 3 期。

[101] 驻马店地区文物局:《上蔡县发现一座楚墓》,《文物》1990 年第 2 期。

[102] 荆州地区博物馆:《江陵张家山 201 号楚墓清理简报》,《江汉考古》1984 年第2 期。

[103] 荆州地区博物馆:《江陵雨台山楚墓》,文物出版社 1984 年版。

[104] 单先进、熊传薪:《长沙识字岭战国墓》,《江汉考古》1977 年第 1 期。

[105] 湖南省博物馆:《湖南常德德山楚墓发掘报告》,《考古》1963 年第 9 期。

[106] 常德地区文物工作队等:《桃源三元村一号楚墓》,《湖南考古辑刊》第 4 辑。

[107] 安徽省博物馆筹备处:《安徽省博物馆筹备处所藏楚器图录》(第 1 集)1953 年。又见安徽省博物馆藏品专题目录:"寿县出土楚器目录"(内部交流资料,承该馆赠阅)。

[108] 舒城县文物管理所:《舒城县秦家桥战国楚墓清理简报》,《文物研究》第六辑,黄山书社 1990 年版。

[109] 镇江市博物馆:《江苏武进孟河战国墓》,《考古》1984 年第 2 期。

[110] 刘东主编:《中华文明》,社会科学文献出版社 1994 年版。书中第十一章(兵法与武备)有此说(第 485 页)。

[111] 杨泓:《中国古兵器论丛》,文物出版社 1980 年版。请参阅书中"贰、战车与车战"部分。

[112] 多戈戟中有不装矛头的,但数量少,主要仍为戈矛组装或一体浑铸。

[113] 汉代以后铁戟替代青铜戟,一直延续到唐代。

［114］《诗经·卫风·伯兮》:“伯也执殳,为王前驱。”这殳就是一种仪仗殳。出土文物中无殳头的晋殳,可能主要作仪仗用。

［115］中国社会科学院考古研究所编著:《陕县东周秦汉墓》,科学出版社 1994 年版。

［116］天星观 M1 报道材料有戈头 9、镈 13 件,则至少有 13 件戈;有戟刺 20、戟之戈头 13,则至少有 20 件戟。又矛 2、矛镦 7,故可认为矛也至少有 7 件。

［117］山西省考古研究所:《太原晋国赵卿墓》,文物出版社 1996 年版。此书推断墓主为死于公元前 475 年的赵鞅。我认为当为赵鞅之子赵襄子,此人卒于前 425 年,年代与曾侯乙墓大体同时,属战国早期。

［118］湖北省博物馆:《1963 年湖北黄陂盘龙城商代遗址的发掘》,《文物》1976 年第 1 期;《盘龙城商代二里岗期的青铜器》,《文物》1976 年第 2 期。

［119］随州市博物馆:《湖北随县发现商代青铜器》,《文物》1981 年第 8 期。熊传薪:《湖南宁乡新发现一批商周青铜器》,《文物》1983 年第 10 期。

［120］湖北省博物馆等:《湖北黄陂鲁台山西周遗址与墓葬》,《江汉考古》1982 年 2 期。同出玉戈 1 件,属礼器,在本节内凡属玉礼兵一类不予论述。

［121］楚公豪戈之黑色椭斑纹,开巴蜀铜兵器此类纹样之先河,参见段渝:《巴蜀青铜文化的演进》,《文物》1996 年第 3 期。如此规整、美观的黑斑纹,也以此件为最。

［122］日本学者林巳奈夫著:《中国殷周时代的武器》(日文),京都大学人文科学研究所昭和 47 年出版。

［123］［151］［152］李健民、吴家安:《中国古代青铜戈》,《考古学集刊》第 7 集,中国社会科学出版社 1991 年版。

［124］戈与铭文资料请参阅拙著:《楚系青铜器研究》第 334 页。

［125］有关情况在本节之(五)剑这一部分详述。

［126］在高至喜主编的长沙楚墓发掘报告内有介绍。此书已出版,见《长沙楚墓》,文物出版社 2000 年版。

［127］曾侯乙墓的戈柲为木质,包山 M2 的戈柲中有 2 件积竹,浏城桥 M1 有 2 件积竹长柲,因仅存柲,是戈是戟尚难判明。实战用的戈柲应为积竹柄。曾侯乙墓的木柲戈,也可能是专为丧葬的明器。

［128］湖南省博物馆:《长沙楚墓》,《考古学报》1959 年第 1 期,见第 52 页图四。

［129］拙著:《楚系青铜器研究》第 585—586 页论三要素——礼仪、实用、审美。三者中兵器首要注重实用要素。

[130]《包山楚墓》只报道云出于椁外。笔者参加了发掘清理工作，知戈出于椁盖板边沿，一端在椁边板上，一端埋在填土内。推测也许是在下葬过程中用以驱邪厌胜的用具，在椁盖板封固后有意置放于此。

[131] 文献有不少此类记载，例如《周礼·夏官·方相氏》："执戈扬盾……大丧，先柩，及墓，入圹，以戈击四隅，驱方良。"

[132] 见大冶博物馆：《鄂王城遗址调查简报》，《江汉考古》1983 年第 3 期，上有人名"陈往"，此人为楚人。湖南省博物馆：《湖南资兴旧市战国墓》(出于 M 462楚墓内)，《考古学报》1983 年第 1 期。

[133] 增补之器请详见本书第十章。

[134]《史记·平原君列传》。

[135]《史记·高祖本纪》中田肯对汉高祖刘邦进言时说道："秦，形胜之国……持戟百万……齐……地方二千里，持戟百万……"

[136] 参阅杨泓：《中国古兵器论丛·中国古代的戟》。

[137] 20 世纪 30 年代以来，先后有郭沫若、胡肇春、郭宝钧、周纬等学者撰文讨论。当今学者杨泓、郭德维、李健民等据新材料又再展开探讨。

[138] 在此以前一些论著均以春秋晚期舒城九里墩墓出土自名之戟为自名戟之年代最早者。

[139] 笔者查阅了该墓的平面图，编号为 62 号的戈与 61 号的矛紧挨一处，报告正文中也指出二者"放在一起"。这应是戈、矛组装为戟的证据。

[140] 倗戈有 24 字铭文，但铭文中无戈的自名，在拙著《楚系青铜器研究》内依据报告归于戈类，现应归入戟类。

[141] 有鼻饰的多戈戟在安徽淮南蔡家岗蔡侯墓、江苏谏壁王家山墓和青龙山墓内也有出土。有论文谓多戈戟"可能为吴国所创造"(《考古学报》1991 年第 2 期第 160 页)。从这几个墓的年代看，都不会早于下寺 M 11的年代。因此，多戈戟也可能为楚国所创造。

又及，1996 年出版的《商周青铜兵器暨夫差剑特展论文集》(台湾，历史博物馆)一书，介绍了《古越阁藏青铜兵器精粹展》中的一件多戈戟，年代可早到西周早期，这是目前所知年代最早的一件多戈戟。但这件多戈戟为双戈带矛刺，不是三个戈头的戟。有三个戈头的戟，也许出现于春秋晚期的楚国。笔者目前仍持此看法。

[142]《中国文物报》1996 年 1 月 14 日报道：《当阳发掘一座战国早期大型楚墓》，报道云有 4 件戟，但型式不明。

[143] 从此墓随葬品组合情况和戟戈形制看,似乎年代定早了点,也许可晚到战国中期。

[144]《左传》:"国之大事,在祀与戎。"兵器中也有作祀器和其他用途的,如前举包山楚墓中置于椁边之戈,玉戈亦非战争用器。除作为祭祀、巫术活动外,也有用作仪仗之用的。

[145] 此为双戈无刺。整理者以为无矛刺就不能称戟而归入戈类,现应归属戟类。

[146] 此戟之矛刺有一鼻钮。前此出土的戟刺均无鼻钮,有鼻钮者均为矛类。也许到战国晚期时的戟,其矛刺也已使用有鼻钮者,这有待新资料的进一步验证。

[147] 下寺 M2 有 2 件,下寺 M 10、M 11各 1 件,舒城墓 1 件,六安窑厂墓 2 件,浏城桥 M1 有 1 件,共 8 件,见表三。另外下寺 M8 的 2 件、下寺 M2 的 4 件,因有自名,报告称戟,但仍把戟之矛刺归入矛类而未合并一起叙述,若包括之,则为 14 件。

[148] 至 1996 年夏写此书稿时,未见到有关论著论及本应属楚戟的而误为戈与矛两类兵器的情况,此乃本人首次予以讨论与论定。

[149] 至目前为止多戈戟只在南方楚、吴地区发现,吴地发现的多戈戟未报道有铭文,未见错金。淮南蔡家岗有蔡声侯之多戈戟,但非鸟书,也不错金。这样,曾侯乙之错金鸟书戟,至今为独一无二的发现。包山 M2 之戟上捆扎羽毛,亦属仅见。

[150] 郭德维撰,刊《考古》1984 年第 12 期。

[153] 此据《包山楚墓》第 208 页表二八"戈尺寸登记表"。

[154] 见[136]之书,该书第 89—90 页用图表示,在战车上要和敌方战车上的人进行战斗,"只有使用长柄的格斗武器互相砍刺"。

[155] 增补的请参阅本书第十章。

[156] 杨锡璋:《关于商代青铜戈矛的一些问题》,《考古与文物》1986 年第 3 期。

[157] 陈芳妹:《商周青铜兵器发展的主要趋势》,载《故宫青铜兵器图录》,台北故宫博物院 1985 年出版。

[158] 参阅陈志达:《殷墟武器概述》,《庆祝苏秉琦考古五十五周年论文集》,文物出版社 1989 年版。

[159] 何努:《湖北江陵江北农场出土商周青铜器》,《文物》1994 年第 9 期。

[160] 高至喜:《论中国南方出土的商代青铜器》,《中国考古学会第七次年会论文集》。

[161] 湖北省文物管理处:《湖北红安金盆遗址的探掘》,《考古》1960 年第 4 期。

杨宝成主编:《湖北考古发现与研究》第 95 页,武汉大学出版社 1995 年版。

[162]《楚文化志》一书统计各地已出土矛总计约 200 余件(第 246 页)。

[163] 李健民:《战国青铜矛》,《中国考古学论丛》,科学出版社 1993 年版。

[164] 同[163]之书,见第 346—347 页。该页指出商代有 A、B 类两型矛,但未指出殷墟以 B 类矛为主,即早在商代,中原北方地区就以 B 类矛为主,可知 A、B 型之分源远流长,但却符合我提出的看法。

[165] 同见[163]第 347 页,又云:“春秋时期南北方青铜矛分化之势已趋于明显。”这也只能是证成我的看法,因从春秋时淅川下寺 M2 所出矛就是 B 类多于 A 类,而与此文之观点相左。此文又云“战国时期青铜矛南北体系的泾渭分明之势……”如我在正文中所言,“南北体系泾渭分明”之说是不确切的。

[166] 常德地区文物工作队等:《桃源三元村一号楚墓》,《湖南考古辑刊》第 4 集。

[167]〔清〕段玉裁:《说文解字注》第 118 页,上海古籍出版社 1981 年版。

[168] 见[82]之书,书中只公布了 2 件有柄殳的尺寸,分别为 3.29 米、3.30 米。7 件殳头尺寸均已报道。

[169] 殳镈多为八棱形,而此镈为圆筒形,与已发现的殳镦形制不类,可能是戈、矛一类兵器的镈或镦,也可能是包山 M2 出土的龙首杖一类之镈(此杖和戈柄一样,截面的椭圆形,而殳截面为圆形)。总之,不大可能是殳之镦而可能是矛镦。

[170] 此据《江陵九店东周墓》第 489 页附表一一所统计。

[171] 这些数字均见《江陵雨台山楚墓》与《江陵九店东周墓》。其 3 与 1 之比为我据这些数字判断而得。陈跃均:《浅谈江陵楚墓出土的青铜剑》一文(刊《考古与文物》1984 年第 2 期),认为在雨台山一椁一棺士级身份的墓中,“如果将墓地死者平均按男女各半计算,几乎每一个男子的墓中都随葬有兵器,而 70%的男子墓中都随葬有青铜剑”。

[172] 此据《陕县东周秦汉墓》,出处见[115]。

[173] 后川 M2 040 年代应为战国中期偏早,与天星观 M1 的年代相近。M2 040 使用太牢之礼,从墓葬规格与随葬品情况均可判断为“上层贵族”(注[115]第 112 页)。天星观 M1 铜礼器中有鼾,从墓葬规模之大与随葬之丰富来看,也是上层贵族(墓主为楚封君),故此两墓完全可以互比。

[174] 例如江陵雨台山楚墓中的无椁无棺墓,显然是一贫如洗的贫民墓,这种墓 14 座中就有 6 座随葬铜剑。江陵九店墓有 3 座墓除每墓一剑外,无任何随葬品。1965 年由我负责发掘的江陵拍马山楚墓也有多座楚墓仅各出一剑,无任何其他随葬

品(资料因“文化大革命”散失,未发表)。

[175] 据统计,越国国君之剑,已有45件之多。见张亚初:《谈吴越兵器多戈戟的起源》(出处见注[141])。楚与吴越有铭剑之比较研究,参见刘彬徽:《吴越地区东周铜器与徐楚铜器比较研究》,载《吴越地区青铜器研究论文集》,香港两木出版社1997年版。

[176] 见[89],据该书第216页之表一八统计而得。

[177] 详见高至喜主编的《长沙楚墓》,笔者已目验多件双色剑。

[178] 参见谭德睿:《登峰造极——春秋战国铜兵器技术成就概论》,载《商周青铜兵器暨夫差剑特展论文集》。

[179] 参见注[111]第118页。

[180] 参见注[111]第119页。

[181] 黄冰、山人:《荆门仙居出土的龙虎纹铜剑》,《江汉考古》1995年第4期。报道者认为:“仙居出土的巴纹楚剑应是春秋时期的制作品,是巴楚联盟的象征物,因此合二为一”。

[182] 台北“国立历史博物馆”编印出版:《商周青铜兵器暨夫差特展论文集》,1997年版。

[183] 主楚器说者见注[182]第123页,《谈古越阁藏错金几何云纹剑及其他》一文。主汉器说者见注[182]第69页,《蝴蝶翼状短剑与错金几何云纹剑》一文。

[184] 见注[89]第223页。

[185] 例如江陵望山M1之勾践剑置于尸骨左侧,藤店M1的一剑置于棺内骨架右侧,均为随身常佩之物。

[186] 孙机:《汉代物质文化资料图说》第132—134页,文物出版社1991年版,他认为剑珥即镡,即通常所称的剑格。高至喜:《论我国春秋战国的玻璃器及有关问题》,《文物》1985年第12期。他指称的剑珥恰是孙机文图上的“璏(剑鼻)”(见第132页图版34之1、4—6)。笔者按:孙机云镡即剑珥,据《说文·金部》:“镡,剑鼻也。”此与他图中之“璏(剑鼻)”相合,视此,则与高至喜所指相同。

[187]《说文·金部》:“铩,铍有镡也。”又《汉书·陈胜项籍传》赞:“不敌于钩戟长铩。”颜师古注:“铩,铍也。”

[188]《史记·吴太伯世家》索隐引刘氏曰:“匕首,短剑也。”又引《通俗文》:“其头类匕,故曰匕首也。”

[189] 例如湖北江陵江北农场出土一镞,见《文物》1995年第9期。

[190] 宜昌地区博物馆：《当阳磨盘山西周遗址试掘简报》，《江汉考古》1984 年第 2 期。

[191] 一些发掘报告均改三翼镞为三棱镞，严格说来，三棱镞之称也不太确切，故笔者主张统称为三刃镞。

[192]《曾侯乙墓》第 301 页（出处见[82]），下举六倒刺比例也见此页之表。

[193] 限于篇幅，对弓、矢箙等不再论述。这些墓资料来源均见注[82][83][91]。

[194] 据此书记载，矢之用途有近射、远射之分。有用于战车上的，有用于短距离的，有用于田猎的、弋射的。考古发现的矢镞与文献上这些名称如何对号，有待研究。

[195] 高至喜：《记长沙·常德出土弩机的战国墓》，《文物》1964 年第 6 期。

[196] 同[195]，又见注[111]第 136、137 页。

[197] 同[195]，文内介绍 3 件，另 2 件出自长沙。

[198] 见[89]，报道有 2 件，另 1 件见注[200]。

[199] 参阅[111][122]。

[200] 陈跃钧：《江陵楚墓出土双矢并射连发弩研究》，《文物》1990 年第 5 期。

[201] 王振铎：《张衡候风地动仪的复原研究》，《文物》1963 年第 4 期。

[202] 杨泓：《中国古兵器论丛》第 207 页，文物出版社 1980 年版。

[203] 赵晔：《吴越春秋》，江苏古籍出版社，1986 年版第 128 页："琴氏乃横弓着臂，施机设枢。"杨泓云：是楚国的琴氏"横弓着臂，施机设枢"，因而发明了弩（同[111]第 207 页）。

[204]《吴越春秋》第 128 页："琴氏传之楚三侯。"徐天祜注云："《文选》注所引与此略同，但云'琴氏传大魏，大魏传楚三侯'，少异耳。"又注："熊渠三子，长子康为句亶王，红为鄂王，少子执疵为越章王。三侯者，未僭王号时所称也。"是知琴氏生存年代早于熊渠之子，最晚也在熊渠为王之初年。

[205] 熊渠的年代考证与说明，请参阅拙著《楚系青铜器研究》第 286—287 页。

[206] 见《韩诗外传》卷六。

[207] 在河南、河北、山东、四川等省均出有铜弩机，详见《中国古兵器论丛》第 206 页（出处见[111]）。山东鲁故城出的弩机，发掘报告定墓的年代为战国早期，据我考究，应改定为战国中期（见注[26]拙文）。就目前所见各地（包括楚地）所出弩机均早不过战国中期。

[208] 刘东主编：《中华文明》第 492 页（蓝永蔚：兵器的演进），社会科学文献出版社 1994 年版。

[209] 仍应认为青铜器比战车有更大的代表性。青铜器的生产代表了青铜时代最先进、最重要的生产力,以青铜器为代表,也包括了战车上的构件。

[210] 参阅《中国古兵器论丛》、《古代中国青铜器》等书中对兵器的论述(出处见注[3][111])。

[211] 湖北省文物考古研究所等:《湖北宜城罗岗车马坑》,《文物》1993 年第 12 期。

[212] 河南省文物研究所等:《河南淮阳马鞍冢楚墓发掘简报》,《文物》1984 年第 1 期。车上 80 块铜板位于车箱后半部,车箱前半部下方也用铜板包镶。铜板长条形,长 62.5 厘米,表面红漆绘花纹,应固定于车栏上。还有插兵器和旌旗的青铜筒形构件。

[213] 见[76]。此墓地 M8、M 36、M2 内均出一种双轴连环器,发掘报告把此器置于杂器内,应当为车马器上的构件。

[214] 见[82]第 458 页,并裘锡圭、李家浩对竹简的释文与考释。

[215]《左传·昭公二十七年》:"左尹郤宛、工尹寿帅师至于潜,吴师不能退。"由此可证左尹可领兵出征。

[216] 此处释文引自李家浩:《包山楚简研究(五篇)》,第二届国际中国古文字学研讨会论文(香港 1993 年),此文收入《第二届国际中国古文字学研讨会论文集(续编)》(香港,1995 年)内,改题为《包山楚简中的旌旆及其他》。下面论述中关于释文的考释均见此文。

[217] 湖南省博物馆:《古丈白鹤湾楚墓》,《考古学报》1986 年第 3 期。又,关于铁剑数量,陈跃钧《楚国铁剑研究》(载《长江文化论集》)一文统计至 1993 年止,总数为 43 件,与高至喜统计的江南楚墓出土铁剑 43 件相等。看来,实际数量远多于此数,楚国铁剑的出土总数量有待再统计。

[218] 此据[46][111]所作的统计数字而来,即湖南铁矛 2 件,湖北出土铁矛 1 件。

[219] 除[3][111]等书论述兵器之外,在本节写完之后,又见到有关中国兵器的新论著,代表性的为《中国古代兵器》编纂委员会:《中国古代兵器》,陕西人民出版社 1995 年版(此书为笔者 1997 年赴陕西临潼秦始皇兵马俑博物馆进行工作访问时承该馆赠送)。

[220]《楚学文库》丛书 18 本,"是对本世纪楚文化研究成果的一次重要总结和集中展示"(《光明日报》1997 年 4 月 15 日关于"《楚学文库》与楚学研究讨论会"纪要的

报道)。但在这套丛书内,缺楚兵器研究的专著(仅在丛书相关著作内论及)。至1998年上半年为止,亦尚未见此类专著。

[221] 论中国青铜器的书(如注[3]和[39])中包括了荆楚地区发现的工具,而专论荆楚地区工具的书则罕见(仅《楚国经济史》一书稍有论及)。

[222] 见注[39]第230页。

[223] 例如,《庄子·天下》:"禹亲自操橐耜。"而《韩非子·玉蠹》则作禹"身执耒臿"。

[224] 湖南省文物考古研究所:《湖南石门皂市商代遗存》,《考古学报》1992年第2期。

[225]《湖北随县发现商代青铜器》,《文物》1981年第8期。

[226] 高至喜:《湖南宁乡黄材发现商代铜器和遗址》,《考古》1963年第12期。

[227] 高至喜:《湖南商周农业考古概述》,《农业考古》1985年第2期。对这些铜斧的年代、功用至今有不同看法。

[228] 中国科学院考古研究所湖北发掘队:《湖北圻春毛家嘴西周木构建筑》,《考古》1962年第1期。

[229] 湖北省文管处:《湖北红安金盆遗址的探掘》,《考古》1960年第4期。

[230][234] 高至喜:《湖南商周农业考古概述》,《农业考古》1985年第2期。

[231] 参阅注[39]。

[232] 见注[39]第142页。

[233] 白云翔:《殷代西周是否大量使用青铜农具之考古学再观察》,《农业考古》1989年第1期第198页。

[235]《易经》旅卦:"九四,旅于处,得其资斧。"

[236][237] 邵鸿:《新干大洋洲所出商代货币考》;彭明瀚:《商代青铜货币蠡测》。同见《南方文物》1995年第2期。此二文均认为宁乡之青铜斧为货币,即文献上的资斧。

[238] 傅聚良:《商代铜斧的功能》,《湖南省博物馆40周年纪念论文集》,湖南教育出版社1996年版。

[239] 见注[39]第155页。

[240] 湖南省博物馆:《长沙浏城桥一号墓》,《考古学报》1972年第1期。斧的尺寸经校正(承高至喜先生告知)。

[241][276] 卢本珊:《铜录山古代采矿工具初步研究》,《农业考古》1991年第

3 期。

[242] 湖北省博物馆:《楚都纪南城的勘查与发掘(下)》,《考古学报》1982 年第 4 期。

[243] 江西省文物考古研究所等:《江西新干大洋洲商墓发掘简报》,《文物》1991 年第 10 期。

[244] 彭明瀚:《江西新干晚商遗存出土青铜农具浅析》,《中原文物》1995 年第 4 期。

[245][246] 彭明瀚:《商代虎方文化初探》,《中国史研究》1995 年第 3 期。

[247] 刘彬徽:《江湘文化古今谈》,《长江论坛》,1996 年第 5 期。

[248] 恩格斯:《家庭、私有制和国家的起源》,《马克思恩格斯选集》第 185 页,人民出版社 1972 年版。

[249] 杨权喜:《江汉地区出土的东周生产工具》,《考古与文物》1993 年第 4 期。

[250] 黄展岳:《试论楚国铁器》(出处见[46])。铁工具的总数量为我据其文中“出土楚国铁器简表”中的数字总计而得。

[251] 见拙著《楚系青铜器研究》第 56—61 页的表 2-2。

[252] 信阳地区文管会等:《河南信阳市平桥春秋墓发掘简报》,《文物》1981 年第 1 期。

[253] 湘乡县博物馆:《湘乡县五里桥,何家湾古墓葬发掘简报》,《湖南考古辑刊》第 3 集。

[254] 湖北省博物馆:《楚都纪南城的勘查与发掘》,《考古学报》1982 年第 3、4 期。

[255] 湖北省博物馆纪南城工作站:《一九七九年纪南城古井发掘简报》,《文物》1980 年第 10 期。

[256] 湖北省文物考古研究所:《纪南城新桥遗址》,《考古学报》1995 年第 4 期。

[257] 此表据[46]黄展岳之文和[241]卢本珊之文综合而来。卢文统计铜录山青铜工具 47 件。但在分类介绍中只有 37 件,其余 10 件不明类别,无法统计。故在本表统计总数为 37 件。卢文统计铁工具为 23 件,我据黄、卢二文统计为 29 件,比卢文多 6 件。

[258] 拙著:《楚系青铜器研究》共列出 78 个青铜礼乐器群,在本书第三节论兵器时又新增补 4 个,共为 82 个(76 号以后无工具,故编号只到 76 号为止)。

[259] 见注[39]第 24 页。

[260] 见注[39]第123页。

[261] 见注[39]第129页。

[262] 卢茂村：《试谈安徽出土的青铜农具》,《农业考古》1984年第1期。

[263] 黄展岳：《古代农具统一定名小议》,《农业考古》1981年第1期。

[264] 在拙著序言里写道："鉴于本书的字数不能太多，若兼论礼乐器以外各类楚铜器，则篇幅太大。如有条件，拟另撰专著，作为本书姊妹篇。"(见该书第6页)另撰专著已无可能，故能在此书内适当作一补篇，乃可补拙著之不足，使笔者今生无憾矣(此注与注[25]重复，但却是必要的重复，并有所补充)。

[265] 有的论文援引原报道资料的年代，有早至春秋晚期的工具，但其所定年代似乎偏早，将在分器类论述时再讨论。

[266] 江陵天星观M1的盗洞出土物中有秦式鬲，发掘报告据此认定盗墓时间在秦国攻占此地之后(前278年以后)至秦代期间。准此，地已入秦，不宜称楚国铁器，而可叫楚系铁器(《试论楚国铁器》一文全部归入楚国铁器似乎欠妥)。

[267] "一"字形仅见于江陵天星观1号楚墓的盗墓工具。

[268] 文献记载"耜广五寸"，约合今11.5厘米，臿的刃宽多在9.5—11厘米间，与耜广尺寸相近。《说文解字诂林》耜："江淮南楚之间谓之臿"，有人据此将天星观M1的臿称为耜(见[249])。但此器柄并未接于臿板的中间，而稍偏向一边，以便于踏脚，应称为臿。

[269] 湖北省博物馆江陵工作站：《江陵溪峨山楚墓》,《考古》1984年第6期。

[270] 纪南城西垣北门遗址的1件残长3.4厘米；河南上蔡城西楚墓1件无尺寸。

[271] 见注[39]第239页。

[272] 徐中舒：《耒耜考》，此文由《农业考古》1983年第1期予以转载。陈振中之书见注[39]第242页。

[273] 六角形锄以中原地区多见，楚当受其影响而来。

[274] 见注[39]第150页。

[275] 见注[39]第157页。

[277] 见注[39]第161页。所绘图不准确，看不出是自然曲木制成，而容易看成是榫卯结合。

[278] 见注[39]第四章、第五章的论述。

[279] 例如江陵天星观1号楚墓盗墓工具有多件凹字形铁刃套，仅将其中1件有

木柄者称为锄，其他凹字形的统称臿，其实至少有1件就应改定为锄，因其形制大小完全与有柄之锄相同。

[280] 傅聚良：《湖南地区的东周青铜铲》，《农业考古》1991年第3期。

[281] 陈振中：《青铜农具钱》，《农业考古》1987年第2期。白云翔：《殷代西周是否大量使用青铜农具之考古学再观察》，《农业考古》1989年第1期。

[282] 汪宁生：《试论不对称形铜钺》，《考古》1985年第5期。傅聚良：《湖南地区的不对称形铜器》，《考古》1994年第4期。

[283] 例如注[3]之书分为A、B、C三型。注[39]之书分为两类，每类之内又各分不少的式。

[284] 见注[39]第284页。

[285] 李学勤：《东周与秦代文明》第238—239页。书中列举江、浙两省出土镰20余件，与本书统计楚镰数量相当。

[286]《战国策·楚策》。

[287] 高至喜：《湖南商周农业考古概述》，《农业考古》1985年第2期。

[288] 刘玉堂：《楚国经济史》第129页，湖北教育出版社1986年版。所称与文献记载"基本相合"，也不确。据文献："刃广六寸"，合今13.5厘米。而此器刃宽才9.3厘米，且形制与学界通称之耨差异较大，仍应称小锄或耙（此称见黄展岳《试论楚国铁器》一文）。又，此页引《管子·轻重乙》："必有一耜、一铫、一镰、一锥……"镰后漏引"一鎒"，"椎"，误为"锥"。

[289] 例如：注[3]之书分为A（Aa—Ad）、B、C三型。马承源主编的《中国青铜器》（上海古籍出版社1988年）一书中分为五个式（第39页）。注[39]之书分为直銎、横銎两型。

[290] 湖北省博物馆：《秭归官庄坪遗址试掘简报》，《江汉考古》1984年第3期。

[291] 见注[39]第15页。

[292] 见注[39]第17页。

[293] 例如：注[3]认为锛是单面刃。《中国青铜器》（出处见注[289]）也认为锛"只是偏刃"（此书把锛视为农具，又在工具内列"斤"一项，把锛、斤分为二类。其实，二者为一物二名）。

[294] 孙机：《我国古代的平木工具》，《文物》1987年第10期。

[295] 唐兰：《中国青铜器的起源与发展》，《故宫博物院院刊》1979年第1期。

[296] 例如楚幽王墓内有直刃削，在纪南城遗址内出过1件，在湖南资兴战国墓

内也有出土。

[297] 在《生产工具》(同注[39])内论削仅提及幽王墓之直刃削和信阳长台关之书刀削,对荆楚地区数量居工具首位的楚削未给以足够的注意。

[298] 刮刀、刻刀在《生产工具》(同注[39])论端刃刀中列入第Ⅱ、第Ⅶ小类,见第53—56页、61—65页。对各种不同类型刀的区域文化特点及源流未予足够的注意,在论其他工具类别时也有此感。

[299] 据已发表资料,楚墓内出土刮刀数量总数已在50件以上。南楚地区出铁刮刀6件以上(见注[47])。

[300] 高至喜:《刮刀起源小议》,《中国文物报》1989年10月27日。

[301] 见注[39]第64页。

[302] 表四信阳平桥墓出土一件刮刀。原报道为3件刻刀,无刮刀。但简报介绍"其中一件,中间一面起脊,另一面有凹槽,两刃合成锋利的锐角"。据此,这显然是一件刮刀,而非刻刀。

[303] 丰州:《考古札记(三)》之"九、刮刀"一文,《考古与文物》1983年第5期第111页。

[304] 见注[39]第65页。

[305] 分九类的见注[39]第93—94页。分四类的见注[3]第301页。

[306] 见注[39]第94页。

[307]《诗·小雅·鹤鸣》。

[308] 孙机:《汉代物质文化资料图说》,文物出版社1991年版第24页。

[309] 荆三林:《中国生产工具发展简史》,山东人民出版社1955年版。

[310] 荆三林:《中国生产工具发展史》,中国展望出版社1986年版。

[311] 徐文生编:《中国古代生产工具图集》,西北大学出版社1984—1986年版,共出四大册。

第八章

荆楚漆器、纺织品

第一节 漆器概述

漆器及其髹漆工艺，与青铜器一样，同是反映荆楚地区物质文明、精神文明成就的一个重要方面，都是有赖于层出不穷的考古新发现，才使各方面的文明成就大彰于世。鉴于已有不少关于楚文化漆器的论著[1]，本章将在已有研究成果的基础上仅作简要的概论，而以较多篇幅对两种漆器作较深入的讨论，荆楚地区秦和汉代早期的漆器则在第十一章中稍作补述。

漆器是中华民族发明创造的，有着悠久的历史。从文献记载和考古发现都证明，漆器的使用，可上溯至我国远古时代，距今七千年以上[2]。荆楚地区是“漆源之乡”，“漆可用，故割之”[3]。此地区漆器的发明与使用，也可追溯至远古时代。据最新考古发现，在荆州市阴湘城遗址内，出土了“距今五千年的精美漆器”(《中国文物报》1998年7月1日报道)。在黄陂盘龙城相当商代二里岗期的墓葬中出土了髹漆椁板,可以看出其漆工艺已有较高水平[4]。西周时期,在湖北圻春毛家嘴建筑遗址内出土了一件彩绘漆杯,表明当时彩绘漆器已在广为使用[5]。西周晚期,在当阳楚墓的棺椁上都髹有黑漆[6],但未出土日用漆器。可能在这个时期漆器制作还是一种造价较高的珍贵品,小贵族尚难使用。今后若能发现西周时期楚国大贵族墓,定当会有漆器出土。

春秋战国时期,随着漆器手工业技术的日益精进,楚地漆器生产规模迅速扩大。漆器在装饰艺术上有着比青铜器更为优越之处,可用毛笔醮漆液自由勾画,图案纹样更为流畅、洒脱,更易表达楚文化“亦真亦幻”的意境。在东周那百花齐放的时代,漆器之花以竞趋争先的势头盛开着。春秋楚漆器已有新的重要发现,例如当阳楚墓出土的漆瑟、漆俎等,其上都显露楚风不俗、不低[7];但远不如战国时期楚漆器之多且精。20世纪70年代末有学者统计东周楚漆器总数在1 200件以上[8]。自那以后,又新出土九店楚墓、荆门包山楚墓等几大批楚漆器资料[9]。估计已公布与未公布的漆器数量当在万件以上,绝大多数为战国时期的楚漆器。

战国时期楚漆器不仅数量多,而且从胎质、漆艺、器类几方面看,都十分繁复。

从漆器胎质看,有木胎、竹胎、夹纻胎、陶胎、皮胎、金属胎、丝麻等多种,基本上具备了与现代漆器相同的胎质品种。仅就木胎而言,就有斫木胎、旋木胎、卷木胎;还有通过雕刻成型的胎体。特别是在丝帛上髹漆的品种,是前所未见的新的一类漆制品,不仅春秋战国时期其他诸侯国未见,就是在现代也十分少见。

这时期楚漆器装饰技法也有多种,除了普通的素面漆器之外,彩绘、描金、贴金、镶嵌等技艺都已兴起,有的并已盛行。许多漆器的制作已广泛地运用透雕、浮雕、镂雕等多种技法,追求玲珑剔透之美。

漆器表面的纹样、特别是彩漆描绘的纹样，多姿多彩，异常美观。有的本身是实用器，但加上异彩纷呈的彩绘，无不成为巧夺天工的工艺美术品。有的并且是代表战国时期高水平的绘画珍品。例如曾侯乙墓鸳鸯漆盒上的撞钟击鼓舞蹈图（图8.1-1）[10]。荆门包山2号楚墓漆奁上的车马人物出行图，论者谓是中国最早的情节性纪实绘画，也是最早的独幅通景彩画，楚国漆地油画，充当了秦汉上下该画种的里程碑，并认为此幅漆画在中国艺术史上有六大价值[11]。说它是战国时代漆画中的登峰造极之作，亦不为过（图8.1-2，彩版24）。

图8.1-1 漆鸳鸯形盒

器物髹漆有保护作用，使得器物表面既光泽亮丽且经久耐用。因之，漆器的用途十分广泛，已广及于社会生活的各个领域，除仍有礼乐器功能的漆器外，各种日常用具如食用器中的耳杯（羽觞）、豆、盘、奁、樽、盒，大件家具如几、案、床、箱，乐器如鼓及鼓架、钟架、琴、瑟、笙、笛、箫及漆六博盘之类漆娱乐用品，丧葬用品如大小不等的漆棺椁、笭床（雕花板）、镇墓兽等，有的看来是一种供欣赏的工艺品，如彩绘漆鹿（图8.1-3）、彩绘漆座屏等。总之，漆器之花开遍楚地，千姿百态。在楚文化百花园里与青铜器、丝纺织品同为三足鼎立之势

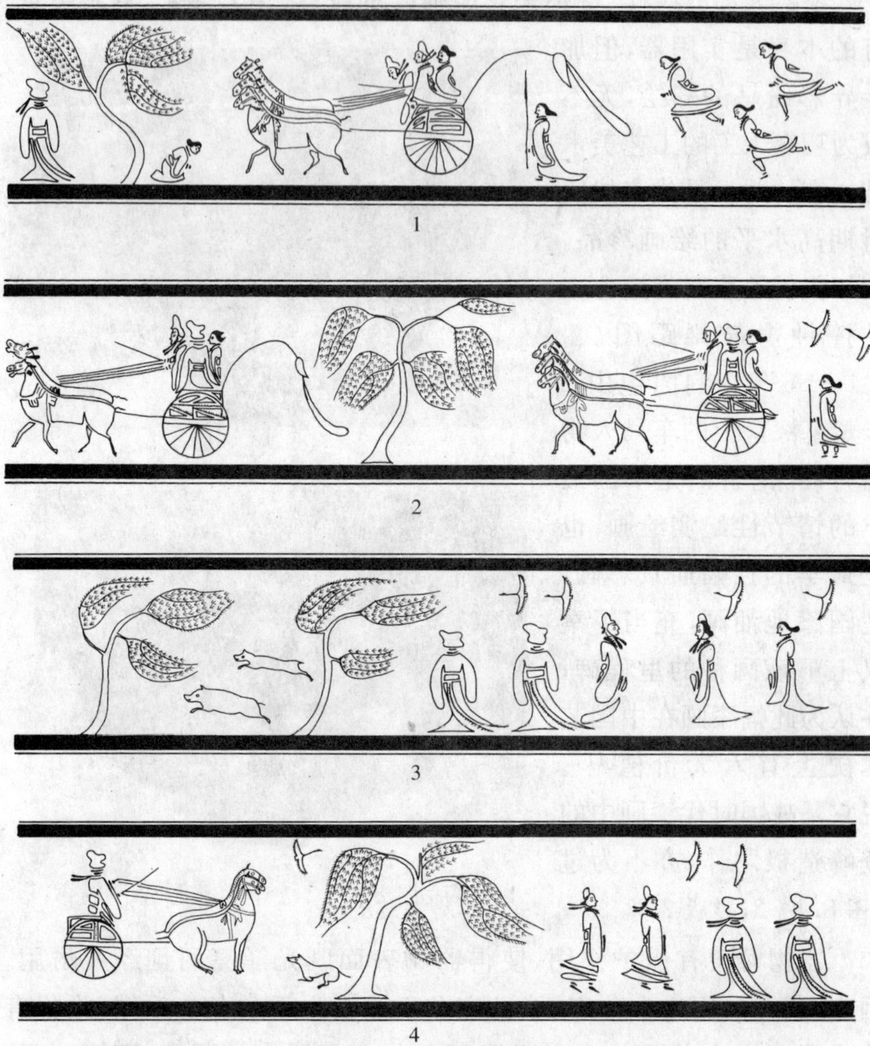

图 8.1－2　漆奁器壁周围的彩漆绘车马人物出行展开图

的一种支柱文化——漆器文化[12]。它们本身是物质的，但在物质上体现出繁花似锦的文化意蕴，是楚文化中物质文化和精神文化的双重结晶。从中可以看到荆楚地区物质文明与精神文明已取得多么大的成就。无疑的，楚漆器代表了我国漆器生产史上的第一个高峰，也是荆楚文明史上的几个最为辉煌的篇章之一，在中国乃至世界文明史、艺术史上有着十分重要的地位[13]。

楚漆器体现了楚文化的独特风采，这种楚风在春秋时期就已兴起，到战国时期楚漆器是南方系统漆器的代表[14]。如同楚系青铜器之富有特色一样，我以为也可用“楚系漆器”这一概念来观察、研究它的先进性与创造性、独特性。

图 8.1－3 漆木梅花鹿

楚系漆器中以座屏、鸟架鼓、虎座飞凤(图 8.1－4)、镇墓兽(图8.1－5)等最具特色。它们“充分表现了楚国漆器艺术的传统风格”[15]。我在前面已提到关于楚漆器的论述已相当多，在此不再面面俱到去进行论述。而在上举几种最具特色的器类中择要予以重点论述。这就是下节所要着重讨论的彩漆虎座凤架悬鼓和彩漆木雕座屏。

图 8.1－4 彩漆虎座飞凤

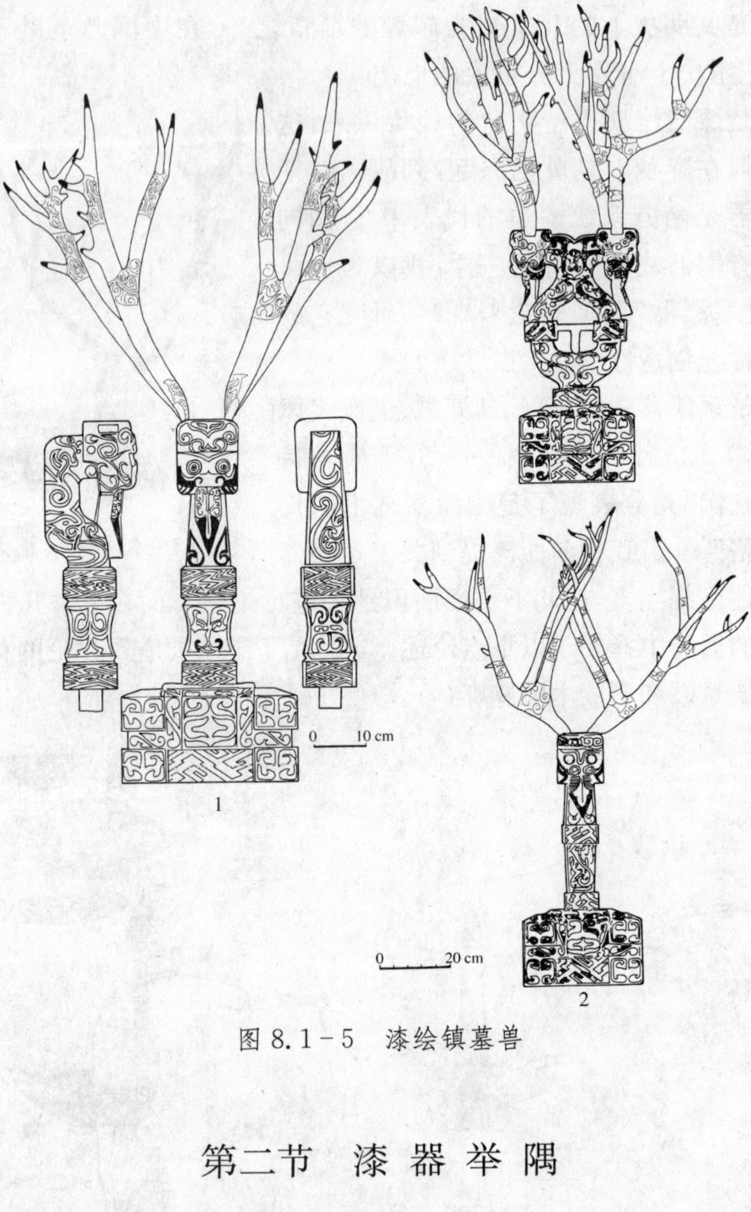

图 8.1-5 漆绘镇墓兽

第二节 漆 器 举 隅

一、彩漆虎座立凤悬鼓

鼓是我国、同样也是楚国时期乐器中的主要品种。古籍和古诗有关鼓的记载甚多，例如“成礼兮会鼓、传芭兮代舞、姱女倡兮容与”（楚辞·九歌）。但关于鼓及其座子或架子是何种样子？却罕有记载，只有仰赖于考古发现了。这里所要论述的虎座凤架悬鼓就是完全靠考古发现才予以认识的。除鼓皮外，都是漆木结构，虎、凤两种动物有机地组成为一个置放鼓的架子，即鼓架。这种仿动物形状的鼓架，本身就是一件上等的漆器工艺品，观之令人赏心悦目。所以，有必要作为漆器重要品种来加以论述。

这种鼓及鼓架有特定的时空范围。从已有的发现来看，既不见于战国以前，也不见于楚亡以后。并且都出于楚国鼎盛期腹心地区，北不过河南南部，西不过鄂西，南不越湘中，东不出鄂东，在荆州、荆门、长沙、湘乡、临澧等地均出土较多（图 8.2－1）。可以这么认为，此乃唯楚独具、空前绝后的一种有楚文化特色的典型楚器。有这种鼓架的鼓可以称之为楚式悬鼓。

在楚墓内出土这类楚式鼓，数量不断增多。20 世纪 80 年代初有学者统计为 20 多件。近十多年来又新出不少，统计至少有 39 件[16]。虽然它在楚墓出土文物中数量不算多，但若与其他地区罕见鼓架的情况对比，这类鼓及鼓架的数量就是最多的了。

为便于对比研究，现将报道资料较齐全的 12 个楚墓所出虎座鸟架悬鼓的大小尺寸列表如下（表七）：

表七 12 座楚墓出土虎座鸟架悬鼓统计表

单位：厘米

序号	墓葬编号	通高	座长	座宽	鼓径、厚	著录
1	信阳长台关 M1		105	24.5	96×27.6	[26]
2	信阳长台关 M2	162	140	26	75×14	[26]
3	临澧九里 M1	165	92	20	40×10	[77]
4	江陵天星观 M1	139	110	?	75×?	[78]

续　表

序号	墓葬编号	通高	座长	座宽	鼓径、厚	著录
5	江陵望山 M1	104	85	?	46×?	[21]
6	江陵望山 M2	117.4	88	19	46×9	[21]
7	荆门包山 M1	101	70	14	46×?	[79]
8	江陵雨台山 M354	94.8	60	?	41.8×?	[80]
9	江陵九店 M294	87.4	70	20	42.8×8	[9]
10	江陵拍马山 M4	75	60	13	34×6	[19]
11	江陵葛陂寺 M34	70	55	11	35×6	[19]
12	长沙马益顺巷 M1	132	140	26	60×?	未发表

附注：1. 表内所列尺寸依据原报道材料，有的在正文内无尺寸，据发表的绘图估算而得，多为侧视图，故有的座宽尺寸不明。
2. 序号 1—6 均通体髹漆，以多色彩描绘花纹，7—9 号涂墨绘三色彩，10 号髹漆朱彩。11 号是否髹漆绘彩？未报道。12 号尺寸承宋少华惠允提供。
3. 著录编号与本章注释编号相同，出处相同。

从上表可知，较大型楚墓的墓主身份都是大夫、封君一类中、高级贵族。所出虎座鸟架悬鼓高大又美观。而较小型楚墓因墓主身份低，所出则较为小而简陋，有的为不髹漆的木质明器。这种鼓架的差异，同墓内其他随葬品一样，同是反映楚国社会等级制度的实物资料。

我们在此着重就这类鼓架本身的基本问题及其文化意蕴作些论述。

对这类鼓及鼓架的认识是随考古发现的不断增加和研究的开展而不断深化的。

这种鼓架的发现最早在上世纪 30 年代出于长沙。商承祚《长沙古物闻见记》有记载，但那时因系盗墓所出，未能将虎座与凤鸟联成为鼓架予以认识[17]。建国以后于 1957 年发掘的信阳长台关 1 号楚墓，在虎座上立有鸟腿，由于凤鸟已散乱，复原研究者未能准确复原这一虎座立凤鼓架。其后，信阳长台关 2 号楚墓于 1958 年发掘出土了虎座上有

图 8.2-1 虎座鸟架悬鼓

立鸟的鼓架，才促成了人们对这一鼓架的进一步认识[18]。

1962 年至 1963 年，作为楚郢都所在地的江陵考古工作正在开展。笔者在江陵拍马山楚墓的发掘中，出土了保存较好的虎座鸟架鼓，出土时双鸟连腿仍插立于虎座之上。笔者敏感地意识到，这对于正在讨论的河南信阳楚墓虎座鼓的复原问题，可以提供实证材料，便首先将这个墓的资料迅速整理公布[19]。从此，这种鼓架的结构便得到了肯定[20]。

鼓置于虎背之上、两鸟之间。如何悬挂？因挂鼓的绳已断，原物无存，已无从得知原来的挂法。有人设想丝绳挂于两凤鸟的口内，经我们试挂，也可挂于鸟冠之上。至于与凤身连接方式，据有的墓出土鼓框上有等距离的三个环来看，也可能系将丝绳穿环缚于凤鸟尾部。江陵望山 2 号楚墓出土的鼓，其"鼓腔复原后可见等距离之三个铜环，其中两个为铺首衔环，另一个为带环的长钉"[21]。显然，这个长钉应钉于双凤的尾部。已出版的这本发掘报告内，没有望山 2 号楚墓出土虎座鸟架鼓的图像(有文字描绘)。鉴于这一彩绘图像有它不同于其他虎座鸟架鼓的特点，特在此书内予以补发彩色图像，以使这一珍贵的彩漆图像资料传之久远，流芳后世[22](彩版 25)。

这件虎座凤架悬鼓的彩漆色泽，与其他彩漆鼓架均以红、黄、黑为主色相同，但其间的蓝色很醒目。鸟头上和鸟目周围一圈白色也很分明。这多种颜色的彩绘，使得神鸟凤凰真个是"斑陆离其上下"、"艳陆离些"、"惊采绝艳"了。关于楚艺术色彩的论述，美学研究者刘纲纪的看法值得重视，兹引录一段与读者共赏："红与黑两色相配和蓝与白两色相配可以说是楚地色彩配置的两大系列，其中前一系列又更重要。而上述宋以后中国山水画色彩的配置，可能就是由此演化而来的，不过以近于朱红的赭石代替了朱红。蓝白两色的配置至今是湖北天门民间挑花的基本色调，而宋瓷的色调不也常常如此吗？当然，楚地造型艺术的颜色不限于以上四色……后世中国绘画、工艺美术对色彩的运用、配置，较之楚艺术已有不少变化，特别是失去了那种带原始风味的强烈的生命感。我们要找寻它在后世的、较接近原型的遗存，要到湖北民间工艺美术中去找。"[23]我在此不厌其烦地引述这段话，是在于这一论述阐明了楚艺术传统的生命力，即它至今仍是我国民间工艺美术的源头活水。原来两千年以前的色彩传统竟与我们生活的当代有如此千丝万缕的联系！当然，这仅是一例，类似的楚文化传统及于现代的例证多得很。例如我提到现在仍在千家万户使用的碗，它的名称与形状的渊源竟可追溯到 2 000 多年前的楚文化典型器物——楚式敦[24]。许多有识之士都从诸多方面指出楚文化传统有如长江之水，一直流到了今天，仍存活于现代。楚文化之备受人们关注、热爱，便不难理解了。

仍回到虎座鸟架鼓这一有特色的器物本身的有关问题。

关于它的名称问题。20 世纪 50 年代信阳楚墓出土此器时只称鼓座或虎座鼓，60 年代我在江陵出土此器简报中，第一次使用"虎座鸟架鼓"名称(《文物》1964 年 9 期)。至今仍有发掘报告与论著继续使用这一名称。至于这个鸟形到底应叫什么名称的鸟？当时并未深究，仅泛称为鸟，有的叫它"鹭鸶"。上世纪 60 年代已有文予以讨论，据楚文物一些凤鸟形象，认为鼓座上的双鸟是"凤的形象"[25](关于凤的形象，我在下面谈座屏时还会论及)；现在不少的书中都采用"虎座凤架鼓"这一名称。

但是，这个名称中的"虎座凤架鼓"只不过是我们对这种鼓架给它以一种形象性的通俗称呼。在古代却不是这么定名的。古代用以悬挂钟、磬和鼓的架子(即钟架、鼓架)，在古书上是有记载的。《诗·大雅·灵台》："虡业维枞，贲鼓维镛"，又《诗·周颂·有瞽》："设业设虡，崇牙树羽"。传谓：植者曰虡、横者曰栒，业，大版也，枞崇牙也，贲，大鼓也，镛，大钟也。笺云："虡也，栒也，所以悬钟、鼓也。设大版于上，刻画以为饰"。诗句中的虡、业即指钟或鼓架。

虡即虞字。《说文》云："虞、钟鼓之柎也，饰为猛兽……虡，篆文虞省。"《广雅·释器》："虞，桯，几也。"是则桯、几和虡(虞)为同器异名。信阳长台关一号楚墓(出虎座鸟架鼓)记载乐器的简文云："乐人之器：一槃𡈼(桯)：首钟，小大十又三……一鼓□……。"[26]这里清楚地指明"一槃桯"，乃指悬挂钟、鼓的架子。由此观之，虡可兼赅栒业牙羽而指钟架和鼓架，简称为鼓虡[27]。

还可进而证之。《考工记·梓人》云："梓人为筍虡。天下之大兽五：脂者、膏者、臝者、羽者、鳞者……臝者、羽者、鳞者以为筍簴……厚唇……短耳……大体短脰，若是者谓之羸属……锐喙决吻……若是者谓之羽属。”孙诒让疏：“谓之羸者，虎豹貔螭为浅毛兽者之属；云羽者，鸟属。”[28]这就是说，钟鼓这类乐器的架子——虡，是以兽和鸟类动物做成的，虎座凤架鼓之虎、凤正是兽、鸟两类动物。因此，这种虎座凤架鼓的鼓架，在古代定名只有一个字——虡（虡、簴为同字异体）。鼓架即称鼓虡。若以雅俗言之，则今俗称“虎座鸟架”者，于古代则雅称为“鼓虡”矣！

这种楚式鼓架（虡），现在考古发现的主要为双虎座上立双凤为架，但也只有以双凤或双鸟为架者，如湖北鄂城所出的四件有鼓架的鼓，报告者将鸟架两件和虎座鸟架鼓一件分开报道，表明那两件鸟架鼓仅以鸟为架，其下并无虎座[29]。在一件“刻纹燕乐画象椭栝”上所刻一鼓的“鼓座作鸟形”[30]，看来战国时确有只以鸟架为鼓架的，与虎座鸟架形成两种类型的鼓架。

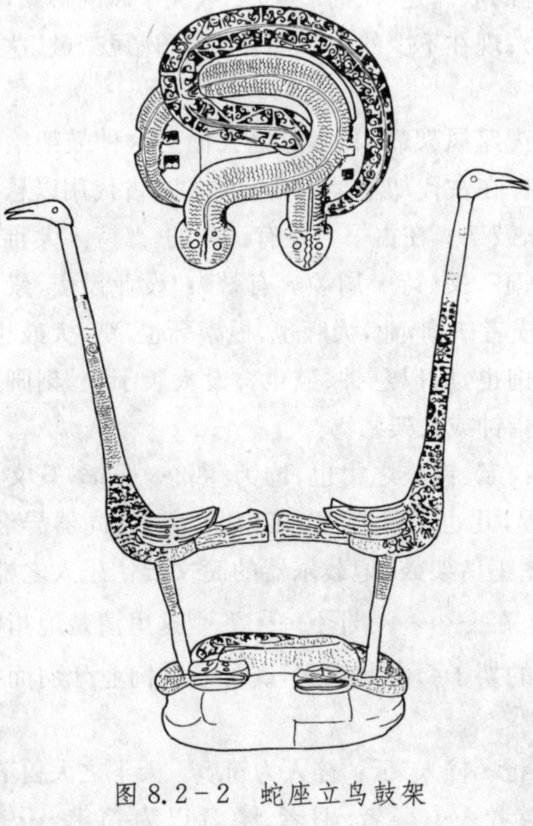

图 8.2-2　蛇座立鸟鼓架

更有奇特者，鼓架的座子，并非双虎，而是双蛇；立于其上的鸟颇像立鹤。它是上世纪30年代在长沙出土的，后流出国外，巴纳的《中国考古研究》（英文）一书有著录[31]，现移录其图像于此（图 8.2-2）。惜此件出土情况不明[32]，是否出于楚墓？是否为楚文物？至今在已发掘的数千座楚墓内再未发现第二件这样的奇特的鼓架！当然，前引《考工记》论梓人为筍虡，除蠃属、羽属外，还有鳞属，鳞者龙蛇之属。既然古籍上有以龙蛇之属为鼓架构件的记载，而出土物也有这种蛇座鸟架，正好可以相互印证。也许今后有朝一日真能再度发掘到这种蛇座鸟架的鼓！

前面提到鼓是悬在双凤之间，用丝绳挂在凤鸟的冠上或衔在口内，无疑的是可称之为悬鼓的。称悬鼓亦有古籍可证。《礼记·明堂位》："夏后氏鼓足、殷楹鼓、周悬鼓。"又见《诗·周颂·有瞽》："应田县鼓。"县即悬字，古代两字通用。礼记把楹鼓（即建鼓）、悬鼓分属殷、周两代，恐不尽然。观随县曾侯乙墓内建鼓、悬鼓并存[33]，知周代两者都在使用。也许楹鼓始于殷，沿用至周代，故而有此说。

周代普遍使用悬鼓，这是通制。悬鼓的鼓架则各地不同。虎座凤架这样的鼓架无疑是楚文化区的特点。至于其他地区的鼓架是什么样子？则还有待考究[34]。

荆楚之地何以用双虎双凤为鼓架？探究楚文化特色，自不免要追问一下其文化意蕴。凤鸟乃古代人心目中的神鸟，并非楚人所专有，然楚人特别崇敬凤鸟也是事实。对此已有不少学者从多方面予以论说。例如艺术研究者认为：以凤鸟的形象为鼓架设计的主题，既体现了楚人对凤鸟的崇敬与喜爱，也可能与设计者注重器物的艺术形象与器物功能相统一的思想有关。先秦时期的工匠艺术家认为，像鸟类这样"其声清阳而远闻"的"羽属"动物，适宜于作发音清阳的乐器的悬架形象。这样，"击其所悬而由其虡鸣"。音乐所引起的联想就能与乐器悬架的视觉艺术形象达到完美和谐的统一。悬鼓与声大而宏的建鼓相比，当属发音清阳的乐器。楚人以凤鸟形象作为悬鼓鼓架的母题，正是这一设计意识的生动体现[35]。

这种从音乐性能与艺术结合的角度来谈楚人崇凤，似欠全面。因为非楚文化区也同样崇尚凤鸟形象。即使在楚文化区内，楚人之喜爱凤鸟遍及于当时社会生活的各个方面，并非仅施之于乐器。因此，需要从民族学、文化人类学、民俗学等学科进行探讨，才能获得全面、深刻的认识。

现在要深究的是，鼓架上的凤高高在上，虎则低伏于地，二者有机结合成一个整体。楚人为何要设计出这种结构的鼓架，而不是别的式样的鼓架？当必蕴含着楚人的一种思想意识或心理。

凤的风采表现得最为淋漓尽致的首推虎座飞凤上的凤，“昂其首而振其翅，集壮、美、奇于一身……可视之为楚文化达到鼎盛期的象征”[36]（图 8.1-4）。虎座凤架鼓之凤应和虎座飞凤之凤一样表现了同样的楚文化意蕴。或认为凤是楚人先民的图腾，虎是巴族人的图腾，这虎座飞鸟和虎座立凤（鼓架）“都是用凤战胜虎来象征楚人的雕像……作为纪念楚人战胜巴人的丰碑”[37]。

这种用凤、虎象征楚、巴的图腾说，乃一家之言，是否果真如此？也有不同的看法。一般说来，图腾崇拜只存在于原始社会，乃以某种动物为民族象征形象。战国时代楚国早已脱离氏族社会，虽然它的氏族残余比中原地区保留得多些，但社会发展进程已大体一致，完全用图腾崇拜说予以解释，可能失之偏颇。

除上述说法之外，还有多种不同的看法，例如有学者认为它不是象征楚胜巴败，而是“巴楚文化融合的象征”[38]。这仍然未脱离图腾说之范围，也同样失之偏颇。也有论者从民俗中的崇虎、赶虎现象，认为不是“以虎作为图腾崇拜，而是基于‘万物有灵’思想的残存而产生对虎威的畏惧。或者是由于虎的威武和外形美而产生的一种审美情趣。于是创造了与虎有关的歌舞、雕塑、图画、服饰与神话传统等等”[39]。这也可备一说，但似乎都难以确诂。

究竟应作何解释？值得进一步探究。无论何种解释，都不能脱离战国时代产生这类物象的时代背景与文化氛围。在楚文物上确有凤、虎相斗的意象，例如江陵马山 1 号楚墓绣品上的凤、虎形象、虎座飞凤及在此所谈的鼓架为虎座立凤结构等。凤的形象无不呈现形体高大、气势轩昂、腾跃奋扑、雄姿英发之状。凤居高临下，而虎则畏缩伏地。虎本是猛兽，反而不显虎威。看来确反映了楚人褒凤、贬虎之情趣。其主题也应如同我在下面将要论述的彩漆木雕座屏上动物的意象相近。这种情感在楚国伟大诗人(也是中国伟大诗人)屈原的诗句内也有反映。这里暂不引述其赞美凤凰的诗句,且引述一下有关虎的诗句:“虎豹九关、啄害下人些”、“参目虎首,其身若牛些,此皆甘人”(《楚辞·招魂》)。由此看来,在当时楚人的心理上,凤凰为善、为吉,虎豹为恶、为凶,应是信而有征的。我以为这才是这类题材的真正寓意,非此莫属也。

二、彩绘木雕漆座屏

这件漆器精品出自31年前发掘的江陵望山1号楚墓内[40]。作为刚从大学毕业参加文物考古工作才四年的我,是在发掘现场目睹这件精品重见天日的几个发掘者之一,有幸最早亲自观察、抚摩这件珍品。它泡在墓内较为清亮的积水中,拿出水面时,色彩异常艳丽,触摸其木质甚为坚硬,有人还疑为金属质地呢!它出土后就被进行了精心的加固处理,妥善地保存,至今仍很完整,只是经历30年之久的岁月,出土时那种亮丽的光彩已今非昔比,惟赖现代能工巧匠做成的复制品,还可感受到那刚出土时的光彩夺目的色泽(图8.2-3、彩版26)。

此器出土之后已历30余年,其间精美的楚文物层出不穷,精美绝伦者各有千秋,但有如此结构复杂的彩绘漆木座屏,至今仍是最为奇特、精绝的一件。长期以来享誉国内外,誉为巧夺天工之作。

这件精美的楚文物是由一扁平的底座和方形的屏面构成的,屏面竖嵌座屏上。全器通高15厘米、宽51.8厘米,屏面厚度仅3厘米,屏座宽12厘米。在这面积不大的屏面、屏座上全由透雕、浮雕、圆雕的动物组成。屏面上的动物是分别雕成之后,有机地组装起来的,拆开来是许多精细雕琢的圆雕动物,合拢来是一幅两面都可观看的透雕作品,反映了先秦我国木雕技艺的高超水平。动物图像布局十分谨严,图像上下、左右、前后都很对称,屏面两边相对应的是相同的图像。这些精工

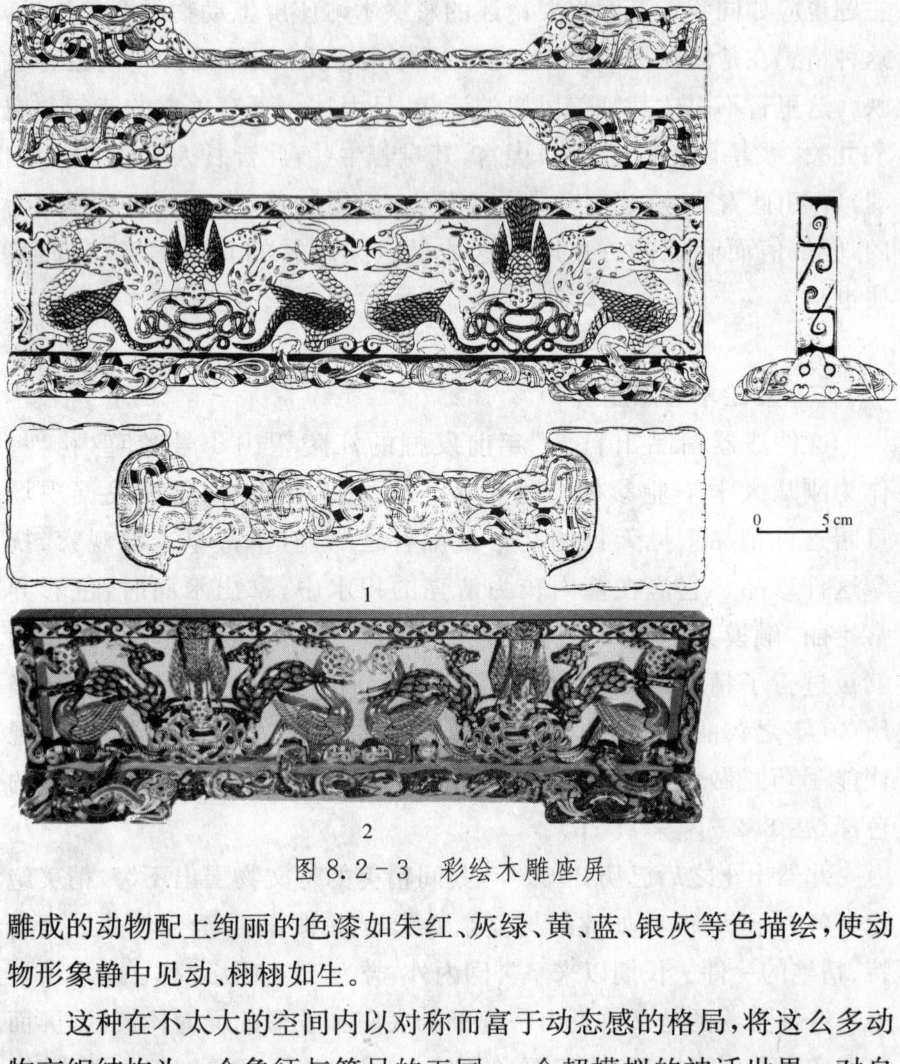

图 8.2-3　彩绘木雕座屏

雕成的动物配上绚丽的色漆如朱红、灰绿、黄、蓝、银灰等色描绘，使动物形象静中见动、栩栩如生。

这种在不太大的空间内以对称而富于动态感的格局，将这么多动物交织结构为一个象征与符号的王国，一个超模拟的神话世界。对自然对象生命形态的体察入微，运用神工鬼斧般的雕刻技法，使各种动物形态鲜活异常。动物间的相互制约关系又给作品笼罩了一层神秘的气氛，从而超越了一般自然主义的单纯模仿。本是一件带装饰风格的实用工艺品，但除了其精工巧丽、丝丝入扣的制作工艺、艳丽繁复的彩绘令欣赏者叹为观止外，它的更大魅力还在其整体意象构成的难以捉摸的意蕴[41]。

这种难以捉摸的意蕴自然吸引了众多爱好者、研究者加以探索、加以发掘。笔者既然有幸成为最初的发见者之一，便立即被它的魅力所深深吸引。早在20世纪70年代“文化大革命”期间，在北京举办出土文物展览，笔者作为这一展览工作人员，写作这件珍贵展品的说明词，从而更促进我作进一步的探索，并请教当时还不可能落实政策的权威学者如沈从文、启功先生，获益良多[42]。

对这座屏上动物图像文化意蕴的探讨，至今仍是一个饶有兴味的问题，现将我的看法写出来，以期引起进一步的讨论。

先从图像的构成状况谈起。图像中部为双凤争蛇，双凤的嘴共衔一蛇，双爪攫二蛇。靠边框各有一凤，也是嘴衔蛇、爪攫蛇，蛇的一半浮雕于边框上。凤的形象生动，色彩缤纷。古代关于凤的记述很多，它的形象是：“凤，神鸟也；天老曰，凤之象也，鸿前麐后，蛇颈鱼尾，鹳颡鸳腮，龙文虎背，燕颔鸡喙，五色备举，出于东方君子之国。”(《说文解字》)这屏上的凤也颇有点“蛇颈鱼尾”“燕颔鸡喙”之神鸟风味。

如果把屏上的画面分成左右两个相等的部分，则每一部分以一只头向下啄蛇的鸟为中心，两旁有两只奔鹿。鸟的嘴和爪都向下啄，抓住下面的两条蛇。这两条蛇蟠结一团，头向左右伸出，分别咬住鸟两旁的梅花鹿的前上肢。

这只鸟叫什么鸟？叫法不一，或称为“雀”，或称为“鹰”，或不称专名，仅笼统地以“鸟”名之[43]。我以为这只鸟当属凤鸟一类的神鸟。《山海经·海内西经》曰：“开明西有凤凰鸾鸟，皆戴蛇、践蛇。”戴蛇即衔蛇，践蛇即抓蛇。在一些战国铜器纹饰中也有鸾、凤衔蛇之图像。《说文解字》：“鸾，亦神灵之精也。赤色五彩，鸡形。”这小屏上的鸟爪形如鸡爪，其形体与凤稍异，而彩绘的羽纹则完全一样，表明应与凤同类，亦神鸟也，故可定名为鸾鸟。

图像中鸾鸟的嘴、爪衔蛇、抓蛇；蛇的头部则咬住鹿的前肢。蛇食肉的现象是有的。“大人之国有元蛇，头方食鹿”(《山海经》)。《楚辞·

天问》:“灵蛇吞象,厥大何如?”朱熹注引《山海经》郭注云:“南方蚺蛇,亦吞鹿,消尽,乃自绞于树,腹中骨皆穿鳞甲间出。”

屏面上的动物计有:凤四只(中部两只,靠边框两只),鸾四只(左右各一只,相对的另一面的左右也是各一只),鹿四只(各置于鸾鸟两侧),蛇十五条(中部双凤啄蛇三条,靠边框的两凤啄抓四条,四只鸾啄抓八条),共有二十七个动物。

屏面中间双凤翅尾下面各有一只青蛙伏在屏座上,蛙的尾部被蛇咬住,这蛇是从屏座下面爬上来的,屏座的侧面与座底背面都浮雕有蛇,形体比屏面上的蛇为大,可叫大蛇。有的学者称之为蟒,我认为仍称蛇为宜。因为战国古籍上均称蛇而不称蟒,即算是可以吞象或吞鹿的大蛇都不称蟒。所以,应以古籍上的称名为宜。

值得注意的是,有的蛇头部为兽首鸟嘴,如屏座两侧的左右均各有一个这样的蛇头。屏座两端的狭面上为兽首双身蛇,兽首呈兽面状,蛇的双身从屏座侧面绕出,双尾相交于屏座座面上,处于靠边框的凤鸟的翅尾之下。

这样的怪蛇,古籍有记载:“不咸山有虫,兽首蛇身,名曰琴虫。”注:“蛇类。”又,“深冬之山有蛇,一首两身,名曰肥遗”(《山海经》)。

底座上的动物有 24 个(大蛇 22 条,青蛙两只),加上屏面上的动物 27 个,总共有 51 个动物,在不大的屏面上雕有如此多的动物,实为罕见。

这些动物既有现实生活中的写实形态,又有神话传说中的神怪动物,把它们交织、组合在一个图像里,不会只是毫无意义的艺术装饰,而应表现了一定的主题。

从图像的构成来看,很容易地可以看出是一种鸟蛇搏斗的景象。即凤、鸾与咬鹿的蛇斗,屏上部象征天上、空中,屏座象征地面及地下。古语曰:“鸟张翼以进,蛇向敌而蟠。”凤、鸾似乎看到了蛇正欲食鹿,于是飞翼下冲,展开了一场斗争,蛇在强敌面前,蟠缩一团。被蛇咬的梅花鹿似在奔跑避蛇害,它的四足置于凤颈和鸾鸟头侧,好像已受到鸾、凤的保护。

鹿在古代被视为善良和吉祥的动物,《诗经》里有鹿鸣之诗,乃宴嘉宾之颂诗。《楚辞·天问》:"惊女采薇,鹿何佑?"鹿被视为神物。楚墓常出蜷伏或卧伏之梅花鹿,作避邪用的镇墓兽上则插鹿角,反映楚地人们对鹿的爱护与崇拜的心理。

图像的布局也表现了这一主题,作者巧妙地利用座屏上下部位,让凤、鸾居高临下,似从天空中向下俯冲,姿态矫健鹰扬,显示其与蛇斗的胜利者的姿态,而蛇则蜷缩一团,无所逃窜地纠缠在一处。显然,这些动物有的是被赞扬的,有的是被贬斥的,表现了设计者与雕刻者对这些动物的爱恶感。

艺术是社会生活直接或间接的反映,这样的主题当亦以现实生活为基础。南方楚地蛇是很多的,对人畜常有伤害。顾颉刚先生曾经指出:"楚越一带,因林木繁茂,土地的卑湿,人类与蛇类同居,饱受了损害……当时吴越人之所以断发文身,乃是起来保护生命之要求,其效用与动物的保护色相等"(《古史辨》)。徐旭生先生也指出:"人对于蛇从来厌恶,上古人见面就问:'无它?'这就是说:'你没有见过蛇吗?'蛇被厌恶到这步田地!"(《中国古史的传说时代》)

这座屏上的兽面怪蛇也是害人虫。《山海经·北山经》记载有一首两身的怪蛇,"见则天下大旱"。这屏上之双身蛇可能象征此种怪蛇,它被置于屏座,口朝上,似乎已被镇住不能动弹。这当是人们憎恶这种"见则大旱"的怪蛇的一种表现方式。

《山海经》里关于神物、怪物的记载颇多,是书成书年代不会晚于公元前四世纪中叶,是以巴、蜀、荆楚之地为天下之中心来看待的,记述的事物包括神话传说当亦以这些地方为主。这座屏的时代与地点属于《山海经》记述之时、地范围。故座屏上的图像正是《山海经》等古籍有关记载在艺术品上的表现。

《楚辞·招魂》:"南方不可以止些……蝮蛇蓁蓁……吞人以益其心些","蝮蛇蓁蓁"乃毒蛇遍地之意,看这座屏上互相纠缠在一起的大蛇,也确有“蝮蛇蓁蓁”之感。传说中的羿受到上天的派遣,“断脩蛇于洞庭”,即在洞庭湖斩杀了一条危害人们的大蛇(《淮南子·本经训》)。

这里有一个问题,就是龙与蛇的关系。龙是原始社会图腾崇拜的产物,最初当是起源于对蛇的图腾崇拜,以后逐渐加上了一些爬行动物的特点,形成了龙这个神物。这样,龙便与现实生活中的蛇分离了。当然并不是所有的蛇都是害人虫,譬如说,有一种蛇叫螣蛇,许慎认为是一种神蛇,郭璞则干脆说是龙类,“能兴云雾而游其中”(《尔雅》郭注)。马王堆西汉帛画下部(地下)有一蛇蜿蜒横陈于裸体人之下,以首与尾勾连于左右二龙尾。这蛇也被看成了与龙一类的神物。原来,汉代统治者把神仙思想发展到极点时,也把蛇当成了护送人们升天的神物了[44]。

这小屏上的蛇显然不属于神蛇一类。而实实在在是被人们厌恶的蛇类。以鸟蛇搏斗、鸟胜而蛇败的图像表现出来。寿县出土楚器中有一件铜鹰,双足用力踏住了一个一首两身的蛇样怪物,这也是鸟蛇搏斗,鹰胜而蛇败[45]。具体形象不同,而意义相似,都是楚文化特点在艺术品上的表现。

通过艺术形象来表现人们的愿望与爱恶,是古今文艺作品共具的特色。我国古代青铜器上的图像早已显示了这种特点,即所谓“铸鼎象物,百物而为之备,使民知神奸。故民入川泽山林,不逢不若。魑魅魍魉,莫能逢之”(《左传》宣公三年)。郭沫若认为:“神奸二字当分别解释,即是‘神’与‘奸’——善灵与恶灵。古代彝器上的凤纹、龙纹就属于神之类!别有饕餮、夔等属于奸之类。”[46]这种解释是可取的。但郭氏认为长沙楚墓所出帛画乃是凤与夔斗,凤胜而夔败。旁边的妇女是站在凤鸟一边,祷祝经过斗争的生命的胜利,和平的胜利。这种解释却是不正确的。因为帛画上的夔并不是夔,而应是龙。帛画应是表现龙凤呈祥之意,画中的妇女即是表示人们对龙凤的崇拜。

对善灵予以颂扬,对恶灵予以贬斥或诅咒,在屈原的作品里表现得也很明显。东汉王逸在《楚辞章句·离骚序》中指出:“《离骚》之文,依

《诗》取兴，引类譬喻。故善鸟、香草以配忠贞；恶禽、臭物以比谗佞；灵脩、美人以媲于君；宓妃、佚女以譬贤臣；虬龙、鸾凤以托君子；飘风、云霓以为小人。”所说的虽未必完全正确，但这种“寓褒贬、别善恶”的比兴作风正是屈原作品的特色，如“鸾鸟、凤凰日以远兮”（《涉江》），比喻贤人远离朝廷，不被启用。“蝮蛇蓁蓁……吞人以益其心些”（《招魂》），以南方蝮蛇的可怕来呼喊贤君的灵魂不可远离故居。显然，屈原在这里歌颂鸾、凤，视为善灵，贬斥蛇类，视为恶灵，与这座屏上对动物所表示的含意相似。一则表现在工艺美术品上，一则反映在文学作品里，可谓异曲同工，同具楚风。

第三节 丝 纺 织 品

荆楚地区有种麻、植桑、育蚕的优越地理条件，是我国纺织业，特别是丝纺织业兴起早、发展快、水平高的重要地区之一，有着悠久的历史。原始社会时期，虽尚未发现纺织实物，但从大溪文化、屈家岑文化的陶纺轮看，数量多，有的在纺轮上留有平纹、斜纹等编织物图案，纺织业无疑已具一定水平。在原始社会晚期向文明时代转变时期，据石家河文化的泥塑人像、玉雕人像看，当时人们已普遍使用服饰。夏商西周时期，据《尚书·禹贡》记载，荆州有“玄纁玑组”（玄纁即彩色丝绸），荆、豫州之间“厥贡漆枲絺纻”（枲即麻），可知丝绸等精纺工艺已有大量生产，惜至今罕见实物资料。

东周时期，已在荆楚众多地点出土了多种多样的丝麻织品，早在20世纪40年代就在长沙出土了楚国的丝织物[47]。建国以来随着楚墓的大量发掘，发现的各类纺织品已有数十批[48]。最具代表性的保存又最完好的为1982年发掘的江陵马山1号楚墓出土的大批丝织品和保存如新的服装衣衾，是先秦时期迄今所见的惟一的“丝绸宝库”[49]。

这些丝绸在地下埋藏2 300多个岁月，出土时色泽鲜艳，形状完好。“人们见到这些古代丝绸时，既有像西方人第一次见到‘赛里斯’(丝绸)宝物的神秘感，又有做一个华夏后裔、炎黄子孙的自豪感，许多人情不自禁地说：骄傲啊，赛里斯！珍贵啊，国宝！这是一个神奇的发现……”[50]

综合各地特别是马山楚墓的发现，对荆楚战国时期的纺织业，可以归纳为以下几点认识：

第一，春秋战国时期是楚国丝麻纺织业的鼎盛期。虽然现有发现几乎都是战国时期的，但春秋时期的发展水平也应已相当高，这有文献记载为证，如楚庄王“鲜冠组缨、绛衣博袍”[51]。“楚庄王之时有所爱马，衣以纹绣、置之华屋之下，啖以枣脯”[52]。楚令尹薳子冯“重茧衣裘”[53]。还有楚吴两国为争边邑的桑蚕而发生战争的故事[54]。《国语·楚语》云：“牺牲之物、玉帛之类、采服之仪、彝品之器……玉帛为二精。”均足以表明，春秋时期的丝织业已发展到了一个新阶段，方有战国时期遍地开花的发现。

第二，丝麻织品不仅用作服饰的原料，而且普及于社会生活的各个领域，用途广、种类多。据几批楚墓遣策所记，各类丝麻织物的名称有数十种之多。马山1号楚墓所出，虽已令人有眼花缭乱之感，但也不过是当时难以计数的精美丝纺织品、服饰中的极小量罢了。今后若发现保存好的楚王墓等高级贵族墓，可能还会有更惊奇的发现。

第三，麻织品在社会生活中仍占较大比例。丝织品工艺复杂，造价高，非普通人能所服，无疑主要为楚贵族所用。楚地盛产苎麻，苎麻织品仍是楚地下层人民主要衣料与用料。

第四，楚国的官办与民办纺织业，是楚国纺织业兴旺发达的机因。从楚墓中出土的有关简文资料看，楚国的丝麻纺织品生产，除了具有专业化的生产格局之外，还具有传统的、分散的个体纺织业。也就是说，春秋战国时期楚国官营纺织业和私营纺织业并存。两者之间，既有竞争机制，也有互补性，如楚墓中目前已不止一处丝织品上书写与戳印工匠的标记。之一，长沙左家塘44号楚墓出土的一绵织品，书有“女五氏”和相关的戳印标记。之二,江陵马山1号楚墓出土的丝织品上,有“柬”、“门肤”两处墨书文字,还同出多处彩印纹。这些文字和印记的存在,都是楚国工匠和作坊的标记。长沙楚墓中出土一枚长、宽各2.3厘米的方形铜印,阴刻“中织室鉨(玺)”四字,就是楚国管理丝织业的官方印玺[55]。

第五,楚国纺织业的高速发展,除了充分发挥本地的传统工艺之外,还有意识地吸取了他国的技术人才。《左传·成公二年》记楚师“侵及阳桥(鲁地),孟孙请往赂之,以执斲、执针、织纴,皆百人,公衡为质,以请盟,楚人许平”。其中的执针、织纴者,就是鲁国的纺织工匠与缝纫人才。鲁国的纺织、缝纫技术,在春秋时期是相当先进的。历史上曾有“齐纨鲁缟”、“冠带衣履天下”的美称。鲁国的纺织与缝纫工匠至楚,无疑会更加促进楚国纺织业迅速发展。

第六,楚人的缫丝、纺织与湅染工艺。

楚人的丝织品之所以织造如此精良,种类众多,色泽鲜艳,纹饰繁缛,是与楚人具有的高超缫丝、纺织和湅染工艺密切相关的。同时,据有关文字资料记载,也可知春秋战国时期的楚国纺织业,不仅有多层次的生产,而且纺织业内部也有缫丝、纺纱、织造、湅染一整套完整的工序。楚国纺织业内部已有各类明确的分工,从而形成了各道精良的工艺[56]。

第七,丝织品的织造工艺发达,品类多,主要有纱、绢、縠、绨、缣、罗、绮、组、绦及大量刺绣制品,其中,锦又可分出多种[57]。锦是以彩丝织成的有花纹的织品,彩、纹并茂,是最为精巧复杂的丝织品种。《释名》云:“锦,金也,作之用功,重其价如金,故惟尊者得服之”。现代成语“锦上添花”,即缘于锦之华采。

第八,丝织品色泽缤纷,花纹繁丽。

楚国丝织品中,一个最显著的特点就是精巧的花纹织物和绣品,多表现在绮、锦、绦之类物品上。其纹饰的总体特点是花纹繁缛,色彩鲜艳,题材丰富,构图紧凑、线条规整,色彩对比度强,层次分明，纹饰形式灵活多变，富丽多姿，给人无穷的美感。花纹的布局，总体上虽为对称式的连续图案，但也有散点式、连续式、点缀式、重叠式、明暗式等多种。花纹的内容，大体上可分几何形纹、珍禽异兽纹、人物行为纹三个方面，使自然物体与人类生活形象时有展示，显出生活环境充满生机。

从现有的楚国丝织品看，花纹装饰最为全面，题材最为广泛，表现形式最为丰富者莫过于江陵马山1号楚墓出土的丝织物，以下作重点叙述：

1. 织品花纹

绮上花纹，见有彩条纹，外观为顺经线方向排列的深红、黑、土黄三色相间的窄长条。

锦上花纹，数量最多，题材最为丰富。其中可分：

塔形纹锦　是由若干个矩形在一长方块内组织，并顺经线方向作长带状排列，上下左右互为倒置。塔形纹锦是由二色经线交替起花，形成不同色彩。又由于采用了分区配色的方法，相邻条带间的塔形纹样颜色也不尽相同。色线的组合有三种：浅棕和土黄；深棕和土黄；朱红和土黄，三组色线依次顺条带布置。这样，使整幅锦面色彩更显得鲜艳、光彩夺目。

凤鸟凫几何纹锦　完整的花纹循环性地由12条带顺经线方向排列组成。其中，分别由宽道菱形和相背的两个弓形组成连续纹样；由重六边形、立凤、对顶三角形组成连续纹样；由S形、菱形和三角形组成连续纹样，最后三行中以凫代替了立凤。每一行条带的经线有两种颜色，而在一个花纹循环中则出现四色经线。其组合是由灰黄、朱红、深棕、灰黄、红棕、灰黄配色，而且一般是各组颜色中的前一种作底色，后一种作花纹色。

凤鸟菱形纹锦　均无完整的花纹。花纹是顺经线方向作长条状布置。底纹是浅棕色，花纹经是朱红色。花纹表现为二：之一，是以内填小三角形的菱形置于正中，两端各置一只凤鸟；之二，为两行布置，一行以菱形为主，另一行以相背的两只凫组成的菱形纹为主。

条纹锦　外观为顺经线方向排列的土黄、深棕两色相间的条带。

小菱形纹锦　纹饰单位为小菱形，外设单线菱形格，作四方连续排列。纹样主要用土黄、深棕二色经线提花，纬线为深棕色。在土黄色菱形的正中用四根深红色经浮线形成花芯。

十字菱形纹锦　菱形由小方块组成，其四角配有大十字形，菱形中填四个小十字形。经线为土黄、深棕两色，纬向有棕、朱红两色。

大菱形纹锦　一般由深棕、深红、土黄三根不同颜色的经线成为一副，深棕线作为底纹，深红和土黄色线用作显示花纹。这类锦数量也最多，纹样组合也较为复杂。一般是大菱形内填充各种不同纹样组成连续性纹样（图 8.3－1 之 1）。

1

2

3

图 8.3－1　织锦花纹

几何纹锦　由不同的几何纹组成整体图案，经线有土黄、深红、深棕三色，纬线为深棕色（图 8.3－1 之 2）。各种几何纹虽不具具体含义，但在排列形式上却显得庄严齐整，并富有强烈的节奏感。

舞人动物纹锦　纹样横向布局，即完整的花纹循环是由纬向排列的上下七组不同的小图案组成，并横贯全幅。各组小图案以拱形宽条纹隔开。拱形宽条中填以龙纹和几何纹。小图案以对称的舞人动物纹为母题，旁边饰各类几何纹。自右向左，每组图案是：对龙，长尾卷曲，作转身爬行状；一对舞人，戴冠，冠尾后垂，身着长装，腰系深黄色带，配饰物，双脚外露。舞人作边歌边舞状，双袖扬过头。舞人周边填S形纹和菱形纹；对龙，共两对，中间两条大龙直行，两旁两条小龙横行；对麒麟，张嘴吐舌，作行走状，头上空间填曲折的8字形纹；对凤，仰首作鸣状，展翅，尾后垂；对龙，长卷尾，作横行状，经线为深红、深黄、棕三色；纬线为棕色（图8.3－1之3）。从诸纹饰看，楚人对锦的织造是十分重视的。在内容上，却显示出楚人对生活及相关的神灵怀念之情。

此外，楚人在绦上边织造各种花纹，但多表现在纬线起花绦上。

田猎纹绦　底组织经纬线为深棕色，花纬可见土黄、钴蓝、深棕三色。此花纹由四个菱形组成，排列在上下两行。上行的两个菱形内的图案内容是相互联系的。右上方的图案是两人乘一辆田车正在向前追逐猎物。田车有犄、箱、轮等部件，轮作六边形，八辐，有毂。车上二人。车后立旗杆，上挂向后飘动的旌旗；左上方图案中部有象征为山丘的菱形纹，山前有一只奔鹿仓皇逃命，并有箭矢从身边掠过；奔鹿后面的一兽已被射中，倒卧在地；下行两个菱形图案都是武士搏兽图。右下方的图案是武士搏虎图。武士头戴长尾兜鍪，一手执盾，一手执长剑，正与一只斑斓猛虎搏斗。各个大菱形纹之间多填S形等几何纹。布局上，上下两行图案可以相互呼应，组成一幅气氛热烈而又紧张、场面广阔的田猎场面，表达了楚人丰富的想像力，或是楚人实际田猎活动的写照。同时，也反映出战国中期田猎活动在楚贵族生活中的重要地位，故楚人织之以示纪念（图8.3－2之1）。

龙凤纹绦也较为多见。如该墓N10的衣领内侧龙凤纹绦的经线和底纬为深棕色，花纬用土黄、红棕、钴蓝三色表现。花纹由三个菱形连接组成。右起第一个菱形内的图案是对龙，各自作回首状，足下践一

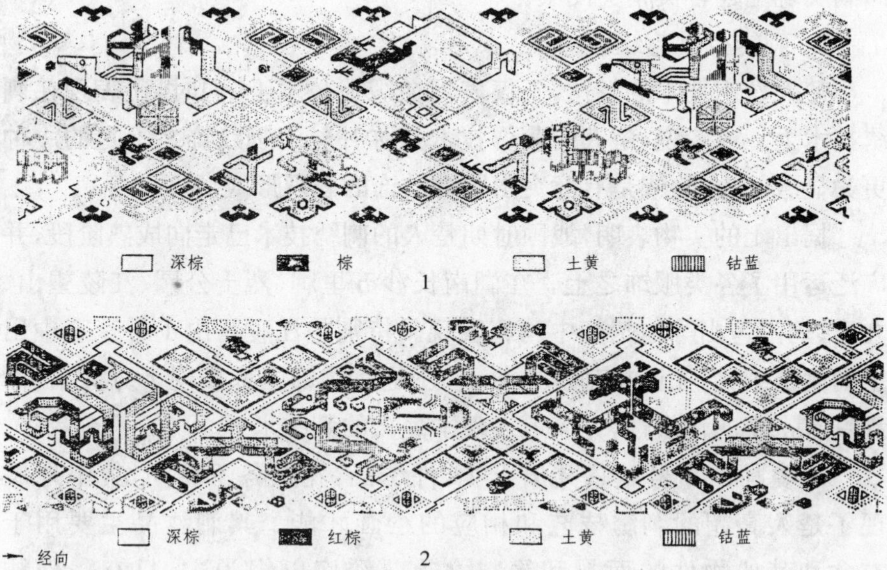

图 8.3-2　田猎纹绦、龙凤纹绦

物。第二个菱形内的图案是长尾对龙和一些小几何纹。第三个菱形内的图案是弯体对凤。各菱形纹的空间,分别填三角形纹、小菱形纹等。也有矮小的人形图案和展翅的凤鸟形图案(图 8.3-2 之 2)。

六边形纹绦　经线和纬线为深棕色,花纬有红棕色和棕色,花纹由小六边形组成。按纬线方向排列成行。每行九个小六边形,行间夹以小三角组成的斜向条条,相互连接,形成大三角形。

在一部分针织复合组织绦中,也可见动物纹、十字形纹、星点纹等。有的主题是一只奔兽,用深棕、土黄两色丝线提花者;十字形作花纹的主题,两侧为彩条横向连接组织,其组合为:红棕三个横列,土黄、红棕、土黄、红棕各两个横列,土黄四个横列;以星点纹组成类似蝶形图案者,两侧的彩条组合是红棕、土黄、红棕、土黄、深棕各占三个线圈横列。

上述各种丝织物中的花纹,既是楚人织造技术的升华,也是楚人思想、行为、情感的记载。总之,只有在织造技术较高的前提下,才有可能圆满实现上述各类精美图案。

2. 刺绣技术与纹饰

楚人丝织技术的发达，不仅表现在织造技术上，同时，还表现在刺绣技术上。或者说，楚人的刺绣技术是弥补丝织物纹饰之不足的一种更为显著的方式，或是有意突出服饰纹饰的表现形式。

据出土的实物表明，战国时期楚人的刺绣技术已走向成熟阶段，并广泛运用了各类服饰之上。在湖南长沙五里牌、烈士公园、江陵望山、九店、荆门包山等地楚墓中均有发现。特别是江陵马山 1 号楚墓中出土的刺绣织物，无论在刺绣方法上，还是在纹饰上都表现十分突出，而且具有一定的代表性，完满地表现了楚人的刺绣水平。

江陵马山 1 号楚墓共出土 21 件绣品，花纹各不相同，集中地展现了楚人高超的刺绣技艺和相应的绘画才能。其刺绣品主要用于衣衾和其他物件的面料和缘料之上。绣底以绢为主，只有一件绣品为罗底（N9）。刺绣的针法均为锁绣，花纹的主体部分一般用多行锁绣将绣底完全覆盖，有些部位却以单行或数行锁绣排列稀疏的线条。绣线有棕、红棕、深棕、深红、朱红、橘红、浅黄、金黄、土黄、黄绿、绿黄、钴蓝等多种色素。因此，绣出的各种纹饰典雅而富丽，庄重而朴实。

楚人为获得规整而形象的各种纹饰，一般都先在绣料上打上墨稿。因此，马山 1 号墓的绣品中还多保存原来描绘的线迹。据观察，大多是用较淡的墨绘画，也有少数用朱红色料绘画者。刺绣时，绣工们有时还对墨稿不规则部位进行了修改，使其图案更臻完美、和谐。从绣品的针法看，一些较大的花纹往往不是一人独自绣成。因此，针绣的风格也不一致。另外，楚人的用料，一般是成幅绣刺，然后再加剪用，与现代楚故地人们在物品上绣花的方式不同。此外，楚人在布料的幅边处绣得较省，可能是便于合缝的缘故。

楚绣花纹的体量，一般宽 10—44 厘米，多数未超过 26 厘米，约相当面料的二分之一。衣服上的刺绣花纹长度为 50 厘米，个别的更长些。衾面上的绣纹都较大,最长的达181厘米。由此可见,楚人在绣品上绣织花纹时已考虑到物品的体量或实际需要,来布局各种纹饰,使之稀密适宜,不失其美感。

楚绣花纹的特点,一般都具有立体感。图案结构主次分明,花纹布局稀密适宜,绣纹的题材以珍禽异兽、奇花佳卉和自然的物象为主,均具生机。其中,以龙、凤为题材者最为突出,形态各异,各有情趣,变化无穷。若加分别,有16种纹饰,充分展现了楚人的刺绣与绘画水平。

蟠龙飞凤纹绣,见于一件浅黄绢衾面料上(编号为N2,下同)。图案单元为长方形,长72厘米,宽44厘米。绣底为浅黄色绢,绣织之前,首先打上墨稿,然后用棕、深红、土黄、浅黄色丝线绣制。图案上部为一条反S形盘旋状的大龙,龙口中并衔一条小龙的尾部,小龙呈S形,与大龙回首相顾。图案下部是一只高冠即将展翅而飞的凤鸟,嘴与上部大龙之尾相衔。凤鸟之下是一只卷曲的小龙,整个图案以花枝十字形为对轴。构图十分紧凑,内容充实,色彩和谐。

对龙对凤纹绣 见于浅黄色的绢面(N7)衾和黄绢绵衣(N14)面料上。在黄绢底上,也是先打上墨稿,后用棕、黄绿、金黄、红棕、浅灰色的丝线绣制。花纹分八幅图案,呈左右对称式排列,并以花草纹相连组成。龙凤都作舞蹈状,姿势轻盈,构图简练,图像逼真。

龙凤相蟠纹绣 品种较多,但共同特点是龙凤共身相蟠。有一凤一龙相蟠纹紫红绢绣单衣(N13)、一凤二龙相蟠纹浅黄色绢绣缘(N12)、一凤三龙相蟠纹红棕色绢绣锦面衾内缘(图8.3-3)。其绣线也有土黄、浅黄、金黄、绿黄、红棕、浅灰色之分,纹饰中多见菱形纹相配饰。荆门包山2号楚墓也出土类似的龙凤相蟠纹绣,可资比较(图8.3-4)。

舞凤逐龙纹绣 见于一件浅黄色绢面衾的两侧,绣线分深红、深黄、黑色三种。每一部分中部是一只展翅、长尾形的舞凤,下部是两条追逐的龙,前一条无尾,后一条长尾。左右两部分中的凤鸟

1　2　3

图 8.3－3　龙凤相蟠纹绣

相互倒置。

舞凤飞龙纹绣　见于土黄绢面锦衣（N22）面料上，花纹分左右两部分纵向排列。绣线纤细，有红棕、深棕、土黄之分。每组由飞龙舞凤组成，间饰草叶纹。龙凤形态各异，有相向和背向之分（图 8.3－5）。

龙凤相搏纹绣　主要以龙凤相斗为主要特点。有一只凤鸟大步向前追啄一龙，龙反身躲避；也有一对并排的龙正与前方的两只凤鸟搏

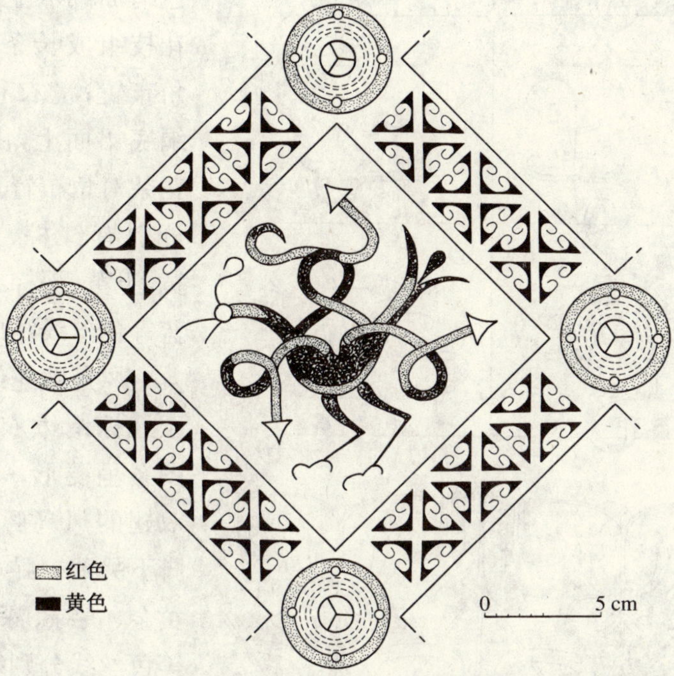

图 8.3-4 龙凤相蟠纹绣

斗。绣线有土黄、红棕、朱红、黑色之分,均以紫红绢为绣底。

飞凤纹绣 见于浅黄色绢面衾(N7)内缘,以棕、黄绿、浅黄色线绣制。花纹主题为一只展翅而飞的凤鸟,并作俯视状。凤鸟之首有一对凤冠,双翅伸张,双足外张。凤尾分支,与下排凤鸟花冠相交(彩版27)。

凤鸟纹绣 见于红棕绢底(N5)锦衾内缘,分别以红棕、金黄、浅灰、绿黄色绣线表示。菱形图案内,绣制一只阔步向前的凤鸟,双翅伸张,尾后拽。四边饰简化的凤尾纹,四角各饰一圆环。

凤鸟花卉纹绣 种类较多,构图各异,但主题是由凤鸟和花草组成。它们分别见于小菱形纹浅黄绢,绣锦面衣(N16)上,为凤鸟和花草对角布置状;红棕绢面绵袴(N25)上,以凤为主,间饰草叶;E 形大菱形纹绢面锦绵衣上,花纹为一只昂首、卷尾的凤鸟,头尾均连花草纹;浅黄

图 8.3－5　舞凤飞龙纹绣

色绢面绵衣上，由怪鸟花枝组成长条形，并对角布置；镜衣和木俑的绢底裙面上，由凤鸟和花朵对角布置。其图案分别有红棕、深红、深黄、土黄、深棕、黄绿、深蓝等色丝线绣成。

凤鸟践蛇纹绣　见于红棕绢緅衣面料上。图案呈菱形，一只张开双翅的凤鸟啄食一蛇，脚下另践一蛇，以红棕、黄金、黄绿、深棕、朱红等色丝线分别绣制。

龙凤虎纹绣　见于灰白罗底单衣（N9）。图案由龙、凤、虎三种动物组成，并以红棕、棕、黄绿、土黄、橘红、黑、灰色丝线分绣。一侧是一只凤鸟，双翅张开，有花冠，足践一小龙。另一侧为一只满身红色条纹的猛虎，张牙舞爪逐大龙，龙奋起抵抗。其图像构思奇巧，栩栩如生（图 8.3－6）。

综观楚人的刺绣艺术，都是以彩色丝线在各种丝织品的平面上采用锁线的方式，展示出各种有形有色的图案，而且在布局的手法上多富于变化，既有左右对称式，也有上下排列式；有主次之分，各种图案有分有合。图像上，既有侧视，也有俯视，还有正视。为了使画面丰满，并用

图 8.3-6　龙凤虎纹绣

各种花卉装饰，以弥补画面的不足。所有这些，都是楚人丰富想像力和精湛的刺绣工艺之积淀。

以龙凤为主的图案题材，是中华民族古代文化的主要特征之一，反映了中华各族人民共同的信仰。同时，也说明楚人对龙凤的寄托与寓意[58]。

总之，马山 1 号楚墓中各种丝织品上各色纹饰的发现，对于研究上古时代乃至楚人的意识形态与刺绣工艺都是难得的素材。同时，也展现了楚文化发展的高度及对后世的卓越贡献。

第四节 服 饰

一、种类与形制

古文献记载,中国古代的服饰分上衣和下裳两种,例如《楚辞·东君》:"青云衣兮白霓裳。"又如《说文》云:"衣,依也,上曰衣,下曰裳。"古籍有时把服饰统称为衣。例如《楚辞·云中君》:"华采衣兮若英。"更有把从头到足、从穿到就寝用的衣被统称为衣。分称为头衣(首衣)、体衣(上衣)、胫衣(下衣)、足衣、寝衣。这类衣物已多有发现,以下分述。

头衣,即冠、帽。历代人各有不同的称谓,或谓"元服"、或谓"头服"。在具体的称谓上,或谓"弁"和"弁服"。对此,《说文解字》云:"冠,冕,弁之总名也。"《释名·释器》云:"冠,贯也,可以贯韬发也。"古代人的冠不仅仅是一种装饰形式,而且是用于保护发型,且具有体现等级区别的作用。文献记载,楚人的冠名扬天下。《左传·成公九年》记:晋侯观于军府,见钟仪。问之曰:"南冠而絷者谁也?"有司对曰:"郑人所献楚囚也。"杜预注:"南冠,楚冠。"当时人之所以把"楚冠"视为"南冠"的代表,就在于"楚冠"具有明显的地方特色。再说,楚冠也有多个种类,如王冠中有"鲜冠"、"长冠"、"远游冠"、"雔(獬)冠"等;法冠中有"獬豸冠";武冠中有鹖冠;楚国下层士民服"缁撮"、"爵弁冠"及便冠等。有的楚冠(无论是王冠,还是下层士民之冠)仍被楚故地的西汉人所沿用。由于楚冠的名称及佩服者的身份不同,织物的质地和装饰形制也各不相同。沈从文先生指出:"楚人头上戴的冠子,在古代必有些不同于其他地方的特征,如制作色泽特别华美,有的还高高上耸"[59]。

湖北江陵马山1号楚墓出土的一件女式便冠,展开后呈不规则的圆台形,折叠时呈前高后低状。顶部外凸,上有圆孔,冠后正中留有一条长 4.4 厘米、宽 0.6 厘米的缝，中间缝一小块红棕色绢，把缝分成两个小孔；后里侧装两束组带，是为冠系。用红棕绢作冠面，深黄绢作里，缘饰大菱形纹锦，前边长 25 厘米，后边长 40 厘米，通高 18.5 厘米。按葬制，墓主原系楚国的下层贵族成员，其冠如此华贵，上层贵族的冠就可想而知。

体衣　指楚人周身的衣饰。在中国古代社会里，体衣是表达身份的标志。不同身份的人士，有不同的打扮。无论是楚人，还是西汉时期的人们都是如此。也就是说，楚人的体衣是西汉人体衣形成与发展的基础。从目前的资料看，楚人的体衣可分右衽直裾式、对襟式和右衽曲裾式三种。由于楚人适应各种环境中的各种行为需要，还可分礼服、乐舞服、戎服、侍服、猎服与便服等。它们不仅形制不同，而且有质料的不同。其中，以礼服最为精致，丝织戎服见有甲，但有皮、木之分；便服类型最多，不仅有丝、麻、毛之分，而且有单、夹之别，还有长、短的不同。

单衣　古名"禅衣，衫衣"。夹衣，古名袷衣，指不絮绵的衣[60]。实絮的绵衣古名複衣、褚衣、襕衣[61]。

从楚俑及马山楚墓所出体衣看，多为上衣下裳相连的长衣，为古籍记载的曲裙深衣和与深衣相近的直裾长衣，近于后代的所谓袍，但先秦并不称袍，此点详后论述。

右衽直裾式绵衣　在湖北江陵马山 1 号楚墓中出土较多，是我国时代最早，保存最为完好的衣服（N1、N8、N10、N14、N15、N16、N19、N22 皆是）[62]。其中有素面绵衣、绢面锦衣和锦面绣衣之分。这些不同类型的楚衣，大部分是墓主人生前在不同季节中的生活用品和满足各种场合应酬的服饰。

从其形制看，该墓中出土的体衣，大都做工精细，形制考究，花纹绚丽多姿，色彩艳丽，显示出非墓主人的丧服，而是墓主人生前的实用之物。就形制清楚的七件複绵衣而言，可分三种不同类型。

甲型　两件，以素纱衣（N1）为代表，后领下凹，两袖斜向外收杀，袖筒最宽处在腋下，小袖口。灰白绢里，领与袖缘均为藕色绢，长 148 厘米（图 8.4－1 之 1）。N22 衣的形制与该衣相近，以舞凤龙纹黄色绢为面，但整个形体小于前者，袖口较小，里为灰白色绢，领缘以绦为之，上饰田猎纹和龙凤纹，袖缘与下摆缘均用菱形纹锦装饰，衣长 140 厘米。这样，就打破了整体服装的单一性，同时，也加强了领与衣服的缘部耐磨性（彩版 28）。

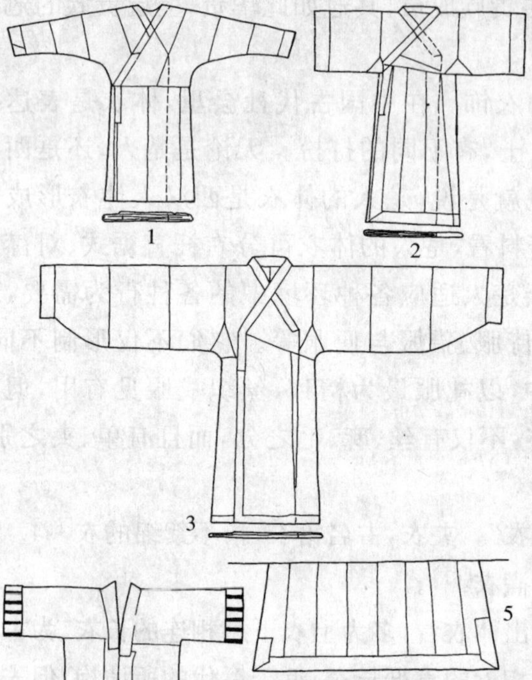

图 8.4－1　楚服

乙型　两件，如 N10 衣的形制从正面看似“十”字形，袖与肩平直，袖无收杀，袖口宽大，但袖筒较短。有领，着装后的领缘呈“又”字形，右衽，直裾，下摆略张，无纽，绢面，上饰凤鸟花卉纹（图 8.4－1 之 2）。以深黄色绢为里，领缘多用纬线起花绦制作，外缘用田猎纹绦，内缘中部和大襟上部内侧用龙凤绦为之。内缘两侧也有用凤鸟菱形纹锦，袖和下摆缘均用大菱纹锦为之，衣长 165 厘米。这些不同质地、不同花纹的面料装在一件衣物之上的作用，显然是楚人对美的追求。

丙型　三件，如 N15，肩袖平齐，袖中部有垂胡，直筒袖口，宽大袖管下部内收，长袖，着装后的领缘也呈“又”字形，右衽，直裾，下摆略张，无纽。衣面为大菱纹锦。大襟和下摆的缘部用几何纹锦为之，深黄色绢装里，形成夹衣，衣长200厘米(图8.4－1之3，彩版28)。

上述诸衣的裁制方法，可分正裁和斜截两种。因此，用料的块数也不一致。所有的用料，均在面料上先刺绣图案，然后按需要加以裁剪拼合缝制，故此，片料的大小与形状各不相同。

夹衣　1件(N23)，里面均用深黄绢，组领，袖缘用大菱形纹锦，外襟缘和下摆缘皆为绣品。此衣仅长及膝，应属短装衣型，长约101厘米。

单衣　江陵马山1号楚墓中出土三件，形制清楚者与丙型绵衣相似，不过，均为单层。如N13，正身系紫红绢制作，上饰一凤一龙相蟠纹绣，领饰大菱形纹锦，袖缘为彩条纹绮；外襟和下摆均绣龙凤相搏的形象纹；又如N9为罗底，衣上以龙、凤、虎图像为纹饰，领与袖缘用大菱形纹锦装饰，外襟和下摆以另一种大菱形纹锦饰之。

右衽曲裾式深衣　从目前考古资料看，其实物虽未出土，但此式服饰形态在楚墓的木俑(图8.4－2)及绘画图上却有反映，并在楚故地的秦汉时期广为流行，如湖南长沙陈家大山楚墓出土的《人物龙凤》帛画中的女子，所着的深衣就是右衽曲裾式。其特点为细腰，自臀部以下形体粗大，并呈喇叭状。右衽曲裾式与右衽直裾式的不同点，就在于右衽直裾式的衣襟较直(大、小襟相同)，而右衽曲裾式者，衣襟则为三角形，且长，反复围于身上，终点一般落于身

图8.4－2　彩绘着衣女木俑

后，可能为女性的特有服饰，为的是显示女性的形体美。楚人右衽曲裾服饰的另一特点比右衽直裾服饰用料多，且多为紧身。这样，也体现出楚人爱细腰的时尚。

对襟短装　现出土的实物虽然不多，但可知它也是战国时期楚人的体衣类型之一。如江陵马山1号墓中出土了1件短装（N8-3A）。出土时，竹笥之外插有一根竹签，墨书名为“緥衣”，形体较小，但衣的表面饰有繁缛的纹饰。在衣型上与右衽直裾和右衽曲裾式明显不同，而是呈对襟式。后领内凹，前领微凸，伸展后的肩、袖在一条直线上，无纽，腰与衽垂直，两襟与下摆设缘面。正身为红棕色绢，并绣刺凤鸟践蛇纹，袖缘饰条纹锦，领缘为大菱形纹锦，衣长45.6厘米（图8.4-1之4）。此衣的发现，说明我国对襟式服饰已具悠久的历史。

从楚墓中木俑的着装形式和上述三种衣式的形制看，楚人的体衣均无扣纽，全靠丝带和皮革带附合佩服（图8.4-2）。

胫衣　从楚国的服饰资料看，春秋战国时期楚人已形成裙、绔之类的胫衣。说明楚服已趋完善，缝纫技术已达一定的高度。

裙衣　楚、汉人的裙衣形制大体相似，而且是楚、汉人的常服之一，男女俱服。《释名·释衣服》云：“裙，下群也，联群幅也。”江陵马山1号楚墓中出土了与其形制大体相同的两件裙衣。如N17-3，为深黄色绢料制作，展开后形体似梯形，腰部较窄，下摆较宽，裙面由八块条绢面拼接，每片宽窄不一，最窄片只有5厘米，一般宽27厘米。楚人用片料作裙，为的增强裙面硬度和下缀性，使之不致折卷（图8.4-1之5）。如今的百褶裙可能就是这种裙式的流传。此外，楚人裙体的二分之一下和下摆缘部用大菱形锦装饰，打破了整体单一素面的格调，增强了裙面的美感。裙腰之上，并用深黄色绢作系，以便服用。此裙衣的体量较为博大，全长82厘米，腰宽181厘米，下摆宽215厘米。从其形制和其体量看，此裙应为墓主生前的实用品。

相类似的裙衣，也见于荆门包山2号（昭龙）墓。该墓中遣策记：“一会鸛之裳”，就是指随葬了饰有鹄鸟纹的裙衣。在江陵马山1号楚墓中也出土了4件身着绣花裙衣的女性木俑。除木俑的脸部彩画与上身用红、黑彩绘交领右衽无袖的服饰之外，自腰间以下佩服红棕绢并刺绣凤鸟花卉图案的锦裙，裙襟掩入俑体的左侧，外襟折向俑体的身后，并搭在腰间的皮带上。俑体为束腰，之下裙摆呈喇叭状，曳地。其大襟和下摆还装饰塔形纹锦缘。从其形制看，楚人的裙衣形态类型较多，也可能男女有别。

绔　据《方言》四云："绔，齐鲁之间谓之䙆，或谓之袯，关西谓之绔。"《说文解字·系部》云："绔，胫衣也。"《礼记·内则》云："衣不帛襦绔。"孙希旦集解："襦，内绔，下衣。"据竹简资料记载，楚、汉人也云"绔"。另外，江陵马山1号楚墓出土一件凤鸟花卉纹绣的红棕绢面绵绔，形制似今日的套裤，由绔腰、筒两部分组成，绔腰为四片灰白色的绢组成。两片并与绔筒连接，以示后腰为对系。绔筒为四片，每侧两片。其中一片为整幅布料做成，宽50厘米，长61厘米。另一片为半幅面，宽25厘米，长59厘米。在绔裆部位一侧另附加一块长方形的布料，下端部叠成三角形，呈漏斗状，宽边处与裤腰相联连，但绵绔的裆部不相连，为一件开裆式的绵绔。另外，在绔脚部还镶有长32厘米，宽9厘米的条纹锦作为绔脚筒，使绔筒下部四周略有收杀。在绔筒的接缝处均镶嵌十字形纹绦，以增强其牢固性。绵绔为绢面，里为深黄绢（图8.4-1之6）。此绔的出土，填补了我国胫绔的历史和早期形态的空白。

手、足衣　是楚人较常用的一种服饰，因此，质地和形制也有多种。仅就纺织足衣而言，也可分为丝、麻两类制品。足衣即鞋，已发现的楚鞋而言，形制也较多。先后在楚故都纪南城[63]、江陵雨台山427号和557号楚墓、武昌义地10号和13号楚墓[64]、马山1号楚墓、当阳金山9号楚墓[65]、荆门包山1号楚墓中都见楚鞋的出土。所见的楚鞋均为圆头，鞋底长19.2—28厘米，宽6—9厘米。楚鞋的特点主要表现在前端。若按鞋面又可分四种：其一，两帮前端相交缝合而成，并起筋加固，鞋口呈葫芦形，这种鞋应是楚人在室内穿服的用品；其二，两帮、鞋头和口面相缝制作，鞋口方形；其三，帮面为一体，鞋口呈椭圆形，并用带束；其四，楚纪南城南垣水门2中还出土过“筒式鞣鞋”。

从楚鞋的制作情况看，以麻为基本原料，可想而知楚地麻植物资源丰富，而且麻质较好。但是，在当时并不是所有楚鞋均为麻鞋，一般以丝织物与麻混合制作。形制上的不同，应是不同身份的楚人所服用的。如纪南城南垣水门遗址中出土的附耳无面鞋，制作较为简单，质地较为粗糙，形状及其搓绳织法均与现代楚地的草鞋相似，但属全麻鞋，在当时应为楚国平民百姓常用的一种鞋。现楚墓中出土的不少鞋，一般是不同部位使用不同的原料，大多数仅存麻胎，丝织面已朽。如江陵马山1号楚墓出土的鞋，表层用麻布，髹黑漆，里层用草编织，鞋口和鞋帮均用锦面，底为麻绳编织。据《周礼·天官》，当时的鞋种类很多，均属王室管理，而且等级分明，如“屦人掌王及后之服屦，为赤、黑、黄、青、素屦、葛屦”等。从楚鞋看，除了麻、丝帛与麻合一的鞋之外，在当时还有皮革鞋和用珠宝镶饰者，它们更有等级之分。

寝衣　是人类生活中必备的用品。不过，不同的时代、不同地位的人们则使用不同的寝衣。从现有的考古资料看，春秋战国之际的楚人应形成了一套完整的被服用品。其中，有衾衣、质巾、枕套等多种，目前，已全见于江陵马山1号楚墓之中。

衾衣　呈正方形，一件(N2)衣绵衾，一端中部有一凹口，也为正方形。凹口不见毛边，并用彩条纹绮包裹。这种形制，有利于睡觉时衾衣置于颔颈部，两侧可覆盖于肩，并下扎入体下，可防止肩风的渗透。此衾被不仅保暖，而且卫生，头尾分明，近代人见之惊叹不已。衾面为不规则的异形丝织品拼合，如其中一衾，衾面长、宽各190厘米就用了形体大小不一的25块绣绢组合。另外，该衾面上的花纹也不一致，正中的23块上绣蟠龙飞凤纹，左右侧一块却饰舞凤追龙纹。里为灰白色绢，为四块绢料拼成。此外，还同出相同的两件衾衣(N5、N7)，但凹口留有临时削剪的毛边，应是为墓主下葬时专门赶制的。尽管如此，衾面也刺绣有纹饰。

紟　江陵马山1号墓仅出土1件(N4)，平面为“亞”字形，夹层，其用途可能是当初楚人用的夹被。被面以舞人动物纹锦作装饰，里为深黄绢。

枕套 楚墓中多见竹枕出土，而江陵马山1号墓的枕套出土时则套在竹枕之上。体近长方形，夹层。面、里均为深黄绢制作，边缘还用舞人动物锦装饰，楚人在竹枕上设制枕套，既利用了竹枕具有的弹性，也使枕面具有柔软性，还保持竹枕的清洁。

通过上述楚人各类服饰的展示，不仅使我们较为完整地看到了楚人的服饰形态，而且也使我们了解到楚人对服饰的重视程度与楚人在各类服饰上所施展的相应工艺。总的看来，楚人的服饰与制作工艺，在中国的纺织史上占有重要的地位，不愧为中华民族服饰史中的一朵艳丽的奇葩。如果仅就楚人的裁剪技术而言，也是耐人寻味的。在我国传统的裁剪工艺中，一般多见于平面裁剪法。缝成后的衣物往往多出现拥挤和多褶的形象，楚人制作的各类服饰，却并非如此。如江陵马山1号楚墓中出土的体衣，在袖腋之下就设有“小腰”，左右各嵌一片呈“＞”形的异形三角状料。这种裁剪技术，应是古文献中最早指出“衽当旁”的实物见证。加“小腰”后的衣著，服用时则会使胸两侧自然抬高，从而增大胸围的尺寸。这种裁剪技术，对于楚国女子来说尤为重要。胸部凸起后，也会使两袖自然下垂；又如体衣上的袖、胫衣上的紧口等部位所产生的“垂胡”现象，从而更增加了楚服的舒适和外观的形体美。又如楚鞋的对折剪裁法，使鞋面形成对称的圆口和方口，同时，也可使鞋帮自然下垂，便与鞋底有机结合，减少其褶。这都表现了楚人的聪明才智。

二、相关问题的讨论

在古代服饰、特别是楚服饰资料的报道与研究中，把先秦时代的曲裾深衣和直裾长衣称之为袍。例如，在马王堆汉墓和马山1号楚墓的发掘报告里称之为“绵袍”[66]。在有关研究的论著内也多以袍称之，认为“这种衣服，不分男女，应当通称为袍”[67]。“袍是一种上衣和下裳相连续的服式……是长及脚面并絮有丝绵的冬季服装。马山1号楚墓出土的七件袍使我们对楚人的袍式有了比较全面的认识”[68]。

这种服装究竟应不应该称名为袍？为使名实相符，有必要作点讨论。

先秦时代的袍从质料和形制、功用等方面看，都与现代关于袍的概念大有差异。现从以下几点作一辨析。

第一，从质料看，袍是麻织衣服。《礼记·玉藻》："纩为茧(襺)、缊为袍。"纩，絮也，即实以丝絮的为襺衣[69]。缊，《说文》：绋也。绋，《说文》：乱枲也。枲，《说文》："麻也"，麻即蔴。"缊为袍"，意即以麻料织成的袍。马王堆汉墓和马山1号楚墓出土的衣服均为丝、绵制成，而非麻织品，故从质料看，不得称之为袍。

第二，是罩在外面的外衣与贴身内衣之间的一种衣服。《礼记·丧大记》："袍必有表，不禅(单)。"郑注：袍，亵衣。孔疏："袍是亵衣，必须在上有以表之。"《说文》："亵，私服，诗曰是亵绊也。"据郑玄注，若穿袍衣，则外面必有"表"，即要加件罩衣在外面。马王堆汉墓和马山楚墓之衣面上的花纹那么漂亮，显然是起"表"的作用，用不着在外面再去加上罩衣。但袍也不是如有的论者说的"内衣"[70]。据《说文》："衷，里亵衣，春秋传曰，皆衷其衵服。"可知亵衣里面可有衷衣，这才是内衣，有如今之汗衫、秋衫之类紧身内衣。显然，先秦的袍，应是指外衣和内衣之间的一种衣，《释名·释衣服》："中衣，言在小衣之外，大衣之中也。"袍相当中衣之类衣服。《墨子》载楚庄王"绛衣博袍"，当指红色外衣内面还有较宽大的中衣——袍。

第三，袍的衣表是没有彩色纹样的。《论语·乡党》："君子不以绀緅饰，红紫不以为亵服。"郑注："亵服，私居服，非公会之服。"上面已提到袍是亵衣，即亵服。这就是说袍是没有红紫之类彩色衣纹的。据郑注，袍乃"私居服，非公会之服"。在《周礼·玉府》中郑注："燕衣服者，中絮、寝衣、袍襗之属。"燕衣服即私居服。均非公会之服，不是正服、礼服，当然不要在衣表上织或绣出那么色彩鲜艳的漂亮花纹。而马王堆汉墓和马山楚墓这类衣上花纹都是无比艳丽繁复的，应非“私居服”，而是可用作“公会”的礼服。

第四，由以上三点可证袍的质料非丝，又是外必有“表”的“私居服”。因此，它是属于档次较低的衣服。《论语·子罕》：“子曰：衣敝缊袍，与衣狐貉者立而不耻者，其由也乎。”孔疏：“缊，枲（麻）著也；缊袍，衣之贱者；狐貉，裘之贵者，常人之情，著破败之缊袍与著狐貉之裘者并立，则惭耻，而能不耻者，惟其仲由也。”孔疏：“缊袍，衣之贱者。”为说得更明白点，不妨把孔颖达所注疏的话变成白话文：孔子说：“穿着用麻料做的破旧袍衣和穿狐貉裘衣的人一块站着，不觉得惭愧的，那只有仲由吧。”袍既是“衣之贱者”，则肯定不会是漂亮好看的衣着。而马王堆汉墓、马山楚墓的衣服都非常华贵，绝非“衣之贱者”。

第五，出土的楚文字资料中尚未发现有以“袍”字称名的衣服。例如江陵望山 2 号楚墓墓主为女性，且从葬制看，其身份地位比马山 1 号楚墓墓主为高，随葬物中肯定有像马山楚墓那样多而美的服饰（实物已无存）。如果袍是华贵衣服，肯定会在竹简遣策中有所记录，然在遣策中有许多带“丝”旁、“衣”旁的服饰名词，却无称“袍”的衣名。

综合以上五点，可以认定，马王堆汉墓、马山楚墓中那些完整而艳丽的衣服，均不能以“袍”名之。这是经笔者反复核查、研究得出来的认识。之所以造成把先秦、汉初的这类衣服称为袍，也有其认识论上的原因。原因之一，可能起因于东汉郑玄的一条注[71]；原因之二是不明衣服之“袍”在不同时代有不同的含义，已有学者指出：“东汉则以袍为外衣”[72]，东汉以后才把袍一类服装“视为一种时髦的服装”[73]。此后直至近现代皆然。这就是说，这是以后代对“袍”的概念套用到先秦的服装上的名称。这叫同名异实，是历史的发展、时代的不同而引起的变化。这可以启示我们，对待历史上的事物，不论大小，哪怕小到一个名词，也必须有实事求是的历史眼光，否则就会造成名实不符的遗憾。

这类衣服，究应叫什么名称呢？由于在墓葬遣策中还不能找到与之对应的衣服名称，就只能据出土实物结合文献记载作些推定了。

其一,从质料看,前引《礼记·玉藻》“纩为茧”,茧即襺,纩即丝絮,即以丝絮填充的衣。从这点看,可名为之襺衣。丝絮又称绵,也可以称为绵衣。或曰:“凡装绵曰著,其字当作褚。”[74]似又可叫褚衣。

其二,这类衣服大多为上衣下裳的长衣,此即《礼记·深衣》所记的深衣。此篇郑注:“深衣、连衣裳而纯之以采者。”孔疏:“此深衣衣裳相连、被体深邃,故谓之深衣。”“深衣篇”对这种服装的形制与用途作了说明:“深衣盖有制度,以应规矩绳权衡。短毋见肤,长毋被土。续衽钩边,要缝半下……先王贵之。故可以为文,可以为武,可以摈相,可以治军旅,完且弗费,善衣之次也。”表明这是当时很重要的一种服装。

考古发现的楚衣有直裾、曲裾两种。长沙仰天湖竹简遣策中记有“一结衣”,结字的含义可理解为曲,这种结衣或许就是指曲裾深衣[75]。马山1号楚墓的直裾长衣,其尺寸与《礼记·深衣》篇所记尺寸不符,论者认为“是与深衣不相同的另一种服式”[76]。若按此说,则深衣只指曲裾深衣,而非指直裾深衣。直裾也可能另有名称。《说文》褕字下云:“一曰直裾谓之襜褕。”又《方言》:“江淮南楚谓之䄡裕。”以此看来,楚式直裾长衣,或可名之为襜褕或䄡裕。

其三,也可能是文献所记袆衣、屈狄之属。《周礼·天官》和《礼记·玉藻》均提到妇女服饰有所谓“王后六服”:袆衣、揄狄、阙狄、鞠衣、展衣、缘衣、素纱。《礼记·玉藻》:“君命屈狄,再命袆衣,一命襢衣,士缘衣。唯世妇命于奠茧,其他则皆从男子。”郑注:“君,女君也……袆衣,画翚者,揄狄,画摇者。”又注:“五色皆备成章曰翚,江淮而南青质五色皆备成章曰摇。”按郑注之“五色皆备成章”,即指有彩纹的衣服。若此,则墓葬所出这类衣服又可叫袆衣、揄狄。然这是上至王后的高等贵妇人的盛装之衣,而马山1号楚墓墓主仅相当于士级贵族妇女,应按周礼是为僭越之举了。战国时期,特别是中晚期礼崩乐坏已极,楚国更不把周礼当回事,也许此墓之高等级服装,可作僭礼解释吧!

由此看来,对这类艳丽衣服的名称问题的考究,有助于了解当时的等级制度、社会结构的变动状况,既可达到“名实相符”的小目标,又可看出大问题，于小中见大。在此作较详的考据，就不是小题大作，而是研究中的题中应有之义！

注　释：

［1］例如《楚学文库》（湖北教育出版社 1995 年版）中的《楚国的矿冶髹漆和玻璃制造》、《楚艺术史》、《楚国经济史》等书从科学技术、艺术、经济发展等多方面论述了楚漆器。此前在《楚文化史》、《楚文化志》等书内也有专章、专节予以论述。《中国美术全集·工艺美术编·漆器》的前言（王世襄《中国古代漆工艺》）和沈福文著《中国漆艺美术史》（人民美术出版社 1992 年版）等论述我国漆器的文论中都有楚漆器的介绍与评价。

［2］文献记载如《韩非子·十过》讲到远古虞舜做食器，"流漆墨其上……禹作为祭器，墨染其外而朱画其内"。考古发现的漆器的年代比这个记载还要早，可早至距今约七千年前（在浙江河姆渡文化层内出土了木漆碗）。

［3］引自《庄子·人间世》。有的书引此句时把它接在原文前面一段"孔子适楚，楚狂接舆游其门曰"之后，把它作为楚狂接舆的话来引用。这有误，楚狂接舆的话在此句之前已经结束。此乃庄子之文。

［4］参阅后德俊《楚国的矿冶髹漆和玻璃制造》一书第 198 页。书中认为盘龙城"李家嘴 2 号墓出土的雕花板灰应是彩绘漆雕花板腐朽后的遗物……属于大型髹漆器物……是在本地制造的"。

［5］中科院考古所湖北发掘队《湖北圻春毛家嘴西周木构建筑》，《文物》1962 年第 1 期。

［6］高仲达：《湖北当阳赵家塝楚墓发掘简报》，《江汉考古》1982 年第 2 期。

［7］宜昌地区博物馆：《湖北当阳赵巷 4 号春秋墓发掘简报》，《文物》1990 年第 10 期。

［8］张正明主编《楚文化志》第四章漆器（61—96 页，滕壬生撰写），湖北人民出版社 1988 年版。书中有《楚墓出土漆器简表》。

［9］见第七章表三上九店、包山等墓著录出处。2002 年发掘的枣阳九连墩大墓有成批漆器，值得重视。

［10］《曾侯乙墓》第 362—365 页，撞钟、击鼓者的头部作鸟兽之头形，有浓郁的楚巫风。**校补**：曾侯乙墓和包山楚墓出土的被定名为杯或勺的漆木器，我在《读上博楚简小识》一文中考定应改称"爵"（见附录二之 318 号）。

[11] 彭德:《屈原时代的一幅情节性绘画》,《楚艺术研究》170—184 页,湖北美术出版社 1991 年版。文中所列六项价值为:1. 第一幅独幅通景画;2. 填补了中国美术史上的一项空白——先秦没有情节性绘画;3. 为论证谢赫六法的产生,提供了一个古老的历史依据;4. 对我们从美术学角度解释老子"大象无形"的思想给予了启迪;5. 为解决画史上的一个疑案——"绘事后素",提出了新的证据;6. 作为一幅先秦时期纪实的风俗画,同《清明上河图》一样,具有文化学上的多重意义。笔者也对此画倍加关注,特作以上较详的引述,以引起读者的更大兴趣。

[12] 参阅后德俊《楚国的矿冶髹漆和玻璃制造》,书中对"战国时期楚及受楚文化影响的地区漆工艺最发达"、"漆工艺在历史上的第一次突飞猛进、兴盛繁荣,主要应是由楚国漆器的发展显示出来的"这些论断作了论证,并分析了楚国漆器工艺发达的各种原因,值得参考。又,张正明《楚文化史》一书导言,把楚漆器工艺和青铜冶铸工艺、丝织工艺同列为楚文化美轮美奂高堂邃宇的六根支柱中的三根支柱。

[13] 关于楚漆器在艺术史上的地位可参阅王纪潮:《论战国秦汉漆器在中国艺术史上的地位》,《江汉考古》1995 年第 1 期。

[14] 李学勤在他所著《东周与秦代文明》一书中认为,战国时期漆器"大体可分为北方、南方两大系统"(第 283 页)。皮道坚在《楚艺术史》一书中也谈到了南北方漆器的差异,认为一种"新的漆器图绘风格,看来是发端于南方的楚艺术"(第 93 页)。

[15] 见[14]李学勤之书第 289 页。

[16] 李学勤《东周与秦代文明》第 289 页谈到有 20 多件。《楚文化志》第 63—72 页的楚墓出土漆器简表所列虎座鸟架鼓,笔者核对总计为 33 件(有 3 处未列出有鼓,经笔者查对原报道资料是有鼓的)。新增加包山 M1 的 1 件、九店楚墓 4 件、长沙马益顺巷楚墓 1 件(尚未报道)。**校补:**马益顺巷墓资料已收入《长沙楚墓》一书(见附录二之 31)。2002 年发掘的湖北枣阳九连墩 2 号墓内出土了一件,资料待发表。

[17] 此书及其续记,1996 年由中华书局影印出版。在第 16 页记载:"木伏虎一,施以薄漆,长约九十公分,高约三十公分。木凤一,长约一公尺二十四公分,高约三十公分,宽约二十六公分,两尾相接,足背砥平。乃用整木雕出,翼则另以版镂空附之,一有左翼,一有右翼,漆黑漆、绘红、白、黄三色,羽毛间凤鸟华。"可见这是将虎与凤分开作两件器物叙述,未将二者连为一个鼓架看待。

[18] 陈大章、贾娥二人据信阳 1 号楚墓的虎座撰写了《复制信阳楚墓出土木漆器模型的体会》,刊《文物参考资料》1958 年 1 期(模型又见《河南信阳楚墓出土文物图录》,河南人民出版社 1959 年),其复原模型是在虎座上安装了一个假想的凹形长方木

架来承托大鼓，而把立凤撇开了。其后袁荃猷据信阳 2 号楚墓虎座立凤鼓的资料，发表了《关于信阳楚墓虎座鼓的复原问题》，刊《文物》1963 年第 2 期。但此文把双虎尾部的榫眼（本为插虎尾的）假想成是顶托鼓的柱状构件，是不对的。

［19］湖北省文物管理委员会（由我与郭德维二人各写一个楚墓）《湖北省江陵出土虎座鸟架鼓两座楚墓的清理简报》，《文物》1964 年第 9 期。两座楚墓中的一座——拍马山 4 号墓由我执笔，写道："出土时，虎座置于箱内西南角的椁底板上，上立双鸟、鼓仅存鼓框……压在鸟身上……可直接复原为一完整的虎座鸟架鼓。"在我为此简报写的结语中指出："关于河南信阳楚墓出土虎座鼓之复原问题，迄今仍在讨论中，这两座虎座鸟架鼓的出土，提供了它的结构的有力实证，有助于对这一问题的进一步研究。"

［20］参阅贾娥：《再谈信阳楚墓悬鼓及鼓簴的复原问题》，与［19］湖北楚墓出鼓的简报在同一期刊发。该文对虎座凤架悬鼓的复原是对的，但也有细节欠妥。此后的新发现也一再证明这种复原结构是对的，已成为考古界的共识。

［21］《江陵望山沙塚楚墓》第 149 页，文物出版社 1996 年版。

［22］在此有必要对此墓虎座凤架悬鼓绘图资料直至现在才发表的缘由作点说明。望山沙塚楚墓发掘报告的整理编写直至出版，经历了长达 30 年之久的漫长过程。从 1965 年至 1966 年冬春之际发掘以后，不久即进入"文化大革命"期间，1973 年才着手发掘报告的整理编写工作，我是此项工作领导小组副组长，并负责望山 2 号楚墓和五座小墓的整理编写工作，至 1974 年已写出了报告初稿（晚到 1996 年出版，见注［21］）。虎座鸟架鼓的彩色底图也已由湖北省博物馆美工干部吕光霞绘成。1975 年，当时的馆领导因工作需要，令我交出已写的报告初稿给另一同志去完成，而调我到楚郢都纪南城遗址去筹备大规模的田野考古工作。因出差时间匆促，工作繁忙，加之这份虎座鸟架鼓图纸与其他绘图资料未放在一处，在移交资料时将此图纸遗忘了。其后，在再要我执笔编写此墓发掘报告时，也未能记起此图纸。直至 1997 年才在我保存的一大包书画等资料中无意间发现了此图纸，使我大吃一惊，然又喜出望外。特在本书中予以弥补，把此图公之于世。这就不会感到遗憾，而有欣慰之情了。

［23］刘纲纪：《楚艺术美学五题》，见《楚艺术研究》，湖北美术出版社 1991 年版，第 28 页。

［24］拙作：《从楚器看楚文化的传流》，《中华文化论坛》，1995 年第 4 期。文中指出：现代使用的碗，"乃楚文化器物传流的产物……由此一例以小见大，不妨可以认

为，楚文化的影响中华文化，在某些方面，比久居正统地位的中原文化的影响中华文化还要大些”。

[25] 参阅贾娥：《再谈信阳楚墓悬鼓及鼓簴的复原问题》，《文物》1964 年第 9 期，即与上述我们执笔写的江陵两座出悬鼓资料的简报在同一期刊出。该文对鼓、鼓座、立鸟的定名考证较详，值得参考。

[26]《信阳楚墓》竹简 2—018 号。表七信阳长台关 M1、M2 见此书。

[27] 参阅曾宪通：《从曾侯乙编钟之钟虡铜人说虡与業（业）》，收入饶宗颐、曾宪通著《楚地出土文献三种研究》，中华书局 1993 年版，第 217—226 页。

[28]《周礼正义》卷八十一，商务印书馆 1933 年版，第 58 页。

[29]《鄂城楚墓》，《考古学报》1983 年第 2 期报道有：鸟架鼓两件，木质雕刻、木鼓悬挂双鸟之间，鸟身饰红色羽毛纹，鼓侧边红地上施朱漆，通高 88.2 厘米；虎座鸟架鼓一件，由鸟、鼓、虎三部分组成。另报道陶“虎座鸟架”一件，鸟原饰彩色羽毛，通高约 60.2 厘米。

[30] 马承源：《漫谈战国青铜器上的画像》，《文物》1960 年第 10 期。

[31]《STUDIESIN CHINESE ARCHAEOLOGY，1980—1982》（巴纳著《中国考古研究》）。

[32] 商承祚：《长沙古物闻见记、续记》第 77 页（中华书局 1996 年）“楚革鼓一则”记：二十五年十二月小吴门外楚墓出革鼓一，革已腐，制与今同，经约二十三公分，高十公分强，五铜鹤展翼以背承鼓，昂首外向，鹤高约二十三四公分，工人不知鼓可贵破之取鹤，售于美人柯强。……此处只记鹤架，未云下有虎座与蛇座，不知是否即注[31]书内之鹤架蛇座鼓？此云“五铜鹤”，疑此处“五”为“二”之误。

[33]《曾侯乙墓》内所出有悬鼓一件，另有一件鹿角立鹤，可能为悬鼓之架，见第 154—155 页、第 250 页。

[34] 前述周代通行悬鼓，则中原地区、齐鲁地区等地也应有悬鼓的鼓架，但笔者尚未见到有关鼓架资料的报道，其他地区鼓架也多以漆木为主，而未保存下来。

[35] 皮道坚：《楚艺术史》，湖北教育出版社 1995 年版，第 175 页。

[36] 张正明：《楚美术概说》，《楚文化研究论集》第三集，湖北人民出版社 1994 年版，第 332 页。

[37] 张正明、滕壬生、张胜琳：《凤斗龙虎图像考释》，《江汉考古》1984 年第 1 期。彭浩认为凤斗龙虎图像“是一幅四方神灵图”，见其所著《楚人的纺织与服饰》，湖北教育出版社 1995 年版，第 122 页。

[38] 邵学海：《卧虎与飞鸟——巴楚文化融合的象征》，《巴楚文化研究》，中国三

峡出版社 1997 年版，第 150—157 页。

[39] 赵海洲：《巴人崇虎与赶虎初析》，出处同上。

[40] 湖北省文物管理委员会：《湖北江陵三座楚墓出土大批重要文物》，《文物》1966 年第 5 期。1996 年出版了发掘报告，报告中说“外框顶部无彩色花纹”，对此点须加以注重，这表明在此座屏顶部之上，应还置有易朽之丝织物一类长条屏幅；准此，则此座屏仅为较高的屏风的底座。

[41] 参阅张正明、皮道坚主编：《楚美术图集》，湖北美术出版社 1996 年版，第 154 页。

[42] 1973 年我在北京参加出国文物展览筹备工作期间，写成了《试论江陵楚墓出土的彩漆木雕座屏》一文，送请史树青、沈从文、启功先生征求意见并写信向远在河南开封的孙作云先生请教。沈、启、史、孙诸位先生给我的信至今仍保留着。为不忘他们的帮助，特在此先将沈从文先生的墨宝公之于世（见附页）；沈从文先生是享誉国内外的知名作家与学者，谅读者会欢迎的。此文后来我稍加修改并删除关于木雕、彩绘技艺方面的论述，在 1980 年第 2 期《江汉考古》上予以刊发。

[43] 称“雀”者载此墓发掘简报，刊《文物》1966 年第 5 期。称鹰者见北京大学考古讲义。称鸟者见《巧夺天工的彩绘木雕座屏》，载《江汉论坛》1980 年第 2 期封三。

[44] 参阅孙作云：《长沙马王堆 1 号汉墓出土画幡考释》，《考古》1973 年第 1 期。

[45] 殷涤非《关于寿县楚器》，《考古通讯》1955 年第 2 期。

[46] 郭沫若《关于晚周帛画的考察》，原刊《人民文学》1953 年第 11 期。

[47] 商承祚：《长沙古物闻见记、续记》。中华书局 1996 年版。

[48] 参阅《楚文化志》第五章丝织和刺绣。1991 年出版的《包山楚墓》和《曾侯乙墓》，1996 年出版的《江陵九店东周墓》等专题发掘报告内也报道了纺织品多起。

[49] 湖北省荆州地区博物馆：《江陵马山 1 号楚墓》，文物出版社 1985 年版。

[50]《神奇的发现——江陵县马山战国“丝绸宝库”出土记》，载《湖北日报》1982 年 3 月 5 日。

[51]《墨子 · 公孟篇》。

[52]《史记 · 滑稽列传》。

[53]《左传 · 襄公二十一年》。

[54] 见《史记 · 楚世家》。

[55] 石志廉：《战国古玺考释》，《中国历史博物馆馆刊》1980 年第 2 期。参见湖南省博物馆编：《湖南省博物馆藏古玺印集》，上海书店 1991 年版。

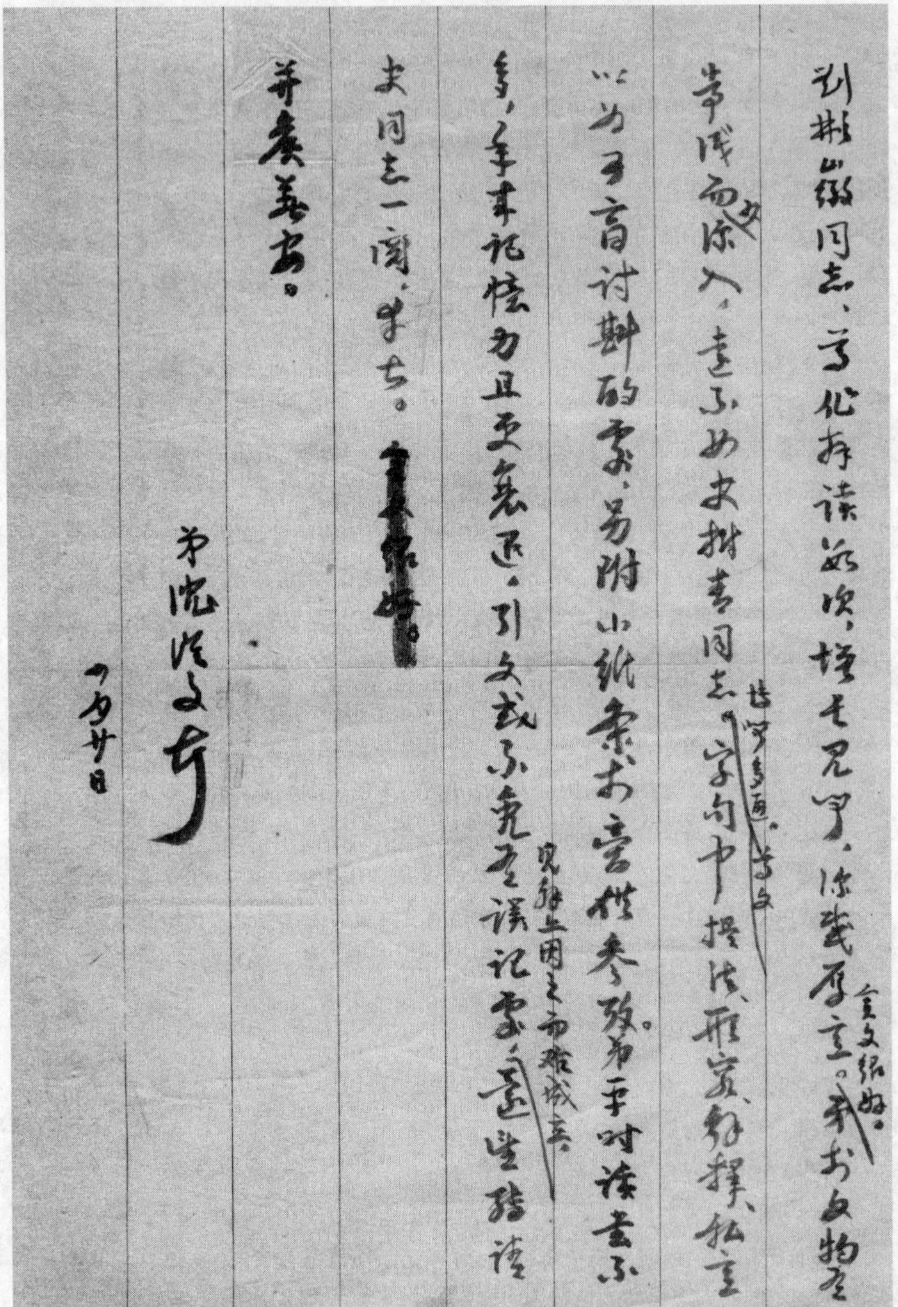

刘彬徽同志：寄化拜读收读，拜已见甲。你们厚意，金文绍好。寄书及物至

弟代两位文入，书不如史树青同志甚深多通。青文字句中援引、形容、解释、私立

以为手边讨论的东西，另附小纸条参考，书体参考弟手时读书不

多，年来记忆力且更衰退。引文或不免有误记处，贝锦上用之而难城充。还望能请

史同志一阅，半去。[redacted]

并候暑安。

弟沈从文

一月廿日

［56］参阅《楚国科学技术史稿》第122—128页。

［57］参阅《楚人的纺织与服饰》第40—94页。

［58］王崇礼：《楚文物中龙形象及寓意辨析》，《楚文化研究论集》第4集，河南人民出版社1994年版。丝纺织品和刺绣主要据《马山一号楚墓》一书（出处见注［49］）第30—70页撰写。

［59］沈从文：《中国古代服饰研究》第21页。商务印书馆1981年版。

［60］《说文》："禅，衣不重也"，"衫，禅衣也"。《说文》："袷，衣无絮"。

［61］《说文》："複衣、重衣也，一曰褚衣"；"褚，卒也，一曰装也"，段注云：凡装绵曰著，著当作褚，褚之者，装衣也。襺衣见注［71］。

［62］湖北省荆州地区博物馆：《江陵马山一号楚墓》，文物出版社1985年版。

［63］湖北省博物馆：《楚都纪南城的勘查与发掘》，《考古学报》，1982年第3—4期。

［64］江陵县文物局：《湖北江陵武昌义地楚墓》，《文物》1989年第3期。

［65］湖北省宜昌地区博物馆、北京大学考古系：《当阳赵家湖楚墓》，文物出版社，1992年版。

［66］《长沙马王堆一号汉墓》第65页，文物出版社1973年版。《江陵马山一号楚墓》第20页，文物出版社1985年版。

［67］沈从文：《中国古代服饰研究》第24页，商务印书馆香港分局1981年版。

［68］彭浩：《楚人的纺织与服饰》第151页，湖北教育出版社1995年版。

［69］《左传》襄公二十一年："重茧衣裘"，杜预注曰：茧，緜衣。即绵衣。重茧为两套绵衣。杨伯骏《春秋左传注》第1059页则注为绵袍，应以杜注为是。《墨子·公孟》："楚庄王鲜冠组缨，绛衣博袍"，绛衣即罩在"博袍"外面的外衣。

［70］《中国古代服饰史》（周锡保著，中国戏剧出版社1984年版）51页说："袍在当时不作为礼衣，而是一种内衣"，前一句是对的，后一句解为内衣则不确。又见《汉代物质文化资料图说》（孙机著，文物出版社1991年版）第243页："先秦时所谓袍，是指内衣"。也同样解释为内衣。

［71］即正文中所引"纩为茧（襺），缊为袍"。郑玄注曰："纩谓今之新绵也，缊谓今纩及絮也。"郑解缊为"旧絮"，汉代起就已有不同说法。如《说文》和孔安国《论语》注均不同意郑氏之说。故清代学者段玉裁在《说文解字注》的襺字条下说："孔、许与郑异，似孔、许为长。"我在正文中的论证，更证郑玄注已不可信。

［72］［73］孙机：《汉代物质文化资料图说》第243页。文物出版社1991年版。就

是说，东汉以前袍是不作为外衣的。因此，古今关于袍的概念大异。

[74]［清］段玉裁：《说文解字注》，上海古籍出版社 1981 年版 397 页褚字条注。

[75]《楚人的纺织与服饰》第 156 页。

[76] 同上书第 162 页。该书对楚服饰的论述较为详实。在此仅对其中的“袍”衣作出讨论。

以下[77]—[80]为本章表七著录号：

[77] 湖南省博物馆发掘资料。

[78]《江陵天星观 1 号楚墓》，《考古学报》1982 年第 1 期。

[79]《包山楚墓》，文物出版社 1991 年版。

[80]《江陵雨台山楚墓》，文物出版社 1984 年版。

第九章

荆楚货币、玻璃器、铜镜、帛画

第一节　货币与度量衡

先秦楚国的货币文化是长江流域货币文化的代表[1]，币形、币材、币值、币文均表现出强烈的自身风格，虽也流行过贝币、铜币、聂币[2]，甚至在该地区的考古发现中还出土了银币[3]，但以黄金货币的使用独步天下，并且，为了适应这种货币的使用方式，楚国人还发明了中国历史上迄今所见最早的木衡铜环权（天平砝码）。

一、黄金货币

我们祖先对于黄金的认识可能是从它金灿灿的颜色开始的，黄金最早被用于装饰青铜器，考古发现中国最早的金制品出现于商代，以货币身份出现的黄金，却要到春秋时期，而且严格意义上的黄金货币仅仅见于南方诸侯楚。对楚国黄金货币的认识及深入研究，得益于1949年以来大量楚金币的陆续出土，尽管宋代即有楚金币出土的记录，但当时的著录者并未意识到他们研究的是楚金币[4]。1949—1991年，楚金币出土不下90次，分布80多个地点，有的地点已超出了楚境，总重量超过3.1万克，折合先秦衡制200余斤，并有6次可能出土于墓葬[5]，河南扶沟古城村一次出土即多达392块，重8 183.3克[6]。

楚国黄金货币是一种称量货币，最重要的外观特点是：多作龟版状，故有金钣、钣金之称，完整的版可见两端凹入、四角外伸并上翘，或以为是取象如龟[7]，但这不是楚金币的惟一形状，考古发现中还有圆饼形、板瓦形金币。楚金币使用时要据重量确定其值，因而一般被錾上大小相同的印，所见实物中，常见被切割不成形者。

楚黄金货币錾印的印文，一般由地名与"爯"字组成，最常见的地名是一度作楚都的"郢"与"陈"。关于爯字，目前有不少治钱币学者坚持晚清以来流行的旧说，释之为"爰"，但将其义由原来的重量单位修正为"易""换"，认为与齐刀币上所铸"化(货)"有相同的意义[8]。从实物观察，该字字形多达10余种，时代、地区、錾印不同，可能造成同字异形。20世纪60年代，日本学者首倡"爯"说，70年代，国内学者引进这一解读并加之佐证[9]，治古文字的学者基本上已接受了这一观点，罗运环在《楚钱三考》一文中，更从"爯"字字形秦系、六国系不同演变轨迹，进一步确立了"爯"字释读的正确性[10]。

金钣印文之"爯"即"稱"(称)，对其含义的解释也众说纷纭，多达10余种[11]，最可靠的说法可能是表示品质好、官定标准乃至国家货币之义。据考古发现，楚金币印文主要有下列几种：

郢爯 完整的、被切割的实物均有发现。郢，长期被楚人作为都城之名，"郢爯"二字一般从左到右，但上海博物馆收藏的4241号从右到左[12]。完整的郢爯金钣重一般250—260克左右，故爯的原义，可能指达到了这一标准重量。但金钣重量也有例外，1982年2月江苏盱眙南窑庄1件含金量达99%的金钣(3#)，全印54个，半印6个，总重达610

克[13]，是迄今所见最重的一块。目前已测试的郢爯含金量高达99%，比其他印文的楚金币平均值要高。

陈爯 首次发现于1970年，最重要的发现不在楚境，而在秦都所在地的陕西咸阳一个叫路家坡的地方，有8件完整的，形状为圆饼、版形2种，重量一般在250—260克左右[14]，含金量为96%左右。陈，一般认为即陈城，在今河南淮阳，曾作楚的临时都城。楚人习惯于把作都城的地方称为郢，此种金币铸造时间应早于陈城作都城的时间。

專爯金 旧释为專锾或專镪，李学勤发现是3字而非2字，首倡“專爯金”[15]，罗运环补充材料加以验证，指出长沙陶冥币中之“赐上金称于郢”与“爯金”意义相同[16]，赵德馨也主此说，并论上海博物馆藏的一件“爯金”残缺处即“專”字[17]。此类金币实物发现较少。專(专)即鄟，楚灭鲁后为楚地[18]。

少贞金 过去著录称颖金、鄦金、郎金等，1903年寿县有过出土，1974年河南扶沟也发现两块。李学勤倡“少贞金”，认为有金质煎炼精纯之意，罗运环对此说有详考[19]，但据惯例，楚金币印文应是地名与品评币质的文字组合而成，疑少为地名，贞之义相当于“爯”，朱活先生论定为“鄦”，通蔡[20]，亦颇合常规。

盧金 通常释为卢(炉)金或覃金。20世纪60年代以前发现过1块，1979年安徽寿县发现4整版和1残件，整版重亦在250—260克左右，与郢爯相同，但含金量仅94%—95%，特别之处是印文为圆形，而常见金钣印文均方形。此字隶定为盧，即“亶”，是覃的异体字，则盧金为覃金无疑，罗运环推翻自己旧说而力主“覃金”之说[21]。有学者认为覃即郯，郯之地望在今山东郯城附近[22]。

鄗爯 鄗字字形为，隶定为鄣，仅在1974年河南扶沟发现1块，有的释为鄗，有的释为鄗，后说较流行[23]，或以为通栎[24]，古楚地名。

此外，见于陶质冥币上的还有“鄢爯”，但尚无实物印证，另外，有些品种或因实物出土少，或因出土品残缺莫辨而待考。值得注意的是，在湖南出土的陶质冥币中，币文特复杂，既有“郢爯”等规范的印文，也有“赐上金稱于郢”“吴国昔郢”（昔，或释为“茜”[25]）（图 9.1－1）等显然有别于货币印文的称呼。在汨罗出土的 1 件冥币上，甚至仅印“黄金”二字，笔者认为这种“纪事性”的文字，反映的正是楚黄金货币的称量货币特征。正因这一特性，散金、碎金在交往中，与版金、饼金有相同的作用，不同之处当在于制成一定形状、加上印记的黄金，有了信誉担保，人们在使用时，就不会因黄金成色引起麻烦。

1

2

图 9.1－1　陶钣

楚国的爯金中，有相当一部分在背后刻了符号、记号、字，或表示数量（重量）、或表示品质等级，甚至有检验者或检验机构代号或名称[26]，如扶沟出土的爯金中，发现了㊤，盱眙南窑庄出土金饼中有宔、卢、⿰[27]等。此外，还有不少被认为是数码的刻符。

从实物观察，楚金币上的印文是錾印上去的，錾郢爯的铜印已有发现，一般呈圆棒状，一端较细，端末呈方形，上有反书阳文“郢爯”[28]，有两件实物传出安徽寿县，现藏中国历史博物馆。山东峄县偪阳城曾出土 2 件，其中 1 件锥状，背面有明显锤打痕迹，1984 年河南息县宣楼村出土过 1 件[29]。值得注意的是，均不出于楚郢都故地。

一般认为，楚黄金货币之所以大量铸制，得益于楚地丰富的黄金资源，毋庸赘述。黄金化学性质稳定，容易从自然界中直接得到，但楚地黄金使用量多，不可能光凭捡即解决问题[30]。1956 年，湖南平江发掘的一个战国时代遗址中曾发现过一处纵横密布的坑道式“老窿”，其中一座被推定为“淘金坑”，可惜毁坏太甚无法确知进一步的情况[31]，但该遗存却发出了一个信息，当时楚国人可能有了一整套淘金技术。此外，自然金的纯度要提高，必须精炼，鄂东南、赣东北、皖南商周时期即兴起了发达的青铜采冶业，春秋以后悉数为楚占有后，这些地方的资源与技术成了楚争霸天下的物质基础，黄金货币正是在这种背景下出现的，显然受惠于铜矿冶业的技术进步，科技史家提供的一些数据也证实了二者之间的直接联系[32]。黄金是如何铸成版形或饼形金钣的，目前尚无确切资料说明，湖北宜城县东南 7.5 公里处的散金坡（晒金坡）过去每场暴风雨后，常能捡到金屑，有学者推测此处可能是金币的铸造作坊[33]。

黄金货币在楚人的日常生活中，到底担当了什么作用？黄金有上币之称，从传世文献看似乎只与上流社会、大商人有关系，多作朝聘、馈赠等用，其实远不限此。湖北荆门包山 2 号楚墓第 103—119 号简中记录了大司马邵阳败晋师于襄陵这年（楚怀王六年，即公元前 323 年）朝廷官员根据楚王命令要地方官为鄗郷去贷陇异的黄金、碎金[34]糴种，甚至记录了具体发布日期，所贷黄金、碎金的数量及归还情况[35]。值得注意的是，这里黄金、碎金并称，无疑是楚黄金货币重重量不重外形的又一显证。包山简中表示黄金的重量单位有“七益（镒）”“十益一益四两”等，镒、两当为相次的两级重量单位，即镒、两之间没有别的单位，显然镒、两是楚人使用最多的重量单位，甚至可视之为楚的称量体系[36]。两之下的重量单位有铢，湖北发现的铜钱牌上所刻铭文已证实了这一点，说详后。后德俊根据包山简、长沙出土“钧益”砝码、江陵九店楚墓“四两”砝码实测重量，对 1 镒为 16 两约 250 克、1 两约为 15.6 克的换算关系进行了确证[37]。

楚国黄金货币流行的时间也是研究者特别关注的问题，如果仅从印有文字的爯金的有否作为黄金货币出现否的断代标准，目前能推定的最早时间顶多到春秋晚期，但严格地说来，楚国黄金货币不是现代意义的铸币[38]，尽管我们发现爯金有一定形状，但仍需切割、称量后才能计它的“值”，包山楚简中碎金、黄金并称，反映了实际流通中成色、重量的绝对主角特征，可以推想，爯金流行之时尚且如此，爯金出现之前，黄金成为一般等价物之初，应有一个无固定形状的黄金货币时期，因而，黄德馨有关爯金孕育于春秋中期的推断是可能的[39]。湖南等地西汉前期墓中，仍见“郢称”等泥质冥币，下葬于汉文帝时期的长沙马王堆 1 号汉墓、长沙靖王吴著墓，均出土了“郢称”等冥币，说明“郢称”等楚国黄金货币仍是当时人们的财富偶像，无疑，楚黄金货币在汉文帝时仍在故楚地的某些地区流行，但可能不是国家法定货币，楚黄金货币的国家货币地位在秦的统一风暴中就应丧失了。

二、铜币、聂币、银币

楚国不仅以黄金货币独步天下，其他辅助货币、实物货币亦极有特色。

银币　包山楚简中有“白金”之名，后德俊认为指白银[40]，以银铸制的币，在楚地有发现，并与金币共存，河南扶沟即出土 18 块铲形银币，1939 年出版的商承祚《长沙古物闻见记》陈梦家序后第 7 页商承祚按语提到长沙出土过银“郢爯”。有论者对楚铸银币提出了异议[41]，或以为三晋币、或以为郑币。尚待新发现验证。

聂币　也称帛币。赵德馨认为，至迟从春秋前期起，直到战国末，布匹一直是各国主要货币形态之一，并以云梦秦简《金布律》加以说明[42]。楚汉墓中，常见用竹笥盛装丝帛碎片现象，有的墓还在遣策中称之为“聂币”，据周世荣的研究，湖北江陵马山 1 号楚墓编号 8—11 号竹笥中被有意剪成碎片的丝织物，就是象征财富的帛币，长沙马王堆汉墓、江陵凤凰山 167 号汉墓遣策中明确记述为缯笥合中缯值二“千万”“合青笥二合盛聂币”“缯聂币笥”“麻聂币司”“聂币千匹”等等，而且，竹筒中发现的算筹可用之计算，有的竹筒中还有成套的制作聂币的工具。这些发现，确证了楚地以布帛作实物货币的客观事实，这一事实可能是民间以实物为货币的客观反映，这种情况应是商品经济尚未发育成熟的必然现象。

铜币　铜是东周各诸侯国普遍采用的币材，荆楚地区以铜为"货币"，有一个明显的发展历程。不少学者认为楚国有一个以天然海贝为货币的阶段，笔者对此有疑问。不能否认，荆楚地区（这是与楚国绝然有别的概念）在商、西周时，为了适应与中原地区的往来，可能与中原王朝一样有过以天然贝充当货币的时期，但楚国在西周兴起时，中原地区天然贝的"货币"功能已褪去，当楚在春秋时期主导江汉地区后，铜币已是中原货币的主流。楚文化在许多方面受商、西周文化的直接影响，因而楚文化能在一个起点较高的地方起步，货币文化也不应例外，只是在向前发展的过程中，逐步形成有别于中原的特色。商代晚期，中原地区取代自然贝的铜贝业已出现，1953 年安阳大司空村 14 号墓出土铜贝 1 枚、312 号墓出土 2 枚，70 年代，殷墟西区 620 墓又出 2 枚，山西保德遮峪乡一座商墓甚至一次出土了数百枚，西周铜贝的使用，既有实物还有铭文印证[43]，多的一次出土上千枚。深受商周文化直接影响的楚，西周才立国并一步步发展，此时不大可能再从海贝按部就班地发展到铜贝。楚墓的考古发现中，海贝大量随葬的现象又是怎么回事？湖北荆门包山 2 号楚墓墓主地位较高，随葬骨贝 310 枚，该墓主生活的时代正是楚流通金币、铜贝的时候，又一座战国中期晚段楚墓江陵望山 2 号贵族墓中，随葬了骨贝，但不见铜贝，时代在战国中期的临澧 21 号楚墓甚至随葬泥贝[44]，此外，楚墓中还发现过木贝[45]。但骨贝、木贝、泥贝基本上出土于战国中期前后楚墓中[46]。与此同时，虽有实用铜贝、金币随葬墓中[47]，但在楚地发现的上万座楚墓中，是极罕见的，而且从考古发现看，能确证出土于墓中的实用币的时代已到了秦汉时期，最早只能推到战国晚期[48]，相反，同期楚墓中却多见陶质冥币。尤要特别提出的是,楚墓中罕见的随葬实用铜贝、金币的墓的时代到了战国晚期[49],而此时正是铜贝贬值、声誉大跌或金币已不再是法定国家货币、大家不把它当回事的时期。显然,楚人风俗中,是不会大量随葬正在流通的实用货币的,因而,诸如淅川下寺墓中大量随葬海贝的现象,不仅不是楚流通海贝币的证明,反而是荆楚地区海贝退出货币舞台的明证。正因为实用货币功能的失去,海贝才可能如此巨量地置之于墓中,而且更多地成了纯粹饰物,被缀到了旌旗上[50]。

因而,楚国贝币极有可能是从铜贝开始的。以铜为币材,在楚主导之前的江汉荆楚地区,有值得注意的渊源。在以铜为币之前,铜质器具业已成了财富的象征,20 世纪 50 年代,湖南宁乡寨子山出土的商代晚期青铜瓿内贮 224 件铜斧[51],湖南宁乡、衡阳、邵阳等地同时期的青铜容器内常见贮玉器。宁乡出土铜斧上有使用痕迹,应是生产工具,但从其被郑重其事地贮于青铜礼器内的情形看,当像玉器一样有财富象征的意义,钱币史家甚至已视之为货币,新干大洋洲也有类似发现[52]。但这些工具是否一定是有别于其他有财富象征之物而已成货币,尚有探讨余地。湖北大冶铜录山出土西周到春秋的长方形铜块,有论者认为是称量货币的一种形态[53],70 年代江苏金坛、安徽铜陵也有过类似发现。上述铜斧、铜块的发现,似传递了这么个信息:盛产铜的江汉荆楚地区,很早可能选择了铜充当一般等价物,也许正是在这种铜等价物的影响下,中原地区首用铜币替换海贝,铸造出真正的货币。楚在西周立国之初,将中原货币形式带到了江汉地区,二者碰撞的结果便是楚贝币的出现。我们有关楚铜贝的最原始形态认识尚有限,但楚地发现的较原始的无文大铜贝与殷墟出土的形式相同,铜贝外观是空腹空腔并带贝齿[54],给人刻意模仿之感。

楚地发现过无文铜贝,但楚自成风格且独具特色的铜贝则是有文铜贝。河南淅川下寺 2 号墓大量随葬海贝标志自然贝不再是本地流行的货币，该墓年代在春秋中晚期之际，代之而起的除了黄金货币，当是铜贝币，湖北宜城楚皇城是楚国的城址，出土过 1 枚有文铜贝[55]。春秋时期楚铜贝的面貌有待进一步的发现与研究。

楚国有文铜贝俗称“蚁鼻钱”或“鬼脸钱”，实心，仅外轮廓有贝形，形状一般为实腹、形体略近椭圆，正面中部隆起，背面平，中上部有小圆孔，一般重约 5.5—5.6 克，最轻的仅 0.1 克[56]。币文复杂，已被释读的品种有：巽、君、忻(玔)、行、百(金)、圣朱、匋(安、匽)、贝、三[57]等。多见品种列举如下。

(1) 巺文贝。巺字形较多，钱品发现也多，现在新释为“巽”[58]，也有释为咢(鄂)[59]、郢[60]的。古玺印中有“铸巺客玺”“右铸巺玺”[61]，当是此类铜贝铸制管理的职官官玺。

(2) 桼文贝。现一般释为“圣朱”，朱活认为桼通资，意为货币，并由此推定蚁鼻钱的正式名称应为“贝化”[62]。

另一个必须进行讨论的是，在金币、聂币流行的楚国，铜贝币是如何流通的？与其他诸侯国的货币有无兑换关系？1963 年，陕西咸阳长陵车站出土 116 枚楚铜贝，并与齐刀、燕刀及三晋布钱、长条燕尾形方足布钱(连布)共存[63]。连布在湖北、江苏、浙江等地也有发现，有的币文为“旆钱当釿”“十货”“四钱”等，许多论者认为“旆钱当釿”意为一釿大钱，“十货”，指其值相当 10 个蚁鼻钱[64]。魏等国铜币中有以釿为单位的，背币文又类似于齐刀币，从币文，可知楚、魏、齐等国货币有一个相对应的数值，应可凭此互换，实测结果，刀币重一般在 31—37 克，楚贝币的标准重量约 3.75 克，正好相差约 10 倍。这种兑换关系，极大地方便了各诸侯国间商旅往来，齐故都临淄出土的一件陶器上有“楚贾购□□里豆”[65]，验证了“东贾齐鲁，南贾梁楚”(《史记·货殖列传》)的商贸盛况，各国钱币的可兑换，无疑促进了这一盛况的形成与发展，咸阳所见楚、燕、魏铜币共存的现象，则是反映这一盛况的活标本。此外，楚铜贝币与黄金货币是什么换算关系呢？赵德馨据湖北大冶金牛镇、阳新国和乡等地出土的“见[66](视)金四朱”(重 110—137.5 克)、“见(视)

金一朱"(重 34 克)(图 9.1-2)推算出了这么一种换算关系[67]：1 枚"见(视)金一朱(铢)"等于郢爯 1 铢。而 1 铢约等于 0.69 克，1 枚"见(视)金一朱"34 克左右，这一重量约相当 7 克重的蚁鼻钱 5 枚、3.75 克重的蚁鼻钱近 10 枚。如果"见(视)金一朱"理解为此种铜牌 1 块相当于 1 铢金币，则约 34 克重的铜贝等于 1 铢(0.69 克)黄金货币，那么按现在的重量单位用 10 进位表示就是 1 克黄金可抵约 50 克铜币，正好 1 两，16 两为 1 斤(镒)，则各种货币之间可以有这种兑换关系：

1　　2

图 9.1-2　"见金"铜牌

1 个 250—260 克重的金钣可抵 12,500—18,000克重的铜贝，故可兑 7 克重的铜贝币约 1,786— 2,571 枚，可兑 3.75 克重的铜贝币约 3,333—4,800 枚，很显然，铜贝币若与黄金货币一同使用，只能充当辅币。但布匹(聂币)是如何兑换其他货币的，尚值得研究。

楚国铜贝币采用模铸，1982 年安徽繁昌县横山古铜矿区出土 2 件铜贝币范[68]，此外，武汉市文物商店、上海博物馆均收藏了巺文贝范[69]，发现数量虽不多，但已足证楚贝币已是一种规范的模铸铜币，采用铜范，不仅可反复铸制，也能使贝币规范，大小、重量比较好控制。

值得附带提一下的是，楚国的"钱俗"很独特，楚墓中出土了大量代替钱币的所谓冥币，质地包括银、铜[70]、铅、泥、帛等，泥质最多，有的还经低温烧造，有的冥币上铸“福寿”一类吉语，当为“厌胜钱”之滥觞。

三、木衡铜环权

木衡铜环权即天平砝码，是迄今所知仅流行于楚地的一种称量工具，其出现与黄金货币的使用有关。20 世纪 70 年代初，高至喜主要根据湖南的发现就楚木衡铜环权问题进行了专门讨论[71]。此后，两湖地区又有大量重要的发现。木衡铜环权的基本构造是：有木质横杆，由细绳吊挂一对圆形小盘，权（砝码）为大小相套、重量相次的环形铜权。

称量工具如何及何时发明的已不得而知，人类最早使用砝码的地区就目前材料所知是公元前 3000 年—公元前 1700 年之间的印度，当时使用的是石质权[72]，楚国最早的铜环权实物比之晚了一千多年，但铜环权之前是否有过石权阶段，是个值得留心的问题。目前已知的最早楚铜环权实物出土于春秋中晚期到战国初期的楚墓中，如湖北江陵雨台山 410 号楚墓[73]、太晖观 4 号楚墓、6 号楚墓[74]等，时代为春秋中晚期到战国初，均出土了铜砝码，其中太晖观 6 号墓出土 1 件铜砝码及金冥币铅饼 7 件。从目前所见实物看，春秋中晚期到战国早期流行的铜环权与常见的战国中晚期墓中所出铜环权外观上没有什么区别，此时已定型，定型之前有无其他形式，尚不得而知。战国时期，铜环权是楚人日常生活中不可或缺之物，20 世纪 60 年代湖北江陵纪南城内东南部编号为松 · J_2 的战国井内，环权与陶实用器及铁工具一道废弃于井中[75]，显然是环权普遍使用的见证。环权消失的具体时间难考，秦统一度量衡，半球形（或钟形）权出现，楚环权应随之消逝，但 1975 年江陵凤凰山 168 号汉墓出土了有墨书文字的“称钱衡杆”，上有“称重衡”等字（图 9.1－3）；衡杆为长条形竹片，正中有一小铜环，从墨书看，是法定衡器[76]，基本特点仍有楚木衡

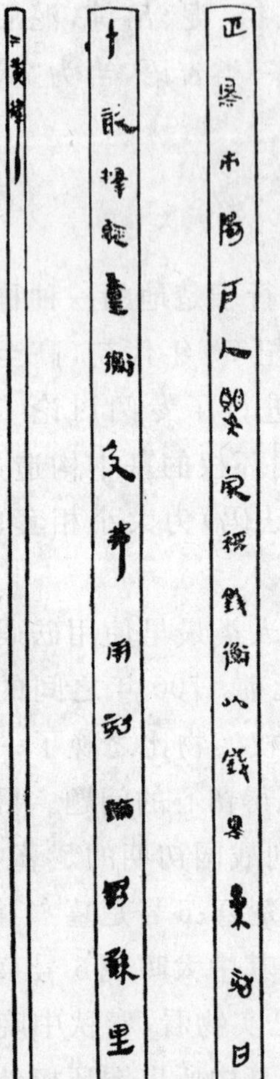

图 9.1-3　江陵凤凰山 168 号西汉墓出土天平衡杆

铜环权作风。作为称量货币的专用衡具，楚木衡铜环权在某些地区可能在秦统一度量衡的改制中仍在民间悄悄流传，汉初又一度恢复。

值得特别加以探讨的是，木衡铜环权到底什么人使用最多？已知出土铜环权的楚墓，大多身份不很高，笔者查找了已知确认为大夫级的墓 13 座，基本不用铜环权随葬，长沙出土铜环权大多随葬在一般土坑墓中，江陵九店东周墓地出土木衡铜环权 52 件，分属 11 座墓，这 11 座墓均为乙类、丙类，身份为下士与庶人，同一墓地身份在“元士”以上者，不见一例[77]，且时代集中在战国中晚期。长沙左家公山 15 号墓一椁一棺，随葬毛笔、兵器，出土了一套木衡铜环权[78]，墓主身份是长沙出土环权的墓中最高的。1933 年，传为安徽寿县朱家集出土的“郢子之官环”[79]，如果传说不误，其拥有者是目前仅见的墓主身份最高的随葬铜环权的墓了，从铭文看，这是一种官环。通过大量材料的统计分析，随葬木衡铜环权的墓主生前可能是大小商人或专门执掌黄金交易的官员。

环权的重量有比较统一的标准。目前所见最完整的 1 套共 10 个，其中 124.4 克重的 1 枚刻“钧益(镒)”2 字[80]，1945 年长沙近郊被人盗掘出土。1990 年，湖南五强溪淹没区沅陵太常乡第 1016 号楚墓出土 5 件套环权，刻有“分囟(细)益”3 字[81](图

9.1－4)。另有一套即前面提到的、刻有“擘子之官环”的环权。这 3 套有完整铭文的环权的对应重量关系可用下表表示：

序号 / 重量(克) / 权铭	一	二	三	四	五	六	七	八	九	十	总重量(克)
钧　益	0.69	1.3	1.9	3.9	8	15.5	30.3	61.6	124.4	251.3	498.89
分囟益		1	2.55	5.1	6.5	19.5					34.65
擘子之官环				3.7	7.6	15.6	31.4	62	125.5		245.8

由上表可知，钧益(镒)与“擘子之官环”基本可对应，而“分囟(细)益(镒)”所对应数差别较大，但考虑到时代、锈蚀、地域、官民之间的差别(现代民间衡器尚难绝对标准)，这种重量上的距离仍应视为在允许的差数之内。值得注意的是，分囟(细)益(镒)的总重量正好与湖北发现的“见(视)金一朱”铜牌的重量大致相当，而“钧益”最小环权重 0.69 克，刚好是 1 枚“见(视)金一朱”所抵黄金货币的重量。江陵九店 M423：6 号砝码阴刻“三卒”2 字，意即 4 两[82]，实测重 61.75 克，与上表中第八号环权相当，由此可推知，1 两约相当现在的 15.6 克，而楚金钣整版的标准重量在 250—260 克左右，以此换算，大致相当 16 两。又从环权上所见“钧(均)益(镒)”“分囟(细)益(镒)”看，用环权称量金币是均分“镒”，而“钧益”砝码刻“钧益”2 字的砝码重正好是 1 块金版重量的一半左右，显然，镒不仅是与斤可对应的重量单位，还可能是表示一个一个的数量单位，这个数量表示的就是一个标准金钣，因而，楚黄金货币铸成固定版形、

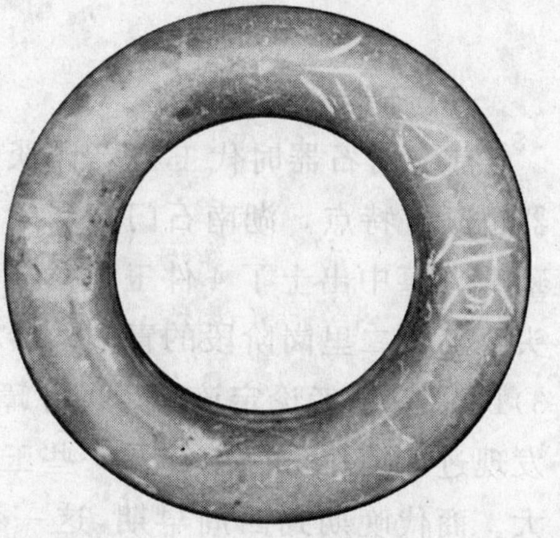

图 9.1－4　分囟益砝码

饼形等，也有方便计值的意义。

第二节　玉器与玻璃

荆楚地区的古代玉器，由于考古发现起步较晚，人们对其认识、评价与实际发展水平颇有距离。随着近二三十年的考古发现，荆楚地区玉器的使用及其工艺，被视为“假玉器”的玻璃制品，以一种独特面貌呈现出来。

一、玉器

前文对石器时代玉器已详谈，不赘述。商周以后，荆楚地区玉器也颇有特点。湖南石门桅岗 1 号墓是一座商代前期甚至更早的墓[83]，墓中出土了 4 件玉石器，其中的玉钺，形态风格与中原二里头至郑州二里岗阶段的青铜兵器相似，同时出土玉璋（图 2.2—7 之 3）1 件，有学者论定该玉璋即牙璋[84]。湖北黄陂盘龙城、李家嘴也发现过牙璋、玉戈、玉笄及一些玉饰[85]，与同时的中原玉器差别不大。商代晚期到西周早期，这一带的玉器可能有献祭品或财富贮藏的意义。1963 年湖南宁乡黄材炭河里出土的青铜礼器兽面纹提梁卣，卣内有玉珠、管等，出土后少数流失，尚存 1 172 颗，1970 年黄材出土的戈卣（龙凤纹提梁卣），内贮玉器 320 多件，器型有玉玦、玉环、玉龙、玉兽等，此外黄材寨子山三亩地出土的玉鱼、玉玦、玉环等与云纹大铜铙同出，据统计，黄材一地陆续出土的商代晚期到西周早期玉器约在1 500件以上[86]，湖南的株洲、衡阳、双峰等地商末周初青铜器中，也常贮藏玉器，衡阳杏花村一提梁卣内贮存 150 件，并有玉璇玑[87]。此阶段特别重要的发现是湖北黄陂鲁台山西周早期墓中出土的一批玉器，品种很多，大致有瑗、戈、戚、璇玑、鱼、雏鸟、蚕蛹、象形饰、人头饰、管状饰[88]等，其中蚕蛹状玉雕系江汉地区所见最早的蚕蛹形象，各地所见玉雕中也几乎不见报道。

东周时期荆楚地区基本上被楚主宰，杨立新把东周楚玉器分成了三大阶段[89]：(1) 春秋；(2) 战国前期(前475—楚威王)；(3) 战国后期(楚怀王至秦灭楚)。各期典型发现有：

第一期：淅川下寺[90]，最杰出的作品有兽面纹玉牌，隐起的蟠螭纹与阴刻云纹细线结合，繁复奇诡，与楚系青铜器纹饰如出一辙；

第二期：湖北随县擂鼓墩1、2号墓[91]、湖南长沙浏城桥1号墓[92]、湖南临澧九里1号楚墓[93]、河南信阳长台关1号楚墓[94]、湖北江陵天星观1号楚墓[95]、望山2号楚墓[96]等。最杰出作品当推随县擂鼓墩1号墓中出土的16节龙凤玉佩，整体为一龙形，全器共37条龙、7只凤、10条蛇，堪称一绝；

第三期：河南淮阳平粮台16号楚墓[97]、安徽长丰杨公楚墓[98]，尤以杨公楚墓的发现集中而精绝，杨公2号楚墓出土的1件龙凤纹玉佩，一龙双首略呈璜形，将同类器推到了无以复加的精美程度。

东周楚玉器最常见多见的器种是龙凤玉佩，或龙凤同雕一器，或龙、凤独立成形，龙凤形象与同时期的纺织品、铜镜、漆器上的造型相同，外观婉转流畅，值得注意的是，玉雕的这一主题在石家河[99]文化时期就业已成了江汉地区玉佩饰中最常见品种。玉幎目的使用也见于楚墓中，1997年10月3日，湖北荆州发现的一座大型战国楚墓中出土了1件完整的“玉幎目”，出土时覆盖在人的面部，形状大小与人的面部相当[100]，以前在楚汉墓中发现过缯帛幎目[101]，这次发现证实以前楚墓中常见的有兽面纹或云纹的方形玉牌饰，确与玉幎目有关[102]。

楚墓中的玉器(图9.2-1)是外来的还是本地琢制的？已有学者提出楚地自琢具有可能[103]，杨建芳则提出楚墓中出土的一些玉器如玉璧有越式特点[104]，似更证本地铸造的可能性加大，楚国居民民族成分复杂，其中越是极重要的族群。

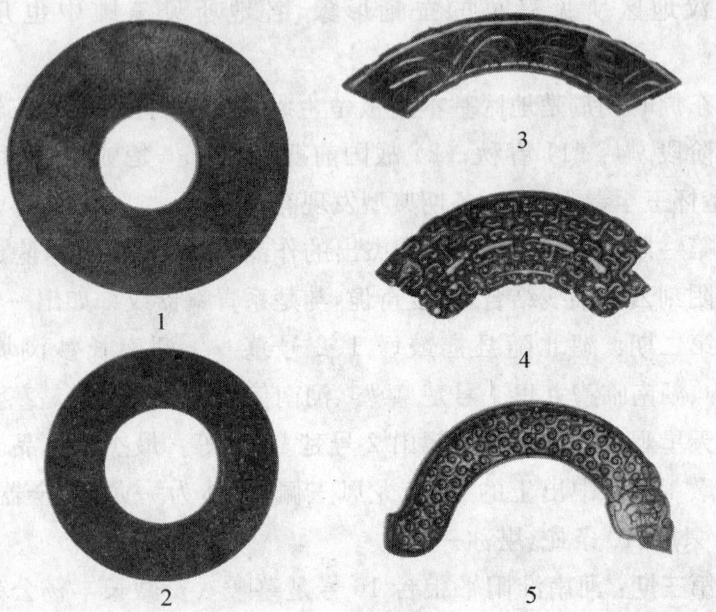

图 9.2－1　楚墓出土玉器

二、玻璃器[105]

以眼纹(蜻蜓眼)玻璃珠、管以及谷纹、云纹为主的玻璃璧、剑饰(珥、首、珌)、鉨等为代表的古玻璃,可能就是文献中所指称的"假玉器",这种形制的玻璃,均可在玉石中找到完全相同的品种。高至喜据璧、剑饰等传统中国式器形,谷纹、云纹、兽面纹、印文等传统中国式纹饰及文字(图 9.2－2),论定东周时期楚人已生产玻璃,并从长沙出土数量多而随葬又极普遍的考古现象出发,作出了长沙一度是楚玻璃制造重镇的推测[106]。有关这一类玻璃器的研究,学术界分歧不大,科技史家也从化学特性上得出了中国产品的结论[107],不赘述。

有关眼纹(蜻蜓眼)玻璃珠、管(彩版 31)的产地问题,歧义颇多。所谓蜻蜓眼,其外观特征是在玻璃(或料)珠、管外表,有一种由蓝、白、黄、褐等色圆圈组成且凸起如眼珠的纹样,珠的主色多为深绿色。因为同类风格的珠、管在西亚地区有发现，且公元前 20—18 世纪埃及的中王国时期已发明了玻璃制造技术，加之这种珠管装饰风格罕见于中国传统器物上，因而，许多论者将此类制品一律视之为外来品，高至喜曾提出了一个比较谨慎的看法：春秋末战国初的玻璃制品可能由西亚经印度输入，从战国早期开始，我国出现仿制品[108]。随着曾侯乙墓、江陵九店等遗存中此类制品的集中发现及严格的科学发掘与测试，对眼纹珠、管的研究近年又有了新突破。

1

2

图 9.2－2　玻璃器

何堂坤对春秋晚期战国初期的几件标本进行了新的分析，发现江陵出土勾践剑剑镡（格）的嵌入物为钾钙玻璃、河南辉县夫差剑剑镡嵌入物为钙玻璃、固始侯古堆勾敔夫人墓所见为钠钙玻璃，这种化学组成与战国早期玻璃、原始玻璃在化学成分上有许多相似之处，据之将这类制品一概断为外来，似欠证据不足[109]。他还根据战国早期曾侯乙墓料珠、玻璃珠的特点及化学成分推测楚国古玻璃（包括眼纹珠、管）是在制陶技术、炉渣技术启示下，慢慢发明的，而春秋晚期到战国早期，正是楚国玻璃技术的发明阶段。

后德俊对江陵九店东周墓地所出外观有眼纹的珠、管进行了综合讨论，发现该墓地出土的陶胎玻璃珠（表面玻璃质，有“蜻蜓眼”纹）的胎为烧结的砂粒，质地疏松，强度差，易破碎，认为正确的名称是氟昂斯珠，笔者曾有机会反复观察过湖南省博物馆收藏的楚墓出土玻璃珠，大部分情形与这种氟昂斯珠相同。后氏认为九店所出 26 件氟昂斯珠和大部分玻璃器都应该是我国自己的产品[110]。江陵秦家嘴、当阳赵家湖等地也有类似发现。楚国高级贵族墓中，也发现过陶胎眼纹珠，如战国中期的江陵望山1号墓、2号墓就有典型发现[111]。显然，这种眼纹珠是楚人常见用品，无论贵贱贫富都用得上，如果由西亚传来，这是极难想象的。

从以上关于眼纹珠新的研究进展不难看出，楚墓中出土的眼纹珠、管实际上有两类，一类只能称眼纹陶珠，另一类有较强玻璃质感，才能称之为玻璃珠，过去的报道中有混为一谈的现象。前者显然是国产品，后者是否全是国产品？笔者认为只有通过严格的测试才能得出符合客观实际的结论，但也能从“发展”的角度作些分析。一度被视为中国古玻璃最早实物的西周“玻璃珠”[112]，已证是多晶体石英珠而非玻璃，但经铅同位素测定，该种珠是我国自己的产品[113]，河南淅川下寺春秋中晚期之际楚墓中出土过曾称“琉璃珠”的制品，其中有一件淡黄绿色珠经测试系天然玉石经人工磨琢而成，当加热到1 380℃时，无丝毫熔融现象，另一件外表翠绿色、外观非常接近所谓玻璃的珠，是多晶体结构，科技史家据此认为，这一人造珠工艺是用质地较纯的石英经人工捣碎成极细粉末后加钾等元素为助熔剂、铜作着色剂，经一次或多次滚粘后在不太高的温度下烧结而成[114]。有的研究者认为，楚人加工这种珠的技术是从周王朝学来的[115]。从这种工艺流程看，显然与制陶、炼铜工艺有不可分割联系。西周以前有否此类加工工艺尚不得而知，西周时期多晶体石英珠的出现，至少说明这一点：西周开始，中国人已采用人工方法仿造“假玉石”，这应是春秋以后大量眼纹珠及其他玻璃等“假玉器”被人接受并流行的文化与工艺前提。经历了西周到春秋中晚期数百年的发展演变，不能否认由此制造出玻璃的可能性。从何堂坤、后德俊的论述中，我们至少可得出楚国玻璃工业诞生于春秋晚期到战国早期的结论。如果《楚辞》中“陆离”“流离”释“玻璃”[116]无误，从字义看，流离、陆离是对玉石捣碎后加工情形的描绘，当是来源于西周前后加工石珠的劳动实践。正如王充所描述的“销烁玉石，作五色之玉，比之真玉，光不殊别”(《论衡》卷二)。况且，《楚辞》以“陆离”等入辞，也说明这种词是当时通晓易懂的。所以，流离、陆离不是外来词，而是失传的相当古老的玉石加工工艺流行语。

眼纹珠、管的使用与玉、石珠、管的使用完全相同，有时甚至配合使用。从楚墓出土的彩绘俑看，珠饰有时与璜等佩饰串在一起使用。最突出的例证见于江陵马山1号楚墓，该墓墓主最外一套棉衣腰部的黄色组带上，左侧下部套一颗眼纹琉璃珠，珠下再打结，组带上部结头绕在另一组带上，上部穿玉管[117]。

第三节　铜镜与美容

一、楚镜考古发现的基本特点

湖北江陵包山2号楚墓遣策中称铜镜为“金鉴”[118]，宋代以后金石学家的所谓“汉六花鉴”“淮式镜”[119]均为楚金鉴，现在一般习称楚镜。1949年以来，湖南、湖北、安徽、河南等省原楚境内发现的楚镜数以千计，广东、广西、四川等省也时有发现[120]。楚是东周形成了独特铜镜文化的诸侯国。

最原始的楚镜未被确认，荆楚地区目前所见第一面铜镜出土于湖北黄陂鲁台山31号墓[121]。该墓地处江汉平原东北边缘，时代为西周前期的昭、穆之际，此时的楚虽还未统领江汉，但楚兴起后，这里是楚文化的重要地区之一，因而值得重视。该镜圆形，体薄，厚仅0.3厘米，边缘上端有一小圆孔。目前被确认为楚镜的最早实物尚未见早过春秋中期的，1952年长沙龙洞坡M826号楚墓出土1素地镜，共存物有陶鬲、钵、刮刀等，时代至迟可定春秋晚期[122]。1978年河南淅川下寺3号墓出土过1面素镜，该墓年代一般认为在春秋中晚期之际[123]。与这2面铜镜同时或晚到战国初楚墓中出土的铜镜，共同特点是圆、薄、轻巧、钮细小，基本上为素面，仅在长沙出土过一件饰附加堆龙纹的铜镜，许多方面与鲁台山所见西周镜相似，虽然二者之间有缺环，无法确认其联系，但应存在这种可能：春秋中期以前，楚地可能沿用过去以盆盛水照容旧习，但在深受中原文化影响的地区已开始使用铜镜。楚统一这些地区后，加速了铜镜的流传，并因冶铸工业杰出而独树一帜，楚人称铜镜为“金鉴”就是这种演变的遗痕。

考古发现的楚镜有圆、方二种。圆形镜发现的数量大大多于方形镜。保存好的楚镜很多，表皮以黑、灰绿色多见，光可鉴人；镜面平，缘较窄，钮小而多三弦，大多有小框（或圆或方）形钮座；镜背装饰丰富多彩，风格独特。

楚墓中随葬的铜镜多见被很好地包装起来，被包装好且损坏小的铜镜也多光亮如新。如有的用绣花的红棕色绢包裹[124]，有的用提花丝帛包裹[125]，有的用绢罗锦包裹[126]，有的包好后还置于竹箱、漆奁中[127]。不少铜镜是与竹简、木梳、篦共存的，如马山 1 号楚墓，盛铜镜的小竹笥内还有絿衣、梳、篦等日常生活用品，小竹笥又与其他 6 个小竹笥盛于一个大竹笥中，漆盘、鞋与之共置一箱[128]。

楚镜的使用方式在考古发现中也有充分展示。马山 1 号楚墓弦纹状钮孔内穿系一条黄色丝线束的深红色组带，长沙左家公山 15 号楚墓出土的素镜钮上也穿了丝带[129]，从丝带的长度看，应是用手持镜照容，南阳汉代画像石中出土过多幅持镜侍女画[130]，如南阳英庄出土的一尊画像石，画面女子着短襦长裙挽高髻，右手屈举铜镜，系镜的绶带下垂，其他地区如成都的画像中，也有这种持镜照容的画面[131]。显然，以带穿钮，持带照容是楚镜主要使用方式，但比较早的钮极细小的楚镜，也可能用小棒之类支撑使用。河南淮阳平粮台 16 号楚墓发现过一种用玉镜架支撑铜镜的现象[132]，出土于棺外南侧，出土时铜镜压在玉支架上，显然玉支架是支撑铜镜的。值得注意的是，铜镜出土于棺外且用玉支架，可能另有特殊意义，时代约当汉武帝时期的广州南越王汉墓将一面六山镜置于殉葬人头部[133]，与两湖楚汉墓中将璧置于棺或墓主头部的习俗相同[134]，当是璧的替代品，镜的用途得到延展。

根据出土实物的纹饰特点，研究者对楚镜的型式与年代作过详细分类，1991 年高至喜有一个比较详细的论述[135]。他将当时为止所公开发表及湖南省博物馆藏楚镜按纹饰特点分成 A、B、C、D、E、F 六型，根据他的分类，目前主要楚镜种类及流行时间为：(1) 素纹镜，最早出现于春秋中晚期之际，流行春秋战国之际，流传到了秦汉时期；(2) 羽状(蟠螭)山纹(三子叉纹)镜，最早见于战国初期楚墓，整个战国时代流行；(3) 羽状地菱纹(杯纹)镜，最早出现于战国中期楚墓，流行于战国中晚期；(4) 羽状地兽纹镜，最早出现于战国中期楚墓，变形兽纹流行于战国晚期；(5) 云雷纹地龙纹镜，最早出现于战国中期后段楚墓，盛行战国晚期，延续到汉初；(6) 云雷纹地连弧纹镜，最早出现于战国中晚之际的楚墓，流行战国晚期。此外还有漆绘镜(或称彩绘镜)、透雕纹镜等以工艺特点分出的品种，最早的透雕纹镜也早到春秋战国之际，漆绘镜则在战国早中期之际的楚镜中有发现。从楚镜出土情形看，楚人无论身份高低贵贱均可随葬铜镜。

楚镜对秦汉镜的影响是极深刻的。马王堆汉墓是西汉早期的典型代表，墓中出土的龙纹镜有强烈的楚风格，但地纹草率，双线、三线勾勒主纹线条。汉武帝时期的南越王墓中甚至还出土了战国晚期楚国铸造的六山镜，并出土了楚国最流行的四山镜、杯纹(菱纹)镜[136]。而秦受楚的影响更是很早即发生了的事，战国中期秦统一全国之前的秦墓中业已开始随葬楚镜[137]。原楚国境内的秦墓，随葬楚镜更是普遍现象[138]，高至喜筛选出 35 面战国墓和秦代墓中出土的秦镜[139]，通过与楚镜的比较，发现所谓秦镜从形制到花纹都体现了对楚镜的吸收与承袭，如长沙杜家山 799 号墓出土的鸟纹秦镜，纹饰中的凤、鸟、杯纹，明显蜕于楚镜，但与楚镜上的同类纹比，凤更抽象，鸟更细小，杯纹仅存局部[140]，线条也不及楚镜流畅有力，没有楚镜上所见的明显的织物效果。

二、楚镜镜背装饰艺术

东周铜镜中，楚镜纹饰最丰富、最有特色，加之实物标本发现多、保存完整者多，深得学界藏家垂青，主纹的纹饰种类主要有三子钗（山字）纹、杯纹（菱形纹、曲折纹、方连纹）、连弧纹、兽纹、龙纹、凤纹，辅助纹或地纹则有羽状纹、花瓣花叶纹、组带纹、连弧纹、云雷纹等，纹饰线条一般为单线条、双线条、三线条、浅浮雕，还多见镂空、透雕、彩绘。纹饰布局结构繁复而层次分明，多有刺绣、漆器花纹的艺术效果。龙、凤纹多躯细而婉转，凤体婉转之态如龙，有时只能从头部的细微变化加以分辨，凤一般长喙、长冠，龙则多张口露牙，有的龙口中还口吐细长如蛇信的小舌，多三龙、三凤和四龙、四凤镜，亦有龙凤相配成组者，但不见盛行汉代的龙虎相对的组合。楚式兽纹镜一般特指躯体如熊的动物，一般称之为怪兽，有的像汉代画像石上一种被称为熊的动物的形象，而有的又像水牛，还有的像长尾猿猴[141]之类，这种兽纹越晚就越难辨认，最后变成一种图案。另外，有种可能是楚镜的镜背纹饰是有明显特征的鹿、猴[142]，时代晚到了汉初。有几种楚镜装饰在以往的研究者中不太受重视，我们略加讨论。

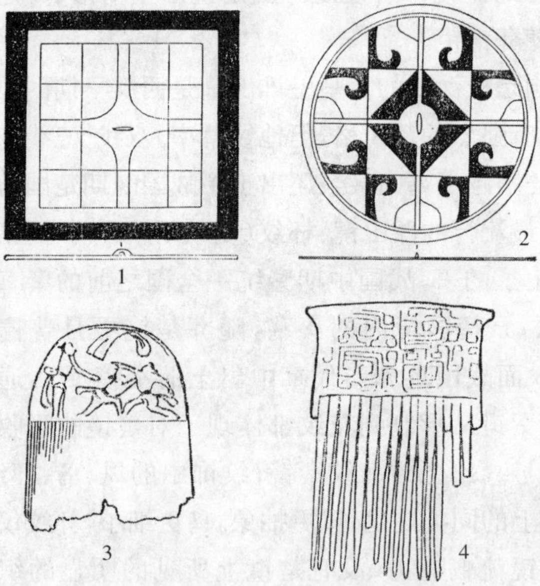

图 9.3－1　漆绘镜、梳、篦

（一）漆绘镜（或曰彩绘镜）（图 9.3－1 之 1、2）。漆绘镜在秦汉镜中也有发现，但目前所见楚漆绘镜最多。楚漆绘镜的流行，当与楚地发达的髹漆工艺密不可分，楚漆绘镜大多是素地上髹一层单色漆，再在单色漆上绘彩色花纹，楚墓尤其是较晚楚墓中出土的素背镜，不少是剥彩了的漆绘镜，望山、沙塚楚墓铜镜出土时保留的状况充分证明了这一点。如望山1号墓出土的方镜，出土时可明显见到素地上髹红漆再绘几何纹的残痕，4号墓一镜的镜背髹有黑漆，漆皮剥落处露出素地，未剥落处可见完整的圆圈纹、回形，而身份、地位明显较高的望山2号、沙塚1号楚墓出土的铜镜却无任何花纹[143]，对于同一墓地、时代基本相当的几座墓来说，这种反差是极难理解的。湖南省博物馆收藏的铜镜中，有面髹红漆的铜镜，仅有大的弦纹两道，残破很甚，时代据共存物似可定在战国末西汉初，如果去掉弦纹间的红漆，镜背作风与一种被认为是秦镜的弦纹镜极相似。种种迹象表明，不少素镜原本是漆绘镜，只是金属物上的漆更易剥落，才让今人难窥庐山真面目，望山、沙塚铜镜出土情形的“反差”现象，用这种解释去分析就让人易于理解了。我们将楚漆绘镜有限的发现分成了下面几类。

(1) 漆绘凤纹镜。这是迄今所见漆绘镜中最杰出的品种。河南信阳2号楚墓一镜，镜背朱地，三凤由黑、银灰、黄三色绘成，盘结在一起，故又有论者认为是蟠龙纹或虺纹[144]；湖北荆门包山1号楚墓出土1件，红、黄、金三色漆绘内外两圈图案，外圈为连续的变形卷云纹，内圈主图是相背的连体凤凰纹，凤体矮冠垂缨、凰无冠无缨，主纹之间还填饰云气纹[145]。江陵九店也出土了1面精美漆绘凤纹镜[146]。

(2) 漆绘几何纹镜。是常见的品种，花纹风格颇像漆器上的云纹。信阳2号楚墓出土1件漆绘朱色流动的粗大云纹，每组之间对称，似为凤纹之图案化；信阳1号楚墓出土1件，镜背用红、黑、银三色构成，对比分明，装饰性强；江陵九店出土的6件漆绘镜中，有一件方镜的黑漆地上用朱漆绘方格纹，另外的圆镜则绘卷云纹；湖南慈利县石板村36号墓出土的黑地朱绘方格纹镜、33号墓出土的黑地朱绘云勾纹镜也极富特色[147]。

(3) 描彩镜。严格地说，这种镜子与完全的漆绘镜是有区别的，此类镜只是在已铸制好的花纹上描上各种颜色。包山2号楚墓有圆、方形镜各一面，二镜均由镜片与镜托（相当一般铜镜的镜背）两部分构成，镜片背面垫有一块绢，嵌入镜托，外圈纹中均镶嵌绿松石，圆形镜镜托是四镂空龙纹，龙纹表层髹黑漆，方形镜镜托透空四凤，髹黑漆，凤首描成红色，凤身乳黄色，外圈勾连云纹红黄相间[148]，相当华丽。湖北荆门郭店1号楚墓出土1面镂空凤纹方镜[149]，基本风格与之相似。1952年，长沙竿笠山744号楚墓出土1件羽状地兽纹镜，刚出土时，镜缘尚见彩绘菱形纹[150]，主纹可能亦描各色漆，惜已剥落。

（二）三子钗纹镜，即习称的山字纹镜（图9.3-2）。这种山字纹的来历，论述很多，比较传统的说法是兽纹或钩连雷纹等商周青铜器传统纹饰的新变化，近年也有论者指称与竹器上编织的山形纹有关[151]，甚至有论者认为山字纹的出现与楚灭中山有关[152]，但很快又受到质疑[153]。特别值得注意的是，不管作何解释，山字纹之“山”字，只能理解为一种纹饰形状而决不能等同东周时期的山字[154]，笔者认为，正确的释读应循此深入探讨才能得出。

图9.3-2　八角带纹四山镜

目前，山字纹镜最多见的是圆形四山镜，方形四山镜仅一见[155]，三山镜、五山镜较少见，六山镜更少见，目前见于著录的六山镜仅3面[156]。笔者注意到，良渚新石器时代文化遗存中流行过一种山字形冠饰（或称三叉形冠饰，有学者认为是目前所见最早的冠饰及皇冠[157]，具体观察冠饰结构，大小在5.2—7.4厘米见方，两侧叉高耸，中间一叉低平，并有一垂直圆孔，显然只能用小竹木或骨棒承托，长沙子弹库出土的《人物御龙帛画》人物所戴冠的前端，有一垂直而立的三叉形饰，过去出版物多临为二叉，通过仔细观察实物，实是三叉，中间一叉略低平，与良渚三叉冠饰极似。汉晋墓中多见的一种三叉形器，孙机根据北京顺义大营4号晋墓、东汉画像石中神灵头像所绘，指出这种三叉形器就是发钗[158]。无疑，从良渚开始，特殊人物头上就流行饰一种三叉形饰，至迟到晋还在流行，东汉崔瑗甚至有专门赋三子钗的诗，诗中谈到三子钗能钟灵福气[159]。三子钗与铜镜上山字纹极似，把一种美冠或美发又能钟灵福气的饰物作照容工具的纹饰，应该是有极大可能的，楚镜镜背纹饰"山"字纹实为三子钗纹或三叉纹。

（三）组带纹（绦带纹），楚镜镜背纹饰中，这是一种被忽略了的纹饰，多与三子钗纹或各类花瓣纹配合使用。形式很多，是束缚发钗、发髻、花朵组带的图案化。楚人时尚中，组带有许多象征意义，且多与爱情、友情有关，如《楚辞·离骚》中的"解佩纕以结言""纫秋兰以为佩""结幽兰"等辞句，均与组带息息相关，楚镜组带纹中就有一种结头处形如兰叶的，这种图案决非随意设计，直到隋唐，铜镜上常见寓意极明的绶带花卉纹。实际生活中，楚人的组带确是必不可少的用什，考古发现中的彩绘木俑身上，几乎必不可少地有腰带、佩带，马山1号墓墓主绵衣外更发现了完整的一套实物，而假发上束发的组带也历历在目，因此，楚镜镜背上，尤其是三子钗纹之间，花朵、花瓣、花叶纹镜之间的所谓带状纹，实乃"组带纹"或"绦带纹"[160]。

（四）杯纹，即菱形纹、方连纹、曲折纹，傅举有论之为"杯纹"[161]，主要论据：（1）从典型杯纹的外形看，形同战国、西汉时漆耳杯俯视图；（2）汉代刘熙《释名·释采帛》中提到"绮……有杯文，形似杯也"。《太平御览》卷八六布帛部《东宫旧事》中亦提到"绛杯文绣罗""七彩杯文绮被""七彩杯文绛袴""长命杯文绮绔"等名，考之，即楚汉墓中所谓菱形纹织物，而此类织物的形式与铜镜上的所谓菱纹无区别，且治铜镜者公认楚镜纹饰与纺织品有紧密联系[162]。杯纹的形式或详或略，已有论者将此类楚镜分成5型9式[163]，各式均应是杯纹的不同表现形式。

三、美容及美发

(1) 发式。楚人对发型之美十分讲究,《楚辞》中多见咏叹[164],考古所见木俑、绘画资料中也大量发现各种有关发型的资料[165]。熊传薪根据长沙的发现,提出当时长沙地区流行有"椎髻""锤形髻"等发式[166]。从楚地的大量木俑发式资料看,不少女性发型做出一种波浪,给人有微"烫"的感觉,如马山1号楚墓墓主,乌发后梳,头顶呈水波形,两侧掩耳,后有垂髻,这可能即当时50岁上下贵妇流行的发型。特别值得一提的是,假发在楚墓中时有发现,河南信阳、湖北江陵、湖南长沙等地已出土大量假发实物。马山1号墓墓主真发外套假发,假发长约40厘米,与真发绞上后分成双股,近头部处用黄色组带相系,盘成圆髻,再用木笄固定,江陵雨台山发现的木俑,有的头发不用墨涂绘,而是用真发,再以插销固定。假发、美发不仅在女士中流行,男士对此也十分在意,包山2号楚墓出土一男俑,八字胡,头上有假发,从额中部分开,梳往背后再分成三股,呈人字纹绞结,身后甩根长长的辫子。假发在楚墓中往往与美发用品同时出土。

(2) 美发用品。与发式有关的用品在楚墓中是极常见的发现。包山2号楚墓中编号2∶231号方形彩绘竹笥,同笥共装之物为1件根雕动物,1件角雕动物,均一端尖长,显然能帮助整理头发,此外还有玉条1件、八棱形骨饰1件、玉块1件、玉骨饰1件、笄4件、假发一束,各什物具体使用不明,从共存情况看,应与头发修整有关,假发的一端用丝线编织并用生漆粘接。各种美发品中,笄是最多见的,包山2号墓遣策中称笄为"骨梢"[167]。楚墓中所见发笄质地有木、竹、骨、玉等,有的玉笄有骨制圆帽,身雕云纹[168]。另一种必不可少的美发工具是梳、篦,王仁湘曾对此有过专题探讨[169]。据他的研究,长江流域最早的梳、篦出土于湖北郧县青龙泉,象牙制作。从包山2号楚墓遣策的记录看,楚人梳、篦均称"楖"[170]。雨台山墓地共出梳、篦139件,梳一般20—30

齿，少数仅10余齿，篦则在70—100齿左右[171]。目前所知战国梳、篦几乎全从楚墓出土，梳、篦的外形一般为倒“u”形（竖式箕形），弧背多，也有平顶圆角者[172]，有的在顶部握手雕出鸟形，上半部分有半月形透孔，另一种呈梯形，有的还在上部透雕出云纹或对称的凤鸟[173]，这种形制是战国早期最流行的形制。不少楚梳、篦握手处髹漆绘图，多见云纹，湖北襄阳与吴王夫差剑同出一墓的圆角梳的握手处彩绘动植物[174]，江陵凤凰山秦墓中出土的一木篦握手处甚至绘有相扑图[175]（图9.3-1之3）。楚墓中还出土过一些特殊的梳、篦，河南固始一楚墓出土过一件无握手的合体梳篦，这是迄今所见最早的合体梳发用具[176]，下寺楚墓出土过一件18齿玉梳，长方形，握手琢出兽面纹[177]（图9.3-1之4），相当精美，该墓时代在春秋中晚期之际，是目前所知楚墓中最早的梳，时代在战国之初的曾侯乙墓也出土1件玉梳，形制为圆角长方形。

（3）美容。楚人喜欢艳丽的色彩，对“美人既醉，朱颜酡些”（《楚辞·招魂》）的神态津津乐道，反映在考古实物上，大量楚木俑面庞涂红，有时手足也见红彩，信阳2号楚墓出土10件木俑，面部至颈部乃至手上就均涂了红彩，与眉、发等处黑色形成鲜明对比，有的俑唇上也涂红色，宛如今之口红，有的甚至还用墨线勾出唇的轮廓。马山1号楚墓也有典型发现。另一特别讲究的面部修饰是眉毛，出土的楚俑大多眉毛修长，有的在眼睑还勾了黑框，颇有“蛾眉曼睩，目腾光些”（《楚辞·招魂》）描绘的韵味。

第四节　帛　画

楚国的绘画艺术，从东汉王逸开始，就引起了人们的关注[178]。楚墓棺椁、漆器上绘画作品的大量出土，已足证王逸所注楚先王庙及公卿祠堂绘有壁画的说法完全有可能，而楚绘画艺术品中最能与现代绘画艺术相对应的就是帛画。能确认是战国楚时代帛画的作品目前仅 4 幅:《人物龙凤帛画》《人物御龙帛画》及长沙出土《楚缯书》中的插图,另一幅为江陵马山 1 号墓出土,但残缺太甚,画面浸漫不清,一般略而不谈。另外,马王堆 3 号汉墓出土的《神祇图》(又称《兵辟太岁图》、《太一将行图》等),有学者据笔墨特征,认为可将其时代推到战国[179]。从目前发现的几幅楚帛画看,楚帛画主题可分为人物画与神祇画两种,但人物画并非单纯画人物。

(一) 人物画

《人物龙凤帛画》《人物御龙帛画》是两幅典型的楚帛画,二画最突出的成就是对人物刻画的生动传神,线条的流畅娴熟及构图、色调的简洁明快,主次分明。

(1)《人物龙凤帛画》(彩版 29),这是件战国中期的帛画作品,1949 年 2 月出土于长沙陈家大山,高 31 厘米,宽 22.5 厘米。据熊传薪从帛画最早收藏者蔡季襄口中的了解[180],蔡是从掘墓人手中获取该画的,据当事人的回忆,盗掘时是从墓的封土垂直打洞到椁板,并把棺椁凿了一个洞,然后从椁边箱和棺内取物,他并不很肯定地告诉蔡,帛画好像在竹笥内,在 20 世纪 60 年代以前的论著中,甚至还有该画是放在陶敦中的说法。现在据《人物御龙帛画》、马王堆 1、3 号墓 T 形帛画、马山 1 号墓残画的出土情形,这件帛画也应置于内棺盖上。其性质就是“非衣”或“铭旌”,是引导墓主人灵魂升天的旗幡。该画画面刻画了一位双手合掌的贵妇及龙、凤、月牙状物,颜色为黑、白二色,仅在女像的唇及衣袖上施朱色。贵妇表现得秀颈细腰,曳地长袍飘逸,将人物衬托得轻盈灵巧,这种形象正是《楚辞》中一再颂扬的美女形象;龙的形体不威猛,有双足,像蜥蜴,湖南出土的周代青铜器上龙就塑成这种形象[181];凤,整体形象似鹤,尾如孔雀,楚及汉初两湖地区各种艺术形式中,常见这种形体如鹤的凤鸟形象,与商周青铜器上凤的造型有较大差别。

有研究者用现代绘画理论对这件作品进行过透彻的分析评论[182],认为该画布置景物采用了龙、凤、人物到月牙状物的左上向右下的对角斜线的构图方法，以黑白调子达到了色调的既对比鲜明又和谐统一的效果，而拍翅的凤、以曲求伸的龙、徐徐跟进的贵妇，用曲线、直线表现了一种节奏感。总之，该画达到了当时所能达到的最高艺术境界，当然，她也不可避免地有当时时代的局限，如主题呆板、程式化等。

(2)《人物御龙帛画》(彩版 30)　这也是一件战国中期作品[183]，高 37.5 厘米，宽 28 厘米。《人物御龙帛画》称得上是件劫后幸存之作。该画与著名的战国《楚缯书》同墓，1942 年 9 月该墓被盗掘，1973 年 5 月，湖南省博物馆根据商承祚先生 20 世纪 50 年代调查的一些线索，经进一步实地勘查，找到了该墓确切位置在长沙东南郊子弹库(今湖南林业勘探设计院内)，并进行科学清理，清理中最重大的发现就是这幅帛画。笔者曾向当时的老同志询问过刚出土的情形，出土时，该画粘附在椁板上并附了许多泥土，看上去是深棕色，并看不清图像，在室内清理时，张欣如、陈国安等同志发现上面有极细的墨线，马上引起特别注意，经细致清洗，这幅帛画才露出真容，后又送北京请故宫装裱高手裱好，这件幸免于难的珍宝才得以完好无损地保护下来。

该画的内容比《人物龙凤帛画》丰富。主题表现的是一位男子驾龙升天的情景[184]。人物侧身站立于龙舟之上，腰佩长剑，剑首、剑璏(珌)工笔绘出，这种腰佩长剑的发式是楚国男子最时髦的装束；身着长袍，头戴冠，冠前有三子叉饰，冠顶有 8 字形顶饰，防风带系于下巴与脖颈间，其绥向后飘逸如风吹起；龙锅形如云气，弯曲似舟，并带四足，头部为龙头，张口露牙，御龙的男子用双线组带套龙，手握组带驾龙；龙尾部有一屈颈单足而立的鹤，似为保持稳定而张翅摇摆，表现了画师对表现对象的观察入微；人物头顶有华盖，舟底有游鱼，可能想像的是在天河中行走的情形。

该画线条流畅、准确、纤细，组带一律后飘如临风之态，衬托出了画中人物急速前行的状态。尤值称道的是，该画施彩手法除了平涂之外，已采用渲染，这种敷彩方法是两汉魏晋时的流行技法[185]。尽管我们尚无实物资料了解战国晚期楚国人物帛画的水平，但西汉初马王堆汉墓的2幅T形帛画、《车马仪仗图》及残存的游乐图上各式人物的表现手法，与长沙出土的两幅楚帛画有强烈共性，只是整体水平又大大向前迈进了一步。因此，从战国中期楚帛画、西汉楚帛画绘制技巧、出土情形看，长沙在战国中期到西汉初当聚集了一批一流帛画高手，帛画在长沙较集中的发现，绝不是考古发现的偶然性。

二、神祇画

从艺术角度看，神祇画远不及人物画的审美价值高。最典型的实物是长沙子弹库楚帛书上的插画，如果马王堆3号汉墓出土的《神祇图》能确认系战国楚的作品，那么迄今所见以神祇为主题的楚帛画就有两幅。长沙子弹库楚帛书上插画内容四边有12神像，四隅则是4种树木，最早对楚帛书上绘画进行描述与研究的是蔡季襄，他在《晚周缯书考证》[186]一书中专辟《缯书图说》一节，据他的描写，帛书插画"就缯书四周用五色绘成，每方绘有奇诡神物各三，四隅则按四方之色绘青、赤、白、黑四色树木，惟西方白木在白缯上无法显出，故以双线代之。"蔡的长子蔡修涣据刚出土不久帛书实物临摹时，尚保留了树木、神像的颜色并填实，使人得以管窥当时绘画设色原貌。

对于帛书上图画的解释引起了人们的极大兴趣，饶宗颐认为四隅的树木表现的是四时行火时所用之木[187]。周边四神的研究尤其引人注目，从蔡季襄开始，一度风行与《山海经》《淮南子》《国语》等书中所载怪异神话相比附，李学勤、饶宗颐等提出与月神有关[188]。饶认为图像是战国时的楚俗图绘，尚保存较古形态，具体已不可考，因此问题不是本文讨论重点，不赘述。帛书插画在国内尤其是大陆影响最大的临摹本除了蔡本，还有商承祚先生的临摹本[189]，但值得注意的是，商氏发表在《文物》的临本对图像的临摹有一处明显的讹误，"秉司春"下树木，蔡氏本与红外线照片均为红色嫩枝，而商本为一紫色的浑身布满斑纹的异兽，显然是误把从照片观察到的非笔画的斑纹当成了线条。关于该帛书的红外线清晰照片直到70年代才在大陆传开。李学勤根据帛书实物和红外线照片，对各神具体形态作了新的描述，修正了以前的许多讹误，试转叙如下[190]：

(1) 月名："取(陬，孟陬之月即正月)"；神像形态：兽身鸟足，长颈蛇首，口吐歧舌，全身作蜷曲状，首、足赤色，身、尾青色。该神曾被考为委蛇，或类似于汉代大傩12兽中的委随，或12神之一。

(2) 月名："女(如，2月)"；神像：双鸟身，尾如雄鸡，爪均内向，青、红二色，四首，面方而白，方眼无眸，无耳，有青色冠。

(3) 月名："秉(柄、窉，3月)"；神像：鸟身，似有爪及短尾，方首，面青色，无耳，方眼无眸，顶有短毛。

(4) 月名"余(4月)"；神像：蛇首青色，口吐歧舌，首侧有伸出的四角，双身，一赤一棕，互相扭结。

(5) 月名："欱(5月)"；神像：人形正立而三首，面赤色，饶宗颐认为是祝融。

(6) 月名"虘(6月)"；神像：形如雄性猿猴，有尾，面有红色边缘，露齿，两臂似着长袖。

(7) 月名："倉(7月)"；神像：鸟身，有爪短尾，人首，面白色，顶上有二长角。

(8) 月名："臧(臧，8月)"；神像：鸟身，爪细长如鹤，脊上有毛，兽首，面红色，吐舌。曾有论著中认为是一足夔[191]，显系图像不清的误释。

(9) 月名："玄(9月)"；神像：作状黽形，两蛇首青色，各吐歧舌。

(10) 月名："昜(10月)"；神像：形如大鸟，首白色反顾，顶有歧冠，体后有兽尾，两足劲健，一前一后作奔走状。

(11) 月名："姑(辜，11月)"；神像：人身正立，牛首，面方形青色，露齿，有人认为是炎帝神农之像[192]。

(12) 月名："荃(涂、荼，12月)"；神像：人形正立，面有红色周缘，兽耳，口吐歧舌(按：似为口衔蛇)。有论者据《山海经》，认为是疆良[193]。

值得说明的是，帛书插画颜色的设置，画师并非从绘画角度出发，而是与中国古代方位配色的五行观念有关，如青、赤、黄、白、黑五色与五方相配，神像上的颜色，反映的是月份与颜色的搭配或对应，因而，这种设色方式，并不能代表当时设色的最高水平，若无这种禁锢局限，楚神祇画的艺术水准可能比我们看到的高得多。

注　释：

[1] 赵德馨：《楚国的货币》第375页，湖北教育出版社1996年版。

[2] 周世荣：《江陵马山1号楚墓"帛币"及有关问题研究》，《楚文化研究论集》第3集。

[3][23] 河南省博物馆、扶沟县文化馆：《河南扶沟古城村出土的楚金银币》，《文物》1980年第10期。

[4][6] 宋代沈括《梦溪笔谈》卷二一《异事》中把金币上的印文释称"刘主"，认为是汉淮南王时之物。

[5] 同[1]第180—181页。

[7] 同[1]第2—8页、第63页。

[8] 黄德馨：《楚爰金研究》第61页引汤明燧见解，光明日报出版社1991年版。

[9][22][70] 安志敏：《金版与金饼——楚汉金币及其有关问题》，《考古学报》1973年第2期。

[10][16][19][21] 罗运环：《楚钱三考》，《江汉考古》1995年第3期。

[11] 同[1]第87—90页。

[12] 汪庆正：《中国历代货币大系(1)》第1054页，上海人民出版社1988年版。

[13][27] 姚迁：《江苏盱眙南窑庄楚汉文物窖藏》，《文物》1982年第11期。

[14][63] 咸阳市博物馆：《咸阳市近年发现的一批秦汉遗物》，《考古》1973年第3期。

[15][29] 李学勤：《〈楚金爰考〉跋》，《中国钱币》1990年第2期。

[17] 同[1]第95页。

[18] 参《包山楚墓》第374、382页。

[20] 朱活:《古钱·爰金》,《文物》1981 年第 12 期。

[24] 何浩:《楚封君封邑地望续考》,《江汉考古》1980 年第 10 期,朱活《古币三谈》中认为是郑之别都,曾为韩都,不知何时入楚,载《中国钱币》1983 年第 2 期。

[25] 周世荣:《河南出土汉魏六朝文字杂考》,《湖南考古辑刊》第 6 集,《求索》增刊 1992 年 41 号。

[26] 同[1]第 118 页。

[28] 王毓铨:《中国古代货币的起源和发展》第 139 页,中国社会科学出版社 1990 年版。

[30] 赵德馨:《楚国金属货币的币材》,《江汉论坛》1984 年第 2 期;谭维四、白绍芝:《论曾侯乙墓黄金制品》,《江汉考古》1988 年第 3 期。

[31] 周世荣:《湖南首次发现战国时期的文化遗存》,《文物参考资料》1958 年第 1 期。

[32] 后德俊:《楚国的矿冶髹漆和玻璃制造》第 157 页,湖北教育出版社 1995 年版。

[33] 同[8]第 30 页。

[34] 夏渌:《读包山楚简偶记》,《江汉考古》1993 年第 2 期。

[35] 同[18]第 273、356 页。

[36] 刘彬徽:《楚金币小议》,《钱币研究文选》,中国财政经济出版社 1989 年版。

[37] 后德俊:《关于楚国黄金货币称量的补充研究——从楚墓出土的三组有铭青铜砝码谈起》,《中国钱币》1997 年第 1 期。

[38] 同[1]第 173 页。

[39] 同[8]第 21 页。

[40] 后德俊:《包山楚简中的"金义"小考》,《江汉论坛》1993 年第 11 期。

[41] 朱活:《古币三谈》,《中国钱币》1983 年第 2 期;黄盛璋:《盱眙出土铜器、金器及相关问题考辨》,《文物》1984 年第 10 期;郭若愚:《谈谈先秦钱币的几个问题》,《中国钱币》,1991 年第 12 期。

[42] 同[1]第 310—314 页。

[43] 同[2]第 20 页。

[44] 湖南省博物馆:《临澧九里楚墓发掘报告》,《湖南考古辑刊》第 3 集,岳麓书社 1986 年版。

[45] 驻马店地区文化局:《河南正阳苏庄楚墓发掘报告》,《华夏考古》1988 年第

2 期。

[46] 魏航空、方勍:《楚国贝币的思考》,《中国钱币》1997 年第 1 期。

[47] 同[1]第 129 页。

[48] 卢德佩、吴渝清:《湖北出土的楚国金币》,《中国钱币》1997 年第 1 期。

[49] a. 中国科学院考古研究所:《长沙发掘报告》第 50 页,科学出版社 1957 年; b. 湖南省文物工作委员会:《湖南长沙小林子冲工地战国、东汉、唐墓清理简报》,《考古通讯》1958 年第 12 期;c. 湖南省博物馆:《湖南常德德山楚墓发掘报告》,《考古》1963 年第 9 期;d. 曹桂岑:《淮阳平粮台 4 号墓发掘简报》,《河南文博通讯》1980 年第 1 期;e. 曹桂岑:《淮阳楚墓论述》,《楚文化研究论集》第 1 集,荆楚书社 1987 年;湖北云梦、应山有古墓出金币的记录,宜昌前坪 7 号汉墓(西汉初)随葬郢爯 1 块并 1 件残金饼,详见湖北省博物馆《宜昌前坪战国两汉墓》,《考古学报》1976 年第 2 期。有的论者提到安徽阜南大湾庄土坑墓内出土郢爯及无印金币多达 42 件,时代为战国,但查原报告,将之视之土坑墓所出,并无根据,详见《安徽阜阳地区出土的楚国金币》,《考古》1973 年第 3 期。

[50] 河南省文物研究所等:《河南淮阳平粮台 16 号楚墓发掘简报》,《文物》1984 年第 10 期。

[51] 高至喜:《湖南宁乡黄材发现商代铜器和遗址》,《考古》1963 年第 12 期。

[52] 邵鸿:《新干大洋洲所出商代斧币考》,《南方文物》1995 年第 2 期;彭明瀚:《商代青铜货币蠡测》,同前。

[53] 同[1]第 10 页。

[54] 朱活:《古钱新探》第 200—207 页,齐鲁书社 1984 年版。

[55] 湖北省文物管理委员会:《湖北宜城"楚皇城"遗址调查》,《考古》1965 年第 8 期。

[56] 汪庆正:《中国历代货币大系(1)》,上海人民出版社 1988 年版,第 33 页。

[57] 罗运环、杨枫:《蚁鼻钱发微》,《中国钱币》1997 年第 1 期。

[58] 骈宇骞:《试释楚国货币文字巽》,《语言文字研究专辑》(下)第 292 页。

[59] 淑芬:《湖北云梦楚王城出土蚁鼻钱》,《钱币研究文选》,中国财政经济出版社 1989 年版。

[60] 同[1]第 223 页。

[61] 何琳仪:《战国文字通论》第 141 页,中华书局 1989 年版。

[62] 朱活:《蚁鼻新解》,《中国考古学会第二次年会论文集》(1980 年),文物出版

社 1982 年版。

［64］李家浩：《试论战国时期楚国的货币》，《考古》1973 年第 1 期；何琳仪释“十货”为“十僙（颠）”，参［61］第 141 页。

［65］吕振羽：《殷周时代的中国社会》，三联书店 1962 年版。

［66］见字字形为“”，有“艮（银）”“白”“良”“见（现）”“视”五种解释，详见黄锡全《先秦货币通论》379—384 页，紫禁城出版社 2001 年版。

［67］同［1］第 352—353 页。

［68］汪本初：《从安徽繁昌县出土蚁鼻钱铜范来探讨楚“哭”字贝的铸造工艺》，《楚文化研究论集》第 2 集。

［69］朱活：《古钱续谈》，《中国钱币》1985 年第 2 期；陆松麟《上海博物馆藏贝铜范》，《中国钱币》1983 年第 2 期。

［71］［80］高至喜：《楚国的天平与砝码》，《考古》1972 年第 4 期。

［72］后德俊：《楚国青铜砝码中的数学问题》，《楚文化研究论集》第二集第 207 页，湖北人民出版社 1991 年版。

［73］湖北荆州地区博物馆：《江陵雨台山楚墓》第 88、134、162 页，文物出版社 1984 年版。

［74］湖北省博物馆：《湖北江陵太晖观楚墓清理简报》，《考古》1973 年第 6 期。

［75］湖北省博物馆：《楚都纪南城的勘查与发掘》（下），《考古学报》1982 年第 4 期。

［76］《关于凤凰山 168 号汉墓座谈纪要》，《文物》1975 年第 9 期第 16 页。

［77］湖北省文物考古研究所：《江陵九店东周墓》，科学出版社 1995 年版。

［78］湖南省文管会：《长沙出土的三座大型木椁墓》，《考古学报》1957 年第 1 期。

［79］国家计量总局，中国历史博物馆、故宫博物院：《中国古代度量衡集》，文物出版社 1984 年版。

［81］郭伟民：《沅陵楚墓新近出土铭文砝码小识》，《考古》1994 年第 8 期。

［82］同［77］第 254 页。

［83］王文建、龙西斌：《石门县商时期遗存调查——宝塔遗址与桅岗墓葬》，《湖南考古辑刊》第 4 集，岳麓书社 1987 年版。

［84］裴安平：《中国商代“牙璋”南下沿海的路线与意义》，《庆祝郑德坤教授从事学术活动六十周年论文集——南中国及邻近地区古文化研究》第 70 页，中文大学出版社（香港）1993 年版。

[85] 湖北省博物馆：《盘龙城 1974 年度田野考古纪要》，《文物》1976 年第 2 期。

[86] 傅聚良：《湖南地区的商周玉器》，《湖南考古辑刊》第 6 集，《求索》杂志增刊 1994 年版。

[87]《衡阳市杏花村商代提梁卣》，《中国考古学年鉴》(1986 年)第 171 页，文物出版社 1988 年版。

[88] 黄陂县文化馆等：《湖北黄陂鲁台山两周遗址与墓葬》，《江汉考古》1982 年第 2 期。

[89] 杨立新：《东周时期楚国的玉器及有关问题》，《楚文化研究论集》第 2 集。

[90] 河南省文物研究所等：《淅川下寺春秋楚墓》，文物出版社 1991 年版。

[91] 湖北省博物馆：《曾侯乙墓》，文物出版社 1981 年；擂鼓墩 2 号墓清理发掘组：《随州擂鼓墩 2 号墓出土一批重要文物》，《江汉考古》1981 年第 1 期。

[92] 湖南省博物馆：《长沙浏城桥一号墓》，《考古学报》1972 年第 1 期。

[93] 熊传薪：《临澧县发掘一座大型战国木椁墓》，《湖南日报》1980 年 12 月 13 日第 3 版。

[94][144] 河南省文物研究所：《河南信阳楚墓》，文物出版社 1986 年版。

[95] 荆州地区博物馆：《江陵天星观 1 号楚墓》，《考古学报》1982 年第 1 期。

[96] 湖北省考古研究所：《江陵望山沙塚楚墓》，文物出版社 1996 年版。

[97] 河南省文物研究所等：《河南淮阳平粮台 16 号楚墓发掘简报》，《文物》1984 年第 10 期。

[98] 安徽省文物工作队：《安徽长丰杨公发掘 9 座战国墓》，《考古学集刊》第 2 集，中国社会科学出版社 1982 年版。

[99] 阮文清：《石家河文化玉器概论》，《故宫文物月刊》(台)第 173 期，1997 年版。

[100] 据《羊城晚报》1997 年 10 月 10 日第 8 版报道。

[101] a. 湖北荆州地区博物馆：《江陵马山 1 号楚墓》，文物出版社 1985 年；b. 中国科学院考古研究所、湖南省博物馆：《长沙马王堆 1 号汉墓》第 33 页；c. 甘肃省博物馆：《武威磨嘴子 3 座汉墓发掘简报》，《文物》1976 年第 12 期。

[102] 同[89]第 59 页。

[103] 同[88]第 69—73 页。

[104] 杨建芳：《商周越式玉器及其相关问题》，《南方民族考古》第 2 集，四川科学技术出版社 1989 年版。

[105] 国内外研究者通过对我国古代遗存出土玻璃的分析，表明我国战国和西汉玻璃的组成皆属 PbO—BaO—SiO_2 系统，古埃及和地中海沿岸地区出土玻璃均为 Na_2O—CaO—SiO_2 系统，只有少量玻璃含少量氧化铅，到公元 1884 年以后，才出现含氧化钡的玻璃。此即所谓中西古玻璃铅钡玻璃与钠钙玻璃的差别，这种差异是解释二者烧造史的权威的科学依据。参见干福熹、黄振发、肖炳荣《我国古代玻璃的起源问题》，《硅酸盐学报》第 11 卷第 1 期，1983 年版。

[106][108] 高至喜：《试论春秋战国的玻璃器及有关问题》，《文物》1985 年第 12 期。

[107][114] 张福康、程朱海、张志刚：《中国古玻璃的研究》，《硅酸盐学报》第 11 卷第 1 期，1983 年版。

[109] 何堂坤：《再谈我国古代玻璃的技术渊源》，《中国文物报》1997 年 4 月 6 日。

[110] 后德俊：《略说江陵九店东周墓出土的玻璃器》，《中国文物报》1996 年 5 月 5 日。

[111] 同[96]第 39、130 页。

[112] 杨伯达：《关于我国古玻璃史研究的几个问题》，《文物》1979 年第 5 期。

[113] 干福熹主编：《中国古玻璃研究》第 133 页，中国建筑工业出版社 1986 年版。

[115] 后德俊：《楚国的矿冶髹漆和玻璃制造》第 257 页，湖北教育出版社 1996 年版。

[116] 史树青：《“陆离”新解》，《文史》1981 年第 8 期。

[117] 同[101]a。

[118]《包山楚墓》第 194 页。

[119][154] 雷从云：《楚式镜的类型与分期》，《江汉考古》1982 年第 2 期。

[120][122][135] 高至喜：《论楚镜》，《文物》1991 年第 5 期。

[121] 黄陂县文化馆：《湖北黄陂鲁台山西周遗址与墓葬》，《江汉考古》1982 年第 2 期。

[123]《淅川下寺楚墓》第 319 页。

[124] 同[101]a 第 74 页。

[125] 湖北省文化局文物工作队：《湖北江陵三座楚墓出土大批重要文物》，《文物》1966 年第 5 期第 36 页。

[126] 湖南省博物馆：《湖南长沙黄土岭魏家大堆战国墓》,《文物资料丛刊》第3集第115页。

[127] a. 同[124]第89页;b. 湖南省博物馆：《湖南湘乡牛形山1、2号大型战国木椁墓》,《文物资料丛刊》,第3集第105页;c. 湖南省文管会：《长沙左家公山的战国木椁墓》,《文物参考资料》,1954年第12期;d. 湖南省文管会：《长沙杨家湾6号墓清理简报》,《文物参考资料》,1954年第12期第29页;e. 湖南省博物馆：《湖南出土铜镜图录》第3页,文物出版社,1960年;f. 同[126]。

[128] 同[124]第74页。

[129] 同[127]c。

[130] 王建中、闪修山：《南阳两汉画像石》图55、68,文物出版社1990年版。

[131] 高文：《四川汉代画像石》第96页图4,巴蜀书社1987年版。

[132] 同[50]第27页。

[133][136] 广州象岗汉墓发掘队：《西汉南越王墓发掘初步报告》,《考古》1984年第3期。

[134] 熊建华：《马王堆1号汉墓"璧画"、用璧形式及璧翣制》,《马王堆汉墓研究文集》,湖南出版社1994年版。

[137] 陕西省考古研究所秦汉研究室：《秦物质文化史》第360页,三秦出版社1994年版。

[138] 湖北孝感第二期考古训练班：《湖北云梦睡虎地11座秦墓发掘简报》,《文物》1976年第9期;云梦县文物工作组：《湖北云梦睡虎地秦汉墓发掘简报》,《考古》1981年第1期。

[139] 高至喜：《略论秦镜及其与楚镜的关系》,《楚文化研究论集》第2集,湖北人民出版社1991年版。

[140] 同[139]第254页。

[141] 傅举有：《楚镜之美灿烂千古》,《典藏艺术》(台)1992年11月号。

[142] 陈佩芬：《上海博物馆藏青铜镜》,上海书画出版社1987年版。

[143] 湖北省考古研究所：《江陵望山沙塚楚墓》,文物出版社1996年版。

[145]《包山楚墓》第37页。

[146]《江陵九店东周墓》第248—250页。

[147] 周世荣《浅谈荆楚文化中的青铜镜》,《长江文化论集》第一集第203页,湖北教育出版社1995年版。

［148］同［145］第 194 页。

［149］湖北荆门市博物馆：《荆门郭店 1 号楚墓》，《文物》1997 年第 7 期。

［150］湖南省博物馆：《湖南出土铜镜图录》第 51 页，文物出版社 1960 年版。

［151］孔祥星、刘一曼：《中国古代铜镜》，文物出版社 1984 年版；张正明：《楚文化史》第 153 页，上海人民出版社 1987 年版。

［152］程如峰：《从山字纹镜谈楚伐中山》，《江淮论坛》1981 年第 6 期。

［153］何浩：《略论山字纹镜及其与山字形器的关系》，《楚文艺论集》第 235 页，湖北美术出版社 1991 年版。

［155］据陈佩芬（上海博物馆副馆长）先生介绍，该镜为一香港私人收藏者收藏。

［156］a. 陈佩芬：《上海博物馆藏镜》图 19，上海书画出版社 1987 年版；b. 同［133］；c. 梁上椿《岩窟藏镜》补遗第 13 图，1942 年印行。

［157］任式楠：《良渚三叉形冠饰与皇冠》，《中国文物报》1991 年 10 月 20 日。

［158］孙机：《三子钗与九子铃》，《文物丛谈》第 183 页，文物出版社 1991 年版。

［159］崔瑗（东汉）《三子钗铭》"元正上日，百福孔灵。鬒发如云，乃像众星。三珠横钗，摄媛赞灵"（《艺文类聚》卷七〇引，转自［158］）。

［160］熊建华：《楚镜三论》，《江汉考古》1998 年第 4 期。

［161］傅举有：《论杯纹楚镜》，《中国文物世界》（香港）总第 144 期，1997 年 8 月号。

［162］刘一曼：《试论战国铜镜的分区》，《考古》1985 年第 11 期；周世荣：《中华历代铜镜鉴定》第 18 页，紫禁城出版社 1993 年版。

［163］邓秋玲：《论楚国菱形纹铜镜》，《南方文物》1996 年第 2 期。

［164］宋公文、张君：《楚国风俗志》第 65 页，湖北教育出版社 1995 年版。

［165］王从礼：《楚俑略说》，《楚文化研究论集》第二集第 162 页。

［166］熊传薪：《长沙出土楚服饰浅析》，《湖南考古辑刊》第二辑，岳麓书社 1984 年版。

［167］《包山楚墓》第 260 页。

［168］同［123］第 98 页。

［169］［172］［176］王仁湘：《中国古代梳篦发展简说》，《湖南考古辑刊》第 4 集，岳麓书社 1987 年版。

［170］同［167］第 147 页。

［171］《江陵雨台山楚墓》第 103 页。

[173] 同[171]第 150 页。

[174] 襄阳首届考古训练班:《襄阳蔡坡 12 号墓出土吴王夫差剑等文物》,《文物》1976 年第 11 期。

[175] 杨泓:《古文物图像中的相扑》,《文物》1980 年第 10 期。

[177] 河南省博物馆等:《河南淅川下寺一号墓发掘简报》,《考古》1981 年第 2 期。

[178]《楚辞・天问》王逸注:(屈原)"见楚先王庙及公卿祠堂,图画山川神灵,琦玮僪佹,及圣贤怪物行事,因书其壁,呵而问之,以渫愤懑。"

[179] 李建毛:《马王堆汉墓"神祇图"与原始护身符箓》引李家浩的看法,《马王堆汉墓研究文集》第 305 页,湖南出版社 1994 年版。

[180][191] 熊传薪:《对照新旧摹本谈楚国人物龙凤帛画》,《江汉论坛》1981 年第 1 期。

[181] 熊建华:《试论以湘江流域为中心的蜴形动物饰青铜器》,《南方文物》1997 年第 3 期。

[182] 蔡全法:《试论楚国人物龙凤帛画的艺术成就》,《楚文化研究论集》第 3 集,湖北人民出版社 1994 年版。

[183] 湖南省博物馆:《长沙子弹库战国木椁墓》,《文物》1974 年第 2 期。

[184] 何介钧:《新发现的长沙战国楚墓帛画》,《文物》1973 年第 7 期。

[185] 皮道坚:《楚艺术史》第 274 页,湖北教育出版社 1995 年版。

[186] 该书附有最早的摹本,乙酉年(1945 年)孟春印行。

[187] 饶宗颐、曾宪通:《楚地出土文献三种研究》第 395 页,中华书局 1993 年版。

[188] 同[187]第 290 页。

[189] 商承祚:《战国楚帛书述略》,《文物》1964 年第 9 期。

[190] 李学勤:《再论帛书 12 神》,《湖南考古辑刊》第 4 集,岳麓书社 1987 年版,有关考释、月名参考[187]。

[192] 安志敏、陈公柔:《长沙战国缯书及其有关问题》,《文物》1963 年第 9 期第 57 页(原序号:图像 16)。

[193] 同[192]图像 17。

第十章

楚系文字

楚系文字的大量发现，与各类楚遗迹和遗物的大批出土一样，同是"楚学"这一新学科得以形成的考古资料基础。随着楚文字资料的不断发现和整理公布，将使"楚学"研究热经久不衰，高潮迭起。

就现有的考古发现来看，西周晚期以前的楚文字尚未出土。西周晚期至春秋时期出土的楚文字仅限于金文(铜器铭文)。战国时期的楚文字则如泉水般不断涌现。除金文之外，以楚简为大宗；其次有帛书文字、货币文字、玺印文字，以及陶器、漆木器等质料器物上的少量文字。对楚系文字的整理与研究成果也蔚为大观。我们将在已有成果的基础上，重点就金文、简帛文字的新发现进行论述，其他类楚文字只作扼要叙述。

第一节 近年新见楚系金文

楚系金文绝大多数是建国以后特别是上世纪

70年代以来发现的。在拙著《楚系青铜器研究》一书中专辟一章，对截止于1990年发现的金文归列为108项，按年代分期序列的先后顺序，逐一予以考述。概略统计，共收入有铭楚器675件，总字数为13 726字[1]。这种有述有论的文字资料研究，“看似简单，实为繁杂，貌似浅显，实为深邃的区域文化金文资料纂辑工作，必须花大气力进行细致的反复对比、删选、归纳、考释，深入研究，方能竣事”[2]，只有这样，才能使之成为“一部宝贵的实物文献”[3]。它在楚文化研究、先秦文明史研究中的作用十分显著，有的重要铭文甚至可以起到改写历史的作用。

由于拙著是全面、系统对楚系金文进行编年考述的第一本著作，限于当时的学力与撰写时间的限制，难免还有少量的遗漏[4]，也难免在文字的考释、年代的考定及相关问题上有欠妥甚至失误之处[5]，适当时候应予以重新订正。

在拙著《楚系青铜器研究》交付出版之后的近几年内，又不断有新的金文资料被发现和公布，有的是极为重要的新资料，有必要在此予以续编，共得18项[6]。仍按拙著的体例，按年代先后顺序论列。

(一) 新出楚公逆钟

1993年出土于山西省晋侯墓内的楚公逆钟，共6件[7]。铭文68字：(彩版10，同见图3.1-4)

> 唯八月甲午，楚公逆祀氒(厥)先高祖考，夫工四方首。楚公逆出，求其用祀四方首。休，多擒(擒)。鍞韐内(入)飨(饗)赤金九万钧。楚公逆用自作龢(和)龠(齐)锡钟百飤(肆)。楚公逆其万年寿，用保氒大邦，永宝[8]。

铭文大意是：楚公逆为了用四方的敌人首级祭祀其祖先，出征中多有擒获。鍞韐进献了赤铜九万钧。楚公逆用这些好铜铸造了形美音谐的编钟百组[9]。

这一新发现所提供的新史料、新信息和可获得的新认识，大体有以下一些：

第一，楚国作为周初所封的一个异姓诸侯国，在西周晚期的发展水平与宗周王朝及其他几个大的诸侯国应大体同步。其时能铸出如此精美而数量又多的编钟就是最好的物证。它的青铜铸造工艺水平已相当高，从铭文得知，它一次就能获得9万钧铜。一钧是30斤，9万钧便是270万斤。战国时期楚之一斤约重250克左右。西周时楚之一斤不明，但不会相差太远，9万钧至少有今50万公斤左右。这真是惊人的数字！惊人处还在于用它铸造礼器乐钟达百组之多，可想见它的青铜器生产规模之大。这足以表明当时楚国的生产力水平、经济发展水平和国力的强大。现今不少论著鉴于西周楚史料的匮乏，作出西周时楚尚处在原始氏族社会阶段的看法[10]。或者即使认为其社会发展阶段已进入阶级社会，但其发展仍很缓慢、落后，只是到春秋时期才一跃成为强国。有此新发现，确如一道惊雷、一道闪光，让人们睁大了眼睛，重新来审视西周时期楚国的发展程度。因此，这一新发现，将极大地有助于改变人们以往对于西周时期楚国发展水平过低估计的看法，重新恰当地估价西周时期楚国文明发展水平。

第二，楚国青铜文化作为一个区域文化，在西周晚期就已有着自身的特色。对这一点，以往人们同样估计不足，多以为是在春秋中期以后才出现自身特色。以往谈论西周有铭楚器，只有楚公冢钟与戈，其实这楚公冢钟与戈同样有一定的特色，只是人们往往较为忽略罢了。今观新出楚公逆钟，其特色更为鲜明。纹饰的特点最为突出，“鼓间的龙、鸟、虎结合的花纹，尤为特异”[11]。更可注意的是，其右鼓部有一身着鳞片的长耳动物，这在西周乐钟上迄今仅此一见，应是地道的楚产。这究竟是何动物？叫何名称？确有扑朔迷离之感，是一个难解之谜。澳大利亚学者巴纳曾认为C形脚是楚器纹饰的特点[12]。今观此钟鼓部虎形动物之脚就是C形脚，由此可见楚器纹饰特点之源远流长。这正如已故著名学者刘节所云，“未可以外来影响一语而搪塞其责也”[13]。循此上溯，今后有些在早于楚公逆钟、楚公冢钟、戈的楚器上，找到更多的楚文化自身特色，并进一步探索形成其特色的原因与途径，以真正把楚文化的来龙去脉搞清楚。

第三，楚公逆钟铭文所提供的新史料值得重视与探讨。其一，楚与商殷、宗周文化的关系。由铭文可知，西周晚期楚仍沿习商殷、周初的“祀首”之礼，可证楚有继承殷周文化的传统。这种传统一直到它的灭亡时期犹存。这种礼制上的保守性正是促成它衰亡的原因之一。任何一种文化总是优劣并存，看它以何者为主导面而决定它的存亡。楚文化之在东周勃兴而生气盎然，则是自西周以来优势大发扬的结果。试看西周晚期，楚就已“领异标新二月花”（郑板桥诗），公然藐视周天子，一度封三子为王，国力强大到可以四出征伐，成为名副其实的“大邦”。这正是他能博采众长、领异标新、独创一格的优秀文化品格所致。一方面是发达的青铜文化与强大的国力，另一方面却仍恪守以前“祀首”的落后之礼。尽管是优劣并存，而其时以优为主，故能发展为“大邦”，并一直长盛不衰。这就是楚文化的魅力、楚文化的优秀传统。其优秀传统并不因楚国的灭亡而终止，并且在历史的长河内一直流淌着。

其二，楚与周边方国的关系。楚周围的方国、小国甚多。从楚公逆钟铭文可知，西周晚期楚就开始蚕食周围的方国、小国，以武力征伐为主，并多有擒获。铭文中的“鍞鱸”，可能是“国族名”[14]。这是第一次见到的不见于经传记载的方国名称，弥补了史籍记载的不足。这个方国位于何处？历史渊源如何？均是一个谜。但它能一次进献铜料九万钧，则必在产铜丰富的地区。就现有的发现，鄂东的大冶铜录山向东沿长江南边有江西瑞昌古铜矿、安徽铜陵古铜矿。还有湖南麻阳的古铜矿。史载楚公逆之先祖楚公豙时，已扩张国力“东至于鄂”（《史记·楚世家》）。其时的鍞鱸国族如处于楚之东边，就应在楚地以东的产铜地区。至于具体位置，则不可妄测了，只有待新的发现予以探明了。

第四，新出楚公逆钟有助于订正宋代发现的楚公逆钟记载中的失实与铭文考释错误之处。宋代楚公逆钟的形制应与新出楚公逆钟基本相同。《钟鼎款识》题跋云“钮上坐一裸鬼，盖雷神也”。应系讹传所致。至于钟之为钟而非镈，高至喜早已指出过[15]。李学勤进而从文字上论原释之“镈”字，应改释为“钟”字[16]。看来，宋代所出非镈而为钟，应可定谳了。

新出钟的铭文对订正宋钟铭文尤为重要。宋钟铭文从文字到释读顺序，众说纷纭，莫衷一是。在此不过多地一一引述和辨析。而其中原释为“吴雷”的二字则值得特别提出。以往之释“夜”或“吴”，乃是将左边的“唯”字的“口”旁移向右行的“大”字，合释而为“夜”或“吴”字。今此钟一出，则其真相大白。

“吴雷”二字应改释为“大雷”。此释曾为黄锡全首先揭出，拙著《楚系青铜器研究》亦引录之[17]。然假若无此钟的发现，则仍会引起人们的怀疑。今可成定论矣。以往据此二字而与楚之先祖吴回挂钩，论者连篇累赘地阐释。此钟一出，所有对此二字释吴回之论说均成为一堆废纸。由此可见，古文字之释，首先在于字形准确无误。否则，所作推论全是“空中楼阁”，经不起历史的检验。

（二）克黄之鼾、壶

1990 年出土于河南淅川和尚岭 1 号楚墓[18]。鼾和壶上各有铭文 4 字（图 10.1－1）：

克黄之鼾　　　　　　克黄之壶

克黄之名见于《左传·宣公四年》。楚庄王念其祖父令尹子文有功于楚，“使复其所，命曰生”。时为公元前 605 年，可知克黄之器年代当在公元前 605 年之前，属楚系青铜器分期的第二期。但出此器之墓的年代则要晚于器之年代，已晚至春秋晚期偏晚至春秋战国之际，应属楚系青铜器分期的第四期偏晚。墓内有的器物年代早于墓葬年代，屡见不鲜，不足为怪。

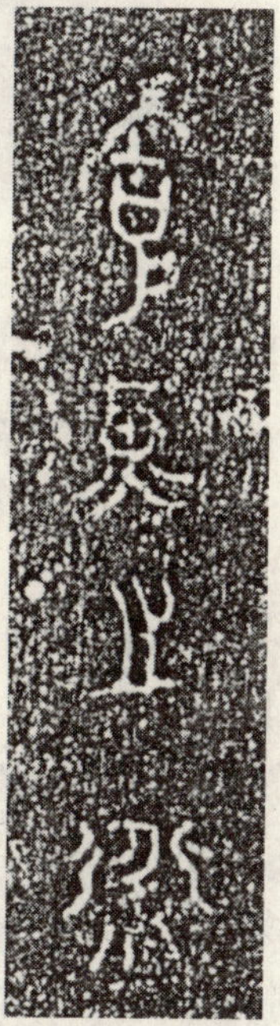
图 10.1－1　克黄之鼾铭文

（三）蒩子敢盏

湖北襄阳出土，1993年报道[19]。盏盖和器内各有6行32字铭文（图10.1-2）：

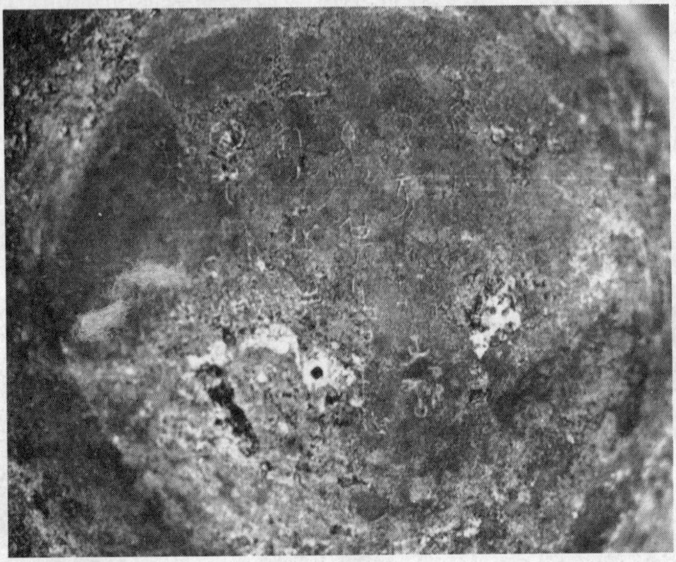

图10.1-2　蒩子盏铭文照片

隹八月初吉乙亥，蒩子敢择其吉金自作𪇾鼎，其眉寿万年无疆，子子孙孙永保用之。

从器物形制与铭文字体考察，器之年代为春秋中期，属楚系铜器第三期。

（四）鄝子伯受铎

1994年出土于河南桐柏县一大型墓葬内[20]。随葬物中仅1件铜铎有铭文6字（图10.1-3）：

鄝子白受之铎

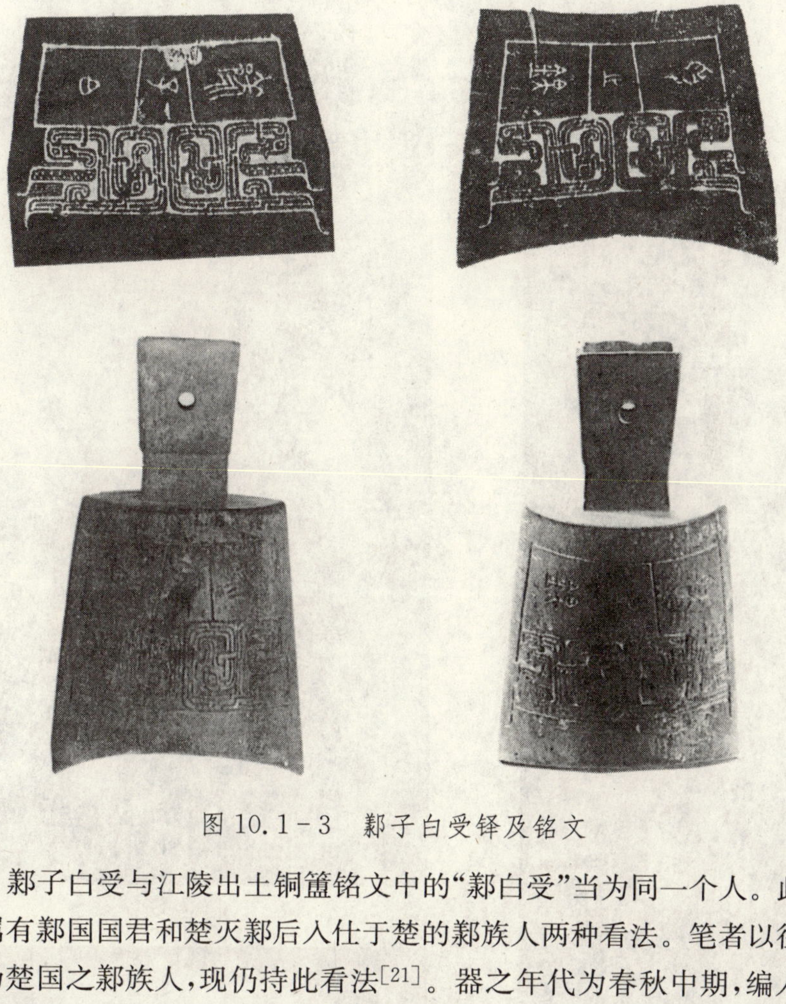

图 10.1－3　鄬子白受铎及铭文

鄬子白受与江陵出土铜簠铭文中的“鄬白受”当为同一个人。此人国属有鄬国国君和楚灭鄬后入仕于楚的鄬族人两种看法。笔者以往认为乃楚国之鄬族人，现仍持此看法[21]。器之年代为春秋中期，编入楚系铜器第三期。有文定春秋晚期，不妥[22]。

（五）申王之孙叔姜簠

此器资料尚未报道，得友人之助，将铭文公诸同好[23]。铭文为 3 行 19 字：（图 10.1－4）

申王之孙叔姜自作饤匿，其眉寿无期，永保用之。

图 10.1-4　申王之孙叔姜簠铭文

图 10.1-5　邓子盘及铭文

申器之称王，此为首见。上世纪 80 年代在河南南阳出有“南申伯太宰中爯父”铭文器，乃申国之器。而上世纪 70 年代所出申公彭宇器，则为楚灭申国之后的楚国申县县公之器。此器称“申王之孙”，如何解释？张政烺评论王国维“古诸侯称王说”，认为应改为“周时称王者皆异姓诸侯”[24]。此乃不刊之论。然可稍作补充，即异姓诸侯后代子孙均可称其先祖为王。例如楚在西周时自称楚公，但战国时期楚王族后裔追念先君则一律称王，而不称公[25]。申、吕之称王，亦应与此同例。此申器年代为春秋中期，距楚灭申已久，当是其后代子孙追念申国先君以炫耀其族氏之显赫。看来，对“申王之孙”称谓，只有如此理解，方合情理。

（六）邓子盘

此器出土于湖北钟祥一楚墓中，1993 年报道[26]。铭文缺字、缺笔较多，初释如下（图 10.1－5）：

> 隹正月初吉丁亥，邓子与媵叔兵（?）盥盘，□□无諆，子子孙孙永□□□。

此器年代为春秋中期（楚铜器第三期），而邓国之灭在春秋早期（前 678 年），故此器应是楚灭邓后，其国族后裔在楚所铸之媵器，可归属楚系金文。

（七）章子鄭戈

（八）鄝子诛臣戈

此两器铭文收录于《殷周金文集成》第 17 卷，编号为 11295、11253。黄锡全先生已有文论述[27]。兹引录其释文：

> 章子鄭尾其元金为其戏戈　（图 10.1－6）
>
> 鄝子诛臣之元戈　（图 10.1－7）

此两器铭中章、鄝乃以地名为氏称。今山东省境也有此两古地名，但楚境内也有，且器出楚境，年代为春秋中期（楚系铜器三期），其时楚与齐交往不多，看来此两器应为楚器。

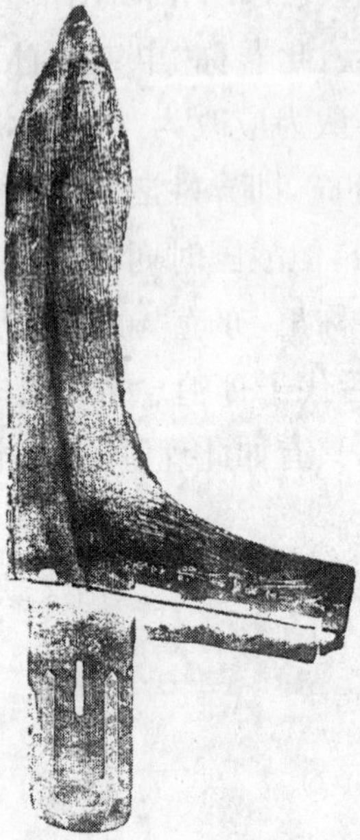

图 10.1-6　章子鄭戈

图 10.1-7　郘子诛臣戈

（九）郑子受钟、鼎、鬲

郑子受钟出于淅川和尚岭 2 号楚墓[28]。张光裕、曹锦炎主编的《东周鸟篆文字编》已收录[29]。鼎、鬲则出于淅川徐家岭 9 号楚墓，资料尚未发表。

郑子受纽钟、编镈上均有相同的铭文 27 字：

唯十又四年三月唯戊申，亡钕昧暰，郘（郑、芳）子受作黨彝歌钟，其永配厥休（图 10.1-8）。

"昧暰"二字，或释为"东鄂"，并认为其器作于楚惠王 14 年（前 475 年）[30]。又有楚庄王 14 年、楚简王 14 年等几种说法[31]。

郑子受钟的相对年代为春秋晚期（楚系铜器第四期），其绝对年代

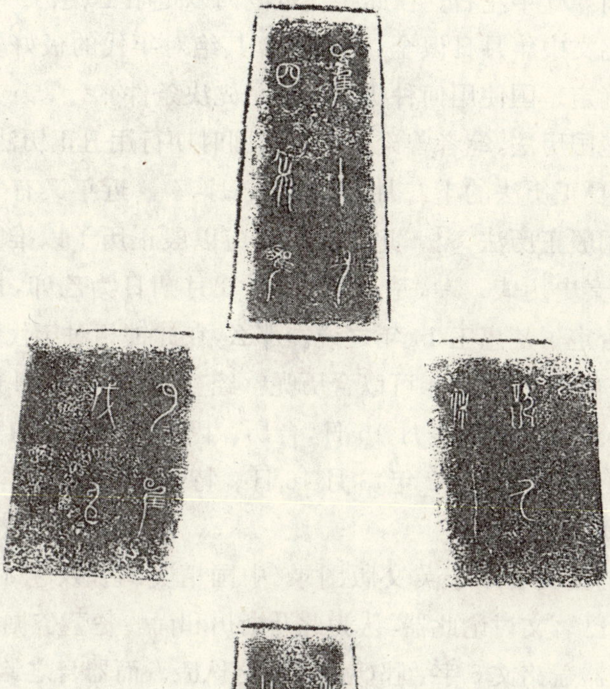

图 10.1－8　郘(郑)子受钟铭文

当在公元前500年左右。在此年代范围内以楚昭王、惠王14年的可能性最大。铭文中年月日俱全,确是推算其绝对年代的极好资料。关键是首先要确定楚国使用何种历法?这是先决条件。

关于楚国历法,笔者曾论证楚在战国时期行用丑正历法,即以建丑之月(相当夏正历法的十二月)为岁首之月[32]。近年又有学者论说楚国一直使用殷正历法[33]。此钟的纪年应以殷正历予以推算。查张培瑜《中国先秦史历表》[34],楚惠王14年3月朔日为乙卯,月内无戊申日。这就否定了楚惠王14年之说。那么,在此钟相对年代为东周四期范围内,还有何王之14年可以合历呢?经查验,楚昭王14年3月的月朔干支为癸巳,戊申为是月16日,合历。因此,笔者以为其绝对年代应为楚昭王14年(前502年)3月16日。特立此新说,供学界参考。

(十) 郟子大簠

此器的铭文著录于英文版图录《中国精美陶瓷及艺术品》。李学勤、李零均已著文讨论此器,认为此乃淅川和尚岭楚墓盗掘流出国外的一件[35]。器盖铭文6字:倗(郟)子大之饮匿。而器身之铭文则为:倗(郟)子辛之饮匿(图10.1-9)。

从铭文看器盖与器身非一人之器,也许盖、器本为两件,而将此器之盖与彼器之器身杂配成为一套。如此说可信,则和尚岭、徐家岭楚墓郟氏家族之器,除郟子受器外,还应有多件郟子大和郟子辛之器。这并非无根据的推测。笔者曾有机会获睹这批楚器,除此三人之器外,还有郟子昃之器[36]。因之,这一家族墓地至少已有四名郟氏之器,加上下寺墓地的郟子倗之器,郟(芳)氏之器当在五人以上了。

(十一) 曾仲郟君腱器

出土于淅川和尚岭2号楚墓,与前述郟子受编钟同墓。此器铭文已有著录[37]。释文:

曾仲倗(郟)君腱之且埶　(图10.1-10)。

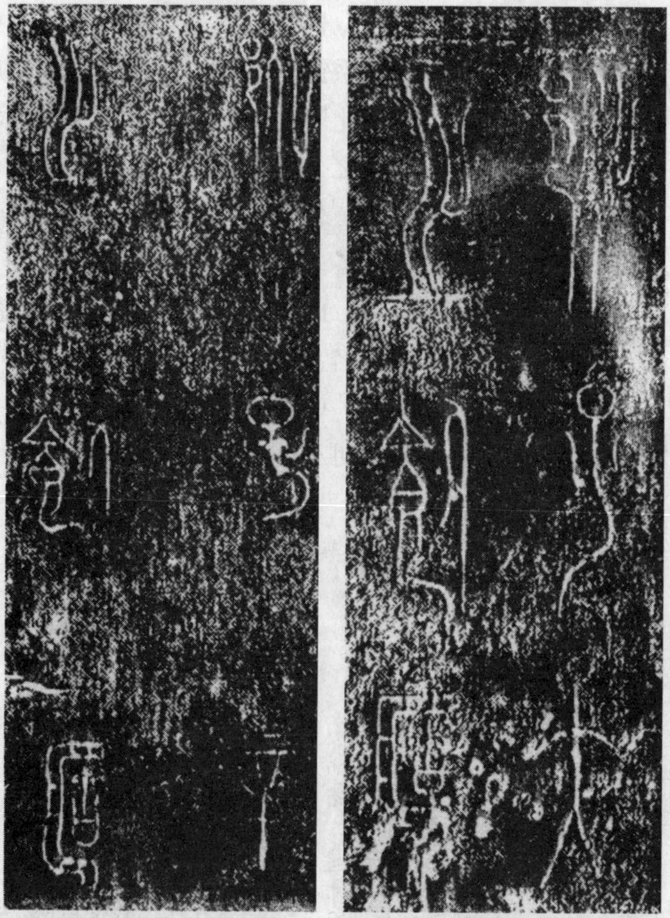

图 10.1－9　郘(郑)子大簠铭文

近承曹桂岑先生惠赐铭文摹本,知所释君字原篆为从“尹”从“土”,是否为君字?存疑。在此仍按原篆写作君。我意“君腱”为郑氏之名,乃郑氏仲女名君腱者出嫁于曾国所作之器。

(十二) 曾太师郑之鼎、中(仲)彦姬(?)盏

鼎出淅川和尚岭1号楚墓,与克黄之器同墓共出。铭文7字[38]:

曾太师郑之脰(厨)鼎。

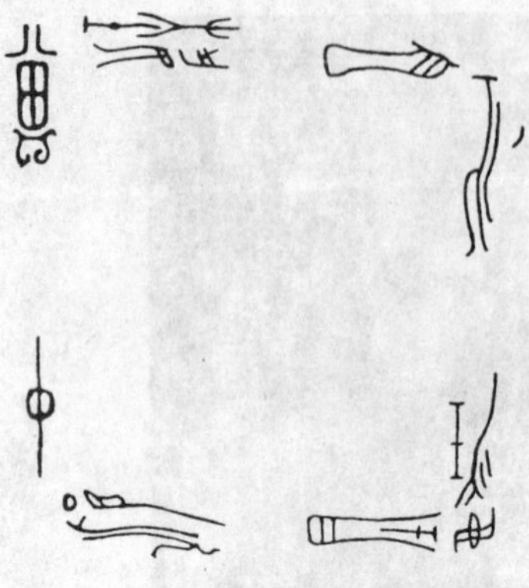

图 10.1－10　曾仲郯君䐈器座铭文

器物形制为典型的楚式鼎，年代属楚系铜器东周第四期（春秋晚期），乃楚文化影响曾国文化及楚曾二国关系密切之又一物证。

仲姬盏铭文 5 字：中（仲）姬彦（?）之盏。

此盏年代为春秋晚期，为楚式敦之自名盏的年代最早者。（图 10.1－11）

（十三）发孙虜簠

资料发表于《文物》1994 年第 4 期[39]。铭文 4 行 22 字（图 10.1－12）：

隹正月初吉丁亥，发孙虜择其吉金，自作饮匿，永保用之。

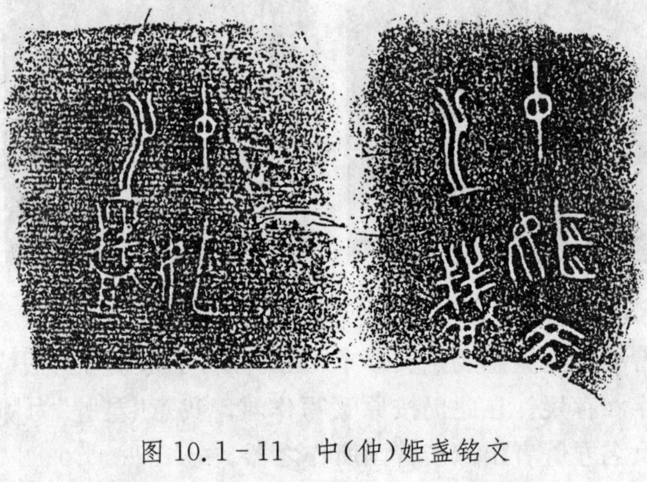

图 10.1－11　中（仲）姬盏铭文

器之相对年代为春秋晚期。

（十四）南君阳邗戈

发表于 1995 年出版的《江陵九店东周墓》一书[40]。铭文 2 行 7 字（图 10.1－13）：

南君鴋（阳）邪之
中戈

此为楚国封君之戈，年代为战国中期。南君于史无载，考古资料为第一次发现。在此墓地另一楚墓还出土有楚印一枚，4 字：竟人之鉨。

（十五）分囟益砝码

湖南沅陵一战国时期楚墓内出土一套砝码，其中最大的一枚有 3 字铭文：分囟益[41]（同图 9.1－4）。

囟可读为细。二字古音，囟，真部、心纽；细，脂部、心纽。真、脂二部阴阳对转，又为双声，故二字古音相通。《玉篇》："细，微也，小也。"益即镒。"分囟益"三字之意为分成小于一镒的量值。过去在湖南发现有"钧益"二字铭文砝码，现又有此新发现，对探讨楚衡制大有助益。论者援引成说，认为楚行"斤、两制"[42]。笔者则主张楚行"益（镒）两制"[43]。这一新发现又为余说添一新证。

图 10.1－12　发孙虜簠及铭文

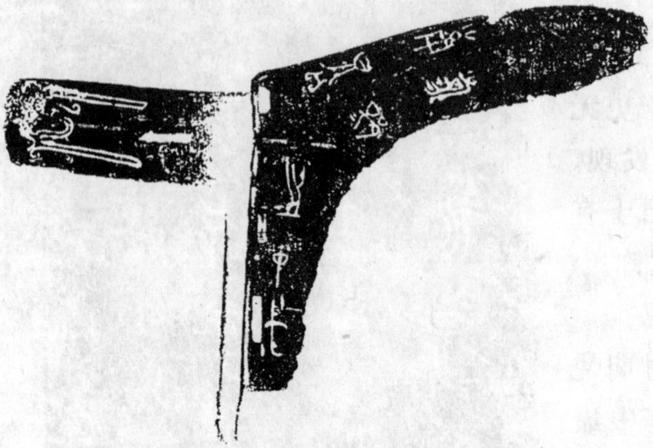

图 10.1-13　南君阳邘戈铭文

图 10.1-14　襄城公戈铭文

（十六）鄴之王戈

近年出土于湖南怀化地区一战国中期楚墓中[44]。戈有铭文 4 字：鄴(?)之王戈。

（十七）鄹之王戟

台北古越阁藏商周青铜兵器之一。近由台北国立历史博物馆赠送我《商周青铜兵器暨夫差剑特展论文集》[45]，始得知此器有铭文 4 字："鄹之王戟"。该书所载黄盛璋先生论文认为，此戈"为战国南方所造，属楚系统，但非楚本国所造，而是楚属国或部落酋长所用之兵器……戈铭称塞之王不称塞王，表明并不是某国之王，塞不是国名，而是一地名"[46]。说是地名，可备一说。但也可认为是指某一部族之名。某一部族首领，可在他的辖境内自由称为王。在湖南益阳还出有郙王戟。看来战国时期的湖南境内存在不少这样的其首领自称为王的部族群体。塞之王戟也许亦出于湖南、湖北地区[47]。这对研究楚史及楚与其境内某些部族的关系，提供了难得的新资料[48]。

(十八) 襄城公戈(原名楚境尹戈)

江苏连云港市一战国墓内出土,有铭文 2 行 10 字:(图 10.1－14)

都(?)寿之岁,襄城公競尹所造。

论者谓"都寿之岁",指楚国东迁国都於寿春之事,其年代为公元前 241 年[49]。此说有误。这是楚国以事纪年格式的省写。据包山楚简,前面多为"某客某某问王于蒇郢之岁",按此体例,此铭文中的"都寿"二字,显应为某客的姓名,原简报释的"都"字笔画不清,笔者推想可能是某个从邑旁的姓。因此,从铭文看不出器的绝对年代,而只能据其形制和字体推测为战国晚期。观器铭之岁、襄、寿、競等字,确有楚系文字特点。尹作肴,乃燕系文字特点,但楚器如楚高缶上也偶有发现,此戈所出之地北近燕齐,当受其影响所致。

近年新见楚系金文还有一些,但重要者已如上述,对研究楚系文字、中国先秦文字以及先秦历史文化都是最新重要资料,值得进一步深入研究。

第二节　楚系竹书文字

楚系竹书文字,指在竹质材料上书写的文字,主要指竹简文字,也包括少量的竹牍、竹签牌、竹律管上的文字。

一　概述

建国以来,特别是近几年来,出土的楚系竹简,数量最多,内容最丰富,乃我国先秦出土文献之最,蔚为大观、举世瞩目。

这些出土文献,有的已经全部公布或部分公布,有的仅有简要的消息,资料正在整理之中,公布尚须时日。据笔者掌握的情况,已有 29 个楚系墓葬出土了多种不同内容的竹书，另外上海博物馆以重金从香港收购了一批珍贵的楚国竹简，功莫大焉。现先作竹书一览表如下，然后按其内容逐一分述[50]。

表八　楚系竹简统计表

序号	出土时间、地点	年代	数量	字数	性质	备注	著录号
1	1987年慈利石板村M36	战国中期	残断为4 371段	2万多字	古书	刊发少量简照片	[64]
2	1993年荆门郭店M1	战国中晚期之际	804枚、段	约1.3万余字	古书	已发表	[67]
3	1957年信阳长台关M1	战国中期	148枚(段)	约1 700字	① 古书 ② 遣策	已发表	[68]
4	1987年荆门包山M2	前316年	278枚，另竹牍1件	12 626字	① 文书卜筮祷辞② 遣策	已发表	[25]
5	1978年江陵天星观M1	前350年左右	整简70余枚，余残断	4 500余字	① 卜筮祷辞 ② 遣策	刊发几支简照片	[91]
6	1965年江陵望山M1	前330年左右	残断拼接为207枚	1 093字	卜筮祭祷记录	已发表	[91]
7	1981年江陵九店M56	战国中晚期之际	完整的35枚，拼接为158枚	2 700字	① 日书 ② 记事	已发表	[78]
8	1984年常德夕阳坡M2	战国中期偏晚	2枚	54字	记事	已见释文，照片未发	[70]
9	1965年江陵望山M2	前300年左右	整简6枚，余残拼接为66枚	925字	遣策	已发表	[91]
10	1978年随州曾侯乙墓	前433年或稍晚数年	240枚	6 696字	遣策	已发表	[92]
11	1973年江陵藤店M1	战国中期	残为24段	47字	遣策	文字字形不清	[193]

续表

序号	出土时间、地点	年代	数量	字数	性质	备注	著录号
12	1980 年临澧九里 M1	战国中期	残为 100 小段	数百字	遣策	未发表	[194]
13	1981 年九店 M621	战国中晚期之际	残为 127 段	可辨字形 92 个	记事	已发表	[78]
14	1981 年九店 M411	战国中晚期之际	2 枚	字不清		文字不清	[78]
15	1953 年长沙仰天湖 M25	战国中晚期之际	残为 43 段	约 300 字	遣策	已发表	[86]
16	1952 年长沙五里牌 M406	战国中晚期之际	残为 37 段	约 105 字	遣策	已发表	[195]
17	1954 年长沙杨家湾 M6	战国晚期	残为 72 段	约 37 字	遣策	已发表	[196]
20	1986 年江陵秦家嘴 M1	战国中期	残为 7 段		卜筮记录	未发表	[197]
21	1986 年江陵秦家嘴 M13	战国中期	残为 18 段		卜筮记录	未发表	[197]
22	1986 年江陵秦家嘴 M99	战国中期	残为 7 段		卜筮记录	未发表	[197]
23	1992 年江陵砖瓦厂 M370	战国中期	残为 6 段		卜筮记录	未发表	[198]
24	1993 年江陵范家坡 M27	战国中期	1 枚			未发表	[198]
25	1991 年江陵鸡公山 M48	战国中期				未发表	[199]
26	1986 年江陵雨台山 M21	战国中期	竹律管残存 4 支	38 字	音律记录	已发表	[200]
27	1992 年湖北老河口两座墓	战国				未发表	[199]
28	1993 年湖北黄州市	战国				未发表	[199]
29	1994 年河南新蔡楚墓	战国中期	1571 枚	近 8000 字	卜筮祷辞遣策	已发表	[201]
30	上海博物馆藏楚简	战国	1200 余枚	三万余字	古书	发表三册，展出数枚	[50]

附注：上表著录号一栏的编号，与本章的注释号为同一个编号。其资料来源均见本章注释同一编号。

由上表可以看出，楚简字数超过一万字者有荆门包山 M2、荆门郭店 M1、慈利石板冲 M36 和上海博物馆收购的共为四批。这几批不但字数最多，内容也最为丰富、重要。包山楚简除卜筮祭祷记录和遣策 81 枚外，占多数的 197 枚均为第一次发现的司法文书类，乃载籍未见的楚史新资料。石板冲、郭店、上海三批均为书籍类，有的是非常重要的佚籍。

这几批超万字的楚简，只有包山楚简在发掘之后不到五年便全部公开发表了(彩版 32)。由于这批简完好无损，内容丰富而又能以如此快速的时间整理出版，受到社会各界的广泛好评与高度关注，并引出新一轮楚简文字研究热潮。

笔者是这批楚简整理小组的负责人，之所以能有如此快捷的速度整理完毕，得力于该墓地发掘报告负责人和整理小组同仁的紧张工作与团结协作[51]。尤可喜者，在完成整理工作的同时对这批楚简进行了初步研究，包括笔者的三篇论文(其中有两篇为合著)在内共有七篇研究文章附录于《包山楚墓》一书内，成为掀起这新一轮楚简研究热潮的序曲。此书 1991 年出版后，在 1992 年南京召开的中国古文字研究学会第九次年会上，便以这批楚简为中心议题开展讨论，提交会议的多篇论文也已相继在有关书刊上发表。至 1997 年，发表的专门研究包山楚简文字的论文多达数十篇，在新出古文字研究著作内也有对包山楚简的研究，就包山楚简进行全面研究的专著也已出版，包山楚简字表的新编已有多本[52]。新一轮楚简研究热正方兴未艾[53]。

已发表的关于包山楚简研究的论文与论著，有侧重于文字考释的，对包山楚简整理小组的释文与考释作了很多订正与补充，成果可观。有侧重于文字内容研究的，对简文反映的楚国历法、人物、官制、历史地理、土地制度、户籍管理、司法狱讼等诸多方面进行了探讨。

这批楚简中的纪年、纪月、纪日资料超过迄今发现的任何一批，所记七个以事纪年，不仅是记录年数最多的一次，且为连续衔接的七个年份，所记月份有 19 个之多，所记日辰的干支多达 99 个，乃为研究楚纪年与历法的一批最为丰富的资料。笔者通过数月的潜心探究，在以往存在的楚历建子、建寅、建亥三种说法之外，提出了楚历建丑的新见解，并论定了七个年份的具体年代，推定所在墓葬的绝对年代为公元前316年。此年代之说得到了该墓发掘报告主持人的赞同，写入了发掘报告的结论，并附录拙文于发掘报告内。鉴于以包山楚简纪年资料为代表的楚国纪年资料有非常重要的学术价值，有必要予以专论，在本节的第二部分将以较多篇幅予以论述。

这批楚简记录的楚人名、地名、官名之多，亦为空前的大发现，对于研究楚之姓氏，历史地理、官制等均属难得的新史料。人名中的楚先祖名尤值得注意，在两支楚简中都有前后紧相连接的三个楚先祖名——老童、祝融、媸(鬻)酓(熊)，既印证了史籍记载的可靠性，也证明楚人先祖其时并未如汉代人所记与黄帝系联，而只追溯到老童为止。关于媸酓，发表资料时未考释。1988 年我提交给在长春召开的中国古文字研究会第七次年会的论文中认为应是楚先祖鬻熊[54]。在会上，李学勤先生告知他已有文即将在《文物》1988 年第 8 期刊发[55]。两人的看法不谋而合。现对此考释已得到不少学者的认同。在此还可补充介绍，在望山楚墓竹简内也有此楚人先祖名。笔者查阅朱德熙、裘锡圭、李家浩《望山 1、2 号墓竹简释文与考释》一文原稿时，发现也有这三个名字，如 129 号："媸酓各一牂"，177 号："〼□老禮祝〼"，178 号："〼先老禮〼"。据包山楚简，这三个号的简应连缀为"楚先老禮祝融媸酓各一牂"。朱、裘、李三先生在对该文定稿时已据包山简予以补释、改定[56]。由此可见不少古文字的疑难字确有赖于新的发现才能解决。

这批简中记录的户籍管理、司法狱讼、食田继承权与买卖、借贷黄金籴种等多种内容，均为前所未见的新史料，对于研究楚国政治、经济、社会状况都是第一手新材料，极有助于了解战国时期包括楚国在内的社会性质、经济状况，弥足珍贵。有的已在第四章第一节论及，此不再论。现举数例如下，以飨读者。

图 10.2－1　包山二号楚墓司法文书简（举例）

关于户籍管理的，以简 7、8 号为例：

齐客阵豫贺王之岁，八月乙酉之日，王廷於蓝郢之游宫，安令大莫敖屈阳为命，邦人入其溕典。臧王之墨，以入其臣之溕典，憙之子庚一夫，居郢里（以上文字见图 10.2－1）。司马徒箸之；庚之子昭一夫，昭之子疕一夫，未在典。[57]

关于司法狱讼的举数例：

冬栾之月壬戌之日，罗之壦里人湘痼，讼罗之廡域之圣者邑人邓女，谓杀益阳公会剔之妾旮举。正沂㠯识之，旦坪为李。[58]（简 83）

十月己丑之日，中阳司败黄戠受期，夏月辛亥之日不将中阳之仟门人轭庆以廷，阩门又败。　宵逆。[59]（简 71）

宋客盛公边聘楚之岁，屈栾之月戊寅之日，邓阳公命敢域之客荤，戝尹癸谨之。东敔公豁牌、敔司马阳牛皆言曰：邓阳之酷官黄齐、黄鼊皆以甘匿之夏月死于小人之敔邵戊笑邑。既发孪，廷邓阳之酷官之客。呈倚为李。[60]（简 125、125 反）

关于土地制度方面的，以简 151、152 为例：

左驭番戌飤田于邧域歡邑，城田一索畔萺。戌死，其子番步后之；步死无子，其弟番黯后之；黯死无子，左尹士命其从父之弟番歁后之。歁飤田，病於债，骨儥之；左驭游辰骨贾之，有五翻。王士之后郢赏间之，言谓番戌无后。右司马逌命左令默定之，言谓戌有后。[61]

关于黄金籴种，以简 103、109 为例：

大司马昭阳败晋师於襄陵之岁，享月，子司马以王命命蘘陵公鼍，宜阳司马弫贷郕異之黄金，以贷鄗郦以糴种。[62]

株阳莫敖邵寿君与乔差瘠为株阳贷郕異之黄金七镒以糴种。逃期不啬金。[63]

上举数例，谅足可引起读者对这批反映楚国历史文化资料的更大兴趣。限于篇幅，恕不再述。

慈利石板村和荆门郭店以及上海收购的这三批楚简，均为书籍类古书，非常重要。石板村楚简在发表该墓简报时略有介绍[64]，有学者认为其内容“多记吴越交战兴亡之事，也有兵家色彩”，可归入兵家类书籍[65]。

郭店楚简有《老子》等多部典籍[66]。荆门博物馆馆长刘祖信著文指出有《老子》等道家之书，有儒家经典，大部分为佚籍，如记有鲁穆公与子思、成孙平的对话之类佚书[67]。这些典籍的整理公布，将填补传世先秦典籍的一些空白，具有难以估量的深远历史意义。（图 10.2－2，彩版 33）

此外，50 年代信阳楚墓的竹书，因残断过甚，对其性质有不同的看法，以往曾认为乃儒家之书[68]。近年则有认为是《墨子》的佚篇[69]。至于常德夕阳坡的两支简 54 字，属记事性质，是记录某年楚王赏赐下属的事[70]（图 10.2－3）。

除书籍、记事、文书类之外，卜筮祭祷和日书类可看做是楚简内容的第二大类，遣策为第三大类。

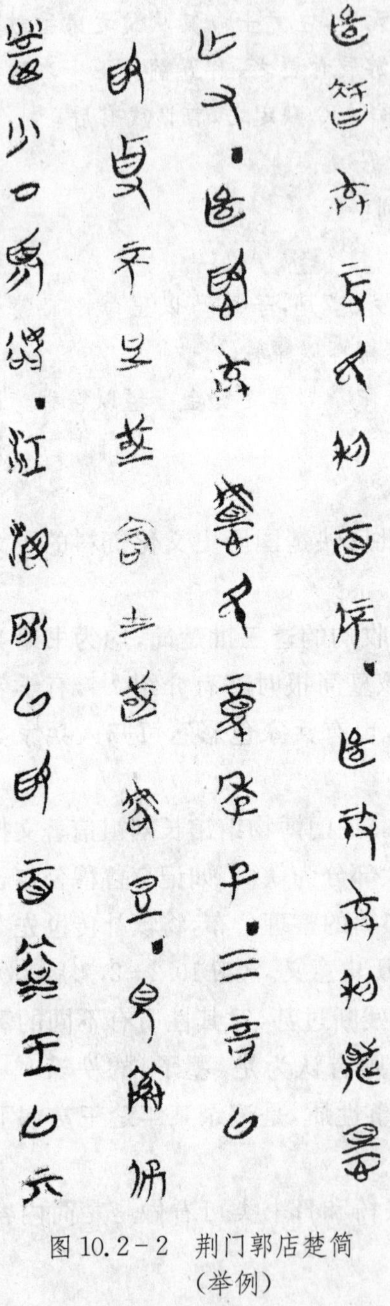

图 10.2-2　荆门郭店楚简
（举例）

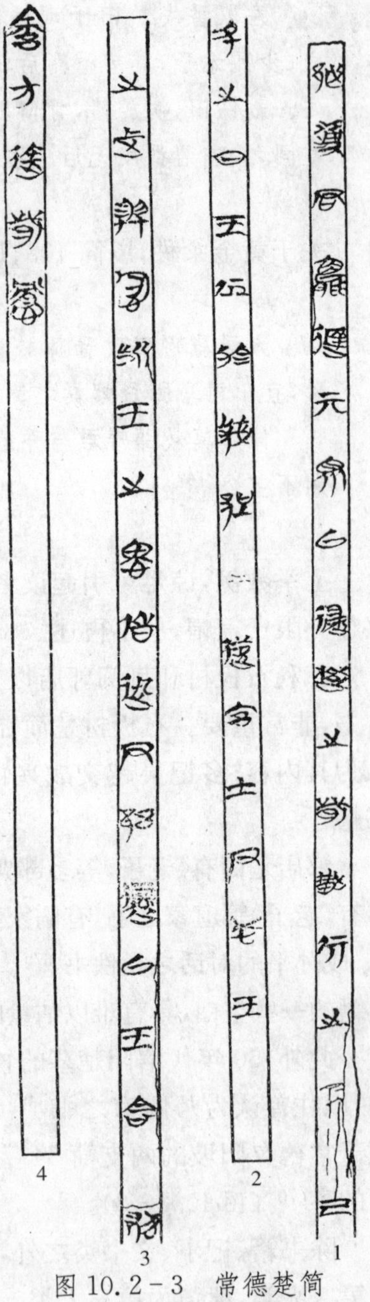

图 10.2-3　常德楚简

卜筮祭祷记录出于望山M1、天星观M1、包山M2(图10.2-4)。包山M2、望山M1的均已全部公布了资料。以下只着重谈一下包山竹简中的卦画问题。

包山M2的卦画共有六组,每组卦画均由两个六画卦构成,左右并列,见于201、210、229、232、239、245号等6支简。在此列举简209、210、211号释文如下:

图10.2-4 包山二号楚墓卜筮祭祷记录简(举例)

东周之客许绖致胙於葳郢之岁,夏层之月乙丑之日,五生以丞德为左尹旄贞,出入侍王,自夏层之月以就集岁之夏层之月,尽集岁,躬身尚无有咎。占之,恒贞吉,少有憂於躬身与宫室,且外又不顺。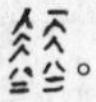。以其故敚之。举祷鹽祑一全豢,举祷社一全䐗,举祷宫行一白犬,酒食;迻雁会之税,峀祷东陵连敖冢豕、酒食,蒿之。由攻解於槑禮,且钗於宫室。五生占之曰吉。三岁无咎,将有大喜,邦知之[71]。

除此简之卦画外，其他五组卦画为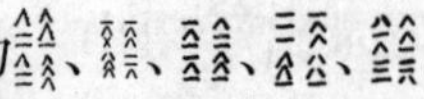。

这是些数字式的卦画，张政烺首先揭示出这些由数字组成的符号就是易卦[72]，即《周易·说卦传》所云"《易》六画而成卦"（其他考古材料也有三画成卦的）。包山 M2 之六画卦即易卦，左右各六画，乃重卦和变卦。这些数字组成的卦画，天星观简有八组十六个卦，所用数目字为[73]：

数字：　　一　六　八　九　残缺
出现次数：37　49　5　4　1

包山简的卦画，所用数目字为[74]：

数字：　　一　五　六　八
出现次数：34　1　30　7

两墓所出卦画所用数目共同特点是集中到一、六两个数字项内。占卦实际使用的是八个数字，而记录出来的只四个数字，且集中到一、六两数。之所以如此，张政烺已作了解释，认为"当时观象重视阴阳，那些具体数目并不重要。这是初步简化……还没有阴爻'--'和阳爻'一'的符号"，是"《周易》的前身"。

现举两个卦画，见下表：

竹简号	原　文	释　文	经　卦	别　卦
201	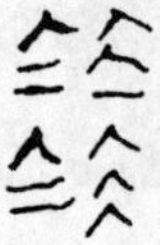	六 六 一 六 一 一 六 六 一 六 一 六	☱兑☳震 ☱兑☷坤	兑、豫
229	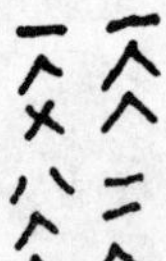	一 一 六 六 五 六 八 一 六 一 六 六	☲离☶艮 ☷坤☴巽	晋、蛊

包山简六组卦画均为本卦与复卦之象。上举两例,一为豫之兑卦,二为蛊之晋卦。这种格式与《左传》、《国语》所记相同,但《左传》、《国语》所记易卦均无楚国的记载,惟赖出土楚简得以补充。楚之易卦为数字符号组成,与殷周以来发现的甲骨、金文材料上的卦画符号相同。由此看来,道一风同,楚与中原地区在筮占这一点上是共同的。包山筮占记录比较简单,仅记录卦号,筮辞极为简短,格式亦惊人地雷同,不像《左传》那样有一大堆说解之辞。从包山简的卜筮记录看,筮不如占卜和祭祷作用大。楚人对祭祷其祖先、山川神灵特别重视。所云尚鬼、崇巫,"重淫祀"应指楚人特别看重祭祀、祷告神灵、希望得到祖宗和神的福佑与庇护。并且"在信奉鬼神的同时,楚人也有足够的自信,力求使鬼神的意志为我所用"[74]。楚人自己就说过,卜筮是用以决疑的,不疑就用不着去卜筮[75],显示了一种自信的力量。这正是楚人在春秋战国时代臻入强国之列的心理状态。

对卜筮祭祷记录,还可发掘出许多有价值的历史信息,此不多论。"日书"是与卜筮祭祷记录相关的一类内容,在此接着谈谈日书问题。

"日书"是古代人们用来选择行事吉凶的实用性书籍。

《史记》太史公自序曰:"齐、楚、秦、赵,为日者各有俗所用,欲循观其大旨,作《日者列传》。"然《史记》未载楚之日书,楚之日书早已失传。考古发现的日书,最初是云梦睡虎地秦简日书甲、乙两种,其后相继发现多批秦、汉简日书,在马王堆汉墓内出土了与日书内容相近的帛书《阴阳五行》甲、乙两种,论者认为马王堆帛书《阴阳五行》乃"战国时楚人的著作"[76],"可能也是一种日书写本"[77]。而楚人自己手书的日书——江陵九店日书,则迟至1996年才予以全文公布[78]。它是历史上首次发现的楚国人自己书写的楚地日书,也是年代最早的日书,是我国古代日书最早的版本,为研究这类数术书籍提供了难得的新资料。它公布以来立即引起学术界高度关注,已有多篇论文和专著予以探研[79]。其在学术史上的重要意义主要有如下一些。

首先是填补了数术史料、尤其是择日术史料的空白。太史公所作《日者列传》早已亡佚，所云齐、楚、秦、赵之日书均已失传。云梦睡虎地秦墓出土秦简日书，研究者指出内中杂含楚、秦两国的择日文献，并有人曾尝试从中辑出楚地日书简文[80]。但因缺少可靠的参照标准，难以使人信服。现在楚国的日书被发现了，这就填补了秦统一以前日书的空白。九店日书还杂有别的内容，如相宅简，是目前所见年代最早的相宅文献。相宅术在古代起源甚早，但此类早期文献未能传留于后世。从这种相宅条文看，与秦简中的相宅条文以及后世的风水书存在着明显的渊源关系。择日术（选择黄道吉日）、择地术（选择风水宝地）至今又死灰复燃，研究这些早期的择日、择地术及其兴衰演变与社会发展的关系，有助于我们今天进一步认识这些有迷信色彩的数术，以便采取相应对策，减少和消除对社会发展的消极影响。

其次，它极为有助于将睡虎地秦简日书的研究推进到一个新的阶段，同时也有助于九店楚日书自身的研究。众所周知，睡虎地日书是目前所见内容相对较为完整的一个日书文本，是研究早期择日术最为重要的材料。二十余年来，学术界对其作了大量的、卓有成效的研究，但存在的问题仍多，有的看法分歧甚大[81]，现在有了早于它的楚日书作对比材料，很多问题便可迎刃而解。

由于九店楚日书残断较甚，复原的难度也大，已发表的释文多有可商之处，已有不少论文据秦简日书将两者互校，新认出、补出不少字，调整了原简的若干顺序，功不可没。

第三，提供了进一步研究楚、秦社会状况的新资料。以往在云梦秦简日书研究中，对简文中"出入（买卖）人民、畜生（牲）"、"出入臣妾、马牛"中的"人民"、"臣妾"，多理解为奴隶，并进而认为秦国社会存在大量的奴隶，有的甚至认为秦国的社会性质仍是奴隶制社会[82]。也有认为"人民"、"臣妾"应为奴婢，即家内仆役人员[83]。究竟孰是孰非？一直是个悬而未决的问题。新出九店楚简则提供了有助于这一问题解决的材料。九店楚简16下栏记有“凡坪日，利以祭祀，和人民，詎事”。其中有“人民”之前的“和”字，笔者以为至关重要，且似乎迄今未见有文对此字予以重视。众所周知，奴隶只是“一种会说话的工具”，是奴隶主可以任意生杀予夺的会说话的工具。假若“人民”的概念在那时指的是奴隶，奴隶主决不会对奴隶采取“和”的态度。因此，我以为这个“和”字表明了“人民”这个词所指并不是奴隶，而应是封建社会的奴仆、仆役一类下层被统治者[84]。决不能因秦国大量存在买卖“人民”、“臣妾”现象，而把其社会性质也看成了奴隶社会。有学者认为秦国买卖“人民”、“臣妾”的现象甚于楚国，指出楚、秦社会状况有所差别[85]。这无疑是事实。但这种差别也不可能是两种社会性质的差别，对此，笔者坚信不疑。

《日书》所提供的研究社会历史状况的材料当然不止上述一例。然由此可以看出，《日书》虽然是一种迷信色彩很浓的数术书，但却可透过这种被精心包装的外衣，从中看到当时社会历史状况。此外，它还有天文、历法、音律等方面的科学知识，是迷信加科学的结合。所以，应把它看做是研究战国(包括楚国在内)时期社会政治、经济、文化的很重要的一份古代文献材料，只要采取“剔除其糟粕，吸收其精华”的态度，就可获得有益于创造现代新文化的养料。

第四，有助于楚国历法的研究，自云梦秦简《日书》公布以来，关于楚国历法的建正问题，已形成一个热门话题。包山楚简的公布，促进了对这一问题的研究。九店楚国《日书》的公布，又引起了对这一问题的再一次研究，但研究的结果仍是仁者见仁，智者见智。虽然原有的四种说法中，建子说已无人提及，但首岁建寅、建亥说仍有人作进一步论证。这样，便与笔者主张的建丑说，鼎足而三。究竟孰是孰非？似乎仍难见分晓。但笔者仍坚持楚历建丑说，将在本节第二部分作一个重要的专题予以再讨论。

除以上两类内容的楚简之外，第三类遣策是楚简中发现时间最早，次数最多的一类。迄今已发现10批以上(见一览表)，研究者亦多。最

图 10.2-5　江陵望山二号墓竹简(举例)

早有仰天湖楚简研究的专著[86],并不断有专文探讨。其后发现的望山 M2(图 10.2-5)、长台关 M1、曾侯乙墓,包山 M2 的这几批遣策,数量很多,都已全部公布了资料,故而研究成果也多。这些遣策记录了当时人们衣食住行和丧葬、祭祀活动的各类名物,是研究楚国社会状况、社会生活的珍贵资料。

现举包山楚简的几支简予以说明。

大兆之金器:一牛镭,一豕镭〈1〉,二喬(鐈)鼎、二□鹰之鼎,二贵(馈)鼎,二登(升)鼎,二监(鉴),二卵缶,二迅缶〈2〉,一汤鼎,一聃耳鼎,二鉼銅,二合匿(簠),一𥂵□□　鼎,二小𨥜,二椹(盛)锾(盏),一盘,一匜,一铅钀。木器:一柾梮,一戾梮,一精梮,一宰梮〈3〉;一大房,一小房〈4〉;二钵(禁);一房㕧;二瓒(?);二祈;五皇槃;四合桓(豆),四皇豆;一飤(食)栓,金足。(265—266 号)

再举简 257—258 号为例:

飤室,所以食。箕:冡(豵)脩(脯)二箕〈5〉,脩二箕,蒸(蒸)豬(猪)一箕(图 10.2-6),庶(炙)猪一箕,䐁饱、白饱二箕,熬(熬)鶏一箕,庶(煮)鶏一箕,熬鱼二箕,栗二箕,鸣二箕、華茈二箕,菰(苽)二箕,蕴(蕴)二箕,蕖二箕,薑(姜)二箕,苽一箕,蒓(淳)利(梨)二箕,檮(桃)脯一箕;僻(鷿)脈(鷉)一箕,煮鵦(鶏)一笄,一笄修。

以上所记器具与盛放物,大多可与出土物对

应，有的则尚难以对应，对若干不见或少见于以往楚简和古籍的字，有必要稍加说明，以有助于楚文字的深入研究。

(1) 鐳。此字第一次出现，右旁是否为"需"？尚可研究。此字应为用鼎制度中镬鼎的专用字，实指墓内出土的两件大镬鼎。楚地与中原共同使用镬和镬的通假字鼾[87]。鐳亦为镬的同音字，可能是楚某地（如此墓所在地）的专用字，而不见于以往所见的铭文与楚简，后世失传，自然也不会载于字书了。

(2) 迅缶。即铜器铭文中的隮缶。迅、隮乃同音通假字，均指楚的一个典型器类——酒器尊缶，而与水器浴缶相区别[88]。

(3) 梞。《包简》考释读为梂。李家浩读为厥、橛。虽读法有异，而认为指墓内出土的大案，则是相同的。此字以往未见，字书所无。楚地称案为梞，大概也是楚地专用字，以后也失传了。

(4) 房。指墓内出土的木俎。《诗·鲁颂·閟宫》："籩豆大房"，毛传："大房，半体之俎也。"看来，称俎为房，乃南北通用之名。

(5) 箕[89]。此字在包简257—258两简中出现18次。指墓中出土的长方形小竹笥。发掘时这些竹笥大多飘浮或沉于东室内，数量甚多。这些笥内盛放的食品，有的存有动物骨块或植物果实的朽壳，有的则已无存，仅有空笥。《楚辞·招

图10.2-6　包山二号楚墓遣策简（举例）

魂》有"露鸡臛蠵，厉而不爽些"（红烧野味和卤鸡，味道鲜美又清爽）等描述，与竹简记载对比，更增加了我们对楚人饮食文化的了解。楚地食物品种之多与烹调之精，可能甚于中原地区，至今楚地之菜谱仍是全国

的名菜,可谓楚风之盛贯穿于古今了。

楚简文字与铜器铭文相较,更多地体现了楚地色彩,金文一般为雅文化的代表,楚简可说是俗文化的代表(当然,雅中有俗,俗中有雅,有时是不能截然分开的)。无论从字形或内容看,楚简文字更多地体现楚文化的地方特色。宋人黄伯思曰:“屈宋诸骚,皆书楚语,作楚声,纪楚地,名楚物”。雅文化的诗(楚辞)有这种楚地特色,那较多体现俗文化的楚简所书楚语、楚声、楚物就更为浓厚。我们看楚简记载,就会有更深的体会了。楚简书写者虽为民间书手,但有的字形清秀,俨然是当时的书法家,是迄今我们见到的难得一睹的墨宝,至今仍为书法爱好者所珍视与仿效。这也是楚文化生命力的一种表现,是楚文化传流至今仍影响于当世的一种体现。

二　从竹简记载看楚国纪年与历法

考古发现的楚国纪年文献,年代明确,对楚史和先秦文明史研究作用巨大。在此以包山竹简材料为重点,就楚国纪年与历法问题进行专题论述。

包山 2 号楚墓大量的纪年、纪月、纪日的竹简材料,为历年来出土楚系文字和先秦简牍中最多的一次,弥足珍贵[90]。正是有了这批纪年材料,才能有望探明楚国的纪年与历法。

这些纪年材料反映了楚国特有的纪年、纪月方式,其所纪年代究应相当于历史年代上的何年、何月?是年代学研究中必须弄清楚的首要问题。

年代学是古史与考古学研究中的基础工作。建国以来,楚遗址、墓葬与楚器的分期断代都取得了可喜的成果,东周楚墓年代学也已基本建立。由于考古发现文字材料中有不少纪时材料,对楚墓与楚器的年代不仅能较准确地判断其相对年代,而且还能准确地判断一些楚墓与楚器的绝对年代,为楚史、楚文化的年代学树立了准确的标尺,在楚史、楚文化研究中的意义是不言而喻的。

包山楚简提供了最新纪时材料,可以纠正以往年代学研究中的失误,又可以解决楚历之谜。为此,我们将在全面了解这批新材料的基础上,首先研究楚国的纪年法,把其中能据史书确定年代的纪时材料予以论证,而不能确定年代者则需要通过对楚历法的研究方能探明。由于先秦古历法(包括楚历)久已失传,要探明楚历法的本来面目,并非易事。在楚历法研究中引起争论的主要有两个问题:一是楚历月序问题;二是楚历建正(即月建)问题。若不解决这两个问题,历法不明,即使有大量的纪时材料,也不过是一堆死材料。只有首先探明上述两个关键问题,才能对包山2号墓楚简中的纪时材料得出符合客观历史实际的科学结论。

(一) 从出土纪年材料看楚国纪年

包山楚简有七个年份的纪年材料。过去有两个年份以上的纪年材料,仅见于江陵望山1号楚墓和天星观1号楚墓[91]。

楚国的纪年,归纳起来有三种方式和几种不同的方法。

第一种方式是序数纪年法。这是史家使用的传统纪年法,以楚王在位的年次纪年。《史记·楚世家》等史书主要用这种方式。出土楚器中也有这样的例子,如传世和出土的楚王酓章钟、镈,其铭文首记"唯王五十又六祀,返自西阳,楚王酓章作曾侯乙宗彝……",即指楚惠王五十六年(公元前433年)。曾侯乙墓就据此确认其年代为前433年或稍晚若干年[92]。

第二种方式是星岁纪年法。星指岁星,岁指太岁,乃根据天象纪年。如屈原诗句"摄提贞子孟陬兮"(《离骚》),就是星岁纪年的例子,在《左传》中也有这类纪年例子。古今学者据屈原自述出生年月日推算其历史年代,结论各异,原因是人们所依据的资料和采用的推算方法各异,但系指星岁纪年则是一致肯定的。出土文字资料中有一件兼陵公戈铭为"虘(甗)鼎之岁",论者认为"'獻鼎'是岁名"[93],非天象纪年。不过,楚以这种方式纪年的情况极为少见。

第三种方式是以事纪年。这种纪年法最为多见,包山楚简七个纪年材料全用这种方式。按所记事件的内容与性质,可以归纳为以下三类记事方法。

第一类，以他国使者来楚活动之事(聘问或其他活动)纪年。下举10例：

(1) 齐客张果问王于葳郢之岁。

(2) 郙客困刍问王于葳郢之岁。

以上二条见于江陵望山一号楚墓竹简[94]。

(3) 秦客公孙鞅问王于葳郢之岁。

(4) 齐客缰艨问王于葳郢之岁。

以上两条出于江陵天星观一号楚墓[95]。

(5) 齐客陈豫贺王之岁。

(6) □客监固逅楚之岁。

(7) 宋客盛公鷃聘于楚之岁。

(8) 东周之客暜(许)绖归(馈)胙于葳郢之岁(图 10.2-4 之 1)。

以上四条出土于包山 2 号墓。

(9) 燕客藏嘉问王于葳郢之岁[96]。

(10) 秦客王子齐之岁[97]。

以上每条记事材料中均有某客，乃他国之使臣。《周礼·大行人》："大行人掌大宾之礼及大客之仪，以亲诸侯……时聘以结诸侯之好……凡诸侯之邦交，岁相问也，殷相聘也。"又同书《司仪》："凡诸伯子男之臣，以其国之爵等相为客而相礼。"简文中的问即聘问之意[98]。

第二类，以某一次战争或楚军的行动来纪年。下举三例：

(11) 大司马昭阳败晋师于襄陵之岁。

(12) 大司马悼(卓)愲(滑)救郙之岁。

(13) 鲁阳公以楚师后城奠(郑)之岁。

以上三条均见于包山楚简，第十一条首见于鄂君启节铭文[99]，再见于包山楚简，均指同一纪年的年代。

第三类，为不属于以上两类内容的其他以事纪年材料，下举一例：

(14) 越涌君迳其众以归楚之岁[100]。

此外,还有若干纪年性质的材料,如,两件铜戈铭文“陈往之岁”“都(?)寿之岁”[101];湖北江陵望山 2 号楚墓竹简:“□周之岁”[102];湖南长沙仰天湖楚简:“楚考般之年”[103]。这些纪年材料,或过于简略,或有缺字,不便研究,存以待考。

以上所述,楚国纪年的三种方式中,只有第一种方式的序数纪年法,其年代毋须考证。其他两种方式并未指明其历史年代,必须通过各种途径的研究,才可望予以确定。由于第三种方式的纪年材料最多见,且大多出于楚墓,与楚墓的年代学研究直接相关,必须着重予以讨论。

这些纪年材料虽然按所记事件的性质可分为三类不同的内容,但都是以一个事件为此年的代称。正如楚国有独特的月名,这就是楚国独特的年名或岁名。这种年名究应相当于楚国历史上的那一年?过去只有一种途径和方法,就是与史书记载印证,如果某个纪年中的记事同时又见于史书,而史书里是有年代的,那这个以事纪年的年代也就可确定了。用这种方法来确定年代又有两种情况:第一种是可以确知为某个绝对年代;第二种则只能确定一个大致的年代范围,或作为一种推论认定为某年。

以上以事纪年材料中,属于第一种情况的只有一条,即“大司马昭阳败晋师于襄陵之岁”。据《史记·楚世家》:“(楚)怀王……六年,楚使柱国昭阳将兵而攻魏,破之于襄陵,得八邑。”两相印证,这个纪年应就是指楚怀王六年。自从鄂君启节被发现以后,对节铭中的这个纪年材料,学者们便一致肯定其年代为公元前 323 年(楚怀王六年)[104]。

关于这个纪年材料的年代,笔者过去也是这么认识的。但是,在综合研究楚国纪时材料之后,应改订为其下一年,即公元前 322 年。对此,王红星的看法与笔者不谋而合,对此的详细论证参见其文[105],在此不再赘述。

用史书记载考定以事纪年材料的年代,属于第二种情况的有三条材料。

前述以事纪年材料中的第一条："齐客张果问王于葴郢之岁"，简文中的齐客张果为齐国的使臣。据《战国策·齐策》："楚威王战胜于徐州，欲逐婴子于齐，婴子恐。张丑谓楚王曰"，知张丑曾使楚。又有齐臣张丐，清代学者梁玉绳曰："丐，疑即丑。"若此说可信，则张丑即张丐。丐、果上古音相同(丐，月部见纽；果，歌部见纽；韵部对转，双声，故可通)。疑简文中的张果即文献中的张丐亦即张丑。张果使楚在楚威王胜齐之年，为公元前333年，以此事为楚之年名。按上述我们对纪年法的研究，当指其下一年，即公元前332年。此简的年代如可信，出土此简的望山一号楚墓的年代也可推定。该墓出土竹简共有二条纪年材料，一条为公元前332年，另一条紧相连接的可能早于或迟于这一年，即可能为前333年或前331年，因此望山一号墓年代应置于前332或前331年之后。过去据望山一号墓的墓葬形制及随葬器物组合与特征，学术界一致认为应属战国中期；但如更具体一些，说法则不一：有的定在"楚宣王、威王之间"[106]，有的认为其年代"在公元前300年左右"[107]；笔者认为其下限年代"不能晚于公元前300年"[108]。该墓竹简纪年材料为墓主重病时的卜筮祭祷记录，据包山楚简，其墓主昭㐌死年为其卜筮祭祷记录中的最后一年，可见望山一号墓主悼固的死年也可能是其卜筮记录的最后一年或下一年，则其死年与葬年应可确定在公元前332年至330年之间。当然，望山墓中纪年材料中的张果是通过古音研究这个中介环节才得与史书记载里的张丑相联系推定其年代，可靠性如何，还待进一步验证。

前述以事纪年材料中的第三条："秦客公孙鞅问王于葴郢之岁"，公孙鞅即在秦国主持变法，以后封于商的商鞅。笔者曾考定这一纪年材料的年代范围为公元前361至356年之间[109]。

前述以事纪年材料中的第十二条："大司马卓滑救郙之岁"，此纪年材料里的人名卓滑，见于史书记载。但此人曾率楚师救郙一事，则史书无载。因此，很难考定其具体的历史年代[110]。只能据卓滑的活动时间予以估定年代范围，笔者曾论其年代范围在公元前323年至公元前

298年之间[111](据楚历可测定绝对年代,后详)。

以上三条纪年材料,据史书记载,只能大致推定其年代或年代范围,虽然这两种情况的纪年材料不如第一种情况纪年材料的年代那样明确,但是在楚墓年代学研究中的作用也是至关重要的。

除此以外的其他纪年材料,在史书中无以查考。既以事纪年,则其事在当时也是重要事件,正可补史书记载之缺佚。有的纪年材料,对所记之事如何理解,也应辨明。例如前述纪年材料中第10条:"秦客王子齐之岁",论者谓指"考烈王为太子时为质于秦国之事"[112]。把王子齐作为楚考烈王为太子(王子)时之名,这不对。包山楚简中的"宋客盛公鷃峕(聘)于楚之岁",有的简文中简称为"宋公鷃之岁",以此比照,则"秦客王子齐之岁"应是秦客王子齐聘于楚之岁的简称。这样,王子齐就不是楚太子,而是秦国的使臣。此人何时使楚?则不得而知了。

又如前述纪年材料中第14条:"越涌君逄其众以归楚之岁"。论者认为这个越涌君"只是楚国的封君"[113]。这是可以讨论的。楚之封君本在楚境,何须归楚?若以此封君出征而归,按楚以战争纪年之法,应直书某次战事。看来应作另解。史载楚威王大败越国之后,"越以此散,诸族子争立,或为王,或为君,滨于江南海上,服朝于楚"[114]。越涌君可能就是越国这些小君长之一。简文中的"归"为归附之意。这个小君长大概迫于楚之威力或诱降,只得率其部众归附楚国。其年代约在楚威王、怀王间,具体年代则难以确指了。

以上我们讨论了楚国的纪年法与一些纪年材料,并据史书记载确定了几条纪年材料的年代或年代范围。据史书记载不能考定年代的那些纪年材料,有没有别的途径与方法予以考求呢?有的,这就是包山楚简中的纪年材料。这些纪年材料,年月日的纪录俱全,有的一年中的月日记录至多,是楚国历法材料的较详记录。因此,借助于楚历的研究,可以推算出这些纪年材料的历史年代。

(二)从出土纪时材料看楚国历法

包山楚简中的七个纪年材料,在前节已考定了其中一个的年代,其他六个要靠历法推算，为此须先弄清楚在楚国用何种历法。历法中的楚月名、月序如同楚国的特殊纪年名称一样，楚国同样有特殊的月名、月序。楚纪月方式、方法也有三种。第一种为序数纪月。第二种为十二个月的专名，如《尔雅》和长沙楚帛书[115]中的月名，即：取、女、秉、余、敀、虘、仓、臧、玄、阳、姑、荃（以上为长沙帛书月名，与《尔雅》所记在字形、字体上有差异）。这是楚和华夏诸国通用的月名专字。第三种为代月名，这就是楚国特有的月份名称，在文献记载和金文中偶有记载，如《左传》庄公四年和宣公十二年所记"荆尸"，研究者认为即楚国所特有的月名"刑层"[116]。河南信阳楚墓出土编钟铭文中的"屈柰"也是楚国特有的月名[117]。这些楚国特有的月名序列，首先是在云梦睡虎地秦简《日书》中显露其真相。《日书》中有一份《秦楚月名对照表》，楚月名的序列为：

冬夕、屈夕、援夕、刑夷、夏杘、纺月、七月、八月、九月、十月、爨月、献马[118]。

在包山楚简出土以前，这是最完整的十二个月俱全的楚历月序，但在楚历研究中却出现了不同看法：

第一种，以冬夕为首月[119]。序列同前。

第二种，以刑夷为首月[120]。序列为：刑夷、夏杘、纺月、七月、八月、九月、十月、爨月、献马、冬夕、屈夕、援夕。两相对比，仅首月不同，相对顺序则同。

两种看法孰是孰非？过去各持己见，现在有了包山楚简纪时材料就好办了。

包山楚简经过科学地编连，简 162—170 应紧相连接，兹将其中纪年与月份按顺序移录如次：

"东周之客许绲归胙于葳郢之岁，刑层之月……夏层……亯月……夏柰……八月……九月……十月……奐月……"这是包山简文中记录月名最多的一组。包山楚简中的月名还有冬柰、屈柰、远柰。献马这个月名在江陵望山与天星观楚墓中有发现，而在包山楚简中未见。

包山楚简 162—170 所记录的月序从䎛𡱝到𩰫月与云梦睡虎地中这几个月名序列一致，据云梦秦简与包山楚简中的序数月名，置于十月以后的𩰫月显然为十一月。据云梦秦简，十二月之名为献马。这样，在包山楚简中单条出现的冬栾、远栾（见于卜筮记录中东周之客……这一年）和屈栾三个月名，只能置于䎛𡱝月名之前。月序情况如下表（为便于比较，同时列出云梦秦简中楚月名、月序）。

十二个月序	一月	二月	三月	四月	五月	六月	七月	八月	九月	十月	十一月	十二月
包山楚简楚月名	冬栾	屈栾	远栾	䎛𡱝	夏𡱝	亯月	夏栾	八月	九月	十月	𩰫月	缺
云梦秦简楚月名	冬夕	屈夕	援夕	刑夷	夏尿	纺月	七月 夏夕	八月	九月	十月	爨月	献马

上表中之楚特殊月名，在字体上包山简与云梦秦简有的不同，如冬栾与冬夕、亯月与纺月。栾与夕、亯与纺均为通假字；𩰫与爨、𡱝与夷、𡱝与尿、䎛与刑为异体字。七月，包山简写作夏栾，云梦简夏夕与七月同见。在云梦秦简研究中，有的学者将夏夕和夏𡱝作为同一个月名看待[121]，现据包山楚简，显然为两个月名，即夏𡱝为楚历五月，夏栾为楚历七月。这也是有赖于包山楚简才得以纠正云梦秦简研究中的误解。

1995 年公布的江陵九店 56 号楚墓出土的楚国《日书》，有楚国这十二个月的月名，文字形体与包山楚简雷同[122]。

由于有了包山楚简和九店楚简的资料，以楚人自身书写的月序昭告我们，并且又与云梦秦简中的月序相印证，楚历的岁首之月为冬栾，而不是有的学者认为的䎛𡱝。楚历一年的首月与十二个月名序列的本来面目，终于获得解决。

解决了楚历的岁首之月月名和楚月的序列之后，接下来的问题便是月建问题。

楚历月建亦即楚历建正问题。近几年来由于对云梦秦简《日书》中秦楚月名对照表的看法不同，目前关于战国时期楚历月建的看法主要有以下三种意见：

第一种看法，坚持传统的观点，楚用夏正（寅正、人正），以建寅之月为岁首，大体相似于现今之农历（旧历、阴历）。以刟层为岁首之月[123]。

第二种看法，楚用周正（子正），以建子之月为岁首。提出这种看法的人以楚月名屈奈作为岁首之月[124]。

第三种看法，楚用亥正，以建亥之月为岁首，其月序与云梦秦简《日书》秦楚月名对照表相同，以冬柰为岁首之月[125]。

对于以上三种楚历月建（建正）的说法，据笔者对包山楚简的研究，均难成立，现逐一辨析。

关于第一种夏正说。论者囿于成说，以楚用夏正为"既定前提"，便根据秦楚月名对照表，秦历夏正正月相应之月为刟层，乃以刟层为楚历正月，即岁首之月，认为"这样的月序虽然与秦楚月名对照表不同，却是楚历的本来面目"。认为刟层之月入秦后才改属四月，楚历四月入秦后改属七月，有人并加以主观的解释："秦历四月，我们（楚人）要依次看成第七个月"[126]。前述包山楚简的岁首之月与月序证明，楚历的岁首之月为冬柰，刟层为楚历四月，而非正月（岁首之月）。这才是楚历的本来面目。因此，主张楚用夏正以刟层为岁首之月的看法，在包山楚简新材料面前，理所当然地应予否定[127]。

关于第二种周正说。论者主要从月名考虑立说。有的学者根据《史记·历书》所记述的太初元年改历诏书中的一段话："十一月甲子朔旦冬至已詹，其更以七年为太初元年，年名焉逢摄提格，月名毕聚，曰得甲子，夜半朔旦冬至。"认为毕聚（陬）应为周正正月的月名，为屈原诞生之月，"说明屈原诞生时的楚国使用周正"[128]。这种说法连同样也主张楚用周正的学者都不同意，认为陬月"是周殷夏诸历岁首正月的共名"[129]。有的学者据楚月名中有冬、夏二字立说，认为楚月冬柰（夕）与夏层之间的三个月为春，"以四时与月次的搭配看，楚月名中的屈夕，在楚历中才是孟春正月……这样的岁首确定方式，在历法上正是依据了周正”[130]。这种说法忽略了楚月名来源与历史演变的研究，正如有的学者已指出的，楚历这些代月名起源较早，不能作为区别冬、春、夏、秋等季节的依据。况且正如前面已指出的，楚历的本来面目是以冬栾（夕）为岁首之月的，而不是以屈夕为首月。即此一点，已足以证明周正说不可信。

关于第三种亥正说。问题是有没有以建亥之月为正月的历法，秦国虽以建亥之月为岁首，但不称正月，而以夏正的十月为岁首之月（《史记·封禅书》："以冬十月为年首"）。史书记载的历法中只有建子之周正，建丑的殷正，建寅的夏正，未见有建亥的亥正历法。至少从现有材料看，亥正历法是不存在的。主张亥正历法的论者自己也承认："春秋战国时期，除秦国的颛顼历是以夏正十月为岁首外，其他各国用历无论是夏正、周正还是殷正，其月序均是以正月为首"[131]。亥正论者还以《左传》中的几条材料为据，如《左传》昭公八年（公元前534年）"冬十一月壬午，灭陈"，而《春秋》则云"冬十月壬午，楚师灭陈"。同一件事两书所记相差一个月。认为"这正是由于《春秋》所据为鲁史，而鲁用周正；《左传》所据为楚史，而楚用亥正"[132]。但整个《春秋》《左传》两书中仅有几例，无法解释其他大量材料何以不用亥正。对这种只差一个月的记载，已有学者作过研究，辨其中所记有误[133]。因此，楚历亥正说也不可取。

既然以上三种楚历看法均难证成其说，只有另辟蹊径，别立新说，以真正探明楚历建正的本来面目。

我国古代历法至迟在战国早期以后均使用四分历。这是战国时期各诸侯国历法的共同特点。其不同点在于上元积年起算点和月建即建正有异。以冬至所在之月（今农历十一月）为岁首，以建子为年始，这种历法称为周正（天正、子正），以立春所在之月（今农历正月）为岁首，以建寅为年始，称为夏正（寅正、人正）历法。还有以冬至的下一个月（夏正十二月）为岁首，以建丑为年始，称为殷正（地正、丑正）历法。这三种历法就是我国古历中传统的"三正"历法，史有明载。《左传·昭公十七年》:“火出,于夏为三月,于商为四月,于周为五月,夏数得天”。又见《史记·历书》:“夏正以正月,殷正以十二月,周正以十一月。盖三王之正若循环,穷则返本,天下有道,则不失纪序。”既然殷正是“三正”之一,就可以进一步提出,殷正(建丑)历法是否在战国时期实行过?在楚历研究中,至少是近几年来,从未有人提出过楚用殷正(建丑)历法的见解。既然上述夏正、周正、亥正三种看法均难以置信,那么可不可以考虑楚曾用行殷正(建丑)历法呢?笔者在分析以上三种看法中,在研究包山楚简的材料时,得出了战国时期楚历建丑的新见解(关于战国时期以前的楚历建丑问题,在本书第四章已略作讨论),为此,必须较详地予以论证。

第一,首先必须肯定岁首建丑的历法确曾在历史上存在过。早在西周与春秋前期,不少学者认为周王朝和实行周制的鲁国在一段历史时期内用过建丑为岁首的历法。有的论著指出“《春秋》所记鲁国的历日表明,在(鲁)文公、宣公以前,冬至大都在十二月。这就是说,那时的历法是以丑月为正月”[134]。以丑月为正月即是建丑历法。

按照传统的三正论观点,殷商的历法为殷正(建丑历法),但是这种说法,早在唐代就有人怀疑,现代很多研究者不赞成。例如,已故钱宝琮先生认为,所谓夏、商、周三个王朝行用三种不同岁首(子、丑、寅)的历法,应视为“是春秋战国时期不同地域的历日制度,不应看做是三个王朝改变正朔的故事”[135]。春秋战国时期确存在着不同地域、不同国别的历法,如晋国用夏正(寅正)历法;鲁国用周正(建子)历法;宋国用殷正历法。《左传·隐公元年》(前 722 年)传“孔疏”云:“杞、宋不奉周正。”又云:“杞、宋二王后(杞夏王之后、宋殷王之后),各行已祖正朔,宋不行夏,杞不行殷”。近年,陈振中认为历史上存在过夏商周三代更替使用三正的情况,“大量先秦文献记载的东周时期与夏殷西周王朝有关的各后辈诸侯国及其地域所实行‘已祖正朔’的情况,都说明‘三正’之说的可信”。因而不太同意上面提到的钱宝琮先生的看法,进而认为:“换一个考虑问题的角度,追寻这种情况之所以产生的根源,钱先生的论断就反过来恰好证明‘三正说’的存在。”认为“与殷王朝及其部族有关的诸侯国及地域,如宋、郑、楚用殷正”[136]。既然历史上存在过三正历法,春秋战国间各诸侯国实行过不同岁首的历法,楚国在战国时期行用殷正(建丑)历法就有可能。不过,还需要有坚实的依据与佐证材料来予以确证。

第二,最重要的依据之一,是鄂君启节和包山楚简所提供的纪年材料。

鄂君启节纪年材料:“大司马昭阳败晋师于襄陵之岁,夏尿之月,乙亥之日”。其年代为公元前322年楚历五月,日辰为乙亥。

包山楚简中的纪年材料:“大司马昭阳败晋师于襄陵之岁,夏柰之月,庚午之日”,即公元前322年楚历七月,日辰为庚午。

以上两条纪年材料属同一年,而月序日辰不同,是楚人原始记录,无后人改窜之嫌,是检验楚用何历的极可靠材料。

要进行历法检验,必须要有切合历史实际的历谱作工具。我国先秦历谱、历表已有多种,张培瑜的《中国先秦史历表》是近出的一种。书内的《冬至合朔时日表(公元前1500年至公元前105年)》“是目前国内外精度最高的合朔表”[137]。书内编制的《史日朔闰表》,吸收了已往历表的成果,采用中外历法上科学的推算方法,精度也是最高的。“讨论殷周年代、月相、历法可以放心地使用”[138]。因此,我们可以将上述两条纪年材料中的月日干支查对一下此表中的公元前322年一栏,看看楚应用何历才能使这一年的月份内干支日辰入列历谱。下面就是验查的情况:

如果楚用夏正历法,则这一年五月朔为丙申,月内无乙亥之日;七月朔为乙未,月内也无庚午之日。由此可知,这两条纪年材料用夏正历法不能入列历谱,证明楚不用夏正历法。

次看楚是否用周正历。若用周正,则这一年五月朔为丁酉,月内无乙亥之日;七月朔为丙申,月内无庚午之日,同样不能入列历谱,证明楚历不用周正。

再看楚是否用亥正。若用亥正，则这一年五月朔为戊辰，乙亥之日为初八；七月朔丁卯，庚午之日为初四，都可列入历谱。单从这一点看，似乎楚可用亥正历。然前面已指出，以建亥为正月的历法是不存在的。

复次，看楚是否用笔者提出的丑正（殷正）历法，若用丑正，则这一年五月朔为丁卯，乙亥之日为初九；七月朔为乙丑，庚午之日为初六日，都合历谱，由此证明楚用建丑为正的历法。这是笔者在研究包山楚简历法材料时得以提出楚历建丑历法的新见解的惟一可靠依据。

笔者从研究包山楚简历法材料中得出的这一新见解，当时就得到了此墓发掘工作与发掘报告整理工作负责人王红星的赞同，并著文作进一步论证，指出："以冬柰为岁首，冬柰建丑，不仅使包山楚简中的历法材料得到合理解释，而且使包山2号墓的相关材料都能理顺。"例如他在文中论及墓中随葬的时令食物，只有按楚历建丑得出的楚历六月（相当于夏正历五月）为该墓下葬月份，才是恰当的时节，若按其他建正历法，或是早了，或是晚了，都不适合。从而坚信"冬柰建丑，才是楚历月建的本来面目"[139]。

第三，九店楚简《日书》有关内容也提供了楚历建丑的新证据。先将九店日书与云梦秦简日书中一年十二个月起始的建日排列如下[140]。

楚日书：冬柰建於丑，屈柰建於寅、远柰建於卯、刞层建於辰……

秦日书：十二月建丑、正月建寅、二月建卯、三月建辰……

秦行夏正历法（仅年始十月）。两相对照，楚历冬柰相当于夏正十二月，楚历屈柰相当于夏正正月，远柰相当于夏正二月，刞层相当于夏正三月。就是说楚历年首第一个月（冬柰）在夏正历法中是为十二月，这不清楚地表明楚历建丑吗?! 这正是《史记·历书》所说的"夏正以正月，殷正以十二月"。

这是其一。

其二,楚、秦日书中对于"阳日"的吉凶说辞基本一致。但同是阳日,两者的排列顺序则不同。楚日书阳日的十二支排列顺序为始卯终寅,以十二地支对十二月序,卯为楚历第三月,则阳日说辞排在楚历第三位。而秦日书阳日的十二支则是始丑终子,以十二支对秦历十二个月,因秦以十月为年始,秦之阳日也正好为秦历的第三个月[141]。同是阳日,又都是楚、秦历的第三个月。这决不是偶合,正好表明了楚历第一个月相当于夏正十二月(即建丑)。楚、秦日书中的阳日才能都是月序中的第三个月。这是秦以十月为年始,楚以冬栾(相当夏正十二月)为年始的又一证据。

其三,由于那时各诸侯国历法有三正之别,为便于各国交流,便用"辰位"名称来统一。例如十二地支中的寅位,指夏正的正月、殷正的二月、周正的三月,其他类推。这就统一了各诸侯国不同历法的不同月份。故而九店楚简中的"冬栾建於丑",就是夏正的十二月,楚历中的一月。

因此,九店楚简的新材料只能再次证明笔者主张的楚历建丑(相当于夏正十二月)说。而对持楚历建亥、建寅主张者并没有提供新证据。但由于解释的不同,也有认为九店楚简为楚历建亥、建寅说提供了新材料的。例如主张楚历建亥者,以九店 96 号简文中"刞尿朔于营室……"作为"楚用亥正历法的新证据"[142]。果真如此吗?需要指出的是,第一,这条简缺字太多,难以据几个字说解,且仅此一个条文也系孤证。第二,即使"刞尿朔于营室"可靠,也可以作多种解释。一种解释是,也许在楚国历史的早期曾实行过以刞尿为正月的历法,九店日书正是沿习了先前的楚制而写。这正如同秦日书一样,秦的年始是十月,但在日书中并不以十月作为日书排序的第一个月,而是以夏正正月和十一月作为日书排序之始。对此,有学者的看法颇合我意:"即使九店简 96 号所说'荆夷朔于营室'是指荆夷之月立春,也难以由此直接推导出楚历岁首的所在"[143]。

关于楚历以刞尿为岁首的问题。由于新出九店楚简的月序与包山楚简的月序完全相同,前面我已指出:对楚以刞尿为岁首的看法,"在包山楚简新材料面前,理所当然地应予否定"。同样,在九店楚简新材料面前也应予否定。主此说者在谈到九店楚简时也不得不认为“楚人的建除类日书将荆夷排在前列,还不能看做荆夷为楚历岁首的当然证据”[144]。其实,若按楚以冬宗之月为年始之月来排列,楚日书也不应以習层排在前列[145],这才是当时楚日书的本来面目。

以上主要从包山楚简历日资料来论证楚的历法是行用“三正”历中的殷正即建丑为正的历法,九店楚简这一新材料也提供了新证据。至于楚帛书所反映的楚国历法,传统的看法是楚用夏正历法,笔者以为楚帛书所反映的楚历法仍然是我主张的建丑为正的历法。“吾道一以贯之”。在下面论述楚帛书时还将论及。

楚历建丑,这就是结论。

(三) 若干楚简纪时材料的年代

楚国历法已明,则包山楚简中不能据史书记载确定绝对年代的纪年材料就可以依据我们对历谱的推算予以解决了。在此作较详的推算,看看笔者之主张是否经得起各种历日资料的检验,以进一步证成己之新说。

为了便于查验历谱,首先得把包山楚简所见七个纪年材料置于一定的年代范围,笔者曾就七个纪年材料的“大司马昭阳败晋师于襄阳之岁”和“大司马卓滑救郙之岁”,推定其年代范围在公元前 323 年至公元前 298 年之间[146]。有了这样一个年代范围就好办多了,可用这个年代范围内的历谱与简文中的月序日辰验对,看看哪些年代的月序日辰可以入列历谱(即合历)。

先选择月日记录最多而年代又先后紧相连接的两个年份的纪年材料予以验算:

第一个年份是:“东周之客簪绲逅倢于葳郢之戢,冬宗之月,癸丑之日”(简 206)、“远宗之月,癸卯之口”(简 207)。此年習层之月以后的日辰记录很多,现选择按文意相连为一篇,所记月、日又较多的一组简(简 162—170),从中选取一个月中最早与最晚的两个干支日辰为:習层壬申、乙亥、丙寅,八月戊辰、己丑,九月戊戌、癸亥,十月戊寅、己丑,奥月己亥。

第二个年份是:"大司马卓滑救郙之岁"。这一年月日记录不多,予以全录,即:䎷尿之月己卯之日,夏尿之月己亥之日,享月丙戌之日、丁亥之日(以上月日见简 226—250、267、277)。

将以上录两年纪年材料中的月、日干支与历表(《中国先秦史历表》)查对,在公元前 323 年至公元前 298 年年代范围内,分别有两个紧邻的年代可以合历谱。即:

公元前 317 年和 316 年;

公元前 307 年和 306 年。

如果采用公元前 307 年和前 306 年这一个合历年代,则存在以下疑点:

疑点之一,此墓竹简为墓主生前所有,且为死前几年的简册,其纪年应当连续。其纪年简最早的为公元前 322 年,最晚的如定在公元前 306 年,其间则有 16 年无纪年材料,显然,所缺的纪年材料不应有如此之多。

疑点之二,在"东周之客……"的前一年为宋客盛公鸚之岁,如按此合历年代,其年为公元前 308 年,但此年屈奈戊寅之日和䎷尿癸巳、乙未之日不能合历。

疑点之三,与史实难以印证,据《史记》记载,公元前 307 年,秦倾全国的主力攻下韩之大都邑宜阳;接着,秦武王死,在第二年秦不可能伐楚。又据《资治通鉴》,在公元前 306 年,楚与齐、韩合纵,齐、韩也不会伐楚。这样,纪年材料中的大司马卓滑救郙一事失去时代背景,即在这个年代不可能有救郙之事。

既然这一合历年代存在以上三个疑点,就应予以排除,而只存在一个可能,即其年代应为公元前 317 年和公元前 316 年,用这两个合历年代,正好可消除前一种合历年代的疑点。

第一,公元前 322 年至公元前 316 年之间的七条纪年材料相互接续。

第二,宋客盛公鸚之岁、东周之客许绁之岁、大司马卓滑救郙之岁这三个先后连续的纪年材料中的月序日辰均可合历,年代可定。

第三，与史实可以印证。大司马卓滑救郙之事，虽在史书上未见记载，但卓滑其人可考，可据其活动的时代背景作些推论。

公元前 318 年，楚、韩、魏等五国伐秦；公元前 317 年秦伐韩，与齐争长。在这种形势下，秦国伐韩之后，很可能转而伐楚，进攻郙地，楚国乃有大司马卓滑救郙之举。战国纷争，战事繁多，史书缺载，属情理中事，不足为怪。竹简所记，正可补史书之缺。

把以上三条纪年材料的年代据楚历推定之后，再来考定剩下的三个纪年材料就比较容易了。

“□客监匿逅楚之岁”，在简 124、125、129 中简称为“甘匿之岁”，甘、监二字古音相同，可通用，所指为同一年代。简 124、125 之纪年为宋客盛公鷌之岁，在此条简文记事中，追述其前一年“甘匿之岁”所发生的事。由此可知“甘匿之岁”应是宋客盛公鷌之岁的前一年。前面已说明宋客盛公鷌之岁为公元前 318 年，因此，“甘匿之岁”应确定为公元前 319 年。甘匿之岁的月日干支为享月乙卯、丁巳之日。查历表，公元前 319 年丑正六月（即享月）朔日为己酉，乙卯为七日，丁巳为九日，合于历谱。从历法上也证明甘匿之岁为公元前 319 年。

剩下“鲁阳公以楚师后城郑之岁”和“齐客陈豫贺王之岁”两个纪年材料，其年代据竹简内容记事不能考定。这两个纪年材料各有一个月日记录：屈柰之日丁巳之日和八月乙酉之日。经查验历表，在已确定了年代的公元前 320 年的历谱相合。齐客陈豫之岁的八月乙酉与公元前 321 年的历谱符合。因此，公元前 321 年和公元前 320 年就是这两个纪年材料的年代。

根据以上的讨论、验证，包山楚简中七条纪年材料的绝对年代可归纳如下：

公元前 322 年——大司马昭阳败晋师於襄陵之岁。

公元前 321 年——齐客陈豫贺王之岁。

公元前 320 年——鲁阳公以楚师后城郑之岁。

公元前 319 年——□客监匿逅楚之岁。

公元前 318 年——宋客盛公鷃聘於楚之岁。

公元前 317 年——东周之客许緝归胙於蒧郢之岁。

公元前 316 年——大司马卓滑救郙之岁。

由以上纪年材料的考定，则包山二号楚墓的下葬年代也就明确了，即为公元前 316 年。

在一个墓内一次出土能推定历史年代的七条纪年材料，这至少在楚文化考古史上尚属首见。它必将引起史学界与考古界的广泛注目。纪时材料中月日记录之多十分可观，初步统计其中楚月名出现的次数多达 189 次，干支日辰出现的次数多达 362 个，为进一步研究楚历法和相关问题提供了丰富的资料。对于研究其他楚墓的纪年材料也极为有益。例如对江陵望山 1 号楚墓中纪时材料的年代，也可用包山楚简纪时材料的研究成果予以验证。

我们在本文前面论楚国纪年时已从史学考证的角度提出望山 1 号楚墓的年代的看法，利用该墓竹简中纪时材料可作进一步验证。

望山 1 号楚墓竹简中的两个纪时材料：

（一）齐客张果问王於蒧郢之岁，献马之月、乙酉之日。

（二）郙客困刍问王於蒧郢之岁，𩵦层之月癸亥之日、癸未之日；奂月癸丑之日[147]。

第一条纪年材料的年代，前据史事考证可能为前 332 年。这一年楚历献马（12 月）壬戌朔，乙酉为二十四日，合历。

第二条与第一条年代连接。查公元前 331 年历谱，这一年𩵦层（4 月）己未朔，癸亥为五日，癸未为二十五日；奂月（11 月）丙戌朔，癸丑为二十八日，合于历谱。

因此，从历法的角度进一步验证了前节以史事考定的望山 1 号墓纪年材料的年代，对望山一号墓年代的推定也就应是可信的。

用历法来考查年代是年代学研究中的一个重要方面。自然，用现代科学方法拟定的历谱应不容怀疑。但与当时实际行用的历谱是否完全相同，还有待进一步研究。因此，包山楚简和望山楚简中纪年材料年代的考定,还有赖于新材料的进一步验证。

(四) 结论

以上所论,概括之可撮录如下:

1. 从包山楚简的纪时材料论及楚国纪年法,在楚国纪年的三种方式中,出土材料(包括包山楚简)中用以事纪年这种方式为主。对这些纪年材料的年代或年代范围以及纪年材料的解释,一一作了论述。研究了包山楚简中的一条纪年材料——大司马昭阳败晋师于襄陵之岁(同见于鄂君启节),着重指出:事件发生在公元前 323 年,而以此事纪年,其年代应定为公元前 322 年。以往在研究鄂君启节时把这一年代定为公元前 323 年的说法应予纠正。由此对江陵望山 1 号楚墓竹简纪年材料及该墓年代也作了新的论定。

2. 从包山楚简中年月日俱全且多的纪时材料论及楚国的历法。为了用历法考查这些纪时材料的年代,首先必须解决楚国历法的月序、首月和建正(月建)问题,乃以包山楚简的纪时材料为据,对前已存在的楚历建寅、建子、建亥三种说法作了辨析,提出了不同于上述三种楚历看法的新见解——楚历建丑。这是一个重要的结论。

3. 对包山楚简纪年材料的年代,用楚历逐一查验这些纪时材料中的月序日辰干支,从而确定了这些纪年材料的具体历史年代(绝对年代),肯定了包山 2 号楚墓的下葬年代。

第三节 楚帛书、玺印文字

本节重点论述楚帛书,次及玺印文字和其他质料楚文物上的少量文字。

一 楚帛书

长沙楚帛书是迄今已发现的先秦时代惟一的一篇缣帛文字资料,

久已闻名于世。这件中外瞩目的瑰宝，不仅有无与伦比的文物价值，而且有极其珍贵的历史与艺术价值。先就其发现、流传、研究情况作简要回顾，然后就其性质及相关问题略作讨论。

（一）楚帛书的发现与流传

帛书系1942年9月盗掘出土，其地点与出土情况说法不一，经核实，应为长沙市东南郊的子弹库。帛书于墓中出土时，“八折，放在一个竹匣中。匣长约二十三厘米，宽约十三厘米，匣面盖有一方‘土黄色’面有红色‘印花’的绸子，再上放着一条‘三脚龙’，匣之一边有黑色的冥币泥版一堆，无文字。这堆东西放置在南北向的‘头箱’中。‘边箱’在棺之右，有漆盘一，漆耳杯四，皆木胎；铜剑一柄，盛以木椟，另铜戈一，圆身木俑二十四个；陶质鼎、敦、壶各一（陶器及泥版皆未取出）。”[148]所云竹匣应即竹笥。蔡季襄《晚周缯书考证》有这件竹笥和漆盘、铜剑（有玉饰漆鞘）的绘图[149]。

帛书所出的这座木椁墓，1973年由湖南省博物馆对其进行了科学清理，这是经当时帛书掘出者任全生等认定的。此墓编号为73长子M1，形制为一带斜坡墓道的长方形竖穴墓，方向115°；墓口长3.8米、宽2.72米，坑深7.42米。葬具为一椁二棺，有头箱、边箱各一，棺内骨架尚存，经鉴定为40岁左右的男子。随葬物主要出于头箱和边箱，因曾被盗掘，器物残存不全，最重要的新发现是在椁盖板下面的隔板上出土了一件已驰名中外的人物御龙帛画。陶器有鼎3、敦2、壶2、匜1、勺1，竹木漆器有木梳、木戈、漆角状器、竹席等，还有玉璧、丝麻织物等。据墓葬形制与出土文物推断，为战国中晚期之交的典型楚墓[150]。通过这一发掘，使楚帛书的出土情况有了可靠的科学依据。

帛书出土后几经易手，各种说法多有出入，有的一时很难定论。但可以肯定的是，出土后不久为蔡季襄所得，大约在抗日战争胜利后不久被美国人柯克斯骗至美国，在美国也几经易主，现归萨克勒所得，存放于华盛顿沙可乐博物馆。

（二）研究概况

1944 年蔡季襄撰著的《晚周缯书考证》一书石印出版，首次公布了楚帛书资料，遂引起中外学者的广泛关注与研究。迄今为止有关它的论著总计已超过 60 种，帛书文字的摹本有 13 种之多。依据摹本的来源可分为三类，其研究也可分为三个阶段：自 1944 年至 1954 年前后为第一阶段，各种摹本及其研究都直接或间接来源于《晚周缯书考证》刊出的蔡氏临写本。第二阶段自 1954 年至 1966 年以前，蔡氏摹本被更为清晰的美国弗利尔美术馆的全色照片摹本所代替，研究工作亦得以大进一步。第三阶段自 1966 年至现在。由于 1966 年纽约大都会博物馆红外线照片问世，据此所作摹本最具权威，李零认为，饶宗颐的摹本"最为存真，是目前所见的最好摹本"[151]。在此阶段，据红外线照片与摹本的研究也最富成果。代表性的专著有：巴纳《楚帛书译注》，1973 年出版。饶宗颐、曾宪通《楚帛书》，1985 年中华书局香港分局出版；李零《长沙子弹库战国楚帛书研究》，中华书局 1985 年出版。代表性的论文有：高明《楚缯书研究》（《古文字研究》第 12 辑），何琳仪《长沙帛书通释》与《校补》（《江汉考古》1986 年第 1、2 期）。李学勤《长沙楚帛书通论》（《楚文化研究论集》第一集，荆楚书社，1987 年出版）及另外几篇文章[152]。曾宪通在 1985 年著文认为："综观四十年来楚帛书研究的成绩，不难发现，在衮衮诸公中，以饶宗颐、商承祚、巴纳三位先生用力最勤，而李学勤、饶宗颐两先生建树尤多"[153]。

除以上学者的研究成果外，海内外研究者先后还有蒋玄怡、陈槃、郭沫若、梅原末治、董作宾、郑德坤、商承祚、林巳奈夫、李棪、严一萍、金祥恒、陈邦怀、陈梦家等，他们在楚帛书研究中均亦作出了许多贡献。

1992 年是楚帛书出土五十周年，有关纪念性论文和新的研究论著继续推动着对这一帛书的不断探索[154]。

（三）帛书的性质及其意义

关于楚帛书的性质与对其内容的研究密切相关，先后出现过多种说法，如文告说、巫术品说、月令说、历书历忌说、阴阳家说、天官书说、天文学著作说等等,限于篇幅,这里恕不一一介绍、评论[155]。笔者综合比较诸多之说,认为李学勤之说较为可信。他认为:“帛书三篇各为起迄,但其思想特点是一致的。《四时篇》论历日四时的推步,《天象》篇讲历日有失而致的灾异,《月忌》篇则记各月的避忌,其性质显然属于阴阳数术”;“阴阳家与数术常密不可分,《艺文志》说‘数术者,皆明堂羲和史卜之职也’,即透露了其间消息。班固列举数术家,……大概说来,偏于理论的在《志》列入阴阳家,专供实用的则列入《数术略》。楚帛书《四时》、《天象》应归前者,《月忌》则近于后者”[156]。

1996年发表的《楚帛书中的星岁纪年和岁星占》一文[157],在饶宗颐、李学勤等学者研究的基础上,对帛书的内容结构与性质作了进一步的探讨。此文重点研究了帛书乙篇,认为乙篇的内容是一种在原始星岁纪年法背景下产生的早期岁星占,表明在楚地曾出现过一种以岁星为中心的天文、历法、占星体系,对岁星纪年历法的缺陷所带来的历法混乱,采用神话、宗教的方式加以解释。它是后代岁星占的雏形。在帛书的结构中,乙篇是一个枢纽,在它的星岁纪年法和岁星占的联系下,将甲篇的宇宙结构,乙篇的天文历法、丙篇的历日选择有机地连成一个整体。

关于帛书在学术文化史上的意义,论者亦多,各有侧重,现据李学勤等学者的研究,主要应强调指出以下两点:

第一,这是已发现的最早的关于阴阳数术书的佚籍,在《汉书·艺文志》中所录先秦至汉代的阴阳数术古籍数量很多(近于全志著录书籍总数的三分之一),但绝大部分都佚失了,近年发现的秦至汉初简帛文字,包含不少重要的数术书,但其年代都没有楚帛书早,而且仅限于数术本身,没有理论的内容,而楚帛书甲乙篇恰好有关于理论的内容,如五行论和天人感应思想,有对自然规律性的认识,有楚人自身的神话传说,叙述宇宙起源的传说,均自成体系,蕴含着当时的宇宙观等哲学思想和天文学知识。因此,楚帛书是目前所知最早而内容又最重要的阴阳数术类的佚籍。

第二,由楚帛书所反映的阴阳家思想,结合文献对比研究,可以看出当时阴阳家说有两北两个系统。北以齐学邹衍的阴阳家学说为代表，推崇黄帝。而楚帛书则不称黄帝，而以追溯伏牺、炎帝，为楚学特色。殆至秦兼并列国后，齐人奏上邹衍五德终始之说，为秦始皇采用。以后，楚国阴阳家的理论则渐归湮没，仅在数术范围内流传下来。近人撰著学术思想史，在论阴阳家时只能证引邹衍学说的片段，而通过对楚帛书的研究，为认识阴阳家的南北两地不同特点，全面评价阴阳家学说开拓了新境界。因此，楚帛书的研究，对重新评价先秦学术文化思想，特别是楚国学术文化的发展水平及其特色有着十分珍贵的科学价值，今后仍将为学术界所极为重视，作更进一步的深入研究。

(四) 楚帛书所反映的楚历法问题

关于楚帛书所反映的楚历法中的建正即月建问题，以往几乎众口一辞地肯定为使用建寅为正的夏正。在近年关于楚历法的研究中，又出现了楚国使用的两种历法的说法，这都值得再研究，特在此添一“蛇足”，供学界讨论。

为便于讨论楚帛书的历法，先应就所谓楚国行用两种历法的观点进行分析。由于屈原赋中的诗句反映的春夏秋冬四季物候，与夏正历相符，因之，主楚用亥正、周正、殷正历法者，多认为楚行用两种历法，例如主亥正历者认为：“由于国家历法以夏正十月为正月，与农业生产无益，所以楚国民间仍普遍使用夏正历法……楚国官方和民间使用不同的历法”[158]。赞同殷正(丑正)历者中也有人认为“长沙楚帛书和屈原提供的是楚用寅正夏历……可证丑正历为官方用历。寅正历之四时划分利于农事，或为民间用历”[159]。笔者在论证自己提出的楚历建丑的新见解时[160]，回避了对两种历法问题的讨论。因那时主要目的在于要解决荆门包山二号楚墓竹简所反映的楚国用历问题。现在看来，已有必要对所谓同时使用两种历法说表示一下自己的看法。

首先，关于战国时期的历法，尽管有所谓黄帝历、夏历、殷历、周历、鲁历、颛顼历等多种名目不同的历法，但正如历法史研究家们所一致肯定的，其实质仍是一种——四分历，只是由于对上元积年的推算不同，岁首之月的排列不同，才有以上诸历的名目。某个诸侯国也可能前后使用的历法不同，如魏国由使用周正变为使用夏正历法，但可以肯定的是，在某一个时期范围内只可能使用一种历法，而不可能并行两种历法，如秦用颛顼历，实为夏正，不过是改以十月为岁首罢了。可见不会同时使用两套历谱。因此，如果楚国在战国时的用历，确如笔者论证的使用丑正（殷正）历法，就只能是楚国无论官方、民间都使用这一种历法——即以夏正十二月为岁首之月的四分历。

其次，谈谈历法与季节的关系。历法是关于年月日的记时制度，在战国时期行用阴阳合历，四分历就是阴阳合历的历法，它要兼顾太阳、月亮的运行；而季节则依据太阳一年内运行的变化，二分、二至和二十四个节气就是这样产生的。战国时期二十四个节气的天象、物候恰与夏正历相合，殷正历（即以夏正十二月为首月）虽建正不同，但二十四节气与四季划分也与夏正历同，不注意这一点，就会认为一个国家行用两种历法。因此，说屈原诗句中的季节、物候反映的是楚国行用夏正历，这种说法是不确切的。据屈原诗句并不能证明楚国行用夏正历，而只能说这些诗句只是反映了当时已普及于官方、民间的二十四节气风俗。虽然在秦汉以后至今成为夏正历（农历）的组成部分，但在战国时期却不能用作使用何种历法的依据。

有了以上认识，可进而讨论一下楚帛书中历法的建正问题。

楚帛书文字分为甲、乙、丙三个部分，第三部分即两篇为《月忌》，所记为十二月名和各月宜忌。学者们已指出十二月名与《尔雅》一书所载十二月名相符（仅字体有出入）。《尔雅》曰："正月为陬"，楚帛书写作"取"，为同音字。楚帛书的"取"月正好位于四季搭配中的寅次，多被认定楚帛书乃用夏正历。对此，笔者不敢苟同。其理由如次：

第一，楚帛书文字只有取至荃的十二月名，并未记出月序之数字，正文中也只有一、二、三、四、五月的月序，并未言明正月为何月？因之，它一年中的顺序既可以是始取终荃，也可以是始荃终姑，即可以是夏正正月到十二月，也可以是夏正十二月到十一月。后者就是丑正历法。

第二，楚帛书有昜（阳）月，按《尔雅》"十月为阳"，据此，则楚帛书的昜月也可以认为是指夏正十月。而《礼记·月令》则曰:“仲冬之月……命之曰畅月”(《吕氏春秋》同),畅月即阳月,是为仲冬十一月。如按姑荎终姑之顺序,正好为十一月,与《月令》之说同,但比夏正十月晚了一个月,应为殷正(丑正)。此乃楚帛书行丑正殷历之又一证据。

第三,楚帛书以姑(辜)月最为良月。按“古之奇数之月为忌,偶数之月为良月”[161]。饶宗颐定楚帛书行夏正历,乃曰“楚帛书以十一月为良月,谅必持之有故”[162]。现在看来,这个“持之有故”之谜的谜底正在于它不是夏正历,而是丑正殷历,以十二月为岁首,则姑(辜)月不是十一月而是十二月,为偶数之月,乃得为良月也。这又是楚帛书用丑正历的内证之一。

第四,楚岁星纪年之太岁名,比之实为夏历的颛顼历之岁名早了一年[163]。这也可证楚必不用夏正历,而以它的上一年十二月为岁首,故岁名也差了一年,这是楚帛书用丑正历之一的有力外证。

综以上四项,可证楚帛书之历法建正,非如一般已认定的夏正说,而应为笔者已论证的殷正(建丑)说。

以上是对这件完整的楚帛书的一次综合论述。为便于读者进一步研究,在此综合多家考释成果,将释文移录于下,并附帛书乙篇摹本(图 10.3-1)。

楚帛书释文*

甲　篇

曰故(古) [有?] 龕(熊) 雹戏(伏牺),出自□霆,处于爵(雷?)

* 释文中使用符号如下:( )内为今字,[ ]内为补字,□内为缺字,▨内为残字。为便于印刷,释文中尽量多采用今通行字、简体字。有的古今字、异体字、通假字,如前已注明,则在后径以今字写出。

图 10.3-1　楚帛书乙篇摹本

尺(泽?)。厥田渔渔,☒☒☒女。梦梦墨墨,亡章弼弼。畐(鄙)每(晦)水汚,风雨是於(谒)。乃取(娶)且退(徙)☒子之子,曰女螶(娲),是生子四。☒☒是襄,而𢦏是格。参化法逃,为禹为卨(契),以司域襄(壤),咎而肯适(逞),乃上下朕传,山陵不序。乃命山川四晦(海),☒热气寒气,以为其序,以涉山陵,瀧汩凼澫。未有日月,四神相弋(代)。乃步以为岁,是惟四寺(时)。

倀(长)曰青𣜩(干),二曰朱四单,三曰翏(?)黄难,四月☒墨桿。千又百岁,日月夋生。九州不坪(平),山陵備(崩)𡻕(弛),四神☒作,☒至于复,天旁动,𢦔斁之。青木、赤木、黄木、白木、墨木之精。炎帝乃命祝融,以四神降,奠三天,☒☒思敄(保),奠四极,曰非九天则大𡻕,则毋敢𣪠(冒)天灵。帝夋(俊)乃为日月之行。

共攻(工)夸(冢,读为踵)步十日、四时,☒☒☒神则闰,四☒毋思(息)。百神风雨,辰禕(纬)乱作。乃逆(迎)日月,以传相☒思(息)。又(有)宵又(有)朝,又(有)昼又(有)[夕]。

乙　篇

隹(惟)□□,四月则绖(盈)绌(屈),不得其当。春、夏、秋、冬,□有☒尚(常)。日月星辰,乱逆其行。绖绌逆[乱],卉木无常。[上下]□实(妖),天地作(祥)。天棓将作𣶬(蕩),降于其□方。山陵其发,有渊其溻(汩),是谓李岁,李岁八月,内(入)月七日、八日,有電雹雨土,不得其参职。天雨喜喜(諿諿),是逆月,闰之勿行。一月、二月、三月,是谓逆终。无奉,□□其邦。四月、五月,是谓乱纪,无尿(砅),□□其岁。西国有吝,如日月既乱,乃有毁至。东国有吝,□□乃兵,𥂖(害)于其王。□

凡岁德匿,如日亥(?)为邦所,五妖之行,卉木民人,以风四浅之常。☒☒上妖,三时是行。唯悳(德)匿之岁,三时☒☒,系之以素降。是月以娄,曆为之正。惟十又二辰(岁?),惟李德匿。出自黄渊,土身无翼(翼),出入□同,作其下凶。日月皆乱,星辰不同(?),日月既乱,岁季乃☒。时雨进[退],无有常恒。恭民未智,曆以为则。毋童(动)群民,以

□三亘(恒)。发四兴毁,以乱天常。群神五正,四□尧羊(祥)。建恒襡(属)民,五正(政)乃明,其神是享。是谓德匿,群神乃惪(陟)。帝曰:繇,□之哉!毋弗或敬。惟天作福,神则各(格)之。惟天作妖,神则惠之。□敬(儆)惟備,天像(象)是则。成(诚)惟天□,下民之祇(式),敬之毋弋(忒)。

民勿用□□百神,山川澫(漫)浴(谷),不钦□行。民祀不牆(庄),帝将繇(由)以(已),乱逆(?)之行。民则有敦,无有相𧒒(扰),不见陵□,是侧毁至。民人弗智,岁则无绡。祭祀则返,民少有□,土事勿从,凶。

丙　篇

取,于下。

曰取;巳*则至。不可以□杀。壬子、丙子凶、作□北征,衔(帅)有咎。武□□其𣪠。

女,杙(?)武。

曰女(如):可以出师、筑邑;不可以豦(嫁)女,取(娶)臣妾。不火得,不戚。

秉,司春。

[曰][秉]:□□□□□□妻,畜生(牲)分女□□。

余,取女

曰余:不可以作大事。少(小)旱其□□龙其□取女为邦莽(墓)。

欱,出睹。

曰欱䳭(鸢)率□得,以匿不见。月才(在)□□,不可以享祀,凶。娶□□为臣妾。

䖒,司夏。

曰䖒:不可出师,水师不复;其败其复,至于其大国,不可以享。

---

* 不少学者曾释为乙即㐅,意即为玄鸟。似应改释为"巳",读为"犯"(参阅李学勤《再论帛书十二神》一文)或"范"(何琳仪《长沙帛书通释》一文)。

仓,莫得。

曰仓:不可以川☐,大不训(顺)于邦,有枭,入于上下。

臧(臧),族(?)☐。

曰臧:不可以筑室,不可以[出]师。脨不复,其邦有大乱。娶女凶。

玄,司秋。

曰玄:可以筑[室]。吁☐□☐遂(?),乃咎(?)。

昜(阳),☐義。

曰阳:不燬事,可以折。敓(捨)哉不义,于四☐。

姑,分长。

曰姑:利归伐,可以攻城,可以聚众、会诸侯,型(刑)百事,殄(戮)不义。

荃,司冬。

曰[荃]:……馭(叙),不可以攻……。

(五)新公布的楚帛书残片

以上是早已流出国外的这件帛书的发现与研究简况。1992 年新公布了一些帛书残片,乃商承祚先生珍藏了半个世纪之后的首次公布[164]。这些帛书残片是与上述完整帛书同时出土的,属于另外的几种帛书。李学勤认为"子弹库所出竹笥里帛书的原数最少有 4 件,只是大体完整的仅有 1 件罢了"[165]。

这些楚帛书残片,包括原件和照片、摹本的材料,大小共 14 片。其中有朱丝栏的 7 片,有乌丝栏的 6 片;另有 1 小片,只见一"午"字,没有栏线(图 10.3－2)。共有 56 个字,其中有的字已漫漶不清。据商先生之子商志 云,所存帛书实物现仅见到 1 片,其余 13 片只见到黑白照片和摹本[166]。这现存的 1 片是其中最大的一片,最长处 4.6 厘米,最宽处2.7厘米,上有墨书 14 字,用朱栏界为 3 行。文字多数清晰,个别字笔画淡漫(图 10.3－2),共有 17 字,释文:

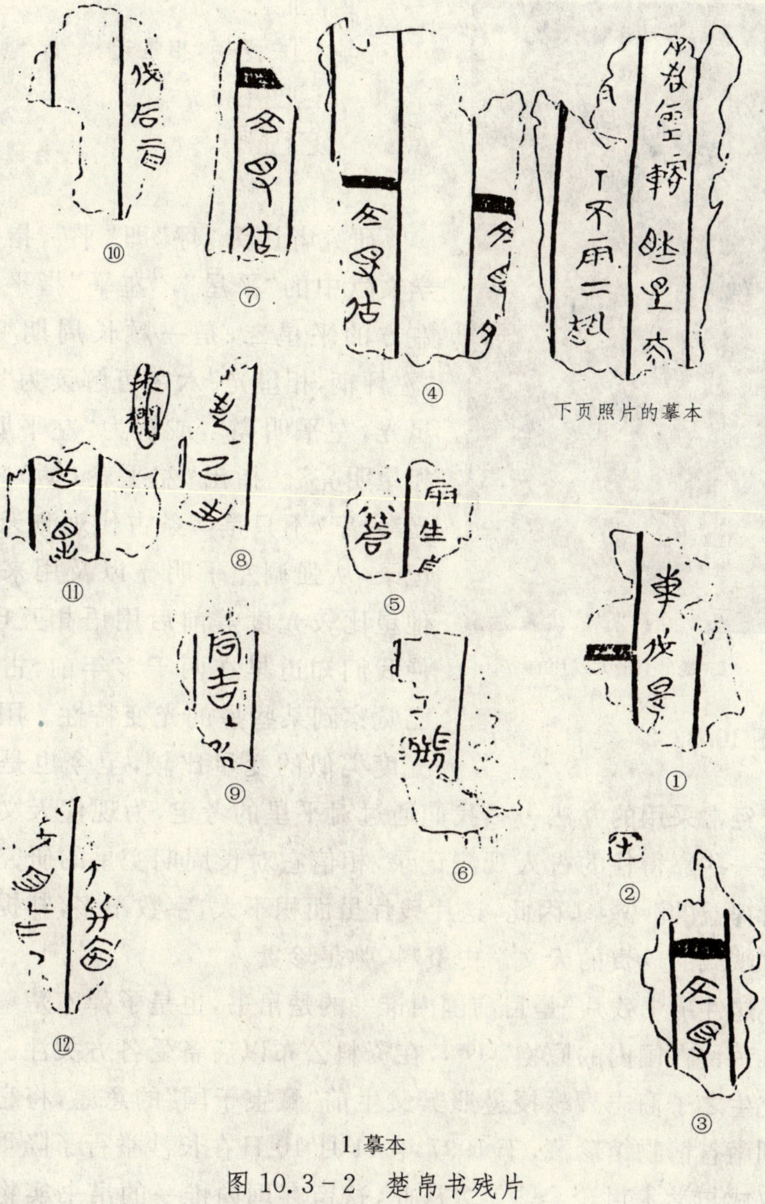

1. 摹本

图 10.3－2　楚帛书残片

释文：

① 东伐是　② □　③ 文得　④ 文得居　文得居　⑤ 雨生□　葬　⑥ □
⑦ 文得居　⑧ □已出　⑨ 同吉□　⑩ 伐后□　⑪ 步□　⑫ 兵□　戈自□

□□
□左坪辆，相星光。
□□不雨。二□
□□[167]。

2. 楚帛书最大残片的放大照片

图 10.3－2　楚帛书残片

研究者认为“坪”即“平”，指天文学文献中的“平星”，“左平”指平星一左方的平星二，是一颗长周期变星。“左坪辆，相星光”六字可解读为“观测星光，左平明亮”，或解为“左平明亮、相星明亮”。指出“左平辆（炳），相星光”六字“不只是一条古代观测天象的记录，从强调左平明亮以及用来和其他星比较光度等前后用语相互印证，使我们知道早在两千多年前，古人早已觉察到某些星的光变特性。用邻近光度类似的变星比较，至今也是天文学家经常采用的办法……我们通过对平星的考定，为现代天文学家提供一些靠得住的古人观测记录，相信它对长周期变星的研究是会有所裨益的”[168]。因此，这片残片虽面积不大，字数不多，却提供了史书缺载的珍贵的天文学史资料，弥足珍贵。

这件帛书残片“是目前国内惟一的楚帛书，也是子弹库楚墓帛书中惟一留在国内的原物”[169]，在资料公布以后备受各方关注。商承祚先生之子商志馥教授遵照其父生前“藏宝于国”的意愿，将它捐赠给湖南省博物馆珍藏，于 1997 年 11 月 10 日在长沙举行了隆重的捐赠仪式与学术讨论会[170]。从此，这留存国内惟一的帛书实物回到了它出土的故地，回到了“家”，将在湖南省博物馆新建的陈列大楼内展出。

二 楚玺及其他楚文字

以上重点论述了楚金文、竹简和帛书文字。其他质料的楚系文字，则以楚玺文字资料较为丰富，研究成果也颇为可观。

对楚玺的研究，从上世纪 50 年代末以来，已多有专题论述，例如《战国题铭概述》、《战国官玺的国别及有关问题》、《楚国官玺考释》、《论楚玺及其他》等多篇论文[171]。古文字与玺印的专著内也多有专论，例如《东周与秦代文明》、《战国文字通论》、《玺印鉴赏》、《古玺通论》[172]。这些论著或详或略地对楚玺的起源、年代、鉴定、内容分类、文字考释与特点、楚玺功能等方面作了探讨，胜意如云，在此不烦详述。

传世与考古发现的楚玺，都是战国时代的。年代更早的楚玺至今尚未发现。楚玺按其文字内涵，可分为五类：官玺、私名玺、吉语玺、箴言玺及肖形玺。

楚玺的质料及形制，同列国古玺一样，还没有形成秦汉以后那样严格的制度。其质料大多为铜质，也有极少量的玉、骨、琉璃等材质的。楚玺的钮形一般多作鼻钮（或称坛钮），只有极少数的为柱形。楚官玺的钮座一般没有燕玺那样的小台阶，其坡形钮座直接与玺台相连，但没有三晋的那样陡峭。玺面形态，一般多为正方形，少数呈圆形、长方形和三角形。面文以白文为多，朱文少，适与三晋多朱文、少白文形成鲜明对比。玺面周围有边栏，少数方形玺面的文字有十字界格，例如“中织室玺”（图 10.3-3 之 2）；个别的为直线界格。还有两种形制特殊的楚玺，其一为双合玺，如湖南出土的“大厩”二字玺[173]（图 10.3-3 之 3）；其半圆柱钮的剖面有榫头两个、卯眼一个，以便合拢使用。其二为三合玺，如长沙出土的“郏陵钚”三合玺[174]（图 10.3-3 之 4）；钮和圆形字面均由扇面状的三个部分合成。包山楚简中，有关于“叁玺”的文字，所指就是这种三合玺。它使用时，需三块契合才有效，兼有合符的作用。这类契合玺现只在楚玺中发现，也许这也是楚地所特有的玺印[175]。

楚玺总数量当在 200 方以上[176]，湖南省博物馆所藏楚玺有 19

图 10.3－3　楚玺

方，资料已公布[177]。

楚玺的文字风格与字形最具地方特色。论者云“其风格均结体散逸，有一种自由舒展、神清气逸的精神风貌浸润其中”[178]。“其字形线条流畅，结体散逸，秀而不媚，颇有毛笔书写之意味”[179]。“笔画圆转灵动，秀雅劲拔，自有其特殊的艺术魅力”[180]。

玺面文字与金文、简帛文字一样，楚风至显。例如：玺文“金”字旁大多作“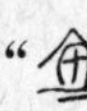”、“”、“”等形状，最具个性，不同于它国，其他如“竹”字偏旁作“”、“中”字作“”、“职”字作“”、“室”字作“”“”……等，都是楚玺印特有的写法，不胜枚举。

楚玺主要为传世品和墓葬所出，遗址内所出可谓凤毛麟角，上世纪70年代在纪南城三十号宫殿建筑遗址内出土一小方铜玺，边长0.9厘米，只一个字：“鍯”，弥足珍贵[181]（图10.3－3之1）。

烙印在木、漆等物上的文字，称之为烙印文字，已发现多处。其中江陵望山2号楚墓两方烙印文字，对第一方烙印存在几种不同的考释意见，似以裘锡圭所考为“既正(征)于王”四字较为中綮[182]；第二方烙印为“昭竽”二字(图 10.3－4)。

楚玺人名、官名、地名至多，包山楚简中的人名、地名、官名也非常多，两相对比研究，可以新释出楚玺中的旧所不识或误释的字[183]。

这里还可介绍一方最新楚玺，在1995 年发掘的江苏苏州真山 D_I 号战国晚期墓内，出土一方铜玺，面文为白文铸款四字“上相邦玺”。这个“上相邦”是谁？据《史记·春申君列传》记载：楚“考烈王元年，以黄歇为相，封为春申君……春申君因城故吴墟，以自为都邑”。张守节《正义》：“墟音虚，今苏州也。”可知战国晚期苏州地带属于春申君黄歇的封邑。曹锦炎著文认定这个“上相邦”就是春申君黄歇，此玺是他的官玺，出此印的墓葬应该就是他的墓，即真山 D_I 号墓的墓主[184](此注内加有校补)。

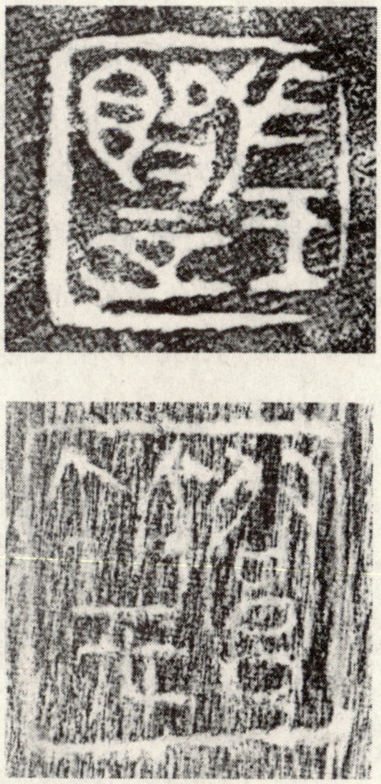

图 10.3－4　木椁烙印文字

楚系其他类文字，还有陶、石、木、漆等质料上的文字，重要者如楚系曾侯乙墓出土两件漆木箱盖上的漆书文字[185]。一件漆书一个大“斗”字，四周有漆书二十八星宿名称和四象图形(同见图 4.4－1)；可与文献相互印证，但多与文献所载字形有异，有的是异体字，有的是通假字。在所书“亢”宿之下还有“甲寅三日”四个字。这是我国目前发现的记有二十八宿全部星名的最早文字记录；它绘写于一件漆木衣箱盖上，表明这在当时应是流传较广的普及性天文知识，它的产生、形成当大大早于这个时期，至少表明在公元前 5 世纪以前，二十八星宿作为一个天文认识体系已在荆楚大地上出现。“证明我国 28 宿体系确是产生于自己国土之上”[186]。

另一件漆书文字 20 字，饶宗颐教授首作考释，也是与天象有关的记载[187]。

石器上文字重要者有楚系曾侯乙墓出土乐器——32 件石编磬上的 708 个文字，或刻书，或墨书，记其音律，可与青铜编钟上的音律铭文相互对应，亦为珍贵的音乐史资料[188]。

木器上文字，例如在长沙楚墓出土木俑襟书“智钕”、“盬(苦)亡”。1988 年在楚郢都纪南故城附近楚墓出土木剑上有“遗周羽”三字[189]。1980 年在江陵楚墓出土木俑上有用朱砂书写的 6 个文字[190](图 10.3-5)。

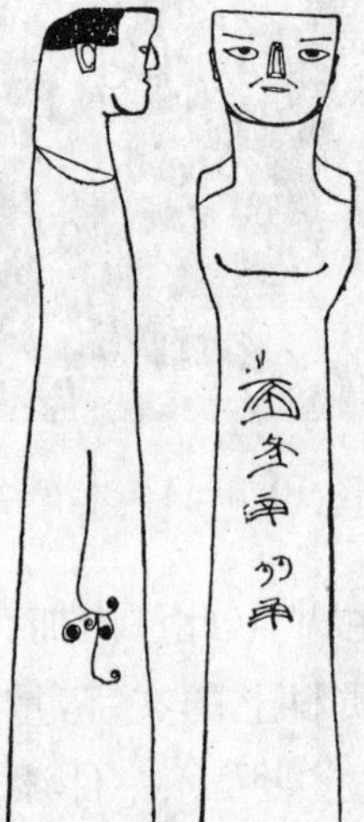

图 10.3-5 木俑文字

图 10.3-6 陶器文字

陶器上文字的发现罕见，远不如齐、秦等地之多。新发现的如纪南城内一陶豆柄部有三个陶文“郌公秅”[191](图 10.3-6)。

总之，楚系文字如同楚文物一样，新发现层出不穷，随着楚文字的不断新发现，楚文字资料的陆续整理公布，“必将推动楚文化研究跃上一个新台阶，出现又一个新的高潮”[192]，推而广之，也许能推动先秦文明史研究进入一个新阶段，获得新的突破性进展。

注 释：

[1] 拙著由湖北教育出版社 1995 年出版(1996 年第 2 次印刷)。本章所谈楚系东周时期铜器铭文分为一至七期的绝对年代范围，请参阅拙著《楚系青铜器研究》一书中第 37—55 页(在本书第六章中也有引述)。

[2][3] 同[1]，见第 379 页。

[4] 例如《三代吉金文存》著录的 1 件郢侯戈铭文，应属楚金文。

[5] 例如卑命钟铭文中的"竞坪王"，在新出土楚简资料中指楚平王。此钟"竞平王"也应指楚平王，其年代应改定为东周第四期。

[6] 自拙著于 1991 年交稿之后，近几年来新见楚系金文已多至数十件，但有的仅为笔者目睹，有的为友人告知，为遵守考古界不抢先发资料的惯例，对这些未发表的金文资料恕不述及。以下所述，有的为未发表的楚金文资料，已征得有关单位与个人同意。**校补：**2003 年我编撰《楚系金文汇编》(湖北教育出版社待出版)。2003 年我撰《楚系金文研究的新进展与相关问题》一文，收入《楚文化研究论集》第六集，湖北教育出版社 2005 年版。

[7] 山西省考古研究所、北京大学考古学系：《天马——曲村遗址北赵晋侯墓地第四次发掘》，《文物》1994 年第 8 期。**校补：**报道 8 件，其中 6 件为楚公逆钟。

[8] 释文参考以下二文。李学勤：《试论楚公逆编钟》，《文物》1995 年第 2 期。黄锡全、于炳文：《山西晋侯墓地所出楚公逆钟铭文新释》，《考古》1995 年第 2 期(编钟铭文摹本见此期)。裘锡圭先生给笔者来信，亦有所指教。

[9] 参阅[8]之二文。

[10] 例如《楚国经济史》(湖北教育出版社 1995 年版，第 106 页)认为"终西周之世楚族一直未能完全脱离原始的氏族社会形态"。

[11] 见[8]李学勤文。

[12] 巴纳：《楚艺术的起源与性质》(英文)。

[13] 刘节：《楚器图辞》，这里转引此语，应稍作说明。刘节此语本意是指国外来的影响，我在此则指国内其他区域文化对楚文化的影响。

[14] 这是裘锡圭先生给笔者来信提到的他的看法。

[15] 高至喜：《论商周铜镈》，《湖南考古辑刊》第 3 集，岳麓书社 1980 年版，第

214页。

[16] 见[8]李学勤文。

[17] 拙著《楚系青铜器研究》第289页，略有介绍与引述。

[18][28] 河南省文物研究所等：《淅川和尚岭春秋楚墓的发掘》，《华夏考古》1992年第3期。又见曹桂岑：《河南淅川和尚岭、徐家岭楚墓发掘记》，《文物天地》1992年第6期。

[19] 张昌平：《襄阳县新发现一件铜盏》，《江汉考古》1993年第3期。

[20]《中国文物报》1994年12月25日发有此墓之消息，铎铭文见董全生、张晓军《从金文羕、鄴看古代的养国》，《中原文物》1996年第3期。新见有《桐柏月河1号春秋墓发掘简报》，刊《中原文物》1997年第4期，公布了图像与文字拓片。

[21] 笔者之论证请参阅拙著《楚系青铜器研究》第101—104页。

[22] 见注[20]董、张之文。鄴子伯受与鄴伯受为同一个人，器之年代均为春秋中期(楚系铜器第三期)。

[23] 铭文拓片发表于拙文《楚金文和竹简的新发现与研究》，载《于省吾教授百年诞辰纪念文集》，吉林大学出版社1996年版。该文释文误姜为義，特在此更正。文内未对申王之孙论说，故在此补论。**校补**：《考古》1998年第4期刊发了《湖北郧县肖家河春秋楚墓》，第43、45页公布图形与拓片。

[24] 张政烺：《矢王簋盖跋》，载《古文字研究》第十三辑，中华书局1986年版。

[25] 刘彬徽等：《包山2号楚墓简牍释文与考释》，载《包山楚墓》，文物出版社1991年，其中简246："祷荆(楚)王自酓绎以庚(李零释为就)武王"(第368页)。由此知楚王族对其先祖一律称王，而西周楚公豪、楚公逆钟则自称为公。

[26] 刘昌银：《钟祥出土的邓子盘》，《江汉考古》1993年第4期。

[27] 黄锡全：《湖北出土两件铜戈跋》，《江汉考古》1993年第4期。

[29] 香港翰墨轩出版有限公司1994年版。

[30] 赵世纲：《郑子受钟与鄂国史迹》，《江汉考古》1995年第1期。

[31] 求实：《河南淅川和尚岭楚墓年代刍议》，《中国文物报》1992年10月18日。

[32] 拙作《从包山楚简纪时材料论楚国纪年与楚历》，载《包山楚墓》，文物出版社1991年，第533—547页。

[33] 陈振中：《夏商周时代的农时与农历》，《古今农业》1996年第4期。

[34] 张培瑜：《中国先秦史历表》，齐鲁书社1987年版。

[35] 李学勤：《海外访古记》，《文物天地》1993年第2期。李零：《化子瑚与淅川

楚墓》,《文物天地》1993 年第 6 期。

[36] 笔者于 1992 年在河南淅川参加湘鄂豫皖楚文化研究会第 6 次年会时,在为会议准备的临时展览中看到有郏子昃器。**校补:** 发掘报告已出版(出处见附录新增书目),公布了铭文。

[37][38] 同见注[18]曹桂岑文,铭文承曹桂岑提供。

[39] 徐正国:《湖北枣阳市博物馆收藏的几件青铜器》,《文物》1994 年第 4 期。

[40] 湖北省文物考古研究所:《江陵九店东周墓》,科学出版社 1995 年,第 227—228 页。

[41] 湖南省文物考古研究所等:《湖南沅陵木马岭战国墓发掘简报》,《考古》1994 年第 8 期。

[42] 郭伟民:《沅陵楚墓新近出土铭文砝码小释》,《考古》1994 年第 8 期。

[43] 拙作《楚金币小议》,载《钱币研究文选》,中国财政经济出版社 1989 年版。

[44] 此承友人告知。但"鄴"字笔画不太清晰,是否为"鄴"字,还有待于验证实物才能定论。

[45] 王振华等合著,台北"国立"博物院出版,1996 年。

[46] 见注[45]内黄盛璋《古越阁藏商周青铜兵器》一文。

[47] 湖北枝江出有春秋早期塞公孙器,塞字的写法有异,时代也不同,是否为同一地名? 值得讨论。对塞公孙器的国属,拙著《楚系青铜器研究》有讨论,请参阅。

[48] 张光裕收藏有一青铜戈,铭文为"武陵之王戈",乃战国楚器。铭文格式与塞之王戈、鄴之王戈相同,可见这类兵器铭文尚多。张氏曾以新见 36 件兵器铭文为题在 1996 年吉林大学召开的古文字会议上宣示过,此件亦列其中。笔者有幸在 1997 年于香港召开的第三届国际古文字学研讨会期间得以亲见此件实物。

[49] 周晓陆、纪达凯:《江苏连云港市出土襄城楚境尹戈续考》,《考古》1995 年第 1 期。**校补:**《考古》1998 年第 3 期刊发黄盛璋论文,认为铭文中的"楚"字应改为"公","襄城公"为楚封君。

[50] 此前对于楚简的发现与研究已有文作综述,可参阅米如田《战国楚简的发现与研究》,《江汉考古》1988 年第 3 期。李运富:《楚国简帛文字资料综述》,《江汉考古》1995 年第 4 期;《楚国简帛文字研究概观》,《江汉考古》1996 年第 3 期。后出的李运富文章所统计的楚简资料限于 1993 年以前的发现,且此前的材料也掌握不全面,故在此所作统计表资料较为齐全(统计下限时间为 1996 年),较为准确,乃近年的最新统计表。

上海博物馆从香港收购的楚简，可能也出自江陵、荆门地带的楚墓，有人推测可能出自保存很好的战国时期女尸墓内（该墓编号为荆门郭家岗 1 号楚墓）。上海博物馆展出了其中的 8 枚竹简，并公布释文，其小标题：(1) 武王践阼，(2) 孔子闲居，(3) 周易（展出豫、大畜二卦），(4) 季桓子，(5) 缁衣。**校补**：已出版三册，见马承源主编：《上海博物馆藏战国楚竹书》(一)、(二)、(三)，上海古籍出版社 2001—2003 年版。

校补：郭店楚简已公布，文物出版社 1998 年出版了《荆门郭店楚简》一书。参阅李零著《郭店楚简校读记》（北京大学出版社 2002 年版）等书。

[51] 包山楚墓的发掘报告与竹简释文、考释是同步完成的，这在楚墓发掘报告的整理编写史上是创记录的。包山楚简的释文分工写出，由我通稿。七个纪年楚简资料由我编连完成。在初步完成由我写的一部分考释之后，1989 年调湖南省工作。释文考释的定稿由湖北的作者彭浩等完成。

[52] 陈伟所著《包山楚简初探》，武汉大学出版社 1996 年版。这是学术界第一部对包山楚简全面研究的专著。书内附有近百篇关于包山楚简研究的论文与有关参考资料。包山楚简整理小组编的字表（附录于《包山楚墓》一书，并收入单独出版发行的《包山楚简》一书内）。之后已见有三种文字编：(1) 张光裕、袁国华等《包山楚简文字编》、台北艺文印书馆 1992 年。(2) 张守中《包山楚简文字编》，文物出版社 1996 年版。(3) 滕壬生《楚系简帛文字编》，湖北教育出版社 1995 年版，书内收入了包山楚简文字。

[53] 1997 年 10 月在香港召开的第三届国际中国古文字学研讨会的论文，内有研究包山楚简的论文多篇，仍为讨论会的热门话题。论文集由香港中文大学出版发行（1997 年 10 月版）。

[54] 在 1988 年于长春召开的中国古文字学会第七次年会上，我提交了论文《包山楚简论述》，考释竹简中的“嫿酓”就是“鬻熊”。此文编入《古文字研究》第 20 辑，中华书局 2000 年版。

[55] 李学勤：《论包山简中一楚先祖名》，《文物》1988 年第 8 期。

[56] 在写作到此之时，《望山楚简》和《望山楚墓发掘报告》二书均未出版，因我是这一发掘报告整理执笔者之一，我手头有他们关于此墓竹简考释的未定稿（本文内的编号是原编号）。写此注释时已见到此二书出版，知均已据包山简予以改定。

[57] 释文主要据《包山楚简》一书，并参考陈伟《包山楚简初探》一书，该书吸收了包山楚简文字考释研究的最新成果。此条并以下各条的释文均酌情取舍之。此条之“典”所指为政府登记名籍的簿册。𢼸典可能指附属于私家的人口名册。《战国策·楚策四》“汗明见春申君”章提到春申君“为汗明先生著客籍”。“𢼸典”可能与这类客籍

类似。**校注**：刘钊改释“絮”为“溺”字，可信。

[58] 益阳公，《包简》作衰阳公，当以释益阳公为是，就是今湖南的益阳市。简文中还有长沙地名，指今长沙市，证湖南不少地名历史悠久。原释“孛”字应改释“李”字。

[59] 中阳为地名，又见于楚青铜鼎铭文。“阩门又败”，有多种考释意见，此不赘述。

[60] 谍字有多种考释，当以胡平生释为業读为“验”为是，见其论文《说包山楚简的“谍”》，出处见[53]之论文集。

[61] 此简反映了楚国的土地制度、继承制度，请参阅李学勤：《包山楚简中的土地买卖》，《中国文物报》1992 年 3 月 22 日。

[62][63] 以黄金糴种，不见于文献记载，为重要的经济史研究材料。

[64] 湖南省文物考古研究所等：《湖南慈利石板村战国墓》，《考古学报》1995 年第2 期。

[65] 李学勤：《论新出简帛与学术研究》，《传统文化与现代化》1993 年第 1 期。该资料整理者之一湖南省文物考古研究所张春龙在省考古学会年会上介绍说内容有《国语・吴语》的部分内容。

[66] 刘祖信：《荆门楚墓的惊人发现》，《文物天地》1995 年第 6 期。

[67] 刘祖信：《荆门地区楚文化的重大发现》，参加首届长江文化暨楚文化国际学术讨论会论文。

又见湖北省荆门市博物馆《荆门郭店 1 号楚墓》，《文物》1997 年第 7 期。此简报提到关于《老子》的“简文是不同于已知《老子》各种传本的另一种尚未见过的传本”。“另一部分简文与今本《礼记》的某些篇章相似……语句次序与今本《礼记》有较大差异……证明《礼记》某些篇章的成书年代不会晚于战国时期，真实性也是可靠的”。

[68] 中山大学古文字研究室《谈信阳长台关出土的竹书》，《文物》1976 年第 6 期。信阳楚简释文与文字照片在《信阳楚墓》一书发表。

[69] 李学勤：《论新出简帛与学术研究》，《传统文化与现代化》1993 年第 1 期。

[70] 杨启乾：《常德市德山夕阳坡 2 号楚墓竹简初探》，载《楚史与楚文化研究》，《求索》增刊 1987 年。**校补**：参拙作《常德夕阳坡楚简考释》，收入本人论文集《早期文明与楚文化研究》，岳麓书社 2001 年版。

[71] 简文中的“就”字，原释为“庚”，此字最早见于鄂君启节，一直未得确解。近李零撰文改释为“就”字，至确。见其论文《古文字杂识》，载《于省吾教授百年诞辰纪念文集》，吉林大学出版社 1996 年版。

[72][73] 张政烺：《试释周初青铜器铭文中的易卦》，《考古学报》1980 年第 4 期。

[74] 许道胜：《包山 2 号楚墓竹简卦画初探》，《楚文化研究论集》第 4 集，河南人民出版社 1994 年版。

[75]《左传·桓公十一年》"卜以决疑，不疑何卜"。

[76] 陈松长：《帛书〈阴阳五行〉与秦简〈日书〉》，《简帛研究》第二辑，法律出版社 1996 年版，第 140 页。

[77] 刘乐贤：《九店楚简日书研究》，《华学》第 2 期。

[78] 湖北省文物考古研究所：《江陵九店东周墓》，科学出版社 1995 年版，第 506—511 页。

[79] 见[77]；又有刘信芳：《九店楚简日书与秦简日书比较研究》，陈松长：《九店楚简释谈札记》，两文均载《第三届国际中国古文字学研讨会论文集》，香港中文大学出版，1997 年 10 月(该书研讨楚文字的有关论文也多有结合此新资料的)。李家浩等著《九店楚简》，于 2000 年由中华书局出版。

[80] 刘信芳：《秦简中的楚国〈日书〉试析》，《文博》1992 年第 4 期。

[81] 见[79]的两篇文章，又见陈伟《新发表楚简资料所见的记时制度》，出处同[79]。

[82][83] 参见林剑鸣《秦汉史》，上海人民出版社 1989 年版，第 57—59 页。认为"秦代奴隶的数量是有限的……不能得出秦代仍是'奴隶制社会'的结论"。

[84]《周礼·质人》："掌城市之货贿、人民、牛马、兵器、珍异。"郑注"人民，奴婢也"。郑注解为奴婢是对的，有的文章把"人民"看成为奴隶，不妥。

[85] 李学勤：《云梦秦简〈日书〉与楚、秦社会》，《江汉考古》1985 年第 4 期。

[86] 史树青：《长沙仰天湖出土楚简研究》，上海群联出版社 1955 年版。饶宗颐：《战国楚简笺证》，《金匮论古综合刊》第一期，《选堂集林》之一，徐亮之编辑，陈仁涛出版，香港亚洲石印局 1955 年版。

[87] 见拙著《楚系青铜器研究》第 112—114 页。

[88] 拙文《论东周青铜缶》，《考古》1994 年第 10 期。《包山楚简》谓"迅，读作酌"，不妥。

[89] 箕，朱德熙《古文字论集》内对此字有考释。中华书局 1995 年版，第 69—71 页。

[90] 见《包山楚墓》附录一的竹简释文。以下所论，已发表过我的论文：《从包山楚简纪时材料论及楚国纪年与楚历》，载《包山楚墓》一书，文物出版社 1991 年版。校

补： 写入本书的楚历问题，在原来论文的基础上补充了新的论据，更坚定了我提出新见解的信心。并参见该书附录二〇《包山简、牍所反映的楚国历法问题》。

[91]《望山楚简》、《江陵望山沙塚楚墓》，文物出版社 1995、1996 年出版。荆州地区博物馆：《江陵天星观 1 号楚墓》，《考古学报》1982 年第 1 期。

[92] 湖北省博物馆：《曾侯乙墓》，文物出版社 1989 年版。

[93] 李零：《楚国铜器铭文编年汇释》，《古文字研究》第十三辑，中华书局 1986 年版。**校补：** 据新的研究成果，前二字应释为"膚賔"，非岁名。

[94] 同[91]前书。

[95] 第 3 条见[91]之文，第 4 条见于《古文字资料中所见楚国同各诸侯国的关系》一文，载《湖北省考古学会论文选集》，武汉大学学报社会科学论丛 1987 年。

[96] 周世荣：《楚邦客铜量铭文试释》，《江汉考古》1987 年第 2 期。李零：《楚燕客铜量铭文补释》，《江汉考古》1988 年第 4 期。此从李说。

[97][112] 殷涤非：《寿县楚器中的大贸镐》，《文物》1980 年第 8 期。

[98] 简文中"问"之字体为"闻"之古体，闻、问通用。

[99] 殷涤非、罗长铭：《寿县出土的鄂君启金节》，《文物参考资料》1958 年第 4 期。

[100][113] 杨启乾：《常德市德山夕阳坡 2 号楚墓竹简初探》，《楚史与楚文化研究》，《求索增刊》1987 年。本人于 1998 年秋写有考释文章，收入本人学术文集《早期文明与楚文化研究》一书(出处见征引书目补)。

[101] 陈往戟铭文著录见于省吾：《商周金文录遗》。都(?)寿之岁铭文见《考古》1995 年第 1 期所载《江苏连云港市出土襄城楚境戬读考》一文。此种纪年铭文应如包山楚简有的纪年材料省字之例，理解为某客陈往和某客都(?)寿聘于楚之岁。"都"字为原报道者所定，从所发表的拓片看，笔画不清，我疑非"都"字，而是某个从邑的某人之姓。

[102] 朱德熙、裘锡圭、李家浩：《望山 1、2 号楚墓竹简考释》，载《江陵望山沙塚楚墓》，文物出版社 1996 年版。

[103] 郭若愚：《长沙仰天湖战国竹简文字的摹写和考释》，《上海博物馆集刊》第三辑。上海古籍出版社 1986 年版。

[104] 论述鄂君启节的学者甚多，参见《楚文化考古大事记》第 31 页，文物出版社 1984 年版。

[105] 王红星：《包山简牍所反映的楚国历法问题》，载《包山楚墓》，文物出版社

1991年版,521—532页。

[106] 李学勤定为楚宣王、威王间。见其所著《东周与秦代文明》第128页,文物出版社1984年版。

[107] 郭德维定公元前300年左右,见其论文《江陵楚墓论述》,载《考古学报》1982年第2期。

[108] 刘彬徽:《楚国青铜礼器初步研究》,《中国考古学会第四次年会论文集》,文物出版社1985年版。

[109][111][146] 刘彬徽:《楚国纪年法简论》,《江汉考古》1988年第2期。

[110] 此前考其年代有二说:一说见上注,笔者曾推测其年代为公元前301年或300年。另一说见徐少华:《包山2号墓的年代及有关问题》,认定为公元前303年。根据本文所论,以上两种年代都不确。

[114]《史记·越王勾践世家》。

[115] 对长沙帛书有多种考释,见《楚文化考古大事记》一书。此据曾宪通:《楚月名初探》,《古文字研究》第五辑,中华书局1981年版。

[116][119] 于豪亮:《秦简〈日书〉记时记月诸问题》,《于豪亮学术文存》,中华书局1985年版。

[117] 朱德熙:《䂇篙屈柰解》,《方言》1979年4期。

[118] 云梦秦墓整理小组:《云梦睡虎地秦墓》,文物出版社1980年版。

[120] 同[115]《楚月名初探》一文。又见何幼琦《论楚国之历》,《江汉论坛》1985年第10期。又见张闻玉:《云梦秦简日书初探》,《江汉论坛》1987年第4期。

[121] 饶宗颐:《秦简日书中"夕"(柰)字含义的商榷》,《中国语言学报》第1期。

[122] 湖北省文物考古研究所:《江陵九店东周墓》,文物出版社1996年版,第506—511页。

[123] 同[120]的三篇文章。又新见陈伟:《包山楚简初探》,武汉大学出版社1996年版,第1—9页。

[124][130] 潘啸龙:《从"秦楚月名对照表"看屈原的生辰用历》,《江汉论坛》1988年第2期。

[125][132] 王胜利:《关于楚国历法的建正问题》,《文物》1990年第3期。

[126] 前段引文见[115]《楚月名初探》一文。后段引文见[120]《云梦秦简日书初探》一文。

[127] 1996年出版的陈伟著《包山楚简新探》,仍"断定楚历䂇层为岁首,似乎证实

了楚用夏正的说法”。他在书中承认楚历从冬柰到献马的月序，按他的逻辑，则楚月序的四月（䎞尿）为岁首。以楚月序之四月为岁首，闻所未闻。大概作者也觉得是个问题，故行文中用了“似乎”二字。

[128] 陈久金：《屈原生年考》，《社会科学战线》1980 年第 2 期。

[129] 同注[124]、[125]。还可补充的是，陬月又见于长沙楚帛书，因此，可以认为：陬月是夏殷周楚诸历岁首正月的共名。

[131] 见[125]之文。这里应强调的是某历的第一个月称正月，才叫某正历法，秦历的第一个月是夏正的十月，并不称正月。因此，秦历只能叫建亥（建亥为年首）历法，而不可叫亥正历法。楚简中虽未见正月之称（只称冬柰），在楚国铜器铭文中则有正月（如楚王酓忎鼎铭中就有）之称。

[133] 见[120]《论楚国之历》一文。

[134] 陈遵妫：《中国古代天文学简史》，上海人民出版社 1956 年版。

[135] 钱宝琮：《春秋到明末的历法改革》，《历法研究》1960 年第 3 期。

[136] 以上三处引文见陈振中：《夏商周时代的农时与农历》，《古今农业》1996 年第4 期。

[137] 引自冯时《殷历岁首研究》一文，载《考古学报》1990 年第 1 期。冯文对殷历岁首的看法不在此讨论。但在此要说明的一点是，张培瑜先生此书内的“战国朔闰表”有七栏，究应选用哪一栏来验查呢？也可以考虑查第四栏的殷历栏，但我们考虑主要是要看楚之冬柰（楚历第一个月）是否相当于夏正的十二月。为稳妥起见，我们采用此表的第一栏即实历栏（其实这七个栏内的月朔干支只有一天之差，已有文论及可用借半日法校正）。

[138] 张培瑜：《中国先秦史历表》一书“前言”。齐鲁书社 1987 年版。

[139] 王红星：《包山简牍所反映的楚国历法问题》，载《包山楚墓》，出处同[90]。

[140] 所录楚日书简号为 22 上、23 上、24 上、13 上。

所录秦日书简号为 754 上、743 上、744 上、745 上。

[141] 楚阳日见九店简 26 号：卯……寅，是谓阳日，百事顺成，邦君得年，小夫四成，以为上下之祷祠……

秦阳日见秦简 732 号：寅……子，阳日百事顺成，邦郡得年，小夫四成，以祭上下群神飨之……

楚年始丑，至卯为第三个月。秦年始亥、至寅也为第三个月。

[142] 武家璧：《楚用亥正历法的新证据》，《中国文物报》1996 年 4 月 21 日。

[143] 陈伟:《新发表楚简资料所见的纪时制度》,出处同[79]第一本书第 604 页。

[144] 同[143],出处同[79]第一本书第 608 页。

[145] 云梦秦简日书的十二个月以十二支表示,有两种方式,一种始于十一月(冬至月)建子,另一种始于正月(立春月)建寅,因当时各国虽然岁首不同,但均为四分历,冬至月与立春月都是相同的。推测各诸侯国日书的十二个月与十二支的排列应均如此。如果楚日书采取始子的方式,则应始于献马之月(楚十二月、于夏正为十一月即冬至月),依次为冬柰之月(丑)、屈柰之月(寅)……如果采取始于寅的方式,则应始于屈柰之月,依次为远柰之月(卯)、翻杘之月(辰)……这两种排序方式,翻杘均不在首列,这也更加表明楚历的岁首、年始均不是翻杘(严格地说,岁首与年首还有区别,岁首是回归年概念,年始是阴阳历月序第一个月的概念,这涉及到历法的许多问题,不在此论)。

[147] 望山一号楚墓竹简纪时材料中月日干支较多,但因竹简残断较甚,难以拼接复原。这里只取确实属于这两条纪年材料的月序日辰。不能判断属哪一年的月日记录,则舍置不录。

[148] 商承祚:《战国楚帛书述略》,《文物》1964 年第 9 期。

[149] 蔡季襄:《晚周缯书考证》,此书于 1944 年石印本,台湾艺文印书馆 1972 年有影印本。

[150] 湖南省博物馆:《长沙子弹库战国木椁墓》,《文物》1974 年第 2 期。

[151] 李零:《长沙子弹库战国楚帛书研究》,中华书局 1985 年版。

[152] 如李学勤:《论楚帛书中的天象》、《再论帛书十二神》刊《湖南考古集刊》第 1 和 4 集。

[153] 此文载饶宗颐、曾宪通:《楚帛书》一书内(中华书局香港分局 1985 年出版)。曾氏在《选堂先生与荆楚文化研究》一文(载《华学》第二辑)中进一步归纳了饶宗颐先生对楚帛书研究的贡献。

[154] 例如李零:《楚帛书的再认识》,载《中国文化》第 10 期。此文作者 1993 年 1—5 月应邀赴美作短期研究,写成这一专题报告,对帛书流美经过,对帛书的种类、形制、图像、文字等诸多重要问题,"做了综合研究,纠正了一些误解,提出了不少自己的看法"(见此文[内容提要])。拙作《楚帛书出土五十周年纪论》和院文清《楚帛书与中国创世纪神话》。此两文均为纪念帛书出土五十周年而作,载《楚文化研究论集》第四集,河南人民出版社 1994 年出版。又如 1996 年出版的《华学》第二辑(中山大学出版社)刊有刘信芳《楚帛书论纲》,该文云:"追求生存空间的拓展,追求生存时间的延展,

这两个命题合在一起，便是楚帛书的宇宙观，这当然也是中国最原始然而又是最基本的宇宙观。”

[155] 可参阅饶宗颐、曾宪通《楚帛书》一书第 198—203 页。

[156] 李学勤：《长沙楚帛书通论》，《楚文化研究论集》第 1 集第 19—20 页，荆楚书社 1987 年版。

[157] 郑刚撰作，载《简帛研究》第二辑，法律出版社 1996 年版。

[158] 王胜利：《春秋中期至战国末期的楚历》载《楚文化志》，湖北人民出版社 1988 年版，第 299—302 页。

[159] 王红星：《包山楚简所反映的楚国历法问题》，载《包山楚墓》，文物出版社 1991 年版，第 531 页。

[160] 拙作：《从包山楚简纪时材料论及楚国纪年与楚历》，载《包山楚墓》一书。在本书此章第二节之二论述楚国纪年与历法，是以此文为基础，并补充新的材料与见解，对己说作进一步论证。

[161] 见顾炎武：《日知录》，转引自相伯峻《春秋左传注》，中华书局 1980 年版，第 202 页。

[162] 饶宗颐：《楚帛书之内涵及其性质试说》，载《楚帛书》，中华书局香港分局 1985 年版。

[163] 拙作：《马王堆汉墓帛书〈五星占〉研究》，马王堆汉墓研究国际学术讨论会(1992 年)论文。

[164][169] 商志馥：《记商承祚教授藏长沙子弹库楚国残帛书》，《文物》1992 年第 11 期。

[165] 李学勤：《试论长沙子弹库楚帛书残片》，《文物》1992 年第 11 期。

[166] 参阅李零：《楚帛书的再认识》，《中国文化》第 10 期。

[167] 释文参考以下三篇论文：a. 饶宗颐：《长沙子弹库残帛文字小记》；b. 见[165]；c. 伊世同、何琳仪：《平星考——楚帛书残片与长周期变星》，《文物》1994 年第 6 期。

[168] 见[167]伊世同、何琳仪之论文。又参阅何琳仪《战国文字通论(订补)》第 166 页。

[170] 得知商承祚之子中山大学商志馥教授有捐赠意向之后，在李学勤教授与湖南省博物馆领导促成下，于此日在长沙举行了隆重的捐赠仪式，由商志馥先生亲手将此件交给了湖南省博物馆馆长之手。参加捐赠仪式的有中国社会科学

院历史研究所、中华书局、中山大学、南京大学和上海博物馆、江西省博物馆、广东省博物馆、深圳市博物馆、珠海市博物馆等单位的学者、领导，并举行了学术研讨会，电视台、报纸均发了消息，一致赞扬商承祚先生及其家属爱国、爱文物的无私奉献精神。

[171] 李学勤：《战国题铭概述》，《文物》1959年第7期。叶其峰：《战国官玺的国别及有关问题》，载《故宫博物院院刊》1981年3月。赵超：《楚国官玺考释》，载《文物研究》第2期。罗运环：《论楚玺及其他》，《江汉考古》1994年第4期。其他单独考释古玺文字的论文甚多，不再列举。

[172] 李学勤：《东周与秦代文明》第二十五章玺印。何琳仪：《战国文字通论》第142—143页。陈松长：《玺印鉴赏》，漓江出版社1993年版。曹锦炎：《古玺通论》，上海书画出版社1995年版。曹书对1949—1990年期间的古玺研究成果作了扼要的回顾与评论，其中关于楚玺研究成果的介绍甚多，对楚官玺列有专章论述，并据包山楚简等新出土文字材料考释出了楚玺中的一些不识字，值得肯定。

[173] 李正光等：《长沙沙湖桥一带古墓发掘报告》，《考古学报》1957年第4期。改释为愿，为李家浩所释。

[174]《湖南省文物图录》，湖南人民出版社1964年版。李家浩读为"菱郏"，即菱夫，是楚国晚期的一个地名，《战国策·秦策三》有此地名的记载。见其论文《楚国官印考释(四篇)》，《江汉考古》1994年第2期。

[175] 罗福颐主编《古玺汇编》，文物出版社1981年版。参见吴振武：《〈古玺汇编〉释文订补及分类修订》，载《古文字学论集》，香港中文大学出版社1983年版。

[176] 罗运环引述汤余惠的统计有160方(注[171]罗之文章)。加上新见、新出的应已超200方。

[177] 湖南省博物馆编：《湖南省博物馆藏古玺印集》(高至喜、陈松长编)，上海书店1991年版。

[178] 见[172]陈松长之书第69页。

[179] 见[172]曹锦炎之书第77—78页。

[180] 见[177]书内前言。

[181] 玺印形小，在遗址发掘中稍不留意，便会渗和在泥土中丢掉。我作为主持者之一，在发掘现场要求参加发掘的人员细心观察，用竹签剔取出土的小件遗物。能在70年代("文化大革命"期间)那种"考古大会战"中发现如此细小之物，殊为难能可贵。此字原释右边之"�"为"信"的异体，现据新见楚简资料，"悬"即"仁"字。

[182] 裘锡圭：《战国文字释读二则》，《于省吾教授百年诞辰纪念文集》，吉林大学出版社 1996 年版。

[183] 例如："士尹之玺"，"士"作"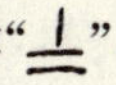"，旧释"上"；包山楚简有"王士""冶士"（152、80 号简）"士"写作"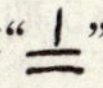"，故可以释为"士"。

[184] 曹锦炎：《上相邦玺考》，《中国文物报》1995 年 12 月 27 日。补记：《故宫博物院院刊》1998 年第 2 期刊发王人聪论文，认为印文笔画缺损，"对印文所作复原是不可信据的"。因此，他认为不能释为"上相邦玺"四字。**校补**：a. 刘和惠《春申君墓之谜》，载《文物研究》第 11 辑，黄山书社 1998 年 10 月。b. 李学勤《"梪"字与真山楚官玺》（见《中国古代文明研究》第 187—189 页，华东师范大学出版社 2005 年版）一文认为应改释为"上梪（柱）邦（国）"，古籍记载，楚有上柱国，可相互印证。

[185] 湖北省博物馆：《曾侯乙墓》，文物出版社 1989 年版。

[186] 同[185]第 475 页。

[187] 饶宗颐：《曾侯乙墓匫器漆书文字初释》，《古文字研究》第 10 辑，中华书局 1983 年版。**校补**：新出漆器文字中较重要的是，2000 年 9 月在湖北荆门五里铺镇左塚 3 号楚墓出土的漆梮，在漆梮图形中写有 182 个（可能残失 1 字，则应为 183）文字，论者认为"左塚漆梮有可能是属式盘一类的占具"，"也有可能是一类可以行棋占测的博局，或称式局"（刘国胜、黄凤春：《记荆门楚塚楚墓漆梮》，载《第四届国际中国古文字学研讨会论文集》，香港中文大学中文系出版发行，2003 年）。

[188] 同[185]之书的附录二。

[189] 江陵县博物馆：《江陵枣林铺楚墓发掘简报》，《江汉考古》1995 年第 1 期。

[190] 湖北省博物馆江陵工作站：《江陵溪峨山楚墓》，《考古》1984 年第 6 期，文字多不识，可考者有 4 字，请参阅黄锡全：《湖北出土商周文字辑证》第 171 页。

[191] 胡文春：《江陵纪南城遗址内出土"郢公"陶豆》，《江汉考古》1993 年第 1 期。

[192] 拙作《楚文字资料的新发现与研究》，《湖南省博物馆四十周年纪念论文集》，湖南教育出版社 1996 年版。

以下编号为本章表八楚系竹简统计表内的著录号：

[193]《湖北江陵藤店一号墓发掘简报》，《文物》1973 年第 9 期。

[194] 见第六章注[29]。

[195]《长沙发掘报告》第 54—57 页。

[196]《文物参考资料》1954 年第 3 期。

[197]《江陵秦家咀楚墓发掘简报》,《江汉考古》1988 年第 2 期。

[198]《楚系简帛文字编》第 9 页,湖北教育出版社 1995 年版。

[199]《湖北楚简概述》,《简帛研究》第一辑,法律出版社 1993 年版。

[200]《湖北江陵雨台山 21 号战国楚墓》,《文物》1985 年第 5 期。

[201]《新蔡葛陵楚墓》,大象出版社 2003 年版。

第十一章

秦代和汉初的荆楚文明

历史学上往往把先秦史和秦汉史作为两个大的阶段来划分，或称先秦为中国上古史、秦汉为中国中古史之始[1]。而从考古学上看中国文明史，则不必以朝代的更替为界，其早期文明的下限可以延续到秦和汉代武帝前后[2]。荆楚地区的早期文明，更有丰富得多的资料，表明其下限也应如此。即是说，它并不因公元前 223 年楚国的灭亡和公元前 221 年秦始皇的统一中国而结束。荆楚早期文明不因楚国的灭亡而消失，也不因秦始皇的焚书坑儒而中断。楚国文明的传流如同“抽刀断水水更流”，仍继续在汩汩地流淌着，一直流传到汉武帝前后，考古文化面貌才为之大变，完全融入到汉文化之中。此后则仅是余波不绝如缕而已。故在本书有必要专辟一章论述秦和汉初的荆楚早期文明。由于篇幅所限，不可能全面论述，在此采取简略概述与重点讨论的方式，以有助于对相关问题的进一步认识与研究。

第一节　考古发现、研究简述

一　城址

荆楚地区秦汉城址，有的是从东周楚城延续使用下来的，在本书第五章论楚城时已有说明。有的则建于汉代，例如湖北襄阳的朝阳城、京山县的古城口城址[3]。对这两种情况的古城，下举长沙古城、北津城和郢城三个城址为例，略加说明。

汉代长沙古城源自战国长沙楚城。秦的长沙郡城和西汉的长沙国都城均沿用楚城。《湘城沧桑之变》一书，根据文献记载与考古资料，分析了对此问题的一些不同看法，认定："西汉长沙国都城'临湘故城'无疑应是秦长沙郡城，也即是楚的长沙'旧邑'"[4]，这是可信的。此"旧邑"城址情况已在本书第五章简要说明。

在今长沙市区北郊的三汉矶，有一处城墙犹存的名叫北津城的古城址。其西、南、北三面残存夯土城墙，总长约 2 100 米，高 5—10 米，上宽 4—8 米，下宽 8—14 米，城墙南北各有一缺口，俗称"北门口"、"南门口"，城墙外有护城河遗迹，其东面则以湘江为屏障。城址平面呈不规则四边形，面积约 50 万平方米。1981 年以来，长沙市文物工作队对此城址及周围进行了多次调查与小面积试掘，在城墙夯土中及城墙附近，出土了一些战国至西汉初年的遗物，如战国铜斧，西汉筒瓦、板瓦、瓦当等。考古材料证明"北津城是一处西汉时期的古城遗址"[5]。

这处城址在文献上有记载，《水经注 · 湘水》和清代《长沙县志》都有北津城的记载。但只有通过考古工作，才能肯定为西汉古城。

下面着重谈谈湖北江陵境内的郢城遗址。

在今荆州市江陵境内，有纪南城、郢城、江陵城三座古城址。但自东汉以来，对这三城的关系，一直未弄清楚。20 世纪 60 年代以来仍有文提到，楚"平王以后，以郢城为都"，或说"是楚平王为加强防卫吴国入侵所修筑”[6]。笔者早在20世纪70年代末就据亲身参加过的考古工作，撰文考证为“秦汉时之郢县”故址[7]。黄盛璋则考证秦南郡先治郢城，后治江陵，古江陵即今江陵城[8]。据古玺和云梦秦简，江陵一名早在战国时代的楚国就有了。不过，从包山楚简中无江陵名称来看，也许其时即或有江陵之称，也不过是很小的一个邑名；或者，江陵之称的出现，当在包山楚简年代之后的战国中晚期之际。无论哪种情况，楚国晚期已有江陵这一地名，则是可以肯定的。

考古工作者对郢城遗址先后作了多次调查和小面积发掘[9]。1979年和1981年的两次勘查、试掘，对郢城的年代和内涵有了更准确的认识。

郢城遗址至今仍保存了较为完整的夯土城垣，城垣呈正方形，方向5°。其北、东、南、西城垣各长1 453.5米、1 400米、1 283.5米、1 267米，面积为1 963 208平方米。城址内地形平坦，有村落和农田。已发现古夯土台基16座。城内遗物主要为陶质生活器皿和瓦、砖等建筑材料（图11.1-1）；也有少量生产工具；出铜箭镞、半两钱、五铢钱各1枚。论者对郢城出土遗物的时代特点进行分析之后认为：“郢城的时代上限应在秦将白起拔郢、公元前278年左右，其下限应为东汉”[10]。明确一点说，郢城的年代上限只能在公元前278年秦将白起“拔郢”之后，即秦把楚郢都纪南城攻陷废弃之后，在此构筑的郢县县城和以后作为秦南郡治所。

二　墓葬

荆楚地区的秦和汉初墓葬，数量上远不及楚墓多，但有不少重要的发现，乃荆楚早期文明最后阶段辉煌犹存的表征。

（一）秦墓

公元前278年，秦国攻占楚郢都，设置南郡，今湖北的中西部多已成为秦国版图。至公元前221年秦始皇统一中国为止，共有五十多年，属战国晚期后段。在今湖北云梦、宜昌、江陵等地，已发掘这一时段的

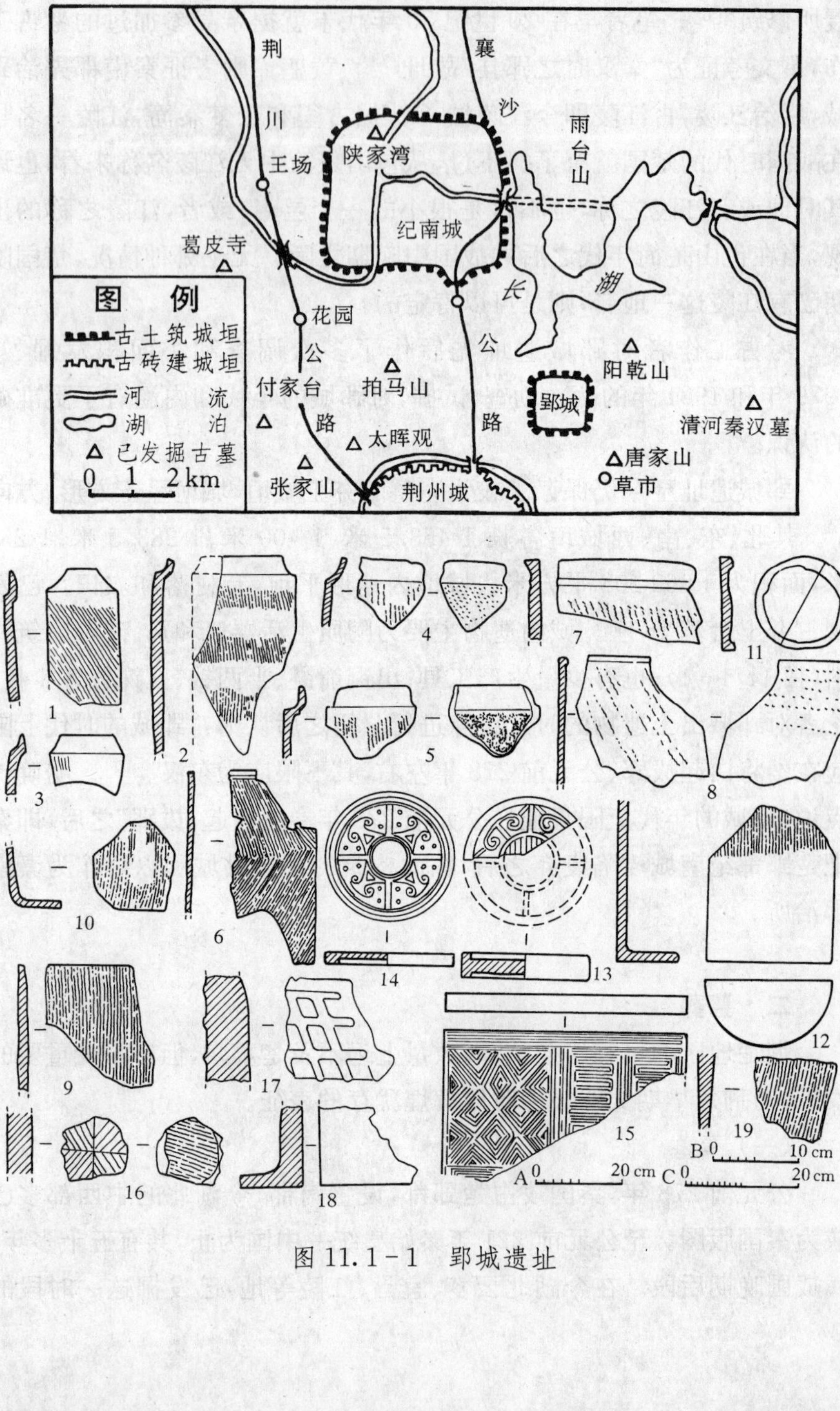
荆
川
王场
陕家湾
襄
沙
雨
台
山
纪南城
葛皮寺
长
湖
图　例
古土筑城垣
古砖建城垣
河　流
湖　泊
已发掘古墓
0 1 2 km
花园
公
路
付家台
拍马山
太晖观
张家山
荆州城
公
路
郢城
阳乾山
清河秦汉墓
唐家山
草市
A 0 20 cm
B 0 10 cm
C 0 20 cm

图 11.1-1　郢城遗址

秦墓百座左右[11]。

秦王朝只存在了15年(公元前221—公元前207年),在这么短暂的历史时期内,湖北地区也已发掘出近百座秦代墓,并且有云梦秦简等重要发现。在今湖南境内,曾有学者认为战国晚期后段被秦国占领,此时期多为秦墓[12]。有的学者则认为湖南秦墓基本上应是秦统一全国之后的秦代墓,数量远不及湖北地区多,大约只有14座或20余座[13]。或者认为典型秦墓仅有12座[14]。

荆楚两湖地区的秦墓年代分期,可以分为前后两期;前期为战国晚期后段的秦占领区墓葬,后期为秦代墓葬。云梦睡虎地两个有年代可考的秦墓可作为这两期的代表,这就是云梦睡虎地M7和M11[15]。

在睡虎地M7椁室门楣上有"五十一年曲阳士五邦"的阴刻文字。秦王年号超过五十一年的,只有秦昭王,显然,此墓的入葬时间不会早于秦昭王五十一年(公元前256年),很有可能就在此年入葬,墓主即为刻文上的士五(伍)邦,是名叫邦的无爵成年男子。此墓出土的陶器有瓮、小罐、彩绘陶壶、盂、甑、釜、鍪、量等;漆器有圆盒、双耳长盒、圆奁、卮、耳杯;还有铜镜、铁鍪各1件及木器等,这些可作为战国晚期后段秦墓的代表性器物标本。属此时期的睡虎地M3,所出铜鼎、盒、壶等器有楚器风格。睡虎地M11为秦代墓葬,出土千余枚秦法律文书竹简,早已闻名中外。据该墓竹简《编年纪》,可知墓主名"喜",死于秦始皇三十年(公元前217年),此即墓葬的年代。墓内出土物较M7丰富,有铜礼器鼎、钫、匜、勺和日用器铜鍪、铜镜并兵器铜剑1件,工具铜削1件;陶器有瓮、罐、壶、甑,漆器有圆盒、盂、圆奁、椭圆奁、笥、匕、卮、樽、耳杯等;还有铁鍪、玛瑙环、玉琫、丝帽各1件、毛笔3支及一些木、竹器。这些均可作为秦代这一地区标本性器物。

介于这两墓年代之间的M4,墓内出有年代最早的两封家信(写在木牍上)。信的时间当在秦始皇二十四年,即公元前223年[16]。墓的年代不早于此年,或即此年或稍晚数年,所出土的陶、铜器可作为秦墓前后期之际的标本。

云梦睡虎地墓葬前后作过三次发掘，总数有 47 座之多。在与睡虎地相距不远的大坟头、龙岗也发掘了一批，龙岗前后两次发掘 13 座墓，其中第 6 号墓又出土大量秦简和 1 件木牍（图 11.1－2），再一次引起国内外学术界的关注[17]。对这三个墓地的墓葬年代，报道者分为战国晚期后段、秦代、西汉初年和西汉早期三个时段。对于其定为西汉初年（并西汉早期）的墓葬，有论者认为仍应定为秦代，下限为秦代灭亡前夕的秦汉之际。这几个墓地都是秦人墓地，风格一致；秦亡之后，秦人不可能再在此埋葬（特别是有的墓主显为秦人之富有者或下层官吏）；对这种看法应予肯定[18]。

1993 年和 1995 年报道了江陵两座秦墓：杨家山 M135 和王家台 M15。其中杨家山 M135 出土的铜器鼎、钫、盂等（图 11.1－3）及漆器的形制与云梦大坟头 M1 所出相似，两者年代应相同。墓内出土 75 枚竹简（内容为遣策），“字体为秦隶，与江陵张家山西汉初年墓所出大批汉简字体有很大区别，而与睡虎地 11 号墓所出竹简相似”[19]。报道者推定此墓为秦墓是对的。这一新材料更进一步证明云梦原定为西汉早期墓（包括大坟头 M1）确应改定为秦墓。

江陵王家台 M15 也出土了竹简，数量上、内容上比杨家山 M135 多而重要；初步整理，数量已达 800 余支，墨书秦

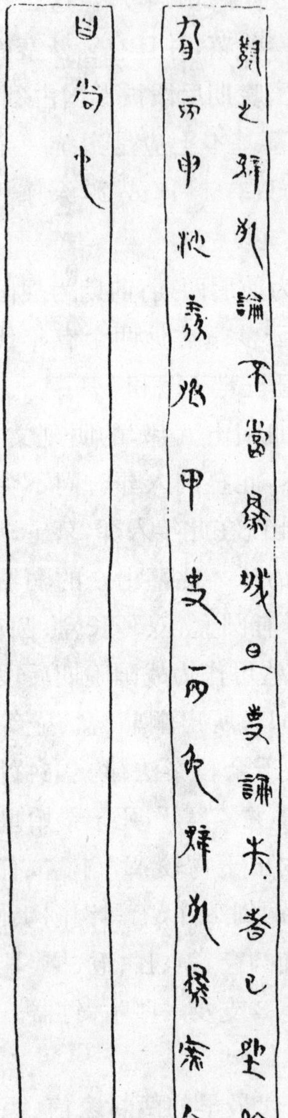

图 11.1－2　云梦龙岗木牍

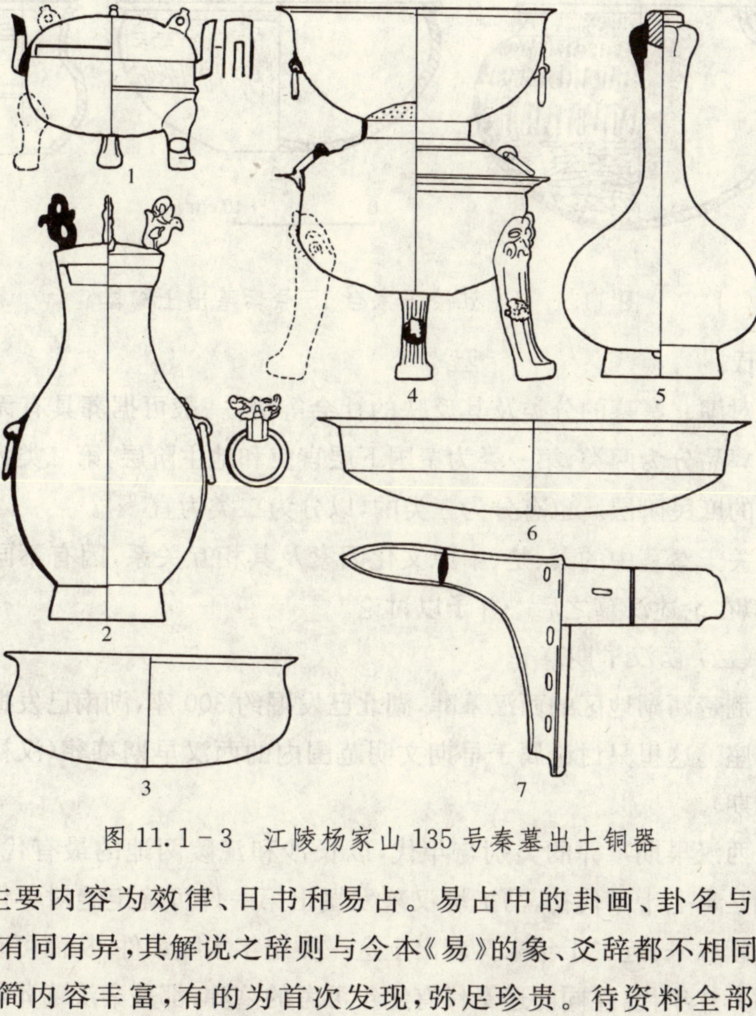

图 11.1－3　江陵杨家山 135 号秦墓出土铜器

隶，主要内容为效律、日书和易占。易占中的卦画、卦名与今本《易》有同有异，其解说之辞则与今本《易》的象、爻辞都不相同。这批竹简内容丰富，有的为首次发现，弥足珍贵。待资料全部发表后，必将引出许多新认识。此墓所出 3 件陶器中有 2 件为楚式风格（图 11.1－4）。

秦墓出土文字材料除简牍外，还有印章、刻文，例如宜昌前坪 M23 出有“颓”字铜印[20]；江陵凤凰山 M70 出有“冷贤”二字铜、玉印各一方[21]；云梦大坟头 M1 出有“遬”（速）字玉印一方[22]。这些显为墓主自身之印。江陵杨家山 M135 出土漆器上多有刻文“李”字，可能为墓

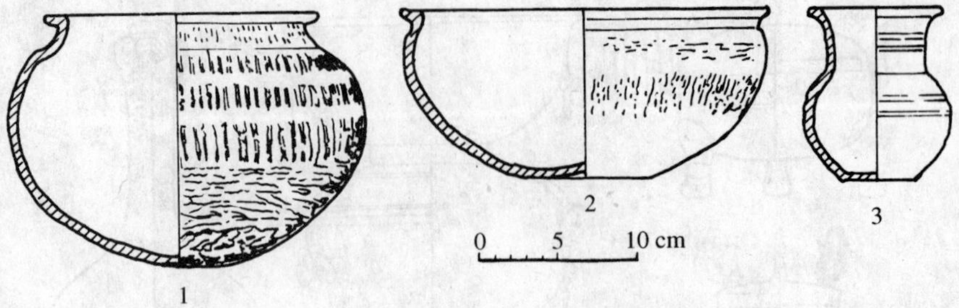

图 11.1－4　江陵王家台 15 号秦墓出土陶器

主姓氏。

对湖北秦墓的分类及其反映的社会等级，一般可据葬具有无木椁及随葬品分为两类，第一类为秦国下层官吏和地主阶层，第二类为地位低下的庶民阶层。也有分为三类的，以分为二类为宜[23]。

关于秦墓中的秦、楚、中原文化因素及其相互关系，因有不同的看法，拟在论述汉墓之后一并予以讨论。

（二）西汉早期墓葬

荆楚两湖地区的西汉墓葬，湖北已发掘约 300 座，湖南已发掘多达千余座。这里只讨论属于早期文明范围内的西汉早期墓葬（汉初至文景时期）。

西汉早期墓葬的类别与年代，以长沙和江陵两地的最有代表性。特别是自七十年代初，马王堆汉墓发掘出第一件可确定绝对年代的纪年木牍以来，近二十年来又新出土这一类纪年木牍数件，从而可确定墓葬的具体年代，连同前述秦代有纪年可考的墓葬，都是秦汉墓葬断代的可靠标尺，在考古学与历史学研究上有划时代的意义。现将这些汉初纪年墓列出如下[24]：

公元前 186 年（汉吕后二年）　长沙马王堆 M2

公元前 186 年（汉吕后二年）　江陵张家山 M247

公元前 175 年（汉文帝前元五年）　江陵张家山 M258

公元前 173 年（汉文帝前元七年）　江陵高台 M18

公元前 168 年(汉文帝前元十二年)　长沙马王堆 M3

公元前 168 年(汉文帝前元十二年)　江陵毛家园 M1

公元前 167 年(汉文帝前元十三年)　江陵凤凰山 M168

公元前 164 年(汉文帝前元十六年)　江陵凤凰山 M9

公元前 153 年(汉景帝前元四年)　江陵凤凰山 M10

这些纪年墓,地点集中、数量多,在全国其他地区罕见。此外,一些大型墓即使没有纪年资料,也往往有相关的文字资料可以把年代限定在某一年代范围内,亦同样具有断代标尺作用(后详)。至于那些数量众多的中小型墓,则只能根据器物组合、形态特征作分期研究。对湖北、湖南西汉墓的分期,一般分为早、中、晚三期(也有分为四期的);西汉早期的年代下限止于汉武帝时,这正是荆楚早期文明的下限年代。故在此只论述西汉早期墓。一般将西汉早期又区分为前后两段,前段为汉高祖至吕后时期,后段为文帝、景帝时期[25]。这更有利于充分利用西汉早期的考古材料作多学科的研究。

两湖地区的西汉早期墓葬不仅纪年墓多,而且表明墓主身份的墓也多,反映当时社会等级的高中低各类墓葬齐全,确是研究我国汉代墓葬、汉代文明的重要资料。以下分为五个从高到低的类别稍作说明。

甲类　诸侯王与王后墓——长沙国的王与王后墓

荆楚地区的诸侯王与王后墓,在长沙发掘了三座。它们的规模比先期发现的马王堆三座汉墓大,而它们的"名气"却没有后者大。但它们至今仍是荆楚地区惟一"级别"最高的诸侯王室墓,有不可替代的研究价值。

这三座墓均位于长沙湘江西岸的咸家湖畔,编号为象鼻嘴 M1、陡壁山 M1 和望城坡 M1[26],发掘时间分别为 1978 年、1974—1975 年、1993 年。三座墓墓坑形制相同,都是凿山竖穴土石坑墓,有斜坡墓道,西向,墓上原都有高大坟丘,已毁。三墓中以象鼻嘴 M1 最大(图 11.1-5 和 6 之 1),墓口长 20.5 米,宽 18.9 米,墓坑四壁有两级台阶,向下稍内收,至坑底长 17.35 米、宽 15.7 米、深 7.9 米。坑底先铺白膏泥,其上平铺一层

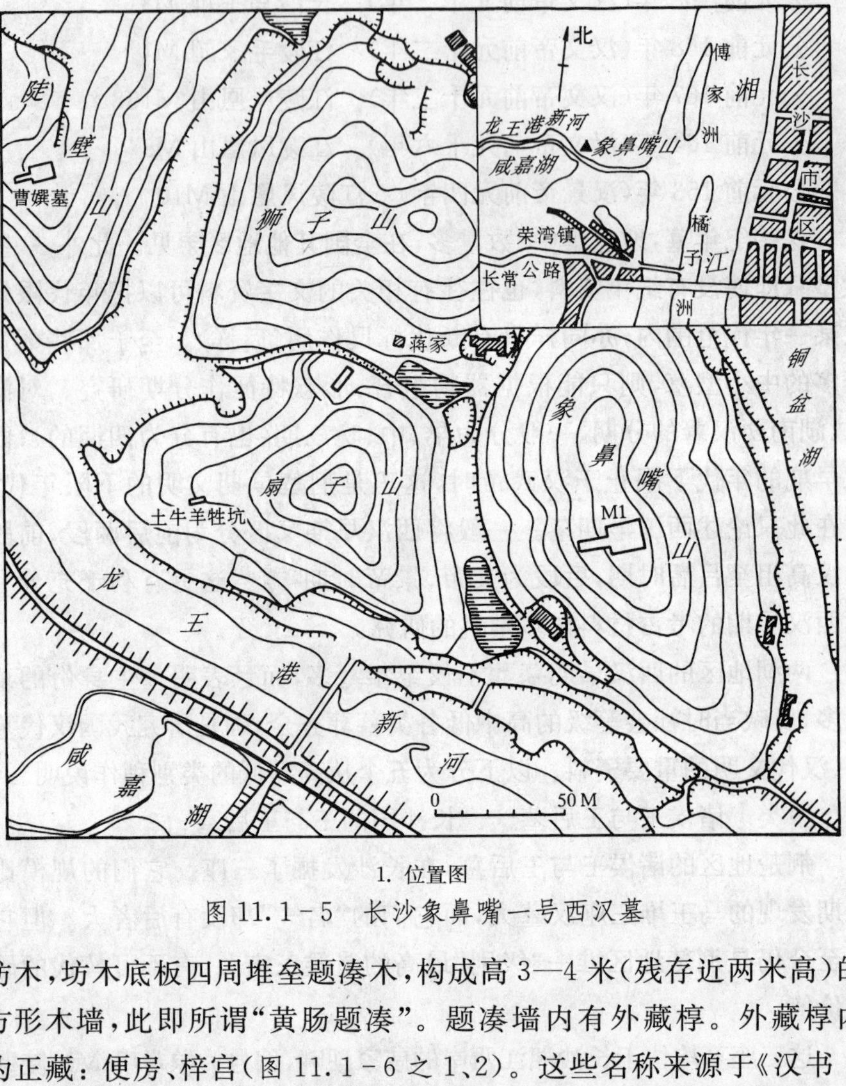

1. 位置图

图 11.1-5　长沙象鼻嘴一号西汉墓

坊木，坊木底板四周堆垒题凑木，构成高 3—4 米（残存近两米高）的方形木墙，此即所谓“黄肠题凑”。题凑墙内有外藏椁。外藏椁内为正藏：便房、梓宫（图 11.1-6 之 1、2）。这些名称来源于《汉书·霍光传》：“光薨，赐梓宫、便房、黄肠题凑各一具，纵木外藏椁十五具”。注引苏林曰：“以柏木黄心致累棺外，故曰黄肠。大头皆内向，故曰题凑。”注又引服虔曰：“外藏椁在正藏外，婢妾之藏也，或曰厨厩之藏也。”这套葬制本属汉代皇帝专用，因西汉诸侯王“同制京师”，故亦可享用，其他勋戚大臣只有经天子特赐才可使用（如上

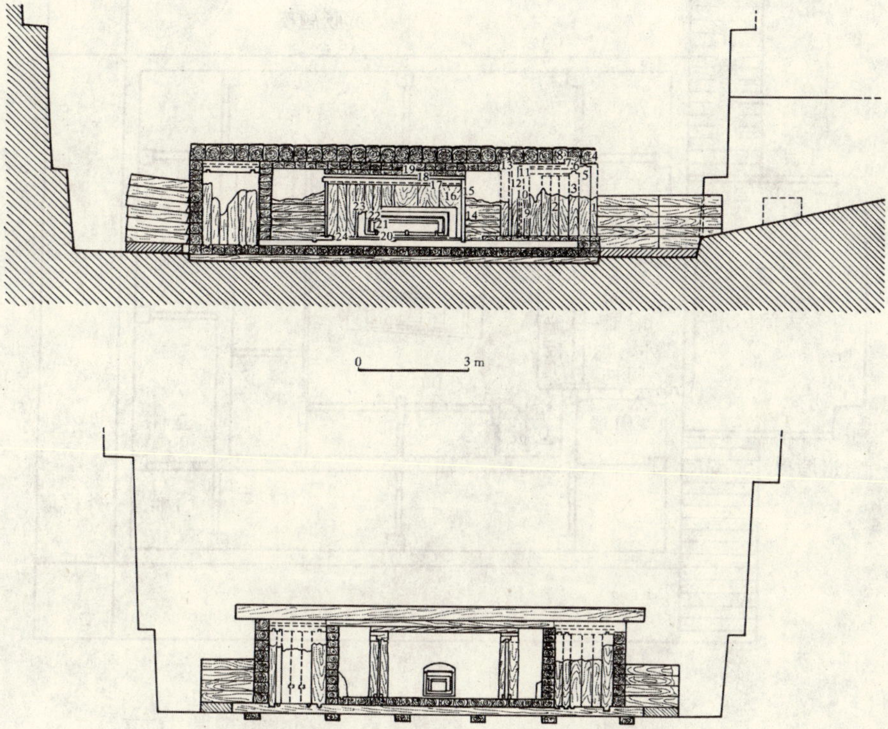

2. 上．纵剖面图 下．横剖面图

图 11.1-5 长沙象鼻嘴一号西汉墓

述霍光葬制即为特赐之例）。

对这套葬制的理解，除所谓“便房”外，一般已无异议。对于“便房”，有几种不同的看法[27]。即使意见暂时不统一，也不妨碍我们对这一葬制的了解。对这种高等级葬制的了解，有助于我们对先秦至秦汉葬制演变的研究[28]。

象鼻嘴 M1 和陡壁山 M1，早年被盗严重，出土遗物珍品少，后者出有“长沙后丞”封泥和“曹娱”、“妾娱”印章 3 枚。故也有径称“长沙王后曹娱墓”的。

望城坡 M1 的葬制与象鼻嘴 M1、陡壁山 M1 基本相同，但规模小

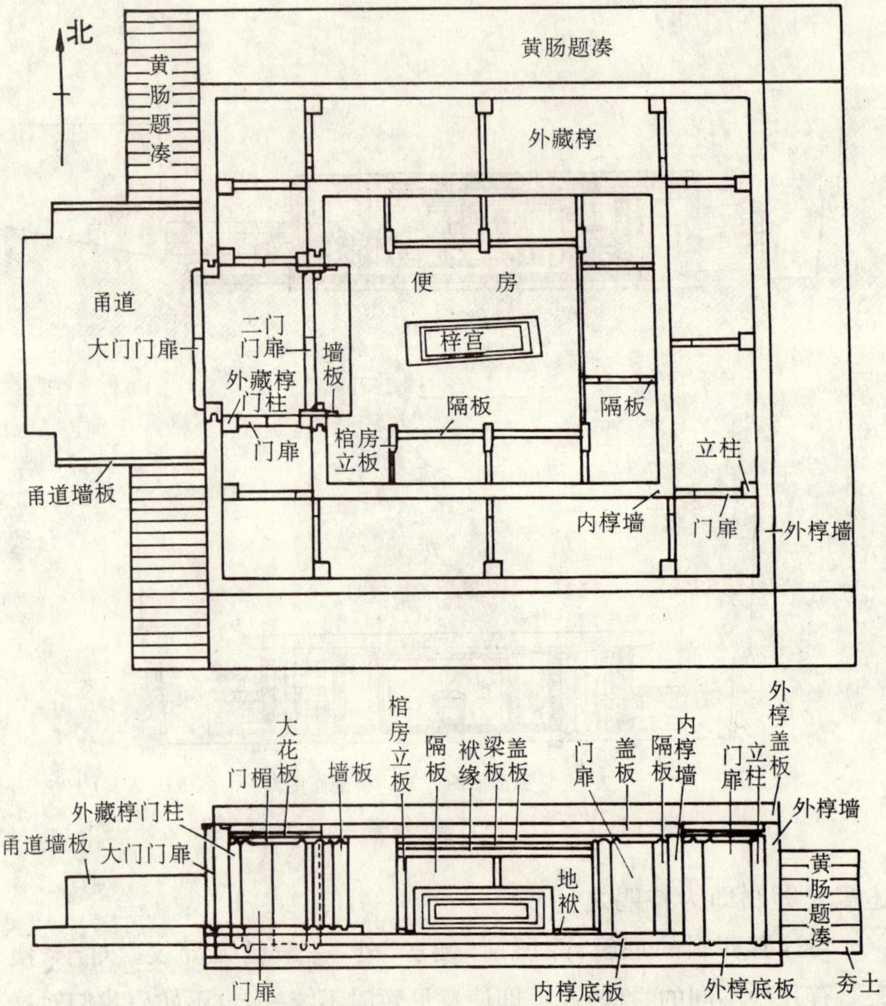

1. 长沙象鼻嘴1号墓　上. 平面结构图　下. 纵面结构图

图 11.1-6　“黄肠题凑”结构图

于象鼻嘴 M1，与陡壁山 M1 相近。虽也曾被盗，但其保存程度与出土物则大大超过象鼻嘴 M1 和陡壁山 M1。全长（含墓道长）37 米，方向 287°。现存墓口长 15.58 米、宽 13.1 米，深约 10 米。在墓道东端与墓室结合处有一对“偶人”，高 88 厘米，头系整木雕琢，木骨泥胎，身着彩

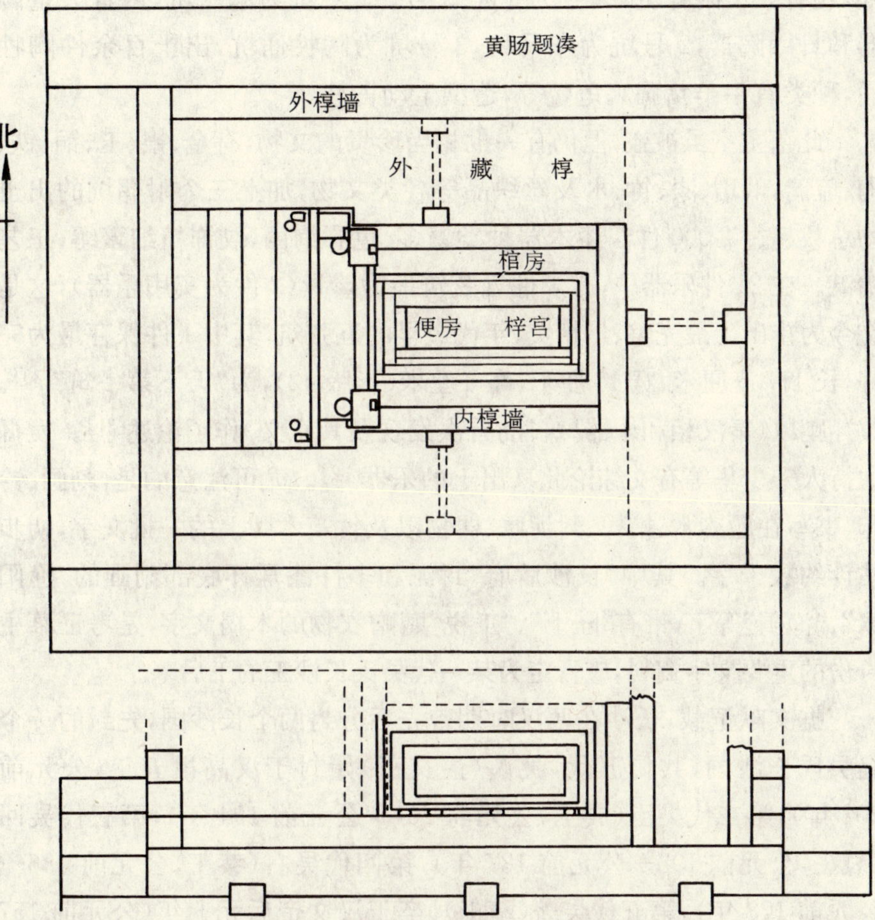

2. 长沙曹嫘墓 上. 平面结构图 下. 纵面结构图

图 11.1-6 “黄肠题凑”结构图

绘,头插鹿角,踞坐于竹垫之上,两臂平伸,拦阻于墓室之前。这是我国首次发现的最为完整的“偶人”。论者谓“镇墓神”乃由楚“镇墓兽”演变而来[29]。

墓室结构与先前发掘的象鼻嘴 M1、陡壁山 M1 基本相同,即都有黄肠题凑、外藏椁、便房、梓宫。并且,保存更为完整(彩版 41)。此墓的“梓宫”有二层棺,与陡壁山 M1 同,比象鼻嘴 M1 少一层。在主墓室外，还有 3 个附葬坑，编号为 1 至 3 号。1 号坑为庖厨坑，内置大量陶器和日用陶器，2 号坑为车马坑，3 号坑为陶牲俑坑，出土百余件陶牲俑，种类有牛羊猪狗鸡龟鳖等，造型生动古朴。

此墓主室虽被盗，但仍有一批相当珍贵的文物，有金、银、玉、铜、铁、陶、琉璃、玳瑁、漆、竹、木及丝织品等各类文物，加上三个附葬坑的出土物总数超过 2 000 件。漆木器种类繁多、色彩绚丽，纹饰精细繁缛，工艺精湛。在 21 件乐器中，有 3 件五弦筑最为珍贵(2 件为实用乐器)，这是迄今为止出土最完整、最精美、年代最早的五弦筑，其中 1 件保存最为完好，长 117.5 厘米、宽 11 厘米、高 6 厘米(彩版 42)，为“天下第一筑”[30]。黄翔鹏以《秦汉相和乐器‘筑’的首次发现及其意义》作了论述[31]。发掘主持人宋少华等有文综论此墓出土的乐器[32]。尤可注意的是，刻画、钤印、书写在题凑木、棺椁、封泥匣、器物以及竹笥木牌上的一批文字，初步估计约数千字。其中“长沙后府”封泥和多件漆耳杯底部刻画的“渔阳家”、“渔阳”等字，带有“陛下”、“王涚”赙赠衣物的木楬文字，是考证墓主身份的重要文字资料，应肯定为某一代吴氏长沙王的王后墓。

据文献记载，长沙在西汉时期曾先后分封两个长沙国，先封的一个是吴氏长沙国，共传五代，吴芮(谥文王)始封于汉高祖五年(公元前 202 年)，第二代吴臣(成王，公元前 201—公元前 194 年)，第三代吴回(哀王，公元前 193—公元前 187 年)，第四代吴右(恭王，公元前 186—公元前 178 年)，第五代吴著(靖王)，卒于汉文帝后元七年(公元前 157 年)，因无子，国除。自公元前 202 年至公元前 157 年，前后共仅 46 年。景帝前元元年(公元前 156 年)复置长沙国，封景帝子刘发为长沙王(死谥定王)，是为刘氏长沙国，在位 28 年，汉武帝元朔二年(公元前 127 年)卒。王莽时期，国除，此后长沙未再封设王国。

有学者认为：“象鼻山(嘴)墓应是文景时期的长沙恭王或靖王墓。附近的陡壁山曹嫘墓应即是靖王王后的墓”[33]。如此说可信，按前述吴氏长沙国王世系，望城坡墓应是吴芮之后，靖王之前的某一代王的王后墓。靖王之前虽有四代王，但积年总共才二十多年，从墓葬分期来看,此墓相对年代应属于西汉早期墓的前段[34]。

望城坡 M1 是汉代诸侯王室墓中“黄肠题凑”保存最好、出土物数量最多、并有不少珍品的重要墓葬,1993 年被评为中国十大考古发现之一。全部资料公布之后,其重要性会看得更为清楚。

湘江西畔这三座诸侯王级的墓葬乃吴氏长沙王第二代至第五代之间(公元前 194—公元前 157 年)的某一代王和王后墓,年代范围不会超出 40 年左右。这在考古学上也是年代相当明确、可资断代的墓葬,其出土遗物可补汉初诸侯王历史资料之不足,有助于研究长沙地区、荆楚地区乃至我国汉初政治、经济、文化方面的历史进程。

(乙)类　列侯墓——长沙马王堆汉墓

长沙在汉初考古中真可谓独占鳌头。在这里不仅发掘到了三座地方上最高级别的诸侯王室墓,而且还发掘了次于诸侯王级的列侯墓葬三座,这就是从 20 世纪 70 年代起就已蜚声中外的马王堆汉墓[35]。

马王堆原是长沙东郊一个方圆半里似小山丘的大土堆,在其中央,醒目地矗立着两座高约五丈的土堆,东西对峙而又紧相依连。因讹传为五代十国时楚王马殷之墓,而称之为马王堆。

1972 年,最先发掘马王堆 1 号汉墓(M1),因出土宛如新葬的完整女尸这一惊人发现而轰动世界。紧接着于 1973—1974 年发掘了 2 号、3 号墓(M2、M3)(图 11.1-7)。出土的文字资料,有“长沙丞相”、“轪侯之印”、“利苍”三枚印章和纪年木牍(图 11.1-8),结合史书记载,确认马王堆 M2 墓主为长沙国丞相、第一代轪侯利苍;马王堆 M1 墓主应为利苍之妻(墓内有“轪侯家丞”、“轪侯家”、“妾辛追”等文字材料);M3 为利苍之子,可能为第二代轪侯,或其弟或第三代轪侯[36]。据《史记》、《汉书》记载,利苍死于吕后二年,即公元前 186 年。这是马王堆 M2 的确切年代。马王堆 M3 出有纪年木牍:“十二年二月乙巳朔戊辰家丞奋移主赋(藏)郎中移赋(藏)物一编书到先选(撰)具奏主赋(藏)君”(图 11.1-8)[37]。木牍所记的“十二年”,为汉文帝前元十二年,即公元前 168 年。这是马王堆 M3 的确切年代。至于先期发掘的 M1 年

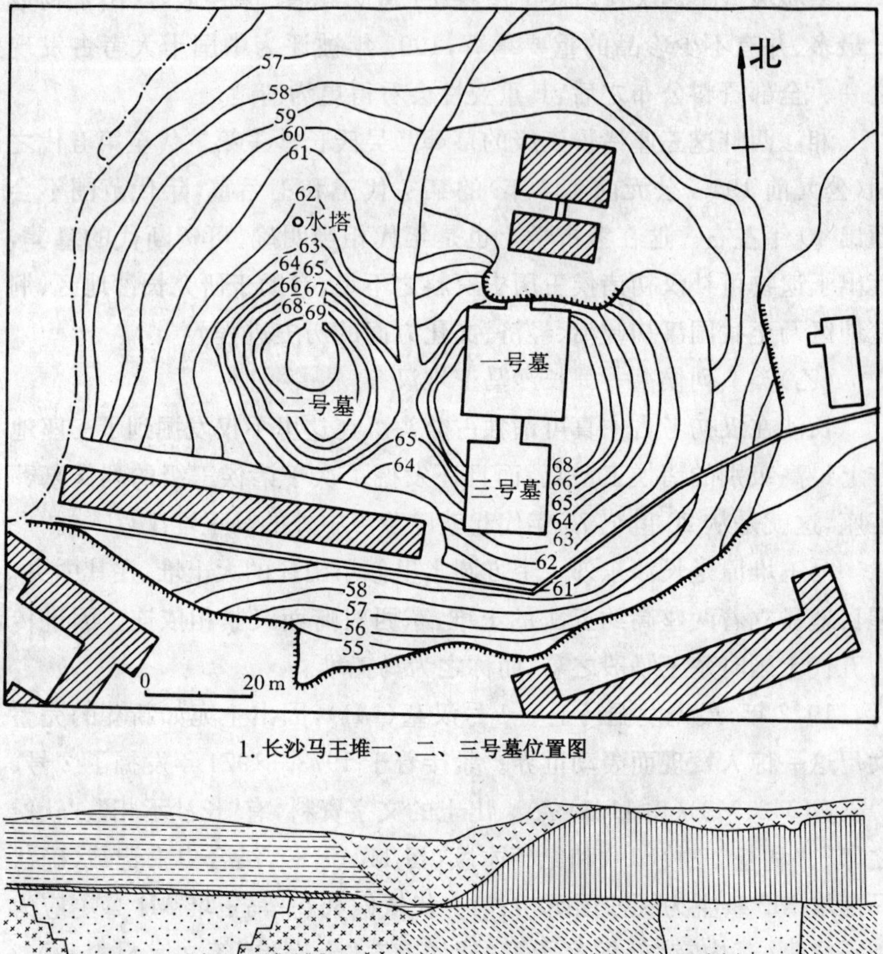

1. 长沙马王堆一、二、三号墓位置图

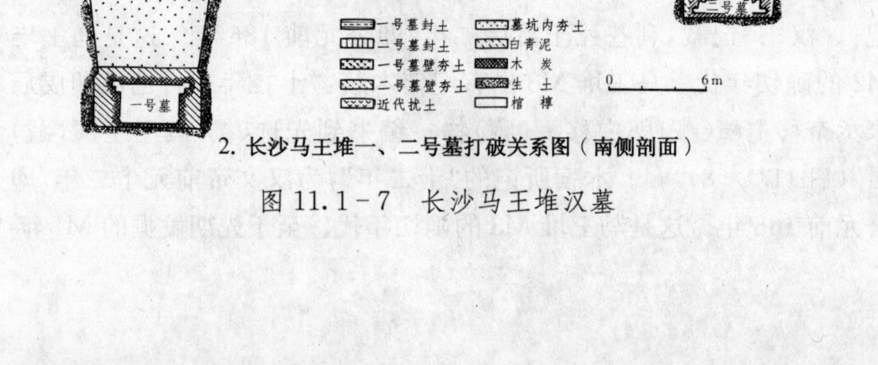

2. 长沙马王堆一、二号墓打破关系图（南侧剖面）

图 11.1－7　长沙马王堆汉墓

代，墓内未见有关纪年的文字资料，但据此墓打破了 M3 的地层关系，可知 M1 下葬时间要晚于 M3。晚于 M3 的时间也不会太长，M1 和 M3 这“两座墓葬至多只差几年”[38]。可以认为，轪侯一家三个墓葬的年代都有绝对年代。“马王堆的三座汉墓，就是已发掘的西汉初期墓葬中，惟一具体年代清楚、死者见于史书记载的墓地，从而为汉初这个重要历史时期考古资料的研究，提供了可靠的断代标尺”[39]。

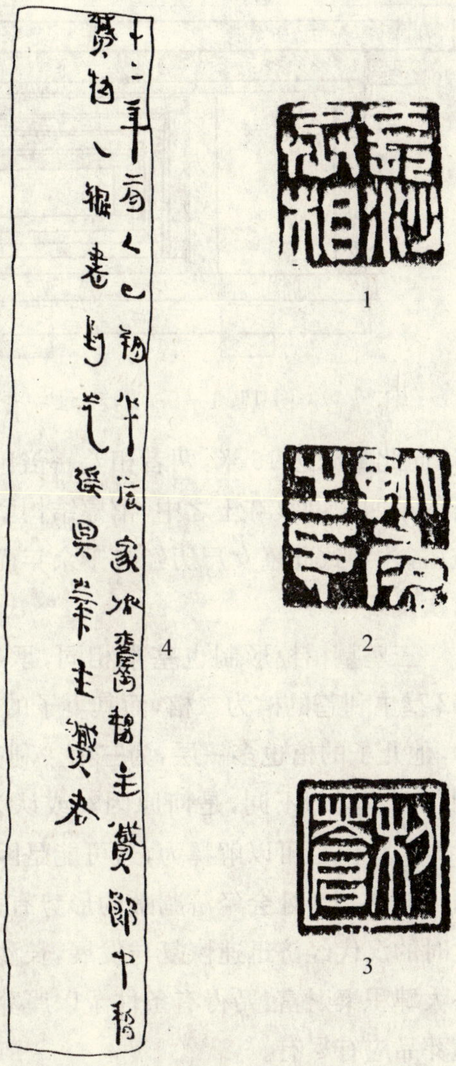

图 11.1－8　长沙马王堆二、三号墓玺印与木牍

这三座墓形制基本相同，基本上沿用战国楚制，皆为土坑竖穴木椁墓（M1、M3 墓坑为长方形，M2 略作椭圆形）。但三墓的规模相差很大。年代最早的轪侯利苍墓规模最小，墓坑宽度和深度都仅及 1 号墓的一半。M3 也比 M1 小得多。M1 的墓口南北长 19.5 米，宽 17.8 米，比长沙国某代王墓——象鼻嘴 M1 的墓口长宽仅少约 1 米。但墓底则小得多，墓底长 7.6 米，宽 6.7 米，其长宽比象鼻嘴 M1 几乎少了 10 米。这与墓下部呈斗形，且深度大有关。象鼻嘴 M1 的深度是 7.9

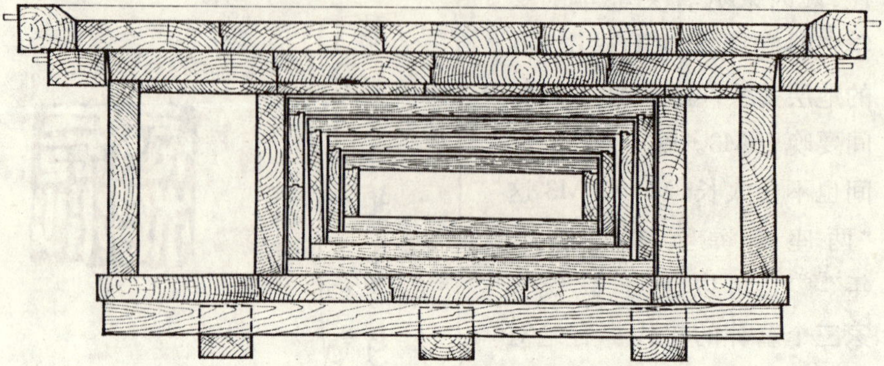

图 11.1-9　马王堆一号汉墓棺椁纵剖面图

米，而此墓深达 16 米，两者相差一倍！正由于 M2 深埋，构筑在坚硬如石的第四纪网纹红土之中，棺椁结构紧密，且有白膏泥、木炭封护，又未被盗，才导致此墓女尸历经二千余年而如同新鲜尸体，这真是奇迹般的首次发现！

三座墓棺椁形制也基本相同，承袭楚制。但棺的数量多寡不一。M2 墓主利苍的棺为二棺，而其妻子的棺却多了二层，为四棺（图 11.1-9），他儿子的棺也多一层，为三棺。利苍和他妻子的尊卑一致，"夫妇同制"，而葬具却不同，是何原因？或认为这是"不按照旧礼制的等级办事"[40]。但也可以解释为，这可能是因为利苍封侯时间太短，同时也和西汉初期整个社会经济凋敝的形势有关。而利苍之妻因晚死 20 多年，此时的汉代经济迅速恢复与发展，长沙地区经济繁荣，利苍一家利用权势大肆积聚财富，乃得有条件予以厚葬，以致棺的层数加多、装饰豪华、随葬品应有尽有。

关于马王堆 M1 的棺制为四棺，经学者们论证，似已成定论，被广为引用。然笔者据前述长沙三座西汉诸侯王室墓及其他地区同期诸侯王墓棺椁形制结构的资料，并与战国楚墓棺椁形制结构进行对比研究，产生了一种新看法：不仅马王堆 M1 的棺应少一层，为三棺，兼及战国楚墓中有的棺也应少一层（例如江陵望山 M1 原定二棺应改定为一棺，望山 M2 原定三棺应改定为二棺)。但此问题牵涉面较广，并要有周到的论述，只能另作专题讨论[41]。

图 11.1-10　马王堆三号汉墓棺椁及随葬器物出土情况

这三座墓出土文物异常丰富，共三千多件。M2 因被盗，出土物少。M1 和 M3 保存完好(图 11.1-10)，许多出土物如同女尸一样，完好如新，为此前未见的空前新发现。主要有以下几项：

1. 帛书　出于 M3。共有 40 多种古籍，总字数达十二万多字。其中与传世今本可资对比的有《老子》、《易经》和《战国策》。但与今本异文较多，体例也有差异，例如今本《老子》道经在前，而帛书《老子》则德经在前。《易经》的卦序、卦名及系辞也均与今本有异。大量的是久已失传的佚籍。现将帛书种类、名称罗列如下：

(1)《老子》有甲、乙二本。甲本后面附写四篇佚书：《五行》、《九主》、《明君》、《德圣》(彩版 34)。乙本前面附写四篇佚书：《经法》、《十大经》、《称》、《道原》。乙本前的佚书，先后有唐兰、李学勤、余明光等学者认定即《汉书·艺文志》著录的《黄帝四经》。

(2)《周易·六十四卦》，《二三子问》，《系辞》，《易之义》，《要》，《缪和》，《昭力》。(图 11.1-11)

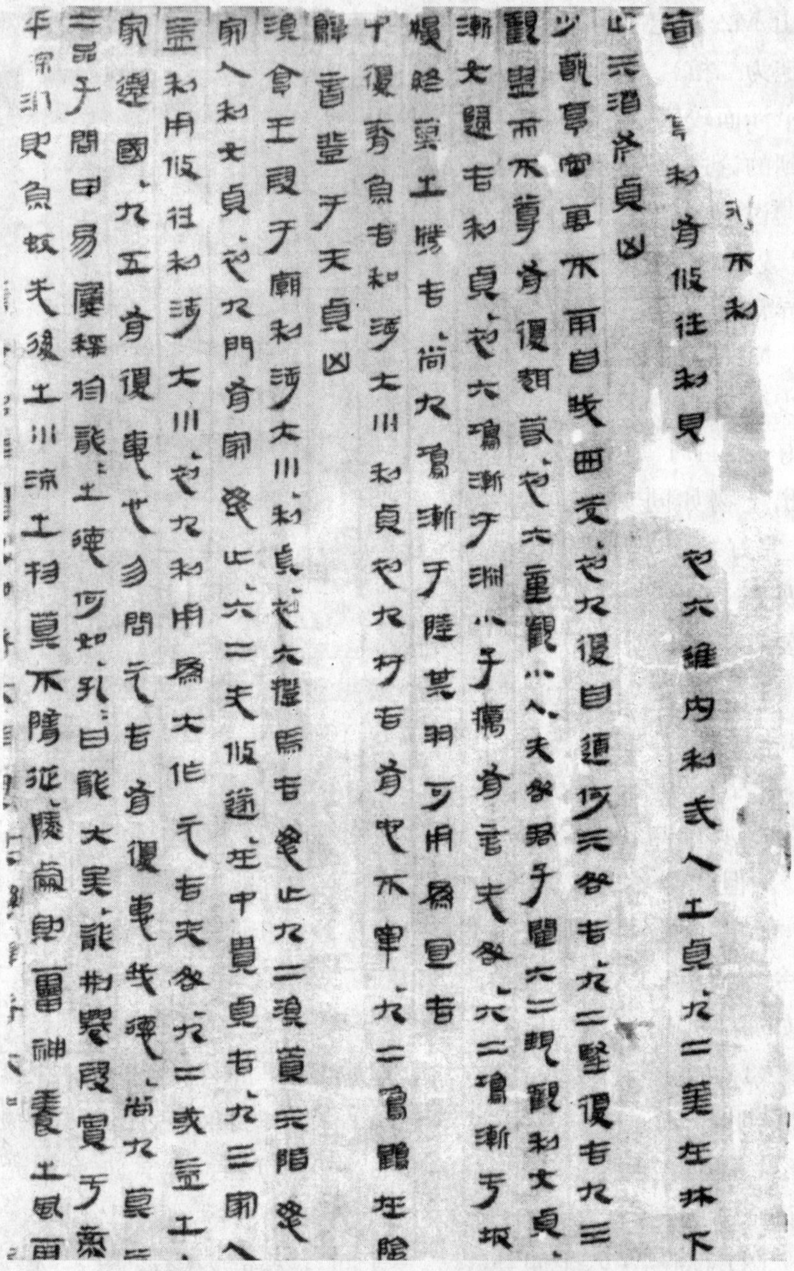

图 11.1-11　马王堆三号汉墓帛书《周易》(部分)

(3)《春秋事语》,《战国纵横家书》。

(4)《刑德》甲本、乙本、丙本。

(5)《阴阳五行》甲篇、乙篇。

(6)《五星占》,《天文气象杂占》(图 11.1-12)。

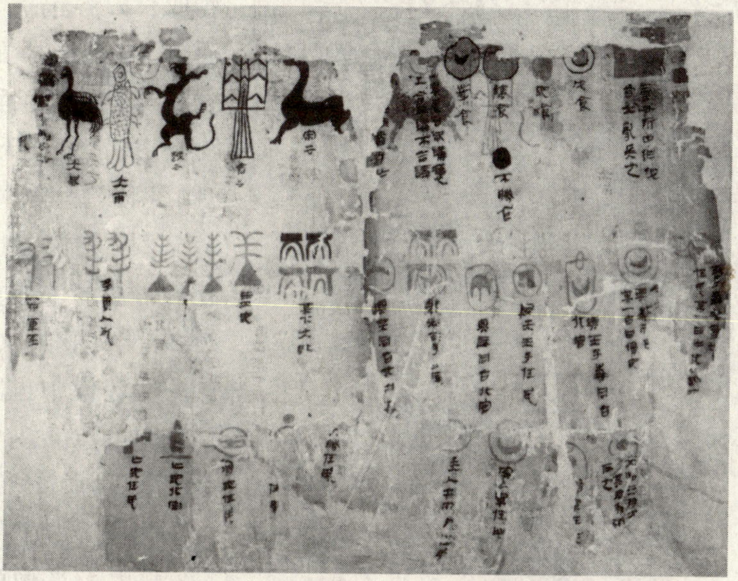

图 11.1-12　马王堆三号汉墓帛书《天文气象杂占》

(7)《足臂十一脉灸经》,《阴阳十一脉灸经》甲本、乙本,《脉法》、《阴阳脉死侯》,《五十二病方》,《胎产书》,《养生方》,《杂疗方》,《却谷食气》,《导引图》。

(8)《长沙国南部地形图》,《驻军图》。

(9)《太一将行图》,《丧服图》,《杂占图》。

(10)《相马经》。

上列中有的为图籍,因图上有相当多的文字题记和说明,故包括在帛书中。有的帛图如《城邑图》、《车马仪仗图》(彩版 35),图上无文字,则未列其中[42]。

这 10 多万字的古书犹如 2 000 多年前的一座地下图书馆重见天

图 11.1-13　马王堆一号汉墓彩绘 T 形帛画

日，世界上最早的天文著作、最早的医学著作……多个这样的“最早”、“第一”，无不令人惊叹！内容包括了社会科学、自然科学的诸多领域，涉及古代哲学、历史、科技、文艺、天文、地理、畜牧、医学、军事等多学科，是我国传统文化优秀遗产中的重要部分，在当代物质文明、精神文明建设中也具有难以估量的意义。

2. 帛画和丝织衣物

帛画以画有 M1、M3 墓主人肖像的两幅彩绘铭旌最著（图11.1-13，彩版 36）。它所反映的画面意蕴及艺术成就，至今仍令研究者们兴趣犹浓，不断求索。对于此帛画的主题思想，论者认为并非流行的“引魂升天”。而是“为在阴间的墓主提供一个舒适、理想的生活空间。这就是帛画的深层主题思想”[43]。此外还有车马仪仗图等帛画也很重要。

丝织衣物以 M1 的保存最好，出土了基本完整的丝织物和服饰 100 多件。薄如蝉翼、轻薄透明、重量仅 49 克的素纱禅衣（彩版 37），用多种技艺如提花、刺绣、印花等织造的高级服饰（彩版 38、39），均反映了汉代纺织业的发达和成就，它和江陵马山 M1 战国楚墓一样，同为荆楚地区两座“丝绸宝库”。

3. 漆画和漆木竹器

随葬的漆木竹器种类多，有礼乐器、生活用器（彩版 40）以及丧葬使用的棺椁、木俑（图 11.1－14）等，出土总数上千件。漆器均色泽如新、造型精致、纹饰华丽，保存极好。漆棺、漆器上的彩画、彩绘是绘画艺术、漆器艺术的杰作[44]。乐器中的竽、竽律、琴、笛均为首次发现的西汉乐器。其中竽律律管上标有十二律吕名称，特别值得重视。

图 11.1－14　马王堆汉墓木俑

4. 其他文字资料

除帛书以外，其他文字资料还有简牍、漆书文字、木楬文字、封泥、印章、钱文等。其中竹简，M1 出 312 支，计 2 063 字，均为遣策；M3 出 610 支（填土中残简在外），除 7 枚木牍外，都是竹简，内容分两类，一类为遣策，有竹简 410 枚和 6 件木牍（7 件木牍中的另 1 件即前面提到的纪年木牍）；另一类为“医书”简 200 枚（其中木简 10 枚）。

5. 其他

有陶器、铜镜和金、银、锡等金属质料器件（有的为构件、装饰件）。M3 还出兵器 41 件和一套博具。尤值得重视的有各类食品、香料、中草药等，以 M1 的保存最好、数量品种特多。牛、羊、豕、鹿等肉食品仅存残骨。稻谷一类粮食作物和水果等，出土时外形完整，极易辨认。这都是研究汉初农牧渔副业及加工业的珍贵实物资料。

总之，马王堆三座汉墓出土物反映了汉初农业、手工业发展状况。而帛书、帛画等更表现了古代学术思想、天文学、医药学、地理学、美学、艺术等科学文化方面的重大成就，可以认为是汉代文明的一个缩影。

马王堆汉墓发掘以后，曾引起一股万头攒动、人山人海的参观热潮。这一高潮退潮以后，随之而起的研究热潮则持续不断，并伴随新资料的公布，高潮迭起。这一研究热潮广及于多种学科，参加研究的人数越来越多，成果愈益显著。1989 年发表的《长沙马王堆汉墓研究》一文，对前此有关马王堆汉墓的研究状况与成果作了回顾[45]。1992 年在马王堆汉墓发掘二十周年之际，出版了一本书、召开了一个会。一本书是傅举有、陈松长编著的《马王堆汉墓文物》[46]，印制精美、图文并茂，并有不少前未公布的资料。书前所附《马王堆汉墓文物综述》一文，概括而系统地介绍了马王堆汉墓的重大发现。李学勤为此书所写的序，高度评估了马王堆汉墓："真正的重大发现当然会包含相当数量的珍品，但其根本的意义并不在于此。重大的考古发现应当对人们认识古代历史文化起重要影响，改变大家心目中一个时代、一种文化以至一个民族的历史面貌。只有这样，才称得上是必须载入考古史册的重大发现。70 年代湖南长沙马王堆汉墓的发掘，就是这样意义重大的发现"。

一个会就是 1992 年召开的"马王堆汉墓国际学术讨论会"（此前于 1979 年在美国召开过马王堆汉墓出土帛书国际学术讨论会），来自中国大陆、台湾、香港地区和美国、加拿大、日本、法国、英国、泰国、瑞典、意大利等国的专家、学者云集长沙，聚济一堂，互相切磋、共同研讨。会后发了报道和编辑出版了《马王堆汉墓研究文集》[47]，熊传薪在此书前言中写道，这次学术盛会"意味着'马王堆学'的形成和发展，学者们已朝着打开了的'马王堆学'大门，又迈出了新的步伐"。这本论文集并附录有《马王堆汉墓研究论著简目》(1972—1992 年)，将 20 年来有关马王堆汉墓的论著、资料，分类编排，极便检索；既显示出 20 年来马王堆汉墓研究的成果，又有利于今后的进一步研究。1996 年 5 月出版的《帛书老子校注》和同年 12 月出版的《马王堆帛书艺术》二书[48]，表明以马王堆汉墓帛书研究为主要内容的"马王堆学"正方兴未艾，前景辉煌。

马王堆汉墓文物极为丰富、重要，研究成果累累。以上所述，难免挂一漏万，难以取舍恰当。有兴趣者可参考上面提到的书和论著简目，不再在此多费笔墨了。

(丙)、(丁)、(戊)类

荆楚湖北地区至今尚未发现前述(甲)、(乙)两类墓，而(丙)、(丁)、(戊)类则数量可观，有许多重要的发现，故这后三类以湖北的考古发现为主。

《湖北考古发现和研究》一书，把湖北境内的西汉墓分为三类，其第一类即相当于这里讲的(丙)类，第二类相当于(丁)类，第三类相当于(戊)类[49]。

(丙)类墓代表性墓葬有江陵凤凰山 M168、M167、M8、M9，襄阳擂鼓台 M1[50]。

江陵 M168 最重要的发现有：第一，至今仅见的第一具西汉男尸；是继马王堆西汉女尸发现之后的第二具西汉软体尸体，不失为又一重要发现。第二，纪年竹牍和 66 枚竹简，346 字。第三，出土器物中有不少珍品，例如 165 件漆器，大多保存完好，是湖北省已发现的西汉早期数量最多、保存最好的一批精美漆器[51]。

竹牍有 67 字：

十三年五月庚辰，江陵丞敢告地下丞：市阳五大夫燧(遂)，自言与大奴良第廿八人、大婢益等十八人、轺车二乘、牛车一两、驷马四匹、聊马二匹。可令吏以从事。敢告主。

对这类竹木牍的名称、性质、用途，已有多篇文章予以讨论，黄盛璋认为这类木牍的名称应定名为“告地策”，“告地策目的是向地下登报户籍”，“登报人口籍与财物籍（一般称遣策）”[52]。

木牍中的十三年，据史书记载与出土物互证，知为汉文帝十三年，即公元前 167 年，此墓的年代据此可定。

至于墓主的身份，木牍已自记其爵位为五大夫。在汉代的二十等爵制中，五大夫是第九等爵，属等级较高的官爵。西汉时县令一般相当于九级爵五大夫，官秩 600 石。对此，论者认为此墓“墓主极可能是江陵县令（或者社会地位也应与县令相当）”[53]。墓中出土一件简文称为“计筩”的竹筩，筩里盛放与计算有关的天平衡杆、砝码、铜钱、算筹以及文书工具，其中天平衡杆上有 42 个字，分书于篾黄上 22 字、篾青上 17 字、侧面 3 字。发掘报告作者据此认为墓主人生前可能任过与计算有关的官职，“很可能是南郡管理财政方面的郡丞”[54]。墓主是否为次于郡守的郡丞？在无确证的情况下，据墓内木牍文字，肯定墓主是一个有五大夫爵位的地方上高级官吏，这是比较稳妥的说法。

江陵凤凰山 M8、M9 紧相毗邻。M8 墓主为男性，M9 为女性。看来两墓死者应是夫妇关系。M9 出有纪年木牍，可知为汉文帝前元十六年（公元前 164 年）。M8 的年代应相近，墓内出土绘有漆画神人、兽的漆龟盾[55]（图 11.1－15）。M9 的木牍是安陆守丞绾所上文书。两墓还出有研究价值颇高的 256 枚竹简，计 1 500 字[56]。从出土器物的种类、数量和精美程度看，与凤凰山 M168 相近，M8 墓主很可能是“次于太守的高级官吏”[57]。

从以上三个代表性墓葬来看，（丙）类墓的墓主身份介于县令与郡守之间，爵位是九级五大夫以上。因此，从社会地位、等级看，这一类墓的墓主身份低于列侯（即前述乙类），而相当或高于县令和九级爵五大夫以上以及社会上的大地主阶层。

图 11.1－15　江陵凤凰山八号汉墓出土“龟盾”

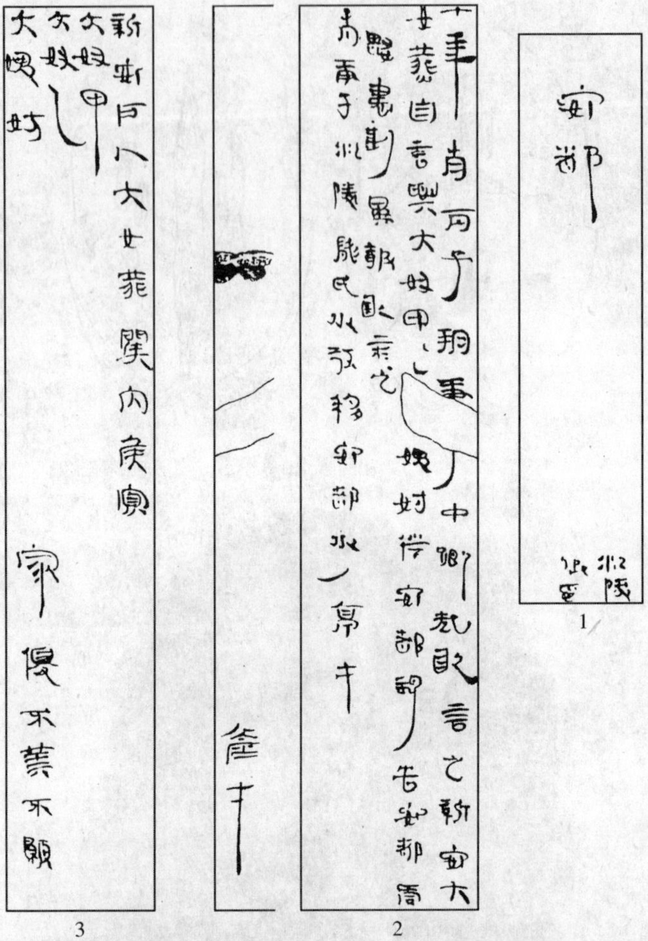

图 11.1－16　江陵高台 18 号汉墓出土木牍

（丁）类墓代表性墓葬有江陵凤凰山 M10、江陵毛家园 M1、江陵张家山 M247、M249、M258、江陵高台 M18 等[58]。高台 M18 出土木牍字数多，内容重要（图 11.1－16）。这 6 座墓除 M249 外，都有纪年材料可考，其绝对年代已如前述，不再重复。特别有历史价值的为 M247、M249、M258 三墓（图 11.1－17），共出竹简 1 600 枚，其中 M247 最多，有 1 200 余枚，计《遣策》40 余枚、《历谱》19 枚、《脉书》80 余枚、《引书》130 余枚、《算数书》180 余枚、《盖庐》50

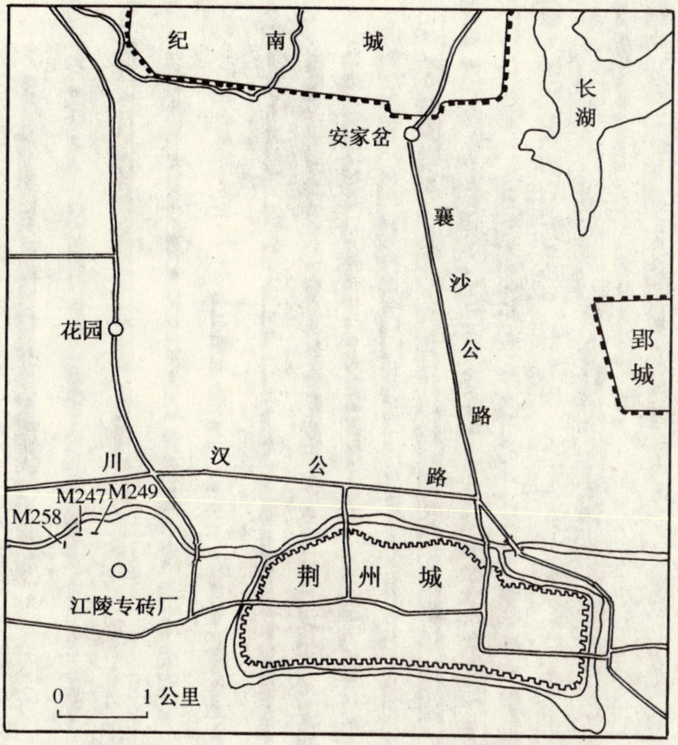

图 11.1－17　江陵张家山三座汉墓位置图

余枚、《奏谳书》近 200 枚(图 11.1－18)、《律令》26 种(“二十六”的“六”字不甚清楚,亦可能是“八”字)计 540 枚。M249 有竹简 400 余枚,主要内容为《日书》。M258 有 58 枚,内容为《历谱》(以上为初步整理数字)。其中《律令》26 种,集汉律之大成,较云梦睡虎地秦墓出土的《秦律十八种》内容更丰富、条文更全面,是研究西汉王朝社会制度和各阶级关系的极其珍贵的文献资料。《算数书》的重要性,在前章已提到,其余多种佚书及《历谱》是研究先秦至汉代政治、经济、学术、科技文化如医学、天文、历法等多方面的“古文献宝库”[59]。这些珍贵的佚籍,有的已全文公布,有的正在整理,即将公布。对已发表的资料,研究成果可观[60]。

M247 的墓主,从出土竹简数之多,内容涉及法律、军事、医学、历

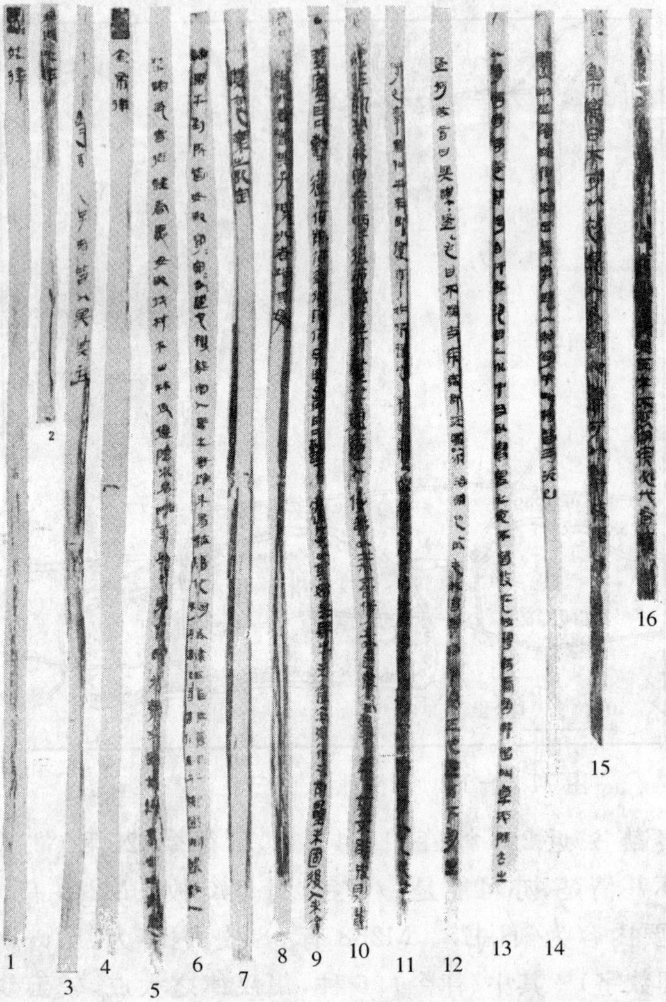

图 11.1－18　江陵张家山三座汉墓出土竹简(举例)

法、数学、体育诸多方面,说明墓主人“生前学识渊博”,“应是一个文职官员,或许就是一个断刑治狱的小吏”[61]。说是一个“小吏”,恐身份又过低。前些时候有人故作惊人之语,说此墓墓主就是汉代数学家、任过丞相的张苍,又未免抬举得太高。在无足够证据的情况下,也许推测为仅次于县令的县丞或相当于县丞的郡守下属官员中的一个文官,比较稳妥。

由此看来,(丁)类墓墓主的社会地位低于(丙)类墓墓主的地位,当介于县令以下或相当于县令的九级爵以下的官吏和中小地主阶层。此类墓数量多于(丙)类墓,出土资料也丰富,故其重要性并不亚于(丙)类。

(戊)类墓发掘的数量不及(丁)类。葬具为单棺,出土物数量、种类少,没有特别重要的发现。其身份与社会地位相当于平民、庶民阶层,不再多述。

以上是从横的方面分类论述,借以了解西汉早期一些重要的考古发现及其反映的社会等级关系。以下将从纵的方面分析一下汉代前期文明的文化因素构成,追寻其源流,以阐明荆楚早期文明一脉相承的传续关系。

第二节 楚汉文明源流

我在本章开头已指出,荆楚早期文明不因楚国的灭亡而消失,也不因秦始皇的焚书坑儒而中断。但汉代早期的荆楚文明,毕竟已不是东周楚国的文明。它是在楚文化发展基础上的延续与创新。并且,汉代早期,是在更大的范围内融合了楚文化、秦文化、中原文化及其他地区文化而形成的更高水平的文化。正因如此,我们要理顺楚汉文明的源流,就不能只看到楚文化的源与流,而要看到其他文化的源与流。但问题在于,在这种源流的追寻中,如何看待各种文化的地位与作用?各种文化的比重如何?荆楚地区的汉文化是以秦文化为主还是以楚文化或中原文化为主而形成、发展起来的?对这些问题的回答,目前学术界的看法尚不太一致。要全面论述则牵涉的面太广,在此主要就秦文化在荆楚地区秦代与汉初的作用作点讨论。

1994 年发表有《秦文化的南播》一文[62],其中有的看法值得讨论。

第一种看法："秦文化成为当时最先进的文化。先进文化向落后地区迁播，不论怎么讲，对落后地区的发展与进步，是有益的。所以总的来看，秦文化南播具有时代的积极意义"[63]。

秦王朝的统一中国，无疑是中国历史上具有划时代意义的事件，这是应肯定的。但秦文化是否为"最先进的文化"？就值得讨论了。所谓"秦文化成为当时最先进的文化"，这恐怕只能是一家之言。与此相反的看法是，秦文化整体水平落后于关东诸国，持这种看法的人更多。例如与前文同在一本论文集的另一文章就认为秦的"文化教育却远远不如经济、军事增长的速度，也赶不上山东六国……这从战国秦重臣多来自山东六国和'诸子百家'出在六国的史实可得到证明。这是因秦从征战出发，重功利、行法治、轻儒学所致"。"秦始皇以强大的军事力量扫灭了六国，而在民族心理上、文化上却并未征服六国"，"文化上的薄弱者最终成了政治上的胜利者"[64]。

这就是说，秦始皇统一中国，只是政治上、军事上的胜利，并不是由于有"最先进的文化"而取得胜利的。相反，正是由于文化不是最先进的，才导致秦王朝的速亡。"秦统一后，未形成天下归一的共同民族心理和文化，是造成秦王朝短命的重要原因之一。若说楚地刘邦大军灭亡了秦朝，不如说是中原华夏民族和文化（即周文化）又取代了……秦族和秦文化。它再次证明，摧残文化教育和人才的政权或较落后文化区的政权，不论一时如何得势，终将被先进的民族文化所代替"[65]。这里把秦文化视为"落后文化区"的文化，与前述持秦文化是"最先进的文化"的看法形成鲜明的对比。此说理由是充足的。在这方面，有关论述还不少，不妨再引录几段：

"秦末农民战争从文化史的意义上看，乃是长江流域的楚文化与关中的秦文化冲突的激化……起义者与秦人具有完全不同的价值观……这种对立的价值观一直延续到汉初，至汉武帝时代才发生根本变化"[66]。"楚亡秦，是楚人与秦人以及楚文化与秦文化的此胜彼负……汉文化像楚文化那样，也能博采众长而独创一格"[67]。

说秦文化不是最先进的文化，并不是说秦文化就全是落后的文化。秦文化中也确有先进的部分，并且在秦代、汉代起了很大作用，如“汉承秦制”、汉初定礼仪“采古礼与秦仪杂就之”[68]。秦文化的历史作用不能否定。在此只是指出，从整体上看，秦文化作为东周时代秦国这一区域文化，落后于中原列国和楚国这些区域文化，故不能认为秦文化是“最先进的文化”。

论者的第二种看法：“秦文化南播成绩斐然，至少在楚地确实是生根、开花并结了果的。”

秦文化的南播，这是事实。早在战国后期，秦占领的楚地内就强制推行了秦的政策与措施。在荆楚地区出现秦墓和秦文化器物也是证据。但是否“成绩斐然”？是否在楚地“生根、开花并结了果”？则要打个问号。

这里有必要谈谈秦文化概念问题。秦文化的概念如同楚文化及其他文化的概念一样，有族属的、地域的、国别的、时代上的几种含义。如果说秦文化是指秦族、秦地和东周秦国的文化，则正如前面已指出的，它落后于中原与楚的文化。其南播是秦人带去的，随着秦王朝的灭亡，昙花一现，好景不长，汉初以后便消失了[69]。根本不存在“成绩斐然”的问题。但若说是秦王朝的文化（包括秦朝的制度），则它的文化是在东周秦国文化基础上，大量吸收了中原地区文化、楚文化等先进因素而形成的。秦的礼制主要是对周礼的继承[70]。“汉承秦制”中的秦制，其实也是在周制基础上的变革。秦王朝的文化伴随它的政治、军事势力而推向全国（包括南播）。这种成绩应予肯定。这就是说，既要看到东周秦文化与秦王朝文化的联系，也要看到它的区别，这是其一。

其二，文化又是分层次的，秦文化是在军事征服之后进行的，“在制度文化和物质文化方面极易达到统一。而在文化的深层次方面则与政治、经济统一的进程相反……秦文化的价值观和秦以外（包括关东和长江流域绝大多数地区）文化圈民族的价值观有显著不同：‘重功利，轻仁义’,乃是以秦为中心的关中文化圈的主要特点……除了秦以外,战国时代几乎各大诸侯国所属的文化圈,其价值观基本取向则是‘重仁义,轻功利’……正因如此,在战国末年秦才被各国视为‘虎狼之国’,‘不同禽兽者亡几’”[71]。

这里且不多谈深层次文化问题,即从物质文化方面看,秦文化南播也非“成绩斐然”、“生根、开花”! 例如荆楚地区的农业、丝纺等手工业仍然是东周荆楚文明的继续与发展[72]。在墓葬体现的荆楚葬制、葬俗方面也主要不是秦文化而是楚文化的延续与变革(加上中原文化的进一步影响)。当然,对墓葬所反映的秦楚文化因素及所占比重,仍存在不同看法,这是学术讨论的正常现象。现在来提出讨论,也是开展学术讨论的正常现象。下面以马王堆汉墓中的文化因素分析为例加以说明。

在马王堆汉墓文化因素的分析中,一般是肯定有较多的楚文化因素,至于有无秦文化因素? 占多大的分量? 则较少涉及。1994 年发表的《试论马王堆汉墓中的秦文化因素》一文[73],对此作了深入探讨,此文的结论性看法是“马王堆汉墓中有较多的秦文化因素,可以说是直接继承了秦文化,而与楚文化有较大的差别”。进而认为“马王堆汉墓是秦文化因素的继续,汉文化尽管也吸收了楚文化因素,却主要是在秦文化因素基础上发展起来的”。此文提出这一结论性看法,是通过材料的对比分析得出来的。为验证这一结论性看法是否果真如此,势必也要依据论者所述顺序与方式,对有关材料作些再分析。

首先,从马王堆墓葬形制看。论者提出的秦文化因素是:1. 墓坑为甲字形,2. 墓坑台阶数量少,3. 有椭圆形墓坑……等。马王堆汉墓为带墓道的土坑竖穴墓,论者指出“这种形制墓并非楚独有,也不敢说一定最早起源于楚或仅只流行楚地”。这是对的。但接着又说现在已知的这种形制,以陕西凤翔秦公陵园的最早,进而认为这是受秦文化影响。其实不然,它的渊源更早。秦的甲字形、中字形墓制,并非秦文化产物,而是渊源于殷商时期的商文化[74]。

马王堆这样的大墓台阶级数少，与楚墓不同，这也是部分事实。诚然，它与江陵一带大型楚墓台阶多达十多级有别，而与秦公大墓台阶级数少相似。但在湘乡的大型楚墓中，台阶的级数有的也只五级。看来，台阶级数多少很可能与各地土质有关。湖南长沙、湘乡一带墓坑台阶少，当与这里土质坚硬，不易崩塌所致；相反，江陵地带的楚墓墓坑的坑壁则易崩塌。笔者就亲身目睹过崩塌的险情，其后确发生了恶性事故；1963 年毕业于北京大学参加考古工作仅一年的谢德根同志，就因墓坑崩塌而不幸牺牲[75]。为吸取这一血的惨痛教训，以后发掘楚墓均采取了严格的安全措施。江陵大型楚墓的台阶级数多，当与这种土质极易崩塌有关。

马王堆 M1 墓道作阶梯式，在楚墓中未见到。但秦公大墓的墓道也是斜坡状，无阶梯式，与楚墓相同。秦公大墓无疑反映秦人固有文化，表明秦墓葬中有的墓道为阶梯式，不是它固有的文化，故不能因秦墓中有的墓道作阶梯式，而把马王堆 M1 墓道的阶梯式，也视为秦文化因素。

秦公大墓墓口处有耳室，马王堆 M2、M3 墓道中有偶人，论者将耳室等同于偶人，进而认为"这一现象显然与秦俗有关，而与楚俗无涉"。应该肯定的是，耳室不等于偶人，两者的区别甚显。况且，偶人乃由楚镇墓兽演变而来。以此看来，应作出相反的判断：与楚俗有关，而与秦俗无涉。

马王堆三座汉墓木椁四周填木炭，认为"填木炭显然又是秦俗，马王堆汉墓承袭的正是这种秦俗"。究其实，填木炭乃中原地区风俗[76]。因此，只能说马王堆汉墓承袭的是中原地区风俗，而非秦俗。

马王堆 M2 的墓坑为椭圆形，确不见于楚墓。论者说"凤翔秦公大墓中却有发现"。经查，只见报道有一个近似圆形的坑。"可能是陵区的一座牺牲祭祀坑"[77]。由此看来，马王堆 M2 椭圆坑非来自秦俗。

墓葬的方向问题。谓马王堆汉墓"头均向北，由此可见马王堆汉墓头向北决不是偶然的，正是承袭秦的传统"。这种"秦的传统"，应区分为二：一是秦固有的传统，“西首葬是秦文化的固有因素”[78]。二是与秦接受“外来文化的影响有关”[79]。墓葬头向北就是这种外来文化因素形成的传统，这种外来文化应就是中原文化。所以，马王堆汉墓的北向并非承袭秦的传统，而是中原文化的传统。

其次，从棺椁与葬式看。谓“椁底横铺，显然是秦俗，马王堆汉墓继承了这一秦俗”。问题在椁底板横铺这一现象是否是秦俗？在陕西凤翔八旗屯发掘了东周时期秦国墓葬四十座，方向西向，“椁底东西直排”[80]，而非横铺。这里是代表秦族文化的典型墓地，这么多墓的椁底均为直排，无一例横排。诚然，在别的地点也有个别墓葬的椁底是横排的[81]，但一为40例，一为1例。数量上的悬殊对比最能说明问题。这表明椁底横排并非秦俗。至于江陵凤凰山、云梦睡虎地秦墓中，有的椁底横排，或许是时代变迁引起的变化，马王堆汉墓的椁底横排也可作如此观。又谓“马王堆汉墓继承秦式棺”。对此，也应从时代发展引起棺的结构变化来看，楚式棺本身就有由弧形棺变为长方盒状棺的演变情况。因此，只能认为马王堆汉墓的棺是在楚式棺基础上的发展变化而已。

关于葬式，谓“仅仰身直肢葬这一点，还难以表明是承楚俗或承秦俗”。秦墓的葬式有两类：直肢和屈肢，而且“秦墓所盛行的屈肢葬比例在战国之后相当大。”[82]在云梦睡虎地秦人墓内也有屈肢葬，而在西汉墓内至今在荆楚地区罕见秦俗中的屈肢葬，可见这种秦俗已消失了。马王堆汉墓的直肢葬不应为秦俗，而应是久已盛行于中原和楚国的直肢葬的延续。

第三，从随葬品看。

1. 器类

谓“楚、秦主要随葬品的类别不同……秦更注重生活用品而不太注重礼器，这说明秦受礼制的束缚较少”，这无疑是对的。但接着说“马王堆汉墓在这方面继承秦的传统”，就值得商讨了。马王堆M1既出土了陶礼器，也出土了漆礼器，之所以未用铜礼器，是由于汉初皇帝下令“皆以瓦器，不得以金、银、铜、锡为饰”[83]。结合马王堆M1的遣策记载，马王堆 M1 用大牢九鼎一套，七鼎二套，即九、七二牢。“春秋中晚期后，列国的一些上卿已僭礼而可用九、七二牢。马王堆 1 号汉墓的鼎制，实际是沿用了以前的上卿之礼”[84]。由此可见，马王堆汉墓在用鼎礼制上完全不像秦俗那样“注重生活用品而不太注重礼器”。它继承的是楚礼制、周礼制（楚礼制本是周礼制的组成部分）。“汉制”是由“周制”演化而来的[85]。马王堆汉墓礼制正是沿袭楚制、周制而不是沿袭秦礼制。

至于马王堆汉墓兵器少，不如楚墓那样随葬大量兵器，这一方面是时代的变化使然，也是由于秦的高压政策和汉初的简朴政策造成的后果。即使如此，在马王堆 M2、M3 内仍出土实用与明器兵器 40 多件，而且从兵器的种类与形制看，“长沙地区西汉早期的兵器是对楚兵器的继承和发展”[86]。

2. 器形

论者谓“具体到马王堆汉墓而言，如 1 号墓陶礼器、漆礼器就是典型的秦式器物形态与秦式礼器组合”。所云“秦式礼器组合”，乃指鼎盒壶这种礼器组合。然这种组合在战国晚期已是普及于中原、楚、秦的一种组合，反映了战国时期我国文化走向统一的趋势[87]。显然，不能以此作为马王堆汉墓接受秦式礼器组合的依据。

陶、漆礼器是否是“典型的秦式器物形态”？前已提到，秦本来就不太重视礼器，有礼器也是受中原文化影响。战国以后到秦汉，器物形态确实发生了变化，楚器形态也发生了变化，这是时代的发展和各种文化因素的融合引起的变化。例如湖南战国后段墓葬中的细长颈壶，“其外观形态显然吸取了秦式蒜头口圆壶的形体特点，只是它依然未摆脱传统楚式壶的躯壳，以致我们不能不仍将其归入楚器行列”[88]。晚到汉代，马王堆 M1 的陶、漆礼器的器物及其形态受到了中原文化、楚文化、秦文化、越文化等多种文化因素的影响，并非“典型的秦式器物形态”，更多的是体现了在中原文化、楚文化基础上的演变，其他文化因素比例很小。“马王堆 1、3 号汉墓随葬物中漆器有金、钫、盘、匜、勺，还有卮、耳杯、奁、案、屏风等，这些器形均见于楚墓。马王堆汉墓中的陶器有鼎、盒、钫、锥壶、熏炉、罐、甑，这些也常见于战国晚期楚墓之中。只有矮足鼎、釜、甑是秦文化因素，在楚墓中未见或少见，大量的印纹硬陶则是越文化的'复兴'"[89]。矮足鼎是战国中期由中原传入秦地的，不必认定是秦文化因素，而是中原文化因素。秦文化的耳足之一上下相叠的鼎，就从未在荆楚地区出现过。秦式典型器如蒜头壶、茧形壶等，在马王堆汉墓内毫无踪影。因此，从器形看，马王堆汉墓不是秦文化因素的延续，而主要是楚文化因素、中原文化因素的延续。

马王堆汉墓中确不见反映楚俗的镇墓兽、虎座飞鸟等，因汉王朝毕竟不是楚王朝，时代前进了，不可能完全重复前代之物。况且，前面已提到，马王堆汉墓墓道中的偶人乃由楚镇墓兽演变而来。论者又谓："凡秦墓所有的生活器汉墓中也有，器形风格接近秦，而与楚有一定差别"，也不完全合乎事实。例如秦墓中反映秦文化特色的漆扁壶就不见于马王堆汉墓。并且，马王堆汉墓漆器器形风格更多地接近楚，而非秦。漆器的制造技术也沿袭了楚的传统，"马王堆汉墓出土的夹纻胎漆器是在漆工艺追求轻巧的需求下，由战国时期楚国夹纻胎制作工艺的基础上发展而来的……西汉前期漆器上的'锥画'装饰方法在楚国漆工艺中已经孕育着它的萌芽，从曾侯乙墓漆器上的雕刻文字到信阳楚墓、云梦秦墓及汉初墓出土漆器上的针刻文字，直到马王堆汉墓出土的漆器上的'锥画'以及西汉中期以后出现的'锥画'，并填以色漆或颜料的装饰方法，从漆工艺发展的角度看，其脉络是十分清楚的"[90]。马王堆汉墓的漆器无疑是在楚漆器工艺基础上发展起来的。漆器中有的确来自已属于秦的蜀地，但这种外来品并没有切断荆楚本地漆器工艺的传统，对此是必须肯定的。

3. 纹饰

楚、秦各类器物，纹样复杂、丰富多彩，主要体现在丝织品与漆器上的图案纹样。但秦的丝织品没有保存，论者便以秦、楚漆器纹样作对比，认为"马王堆汉墓的漆器花纹图案，既吸收了楚的某些内容与技法，更直接承继了秦的表现现实为主的写实风格”。要指出的是，那种以“表现现实为主的写实风格”，并非秦的独有风格，这是我国艺术风格由商周时代的神秘、凝重、庄严到春秋战国时期的秀雅清新、注重写实的变化而出现的新风格。在中原地区、荆楚地区、秦陇地区无不呈现这种时代共性的演变趋势。因此，汉代纹饰无论从哪个方面看，都应是在东周时代出现写实风格趋势的进一步发展与创新。在这种创新中自会包容楚、秦等文化因素，而以包容楚纹样艺术的因素为多[91]，这正是马王堆汉墓纹饰的特点。

4. 文字

论者从文字对比看，认为楚和秦简有着十分明显的差别，而秦和汉简却是基本相同，“看出汉对秦的继承性”。这无疑是中肯的看法。但不能由此得出马王堆汉墓文字仅是秦文化因素的继续。文化发展的连续性，是中国文化的最大特征之一。秦王朝文化是东周时期列国文化的继续，秦文化不过是列国文化的一个小部分。所以，实质上，汉文化是继承东周列国文化、秦代文化而来的，而不仅仅是只继承列国之一的秦国文化。从文字来说，秦始皇“书同文”，统一了各国文字，废止了地方性的异体字，统一用小篆、隶书规划文字，秦王朝统一文字，功不可没。但秦统一文字也非空中楼阁，只有在此前文字统一趋势的基础上，水到渠成，才可能做到这一点。没有此前的文字统一趋势，秦始皇本事再大，也是做不到的。秦族、秦国的文字和其他列国文字都是从我国商周文字发展而来，都遵循汉字“六书”的普遍规律。秦的隶书也并不只起源于秦，战国中晚期的楚文字中也多有带隶意的字体。郭沫若《古代文字之辩证的发展》一文中就指出，战国楚帛书文字“体式简略，形态扁平、接近于后世的隶书”[92]。越来越多的楚文字新材料表明，隶书是由战国中晚期列国中兴起的古隶发展而成的，并非只始于秦。在楚竹简文字中，隶书的形格架式、波势挑法，早已有了雏形[93]。晚至汉初，在马王堆汉墓简帛中有些文字仍带有楚国文字的遗风。“汉代的隶书不仅仅承袭秦人的传统，也吸收了楚国以及其他诸侯国‘古文’的因素”[94]。这样,从文字一项看,马王堆汉墓决不只是秦文化因素的继续,而只可以说是商周以来古文字和周末兴起的古隶文字,经秦王朝统一文字的一脉相承的发展。

以上根据论者提出的一些依据逐项作了再讨论,目的是为了全面认识马王堆汉墓的文化源流,对事不对人,开展学术上的实事求是的讨论。我所得出的结论并非如论者说的“马王堆汉墓是秦文化因素的继续”。全面、准确地说,可以表述为:马王堆汉墓反映的文化是东周列国文化和秦代文化的一脉相承的继续和发展。它包含了东周楚文化、中原文化和秦文化因素,但秦文化因素只占比例很小的成分,主要成分则是楚文化和中原文化因素。之所以都只能说是因素,是因为各个区域的文化,其有效的个性均已转化成为全国的共性,融合成高于各区域文化个性之上的汉文化了。楚文化、中原文化、秦文化的某些有特点的个性,已转变为汉文化的共性了。其中楚文化的一些个性转化为汉文化共性,这样的例子甚多[95]。所以,正如李学勤所说:“楚文化对汉代文化的酝酿形成有过重大的影响”[96]。而马王堆汉墓正是这种重大影响的有力例证。马王堆汉墓的浓厚楚文化因素,除前面已约略提到的以外,还有不少论者从更多的方面作了论述。其中尤可注意的是马王堆汉墓帛书,“大都是楚人的著作”,“马王堆帛书的内容不是杂糅无章的,它代表了自战国以来到汉初楚文化的传流,是楚文化的光辉结晶”[97]。

以上以马王堆汉墓为例,探讨了楚汉文明传流。除马王堆汉墓以外,即使在秦控制较久的鄂西地区,虽然有秦的高压政策,但楚文化也并没有断流。例如20世纪90年代公布的江陵秦汉墓新材料中,有的秦墓随葬器物并非以秦文化因素为主,而是楚、秦两种文化因素的混合,甚至还有楚器多于秦器情况,例如江陵王家台M15出土的3件陶器为:秦器1件,楚器2件(图11.1-4),楚器多于秦器[98]。江陵是楚郢都所在地,秦国对郢都采取了彻底的毁坏措施,以致都城内的凤凰山高地成了秦汉墓地。但这一地带其墓葬出土物同样有楚文化因素,可见楚文化生命力之顽强。还可举出云梦睡虎地的例子,这是一处典型的秦人墓地。墓地虽以秦文化因素为主,但同样存在楚文化的传流。例如日书中要列出秦楚月名对照表,可知其时楚历在秦占领区并未消失,秦人才有必要把秦楚两套月名予以对照。其实,秦的日书也承自楚日书,"睡虎地秦简日书'除篇'是由九店楚简日书'建除 A'和'建除 B'综合而成的,其日名是九店两种建除说日名的合并,其占测文字则主要来自'建除 B'"[99]。这就表明,荆楚地区的秦日书以及秦时期其他事物,不少均源于楚。秦国在鄂西即使统治了长达数十年,又经历秦王朝短暂的十多年,但楚文化的传流并未由此断绝。无数新发现的考古材料进一步证明了这一点。

为什么经历了国亡、秦火的磨难,楚文化传流未能切断?一言以蔽之曰"楚国的文化有非常高的水平"[100]。说具体一点"周代有多种区域文化。楚文化是其中后来居上的一种。各种区域文化互见短长,而从成就之大和水平之高来说,楚文化超过了其他任何一种区域文化"[101]。秦文化是东周时期秦国的区域文化(不是指秦王朝的文化),它的总体水平不及楚文化和中原地区文化。秦人虽然在政治上、军事上一度强大,征服了其他列国,统一了全国,但由于文化上总体水平低于楚文化、中原文化[102],反过来为被征服者所征服,从而建立了以楚人统治为主的汉朝。新建立的汉朝是一个多民族的国家。汉代的灿烂文明是由各个民族、各个地域文化共同创造的,汉文明中无疑也有秦文化的成分,但正如前面已提到的,荆楚地区楚文明在汉文明形成、发展中的重要作用是显著的。所以我们在这里特别强调的是楚汉文明的一脉相承的传流。

注 释:

[1] 历史著作中有的分为先秦史、秦汉史两个大的阶段予以分别著述,例如吕思勉著有《先秦史》和《秦汉史》,林剑鸣著有《秦汉史》等。从社会形态说,范文澜把西周

至战国视作封建社会的初期，秦汉为封建社会中期之始。见其所著《中国通史简编》第一编序言，人民出版社 1949 年版。

[2] 例如从埋葬习俗看“商周秦汉的埋葬习俗，可以汉武帝前后为界限，分为两大阶段”(见俞伟超《汉代诸侯王与列侯墓葬形制分析》一文)。本书所云汉初或西汉早期大体止于汉武帝以前的文景时期。

[3] 湖北省地方志编纂委员会编纂：《湖北省志·文物名胜》湖北人民出版社 1996 年版，第 63 页。**校补**：鄂东蕲春县新发现汉城、汉墓，见《罗州城与汉墓》，科学出版社 2000 年版。

[4] 郑佳明主编：《长沙历史文化丛书》之一《湘城沧桑之变》(黄纲正等著)，湖南文艺出版社 1997 年版，第 51 页(在写第五章时，此书尚未出版，故在此补述一下)。

[5]《湖南省志·文物志》，湖南出版社 1995 年版，第 56 页。有关北津城材料，同时参用《中国文物地图集·湖南分册》的文物单位简介中长沙市“北津城故城”一条的文字说明。**校补**：2002 年对湖南龙山县的里耶战国至秦代古城址进行了部分发掘，在古城的一号古井内出土了三万六千多枚秦简，轰动中外，特简补于此。(发掘简报刊《文物》2003 年第一期)

[6] 同[3]，第 58 页。

[7] 拙作：《试论楚丹阳和郢都的地望与年代》，《江汉考古》1980 年第 1 期。这里还可补充一点：1973 年我在北京参加出国文物展览筹备工作，认识了黄盛璋先生，因他以前曾著文认为郢城小于纪南城，应早于纪南城。我向他介绍了自己亲身参加考古工作的见闻，认为郢城年代要比纪南城晚。这可能影响他以后改变看法。

[8] 黄盛璋：《江陵凤凰山汉墓出土称钱衡、告地策与历史地理问题》，《历史地理与考古论丛》齐鲁书社 1982 年版，第 211 页。

[9] 1964 年，湖北省文物工作队在城内中部试掘了 2×10 米的南北向探沟一条，出土了一些秦汉时期遗物，因发现秦汉建筑遗址停止下掘。我是当时参加工作的干部之一。1965 年我在此城再调查，发现了王莽时期的货币和铜镜，简讯刊于《江汉考古》1980 年第 2 期。

[10] 江陵郢城考古队：《江陵县郢城调查发掘简报》，《江汉考古》1991 年第 4 期(执笔者朱俊英)。

[11] 杨宝成主编、黄锡全副主编：《湖北考古发现与研究》，武汉大学出版社 1995 年版，第 232 页。

[12] 见以下二文：《楚文化考古大事记·序言》；《中国考古学会第七次年会论文

集》第 189—212 页。

[13] 高至喜：《再论湖南楚墓的分期与年代》，《楚文化研究论集》第 1 辑；高至喜：《论湖南秦墓》，《文博》1990 年第 1 期；高至喜：《楚文化的南渐》，第 393—398 页。

[14] 贺刚：《论湖南秦墓、秦代墓与秦文化因素》，《湖南考古辑刊》第 5 集，《求索》增刊 1989 年。

[15]《云梦睡虎地秦墓》，文物出版社 1981 年，《湖北云梦睡虎地秦汉墓发掘简报》，《考古》1981 年第 4 期，《1978 年云梦秦汉墓发掘报告》，《考古学报》1986 年第 4 期。

[16] 李学勤：《东周与秦代文明》第 348 页；有关睡虎地竹简内容请参阅此书第 343—349 页。其他论秦简的著作和论文甚多，不再介绍。

[17] 前后两次发掘简报刊于《江汉考古》1990 年第 3 期、1993 年第 1 期；湖北省文物考古研究所等：《云梦龙岗 6 号秦墓及出土简牍》，《考古学集刊》第 8 集，1994 年；刘信芳、梁柱编著：《云梦龙岗秦简》，科学出版社 1997 年版。

[18] 参阅《湖北考古发现和研究》第 239 页，认为原报道定为西汉初的大坟头 M2、M3 和龙岗 M8、M13，应为秦代，但又不把原定为西汉早期的坟头 M1 改定为秦代(268 页)。大坟头 M1 年代也应改定为秦末或秦汉之际，对龙岗 M13，报道者定为西汉早期，也应改定为秦末或秦汉之际。

[19] 湖北荆州地区博物馆：《江陵杨家山 135 号秦墓发掘简报》，《文物》1993 年第 8 期。

[20] 湖北省博物馆：《宜昌前坪战国两汉墓》，《考古学报》1976 年第 2 期。**校补：**陈平释此印文为“积”，载《燕秦文化研究——陈平学术文集》，北京燕山出版社 2003 年版，第 165 页。

[21] 陈振裕：《略论湖北秦墓》，《文博》1986 年第 4 期。

[22] 湖北省博物馆：《云梦大坟头 1 号汉墓》，《文物资料丛刊》第 4 集，文物出版社 1981 年版。

[23] 分为两类的见《湖北考古发现与研究》第 233—235 页；分为三类的见[21]。

[24] 这些纪年墓资料来源，见后面分类论述西汉早期墓葬的注解。

[25] 西汉早期的年代范围有两种说法：(1) 指汉高祖元年(公元前 206 年)至汉武帝即位时(公元前 140 年)；(2) 指汉高祖元年至汉武帝元狩五年(公元前 118 年)铸行五铢钱之前，我在此采取第一种说法。

[26] 湖南省博物馆：《长沙象鼻嘴 1 号西汉墓》，《考古学报》1981 年第 1 期；长沙

市文化局文物组:《长沙咸家湖西汉曹嫘墓》,《文物》1979 年第 3 期;宋少华、李鄂权:《西汉长沙王室墓》,《中国考古学年鉴·1994 年》第 247 页。以下论述中不见于此报道的材料,主要采自黄展岳:《汉代诸侯王墓论述》,《考古学报》1995 年第 1 期。

[27] 参阅单先进:《西汉"黄肠题凑"葬制初探》,《中国考古学会第三次年会论文集》,文物出版社 1981 年版;黄展岳:《释"便房"》,《中国文物报》1993 年 6 月 20 日。

[28] 参阅俞伟超:《汉代诸侯王与列侯墓葬的形制分析——兼论"周制"、"汉制"与"晋制"的三阶段性》,《先秦西汉考古学论集》,文物出版社 1985 年版。

[29] 邱东联:《长沙西汉"渔阳"王后墓"偶人"及相关问题》,《湖南省博物馆四十周年纪年论文集》。

[30] 罗复常:《天下第一"筑"发现记》,《中国文物报》1994 年 4 月 10 日。

[31] 黄翔鹏:《秦汉相和乐器"筑"的首次发现及其意义》,《考古》1994 年第 8 期。

[32] 项阳、宋少华:《西汉长沙王室墓出土乐器的研究》,《中国文物报》1996 年 7 月 28 日。文中有一句为:"据考,为长沙国王吴芮的后宫",经与宋少华同志联系,此句有误。此墓非长沙国王吴芮王后墓,更非"后宫"墓。

[33] 同[28],第 119 页。

[34] 吴氏长沙国前四代为汉高祖五年至汉文帝二年(公元前 202 年至公元前 178 年),基本上在文帝之前(仅有 2 年为文帝时)的高祖、吕后时期。按前面所论两段的分期,正好属于西汉早期的前段(吴芮及王后墓不在湘江西岸,故此墓主为第二至第四代中的某代王后)。

[35] 湖南省博物馆、中国科学院考古研究所:《长沙马王堆 1 号汉墓》,文物出版社 1973 年版;湖南省博物馆、中国科学院考古研究所:《长沙马王堆 2、3 号汉墓发掘简报》,《文物》1974 年第 7 期(发掘报告尚未出版)。**校补:** 湖南省博物馆、湖南省文物考古研究所编著(何介钧主编):《长沙马王堆 2、3 号汉墓第一卷田野考古发掘报告》,文物出版社 2004 年版。

[36] 主张 M3 墓主为利豨或其兄弟的,见注[45]一文;1994 年又有文再证 M3 墓主为利豨,见刘晓路《论贾谊出为长沙太傅——马王堆汉墓历史背景之疑案》一文,出处见注[47];黄盛璋主张为第三代轪侯,见注[52]其文。

[37] 此用发掘简报的释文(见注[35])。对其中个别字有不同的考释意见。参阅陈松长:《马王堆 3 号汉墓纪年木牍性质的再认识》,《文物》1997 年第 1 期。

[38] 何介钧、张维明编写:《马王堆汉墓》第 10 页,文物出版社 1982 年版。

[39] 中国科学院考古研究所、湖南省博物馆联合写作小组:《马王堆 2、3 号汉墓

发掘的主要收获》,载《马王堆汉墓研究》湖南人民出版社 1979 年版,第 59 页。

[40] 同[39],第 60 页。

[41] 为保持本书的前后连贯体例,在本书第六章论楚墓棺的层数时未按这一新想法作改动。在此简述一下我这一新看法:象鼻嘴 M1 为三棺,最外层一棺承楚制,为弧形盖。据此,我以为楚墓的棺最外一层也应为弧盖那种棺,而以前则把弧盖棺之外的一层大棺称为外棺。这种所谓“外棺”应相当于象鼻嘴 M1 的棺房,不同处在于象鼻嘴 M1 的棺房是凵形,即一边未封闭,而楚墓与马王堆 M1、M3 则是封闭的。差异仅此而已。

[42] 以上帛书的名称主要采用《马王堆帛书艺术概述》一文,载《马王堆汉墓帛书艺术》,出处见注[48]。马王堆汉墓帛书释文大多已公布。《周易·系辞传》几种释文经陈松长等整理,已在《道家文化研究》第三、第六辑内发表。

[43] 对帛画的名称、作用及画面天界、人间、地府的看法、解释,各说不一,有的至今未获一致认识,并有新的见解值得重视,例如李建毛:《也谈马王堆汉墓 T 形帛画的主题思想——兼质疑“引魂升天说”》一文,《美术史论》1992 年第 3 期(引文见此文)。

[44][51] 参阅李正光编绘:《汉代漆器艺术》,文物出版社 1987 年版。

[45] 傅举有撰,刊《求索》1989 年第 2—3 期。

[46] 湖南出版社 1992 年版。

[47] 报道为《马王堆汉墓国际学术讨论会述略》(陈松长执笔),刊《中国史研究动态》1992 年第 12 期(后收入《简帛研究》第一辑)。论文集由湖南省博物馆编,湖南出版社 1994 年版。

[48] 高明撰:《帛书老子校注》,中华书局 1996 年版;陈松长编著:《马王堆帛书艺术》,上海书店 1996 年版。

[49] 同[11],第 245—249 页。

[50] 湖北省文物考古研究所:《江陵凤凰山 168 号汉墓》,《考古学报》1993 年第 4 期。凤凰山 167 号汉墓发掘整理小组:《江陵凤凰山 167 号汉墓发掘简报》,《文物》1976 年第 10 期。

长江流域第二期文物考古工作人员训练班:《湖北江陵凤凰山西汉墓发掘简报》,《文物》1974 年第 6 期。

襄阳地区博物馆:《湖北襄阳擂鼓台一号墓发掘简报》,《考古》1982 年第 2 期。简报云墓主相当于县丞,则应低于(丙)类墓,但考虑此墓为一椁二棺,身份可能高于县丞,故仍采《湖北考古发现与研究》一书的看法,归于此类。

[52] 黄盛璋:《龙岗秦墓简牍"事"、"吏"、"史"与告地策定名及其引起问题》,《中国文物报》1997 年 12 月 14 日。

[53] 同[11],第 246 页。

[54] 同[50]的第一篇第 510 页。

[55] 李家浩:《江陵凤凰山 8 号汉墓"龟盾"漆画试探》,《文物》1974 年第 6 期。

[56] 黄盛璋:《江陵凤凰山汉墓简牍及其在历史地理研究上的价值》,《文物》1974 年第 6 期。

[57] 同[11],第 247 页。

[58] 凤凰山 M10 材料同见[49]第三篇报道。江陵毛家园 M1 材料未发,在陈振裕《湖北西汉墓初析》一文(刊《文博》1985 年第 2 期)中略有介绍,例如提到"毛家园 1 号墓葬于汉文帝十二年八月(公元前 168 年)",此说乃据墓内纪年木牍而来。

荆州地区博物馆:《江陵张家山三座汉墓出土大批竹简》,《文物》1985 年第 1 期。

湖北省荆州地区博物馆:《江陵高台 18 号墓发掘简报》,《文物》1993 年第 8 期。**校补**:高台 M18 材料已收入《荆州高台秦汉墓》一书,科学出版社 2000 年版。

[59] 陈耀钧、阎频:《江陵张家山汉墓的年代及相关问题》,《考古》1985 年第 12 期。

[60] 例如:李学勤:《〈奏谳书〉解说》(上、下)刊《文物》1993 年第 8 期、1995 年第 3 期(其释文同期公布)。高大伦著:《张家山汉简〈引书〉研究》,巴蜀书社 1995 年版。

[61] 同[59]。**校补**:M247 墓主之争可参阅胡平生、李天虹合著的《长江流域出土简牍与研究》,湖北教育出版社 2004 年版。此书对楚、秦、汉简牍均有论述。

[62][63]《秦汉史论丛》第 6 辑,江西教育出版社 1994 年版,第 253—266 页。

[64] 杨东晨:《从民族文化心理论秦朝的灭亡》,载《秦汉史论丛》第 6 辑,第 283—284 页。此文收入杨东晨的论文集《古史论集》,陕西人民出版社 1994 年版。在杨东晨著《民族史论集》中,也肯定其时"秦文化并未征服楚文化"(见第 168 页),香港国际艺术出版社 1996 年版。

[65] 杨东晨:《从民族文化心理论秦朝的灭亡》,载《秦汉史论丛》第 6 辑,第 292 页。

[66] 秦剑鸣:《长江文化史》,江西教育出版社 1995 年版,第 226 页。

[67] 张正明:《楚史》,第 392 页。

[68]《史记·叔孙通传》。

[69] 例如秦族、秦地的屈肢葬葬俗、蒜头壶等典型秦式器,汉初以后都消失了。

[70] 参阅由更新、史党社:《从考古材料看周秦礼制之关系》,《秦文化论丛》第四辑,西北大学出版社 1996 年版。

[71] 同[66],第 225 页。

[72] 大量考古材料可以证明,有关论著也予以阐明,不再罗列。

[73] 载《马王堆汉墓研究文集》湖南出版社 1994 年,第 237—245 页。以下凡未注明出处者,均见此文。

[74] 韩伟:《略论陕西春秋战国秦墓》,《考古与文物》1981 年第 1 期,文中说:"秦大墓与殷大墓制度相近,其中的继承或渊源关系是显而易见的。"

[75] 谢德根同志,湖南长沙人,1959 年保送入北京大学历史系考古专业学习。事故发生前,省文物考古队干部除他一人外,都调回省城武汉搞政治运动,事故发生时,他一人负责江陵楚墓的发掘,在掘深至 4 米左右时,墓坑一边突然崩裂下塌,以致谢德根同志当即殉职于墓坑内。**校补**:此前已发生数起崩塌事故,笔者就亲历一次;但这几次都未造成人员伤亡,以致不加防范而酿成这一死亡事件。

[76] 参阅《新中国的考古发现和研究》第三章第三节,文物出版社 1984 年版。

[77][78][79] 王学理主编《秦物质文化史》,三秦出版社 1994 年版。

[80] 吴镇烽、尚志儒:《陕西凤翔八旗屯秦国墓葬发掘简报》,《文物资料丛刊》1980 年第 3 集。

[81] 陕西考古研究所等:《陕西陇县边家庄 5 号春秋墓发掘简报》,《文物》1972 年第 1 期,此墓形制特殊,分上下两层,下层置放棺木,罕见于其他秦墓。

[82] 同[77],第 319 页。

[83]《史记·孝文本纪》,中华书局 1964 年版,第 433 页。

[84] 俞伟超:《马王堆 1 号汉墓用鼎制度考》,《先秦两汉考古学论集》文物出版社 1985 年版,第 115 页。

[85] 参阅俞伟超:《汉代诸侯王与列侯墓葬的形制分析——兼论"周制"、"汉制"与"晋制"的三阶段性》,出处同[84],见第 117—124 页。

[86] 高至喜:《从马王堆 2、3 号汉墓出土文物看早期兵器的发展》,《马王堆汉墓研究文集》第 197 页。

[87] 中原地区战国晚期铜器墓的组合为鼎、盒、壶,见高明:《中原地区东周时代青铜礼器研究》,《考古与文物》1981 年第 2—4 期。陶礼器的这种组合在战国晚期的中原地区也是基本组合,参见《洛阳中州路》,科学出版社 1959 年版,第 141 页。楚文化区也同样如此,如江陵楚墓早在战国晚期前段(公元前 278 年以前),铜、陶器墓均已出现

鼎、盒、壶。见拙著《楚系青铜器研究》第 90 页和郭德维《楚系墓葬研究》第 160 页。

[88] 贺刚:《论湖南秦墓、秦代墓与秦文化因素》,《湖南考古辑刊》第五集,第 180 页。

[89] 高至喜:《马王堆汉墓的楚文化因素分析》,《湖南博物馆文集》第 77 页。有关长沙秦至西汉的楚文化因素请参阅他的另一文章《从长沙秦和西汉早期墓葬看楚文化的延续和影响》,《楚史与楚文化研究》,《求索》1987 年增刊。

[90] 后德俊:《马王堆汉墓出土漆器与楚国漆器工艺关系》,《湖南博物馆文集》岳麓书社 1991 年版,第 247—248 页。

[91] 楚漆器、纺织品上的纹样乃楚纹样的一脉相承,已有大量考古材料为证,论者亦多,在此不复述。

[92] 刊《考古》1972 年第 3 期。

[93] 参阅《楚文化志》第 266—268 页。

[94] 李学勤:《新出简帛与楚文化》,《楚文化新探》第 39 页。

[95] 参阅张正明:《楚文化史》第 318—319 页。

[96] 李学勤:《东周与秦代文明》第 12 页。近阅 1996 年召开的中国秦汉史研究会第七届年会暨国际学术讨论会的论文中,有高大伦撰《汉文化与楚文化》一文,从多个方面分析,认为:"西汉早期楚文化遗风在全国的影响都相当广泛和深入。"

[97] 同[94],第 33—34、39 页。

[98] 荆州地区博物馆:《江陵王家台 15 号秦墓》,《文物》1995 年第 1 期,墓内陶器为:釜$_1$、盂$_1$、小壶$_1$、釜为秦器,盂、小壶为楚器(见图 11.1-4)。

[99] 刘乐贤:《九店楚简日书研究》,《华学》第二辑,第 68 页。中山大学出版社 1996 年版。

[100] 同[94],第 39 页。

[101] 张正明主编:《楚文化志》序言。

[102] 为了与前面对此的论述相呼应,再引录李学勤在《新发现简帛与秦汉文化史》一文中的一段话:"正由于秦国的文化传统是落后于六国的,它并未能创造出可观的文化成果,来代替曾达到相当繁荣的六国文化。简帛中值得称道的秦文化的产物,只有条目繁多的法律,成为汉律的依据和凭借"(收入《李学勤集》,黑龙江教育出版社 1989 年版,第 316 页)。

第十二章

早期荆楚文明的历史地位

前述十一个章节，以历史时代为经，以各类文化内涵为纬，对江汉洞庭地区的远古文化和早期文明作了详略不一的论述。主观愿望是想做到如同“庖丁解牛”的故事那样，对早期荆楚文明这个“牛体”进行解剖。“有了这样眼光的考古学的‘庖丁’们，便能逐渐进入‘游刃有余’的境界”[1]。要达到这样的境界殊非易事，笔者只抱着“只顾攀登莫问高”的心态，去努力争取达到这一境界。在进行了前述章节的“解剖”之后，希望能由分析到综合（此前在分析中也有综合），作些总体性认识。以下分为三节，不过是为了叙述的方便，都是围绕早期荆楚文明的历史地位、作用、影响这一中心问题展开讨论的。

第一节　早期荆楚文明历程总述

早期荆楚文明是早期中国文明的有机组成部

分，谈论早期荆楚文明的发展就丝毫不能脱离对早期中国文明发展道路的考察，从哲学语言上说就是要处理好“一般与个别”、“共性与个性”、“全体与部分”的关系，并且要用从“共性”中抽绎出来的理论来指导对“个别”的研究。应将中国考古学关于“区系类型论”、“多元一体论”、“文明论”等理论研究成果，运用于早期荆楚文明发展道路的研究和探索。

已故考古学泰斗苏秉琦对中国文明起源、国家起源发展的道路作了以下简要的概括认识：

“从氏族公社向国家转变的典型道路——古文化、古城、古国；

国家发展的三部曲——古国、方国、帝国；

国家形成的三模式——北方的原生型、中原次生型、北方草原型。”[2]

在这一总体认识中，学者们已论述了北方红山文化发展产生的古城、古国，认为属“原生型文明”，“是中华大地上最早的原生文明”[3]。

但是，可以追问的是，红山文化发展出的这个原生文明，是否仅是中国惟一的最早的原生文明？别的地方有没有？中原有没有？南方有没有？我以为这是一个有待再认识的问题。在此不讨论别的地区[4]，只着重谈荆楚地区。

我提出的看法是：荆楚地区也是中国最早的原生型文明之一。提出这一看法的依据主要有以下两条：

第一，理论上的依据。中国文明起源有一个从“满天星斗”到“多中心”，由多中心到多元一体结构的形成过程。荆楚地区应是文明起源多中心中的一个重要中心。它有着独立的起源，同时不断吸收周围地域文化因素，从而发育出一个最早的原生文明。

第二，事实上的依据。荆楚文明起源植根于本地区的悠久文化土壤之中。追根溯源，如果从两百万年前的巫山人[5]开始，中华文化已不只是“百万年连绵不断”，而是两百万年的连绵不断！巫山人之后，在这一地区已发现郧县猿人、长阳人、汉阳人、石门人等，环环相因；进入新石器时代以来，在这一地区已发现年代最早的人工栽培稻和最早的水稻田[6]，是最早进入“农业革命”的农业文明地区；有年代最早的陶器[7]，意味着也是最早进入手工业文明的地区；有中国年代最早的古城和规模最大的古城[8]，形成了最早的古国之一……这些事实表明，这一地区经历的正是“从氏族公社向国家转变的典型道路——古文化、古城、古国”。

从上述理论上的和事实上的认识，可证这一地区的文明起源也是一个“原生型文明”。它是中华大地上最早的原生文明之一，是可与北方原生文明并驾齐驱、南北相互辉映的南方原生文明。

接下来要讨论的问题是，这个南方原生文明是否也如同北方原生文明一样，经历了“古国、方国、帝国”的三个阶段（三部曲）？这个原生文明是否连续发展，一直延续到东周的荆楚文明？目前由于这一地区夏商西周时期考古资料相对欠缺，人们对这一时期发展轨迹的认识很不一致。在多种说法中，主要存在针锋相对的两种看法：

第一种看法，本土文化发展说。荆楚本土文化有着一脉相承的渊源、继承发展关系[9]。也就是说，本地史前文化与东周楚文化有渊源关系，史前一些文化因素一直流传到东周甚至后世，虽然对这种文化因素流传的多少、强弱，有不同的认识，但其传流“不绝如缕”，则是肯定的，正如屈原诗云：“受命不迁，生南国兮……深固难徙……岂不可喜兮”（《九章·桔颂》）。夏商西周时期，虽受到中原文化的强烈影响，但“土生土长”的根不能否定[10]！可以这么说：“土著文化是楚文化形成的基础，或谓主源”[11]。

第二种看法，楚文化源于中原说或中原文化取代说。与第一种看法正好相反，认为“楚文化最早起源于中原地区”[12]，或者说“楚文化是生在黄河流域”[13]。按这种说法，荆楚地区原生型文明的本土渊源“中断”了[14]，或者是被中原文化“取代”了[15]。

这第二种说法不承认楚文化的本地区渊源，显然不符合客观历史实际。可再举例说明。例如：陶鬲是中华先秦文化的“标准化石”。东周的楚式鬲就有本土文化的渊源，苏秉琦等学者对此先后作过分析。楚式鬲的源头已可由西周往前追溯到本地商代二里岗期、本地夏代二里头期和史前石家河时期[16]，如果不是植根在本土文化土壤之中，它就只能是商式鬲、周式鬲，而不可能出现楚式鬲这样一个新的陶鬲类型。因此，楚式鬲文化的一脉相承，乃荆楚文明本土渊源的有力映照。

再从一些文化遗址看，例如商代本地区盘龙城、荆南寺、皂市等遗址有本地区史前与相当本地二里头时期的文化因素[17]。从诸多遗址的文化因素分析，本土文化因素经历夏、商、西周，一直到东周仍有流传[18]，表明本土文化的传流从未间断，像一条河流一样在流淌着。

因此，从陶鬲这一"标准化石"和文化遗存中本土文化因素的一脉相承来看，这一地区从史前到东周的发展历程中，本土文化不仅没有"中断"，没有被"取代"，而且有如一株幼苗，"独立不迁"，"更壹志兮"（《楚辞·桔颂》），几经曲折，长成了一棵参天大树——东周的楚国文明。

这棵大树虽深深扎根于本地区史前文化沃土之中，但进入夏商时期以来，夏商周王朝所在地的中原文化，已成为本地区主体文化之一。它的主根就不仅只有本土文化一个，而有多个，或者说主要是两个——本土文化和中原文化。中华文化的构成是"多元一体"的，这已成为共识。我们在观察楚文化构成时，同样也应具有"多元一体"的宏观认识，并在"多元"中分清主次。楚文化的多元构成中主体为两元。如就这两个主要方面来看，也可称之为"二元一体"。在"二元一体"中，中原文化与本土文化两者有机地结合和融合，同生共长。在成长过程中两种文化要素有彼此消长的变化，但不是排斥、取代的关系，而是相互渗透、互补的关系，从这个意义上说，也可称之为"二元互补"。正确掌握这种认识[19]，就可探清荆楚文明从史前到东周的形成、发展的奥秘。

有了以上认识为基础，就可对这一地区"古国——方国——帝国"发展道路中的方国阶段作进一步认识。

苏秉琦先生的"文明论"认为："方国"时代是指夏商周三代。秦以后进入“帝国”时代。在“方国”时代，“夏王朝只不过是‘万国’中的一个‘方国’，类似春秋的‘盟主’。后经商、周时期，到秦始皇才完成了统一帝国的大业……夏、商、周、秦……是不同族源间的方国间的替代。夏、商、周、秦各有起源与开国史……‘方国’阶段是夷夏（四夷与华夏）关系互为消长和夷夏共同体重组、新生的阶段”[20]。

依据这一认识，处于“方国时代”的荆楚地区，也应经历了一个方国间的重组、新生阶段。

在夏代时期，文献记载中华大地上有“万国”[21]。这万国也就是方国。其中有的应分布在荆楚地区，是在古国时代之后，“重组、新生”的方国。虽然目前在考古材料中还难以对此予以确证，但从宏观的、逻辑的思考，这样的方国应是存在的。

到商代时期，这一地区的方国有的可以得到确证。在本书第三章，已论证盘龙城就是商时期这一地区的一个方国中心。文献记载“汉南之国……四十国归之”（归附商朝）[22]。可推知这一地区决不只一个盘龙城商文明，而应有多个，到底有多少个？则有待于今后的继续探索。

西周、东周时期，这一地区的方国，自然首推楚国。东周楚灭国六十，其中约有二十个在荆楚地区[23]。这些小方国逐渐被楚国征服，并不断被吞并，归于楚国一统。楚国在极盛时期的统治范围还扩展到了长江下游（灭亡越国以后），大大超出了荆楚地区的范围。东周时代的荆楚地区，自楚武王称王以后，它就代替了周王而号令荆楚地区及其扩境的地区。因此，若从荆楚地区历史发展看，从夏代到战国，只说历经夏、商、周三代是不确切的，而应是经历了夏、商、周、楚四代，也可称之为：夏——商——周（西周）——楚（东周）四王朝。

荆楚地区的“四王朝”说，此前似尚未见提出。在对早期荆楚文明作总体认识时，提出这种说法对不对？是否故意标新立异？有意夸大她的历史地位？人的认识是不断深化与发展的。在对早期荆楚文明发展道路的反复考察、研究中，我认为可以提出这样的新认识。

并且，这种认识与当今有关文明发展的理论认识也是合拍的。在此就文明论中的“熔炉论”，再谈点看法。

熔炉论，其实也是一种“中心论”，是“多元一体”理论的具体化。“中华民族是大熔炉的产物，而各文化区系也都是熔炉”。“每一个大区系中各有范围不大的历史发展中心区域（常常是后来春秋战国时期大国的基点）”[24]。

把这种看法运用到方国时代，首先应肯定夏、商、西周王朝中心是大熔炉、大中心，而其他方国则是中、小熔炉，或次中心、亚中心。各区系的熔炉均和夏、商、西周王朝中心这个大熔炉共同浇灌、铸造中华早期文明这棵参天大树、摩天大厦。但历史发展到东周时期的楚王朝时期，情况有了很大的变化，在荆楚地区，周王朝中心的作用被楚国取代了。楚国成了长江流域的大熔炉和最大的中心。春秋战国时代的华夏文化，演变成了周文化与楚文化的二元耦合。“前者之雄浑，如‘触砥柱而下的黄河’，后者之清奇，如‘穿三峡而出的长江’”[25]。就是说，春秋战国时代的楚王朝时期，楚国是与中原中心（已分为几个中心）平行发展的一个中心、一个大熔炉。从西周到东周，楚国作为众多诸侯国之一，发展成为雄踞南方的惟一大国，成为统治半壁江山的楚王朝。方国地位的这种前后变化，可简明图示如下：

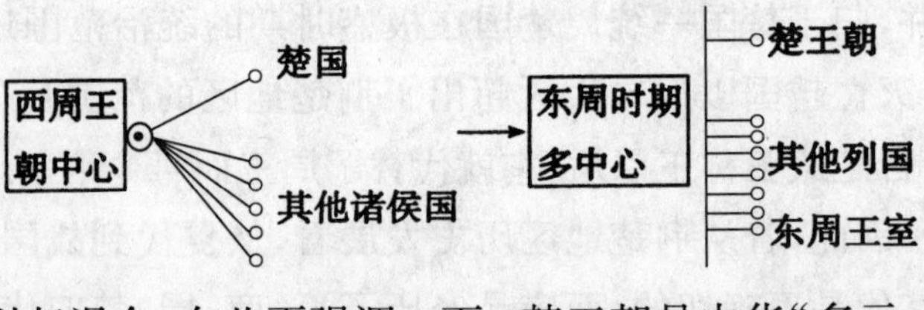

为免引起误会，在此再强调一下：楚王朝是中华“多元一体”或“二元一体”中的“一元”，只存在于东周时期的荆楚地区（后期包括它所辖的周围地区），其文明是中华早期文明中的有机组成部分。

楚国从方国之一而成为强大的楚王朝，必有它自身的发展历程。楚立国于周初，但楚族先人已久居荆楚地区，其渊源可一直远溯夏、商时代和史前古国时代[26]。在夏、商时代，楚族是否已在荆楚地区建立方国？它与夏、商时代这一地区的方国有何关系？由于文献缺载和考古资料的不足，对这类问题看法各异。我的看法是：在夏、商时代，荆楚地区的楚族人在史前原生型文明的基础上，接受了夏、商王朝文明，在这一地区建立了自己的方国。在夏、商、西周时代，楚方国和这一地区其他方国的关系，既有平行发展的关系，又有相互交融的关系。从西周晚期开始，楚方国开始强大，征服、并吞本地区的其他小方国，到东周的楚王朝时期，取代了本地区的众多小方国，而成为本地区惟一的与其他地区相抗衡的一个大方国，以后成为秦汉帝国的组成部分。

由上所述，荆楚地区同样经历了古国——方国——帝国三个发展阶段。就是说，中华文明起源、国家起源、发展道路的三部曲，同样包括了荆楚地区。这是共性。但荆楚地区在方国阶段也有自身特点，即个性。个性的表现形式之一是，这一地区在古国时代之后，经历了文明的“重组、新生”，新生的楚方国由起初的微不足道，发展到东周成为统治荆楚地区的楚王朝。发展的状况表现为高潮（古国时代）——低潮（夏商西周时期）——高潮（东周楚王朝时期）的波浪式过程，并且在低潮时期（相对于中原地区而言），仍有本地区的小高潮（如商代盘龙城文明即为小高潮）、小低潮的起伏变化。

荆楚地区这两个高潮期的出现，是此前长期积累、演变的结果。正是由于史前从旧石器时代到新石器时代长期的量的积累，从量变到突变，才出现了第一次高潮——古国时代初级文明社会的诞生。

在方国时代，楚国作为荆楚地区方国之一，也是经历了长期的积累，逐渐从小到大、由弱变强，由落后变先进，置身于华夏文明大国之列，从而出现了第二次高潮——东周楚王朝统治下的荆楚地区及其所征服的地区（楚王朝时代的社会政治、经济、文化发展、社会制度的演进，已在本书第四章略有论述，不再复述）。

在帝国时代，荆楚文明融入秦汉文明之中，成为秦汉文明的重要来源和重要组成部分。总括荆楚史前文化、早期文明的历时性发展过程，可将有代表性的古人类、远古、上古文化和历代王朝发展历程示意如次：

旧石器时代：巫山人(距今200万年)……郧县人(70万年)……长阳人(20万年)……石门人(2万年)……宋家溪遗存……玉蟾岩遗存(1万年之前)；

新石器时代至秦汉，兼用方块高度表示其间的两个发展高潮时期(其间有盘龙城期小高潮)，图示如下：

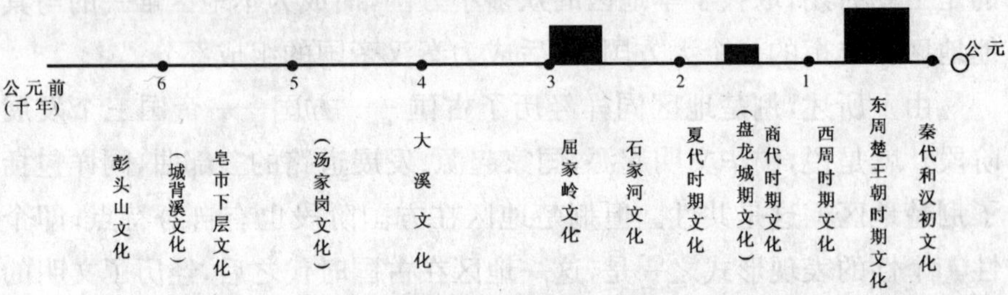

荆楚地区远古文化和早期文明的发展道路，楚国的强国之路，其历史经验是一笔宝贵的精神财富，永远值得后人借鉴、发扬。

第二节　早期荆楚文明的历史地位

早期荆楚文明的历史地位问题，实际上是如何正确评估和重新认识它在中国文明史上甚至世界文明史上的历史地位、作用、影响的问题。它的历史地位要以其在历史上的贡献大小、作用轻重、影响强弱而定。

事物发展的不平衡规律是普遍存在的，如前节所述，早期荆楚文明的发展同样是不平衡的。在它的发展史上，有两个最重要也是最辉煌的时期，即前述波浪式发展中的两个高潮时期。这两个高潮时期对形成中华文化、文明的贡献最大，作用最巨，历史地位最高。以下主要就这两个高潮时期的历史地位、作用及对其评估作些论述。

第一个辉煌时期是古国时代，本书第一章对这一时期荆楚地区的发展水平与成就已作过论述。1998年发表的论文中,有的学者对此也有评估,认为其时“物质文化和精神文化综合发展水平大大超过了黄河流域同期文化,曾一度为天下先……率先建立了早期国家,进入了早期文明社会……对中原文化区产生了深远影响,促进了黄河长江两大流域史前民族的大融合”[27]。这是荆楚地区文明发展第一次领先于其他地区,其历史地位之高,应充分予以肯定。

第二个辉煌时期是东周的楚王朝时期。在前节已指出它是与中原地区平行发展的南方最大“熔炉”与中心。在本书第四章至第十章中,分别着重论述了这一时期荆楚文明的发展水平、成就与特点。“各种区域文化互见短长,而从成就之大和水平之高来说,楚文化超过了其他任何一种区域文化”,“楚文化是当时世界第一流的文化”[28]。这种领先于其他地区的第一流发展水平,造成了文化重心、政治重心的南移。文化重心的南移已有丰富多彩的楚文物和老子哲学、屈子诗篇为证。政治重心南移可再举一例:周灵王与楚康王同时病重,同年病亡(公元前545年),北方诸侯国鲁国等国君居然不去洛阳朝见周王问病、吊丧,却在鲁襄公率领下,去郢都探视楚康王病情,楚康王死后,“楚人使公亲襚”[29],令鲁、郑等国国君亲自为楚康王送葬。

而对于周灵王之死,则仅书“王崩”、“葬灵王”。杜注:“不书,鲁不会”,即鲁国未派人去吊丧;郑国不派上卿去,而只派一大夫去敷衍一下[30]。鲁国国君、郑国国君不去周而去楚奔丧,这是楚强大到凌驾于周王室的有力例证。

就是这个赴楚国为楚康王送葬的鲁襄公,极为羡慕楚宫,自叹北方之建筑不如楚国,乃归而筑楚宫、死犹安于楚宫[31]。

以上事例表明南北文化、经济、政治的天平大为失衡,已偏重于南方。此类事实不胜枚举。若说东周的华夏文化是南北二元耦合,还应补充一点:这“二元”在不同时期是不平衡的,东周的南北文化,其历史地位发生了转化,由北重南轻、北高南低变为南重北轻、南高北低。“水往低处流”,此时期的文化流向,就不仅是此前的中原王朝中心向周围流传为主，而反过来以楚文化向其他地区（包括中原地区）流传为主（流向是双向的，但不同时期的主次要分清），不仅是楚文化的南渐、东渐，更有楚文化的北渐、楚学北渐，“北方之学者莫之先也”[32]。其时的荆楚文明已达到了先秦华夏文明的顶峰。

荆楚地区发展的第二个高潮时期无疑比第一个高潮时期的水平更高，其历史地位也更为重要，对如此重要的历史地位，同样应予以充分肯定。之所以要特别强调这一点，在于至今仍有“视而不见”者（后详）。

至于在第一个高潮之前和两个高潮间的低潮期，它的历史地位虽不及上述两个高潮期的重要，但也不可忽视。低潮是高潮的前奏与准备时期，也同样有值得称道的文明成就，在本书第一、二、三章已有所论述。在此增补 1998 年发表的一篇论文中提出的看法：“虎食人母题在相当于中原二里岗时期便已在南方青铜器上出现………在殷墟早中期时，这一装饰母题迅速传至中原……一直流传到西周末期……源于南方的虎食人母题对中原的影响力不仅只限于青铜器，而是更为广泛和深远的”[33]。诚然，低潮时期，往往表现为中原的高水平文化对这一地区的影响，但文化的影响、交流总是双向的、互动的，决不能忽视南方对中原的影响。上述最新研究成果乃又一例证。

荆楚地区史前文化和早期文明的历史地位必须肯定，并且在其两个发展的高潮期，其历史地位尤为重要，对中华民族的形成、中华文明的形成与发展，起了巨大的历史作用，将永彪史册，永放光芒。

以上对早期荆楚文明和楚文化的认识，主要仰赖于近数十年来的考古新发现（尤其是那些震惊中外的特大发现），才得以“重新发现”和“重新认识”其辉煌灿烂的本来面貌，恢复其应有的历史地位。当今的这种正确评价，却与此前历代流行的对它不准确和错误的评价形成鲜明的对比。在拙著《楚系青铜器研究》以青铜器为例，谈了“楚系青铜器的历史命运”，认为“楚铜器在当代交上了好运，但在两千多年的历史长河中命运不佳，令人惋惜、嗟叹！”[34]不独楚铜器是如此，以楚为重要源头和代表的南方文化（包括荆楚地区文化与早期文明）的历史命运也是如此。

为什么楚文化和荆楚文明会遭受不公正的历史命运？其原因就是当今学者们一再谈论的“正统论”、“中原中心论”或“重北轻南论”以及思想上的“重儒轻道”论[35]。这类论调，自孔子作《春秋》以来便历代沿袭并不断加强，已形成负面传统观念，“成为一个根深蒂固的认识误区”，一直延续到现代，不少研究者至今“还没有从这个误区中解脱出来”[36]。

这并不是危言耸听！在此可举最近几年看到的若干例子。

1997 年出版的一本书，谈到了老子、庄子所处时代各个地区的文化，认为“周文化和晋秦文化区，这里是中华民族传统文化及后来法家文化的发源地”，又有“发达的齐鲁文化”；接着认为：“燕及后来的赵，这一地区的文化同楚文化一样，相对落后一些”[37]。这就是说，楚文化与燕文化处于同一层次，比之秦鲁文化、周秦文化，落后了一个层次。请注意，论者所说的楚文化落后，是指的老子、庄子所处的东周时代，这正是楚文化的鼎盛期，是早期荆楚文明的第二个高潮期——楚王朝时期，其发展水平“超过了其他任何一种区域文化”的时期。对处于这样发达时期的楚文化，竟仍然还出现“楚文化落后”的论调，颇令人惊奇！但细加思量，却可释然。这正是在那长达两千多年形成的认识误区中未能解脱出来的最新例证。

又举一例：1994 年发表的一篇论文中，在引述《史记·货殖列传》中关于“楚越之地，地广人希、饭稻羹鱼……”之后，认为：“广大江南地区(包括荆楚地区——引者注)……进入阶级社会后，这一地区却落后了”，“处于相当落后的发展阶段”[38]。这种“落后”论与上述“落后”论大体相同，即同样无视荆楚地区东周楚王朝时期并不落后，在古国时代也不落后的事实。如果此说还有一定合理成分的话，那就是指，在夏商西周时代，这一地区处于低潮时期，相对于中原地区，是落后地区，但笼统地说“进入阶级社会后却落后了”，便无视在两个高潮时期处于领先地位这一事实。所宣扬的仍只能说是楚文化落后论，仍是未能从认识误区中彻底解脱的例证。

再举关于中原中心论导致的单向传播论的说法。1998 年 4 月发表的《移民与华夏文化的传播》一文，认为："华夏文明的发源地带是在狭义上的中原，即黄河中游，今河南境内……由此向外扩张才是广义上的中原……从源地向四周扩散、传播的过程中，人口迁移是一个重要的因素"[39]。这是华夏文明起源一元论和单向传播论的最新表露。在中国考古学、历史学关于文明起源多源论和"多元一体"论已基本取得共识的今天，仍出现这种不符客观历史真实的过时了的一元传播论论调，同样值得人们深思。

这类根深蒂固的旧观念，不仅国内至今仍在起作用，在国外则有"西方文化中心论"，亦至今犹存。在中国考古学的辉煌成就早已把过时了的所谓"中国文化西来说"丢进了历史的垃圾堆后的今天，"欧洲中心论"、"西方文化中心论"仍阴魂不散，至今仍有人重新捡起 20 年代安特生的"中国文化西来说"做文章。例如：

近年出版了《世界七千年大事总览》一书的汉译本，评论者指出此书"存在严重缺陷……其中最重要的一条是西方文化中心论的影响"，"不顾近六十年来的众多考古新成就，袭用安特生 20 年代的错误假设，实在令人遗憾"[40]。又如：一位外国学者在 1991 年论秦俑艺术的文章中，仍在鼓吹"没有西方艺术就不可能有中国雕塑艺术"等论调，批评者已恰当地指出"他思想中的'欧洲中心论'和审美判断上的失误"[41]。

这些过时了的旧观念，为什么至今还有人相信？还要维护和宣扬？好心的人也许是出于无知或认识上的误区，但也并不排斥有人为的某种动机[42]，另当别论。

马克思曾说过这样的话："一切已死的先辈们的传统，像梦魇一样，纠缠着活人的头脑……"[43]正面的传统观念、负面的传统观念，都存在这种情况，都总要顽强地表现自己的存在，像鬼魂一样纠缠活人的头脑。只有摆脱负面传统观念的影响，从认识误区中解脱出来，才能更好地正确估价荆楚早期文明和楚文化的历史地位、中华文明的历史地位。也只有这样，才能发扬正面的优秀传统文化，为现代化建设提供精神动力。

早期荆楚文明，尤其是鼎盛期的荆楚文明，和世界其他地区，特别是亚洲太平洋地区有过文化交流，对这些地域产生过重要影响，已有不少中外学者予以论述[44]，在本书其他章节也略有提及，在此不再讨论。

早期荆楚文明和楚文化对后世的影响，并在今天的现代化建设中仍在起作用，论者亦多，在此再赘言几句。

早期荆楚文明随着楚国的衰亡，物质的具体形态会消失、变异，变异了的形态也有传流至今的，这需要进行认识上的"发掘"[45]。下层的、民俗的东西，更是长期流布于民间，至今仍是荆楚地区甚至其他地区流传的活文化，这同样需要再认识，进行调查、"发掘"，已有不少学者正在做这类工作，值得赞扬[46]。但最重要的还在于早期荆楚文明凝聚着的文明精神、文化精神，或简称之为"楚魂"[47]，或概括归纳为"荆楚精神"[48]。楚国由小到大、由弱变强的成功之道在于"进取精神、开放气度、创造意识，楚人集三者于一身，无怪乎能登上古代文明的顶峰了"[49]。这些精神更能与正在推进现代化的中国当代精神相契合。历史是一条长河，中华文化精神、荆楚精神（秦汉以后汇入到中华文化总的传流中，但仍有地区特色），如同长江、黄河一样，长流不息，一直流传至今、流传于后世。观今宜鉴古，无古不成今，"古今一体"[50]。"前后一条龙"，中华文明是连续性文明，而不像世界上有的古文明是破裂性文明[51]。历史证明中华文明永远是连续性文明，其根本原因是几千年文明历程中铸成的民族精神、文化精神，有着巨大的凝聚力、创造力、生命力，永远自强不息、开拓进取！这是历史的启示、历史的必然！

第三节　早期荆楚文明与考古研究的世纪思考

在这 20 世纪已经过去，21 世纪到来的世纪转换之际，人类已从农业文明时代经过工业文明时代，开始进入"地球村"信息时代，人类社会正处在大发展、大变革、大竞争的重要时期，人们在对往昔世纪的回顾和对现实、未来的思考中，各种思潮空前活跃，风起云涌。在这样的大环境中，中国考古学界、历史学界也在世纪转换期的思考中，进行理论性总结，见之于近期书刊发表的论文，数量可观。例如：《迎接考古学的新世纪》、《走向21世纪的中国考古学》、《中国考古学世纪的回顾与前瞻》、《望世纪内外》、《中国古代研究一百年》、《对中国先秦史新结构的一个建议》……[52]在这类总结性思考文章中，都注重考古学理论与方法的总结，既有基本的共识，也有不同的认识。通过讨论、争鸣，无疑均有助于新世纪的考古学、历史学取得超过以往世纪的新的重大成就。

早期荆楚文明的考古学研究，是中国考古学研究的有机的重要组成部分。世纪之交的中国考古学总结当然包含了对荆楚地区考古的总结，并且这一地区考古愈来愈显示出它在中国考古学中的重要地位。

为什么这么说？中国近代考古开始于本世纪二十年代，比欧洲、埃及、西亚的近代考古晚了六十年，并且起初只限于中原地区。荆楚地区考古是在新中国成立之后才开始的，比中原地区考古又晚了近三十年。这一地区考古虽起步晚，但正如同楚文化为后来居上的文化一样，荆楚考古也已有后来居上之势，新的重要发现与日俱增、层出不穷，由此引发的新认识可以极大地丰富和修订对中国考古学的现有认识。以下就以新近的最新重大发现为例稍作论说[53]。

例如，前几年在湖南道县玉蟾岩洞穴遗址发掘出土了一万四千年前的陶器，是目前已知的世界上年代最早的陶器。但与这最早陶器伴存的仍是打制石器，未见磨制的石器。看来，磨制的石质生产工具的出现，很可能晚于陶器的发明，至少在长江中游地区是这样。以往的认识是以陶器和磨制石器为新石器时代到来的标志，面对湖南这一年代最早陶器的新发现，考古学者不得不对以往的认识作出新的考虑："看来，无论是陶器，还是磨光石器，都难以认作是新石器时代到来的标志"[54]。

又如1997年冬在湖南澧县城头山古城的最新重要发现，发现距今6 500年的水稻田，这是世界上年代最早的水稻田[55]。1997年在澧县八十垱遗址发现的距今七八千年数量多达1.5万粒的稻米[56]，大大超过国内各地收集的总量，将改写中国水稻起源、发展的历史。

还有更值得注意的新发现，城头山古城年代已超出距今六千年，在城头山1997年的发掘中，在城址内发现一座5 800年前的男性墓葬。骨架非常完整，周围有几十件红陶器物，其颈部有两件玉环，手里还握有两个小陶鼎，可见其身份不凡。更为令人惊异的是，骨架的左胁下有一颗完整的人头骨，没有身体骨架[57]。这一新发现非同小可，可能包含着许多重要的新历史信息。玉璜与陶鼎是长江中游地区已发现的年代最早者之一，应对玉器和陶鼎的起源发展重新认识。尤可注意的是这座墓葬的性质，显然，这应是某一氏族首领或权贵的墓葬，从随葬物之多与人殉看，应是其时社会已出现阶级分化，出现私有制的证据。以往有长江中游在5 500年前出现私有制的报道，据这一新发现，其年代还要提前几百年。这一重要新发现，对中国从原始氏族公社到私有制的出现，国家的产生等重大课题的研究，肯定有着难以估量的重要意义。

荆楚地区考古正在高歌猛进，硕果累累，但是在大好形势下也要看到不足。在前进中总是成绩与问题并存，挑战与机遇同在，在这世纪之交，尤需对这一地区考古工作的不足之处与存在的问题冷静地加以反思。

荆楚地区考古因起步晚，就像人的成长一样，尚处在从幼年走向青壮年的时期，有一个不断成熟的过程。在这成长期中又躬逢千载难逢的盛世，其特点是，一方面是大量的如涌泉般不断喷出的新资料，要及时整理研究，如同人们吃了大量食物，肠胃一时难以消化一样，有一个消化、吸收的过程。另一方面，在改革、开放的20世纪八九十年代，对国外各种考古学思潮如新考古学、后新考古学的涌入，也有一个消化、认知的过程；对国内已取得共识的考古学理论有一个如何正确运用的过程。在这样的消化、运用过程中，便出现异说纷呈、相互辩难的学术讨论热潮。在新时期的中华大地上，考古学和其他学科一样，正面临着自春秋战国时代百家争鸣局面以来的新的一轮“百家争鸣”！这是春光明媚的科学春天。

荆楚考古处在这一科学春天里，同样是一种“百家争鸣”的局面。例如对荆楚史前文化的时空框架与文化谱系的认识，有许多不同的看法[58]；对夏商西周时期一些文化遗存的文化内涵、性质有不同的看法，例如对盘龙城商代二里岗期遗存的性质就有几个互为对立的看法[59]。对西周时期楚都丹阳地望这个考古学、历史学都十分关注的重要问题，更是各说互不相让，争论得难解难分[60]。两周之际以来的楚文化考古，成就虽然很大，但同样异说并出，歧见甚多。例如：湖北当阳赵家湖、江陵九店两地楚墓中有没有周文化类型墓葬？至今两说并存。其周文化类型说并著之于考古发掘报告和有关论著中[61]。对楚都纪南城遗址的年代、性质也至今数说并见[62]……此类歧见的例子不胜枚举。这些不同的看法均出自考古学界，特别是荆楚地区考古工作者之间。诚然，这是学科发展不可避免要经历的过程，但最好是尽量缩短这样的过程。这使我想到关于考古“围城”之说[63]。意即考古圈外、“城”外人或“槛”外人，不但对许多考古资料及其研究成果看不懂，而且对同一资料同一问题上的不同看法又无所适从。为此，要努力于“考古学的科学化、大众化”[64]，才能消除考古“围城”现象。圈外人看不懂好说，只要有一部分人对考古资料、考古术语做大量的一级转化、二级转化的大众化工作，变成各行业的人都看得懂的通俗语言、艺术语言，就可解决问题。而对圈外人无所适从的问题，则需要考古圈子内或“围城”内的专业工作者长期“科学化”的工作。像上面提到的荆楚地区考古圈内诸多正在争论的问题，如同数学方程式一样，答案只有一个。要想得到这惟一的科学答案，取决于考古工作者的水平与能力（以及今后的考古新发现）。这种能力与水平应大体表现在理论上的、学识上的、技能上的、心态上的等多方面的素养[65]。前三者在此不多说，对心态素养，可引用一位考古工作者很有感慨的话:“在本学科的队伍中,始终有一批人不受环境的左右,默默耕耘,苦苦追求。他们不热衷于浮光掠影式的鼓噪,不追求世俗名分的高下,不盲从商品大潮的冲击,而以苦行僧般的毅力,通过看似循环往复的基础工作,踏踏实实地追求一个又一个的细节的突破,使我们日益深入到事物的内核。科学之树常绿。”[66]只要有大批这种心态的考古工作者长期辛勤耕耘,收获必将丰厚。如前所说,荆楚考古躬逢盛世,处在生气勃勃的成长期中,许多考古空白有待填补,未被开垦的处女地尚多,亟待开发[67]。在荆楚考古研究中薄弱环节仍较多,影响着总体研究水平的提高[68]。这些正等待荆楚考古工作者大显身手。既然荆楚先民创造了当时世界第一流文化,我们这些荆楚先民的后裔能不能创造出无愧于先民的当代第一流水平的考古学成果? 应该充满信心地说:能!

“历史已逝,考古学使她复活”[69]。当前中国考古学界正在树立世纪之交创造考古学精品的战略意识[70],荆楚考古工作者也将和其他地区考古工作者一样,在新世纪中,努力奉献出可“与日月争光”[71]的考古学精品,谱写荆楚文明和中国文明的灿烂新篇章。

注 释:

[1][2][3][24][69]《百万年连绵不断的中华文化——苏秉琦谈考古学的中国梦》(访问整理:邵望平,修订:俞伟超),香港《明报》月刊 1997 年 7 月号(参阅苏秉琦著:《苏秉琦考古学论述选集》、《华人·龙的传人·中国人——考古寻根记》和《中国文明起源新探》三书的有关文章)。

[4] 例如中原地区,有学者认为是次生型文明,我认为也应是原生型文明,但需要论证,此从略。

[5] 对巫山人曾有不同看法,现经进一步的发掘工作和深入研究,已得出了明确的结论,其年代距今 200 万年,见《光明日报》1998 年 4 月 6 日报道。发现巫山人的地点在三峡,虽然从现代对长江中游地区的地理划分看,已属长江上游,但它处于长江上、中游接合地带,古文化发展与长江中游连为一区,如大溪文化最先在巫山大溪发

现，以后的发现表明它主要分布在长江中游广大地带，故巫山可作广义的荆楚地区对待，巫山人也可以说是荆楚地区最早的人类。

[6] 1997 年在澧县城头山古城墙下发现距今 6 500 年的水稻田，同时在此古城又新发现大溪文化时期城墙，同被评为 1997 年中国十大考古发现之一。

[7] 年代最早的陶器为湖南道县玉瞻岩遗址出土，见本书第一章。

[8] 年代最早的古城为澧县城头山古城，远古最大的古城为天门石家河古城，见本书第一章。

[9] 主张本土文化说者甚多，考古学界、历史学界对此都有申论，但具体看法也有不同，不再详介。

[10] 参阅拙作《试论楚丹阳和郢都的地望与年代》，《江汉考古》1980 年第 1 期。

[11] 何介钧：《关于楚蛮和楚族族源的断想》，《楚文化研究论集》第三集第 23 页。

[12] 马世之：《楚文化探源》，《楚文化研究论文集》第 92 页，中州书画社 1983 年版。

[13] 张绪球：《长江中游新石器文化概论》第 325 页。

[14][27] 樊力：《略论三苗族及其文化在中华文明进程中的地位和作用》，《中原文物》1998 年第 1 期。此文对屈家岭文化、石家河文化时期的文明成就作了概括与高度评估，但对以后的发展则加以贬低，认为"石家河文化也就彻底消亡了……此后，在一个相当长的时期内，两湖地区近乎文化真空……文化发展链条几乎中断"（第56页）。

[15] 韩建业：《中国上古时期三大集团交互关系的探讨——兼论中国文明的形成》，《北京大学学报》1996 年第 1 期。此文对三大集团尤对东、南两集团的历史作用，作了高度评估，但认为后来"石家河文化被中原龙山文化替代"，"苗蛮集团终于消亡"（第 81 页）。

[16] 参阅苏秉琦：《楚文化探索中提出的问题》、《苏秉琦考古学论述选集》，后在《迎接中国考古学新世纪》（出处见注[52]）一文中又认为"楚式鬲，可以从湖北龙山文化石家河类型的青龙泉上层所出的鼎、斝、甗中找到它产生的基因"。俞伟超则认为可能起源于鄂西土著鼎与中原鬲的结合体，见其论文《楚文化的渊源与三苗文化的考古学推测》。

又参阅何介钧：《楚鬲试析》，《湖南考古辑刊》第 6 辑。

[17] 参阅本书第二章。关于荆南寺类型，此遗址资料整理者之一何驽肯定是以土著文化因素为主，它"的确源自石家河文化的某个类型"，见何驽：《荆南寺遗址夏商时期遗存分析》，载《考古学研究（二）》，北京大学出版社 1994 年版。

［18］参阅本书第三、四章。

［19］关于本土文化与中原文化的关系是个常谈常新的话题。我在此概括为“二元一体”，也还要再作点补充，二元一体中应以本土文化为基础，是内因，中原文化是外因，外因要通过内因起作用，不是混合，而是化合，有如植物的嫁接一样，嫁接之后还是一棵树，而不是两棵树。在它成长中，也不是所有本土文化与中原文化的结合，而应是本土文化与中原文化两者之中有生命力的先进部分的有机结合，只有这样，文化才有先进性，才能持续地发展（这些看法，在本书导论内也略有论述，请参阅）。

［20］同［2］。方国阶段的夏王朝时期，正值第一个高潮之后，其情况与荆楚第二个高潮（楚王朝时期）之后的情况有某些相似之处，其共同点是高潮期的文明成果已融入到以中原王朝为中心的全国文明总体中去了。

［21］《左传》哀公七年。再在此补述一下：夏商时代荆楚地区的方国应是本地区文明发展的代表，关于夏商时代这一地区也应步入了文明时代，仅发展程度不及夏商王朝中心，且发展不平衡，不少地区未进入文明社会，在本书导论内对此也有初步论述。

［22］《吕氏春秋·异用》，参阅本书第二章。

［23］何浩：《楚灭国研究》，第10—13页的楚灭国表。

［25］张正明《楚美术图集·导言（一）》，湖北美术出版社1996年版。

［26］参阅本书第一、二章和罗运环：《楚国八百年》第62—69页（但此书主张由中原南迁说，与我的看法相左）。

［28］张正明：《楚文化志·序》，湖北人民出版社1988年版。

［29］《左传》襄公二十九年。

［30］杜注见《春秋左传集解》。《左传》襄公二十九年仅记郑国派人去吊丧，看来其他诸国都未派人去吊丧，与楚形成鲜明对比。

［31］《左传》襄公三十一年。

［32］《孟子·滕文公上》。

［33］施劲松：《论带虎食人卣母题的商周青铜器》，《考古》1998年第3期。

［34］拙著《楚系青铜器研究》第590页。

［35］关于中国历史上的正统论，可参阅饶宗颐：《中国史学上的正统论》一书，上海远东出版社1996年版。

《楚学文库·编者献辞》：“近数十年来，学术界论及中国古代文化，大抵重北轻南，重河轻江，重黄轻炎，重龙轻凤，重儒轻道。总之，不免失之偏颇。”

参阅史式:《为何重北轻南》,《长江文化论集》第一辑,湖北教育出版社 1995 年版。

[36] 张正明所言,转引自注[35]史式之文。一般认为这种重北轻南的传统观念形成于汉代,其实早在孔子修《春秋》已发其端。楚国从武王起已称王,但《春秋》始终书作"楚子",不承认"楚王"的地位,就是一例。汉代以后以儒家为正统,更加强了这一观念。

[37] 张松辉:《庄子考辨》第 37 页,岳麓书社 1997 年版。

[38] 前句引自《秦文化的南播》一文,后句引自《秦汉气候变迁与江南经济文化的进步》一文,两文载《秦汉史论丛》第 6 辑,第 261 页和 16 页,江西教育出版社 1994 年版。

[39] 赵慧峰:《移民与华夏文化的传播》,《光明日报》1998 年 4 月 24 日《史林》副刊。

[40] 郁龙余:《论东方文化研究——从〈世界七千年大事总览〉说起》,载《东方文化研究》一书,北京大学出版社 1994 年版,第 22 页。

[41] 邱紫华:《秦俑是中国先秦审美文化的结晶——兼对"欧洲文化中心论"的批评》,载《秦俑学研究》,第 920 页。

[42] 注[37]—[38]所引述文章的不正确看法应属认识上的误区。解放前为配合帝国主义对中国的侵略,大力鼓吹西方中心论,散布中国人种西来说,中国文化西来说,则是别有用心的。

[43] 马克思:《路易·波拿巴的雾月十八日》,《马克思恩格斯全集》第八卷第 121 页,人民出版社 1961 年版。

[44] 例如:巴纳:《楚艺术的起源与性质——衡量中国对太平洋区域影响的必要序言》(英文),1974 年。此文就楚文化对亚洲太平洋地区的影响举出多项例证予以论说。

饶宗颐:《荆楚文化》,载《中央研究院历史语言研究所集刊》第四十一本第二分册,附有"楚文化在世界文化上之地位"一节,文中说:"从艺术品的主题而论,楚艺术几乎被承认为太平洋地区美术的温床……楚文化在世界文化史上的重要性,已成为不可否定的事实了。"

《楚学文库》及其他楚学著作多有论述,不再列举。

[45] 例如物质形态的楚式敦,器形的不断演变、流传,从现在仍在使用的碗,可找到文化因素的继承、演变源流,见拙作《从楚器看楚文化的流传》一文。

[46] 参阅《楚俗研究》第一、二辑,湖北美术出版社 1993 年、1995 年版。巫瑞书:

《荆湘民间文学与楚文化》、《南方民俗与楚文化》,岳麓书社 1996 年、1997 年版。郭锡良所写此书序言指出:"尤其是对于楚文化的下层的、民间的,仍然活着的部分,更是亟须有人投入抢救、整理、阐述、研究的工作。"

[47] 王建辉、刘森淼:《荆楚文化》,辽宁教育出版社 1995 年版(《中国地域文化丛书》之一)。

[48] 王济洲:《论荆楚精神》,中国人民大学书报资料中心《文化研究》(复印报刊资料),1997 年第 6 期(原载《湖北电大学刊》1997 年第 1 期),此文归纳荆楚精神为:筚路蓝缕的创业精神,有容乃大的开放精神,念祖忠君的爱国精神,信巫祀鬼的浪漫精神,烛隐洞幽的探索精神。这些荆楚精神以后都汇铸于中华民族文化精神之中,"筚路蓝缕"一词也由楚人艰苦创业之形容词转变为全国通用的成语。

[49] 张正明:《楚美术图集》导言(一)。

[50] 在《考古学是什么——俞伟超考古学理论文选》(中国社会科学出版社 1996 年版)一书内,俞伟超在"六十述志"中写道:"忽识古今一体之道……乃古今真谛。"

李零在《道家与中国古代的"现代化"》一文(收入《道家文化研究》第十辑,上海古籍出版社 1996 年版)中写道:"从权力控制的角度,从社会组织的角度看,古与今,中与外,在许多方面还是可以打通的。"(后引"前后一条龙"句也见此文)这或许可归纳为"古今中外一体之道"。古今相通、古今一体,蕴含深奥,值得大谈特谈,很有现实意义。至于古今中外一体论,也需学界多予论说。李零此文谈了历史上重儒贬道的问题,值得一读。此文收入《李零自选集》,广西师范大学出版社 1998 年版。

[51] 世界上惟独中国为连续性文明,请参阅张光直《连续与破裂:一个文明起源新说的草稿》,载《九州学刊》第一卷第一期,香港中华文化促进中心 1986 年版。**校补**:张氏此文收入其《美术、神话与祭祀》一书(郭净译),辽宁教育出版社 2002 年版。

[52] 苏秉琦:《迎接中国考古学的新世纪》,收入《华人·龙的传人·中国人——考古寻根记》。此文和下面严文明文又收入《"迎接二十一世纪的中国考古学"国际学术讨论会论文集》,科学出版社 1998 年版。

严文明:《走向 21 世纪的中国考古学》,《文物》1997 年第 11 期。

张忠培:《中国考古学世纪的回顾与前瞻》,《文物》1998 年第 3 期。

俞伟超:《望世纪内外》,《读书》1997 年第 6 期。

李学勤:《中国古代研究一百年》,《人文杂志》1997 年第 5 期。

张光直:《对中国先秦史新结构的一个建议》,收入《中国考古学论文集》,台湾联经出版公司 1995 年版。**校补**:此书复于 1999 年由生活·读书·新知三联书店北京第一版再印。

[53] 本书写作从1994年初开始至今已历五个年头，因要按出书合同到期交稿，其中已抄正完稿的章节，不便再加补新发现的重要材料（有的则在注释内稍作补充），故有必要在这最后一章就特别重要的发现补写一下。

[54] 见注[52]张忠培文章。

[55][57]《中国第一古城：撩开神秘面纱》，载《三湘都市报》1998年1月12日（该报记者赵雨杉撰稿）。**校补**：何介钧撰《湖南考古的世纪回眸》（《考古》2001年第4期）一文对湖南新石器考古收获有概括论述，请参阅。

[56]《澧县八十垱遗址出土大量珍贵文物》，《中国文物报》1998年2月8日。**校补**：参阅裴安平、熊建华合著《长江流域的稻作文化》（湖北教育出版社2004年版），该遗址发现"数万粒保存状况极好的稻谷和稻米"（见第89页）。

[58] 例如孟华平：《长江中游史前文化结构》（长江文艺出版社1997年版），仍认为大溪文化、屈家岭文化各有起源的二元观点。对长江中游地区史前文化的年代分期、谱系结构、文化定名等诸多问题，在本地区考古界内部，至今认识不统一，有的并是互相对立的观点，看来短期内均难达成共识。

[59] 本书第二章内已有论说。

[60] 本书第三章内略有论说。

[61] 赵家湖楚墓内有周文化类型墓葬的看法见王光镐《楚文化源流新证》一书。九店墓中有周文化类型墓葬，见《江陵九店东周墓》一书。

[62] 在本书第五章有论述。

[63] 李零：《说考古"围城"》，《读书》1996年第12期。同期还有《槛外人说槛内事》一文也有相似看法。

[64] 苏秉琦说："我的梦就是考古学的科学化、大众化"（见[1]之文）。

[65] 在此再补写几句。理论很重要，理论正确，方法就对头。苏秉琦指出："只有应用唯物辩证法才能回答中国历史的辩证法发展，只有它才会真正给人们以有益的启示。"（《华人·龙的传人·中国人》一书第87页）严文明认为："赞成张光直理论多元化、方法系统化和技术国际化的主张，但是我们提倡把辩证唯物主义作为各种考古学理论的哲学基础。"（见注[52]严文明之文）我很赞赏他关于哲学基础的看法，故在这四个字之下由我加上了重点号。我在正文中提出现又掀起新一轮的"百家争鸣"局面，有了这一马克思主义哲学基础，就与春秋战国时代的"百家争鸣"局面有了基本的区别。学识水平也很重要，现在常见"炒现饭"的文章，有的压根儿不知道此前有人已写

过同样看法的文章，或把前人的观点当成自己的新见解，这是学识水平不高的表现。中国考古学特点是与历史学紧密结合的，注[52]李学勤的文章特别强调这一点，对历史学成果掌握程度，也可看出学识水平的高低。技能水平特别体现在田野考古工作者身上，直接关系到发掘出来的实物资料是否具有科学性。做好科学记录、科学整理工作，就与技能水平高低密切相关。

[66] 王光镐所言，转引自《江陵九店东周墓》一书中俞伟超的序言。

[67] 考古空白和未被开垦的处女地，主要反映在本地区夏商西周王朝时期的考古工作中，对这一历史时期的考古工作远不如史前与东周，因此存在更多的考古空白点与待开垦的处女地。

[68] 参阅俞伟超：《对楚文化总体研究的一点期望》，《楚文化研究论集》第二集序言，由于存在一些薄弱环节，从考古发掘工作到整理研究工作的开展，各地也不平衡，故影响总体研究水平的提高。

[70]《"世纪之交中国考古学精品战略研讨会"纪要》，《考古》1997年第10期。

[71]《史记·屈原贾生列传》。

附　录

图版资料来源表

彩色图版

序号	名　　称	资料来源
1	印纹白陶盘	《湖南省博物馆》彩版
2	澧县城头山古城遗址：西城墙与城外护城濠遗迹	自摄
3	玉雕人头像	《湖北省博物馆》彩版
4	玉雕龙形玦和飞鹰	
5	人面纹铜方鼎	
6	青铜铙	《湖南宁乡老粮仓出土商代铜编铙》,《文物》1997年第12期
7	青铜编铙	
8	青铜豕尊	《湖南考古辑刊》第1集
9	青铜尊	《文物》1993年第8期
10	新出楚公逆钟	《文物》1994年第8期
11	金盏	《曾侯乙墓》彩版
12	皮手套	《文物》1973年第9期
13	角雕动物饰件	《包山楚墓》彩插
14	纪南城楚都遗址：北城墙及城墙外护城河遗迹	雷鸣提供

续表

序号	名　　称	资料来源
15	潜江龙湾章华台建筑遗迹：东侧门及墙壁、墙柱遗迹	《楚章华台学术讨论会论文集》
16	包山二号楚墓墓坑全景	《包山楚墓》彩版
17	虎尊	《文物》1994 年第 9 期
18	青铜龙形构件	《中国文物精华·1993 年》彩版
19	青铜蛇纹尊	《湖南省博物馆》彩版
20	青铜戈	《江陵九店东周墓》彩版
21	青铜双色剑	
22	连发弩机	《文物》1990 年第 5 期
23	青铜斧	湖南省博物馆藏品
24	漆奁及其器壁彩绘车马人物出行的展开图像	《包山楚墓》彩版
25	彩绘漆虎座悬鼓	《江陵望山楚墓》彩插
26	彩绘木雕座屏	《江陵望山楚墓》彩版
27	飞凤纹绣	金陵提供
28	小菱形纹锦面绵衣	
29	人物龙凤帛画	《湖南省博物馆》彩版
30	人物御龙帛画	
31	眼纹琉璃珠、管	湖南省博物馆藏品
32	包山二号楚墓竹简(部分)	金陵提供
33	荆门郭店楚简(部分)	刘祖信提供
34	《老子》甲本卷后佚书(部分)	《马王堆汉墓文物》第 19、30、55 页彩插
35	车马仪仗图(部分)	
36	马王堆 M_1 彩绘帛画	

续 表

序号	名 称	资 料 来 源
37	素纱禅衣	《马王堆汉墓文物》第82、87、97、128页彩插
38	信期绣	
39	绣绢手套	
40	漆卮	
41	“黄肠题凑”葬具	《中国文物地图集·湖南分册》彩插
42	古乐器——“筑”	

黑 白 图 版

序号	名 称	资 料 来 源
1.1-1	湖南西部旧石器遗存分布图	《长江中游史前文化暨第二届亚洲文明学术讨论会论文集》第21页
1.1-2	彭头山文化遗存	《文物》1990年第8期
1.1-3	皂市下层文化陶器	《考古》1986年第1期
1.1-4	南托文化、高庙文化陶器图案	见注[33]之书第76页
1.1-5	大溪文化关庙山类型房屋遗迹平、剖面图	《考古》1983年第1期
1.1-6	大溪文化汤家岗类型陶盘、石钺	《考古》1983年第4期;《考古学报》1983年第4期
1.1-7	大溪文化刻划符号	《江汉考古》1994年第1期
1.1-8	长江第一龙	《亚洲文明》第三集第10页
1.1-9	屈家岭文化屈家岭类型的陶器、纺轮	《湖北考古发现与研究》第50页;《文物》1990年第8期
1.1-10	长江中游地区古城分布图(含长江中游荆楚地区的地理范围)	

续　表

序号	名　　称	资 料 来 源
1.1－11	澧县城头山古城平面图	《文物》1993年第12期
1.1－12	石家河古城及遗址群平面图	《考古》1998年第1期
1.1－13	阴湘城古城遗址平面示意图	《考古》1997年第5期
1.1－14	走马岭古城、马家垸古城遗址平面图	《考古》1998年第4期;《文物》1997年第7期
1.1－15	石家河文化陶器	《文物》1990年第8期
1.1－16	石家河文化玉器	《长江中游新石器时代文化概论》第299、300页
2.1－1	荆楚地区相当二里头文化时期遗物	《淅川下王岗》图版一〇〇、一〇八、二八五;《中国考古学会第二次年会论文集》第169页;《考古》1989年第7期;4件陶器照片承陈贤一提供
2.2－1	黄陂盘龙城遗址全貌与遗迹分布图	黄陂盘龙城遗址的二里头期、二里岗期遗迹分布示意图,《湖北省考古学会论文选集(一)》第73页;盘龙城遗址远眺　王纪潮摄
2.2－2	黄陂盘龙城商代大型宫殿基址	《文物》1976年第2期
2.2－3	黄陂盘龙城商代青铜器	《文物》1976年第2期
2.2－4	黄陂盘龙城墓葬陶器类型图	《中国考古学会第四次年会论文集》第50页
2.2－5	岳阳铜鼓山商代陶器分期图	《南方文物》1993年第3期
2.2－6	荆南寺商代陶器分期图	《湖北省考古学会论文选集(一)》第81页
2.2－7	石门皂市和桅岗遗存	《考古学报》1992年第2期;《湖南考古辑刊》第4集
2.2－8	石门皂市商代遗存陶器分期图	何介钧《湖南先秦考古学研究》第147—150页

续 表

序号	名 称	资 料 来 源
2.2-9	湖南商代青铜器出土地点分布图	何介钧《湖南先秦考古学研究》第133页
2.2-10	湖南出土商代青铜器	以上除四羊方尊外,均见《湖南省博物馆》,文物出版社1983年
2.2-11	湖南商代末期编铙和虎卣	《文物》1997年第12期;《考古》1998年第3期
2.2-12	湖北出土商代青铜器	《文物》1993年第8期;《江汉考古》1987年第4期;《文物》1990年第6期
3.1-1	陕西周原出土有关楚记事的甲骨文	《周原与周文化》第63、59、65页
3.1-2	湖北当阳磨盘山遗址下层遗物	《江汉考古》1984年第2期
3.1-3	鄂西、湘西北西周时期楚式鬲	《湖南考古辑刊》第2集;《考古》1980年第2期、1989年第8期、1997年第5期
3.1-4	新出楚公逆钟	《文物》1994年第8期;《考古》1995年第2期
3.2-1	鄂东的周系青铜器	《江汉考古》1982年第2期
3.2-2	湖北圻春毛家嘴西周木构建筑遗迹平面图	《考古》1962年第1期
3.2-3	湖南西周铜器	《江汉考古》1984年第3期;虎饰镈系湖南省博物馆藏品
4.1-1	宜城郭家岗遗址	《考古学报》1997年第4期
4.1-2	宜城郭家岗遗址东周陶器分期图	《考古学报》1997年第4期
4.2-1	楚王酓审盏和王子午鼎铭文	《中国文物报》1990年5月31日;《下寺楚墓》第121页
4.3-1	炼炉、铸炉遗迹	《铜录山——中国古矿冶遗址》
	纪南城内陈家台铸炉遗迹图	《考古学报》1982年第4期

续表

序号	名　称	资料来源
4.3-2	曾侯乙墓出土的尊盘	《曾侯乙墓》图六九、七四
4.3-3	生铁铸品	《文物》1978年第10期;《文物》1980年第10期;《江汉考古》1990年第4期
4.3-4	黄金制品——盏	《曾侯乙墓》第391页
4.3-5	皮革制品	《曾侯乙墓》图二〇九、二一二;《望山楚墓》第160页
4.3-6	竹木骨制品	《包山楚墓》第123、261页;《望山楚墓》第97页
4.4-1	曾侯乙墓漆衣箱盖面文字、图像	《曾侯乙墓》第354、356页
4.4-2	曾侯乙编钟全景(演奏古乐“楚商”)	
4.4-3	曾侯乙编钟乐律铭文(举例)	《曾侯乙墓》第533、546页
5.2-1	楚故都纪南城遗迹分布图	《考古学报》1982年第3期
5.2-2	纪南城西垣北边城门平、剖面图	
5.2-3	纪南城南垣水门遗迹	
5.2-4	纪南城30号宫殿建筑遗址	《考古学报》1982年第4期
5.2-5	纪南城30号遗址早、晚期陶器图	
5.2-6	纪南城30号建筑遗址发掘现场与遗迹	
5.2-7	纪南城30号遗址出土建筑遗物	
5.3-1	潜江龙湾建筑遗址	《楚章华台学术讨论会论文集》第16页;《华中建筑》1989年第3期;台基墙体和贝壳路面照片承陈耀钧提供
5.3-2	楚都寿春郢遗址的推测示意图	《江汉考古》1992年第3期
6.1-1	纪山楚墓群	《江汉考古》1992年第1期;纪山楚墓群远眺系自摄

续表

序号	名　称	资料来源
6.2-1	包山二号楚墓棺椁纵、横剖面图	《包山楚墓》第50页
6.2-2	长沙魏家大堆一号墓平、剖面图	《文物资料丛刊》(3)第113页
7.1-1	荆州江陵区出土虎尊、甬钟	《文物》1994年第9期
7.1-2	楚、秦青铜鼎的器形比较	《考古与文物》1984年第3期;《江汉考古》1983年第1期
7.1-3	长沙杨家山钢剑墓出土器物	《文物》1978年第4、5期
7.2-1	新出青铜礼乐器	克黄之鼾、中姬盏(敦)系曹桂岑提供;《江汉考古》1993年第3期;《中国文物精华·1993年》
7.3-1	青铜戈	《文物》1976年第1期;《江汉考古》1982年第2期;《望山楚墓》第57页;《包山楚墓》第210页;《九店楚墓》第224、226页;《江汉考古》1984年第2期
7.3-2	青铜戟	《下寺楚墓》第305页和图版一一二;《包山楚墓》第204页;《文物》1973年第9期;《考古学报》1982年第1期;《曾侯乙墓》图版九〇、二一、一一五
7.3-3	青铜矛	《文物》1976年第1、2期;《江陵九店东周墓》第238页
7.3-4	青铜殳	《考古学报》1988年第4期;《曾侯乙墓》第292、293页;《包山楚墓》第207页
7.3-5	青铜剑	《江陵九店东周墓》图版五、一四五、一四六;《江陵雨台山楚墓》第76页;《包山楚墓》第211页;《望山楚墓》第52页;见第七章注[178]第212页;《曾侯乙墓》图版三〇
7.3-6	青铜镞	《曾侯乙墓》第296、297页
7.3-7	青铜弩机	见本章注[58]之书第273页;《文物》1990年第5期

续　表

序号	名　称	资 料 来 源
7.3-8	车与车的青铜构件	《江陵九店东周墓》第136页;《曾侯乙墓》图版一〇八;《望山楚墓》图版七二;《包山楚墓》第242页
7.3-9	楚系铁兵器	《湖南考古辑刊》第2集;《考古学报》1986年第3期;《考古学报》1982年第3期;《江陵九店东周墓》图一六八;《考古学报》1985年第1期
7.4-1	荆楚地区商至西周时期青铜工具	《文物》1976年第2期;《考古学报》1992年第2期;《文物》1981年第8期;《考古》1962年第1期;《农业考古》1958年第2期;《湖南考古辑刊》第1集
7.4-2	铁臿	《考古学报》1997年第4期;《江汉考古》1980年第2期;《考古学报》1982年第4期;《考古学报》1982年第1期;《考古与文物》1993年第4期;《文物》1974年第11期
7.4-3	锼、锄	《考古学报》1982年第4期;《文物》1980年第10期;《考古学报》1995年第2期;《江汉考古》1985年第1期;同见本章注[39]之书图三一、三二;《考古与文物》1993年第4期
7.4-4	铜铲	见注[39]之书第192页;《湖南考古辑刊》第2集;《文物》1985年第6期;《文物》1977年第3期;《农业考古》1991年第3期;《湖南考古辑刊》第1集图版拾壹;《考古学报》1990年第10期
7.4-5	镰	《下寺楚墓》图版六七;《江汉考古》1983年第2期;《考古学报》1982年第3期;《包山楚墓》第305页;《考古学报》1995年第4期
7.4-6	斧	《淅川下寺楚墓》第46、第193页;《江汉考古》1985年第1期;《包山楚墓》第224、305页;《湖南考古辑刊》第2集;《江汉考古》1984年第3期;《考古学报》1972年第1期;《淅川下寺楚墓》第306页;《文物》1973年第9期

续 表

序号	名　　称	资 料 来 源
7.4-7	青铜锛	《淅川下寺楚墓》第22、19页;《望山楚墓》第107页;《考古学报》1995年第4期;《江汉考古》1985年第1期;《信阳楚墓》第65页
7.4-8	削	《淅川下寺楚墓》第22页;《曾侯乙墓》第248页;《江陵九店墓》第257页;《信阳楚墓》第66页;同见《江陵望山楚墓》第107、108、202页;《包山楚墓》第305页;《考古学报》1983年第1期;《考古学报》1982年第4期;《考古学报》1986年第3期
7.4-9	刮刀、刻刀	《湖南考古辑刊》第2集;《江汉考古》1985年第1期;《江陵九店东周墓》第257页;《望山楚墓》第107页;《考古学报》1982年第4期;《考古学报》1983年第1期;《信阳楚墓》第65页;《考古学报》1986年第3期
7.4-10	凿、锥、锯、针	《曾侯乙墓》第248页;《江汉考古》1985年第1期;《江汉考古》1983年第2期;《包山楚墓》第225页;《江陵九店墓》第257页;同见本章注[39]之书第75页;《湖南考古辑刊》第2集;《考古学报》1982年第4期
7.4-11	错、锤、錾、耙	本章注[39]之书第106页;《湖南考古辑刊》第2集
8.1-1	漆鸳鸯形盒	《曾侯乙墓》图二二四
8.1-2	漆奁器壁周围的彩漆绘车马人物出行展开图	《包山楚墓》图八九
8.1-3	漆木梅花鹿	《曾侯乙墓》图一四二
8.1-4	彩漆虎座飞凤	《江陵雨台山楚墓》图九〇
8.1-5	漆绘镇墓兽	《江陵望山楚墓》图九九、图六七
8.2-1	虎座鸟架悬鼓	《文物》1964年第9期;湖南临澧九里M1出土(复制品)系湖南省博物馆提供

续 表

序号	名　　称	资料来源
8.2-2	蛇座立鸟鼓架	见本章注[31]之书第142页
8.2-3	彩绘木雕座屏	《江陵望山楚墓》图六六
8.3-1	织锦花纹	《江陵马山一号楚墓》图三六
8.3-2	田猎纹绦、龙凤纹绦	《江陵马山一号楚墓》图三九
8.3-3	龙凤相蟠纹绣	《江陵马山一号楚墓》图四七
8.3-4	龙凤相蟠纹绣	《包山楚墓》图一一三
8.3-5	舞凤飞龙纹绣	《江陵马山一号楚墓》图四九
8.3-6	龙凤虎纹绣	《江陵马山一号楚墓》图五九
8.4-1	楚服	《江陵马山一号楚墓》图二三、二四、二五
8.4-2	彩绘着衣女木俑	《江陵马山一号楚墓》图六六
9.1-1	陶钣	《湖南考古辑刊》第6集
9.1-2	“见金”铜牌	《古钱币图解》第318页
9.1-3	江陵凤凰山168号西汉墓出土天平衡杆	《考古学报》1993年第4期
9.1-4	分囟益砝码	《考古》1994年第8期
9.2-1	楚墓出土玉器	湖南省博物馆藏品
9.2-2	玻璃器	
9.3-1	漆绘镜、梳、篦	《考古学报》1995年第2期;《文物》1980年第10期;《考古》1981年第2期
9.3-2	八角带纹四山镜	湖南省博物馆藏品
10.1-1	克黄之鼾铭文	承曹桂岑提供拓片
10.1-2	莣子盏铭文照片	张昌平提供照片;器形线图见《江汉考古》1993年第3期
10.1-3	鄎子白受铎及铭文	《中原文物》1997年第4期

续 表

序号	名　　称	资 料 来 源
10.1-4	申王之孙叔姜簠铭文	《考古》1998年第4期
10.1-5	邓子盘及铭文	《江汉考古》1993年第4期
10.1-6	章子鄓戈	《殷周金文集成》17·11253
10.1-7	鄴子诛臣戈	同上书17·11295
10.1-8	郕(郑)子受钟铭文	《中国文物精华·1993年》图版80
10.1-9	郕(郑)子大簠铭文	《文物天地》1993年第6期
10.1-10	曾仲郑君臚器座铭文	铭文摹本曹桂岑提供,图像见《华夏考古》1992年第3期
10.1-11	中(仲)姬盏铭文	曹桂岑提供
10.1-12	发孙虜簠及铭文	《文物》1994年第4期
10.1-13	南君阳邘戈铭文	《江陵九店东周墓》图一五〇
10.1-14	襄城公(原名楚境尹)戈铭文	《考古》1995年第1期
10.2-1	包山二号楚墓司法文书简(举例)	《包山楚简》7号简
10.2-2	荆门郭店楚简(举例)	《郭店楚墓竹简》老子甲(见第111页)
10.2-3	常德楚简	
10.2-4	包山二号楚墓卜筮祭祷记录简(举例)	《包山楚简》224、217、201、239号简
10.2-5	江陵望山二号墓竹简(举例)	《江陵望山楚墓》二号墓竹简45号
10.2-6	包山二号楚墓遣策简(举例)	《包山楚简》257号简
10.3-1	楚帛书乙篇摹本(饶宗颐临写)	《楚帛书》图版第10页,中华书局香港分局1985年
10.3-2	楚帛书残片	《文物》1992年第11期
10.3-3	楚玺	《考古学报》1982年第4期;《湖南省博物馆藏古玺印集》1、8、10号印
10.3-4	木椁烙印文字	《江陵望山楚墓》第119页

续 表

序号	名称	资料来源
10.3-5	木俑文字	《考古》1984年第6期
10.3-6	陶器文字	《江汉考古》1993年第1期
11.1-1	郢城遗址	《江汉考古》1991年第4期
11.1-2	云梦龙岗木牍	《云梦龙岗秦简》第45页
11.1-3	江陵杨家山135号秦墓出土铜器	《文物》1993年第8期
11.1-4	江陵王家台15号秦墓出土陶器	《文物》1995年第1期
11.1-5	长沙象鼻嘴一号西汉墓	《考古学报》1981年第1期
11.1-6	“黄肠题凑”结构图	《中国考古学会第三次年会论文集》第240、241页
11.1-7	长沙马王堆汉墓	《文物》1974年第7期
11.1-8	长沙马王堆二、三号墓玺印与木牍	《文物》1974年第7期
11.1-9	马王堆一号汉墓棺椁纵剖面图	《长沙马王堆一号汉墓》第6页
11.1-10	马王堆三号汉墓棺椁及随葬器物出土情况	《文物》1974年第7期
11.1-11	马王堆三号汉墓帛书《周易》	《马王堆汉墓文物》第116页
11.1-12	马王堆三号汉墓帛书《天文气象杂占》	《马王堆汉墓文物》第155页
11.1-13	马王堆一号汉墓彩绘T形帛画	《长沙马王堆一号汉墓》图三八
11.1-14	马王堆汉墓木俑	《长沙马王堆一号汉墓》图二〇二
11.1-15	江陵凤凰山八号汉墓出土“龟盾”	《文物》1974年第6期
11.1-16	江陵高台18号汉墓出土木牍	《文物》1993年第8期第;释文录自黄盛璋文,刊《江汉考古》1994年第2期
11.1-17	江陵张家山三座汉墓位置图	《文物》1985年第1期
11.1-18	江陵张家山三座汉墓出土竹简(举例)	《文物》1985年第1期

主要参考文献

《夏商周考古学论文集》 邹衡,文物出版社,1980 年

《楚文化志》 张正明主编,湖北人民出版社,1988 年

《东周与秦代文明》 李学勤,文物出版社,1984 年

《新中国的考古发现和研究》 中国社会科学院考古研究所编,文物出版社,1984 年

《文物考古工作十年(1979—1989)》 文物编辑委员会编,文物出版社,1990 年

《长江中游史前文化暨第二届亚洲文明学术讨论会论文集》 湖南省文物考古研究所编,岳麓书社,1996 年

《黄河文明的曙光》 许顺湛,中州古籍出版社,1993 年

《长江中游新石器时代文化概论》 张绪球,湖北科学技术出版社,1992 年

《湖南先秦考古学研究》 何介钧,岳麓书社,1996 年

《东南亚考古论文集》 杨春棠、李惠玲编,香港大学美术博物馆出版,1995 年

《南方民族考古》(第三辑) 四川大学博物馆等编,四川科技出版社,1991 年

《中国新石器时代考古》 向绪成,武汉大学出版社,1993 年

《南中国及邻近地区古文化研究——庆祝郑德坤教授从事学术活动六十周年论文集》 邓聪编,香港中文大学出版社,1993 年

《亚洲文明》(第三集) 黄盛璋主编,安徽教育出版社,1995 年

《京山屈家岭》 中国科学院考古研究所,科学出版社,1956 年

《庆祝苏秉琦考古五十五年论文集》,文物出版社,1989 年

《考古学文化论集》(一) 苏秉琦主编,文物出版社,1987 年

《纪念城子崖遗址发掘 60 周年国际学术讨论会文集》 张学海主编,齐鲁书社,1993 年

《考古学文化论集》(二) 文物出版社,1989 年

《湖南省志·文物志》 湖南省地方志编纂委员会编,湖南出版社,1995 年

《苏秉琦考古学论述选集》 苏秉琦,文物出版社,1984 年
《华人·龙的传人·中国人——考古寻根记》 苏秉琦,辽宁大学出版社,1994 年
《银雀山汉墓竹简》(壹) 银雀山汉墓竹简整理小组,文物出版社,1985 年
《楚文化源流新证》 王光镐,武汉大学出版社,1988 年
《楚国八百年》 罗运环,武汉大学出版社,1992 年
《吴越文化新探》 董楚平,浙江人民出版社,1988 年
《包山楚简》 湖北省荆沙铁路考古队,文物出版社,1991 年
《巴蜀古史论述》 蒙文通,四川人民出版社,1981 年
《古史续辨》 刘起釪,中国社会科学出版社,1991 年
《尽心集——张政烺先生八十寿庆论文集》 吴荣曾等著,中国社科出版社,1996 年
《考古类型学的理论与实践》 俞伟超主编,文物出版社,1989 年
《长江文化论集》 首届长江文化暨楚文化国际学术讨论会筹备委员会编,湖北教育出版社,1995 年
《湖北考古发现与研究》 杨宝成主编、黄锡全副主编,武汉大学出版社,1995 年
《湖南省博物馆开馆三十周年暨马王堆汉墓发掘十五周年纪念文集》 湖南省博物馆编,1986 年
《古代中国青铜器》 朱凤瀚,南开大学出版社,1995 年
《李学勤集》 黑龙江教育出版社,1989 年
《中国青铜时代》 张光直,三联书店,1983 年
《秦汉史论稿》 邢义田,台北,东大图书公司,1987 年
《走出疑古时代》 李学勤,辽宁大学出版社,1994 年
《周原与周文化》 陈全方,上海人民出版社,1988 年
《西周甲骨探论》 王宇信,中国社会科学出版社,1984 年
《楚文化研究论集》第 2、3、4、5、6 集 楚文化研究会编,湖北人民出版社
《先秦两汉考古学论集》 俞伟超,文物出版社,1985 年
《楚文化考古论文集》 高应勤,武汉大学出版社,1992 年
《楚系青铜器研究》 刘彬徽,湖北教育出版社,1995 年
《湖北出土商周文字辑证》 黄锡全编著,武汉大学出版社,1992 年
《楚文化的东渐》 刘和惠,湖北教育出版社,1995 年
《先秦都城复原研究》 曲英杰,黑龙江人民出版社,1991 年

《楚文化觅踪》 河南省考古学会等，中州古籍出版社，1986 年
《楚文化新探》 湖北省社科院历史研究所，湖北人民出版社，1991 年
《古代荆楚地理新探》 石泉，武汉大学出版社，1988 年
《楚章华台学术讨论会论文集》 湖北省考古学会编，武汉大学出版社，1988 年
《楚学论丛》 张正明主编，《江汉论坛》1990 年专刊
《古史甄微》 蒙文通，商务印书馆，1933 年
《中国古史的传说时代》 徐旭生，文物出版社，1985 年
《楚辞通故》 姜亮夫，齐鲁书社，1985 年
《历史地理论集》 黄盛璋，人民出版社，1982 年
《楚系简帛文字编》 滕壬生，湖北教育出版社，1995 年
《楚国的城市与建筑》 高介华，湖北教育出版社，1995 年
《中国文物地图集·湖南分册》 国家文物局主编，湖南地图出版社，1997 年
《长沙发掘报告》 中国科学院考古研究所编著（夏鼐执笔），科学出版社，1957 年
《东方文化研究》 季羡林等著，北京大学出版社，1994 年
《楚系墓葬研究》 郭德维，湖北教育出版社，1995 年
《当阳赵家湖楚墓》 湖北宜昌地区博物馆、北京大学考古系，文物出版社，1992 年
《信阳楚墓》 河南省文物研究所，文物出版社，1986 年
《中国丧葬礼俗》 徐吉军、贺云翱著，浙江人民出版社，1991 年
《湘城沧桑之变》 黄纲正等，湖南文艺出版社，1997 年
《楚文化史》 张正明，上海人民出版社，1987 年
《楚美术图集》 张正明、皮道坚主编，湖北美术出版社，1996 年
《楚史》 张正明，湖北教育出版社，1995 年
《楚灭国研究》 何浩，武汉出版社，1989 年
《西周土地关系论》 李朝远，上海人民出版社，1997 年
《夏商西周的社会变迁》 晁福林，北京师范大学出版社，1996 年
《淅川下寺春秋楚墓》 河南省文物研究所等，文物出版社，1991 年
《楚国经济史新论》 郭仁成，湖南教育出版社，1990 年
《楚国经济史》 刘玉堂，湖北教育出版社，1995 年
《包山楚简初探》 陈伟，武汉大学出版社，1996 年
《荆楚文化》 王建辉、刘森淼，辽宁教育出版社，1992 年

《楚国风俗志》 宋公文、张君,湖北教育出版社,1995年
《楚国的矿冶髹漆和玻璃制造》 后德俊,湖北教育出版社,1995年
《中国科学技术史稿》(上) 杜石然等编著,科学出版社,1985年
《中国青铜器时代》 郭宝钧,三联书店,1963年
《曾侯乙墓》 湖北省博物馆,文物出版社,1989年
《楚国土木工程研究》 王崇礼,湖北科学技术出版社,1995年
《楚帛书》 饶宗颐,中华书局香港分局,1985年
《中国通史》 白寿彝主编,上海人民出版社,1994年
《王国维遗书》 上海古籍书店,1983年
《曾侯乙编钟研究》 湖北省博物馆等编,湖北人民出版社,1992年
《楚地出土文献三种研究》 饶宗颐、曾宪通,中华书局,1993年
《屈原研究论集》 湖北省社会科学院文学研究所编,长江文艺出版社,1984年
《中国美术全集·工艺美术篇·青铜器》 文物出版社,1985年
《中国美术全集·工艺美术篇·漆器》 文物出版社,1989年
《青铜时代》 郭沫若,人民出版社,1954年
《殷周青铜器铭文研究》 郭沫若,1931年石印手稿本
《秦铜器铭文集释》 王辉,三秦出版社,1990年
《商周铜器群综合研究》 郭宝钧,文物出版社,1981年
《江陵九店东周墓》 湖北省考古研究所,科学出版社,1996年
《楚文化的南渐》 高至喜,湖北教育出版社,1995年
《商周彝器通考》 容庚,哈佛燕京学社,1941年铅印本
《中国文物精华·1993》 文物出版社,1993年
《中国西南地区民族考古论文集》 童恩正,文物出版社,1990年
《中国兵器史稿》 周纬,三联书店,1957年
《寿县蔡侯墓出土遗物》 安徽省文物管理委员会等,科学出版社,1956年
《江陵望山沙冢楚墓》 湖北省文物考古研究所,文物出版社,1996年
《江陵雨台山楚墓》 荆州地区博物馆,文物出版社,1984年
《中国古兵器论丛》 杨泓,文物出版社,1980年
《陕县东周秦汉墓》 中国社会科学院考古研究所编著,科学出版社,1994年
《太原晋国赵卿墓》 山西省考古研究所,文物出版社,1996年
《中国冶铸史论集》 华觉明等,文物出版社,1986年

《吴越地区青铜器研究论文集》 马承源主编,香港两木出版社,1997 年
《中国生产工具发展简史》 荆三林,文物出版社,1991 年
《中国古代生产工具图集》(共四册) 徐文生编,西北大学出版社,1984—1986 年
《中国漆艺美术史》 沈福文,人民出版社,1992 年
《河南信阳楚墓出土文物图录》 河南人民出版社,1959 年
《长沙古物闻见记·续记》 商承祚,中华书局,1996 年
《楚艺术史》 皮道坚,湖北教育出版社,1995 年
《楚人的纺织与服饰》 彭浩,湖北教育出版社,1995 年
《巴楚文化研究》 彭万廷等主编,中国三峡出版社,1997 年
《中国古代服饰研究》 沈从文,商务印书馆,1981 年
《江陵马山 1 号楚墓》 湖北省荆州地区博物馆,文物出版社,1985 年
《长沙马王堆一号汉墓》 湖南省博物馆等编,文物出版社,1973 年
《华夏文明》(第一集) 田昌五主编,北京大学出版社,1987 年
《楚国的货币》 赵德馨,湖北教育出版社,1995 年
《楚爰金研究》 黄德馨,光明日报出版社,1991 年
《中国历代货币大系》(1) 汪庆正,上海人民出版社,1988 年
《古钱新探》 朱活,齐鲁书社,1984 年
《战国文字通论》 何琳仪,中华书局,1989 年
《中国古代度量衡集》 国家计量总局等,文物出版社,1984 年
《中国古玻璃研究》 千福熹主编,中国建筑工业出版社,1986 年
《湖南出土铜镜图录》 湖南省博物馆,文物出版社,1960 年
《马王堆汉墓研究文集》 湖南省博物馆,湖南出版社,1994 年
《中国古代铜镜》 孔祥星等,文物出版社,1984 年
《文物丛谈》 孙机、杨泓,文物出版社,1991 年
《中华历代铜镜鉴定》 周世荣,紫禁城出版社,1993 年
《楚史与楚文化研究》 湖南省楚史研究会编,《求索》增刊,1987 年
《秦汉史》 林剑鸣,上海人民出版社,1989 年
《长沙仰天湖出土楚简研究》 史树青,上海群联出版社,1955 年
《选堂集林》 饶宗颐,香港亚洲石印局,1955 年
《朱德熙古文字论集》 朱德熙,中华书局,1995 年
《于豪亮学术文存》 中华书局,1985 年

《云梦睡虎地秦墓》 《云梦睡虎地秦墓》编写组，文物出版社，1980 年
《晚周缯书考证》 蔡季襄，1944 年石印本
《长沙子弹库战国楚帛书研究》 李零，中华书局，1985 年
《简帛研究》（第二辑） 李学勤主编，法律出版社，1996 年
《中国文明的起源》 夏鼐，文物出版社，1985 年
《湖南省博物馆藏古玺印集》 湖南省博物馆，上海书店，1991 年
《于省吾教授百年诞辰纪念文集》 吉林大学古文字研究室，吉林大学出版社，1996 年
《历史地理与考古论丛》 黄盛璋，齐鲁书社，1982 年
《云梦龙岗秦简》 刘信芳、梁柱，科学出版社，1997 年
《马王堆汉墓研究》 湖南省博物馆编，湖南人民出版社，1979 年
《马王堆汉墓帛书艺术》 陈松长编著，上海书店，1996 年
《张家山汉简〈引书〉研究》 高大伦，巴蜀书社，1995 年
《古史论丛》 杨东晨，陕西人民出版社，1994 年
《民族史论丛》 杨东晨，香港国际艺术出版社，1996 年
《长江文化史》 李学勤、徐吉军主编，江西教育出版社，1995 年
《考古学研究》（二） 北京大学考古系编，北京大学出版社，1994 年
《中国史学上的正统论》 饶宗颐，上海远东出版社，1996 年
《秦俑学研究》 秦始皇兵马俑博物馆编，陕西人民教育出版社，1996 年
《楚俗研究》（第一辑） 方培元主编，湖北美术出版社，1993 年
《马王堆汉墓》 何介钧、张维明编著，文物出版社，1982 年
《马王堆汉墓文物》 傅举有、陈松长编著，湖南出版社，1992 年
《当阳赵家湖楚墓》 湖北省宜昌地区博物馆等编，文物出版社，1992 年
《铜录山——中国古矿冶遗址》 黄石市博物馆等，文物出版社，1980 年
《战国铭文选》 汤余惠，吉林大学出版社，1993 年
《郭店楚墓竹简》 荆门市博物馆，文物出版社，1998 年
《新中国考古五十年》 文物出版社编，文物出版社，1999 年
《中国考古学研究的世纪回顾·旧石器时代考古卷》 吕遵谔主编，科学出版社，2004 年
《中国文明起源新探》 苏秉琦，三联书店，1999 年
《炎帝文化与 21 世纪中国社会发展》 中华炎黄文化研究会等组编，岳麓书社，

2002 年
《早期文明与楚文化研究》 刘彬徽，岳麓书社，2001 年
《商周青铜器与楚文化研究》 高至喜，岳麓书社，1999 年
《宜都城背溪》 湖北省文物考古研究所编著，文物出版社，2001 年
《考古耕耘录——湖南中青年考古学者论文选集》 何介钧主编，岳麓书社，1999 年
《中国文明起源研究要览》 中国社会科学院考古研究所等，文物出版社，2003 年
《新蔡葛陵楚墓》 河南省文物考古研究所编著，大象出版社，2003 年
《长沙楚墓》 湖南省博物馆等合编、高至喜主编，文物出版社，2000 年
《新出土文献与古代文明研究》 谢维扬、朱渊清主编，上海大学出版社，2004 年
《长沙马王堆二、三号汉墓·第一卷：田野考古发掘报告》 湖南省博物馆、湖南省文物考古研究所编著，文物出版社，2004 年
《荆州高台秦汉墓：宜黄公路荆州段田野考古报告之一》 湖北省荆州博物馆编著，科学出版社，2000 年
《中国考古学论文集》 张光直，三联书店，1999 年
《长江流域青铜文化研究》 高崇文、安田喜宪主编，科学出版社，2002 年
《长江流域青铜器研究》 施劲松，文物出版社，2003 年
《夏商周历史与考古》 程平山，人民出版社，2005 年
《郭店竹简与先秦学术思想》 郭沂，上海教育出版社，2001 年
《郭店楚墓竹简思想研究》 丁四新，东方出版社，2000 年
《郭店楚简〈老子〉研究》 聂中庆，中华书局，2004 年
《今、帛、竹书〈周易〉综考》 刘大钧，上海古籍出版社，2005 年
《楚都纪南城复原研究》 郭德维，文物出版社，1999 年
《荆州天星观二号楚墓》 湖北省荆州博物馆，文物出版社，2003 年
《淅川和尚岭与徐家岭楚墓》 河南省文物考古研究所等，大象出版社，2004 年
《固始侯古堆一号墓》 河南省文物考古研究所，大象出版社，2004 年
《先秦货币通论》 黄锡全，紫禁城出版社，2001 年
《中国文物地图集·湖北分册》 国家文物局主编，西安地图出版社，2002 年
《长江文化议论集》 季羡林主编，湖北教育出版社，2005 年
《楚文物图典》 高至喜主编，湖北教育出版社，2000 年
《楚文化》 杨权喜，文物出版社，2000 年

《奋发荆楚　探索文明——湖北省文物考古研究论文集》 湖北省文物考古研究所编，湖北科学技术出版社，2000 年

《长江流域出土简牍与研究》 胡平生、李天虹合著，湖北教育出版社，2004 年

《枣林岗与堆金台——荆州大堤荆州段田野考古发掘报告》 湖北省荆州博物馆，科学出版社，1999 年

《罗州城与汉墓》 黄冈市博物馆等，科学出版社，2000 年

《荆门罗坡岗与子陵岗》 湖北省文物考古研究所、荆门市博物馆，科学出版社，2004 年

《潜江龙湾：1987—2001 年龙湾遗址发掘报告》 湖北省潜江博物馆、荆州博物馆，文物出版社，2005 年

后记

一

书稿已完成，本可不再多费笔墨了，但仍止不住要谈点与此书写作有关的话。

我对荆楚古文化的情有独钟，始自三十多年前。1961年大学毕业到湖北省博物馆工作，当年就被安排到荆州去进行文物考古工作，在楚纪南城遗址和四周墓葬的发掘工地，度过了许多个春秋（有几年的春节也留守工地）。也正是在那些岁月里，对楚文化发生了浓厚的兴趣。早在1962年5月13日写于工地的日记中就已写着："楚文化在中华民族文化的发展史上有它光辉的一页……应使楚的这一段光辉历史得以重现出来……对于楚之起源、发展、壮大乃至灭亡，都得有一个全面的考察。这个工作不是短期内能做到的，要有长期计划与努力。况由于工作，不能完全把精力花在这方面，但哪怕时间最少，也要经常积累、研究，总是会有所收获的。"三十多年来的经历也确如此，其间工作虽多有变动，但对荆楚文化则仍一往情深，孜孜以求，乐此不倦。

1993年冬，本丛书主编约我写作此书，虽觉得要写好此书，难度较大，但又感到这正好可了却我近四十年来一直钟情楚文化的夙愿，便欣然应允。本书从1994年启动，至1998年8月杀青，历时近5年，其间因其他工作时断时续，近一年来，为按期交稿，日以继夜地抓紧写作，殚精竭虑，尽力而为。现在，木已成舸，让她在学术文化之海中航行，去经受各种检验吧。

本书的写作，得到了诸多师友的帮助，特别是湘、鄂、豫三省文博考古界的朋友，予以鼎力相助（包括提供有关资料和文物的彩色、黑白照片）；湖南省博物馆领导和有关同志予以大力支持、帮助；老伴李咏君倾全力支持，协助我做了大量的编写工作。

江苏教育出版社领导、同仁对此书的顺利编撰和付梓，给以大力支持和资助，责任编辑徐宗文、徐金平先生更给予许多具体的帮助。

对以上诸多单位、个人所给予我的多方面支持、帮助，在此一并致以衷心的谢忱和崇高的敬意。

作　者

1998年8月28日于长沙

二

2006年2月看完书稿校样，正是家人为我举办七秩寿庆之时，喜盼拙著即将付梓，甚感欣慰。

考虑到近年来又有若干重要的考古新收获，对荆楚地区上古文化和早期文明若干热点、重点问题的探讨也有新进展，为向读者负责，有必要与时俱进，在此略作补记。

第一章补记

1. 地球上人类的起源地究竟是一元还是多元？国际、国内学术界存在争议。现代人类起源于非洲的一元论观点，近年来在国内有较大影响。人类起源多元论观点和中国也是人类起源地之一的学说，已有很多学者加以论证。荆楚地区的考古新发现，提供了最新证据。

《中国文物报》2004年11月5日和2005年1月9日两次报道，在湖北郧县黄龙洞遗址“出土5枚人类牙齿化石，牙齿化石特征与中国现代人关系比较紧密，属晚期智人。从人类化石石化程度、伴生动物群特征、出土地层结构、洞穴相对高度等迹象综合考察，黄龙洞古人类遗址应属于晚更新世。铀系法测年校正结果为距今94 000年。目前可以认为，黄龙洞古人类遗址是中国和东亚最早的晚期智人遗址”。这一晚期智人化石，“显示了从‘北京人’至现代中国人之间演化特征上的连续性(如上外侧门齿的铲形结构等)。所出土文化遗物，表现了我国从旧石器时代早期至旧石器时代晚期的文化传承性……黄龙洞古人类遗址的发现，填补着东亚早期智人向晚期智人演化过程中的缺环位置。对研究中国和东亚人类的连续演化、中国和东亚现代人的来源具有重要意义”(以上引文见《中国文物报》2005年1月19日头版头条报道)。

这一重要新发现和本书第一章所述200万年前的巫山人等古人类化石的发现一样，动摇了人类起源于非洲的一元论观点，可以肯定中国也是人类起源地之一。“长江中游地区确为远古人类文化孕育、诞生的重要地区之一，荆楚文化的源头至为久远”(本书第20—21页)。

2. 探讨荆楚地区文明起源问题，应具有中国文明起源的宏观视野。2001年国家继夏商周断代工程之后，又启动了中华文明探源工程，编纂了《中国文明起源研究要览》一书(2003年出版)，此书“尽可能地收集了20世纪中国文明起源研究的各种成果”(见此书前言，出处见附录新增书目；本人一篇论文也被收入)。近年来关于荆楚地区文明起源的新发现、新论作，又增加不少。例如2005年在湖南洪江高庙遗址的考古发掘，获得距今七千多年的一系列重大发现(《中国文物报》2006年1月6日报道)。新石器时代文化谱系的研讨是文明探源重要课题，随着一些新发现的增加，认识也不断深入，例如何介钧《长江中游新石器时代考古学文化结构研究》(载《考古学研究〈五〉》)等学者的新作，又如对洞庭湖区、湘江流域的文化谱系、发展序列，何介钧、郭伟民、郭胜斌等均在近年来著文论述，恕不罗列。

《中国文物报》2005 年 12 月 30 日报道的《文明的源头在哪里——“文明探源：考古与历史的整合”学术研讨会综述》一文有以下一段话：“五帝时代在神州大地出现了不少区域性的文明中心，反映了华夏文明起源是多元的。五帝时代是中国文明的初级阶段”。这一“初级阶段”说，与我在本书内所提到的“文明社会初级阶段”（见第 61 页）说相同。“文明社会初级阶段”这一提法具中国特色，但我写成在前，而此文之“初级阶级”说却发表在我此书出版之前，有必要作此说明。

3. 在考古学文化与族群的对应关系上，现在流行的是屈家岭文化、石家河文化对应于古史传说中的“三苗”族群。我则提出新说，并在本书论述的基础上撰成《关于三苗与三苗文化的讨论》一文（刊《江汉考古》2003 年第 4 期），作了进一步的辨析和论证，值得读者参考。

第二章补记

1. 有的学者对一些被断为新石器时代晚期的遗存，认为应改定为夏代时期，例如杨权喜对鄂西六处新石器时代晚期遗存，概称为石板巷子文化，认为这是长江中游地区的夏代文化（其文刊于《考古》2001 年第 5 期）。

对本地区夏王朝时期文明程度估计存在着不同的认识，针对一种认为无文明可言的看法，我在书内提出存在着散点式文明的看法，以期引起讨论。

2. 荆楚地区商王朝时期的文明状况，也存在着如何正确评估的问题。对若干重要问题至今仍存在不同的看法，例如关于盘龙城遗址的性质、族属问题，商代晚期以湖南宁乡黄材为中心所出土的数百件具地方特色青铜器的族属、产地、年代等问题，近几年来又有文章予以讨论。我在本书按商文化因素所占比重区分文化类型，乃个人之见解、希望能引起讨论。

3. 本地区文化和中原地区文化存在互动关系，对此本书注意不够,在此稍作补述。有的学者注意到南方(包括荆楚地区)青铜器对中原地区的影响,认为中原安阳时期青铜礼器中常见动物造型器物,乃“受南方青铜器的影响”,“铜器纹饰上南方对北方的影响也最为明显”(施劲松《中原与南方在中国青铜文化统一体中的互动关系》,载《长江流域青铜文化研究》,科学出版社 2002 年版)。

值得注意的还有学者论述盘龙城商文化对郑州商文化的影响,认为郑州“南关外最具特征的鼎式鬲、素面斝、素面爵等B组陶器来源于盘龙城遗址”,郑州“带有浓厚湖北盘龙城因素的遗存是外来文化融入郑州地区商文化的一种表现”(袁广阔《关于“南关外”期文化的几个问题》,刊《中原文物》2004 年第 6 期)。这种以具体例证揭示荆楚地区商文化对中原地区文化施以影响的研究值得肯定。以往对南方影响中原的情况是比较忽视的,故有必要在此加以补述。

第三章补记

1. 荆楚地区早期文明发展到西周时期就与楚国家文明联系在一起,然关于楚国在西周时期文明发展程度及其早期都城、中心居留地问题,至今仍存在针锋相对的看法。对上述问题,我在本书论述基础上增补新材料撰成《长江中游地区西周时期考古研究》一文(载北京大学考古文博学院编《考古学研究〈五〉》,科学出版社 2003 年版),再次加以论证。

近几年来,关于楚早期发展问题,主要是南北两种观点之争。

主南派观点者除本人外,其他学者如杨权喜认定“荆山南麓至长江沿岸的鄂西地区,是西周时期楚系诸国或早期楚民族活动的主要区域。这个区域便是典型楚文化的策源地……楚丹阳在包括枝江在内的沮漳河之西一带的可能性最大”(见其所著《楚文化》,文物出版社 2000 年版,第 26—28 页)。

又有学者据新发现的考古材料加以分析,得出了和本人(本章 136 页)及杨权喜大体相同的看法:“西周之时楚为汉南之国……南漳一带为西周楚人始封地”,“沮漳河一带为楚早期活动基地”(程平山著《夏商周历史与考古》,人民出版社 2003 年版,第 260—265 页)。河南新蔡葛陵楚墓出土楚简就有“宅兹沮、漳”之记载(见本书第三章注 21 的校补),可以互证。这些看法表明楚早期发展方向是由南及北。

北派观点除沿袭清代人宋翔凤之说的丹阳在丹水、淅水会流处,又有石泉、徐少华等的陕西商县说。考古界的学者也有多人作论述。张昌平从陶鬲等楚器分析认为“早期楚文化的主流起源于周文化,其发展方向应当是由北及南”(见其所撰《楚鬲研究》,载《奋发荆楚,探索文明——湖北省文物考古研究论文集》,湖北科学技术出版社 2000 年版,第 181 页)。

考古界学者据相同的考古材料,得出的结论却是由南及北与由北及南两种不同的观点,助长了南北两派观点之争,值得楚地考古学者的深思,应该在下一次四省楚文化研究年会上加以反思。看来这一争论,可能还要持续相当长的时段。

2. 在此还有必要补述以下新的重要发现:

《中国文物报》2005 年 4 月 22 日公布 2004 年度全国十大考古新发现,其中有一项为湖南宁乡炭河里西周城址。该报报道,2003 年至 2004 年湖南省文物考古研究所在炭河里遗址“发现、解剖并确认了西周初期的城墙,揭露 2 座大型人工黄土台建筑基址,清理出 2 座可能为宫殿建筑的大型房屋遗迹。在城内外均发现了与城墙同时的壕沟线索,并对壕沟进行了发掘。在城外台地上清理了西周时期小型贵族墓葬 7 座,出土了大量青铜器和玉器。专家认为:这次发现找到了备受学术界关注的‘宁乡铜器群’所属的考古学文化及相关遗址,为湘江流域乃至整个南方地区商周青铜文明的研究提供了重要素材。城址应该是商周之际一个方国的都城,对研究湖南地方史、地方青铜文化和早期国家社会的形成等具有重大意义”。这无疑是荆楚地区西周考古的重大收获。这个方国都城的年代,报道中引述专家的意见是“商周之际”,是否意味着其上限年代可早到商代?这是需要再研究的问题。附近西周墓内出土青铜器的年代,研究者也说有的器物“铸造年代为商末至西周早期”，有的器物“为商式器物，但上面的扉棱为商晚期南方风格，铸造年代应为商代晚期，铸地必在长江中游某地，非中原产品”，还有“典型的本地文化传统器物”（引自向桃初、刘颂华《宁乡黄材西周墓发掘的主要收获及其意义》一文，载《湖南省博物馆馆刊》第一期，船山学刊杂志社 2004 年编辑出版）。对这一重要新发现还有待进一步研究。

第四章补记

1. 本章是关于荆楚地区东周（春秋战国）时期楚文明的宏观综论，历史记载特别是考古发现以这一时期最为丰富，已有两本工具书——《楚文物图典》、《楚国历史文化辞典》相继问世（出处见附录增补书目），便于查阅。由于有关这一时期楚史、楚文化论著甚多，本章以简御繁，并有创新，简括如下：

第一、将楚国东周时期的历史文化分期和考古分期结合起来，除墓葬分为七期外，以一个典型遗址的个案作地层学分析，可分为七期，这种以地层学为依据的探寻乃第一次尝试工作。我首次提出东周时期的楚国可称为“楚王朝时期”，一度曾是当时世界上惟一的最大王国（见拙文《长江流域楚王朝时代刍议》（载季羡林主编《长江文化议论集》，湖北教育出版社 2005 年出版）。

第二、引入制度文明的概念，这与当今由两个文明建设改称为三个文明建设（物质、政治、精神文明）是相适应的，证当今三个文明之说有深厚历史渊源。由制度文明进而论到楚国的社会形态，并从我国两周时期社会形态的宏观考察，提出了楚国社会形态的与以往不同的新见解，由此还论及社会制度和楚国兴亡的关系，亦是一种新见。这些都是中国早期文明论的题中应有之义，不谈制度文明则是一种不全面的不深刻的文明论。

第三、楚国精神文明中的科学文化成就和它的物质文明成果一样处于当时的前列地位，并且具有自身的特点。特点之一是有着自成一系的历法。楚历建正问题迄今仍存针锋相对的看法，而我提出的不同于建寅、建子、建亥的建丑新见，解决了包山楚墓年代的实际问题，也有着坚实的科学依据。在本章和第十章对楚历建正问题有专论，这是非常必要的，而且研究还在深入。我将于2006年9月赴台北市参加历史语言研究所举办的“第一届古文字与古代史学术研讨会”，所提交的学术论文，仍将进一步作出论证。

2. 学术思想是民族精神的理性之光，学术思想发达与否是民族文化发达的标志。由于楚地出土文献越来越多，楚国学术思想的丰富、深刻，越来越受到国内外学界的高度关注。郭店楚墓儒、道文献的出土，引起了学术思想研究的新高潮。《中国哲学》出了研究郭店楚简的专辑（第二十辑）。专著有《郭店竹简与先秦学术思想》、《郭店楚墓竹简思想研究》（出处见附录书目）等。而被誉为“万经之王”的《老子》，自郭店楚墓出土年代最早的《老子》以来论著亦多，例如尹振环、廖名春和美国、英国学者韩禄伯、艾兰、魏克彬等先后有书出版。2004年出版的《郭店楚简〈老子〉研究》乃后起之版本（出处见附录新增书目），吸纳了此前学者们的研究成果，值得参考。由于本人对老庄思想一往情深，特较多地补记于此。

上博所藏楚竹书，计划出六大本以上，现已出五本，公布了许多久已亡佚的古书，引起了又一研究新热潮。其第三册中有《周易》，是继马王堆出土帛书《周易》之后，“再次成为《易》学研究史上一件石破天惊的大事！”（刘大钧《今、帛、竹〈周易〉综考》一书前言，出处见附录新增书目）。

以楚地出土文献证楚国学术文化的发达，所谓楚文化比之其他区域文化“相对落后”的论调，又一次遭到新发现的否定。

楚地出土文献也有自身的特征，为了有助于对楚地文献特征的研究，我提出了“楚系文献”的概念并加以界说，先后写有两篇文章：《楚系文献略论——从郭店楚简谈起》（见2003年10月香港召开的第四届国际中国古文字学研讨会论文，已出版论文集）；《关于郭店楚简文献属性的讨论》（见2003年12月在湖北荆门市召开的郭店楚简出土十周年国际学术讨论会论文，论文集待出版）。

第五章补记

1. 荆楚地区（包括三峡地区）发掘的东周时期遗址又新增多处。潜江龙湾建筑遗址在1999年—2001年的继续发掘中又有许多新的重要发现，发现了东周古城址（《潜江龙湾：1999—2001年龙湾遗址发掘报告》，文物出版社2005年版）。在湖北枣阳、赤壁市境和湖南里耶新发现战国时期楚城。列入本书楚城统计表中的湖南临澧申鸣城，原发现的仅为其内城，“在其外还存在一个范围更大的外城”（见楚文化研究会秘书处编《楚文化研究通讯》第九期，2006年元月印）。

2. 楚郢都纪南城故址无疑是楚城址中最重要的一座，研究者甚多，新见专著有《先秦都城复原研究》（其中有纪南城）、《楚都纪南城复原研究》等（出处见附录书目）；在2003年、2005年出版的《楚文化研究论案》第五、六集中也有专文讨论。

本人对纪南城考古怀有特殊的感情，在1998年交付此稿时的简短后记中已略提及，意犹未尽。历史是无情的，考古者是有情的，历史情感也应流露在文物考古与文明研究中。我于1961年大学毕业分配到湖北省博物馆从事考古工作，当年冬就背起行李（自带棉被）奔赴江陵（今荆州市）工地。在此后的十多年里，我作为湖北省博物馆驻江陵考古工地领导小组成员（有一段时间当地称我为工作站刘站长），长期住在考古工地，盛夏酷暑头顶烈日，隆冬严寒，迎着风雪奔波在工地，生活清苦，有时以薯充饥、咸菜下饭；在农家牛栏旁搭地铺留宿；在昏暗的煤油灯下整理考古记录；有几年的春节也在此度过。我有记日记的习惯，我保留了从1954年至今的几十本日记（第一个日记本是1954年我读高中时被评为优秀学生奖给的本子）。1975年2月10日的除夕，在日记里记载着我一个人留守在纪南城考古工棚内，时有当地的“亦工亦农短训班”青年民工帮助我值班，但在家家户户吃团年饭时，我让年青民工回家去吃团年饭。我独自一人吃年饭——日记里未记我吃了什么，那还是“文革”年代，填饱肚子就不错了！直到深夜大概12时许吧，才有当地民工来陪伴我度过除夕后半夜，迎来新一年的春天。

我的青春年华，经而立之年到不惑之年，主要在此奉献给了考古事业。引以自慰的是，这是我以后取得较多学术成果的奠基期，成为多项考古发掘的首个主持者和首次参与者。例如1965年在纪南城内首次发掘的楚陶井、楚窑址和楚墓，由我主持完成；在城址内首次发掘到的楚国宫殿基址，乃由我和带领大学师生来此参加考古会战的考古学家严文明、俞伟超、张忠培共同主持完成，并由我执笔写成考古发掘简报（发表出处见本章注[8]）。在那些年份，我的足迹遍及纪南城遗址的每个角落，对这一楚故都遗址至今仍留存难以忘怀的记忆。

在纪南城遗址附近的太晖观、张家山、拍马山等地，从1961年起，在老一辈考古学者张云鹏、王劲等指导下，省地县文物工作者组成的考古队，首次开启了江陵楚墓的科学发掘工作，我是首批参与者与多个楚墓发掘的主持者，获得了大批珍贵的楚文物。

正是由于经历了自1961年以来十多年的田野考古实践和积累的考古新资料，奠定了我以后从事以楚文化为重心的学术研究坚实基础，也成为本书能做到较好地总结、创新的前提条件。

第六章补记

1. 自本书完稿以后的这些年来，又新发现、发掘许多楚墓，有的为大型楚墓，例如2002年发掘湖北荆州天星观二号楚墓，2003年出版了《荆州天星观二号楚墓》一书（文物出版社出版），2002年秋至2003年元月发掘了湖北枣阳九连墩两个大型楚墓（《考古》2003年第7期有报道），发掘报告正在整理之中。近几年来整理以前发掘的楚墓资料，新出版的专题发掘报告有：1999年出版的《枣林岗与堆金台——荆州大堤荆州马山段考古发掘报告》（内还有石家河文化和东周遗址资料）、2000年出版的《长沙楚墓》上、下册，2003年出版的《新蔡葛陵楚墓》，2004年出版的《荆门罗坡岗与子陵岗》、《淅川和尚岭与徐家岭楚墓》和《固始侯古堆一号墓》等，有的已在本章注释中补注，书的出处见本书附录书目。

2. 关于楚墓考古与荆楚文明研究的内在联系，本章既有对新发现楚墓的概括评述，又着力于对楚墓研究中若干重要问题的进一步研究。对楚墓的分区、分类、分期，提出了自成体系的见解；在判定楚墓类型方面首次提出有无内椁是一重要标准；对楚墓类型与社会等级的关系、楚墓头向诸问题都提出了自己的新见，值得读者重视。

第七章补记

1. 我在此前所著《楚系青铜器研究》一书“是第一部对楚系青铜器进行全面系统研究的集大成之作”(《中国文物报》书评)，本章在此书基础上又有新的进展。此前着重于楚与中原地区青铜器的比较研究，在本章补充了和秦国青铜器、齐鲁青铜器的比较研究成果，以此更加显示出楚系青铜器的地域特色与发展水平。

在本章第二节论述自拙著《楚系青铜器研究》1995 年出版以后新见重要的楚系青铜礼乐器。自本书于 1998 年交稿以来，又陆续公布了一些楚系青铜器新资料，其中以荆州天星观二号楚墓、淅川和尚岭徐家岭楚墓、固始侯古堆一号墓等大中型墓出土青铜器群较为重要。2005 年 9 月我应日本国早稻田大学之邀，赴日参加学术讨论会，以《楚系青铜器研究的新进展》一文为题作讲演，这是新见楚系青铜器的前沿研究之作(日本早稻田大学《长江流域文化研究所年报》第四号已收入本文，中文本将在国内发表)。

2. 本章第三、四两节以相当大的篇幅论述荆楚地区青铜兵器、工具。我采取了新的研究方法——典型资料综合研究法。关于戈、戟之辨，A、B 两类矛的涵义，一些工具的定名、用途等的分析，都经笔者长时间反复对比思索，提出了自己的新见。这是对楚系兵器、工具的首次自成体系的研究，可以认为至今仍是富多新见的前沿研究成果。

第八章补记

1. 漆木器又有一些重要的新发现，荆州天星观二号楚墓出土漆木器中，首次新发现的器物有神树、羽人凤鸟、凤鸟莲花豆、蟾蜍状器座等。对羽人凤鸟和凤鸟莲花豆，张正明、院文清著文认为“战国中期曾有佛教造像传入南楚”，是一重大发现。对此，也有学者提出异议。此墓出土的传统器类形态有的也突破了以往的模式，产生新的型态，包括在其他楚墓曾出土过的酒具盒、虎座凤鸟悬鼓和浮雕龙纹豆等。无论是新见或传统翻新的，此墓所出均具很高的艺术性、观赏性，不少为精美绝伦的艺术珍品，进一步反映了楚国漆器制造技术的高超，体现了楚人审美观念创新。新出器类所蕴涵的楚人的信仰与神话传说，值得进一步探讨。

在湖北枣阳九连墩大型楚墓中也出土大量漆木器，其中成套成组的木制礼器品类、数量均多，为此前少见，值得关注。

2. 楚国丝织品、服饰，仍以荆州马山一号楚墓所出“丝绸宝库”为最，现完好如新地保存在荆州博物馆，乃约请该馆研究员王崇礼代为撰写本章第三、四两节的纺织品和服饰。经我深入考察，认定先秦服饰中的袍服定名问题值得讨论，由我补写了其中第四节之二。

第九章补记

本章是约请湖南省博物馆研究员熊建华撰写的。要说明的是，和第八章第三、四两节请人代写一样，本人并不是不能写或不愿写，而是因时间不够迫不得已之举。因按出版此书的合同必须按时交稿，为信守合同，而又不降低书稿质量，不能为抢时间匆忙赶写其他章节，腾出时间来写这第九章和第八章的一部分；这样去急于求成，势必影响到本书的学术质量；如果真这么去做，于心有愧，对不起读者和出版社。我绝不能这么做，故采取“另请高明”的办法，约请他人撰写。熊建华是湖南省博物馆中青年研究人员中走在前列者，对第九章所要论述的内容较为熟悉，并进行过一定的研究，约请他撰写这一章是很合适的人选。涉及本章内容的也有新的发现，由于他忙于公务（现为馆长助理），暂无时间补写，只好留待以后再版时予以补充了。

第十章补记

1. 楚地出土的楚国、楚系文字数量之多、内容之丰富，居东周列国地域之首位。楚文化热的持续不断、高潮迭起，除那些精美绝伦的楚文物外，则有赖于不断增多的楚文字材料。2003年发表的李守奎《出土楚文献文字研究综述》一文（载《古籍整理研究学刊》2003年第1期，中国人民大学书报社复印资料《语言文字》2003年第6期转载），胡平生、李天虹合著《长江流域出土简牍与研究》一书，值得向读者推荐。

楚文字的工具书《楚文字编》已于2003年出版（出处见附录书目）。1995年出版的《楚系简帛文字编》也已扩充修订待再版（预定2008年出版）。

2. 关于楚系青铜器铭文（金文），是楚系文字中和简帛文字同样重要的一类楚文字材料，在拙著《楚系青铜器研究》中专辟一章论述。"刘彬徽的《楚系青铜器研究》第六章'楚系青铜器铭文编年考述'，后出转精，结合器形研究，断代更有依据；内容也更为丰富，是研究楚铜器铭文重要参考资料"（见前述李守奎文）。2003年发表的邹芙都《楚系铭文分期研究》（四川大学学报2003年第3期）一文，对本人的研究也作了肯定："刘彬徽先生将春秋中期细分为前后两期的七期分法突破了以往那种六期分法，完全符合楚国历史和楚铜器本身的发展演变规律，对我们充分利用楚铜器资料进行研究有极大价值……以铭文字形等标准对其进行分期，恰能与刘先生的分期法相吻合，证明了七期分法的科学性。"我之所以较多地引用邹芙都之文，是因在楚系文物、文字研究中，至今仍存在分为六期和七期两种分期法，我在本书第四、五、六、七等章论述东周楚遗址、墓葬及各类文物均一以贯之，按七期分法的体系予以论述。而邹氏此文发表虽在我这本书出版之前，但却是在我撰写此书之后发表的。他这么论证我分为七期的科学性，是对我七期分法的新的佐证，有必要予以引述，有助于进一步证成己说之准确。

近年我已编成《楚系金文汇编》一书，仍是按七期分法依其年代先后序列，收录全部拓本（或摹本）及其器形图像，并制成字表，极有利于查检，将由湖北教育出版社出版（列入国家"十五"出版项目，预定2008年出版）。

出土楚文字材料的研究正方兴未艾，硕果累累，容后续补。

第十一章补记

1. 秦代新的最重大发现是里耶秦简的出土。2002 年 6 月在湖南西部龙山县里耶镇的战国至秦代古城的一口古井内，出土 2 万余枚完整的秦简和近 1 万枚秦简碎片（共 36 000 余枚约 20 多万字，发掘简报见《文物》2003 年第 1 期）。这是继秦兵马俑之后秦代考古的又一惊世发现，是 21 世纪初中国考古最重大的发现。“北有兵马俑，南有里耶简”，赞誉之声响彻海内外。秦简的文字记载将秦王朝的历史和文明生动地“复活”了。“由于秦王朝的历史短暂，史料匮乏，因此里耶秦简的出土为了解秦代社会历史提供了比以前广阔得多的全景式思维空间。同时，它也将改写和填补《史记》、《汉书》中有关秦朝历史的空白之处，从根本上改变几千年来战国秦汉史的面貌。这批简牍的考古价值可与殷墟甲骨和敦煌文书相媲美”（引自《中国国家地理》2002 年第 9 期 50—51 页，张春龙、龙京沙撰文）。近年来研究这批秦简的论著甚多，不烦列举。

2. 近年来荆楚地区秦汉城址、遗址、墓葬及简牍等还有不少重要发现。例如年代和墓主都十分明确的湖南沅陵虎溪山一号汉墓，墓主人为西汉第一代沅陵侯吴阳墓，卒于公元前 162 年（简报见《文物》2003 年第 1 期，2002 年发掘）。墓内出土简牍内容有的为第一次发现。新出版的发掘报告有：《关沮秦汉墓简牍》（中华书局 2001 年）、《荆州高台秦汉墓：宜黄公路荆州段田野考古报告之一》（科学出版社 2000 年）、《罗州城与汉墓》（科学出版社 2000 年）等。

3. 2004 年 8 月为纪念久已蜚声海内外的马王堆三座西汉墓发掘三十周年，在湖南长沙召开了国际学术研讨会（学术讨论综述见陈建明主编《湖南省博物馆馆刊》第 2 期，岳麓书社 2005 年），同时出版了《长沙马王堆二、三号汉墓，第一卷：田野考古发掘报告》（文物出版社 2004 年）。第二卷（帛书、简牍）的出版则尚待时日。为配合此次会议出版的《湖南省博物馆馆刊》第 1 期（《船山学刊》杂志社编辑出版 2004 年），刊载有《马王堆汉墓研究评述》（何介钧撰）一文，对三十年来持续不断的马王堆汉墓研究热潮及研究成果作全面总结。该文对我的一篇文章用了一千多字加以评述:“刘彬徽先生在《马王堆帛书〈五星占〉研究》(载《马王堆汉墓研究文集》)中提出的全新的观点……。”在刘乐贤著《马王堆天文书考释》(中山大学出版社 2004 年)一书中也提到本人的见解。在前述马王堆二、三号汉墓考古发掘报告一书中附录有“马王堆汉墓文献要目”,收录了三十年来有关马王堆汉墓多学科研究成果,极便检索。又,黄晓芬著《汉墓的考古学研究》(岳麓书社 2003 年)一书,其中有荆楚地区楚和汉初墓葬及其源流关系的论述,值得参考。

总之,有关秦代和汉初文明的新发现和新的研究成果和东周时期荆楚文明研究新成果一样,丰富多彩,硕果可观。

第十二章补记

本章关于荆楚地区史前文化和早期文明历程在中国史前文化与早期文明的纵横两个坐标系统中的地位、作用的论述,及世纪之交的考古学思考,在已出版的本丛书其他几册中,有其自成体系、自具特色之处,且能与其他几册优势互补,成为本丛书的有机组成部分。此书应是处于当今学术前沿的总结、创新之作,正如主编在本丛书前言中所要求的“在学术见解和认识角度上多有创新,充分展示自己的观点”,我自信地认为已经做到了这一点。由于本书成稿于八年前,续补之处尚多;对本书不足之处,祈请尊敬的读者不吝赐教。今后如有机会再版,将集思广益,奉献出最新的版本。

2006 年 2 月 26 日

补记于长沙徽斋

内容简介

这是《早期中国文明》丛书之一。此书论述长江中游荆楚地区从史前至汉初的考古文化与文明历程；综述已取得的考古研究成果，并提出不少值得重视的新见解；对荆楚兵器、工具等专题，进行了较全面、深入的论述；讴歌了这一地区早期文明的创造者，赞颂了谱写荆楚历史文化新篇章的文物考古工作者和研究者；对荆楚早期文明的历史地位与荆楚考古的世纪思考，有充满深情的阐述。

本书既是概略介绍荆楚考古研究成果和早期文明的基本读本，又是取得较多创见的学术著作。

1. 印纹白陶盘

2. 澧县城头山古城遗址

3. 玉雕人头像

4. 玉雕龙形玦和飞鹰

5. 人面纹铜方鼎

6. 青铜铙

7. 青铜编铙

8. 青铜豕尊

9. 青铜尊

10. 新出楚公逆钟

11. 金盏

12. 皮手套

13. 角雕动物饰件

14. 纪南城楚都遗址

15. 潜江龙湾章华台建筑遗迹

16. 包山二号楚墓墓坑全景

17. 虎尊

18. 青铜龙形构件

19. 青铜蛇纹尊

20. 青铜戈

21. 青铜双色剑

22. 连发弩机

23. 青铜斧

24. 漆奁及其器壁彩绘车马人物出行的展开图像

25. 彩绘漆虎座悬鼓

26. 彩绘木雕座屏

27. 飞凤纹绣

28. 小菱形纹锦面绵衣

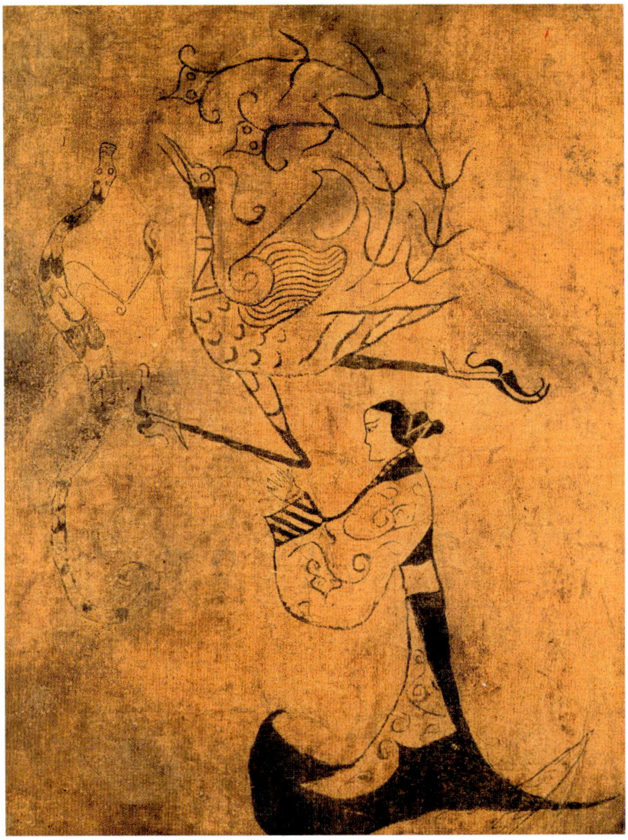

29. 人物龙凤帛画

30. 人物御龙帛画

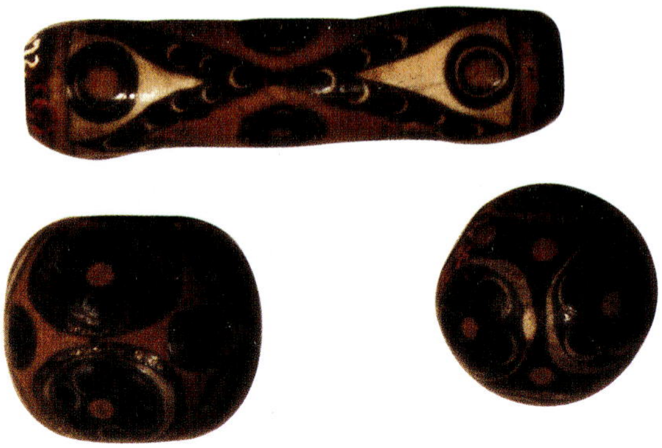

31. 眼纹琉璃珠、管

32. 包山二号楚墓竹简

33. 荆门郭店楚简

34.《老子》甲本卷后佚书

35. 车马仪仗图

36. 马王堆 M_1 彩绘帛画

37. 素纱禅衣

38. 信期绣

39. 绣绢手套

40. 漆卮

41. “黄肠题凑”葬具

42. 古乐器——“筑”

语文课程标准
课外读物导读丛书

教育部《全日制义务教育语文课程标准》建议阅读书目

中国童话故事精选
外国童话故事精选
中国民间故事精选
外国民间故事精选
中国神话故事精选
外国神话故事精选
中国寓言故事精选
外国寓言故事精选
中国历史故事精选
外国历史故事精选
中华美德故事精选
中外经典美文选
中外经典短篇小说选
成语故事精选
365 夜故事
名人名言
中外名人故事
小学生科学知识故事
初中生科普知识
中外诗歌精选(小学)
中外诗歌精选(初中)
上下五千年(中国)
上下五千年(外国)
今天我是升旗手
我要做好孩子
亲亲我的妈妈
格林童话
安徒生童话
伊索寓言
克雷洛夫寓言
鲁滨逊漂流记
格列佛游记
一千零一夜
爱的教育
童年
钢铁是怎样炼成的
西游记
水浒传
中国现代优秀作品选
(《朝花夕拾》、《骆驼祥子》、
《繁星·春水》)
现代诗歌精选(小)
现代散文精选(小)
寄小读者
初中文言文精品阅读
中国童话故事精选(注音本)
外国童话故事精选(注音本)
中国民间故事精选(注音本)
外国民间故事精选(注音本)
中国神话故事精选(注音本)
外国神话故事精选(注音本)
中国寓言故事精选(注音本)
外国寓言故事精选(注音本)
成语故事精选(注音本)
365 夜故事(注音本)
格林童话(注音本)
安徒生童话(注音本)
伊索寓言(注音本)
克雷洛夫(注音本)
一千零一夜(注音本)

ISBN 978-7-5399-2032-0

语文课程标准课外读物导读丛书

名人名言

主编 曹文轩

名人名言

mingrenmingyan

教育部《全日制义务教育语文课程标准》建议阅读

主编 曹文轩